O cuidado com bebês e crianças pequenas na creche

G643c Gonzalez-Mena, Janet.
       O cuidado com bebês e crianças pequenas na creche : um
       currículo de educação e cuidados baseado em relações
       qualificadas / Janet Gonzalez-Mena, Dianne Widmeyer Eyer ;
       tradução: Gabriela Wondracek Link ; revisão técnica: Tânia
       Ramos Fortuna. – 9. ed. – Porto Alegre : AMGH, 2014.
       xxvii, 355 p. : il. ; 25 cm

       ISBN 978-85-8055-401-4

       1. Educação infantil. I. Eyer, Dianne Widmeyer. II.
       Título.

       CDU 373.24

Catalogação na publicação: Poliana Sanchez de Araujo – CRB 10/2094

Janet Gonzalez-Mena
Napa Valley College

Dianne Widmeyer Eyer
Cañada College

O cuidado com bebês e crianças pequenas na creche

UM CURRÍCULO DE EDUCAÇÃO E CUIDADOS
BASEADO EM RELAÇÕES QUALIFICADAS

9ª
EDIÇÃO

Tradução
Gabriela Wondracek Linck

Revisão técnica desta edição
Tânia Ramos Fortuna
Professora de Psicologia da Educação da Universidade Federal do Rio Grande do Sul

AMGH Editora Ltda.
2014

Obra originalmente publicada sob o título *Infants, Toddlers, and Caregivers: A Curriculum of Respectful, Responsive, Relatioship-Based Care and Education, 9th Edition.*
ISBN 0078024358 / 9780078024351

Original edition copyright © 2012, The McGraw-Hill Global Education Holdings, LLC, New York, New York 10121. All rights reserved.

Portuguese language translation copyright © 2014, AMGH Editora Ltda., a Grupo A Educação S.A. company. All rights reserved.

Gerente editorial: *Letícia Bispo de Lima*

Colaboraram nesta edição:

Editora: *Priscila Zigunovas*

Capa: *Márcio Monticelli*

Imagem da capa: @thinkstockphotos.com/breath10, *Mother and baby's hands, selective focus*

Preparação de originais: *Cynthia Beatrice Costa*

Leitura final: *Grasielly Hanke Angeli*

Editoração: *Techbooks*

Reservados todos os direitos de publicação, em língua portuguesa, à
AMGH EDITORA LTDA., uma parceria entre GRUPO A EDUCAÇÃO S.A.
e McGRAW-HILL EDUCATION
Av. Jerônimo de Ornelas, 670 – Santana
90040-340 – Porto Alegre – RS
Fone: (51) 3027-7000   Fax: (51) 3027-7070

É proibida a duplicação ou reprodução deste volume, no todo ou em parte, sob quaisquer formas ou por quaisquer meios (eletrônico, mecânico, gravação, fotocópia, distribuição na Web e outros), sem permissão expressa da Editora.

Unidade São Paulo
Av. Embaixador Macedo Soares, 10.735 – Pavilhão 5 – Cond. Espace Center
Vila Anastácio – 05095-035 – São Paulo – SP
Fone: (11) 3665-1100   Fax: (11) 3667-1333

SAC 0800 703-3444 – www.grupoa.com.br

IMPRESSO NO BRASIL
PRINTED IN BRAZIL

As autoras

Janet Gonzalez-Mena e Dianne Widmeyer Eyer se conheceram no meio dos anos 1970, quando ambas lecionavam no programa de educação para crianças pequenas no Cañada College, em Redwood City, Califórnia. Os bebês estavam começando a frequentar creches, e com 2 anos às vezes já eram matriculados na pré-escola, mas, nessa época, as turmas de educação infantil direcionadas à primeira infância focavam quase exclusivamente nas crianças em idade pré-escolar. O treinamento de profissionais voltados à primeira infância era praticamente inexistente.

As duas autoras resolveram assumir uma postura diante do problema. Janet se tornou assistente estagiária em um programa chamado Demonstration Infant Program (Programa de Demonstração Infantil), no qual Magda Gerber ensinava sua filosofia bastante única de respeito e reações positivas para a assistência infantil, na qual este livro é baseado. O estágio de Janet a ajudou a receber, depois, um título de mestrado em desenvolvimento humano. Nos anos 1980, Gerber e colegas criaram um novo programa chamado Resources for Infant Educarers – RIE (Recursos para Educadores Infantis), graças ao qual Janet se tornou membro da RIE, a mais alta qualificação possível na área. Dianne concluiu um segundo mestrado em educação infantil, e as duas trabalharam em parceria para expandir o campo da educação na primeira infância, a fim de incluir nele bebês e crianças pequenas, educação especial e cuidadores familiares.

Alguns anos depois ambas as autoras se envolveram mais a fundo com a assistência infantil familiar. Como diretora do Child Care Services for the Family Service Agency (Serviços de Assistência Infantil para a Agência de Apoio à Família), em San Mateo County, na Califórnia, Janet supervisionou uma rede de creches de assistência a crianças e suas famílias, que atendia bebês, crianças pequenas e crianças em idade pré-escolar. Sob sua direção, a agência abriu um novo centro de assistência infantil e criou um programa-piloto de cuidados infantis terapêuticos para bebês e crianças pequenas abandonadas ou abusadas. Dianne trabalhou no Child Care Coordinating Council of San Mateo County (Conselho de Coordenação de Assistência à Infância de San Mateo County), com o objetivo de desenvolver um programa de formação para cuidadores de lares assistenciais no Cañada College. Esse currículo é também um exemplo da filosofia de Gerber, baseada no respeito e na reatividade positiva, aplicada aos cuidados de bebês e crianças.

Janet depois lecionou no Napa Valley College, onde se aposentou em 1998. Hoje ela continua a educar cuidadores de bebês e crianças em diferentes setores. Ela oferece treinamentos no WestEd's Program for Infant/Toddler Care – PITC (WestEd's para cuidado do bebê e da criança) e participa de diversas conferências nos Estados Unidos e mundo afora. Membro antiga (há 40 anos) da National Association for the Education of Young Children

– NAEYC *(*Associação Nacional de Educação de Crianças*)*, ela participou durante dois semestres da equipe de consultoria. Ela também trabalhou em um projeto do programa Head Start*, a fim de criar um guia de usuário atualizado de princípios multiculturais. Janet está agora muito satisfeita por ter se tornado uma autora internacionalmente reconhecida, com alguns de seus livros traduzidos para o alemão, o chinês, o japonês e o hebreu. Ela faz parte da California Community College Early Childhood Educators – BANDTEC (California Community College da Primeira Infância), uma ampla e diversa rede de treinadores, e faz parte do conselho da Pikler/Lóczy Fund USA.

Dianne continua lecionando no Cañada College, onde desenvolveu uma série de especializações ligadas ao currículo de educação na primeira infância e ao desenvolvimento infantil, incluindo temas como crianças com necessidades especiais, apoio à família, intervenções em situações de violência da vida doméstica, a campanha "Crescer em segurança" e a prevenção nos primeiros anos. Ela é membro da NAEYC e da California Child Development Training Consortium (Consórcio de Formação sobre Desenvolvimento Infantil da Califórnia). Dianne se aposentou no Cañada College como professora emérita, em 2005, mas continua a coordenar alguns setores de apoio no First 5 San Mateo County, destinados a apoiar a força de trabalho envolvida na educação direcionada à primeira infância (Early Childhood Education – ECE) – ela recruta e treina professores da área da educação na primeira infância.

Os interesses e as paixões atuais de ambas as autoras seguem relacionados à educação. Os interesses de Dianne envolvem auxiliar no desenvolvimento de habilidades linguísticas de adultos aprendizes de uma segunda língua e providenciar auxílios específicos relacionados ao desenvolvimento profissional de diversos participantes da força de trabalho da ECE. Em 2010, ela conseguiu expandir o auxílio da First 5: "Pontes para o Sucesso" (o novo componente do programa) oferece uma especialização de currículo em "aptidão escolar". Ela também criou atividades de extensão para capacitar "escolas aptas" da comunidade. Os principais interesses de Janet se concentram em sua neta Nika, "um bebê da RIE", nascida em 2006. Ela também dá palestras por todos os Estados Unidos e às vezes mundo afora, sobre Pikler, Gerber e a RIE. Seus maiores objetivos envolvem trabalhar com educadores de crianças pequenas, tratando de questões como diversidade social, igualdade e justiça.

---

*N. de R. T.: Ver explicações das autoras sobre o programa Head Start na p. xii.

Para Magda Gerber, Emmi Pikler e Anna Tardos

Fontes para cuidadores

A Companhia de cuidadores: leituras e recursos profissionais está disponível separadamente. The Caregiver's Companion inclui 21 artigos relacionados aos "Dez princípios"; ao currículo; a manter bebês e crianças seguros e saudáveis; à cultura, à identidade e à família; além de incluir bebês e crianças com deficiências. As leituras são as seguintes:

"Cuidando de crianças com respeito: a abordagem da RIE", de Magda Gerber

"*Currículo* e planejamento das lições: uma abordagem positivamente reativa", de J. Ronald Lally

"Cuidados respeitosos, individuais e positivamente reativos para crianças", de Beverly Kovach e Denise Da Ros

"Ajudando as crianças a brincar no Loczy", de Anna Tardos

"Uma sistema de cuidados primários para bebês e crianças", de Jennifer L. Bernhardt

Trecho de "Nossos corpos em movimento contam histórias que falam de nossas experiências", de Suzi Tortora

"O desenvolvimento do movimento", de Emmi Pikler

"Como bebês e crianças usam símbolos", de Karen Miller

"Preparando para a alfabetização: comunicação vem primeiro", de Ruth Anne Hammond

"Ajudando a adaptação de um bebê em um centro de assistência", de Enid Elliot

"Crianças: o que esperar?", de Janet Gonzalez-Mena

"Criando um ambiente para o aprendizado", de Louis Torelli e Charles Durrett

"O impacto das políticas e práticas de assistência infantil na formação da identidade de bebês e crianças", de J. Ronald Lally

"Conferências sobre o *Cross-Cultural*", de Janet Gonzalez-Mena

"Síndrome da morte súbita infantil", de Susan S. Aronson

"Auxiliando o desenvolvimento de bebês e crianças com deficiências de saúde", de Cynthia Huffman

"Incentivo à amamentação na assistência infantil", de Laura Dutil Aird

"Dimensões culturais do fomento de relações", de Carol Brunson Phillips e Renatta Cooper

"Diferenças culturais nas práticas relacionadas ao sono", de Janet Gonzalez-Mena e Navaz Peshotan Bhavnagri

"Falando com os pais quando surgem as preocupações", de Linda Brault e Janet Gonzalez-Mena

"Estratégias para ajudar bebês e crianças com deficiências em uma assistência infantil inclusiva", de Donna Sullivan e Janet Gonzalez-Mena

A companhia dos cuidadores também oferece mais 18 formas de traçar e afinar as informações:

Formulário de registro
Conte para nós sobre seu filho
Formulário de identificação e emergência
Plano de alimentação para bebês
Lista de informações diárias
Lista de presenças
Registro das trocas de fraldas
Registro de alimentação
Notificação de alergia
Notificação de amostragem de exposição
Cronograma de medicação
Registro individual de medicações da criança
Registro de incidentes
Relato de incidentes
Documentação a respeito da criança
Como estamos indo? Formulário para *feedback* da família
História do desenvolvimento físico
Formulário para relatos médicos – centros de cuidados diários

Além disso, *A companhia dos cuidadores* inclui diretrizes de observação, formulários de observação para uso em conjunto com as observações em vídeo do *Centro de aprendizado on-line* e o esboço de um manual para pais.

Apresentação à edição brasileira

Os bebês estão recém nascendo – ao menos como objeto de atenção e estudo – na cabeça de muitos pesquisadores e educadores. Em que pese o crescente interesse pelo tema, notório no reconhecimento cada vez maior de sua importância no âmbito dos marcos legais sobre a infância, nos currículos, nos programas, nas práticas de ensino dos cursos de formação de educadores e no aumento do número de publicações a respeito, o fato é que experiências educativas sistematizadas, que contenham orientações mais precisas para uma pedagogia de bebês e crianças pequenas, como esta obra contém, ainda são escassas em nosso meio. É como se apenas recentemente suas necessidades e potencialidades educacionais tivessem sido percebidas.

Tal fato tem muitas explicações. Uma delas está associada à tradição científica nesta área, tributária de pesquisas oriundas da medicina, da psicologia ou da antropologia, que não têm como foco as crianças pequenas no espaço educativo, mas, sim, a relação mãe-bebê, ou, quando muito, o bebê em uma perspectiva desenvolvimentista, isto é, como vir a ser criança maior, em direção à vida adulta. Outra explicação encontra-se na histórica desqualificação social da infância, segundo a qual, quanto menor a criança, mais sem importância ela é, a ponto de tornar-se, verdadeiramente, invisível – tanto jurídica quanto politicamente, e, por conseguinte, também pedagogicamente. Há, ainda, que se considerar o longo tempo em que a creche foi concebida como mero local de guarda, sobretudo das crianças pobres, no qual o trabalho realizado era de cunho essencialmente assistencial.

Daí que o presente livro representa uma grande contribuição para o avanço da compreensão do que querem e podem os bebês e as crianças pequenas, e o que é possível e desejável realizar com eles em instituições educativas. A perspectiva do trabalho na creche proposta nesta obra traz, certamente, uma abordagem revolucionária.

Inspiradas na experiência com bebês do Instituto Pikler, fundado pela pediatra húngara Emmi Pikler em 1946 para acolher crianças órfãs na rua Lóczy, em Budapeste (Hungria), e nos ensinamentos adquiridos nos Estados Unidos com Magda Gerber, aluna de Emmi, as autoras norte-americanas Janet Gonzalez-Mena e Dianne Widmeyer Eyer apresentam em detalhe um modo de trabalho com bebês e crianças pequenas baseado no cuidado.

Observe-se, porém, que o cuidado, nessa perspectiva, é um conceito complexo e bastante amplo, que abrange a própria educação, como bem observam as autoras já nas primeiras páginas do livro. É o que explica a especificidade que adquire no contexto desta obra a figura do cuidador, que, em lugar de opor-se ou de complementar a função do educador, a incorpora. Isso fica evidente na opção das autoras pelo uso do termo cuidador (*caregiver*, no original em inglês), em detrimento do emprego de termos como professor e educador (em inglês, *teacher* e *educarer*, respectivamente).

Uma das motivações dessa posição decorre de uma vigorosa defesa do direito das crianças à infância, em detrimento de sua escolarização precoce, que cedo as transforma em alunos e assimila a educação infantil ao ensino fundamental. Nada tem a ver tal posição, porém, com a renúncia ao reconhecimento da importância e da necessidade da educação das crianças pequenas, tampouco com a abolição das instituições educativas que a elas se dedicam. Ao contrário, a proposta das autoras, fundamentada nos princípios teóricos do Instituto Pikler e na intensa atividade de Magda Gerber em difundi-los nos Estados Unidos, nomeadamente por meio do programa Recursos para Educadores Infantis (RIE – sigla para *Resources for Infant Educarers*), preconiza justamente a qualificação desta instituição na perspectiva de um trabalho centrado no respeito à criança, inclusive e especialmente quando ela é ainda pequenininha. Respeito expresso, por exemplo, no reconhecimento e na garantia de sua autonomia e no seu direito à participação ativa em seu próprio processo educativo.

Na experiência de Lóczy – como também são conhecidas as práticas e os ensinamentos desenvolvidos no Instituto Pikler –, a confiança na capacidade de desenvolvimento do ser humano é central, da mesma forma que a adoção de uma posição atenta e compreensiva em relação à criança. É por meio desta posição que se busca o significado de suas reações e a forma como demonstram necessidades e desejos. É também dela que decorre a identificação do que é preciso para prover tais necessidades, sempre considerando a capacidade da própria criança e o estímulo à sua independência, em um contexto comunicativo marcado por intimidade e afeto. A criança é considerada pessoa que tem influência sobre os acontecimentos e as ações realizadas com ela, razão pela qual seguir a sua iniciativa e reconhecer a sua capacidade independente de aprendizagem é decisivo para a participação na promoção de seu desenvolvimento e aprendizagem. São características como essas que definem o modo como deve se dar a atuação dos adultos em uma perspectiva de cuidado. Nelas se baseiam as orientações de Gonzalez-Mena e Eyer para o trabalho educativo com bebês e crianças pequenas.

O certo é que conceber a criança como ser digno de tal cuidado e propor ações concretas nessa direção, baseadas em extensa experiência, amplamente exemplificada e teoricamente bem fundamentada, faz deste livro uma obra com grande potencial para tornar-se referência nas práticas educativas dos primeiros anos da educação infantil.

Tânia Ramos Fortuna
Professora de Psicologia da Educação da Universidade Federal do Rio Grande do Sul

Prefácio

A filosofia dos bebês, crianças e cuidadores

A filosofia de Magda Gerber e a teoria de Emmi Pikler fundamentam este livro. Gerber era uma especialista em bebês e crianças, de origem húngara e estabelecida em Los Angeles. Uma das autoras deste livro, Janet Gonzalez-Mena, foi aluna de Magda Gerber na metade dos anos 1970 e continuou sua amiga até a morte de Gerber, em 2007. Quando Gerber falava sobre as raízes de seu trabalho, ela sempre as creditava a Emmi Pikler, uma famosa pediatra, pesquisadora e teórica que fundou uma creche residencial após a II Guerra Mundial, em Busapeste, em 1946, para cuidar de crianças cujas famílias não podiam fazê-lo. Emmi Pikler morreu em 1984, mas o programa continua em funcionamento até hoje. Durante os muitos anos de sua existência, o Pikler Institute (como hoje é chamado) teve resultados surpreendentes ao proporcionar a bebês e crianças uma nova possibilidade de começar a vida com o pé direito. Passar os primeiros três anos de vida em uma casa de assistência infantil bastante especial lhes possibilitou um crescimento estável e produtivo, e essas crianças se tornaram adultos capazes de estabelecer relações de longa duração, uma grande conquista para a assistência institucionalizada. Depois de estudar com Gerber, Gonzalez-Mena levou quase 30 anos até ir a Budapeste e ver com seus próprios olhos os resultados do trabalho de Pikler. Ela foi pela primeira vez em 2003, para fazer observações e estudar no Pikler Institute, que é também um centro de pesquisa e formação. Ver o trabalho de Pikler em ação foi para Gonzalez-Mena a confirmação do quanto as pesquisas de Pikler e a filosofia de Gerber podem ajudar centros de assistência infantil nos Estados Unidos e no resto do mundo.

O trabalho de Magda Gerber é conhecido nos Estados Unidos há muitos anos, e sua reputação continua crescendo enquanto os seus colegas seguem ministrando aulas sob os auspícios da organização fundada por ela, chamada Recursos para Educadores Infantis (RIE). O trabalho de Emmi Pikler não era muito conhecido nos Estados Unidos até pouco tempo, pois grande parte de sua carreira se deu na Hungria, atrás da Cortina de Ferro. Os trabalhos de Pikler e de seus colegas húngaros recém começaram a ser publicados em inglês.

Os "dez princípios": uma filosofia do respeito

Uma pedra angular tanto no trabalho de Magda Gerber quanto no de Emmi Pikler é o *respeito*. Até que Gerber introduzisse o uso do termo nos Estados Unidos, a palavra *respeito* não fazia parte do vocabulário da maioria dos cuidadores de bebês e crianças norte-americanos. Respeito é um dos temas recorrentes em *O cuidado com bebês e crianças pequenas na creche* e é um componente importante do currículo que o livro defende, um currículo totalmente inclusivo e centrado em conexões e relações. Resumindo, o termo currículo está relacionado a educar, porém, no mundo dos bebês e das crianças, *cuidado* e *educação* são uma única e mesma coisa. Neste livro, currículo tem a ver com respeitar e atender todas as necessidades da criança de uma forma calorosa, respeitosa e sensível, promovendo o apego e permitindo que as crianças explorem e brinquem sozinhas. O currículo abrange tudo que acontece durante o dia – esteja a criança sozinha, com outras crianças ou interagindo de modo sensível com um adulto. Essas interações entre crianças e adultos podem ser parte das atividades relacionadas aos cuidados, tanto as planejadas quanto as inesperadas, mas é claro que elas vão muito além. Mesmo durante os momentos mais ociosos do dia, quando os cuidadores apenas passeiam despretensiosamente com os pequenos, tais momentos podem incluir os tipos de interação que constituem o currículo.

Talvez a qualidade mais importante do livro seja a consistência com a qual ele esboça práticas bem definidas, elaboradas para promover o total bem-estar de bebês e crianças, incluindo tópicos como crescimento físico e mental, saúde mental, estabilidade emocional e relações humanas. O livro também trata da importância que a assistência sensível e um bom planejamento programático têm na formação da identidade de crianças e bebês.

Os "Dez princípios" que se encontram nas páginas 5 e 6 constituem a estrutura subjacente deste livro. Respeito é uma atitude que se revela no comportamento. Comportamentos respeitosos por parte dos cuidadores são a base dos "Dez princípios" e demonstram como o respeito se aplica no tratamento dos bebês como pessoas, durante as trocas de fralda e conversas com eles, e também por meio da facilitação de seu crescimento, desenvolvimento e aprendizado. O livro retoma os "Dez princípios" em todos os capítulos. Além disso, a seção "Os princípios em ação", presente em todos os capítulos, usa uma historinha para explicar melhor cada princípio.

Foco na aplicação e na prática

Saber *sobre* é diferente de *saber como*. Saber *sobre* significa aprender teoria. Saber *como* é colocar a teoria em ação. Nós propositalmente organizamos este livro de modo a enfatizar a ação, porque sabemos que mesmo aqueles que entendem consideravelmente de bebês e crianças enfrentam dificuldades ao colocar em prática esse entendimento, a não ser que também aprendam a *aplicar* a teoria. O conhecimento não necessariamente gera habilidades.

Cuidadores que têm muito conhecimento, mas pouca confiança na própria habilidade em usá-la, podem sofrer da "paralisia da análise", que impede que eles sejam capazes de tomar decisões rápidas, comunicar seus sentimentos com clareza ou tomar as atitudes necessárias. Um padrão comum ativado pela paralisia da análise é a falta de atitude combinada com a indecisão, seguidas por uma reação exageradamente emocional (ou inapropriada de outro modo), seguida por mais falta de atitude. Quando os adultos sofrem de paralisia da análise e não conseguem reagir, ou reagem apenas de forma inconsistente, as crianças não têm como prever o que acontecerá como resultado de suas próprias atitudes. Aprender o efeito que elas exercem no mundo é uma das principais conquistas das crianças em seus primeiros anos de vida. Privá-las de tal aprendizado afeta o desenvolvimento. Devido a conflitos pessoais, os adultos podem acabar suportando certos comportamentos que os incomodam. Bebês e crianças podem intuir os conflitos adultos. Eles então seguem agindo da forma que os adultos desaprovam; testando-os, para ver o que acontece. Fica claro, por fim, que eles não recebem uma mensagem clara sobre o modo apropriado de se comportar ou sobre os efeitos de seu comportamento.

Terminologia

Neste livro, as crianças na idade que vai do nascimento até os primeiros passos são chamadas de bebês. As crianças que já caminham (idade em torno de 1 e 2 anos) são chamadas de crianças pequenas. Crianças dos 2 aos 3 anos são chamadas de crianças mais velhas. Crianças dos 3 aos 5 anos são chamadas de pré-escolares. Porém, fique atento: esses rótulos e descrições só se aplicam a crianças que se desenvolvem no ritmo tradicional. Quando o desenvolvimento é atípico, esses rótulos e descrições não se aplicam da mesma forma. Por exemplo: uma criança que não caminha e atingiu um estágio no qual outras crianças já caminham pode ter muitas outras características atribuídas a essa faixa etária – ou seja, nem todas as crianças em idade de andar andam, mas isso não significa que elas devam ser tratadas como bebês.

Se você visitar algumas instituições de assistência infantil, notará que os adultos que desempenham o papel de professor/cuidador têm formações muito diferentes. *Educador, professor, cuidador* e *professor especializado em bebês* são quatro termos diferentes bastante usados. Neste livro, nós usamos principalmente a palavra *cuidador*, para enfatizar a importância do "cuidado" em instituições direcionadas a crianças nessas idades. O papel do cuidador incorpora o do professor e o do educador.*

Organização do texto

Começando com o *aspecto interativo do ato de cuidar*, nós tratamos brevemente dessa filosofia nas páginas iniciais. O livro é organizado de uma forma singular. A Parte I (Capítulos 1-4) é sobre o ato de cuidar. Ela foca nas atitudes dos cuidadores, em suas relações com as crianças e em de que forma essas atitudes e ações formam o currículo. A Parte II (Capítulos 5-11) apresenta informações sobre o desenvolvimento da criança e também as implicações dessas informações no currículo. A Parte III (Capítulos 12-14) parte de um ponto de vista programático (tratando tanto dos programas de cuidados infantis familiares quanto dos institucionais) e inclui a elaboração de ambientes assim como as relações adulto/adulto. O Apêndice A apresenta uma lista de verificação para determinar a qualidade dos programas direcionados a bebês e crianças. O Apêndice B tem uma popular tabela que combina as informações das três partes do livro, de forma concisa, porém detalhada, elaborada para o uso prático durante o planejamento e a implementação dos programas. O Glossário, no final do livro, contém as expressões-chave de todos os capítulos, para que o leitor possa consultá-las ou para ajudá-lo na sua memorização ou na sua lembrança.

Foco na diversidade e na inclusão

Honrar a diversidade e incluir crianças com deficiências nos programas de assistência infantil é um dos pontos fortes deste livro. As crianças com deficiências têm lugar ao longo de todo o livro, mas também contam com um enfoque mais específico no final de cada capítulo da Parte II. Estamos aumentando mais o foco nas diferenças culturais e na inclusão a cada edição. Apesar de apresentarmos aqui uma filosofia bastante coesa, nós incentivamos os leitores a reconhecer que existem muitas visões diferentes de cada aspecto dos cuidados de bebês e crianças. Pedimos que os leitores honrem as diferenças e trabalhem respeitosamente com as famílias que as representam. Também pedimos que respeitem e reajam positivamente às diferenças linguísticas, apoiando a língua que a criança usa em casa, seja ela qual for.

Nossa ênfase na autorreflexão pode ajudar os cuidadores que se sentem desconfortáveis diante das diferenças a descobrir onde está o problema. Apenas quando os cuidadores conseguem entender a si mesmos eles estão aptos a entender as crianças, os bebês e suas famílias. A sensibilidade é uma qualidade importante para todos que trabalham com crianças nessa idade. Por isso, o leitor é convidado a focar na própria experiência ao longo de todo o livro.

---

*N. de R. T.: Aqui as autoras justificam com clareza a opção pelo uso do termo cuidador (em inglês, *caregiver*), em detrimento de termos como professor e educador (em inglês *teacher* e *educarer*, respectivamente). Tal tema é retomado na nota 1 do Capítulo 1 (ver p. 333). Essa compreensão do termo cuidador deve ser considerado ao longo de toda obra.

Novidades da nona edição

Fizemos quatro mudanças e acréscimos nesta edição:

1. **Brincadeira**. Sabemos que a ideia da brincadeira como forma de aprendizado é desconsiderada por aqueles que a encaram como uma perda de tempo em qualquer contexto educativo, mesmo aquelas desenvolvidas especialmente para os primeiros anos de vida. Por essa razão, nós atualizamos o capítulo sobre brincar (Capítulo 4) para fortificar ainda mais a valorização da relação entre brincadeira, aprendizado e cognição.

Também acrescentamos o termo *exploração* ao capítulo e o usamos ao longo do livro para salientar que brincar não é a mesma coisa para bebês/crianças pequenas e crianças mais velhas. Talvez os céticos quanto ao valor da brincadeira reconheçam o papel da exploração no aprendizado – que ocorre tanto em crianças pequenas como ao longo de sua vida até a idade adulta. Exploradores estão sempre aprendendo e talvez não fique aparente que estão brincando ao mesmo tempo em que aprendem. Exploradores são incentivados não apenas a procurar por novas terras, mas também a fazer descobertas em disciplinas como matemática, física e antropologia, por exemplo.

2. **Desempenho escolar e crianças de famílias com baixa renda**. Adicionamos essa seção porque há muitos dados mostrando que crianças de famílias de baixa renda em geral apresentam atraso, no jardim de infância, em comparação aos colegas de classe média. Essas crianças também têm uma tendência maior a abandonar os estudos. O programa *Head Start*, criado nos anos 1960, foi elaborado para lidar com esse problema. Quando ficou evidente que o *Head Start* estava desatualizado, surgiu o *Early Head Start*. Essa nova versão apresenta dois programas-modelo que lidam com as necessidades específicas relacionadas à "aptidão" de bebês e crianças advindos de famílias de baixa renda. Além do *Early Head Start*, descrevemos também como funciona o *Geoffrey Canada's Harlem Children's Zone Project*. Ambos os programas dão ideias para outros programas que almejam o mesmo sucesso.

3. **Aprendizes de duas línguas**. O bilinguismo sempre teve espaço neste livro. Acrescentamos a esse assunto a discussão sobre a mudança dos velhos termos de déficit aplicados a crianças cuja língua materna não é o inglês. A expressão *aprendiz de duas línguas* se refere não apenas àquelas crianças em programas bilíngues que estão aprendendo inglês como também a crianças que falam inglês e estão aprendendo outra língua. Oferecemos sugestões de recursos sobre o tema da abordagem do bilinguismo e dos aprendizes de duas línguas.

4. **Seções destinadas a crianças com deficiências.** No final de cada capítulo da Parte II, o foco não está mais em dificuldades específicas, mas na discussão de tópicos mais amplos no campo da educação de crianças especiais durante a primeira infância. As mudanças dão uma ênfase maior na necessidade de intervenção precoce, nos recursos, nas leis e no Individualized Family Service Plan – IFSP (plano de serviço familiar individualizado), além de tratar também dos processos de auxílio a famílias com crianças que têm necessidades especiais. Os tópicos incluem:

- Intervenção precoce
- O plano de serviço familiar individualizado
- Recursos
- Inclusão da primeira infância
- Apoio às famílias que cuidam de crianças com deficiências
- Desafios e tendências

Características mantidas

A seção *O que você vê?* dá início a cada capítulo, mostrando uma ou mais crianças em situações relacionadas ao material do capítulo, permitindo que o estudante rapidamente entenda do que se trata. Os alunos são estimulados a retomar essas cenas no final do capítulo. Em algumas dessas cenas, a idade das crianças é mencionada, mas não em todas. Deixamos de fora os rótulos ligados à idade no espírito de Magda Gerber, que costumava dizer: "Por que se importar com a idade da criança?". Ela era uma defensora da apreciação do que a criança consegue fazer, esteja ela na "idade certa" para isso ou não.

A *Observação em vídeo* é uma seção popular de cada capítulo, que introduz e incentiva os estudantes a pensar sobre as questões e os conceitos apresentados nos clipes *on-line* relacionados ao material do capítulo. No *Centro de aprendizado on-line* do livro, os estudantes podem assistir a exemplos que são encenações do que estão lendo e responder às questões a partir da análise do que elas observam em cada vídeo.

A seção *Princípios em ação* apresenta uma historinha para estudo de caso, seguida de questões para ajudar os estudantes a aplicar o conteúdo que aprenderam em uma situação da "vida real". Os *Princípios em ação* se conectam às *Práticas Apropriadas* por meio de quadros chamados *Práticas apropriadas em ação*. A seção *Práticas apropriadas* resume os pontos mais importantes das diretrizes da National Association for the Education of Young Children (NAEYC) para práticas apropriadas ao desenvolvimento relacionadas aos tópicos do capítulo. Cada seção *Práticas apropriadas* tem quatro subdivisões:

1. Visão geral do desenvolvimento
2. Práticas apropriadas ao desenvolvimento
3. Práticas apropriadas individuais
4. Práticas culturalmente apropriadas

Esses quatro pontos são apresentados para que os estudantes mantenham em mente as sugestões práticas de interação com bebês e crianças baseadas nas diretrizes da NAEYC.

A seção *Caminhos do desenvolvimento* está inclusa em cada um dos capítulos da Parte 2. Cada seção começa com generalizações sobre os estágios de desenvolvimento, mostrando um quadro de comportamentos relacionados ao tópico do capítulo (p. ex., apego, percepção ou habilidades motoras), e depois apresenta exemplos de duas crianças diferentes, para mostrar os diversos padrões de desenvolvimento. Os detalhes de cada exemplo são explorados no sentido do que você vê, do que você pode pensar, do que você talvez não saiba e do que você pode fazer.

As listas *Leituras Complementares* e *Referências* foram expandidas e atualizadas. A fim de conservar o livro compacto e acessível aos estudantes, a presente edição apresenta as Referências como material complementar em www.grupoa.com.br.

Pedagogia

Cada capítulo contém um sistema pedagógico elaborado para oferecer apoio no aprendizado dos estudantes e para estimulá-los a refletir e aplicar o que aprendem. Estão entre os aspectos pedagógicos:

- **Questões em foco** que preparam os estudantes para o conteúdo a seguir.
- **Expressões-chave destacadas no texto** que realçam a terminologia-chave e são definidas no contexto do parágrafo em que aparecem.
- **Os princípios em ação** apresentados em quadros, permitindo que os estudantes apliquem os princípios às historinhas.
- **Práticas apropriadas** apresentadas em quadros, que oferecem sugestões práticas relacionadas às diretrizes da NAEYC para práticas apropriadas ao desenvolvimento e que fazem referência aos quadros *Os princípios em ação*, mostrando como as práticas apropriadas podem ser aplicadas às historinhas.
- **Caminhos do desenvolvimento** apresentados em quadros que listam desenvolvimentos típicos e suas variações.
- **Resumos de capítulo** que contêm ideias-chave do capítulo.
- **Expressões-chave** apresentadas em seções que listam todas as expressões-chave do capítulo, com referências por página e reunidas no Glossário, ao final do livro.

- **Questões para reflexão e atividades** que estimulam os estudantes a estudar, refletir e aplicar seus conhecimentos.
- **Leituras complementares** apresentadas em listas que relacionam recursos bibliográficos adicionais.
- **Observação em vídeo** presente em cada capítulo, de forma pedagógica para ajudar os leitores a pensar sobre os vídeos do *Centro de aprendizado on-line*.
- **Normas do programa NAEYC** listadas nas margens, próximas ao material relacionado.
- **Questões para reflexão** elaboradas para ajudar os leitores a tecerem considerações sobre seus próprios sentimentos e suas experiências, naquilo em que se relacionam com o que estão lendo.

Agradecimentos

Gostaríamos de agradecer aos revisores que nos deram um retorno de grande ajuda na preparação desta nova edição de *Bebês, crianças e cuidadores*. Entre os referidos instrutores, estão:

Vickie M. Brown-Racy, *Northeastern State University*
Lynda Cavazos, *University of Texas, San Antonio*
Rose Cobb, *Ozark Technical Community College*
Diane K. Fleming, *Ferris State University*
Jeannie Morgan-Campola, *Rowan Cabarrus Community College*
Michelle B. Morris, *Wor-Wic Community College*
Joan Ports, *Towson University*
Betty James Slowinski, Ph.D., *Mount Olive College*
Ruslan Slutsky, *University of Toledo*
Donna A. Walker, *South Suburban College*

Sumário

Parte I Foco no cuidador 1

1 Princípios, práticas e currículo 3
2 Educação de bebês e crianças 23
3 O cuidado como currículo 47
4 Brincadeira e exploração como currículo 71

Parte II Foco na criança 91

5 Apego 93
6 Percepção 113
7 Habilidades motoras 131
8 Cognição 157
9 Linguagem 181
10 Emoções 205
11 Habilidades sociais 231

Parte III Foco no programa 249

12 O ambiente físico 251
13 O ambiente social 279
14 Relações adultas em programas de educação e cuidados infantis 299

Apêndice A

Qualidade em programas para bebês e crianças: lista de verificação 319

Apêndice B

Quadro do ambiente 321

Notas 333

Glossário 337

Créditos 343

Padrões de programa da NAEYC para acreditação 345

Índice 347

Sumário detalhado

Parte I Foco no cuidador 1

Capítulo 1

Princípios, práticas e currículo 3

O que você vê? 3

Relações, interações e os três Rs 4

    Rotinas de cuidados e oportunidades para interações 3-Rs 5

Dez princípios baseados na filosofia do respeito 5

    Princípio 1: Envolva bebês e crianças nas coisas que dizem respeito a eles 6

    Princípio 2: Invista no tempo de qualidade 6

    Princípio 3: Aprenda as formas únicas por meio das quais as crianças se comunicam e ensine-as as suas 8

    OBSERVAÇÃO EM VÍDEO 1: Choro do bebê 9

    Princípio 4: Invista tempo e energia para construir uma personalidade completa 10

    Princípio 5: Respeite bebês e crianças como pessoas valiosas 11

    Princípio 6: Seja honesto com relação aos seus sentimentos 12

    Princípio 7: Seja o modelo do comportamento que você quer ensinar 13

    Princípio 8: Encare os problemas como oportunidades de aprendizado e deixe que os bebês e crianças os resolvam sozinhos 14

    Princípio 9: Construa segurança ensinando confiança 14

    Princípio 10: Preocupe-se com a qualidade do desenvolvimento em cada estágio 15

Práticas apropriadas ao desenvolvimento e currículo 17

    OS PRINCÍPIOS EM AÇÃO: Princípio 5 17

    Prática apropriada 18

Resumo 19

Recursos *on-line* 19

Expressões-chave 20

Questões para reflexão/atividades 20

Referências 20

Leituras Complementares 21

Capítulo 2

Educação de bebês e crianças 23

O que você vê? 23

O que não é educação de bebês e crianças 24

   Estimulando crianças 24

   Cuidando de crianças 25

   Pré-escola 25

O que é a educação de bebês e crianças: os componentes 25

Currículo como fundamento da educação de bebês e crianças 26

   OBSERVAÇÃO EM VÍDEO 2: Criança brincando com um tubo e uma bola 27

   Implementando o currículo 27

   Avaliando a eficácia do currículo: observando e registrando 28

   Educação como facilitação da resolução de problemas 30

   OS PRINCÍPIOS EM AÇÃO: Princípio 8 31

   O papel do adulto na facilitação da resolução de problemas 31

   Prática apropriada 38

Educação de bebês e crianças e aptidão escolar 40

Resumo 42

Recursos *on-line* 42

Expressões-chave 43

Questões para reflexão/atividades 43

Referências 43

Leituras Complementares 45

Capítulo 3

O cuidado como currículo 47

O que você vê? 47

Pensando novamente sobre o currículo de bebês e crianças 48

   Planejando o apego 48

   Políticas que apoiam o currículo na forma de cuidados 49

   Análise 49

Rotinas de cuidados 51

   Alimentação 51

   OBSERVAÇÃO EM VÍDEO 3: Crianças se alimentando sozinhas 55

   Troca de fraldas 56

   Treinamento e aprendizado da ida ao banheiro 57

   Lavando, dando banho e arrumando 58

   Perspectivas e necessidades diferentes 59

   Vestir-se 60

   OS PRINCÍPIOS EM AÇÃO: Princípio 1 61

   Cochilar 61

   Prática apropriada 64

Resumo 67

Recursos *on-line* 67

Expressões-chave 68

Questões para reflexão/atividades 68

Referências 68

Leituras Complementares 69

Capítulo 4

Brincadeira e exploração como currículo 71

O que você vê? 71

Papéis dos adultos na brincadeira 74

   Configurando o ambiente para favorecer a brincadeira 75

   Estimulando interações e recuando 76

Sumário detalhado xxiii

OBSERVAÇÃO EM VÍDEO 4: Crianças brincando lá fora 77

Auxiliando na resolução de problemas 77

Observar 78

Fatores ambientais que influenciam a brincadeira 80

　Tamanho do grupo e faixa etária 80

　OS PRINCÍPIOS EM AÇÃO: Princípio 2 80

　Configurando o ambiente para favorecer a brincadeira 81

　Acontecimentos 82

　Liberdade de escolha 83

　O problema da combinação 84

　Prática apropriada 86

Resumo 87

Recursos *on-line* 87

Expressões-chave 88

Questões para reflexão/atividades 88

Referências 88

Leituras Complementares 89

Parte II Foco na criança 91

Capítulo 5

Apego 93

O que você vê? 93

Estudo do cérebro 94

Etapas do apego 97

　OS PRINCÍPIOS EM AÇÃO: Princípio 9 98

Medindo o apego 100

　OBSERVAÇÃO EM VÍDEO 5: Criança "checando a base" enquanto brinca com cadeiras 101

　CAMINHOS DO DESENVOLVIMENTO: Apego 102

Questões de apego 102

Crianças com necessidades especiais: a importância da intervenção precoce 105

　O que é intervenção precoce? 105

　CAMINHOS DO DESENVOLVIMENTO: Comportamentos que demonstram apego 106

Resumo 108

Recursos on-line 108

Expressões-chave 109

Questões para reflexão/atividades 109

Referências 110

Leituras Complementares 111

Capítulo 6

Percepção 113

O que você vê? 113

Integração sensorial 114

Audição 116

　OBSERVAÇÃO EM VÍDEO 6: Menino explorando carrinho de brinquedo por meio do tato e da audição 117

Olfato e paladar 118

Tato 118

　OS PRINCÍPIOS EM AÇÃO: Princípio 7 120

Visão 121

Experiências multissensoriais e o ambiente ao ar livre 122

Crianças com necessidades especiais: educando famílias sobre o plano de serviço familiar individualizado (IFSP) 123

　CAMINHOS DO DESENVOLVIMENTO: Comportamentos que demonstram o desenvolvimento da percepção 125

Resumo 127

Recursos *on-line* 127

Expressões-chave 128
Questões para reflexão/atividades 128
Referências 128
Leituras Complementares 129

Capítulo 7

Habilidades motoras 131

O que você vê? 131

Crescimento físico e habilidades motoras 132

Crescimento cerebral e desenvolvimento motor 133

Reflexos 135

Habilidades motoras amplas e locomoção 135

> OS PRINCÍPIOS EM AÇÃO: Princípio 10 136
>
> OBSERVAÇÃO EM VÍDEO 7: Crianças subindo degraus 137

Habilidades motoras finas e manipulação 141

Incentivando o desenvolvimento motor 142

•• Crianças com necessidades especiais: encontrando recursos 148

> CAMINHOS DO DESENVOLVIMENTO: Comportamentos que evidenciam o desenvolvimento das habilidades motoras 151

Resumo 153

Recursos *on-line* 153

Expressões-chave 154

Questões para reflexão/atividades 154

Referências 154

Leituras Complementares 155

Capítulo 8

Cognição 157

O que você vê? 157

A experiência cognitiva 158

Experiência sensório-motora: Piaget 159

Influências socioculturais: Vygotsky e Piaget 161

> OS PRINCÍPIOS EM AÇÃO: Princípio 8 168

Apoiando o desenvolvimento cognitivo 168

Aprendizado baseado no cérebro 170

> OBSERVAÇÃO EM VÍDEO 8: Pai trocando fraldas de criança 171

•• Crianças com necessidades especiais: inclusão na primeira infância 172

> CAMINHOS DO DESENVOLVIMENTO: Comportamentos que demonstram o desenvolvimento da cognição 173

Resumo 176

Recursos *on-line* 176

Expressões-chave 177

Questões para reflexão/atividades 178

Referências 178

Leituras Complementares 179

Capítulo 9

Linguagem 181

O que você vê? 181

A progressão do desenvolvimento da linguagem 182

  Linguagem receptiva 184

  Linguagem expressiva 184

O que a linguagem possibilita para a criança: o *link* cognitivo 185

OBSERVAÇÃO EM VÍDEO 9: Crianças
comendo à mesa com o
cuidador 186

O cérebro e o desenvolvimento precoce da linguagem 187

Incentivando o desenvolvimento linguístico 188

OS PRINCÍPIOS EM AÇÃO: Princípio 3 190

Alfabetização precoce 190

Diferenças culturais, bilinguismos e aprendizes de duas línguas 193

Crianças com necessidades especiais: apoiando pais e famílias 196

CAMINHOS DO DESENVOLVIMENTO:
Comportamentos que demonstram o desenvolvimento da linguagem 198

Resumo 200

Recursos *on-line* 200

Expressões-chave 201

Questões para reflexão/atividades 202

Referências 202

Leituras Complementares 203

Capítulo 10

Emoções 205

O que você vê? 205

O desenvolvimento das emoções e dos sentimentos 206

Temperamento e resiliência 208

Ajudando bebês e crianças a lidar com medos 211

Ajudando bebês e crianças a lidar com a raiva 213

OBSERVAÇÃO EM VÍDEO 10: Criança
tentando ter sua vez no
balanço 215

OS PRINCÍPIOS EM AÇÃO: Princípio 6 216

Técnicas de autorrelaxamento 216

Desenvolvendo autodirecionamento e autorregulação 217

O cérebro emocional 219

Crianças com necessidades especiais: desafios e tendências 221

CAMINHOS DO DESENVOLVIMENTO:
Comportamentos que evidenciam o desenvolvimento das emoções 224

Resumo 225

Recursos *on-line* 225

Expressões-chave 227

Questões para reflexão/atividades 227

Referências 228

Leituras Recomendadas 229

Capítulo 11

Habilidades sociais 231

O que você vê? 231

OS PRINCÍPIOS EM AÇÃO: Princípio 4 233

Comportamentos sociais precoces 233

Estágios do desenvolvimento psicossocial 234

Confiança 234

Autonomia 237

Iniciativa 237

Orientação e disciplina 238

Segurança e controle para bebês 238

Limites para crianças pequenas 238

Ensinando habilidades pró-sociais 241

Promovendo um crescimento cerebral saudável 241

OBSERVAÇÃO EM VÍDEO 11: Meninas
brincando juntas 243

- A necessidade especial de todas as crianças: autoestima 244

  CAMINHOS DO DESENVOLVIMENTO: Comportamentos que evidenciam o desenvolvimento das habilidades sociais 246

Resumo 247

Recursos on-line 247

Expressões-chave 248

Questões para reflexão/atividades 248

Referências 248

Leituras Complementares 248

Parte III Foco no programa 249

Capítulo 12

O ambiente físico 251

O que você vê? 251

Um ambiente seguro 252

  Criando um ambiente físico seguro: lista de verificação 252

Um ambiente saudável 253

  Criando um ambiente saudável e higiênico: lista de verificação 253

  Nutrição 254

  Alimentando bebês 255

  OBSERVAÇÃO EM VÍDEO 12: Rotina de alimentação 256

O ambiente do aprendizado 257

  Aparência 258

  Comer 262

  Dormir 262

  Trocar fraldas 262

  Ir ao banheiro 262

Adequação ao desenvolvimento 262

  Ambientes apropriados para bebês 263

  Ambientes apropriados para crianças pequenas 263

  Lares assistenciais e grupos de idades mistas 264

  OS PRINCÍPIOS EM AÇÃO: Princípio 8 264

  O que deve ter na área de brincar 265

  Brinquedos e materiais para ambientes fechados 268

  Brinquedos e materiais para ambientes externos 268

Analisando a qualidade de um ambiente para bebês e crianças 269

  Equilibrando o suave e o duro 269

  Estimulando oportunidades de intrusão e reclusão 270

  Encorajando a mobilidade 270

  A dimensão aberto/fechado 270

  A dimensão simples/complexa 271

  Escala 271

  Estética 271

  Acústica 271

  Ordem 272

Resumo 275

Recursos on-line 275

Expressões-chave 276

Questões para reflexão/atividades 276

Referências 276

Leituras Complementares 277

Capítulo 13

O ambiente social 279

O que você vê? 279

Formação de identidade 280

  OS PRINCÍPIOS EM AÇÃO: Princípio 1 280

  Apego 281

Autoimagem 282

• Identidade cultural 283

   Identidade de gênero 286

   Autoconceito e disciplina 288

   OBSERVAÇÃO EM VÍDEO 13:
   Criança na caixa de areia (redirecionamento) 289

Dando exemplo de autoestima cuidando de si mesmo 291

Resumo 294

Recursos *on-line* 294

Expressões-chave 295

Questões para reflexão/ atividades 296

Referências 296

Leituras Complementares 296

Capítulo 14

Relações adultas em programas de educação e cuidados infantis 299

O que você vê? 299

Relações pais/cuidadores 300

   Estágios da relação pais/ cuidadores 300

   Comunicação com os pais e/ou membros da família 301

   OS PRINCÍPIOS EM AÇÃO: Princípio 3 301

   Plano de serviço: foco na criança 302

   Plano de serviço: foco na família 302

   Obstáculos da comunicação 303

   Iniciando a comunicação 304

• Problemas enfrentados por pais de crianças com necessidades especiais 305

   Educação dos pais 308

• Problemas enfrentados por pais de crianças com necessidades especiais 308

   OBSERVAÇÃO EM VÍDEO 14: Menina engatinhando ao lado de uma janela baixa (*Parent Ed Program*) 309

   Profissionais de primeiros cuidados e educação 309

   Relacionando-se com os pais de uma criança que não vai bem 310

Relações com o cuidador 311

   O provedor de assistência infantil familiar 311

   A equipe da creche 311

Respeito como a chave das relações adultas 312

Resumo 315

Recursos *on-line* 315

Expressões-chave 316

Questões para reflexão/atividades 316

Referências 316

Leituras Complementares 317

Apêndice A

Qualidade em programas para bebês e crianças: lista de verificação 319

Apêndice B

Quadro do ambiente 321

Notas 333

Glossário 337

Créditos 343

Padrões de programa da NAEYC para acreditação 345

Índice 347

PARTE I
Foco no cuidador

CAPÍTULO 1
Princípios, práticas
e currículo

CAPÍTULO 2
Educação de crianças
e bebês

CAPÍTULO 3
O cuidado como
currículo

CAPÍTULO 4
Brincadeira e exploração
como currículo

Capítulo 1
Princípios, práticas e currículo

Questões em foco

Depois de ler este capítulo, você deve estar apto a responder às seguintes perguntas:

1 Quais são os tipos de interação que se desenvolvem nas relações, importantes no cuidado e na educação de bebês e crianças?
2 O que é um exemplo de comportamento adulto que demonstra respeito por uma criança ou um bebê?
3 Quais são algumas das expressões-chave de, no mínimo, 5 dos 10 princípios de cuidados e educação de bebês e crianças?
4 Você consegue definir a palavra currículo quanto à sua aplicação na educação e nos cuidados de bebês e crianças?
5 Qual o papel dos adultos no currículo de bebês e crianças?
6 Quais são as três bases de conhecimento das práticas apropriadas ao desenvolvimento, segundo a National Association for the Education of Young Children (NAEYC, dos Estados Unidos?

O que você vê?

Uma bebê de cinco meses está deitada no chão com muitos brinquedos ao seu alcance. Ela está contente e observando os cinco outros bebês e crianças que estão na sala com ela. Pegando alguma coisa aqui e outra ali, ela acaricia um brinquedo primeiro com os olhos, depois com as mãos. Se olharmos mais de perto, podemos perceber certa umidade na região das nádegas, sob sua roupa. A criança ouve um passo, e seus olhos se movem em direção ao som. Então vemos um par de pernas e pés se movendo na direção na criança. Uma voz diz: "Caitlin, estou vendo como você está conseguindo se virar".

As pernas se movem para perto do cobertor, e Caitlin olha para os joelhos em sua frente. Os olhos dela brilham à medida que o resto da pessoa aparece no seu campo visual. Um rosto gentil se aproxima. Caitlin sorri e balbucia algo. A cuidadora responde e depois repara na umidade da roupa. "Oh, Caitlin, você precisa ser trocada", ela diz. Caitlin responde sorrindo e balbuciando.

Abrindo os braços, a cuidadora diz "Vou pegar você agora". Caitlin responde aos gestos e às palavras com um movimento corporal leve. Ela continua sorrindo e balbuciando. A cuidadora a retira do chão e caminha em direção ao trocador.

Você percebeu que há muito mais coisas acontecendo do que simplesmente uma troca de fraldas? A cena ilustra muitos dos princípios básicos deste livro. Pense nisso conforme prosseguir a leitura. Você sabe o que significa respeitar um bebê como pessoa? Responderemos a esta questão quando voltarmos à cena descrita, mais adiante.

Este livro se baseia em uma filosofia de cuidados com bebês e crianças resumida em um currículo (ou estrutura) de 10 princípios para a prática. Trata-se de uma filosofia baseada na obra de duas pioneiras em cuidados e educação de bebês e crianças: Emmi Pikler e Magda Gerber. Pikler foi uma pediatra húngara que começou a se envolver em grupos de assistência a crianças em 1946, depois da Segunda Guerra Mundial, quando criou um orfanato para crianças com menos de três anos. O local, que hoje se chama Pikler Institute, continua funcionando sob a direção da filha dela, Anna Tardos. Magda Gerber, amiga e colega de Pikler, levou os seus conhecimentos para os Estados Unidos em 1956 e criou um programa chamado Resources for Infant Educarers (RIE). Os seguidores dela nos Estados Unidos e no resto do mundo têm treinado cuidadores e pais desde 1976. Apesar de a abordagem de Pikler e a filosofia de Gerber não serem idênticas, estão em sintonia.

Reflita

Quando você esteve envolvido em uma interação respeitosa, positivamente reativa e recíproca? Descreva como foi. Depois compare a descrição com alguma experiência que tenha tido com uma interação desrespeitosa, negativamente reativa e não recíproca. Quais são as implicações de suas experiências no trabalho com bebês e crianças?

Relações, interações e os três Rs

Relacionamento é uma expressão-chave no que diz respeito aos cuidados e à educação de bebês e crianças. Na cena de abertura, você viu um exemplo de como interações como aquela entre Caitlin e o cuidador adulto podem levar a uma relação próxima e baseada no respeito. Relações entre cuidadores[1] e crianças muito pequenas não acontecem por acaso. Elas se desenvolvem a partir de uma série de interações. Logo, **interação,** isto é, o efeito que uma pessoa tem sobre outra, é também uma expressão-chave. Mas as relações não se desenvolvem a partir de qualquer tipo de interação; elas se desenvolvem a partir daquelas que são *respeitosas, positivamente reativas* e *recíprocas.* Você pode pensar nelas como os três Rs da educação e dos cuidados com bebês e crianças, ou como **interações de três Rs.** A interação da cuidadora com Caitlin foi positivamente reativa – a cuidadora respondeu à criança, e a criança, a ela. As reações foram recíprocas, ou seja, do tipo "dar e receber", criando uma cadeia de interação, em que cada reação é incentivada pela anterior e leva à próxima reação da outra pessoa. A diferença entre positivamente reativo e recíproco pode ser difícil de entender. Quando um cuidador é positivamente reativo, isso significa que ele presta atenção no que a criança começa a fazer e responde a isso. Reciprocidade diz respeito a toda uma cadeia de reações, que vão e voltam, entre o cuidador e o bebê. Cada reação é dependente da que a precede. E o que elas têm de respeitosas?

Comportamentos que indicam respeito podem não ser tão óbvios quanto aqueles que indicam reações positivas e reciprocidade. Você percebeu que a cuidadora caminhou até onde estava Caitlin de modo que a criança pudesse vê-la chegar? A cuidadora conscientemente diminuiu o passo e fez contato antes de checar se Caitlin precisava trocar as fraldas. Não são raros os cuidadores que correm até a criança e apalpam o bebê de modo inesperado, sentindo como está a fralda sem a mínima preocupação em reconhecer quem está dentro dela. Imagine como você se sentiria se fosse um bebê. É uma falta de respeito. Porém, em vez disso, a cuidadora de Caitlin iniciou uma conversa, falando com a bebê. Ela deu continuidade a isso respondendo aos sorrisos e balbucios de Caitlin. Ela também lhe avisou sobre o que ia fazer antes de fazê-lo. Essa cena ilustra a cadeia de interações positivamente reativas, que é a base de um cuidado eficiente. Uma série de interações como essa, da troca de fraldas, constrói uma parceria entre o bebê e o cuidador. O sentimento de ser parte de um time, e não apenas um objeto manipulável, é vital para o desenvolvimento como um todo. Interações recíprocas como essa promovem o apego entre a criança e o cuidador. Outro benefício de uma série de interações como essa é que o bebê desenvolve um espírito de cooperação. Os observadores novatos do Pikler Institute ficam surpresos ao ver como os bebês em suas primeiras semanas de vida demonstram cooperação. E tal espírito de cooperação não desaparece – ele se torna um hábito duradouro!

Rotinas de cuidados e oportunidades para interações de três Rs

Não é por acaso que o primeiro exemplo deste livro é uma interação envolvendo a troca de fraldas. Há uma mensagem aqui. Relações podem se desenvolver a partir de qualquer tipo de interação, mas especialmente durante aquelas que ocorrem enquanto os adultos estão dando conta das atividades essenciais da vida diária, às vezes chamadas rotinas de cuidados. Pense em como a hora da troca de fraldas é um momento em que cuidadores e crianças estão frente a frente, no "um a um". Se contar todas as trocas de fraldas da vida de uma criança, provavelmente você chegará a um número entre quatro e cinco mil. Imagine as oportunidades que seriam perdidas se os adultos focassem apenas na atividade, considerando-a apenas uma tarefa a ser cumprida, e não se importassem em interagir com a criança. E isso acontece muito, porque uma prática de troca de fraldas comum envolve distrair a criança de alguma forma – com frequência com um brinquedo ou algo interessante que ela possa ficar olhando. Então o cuidador foca apenas na tarefa, manipulando o corpo da criança com pressa, querendo que aquilo acabe logo. Isso é oposto do que defendemos.

Pode parecer que qualquer pessoa calorosa e amigável está apta a cuidar de crianças, e que qualquer um que tenha paciência pode lidar com bebês. Com certeza essas são características valiosas em cuidadores, mas cuidar de crianças menores de três anos envolve mais do que apenas agir por instinto ou movido por aquilo que parece funcionar. Se você retomar a cena de abertura, talvez você perceba que a cuidadora estava fazendo mais do que somente o que parecia certo. Ela foi treinada em um tipo específico de modo de cuidar. Na verdade, o que você viu foi uma cuidadora cujo treinamento foi baseado no RIE, o programa que Magda Gerber criou. Você viu uma cuidadora que poderia ter sido treinada tanto no RIE quanto no Pikler Institute, de Budapeste.

Dez princípios baseados na filosofia do respeito

Agora, vamos ver os 10 princípios que compõem a base deste livro, inspirados pela obra de Magda Gerber, que começou a formulá-los nos anos 1970:

1. Envolva bebês e crianças nas coisas que dizem respeito a eles. Não os despiste ou distraia para cumprir as tarefas mais rapidamente.

2. Invista no tempo de qualidade, aquele em que você fica totalmente disponível para um bebê ou uma criança específica. Não se contente em participar de um grupo de supervisão que não foca (mais do que brevemente) em crianças específicas.

3. Aprenda as formas únicas por meio das quais as crianças se comunicam (choros, palavras, movimentos, gestos, expressões faciais, posições do corpo) e ensine as suas. Não subestime a capacidade da criança de se comunicar, mesmo que suas habilidades linguísticas sejam mínimas ou inexistentes.

4. Invista tempo e energia para construir uma pessoa completa (concentre-se na "criança como um todo"). Não foque apenas no desenvolvimento cognitivo ou olhe para isso como separado do desenvolvimento completo.

5. Respeite bebês e crianças como pessoas valiosas. Não os trate como objetos ou pequenas pessoas fofinhas e sem cérebro que podem ser manipuladas.

6. Seja honesto em relação aos seus próprios sentimentos por bebês e crianças. Não finja sentir algo que não sente ou não sentir algo que sente.
7. Seja o modelo do comportamento que você quer ensinar. Não pregue.
8. Encare os problemas como oportunidades de aprendizado e deixe que os bebês e crianças os resolvam eles mesmos. Não tente salvá-los de todos os problemas, não os facilite o tempo todo nem tente proteger as crianças deles.
9. Construa segurança ensinando confiança. Não ensine desconfiança, mostrando-se como alguém muito inconsistente ou de quem não se pode depender.
10. Preocupe-se com a qualidade do desenvolvimento em cada estágio. Não apresse bebês e crianças para que atinjam metas de desenvolvimento.

Vamos olhar mais de perto para cada um dos princípios.

Padrões do programa NAEYC 1, 2 e 3
Relacionamento, currículo e ensino

Princípio 1: Envolva bebês e crianças nas coisas que dizem respeito a eles

Caitlin não é apenas um recipiente das ações da cuidadora; ela participa do que acontece com ela. Ela e sua cuidadora fazem coisas juntas. Se a cuidadora de Caitlin tivesse dado a ela um brinquedinho para distraí-la durante a troca de fraldas, a tônica da cena teria sido outra. O clima de parceria teria desaparecido, e, no seu lugar, teríamos uma criança distraída e uma cuidadora lidando com uma bundinha suja e uma fralda molhada, em vez de com o bebê como um todo. Ou, se ela tivesse distraído Caitlin com outro tipo de entretenimento, a cuidadora poderia ter atraído a atenção do bebê, mas o foco teria sido em diversão e brincadeira, e não na tarefa que precisa ser realizada.

O objetivo principal da cuidadora nessa cena foi manter Caitlin envolvida na interação, assim como mantê-la focada no seu corpo e no que estava acontecendo com ele. Assim, a troca de fraldas se tornou uma "experiência educativa", por meio da qual Caitlin ampliou a sua capacidade de atenção e cooperação, além de sua consciência corporal. Uma série de experiências como essa oferecerá a Caitlin uma educação em relações humanas, a partir da qual ela poderá construir as suas concepções de vida e a sua própria visão sobre as pessoas.

Existe um rumor de que bebês e crianças teriam baixa capacidade de atenção. Algumas pessoas dizem que eles não prestam atenção em nada durante muito tempo. Você pode testar essa crença por si mesmo. Observe um bebê ou uma criança realmente envolvidos em alguma coisa que lhes diz respeito e os interessa. Cronometre a quantidade de tempo que ela investe na tarefa ou no que está acontecendo. Você pode se surpreender com a quantidade de tempo que os bebês e crianças investem em algo quando estão interessados, justamente porque estão envolvidos.

Pense no tempo investido, na sua própria vida, em algum momento em que você estava envolvido em uma interação respeitosa, positivamente reativa e recíproca. Isso pode acontecer quando alguém está ensinando algo a você. Ou pode acontecer quando você está no consultório médico. Você consegue usar a sua própria experiência para entender os benefícios que os bebês obtêm quando se envolvem em coisas que lhes dizem respeito?

Princípio 2: Invista no tempo de qualidade

O que aconteceu entre Caitlin e sua cuidadora é um bom exemplo de um tempo de qualidade. A cuidadora estava completamente presente. Ou seja, ela estava prestando atenção no que acontecia; seus pensamentos não estavam em outro lugar. E com que frequência as tarefas de cuidado são feitas automaticamente, sem que o cuidador e a criança estejam presentes de outra forma que não física!

Dois tipos de tempo de qualidade Magda Gerber chamou o tipo de tempo de qualidade ilustrado pela cena da troca de fraldas de

tempo de qualidade querer-algo. O adulto e a criança estão envolvidos em uma tarefa que o cuidador organizou. Trocar fraldas, alimentar, dar banho e vestir uma criança são tarefas que se encaixam nessa categoria de tempo de qualidade. Se o cuidador presta atenção na criança e pede que a criança retribua essa atenção, a quantidade de qualidade de tempo aumenta. Em programas de assistência a crianças, isso pode gerar interações "um a um", o que pode ser difícil de ocorrer em uma configuração de grupo. O tempo de qualidade querer-algo é educativo. Você verá mais exemplos desse tipo de tempo de qualidade ao longo do livro.

Outro tipo de tempo de qualidade igualmente importante é o que Magda Gerber chamou de **tempo de qualidade não-querer-nada**. Isso acontece quando os cuidadores se mostram disponíveis sem coordenar a situação – por exemplo, quando um cuidador apenas senta junto ao bebê, totalmente disponível e positivamente reativo, porém não no comando. Apenas sentar junto aos bebês enquanto eles brincam e responder em vez de iniciar algo são exemplos desse tipo de tempo de qualidade (veja exemplos mais específicos no Capítulo 4).

*Floor time** é uma variação do tempo de qualidade não querer-nada, que o Child-Family Study Center (Centro de Estudos Criança-Família), da Universidade da Califórnia, em Davis, usa em seu programa para bebês. *Floor time* é um conceito creditado à obra de Stanley Greenspan. Quando uma criança exibe um comportamento difícil, em vez de colocá-la em tempo de espera tentando ignorá-la, os cuidadores fazem o oposto. São estipulados 30 minutos de tempo "um a um" para a criança passar com um adulto, cujo único objetivo é ser *positivamente reativo* a essa criança, e apenas a essa criança. O adulto senta no chão e fica disponível para a criança. O ambiente é convidativo à brincadeira, já que existem brinquedos interessantes ao alcance da criança. O adulto não planeja nem espera nada, apenas

espera para ver o que criança irá fazer e então responde. Trata-se do oposto da abordagem comum em programas em que professores e cuidadores se tornam cada vez mais direcionadores diante de um comportamento difícil.

No Child-Family Study Center, os adultos são direcionadores apenas quando removem alguma criança da sala de aula. Eles explicam o que estão fazendo, mas não usam um tom punitivo ou que possa envergonhar a criança. *Floor time* pode parecer algo como ser mandado para a diretoria, mas é mais como brincar de terapia. Contudo, os membros da equipe não são terapeutas, e *floor time* não é terapia. É apenas um tempo de qualidade não querer-nada. Por meia hora a criança recebe atenção total.

Reflita

Pense sobre os benefícios do tempo de qualidade para uma criança. Você consegue se lembrar de alguma vez em que alguém esteve totalmente disponível para você sem querer direcionar nada? Você consegue entender, a partir da sua própria experiência, como isso pode beneficiar uma criança?

Será que uma atenção tão concentrada "estraga" a criança? Não. De acordo com as pesquisas, essa abordagem funciona miraculosamente. Sua efetividade parece ter a ver com o fato de que atende às necessidades da criança.

Muitos terapeutas atestam os benefícios de estar totalmente presente diante de alguém sem ser direcionador, no entanto, a maioria de nós raramente recebe esse tipo de atenção das pessoas em nossas vidas. Pense um pouco no quanto seria prazeroso ter toda a atenção de alguém à sua disposição e comando por mais do que um breve momento.

Esse tipo de tempo de qualidade é fácil de oferecer, mas com frequência é mal compreendido ou subestimado. Alguns cuidadores sentem que não estão fazendo seu trabalho se apenas sentam no chão onde os bebês e as crianças brincam. Eles querem fazer o papel de professores, que interpretam como "ensinar algo". É muito difícil para a maioria dos adultos sentar ao redor de crianças pequenas e não dirigir a situação. Ser receptivo e positivamente reativo é uma habilidade que a maioria dos adultos precisa aprender, pelo visto ela não ocorre naturalmente.

Outro tipo de tempo de qualidade – talvez o tipo de maior conhecimento geral – é o que

---

*N. de R. T.: Expressão em inglês que significa, literalmente, tempo no chão. Ver o significado proposto pelas autoras no Glossário (p. 340).

diz respeito à atividade compartilhada. A vez de iniciar a atividade é intercalada entre o adulto e a criança durante os períodos de brincadeira, enquanto um aproveita a companhia do outro. Esses períodos são com frequência recompensadores para o adulto, e de uma forma que os outros dois tipos de tempo de qualidade não são.

A quantidade certa de tempo de qualidade Um aspecto interessante do tempo de qualidade é que "aos poucos se vai longe". Ninguém quer (ou suporta) uma interação intensa o tempo todo. Uma habilidade importante a ser desenvolvida é a de entender as dicas do bebê que dizem "Já tive o bastante! Por favor, me deixe em paz". Alguns bebês muito pequenos demonstram isso simplesmente dando as costas – ou mesmo caindo no sono. Crianças (e adultos) precisam ficar sozinhas às vezes. Embora privacidade não seja uma questão em todas as famílias, para algumas é um valor cultural forte. Em programas de assistência a bebês e crianças e no cuidado familiar é difícil ter um tempo sozinho. Algumas crianças conseguem ficar sozinhas apenas quando dormem. Outras podem se voltar para o próprio interior e ignorar o que acontece à sua volta. Os adultos podem ajudar as crianças pequenas a adquirirem seu tempo privado com a configuração de pequenos espaços (veja "Um ambiente seguro", no Capítulo 12).

Quando as pessoas nunca conseguem ficar sozinhas, descontam isso caindo no sono, não prestando atenção, permanecendo num lugar fisicamente, mas em outro mentalmente. Essa atitude se torna um hábito e, então, quando essa pessoa passa algum tempo com outras pessoas, ela parece estar ali sempre "pela metade". Momentos de estar "pela metade", mesmo que muitos deles, nunca se igualam aos momentos de estar "totalmente".

Conseguir "desligar-se" é uma questão tanto para cuidadores quanto para crianças e bebês. Nenhum adulto pode ter a expectativa de estar complemente presente e disponível o dia inteiro, todos os dias. Tanto as necessidades dos adultos quanto as das crianças tendem a ser satisfeitas nos programas em que os adultos são cuidadores eficientes.

É claro que a vida de todos está cheia de momentos que não são nem tempos de qualidade nem tempos privados. As crianças precisam aprender a viver em um mundo confuso e cheio de pessoas. Elas estão fadadas a serem ignoradas algumas vezes. A questão é que existe uma diferença entre tempo de qualidade e outros tipos de momentos, e a criança merece (e precisa de) certa quantidade de tempo de qualidade em sua vida.

O tempo de qualidade é construído na rotina diária, quando os momentos de trocar fralda, vestir e alimentar a criança se tornam ocasiões para interações íntimas "um a um". Em grupos de assistência, quando um cuidador é responsável por muitos bebês ou por um pequeno grupo de crianças, prestar atenção em apenas uma criança pode ser difícil, a não ser que os cuidadores se liberem uns aos outros, fazendo rodízio para cuidar do resto das crianças. É papel do diretor garantir que cada cuidador seja às vezes liberado da responsabilidade por outras crianças que não aquela que ele está trocando ou alimentando. Isso significa que focar em uma criança não só deve ser permitido como deve até mesmo ser estimulado entre os cuidadores.

Nos cuidados de crianças em família em que não há apenas um adulto, o cuidador não tem a quem recorrer quando alimenta ou troca um bebê. No entanto, os cuidadores podem focar em apenas uma criança configurando um ambiente seguro para ela e estimulando as outras a brincarem sozinhas. É claro que o cuidador em questão deve ficar de olho no resto do grupo – uma habilidade que pode ser desenvolvida com a prática. É lindo ver um cuidador experiente dar total atenção a uma criança e ainda assim perceber uma atitude perigosa ou proibida em outra parte da sala.

Princípio 3: Aprenda as formas únicas por meio das quais as crianças se comunicam e ensine-as as suas

Repare em como funcionou a comunicação entre Caitlin e sua cuidadora. A cuidadora falou diretamente com Caitlin sobre o que iria fazer, realizando movimentos corporais condizentes com suas palavras. Caitlin usou o corpo, as expressões faciais e a voz para comunicar suas reações. A cuidadora respondeu às reações dela interpretando, perguntando e discutindo. A cuidadora não começou uma tagarelice sem fim... Ela disse pouco, mas o que disse tinha muito significado, e esse significado foi reforçado por suas ações. Ela ensinou Caitlin a prestar atenção, e não a relaxar. Ela ensinou que falar é comunicação, e não distração. Ela ensinou palavras e linguagem contextualizadas, falando naturalmente, e não repetindo palavras muitas vezes ou usando linguajar infantil. Ela também se comunicou usando o corpo e com outros sons que não palavras e reagiu positivamente à comunicação de Caitlin (sons, expressões faciais e movimentos corporais). A comunicação entre Caitlin e sua cuidadora foi além das palavras.

Pense em alguém que você conhece muito bem. Se você fizer uma lista das formas de comunicação não verbal que essa pessoa usa, você irá perceber como cada um de nós possui um sistema único. Ninguém conhece tanto o sistema do bebê ou da criança quanto aqueles aos quais esse bebê ou criança é apegado. Por essa e por outras razões, os programas para bebês ou crianças devem estimular o apego entre as crianças e os cuidadores.

É também importante ressaltar aqui que cada um de nós utiliza um sistema de linguagem corporal que é particular da nossa

Reflita

Pense em alguém que você conhece muito bem. Você consegue visualizar essa pessoa se comunicando sem usar palavras?

OBSERVAÇÃO EM VÍDEO 1
Choro do bebê

Veja a Observação em *Vídeo 1: Choro do Bebê* para uma ilustração de alguns dos princípios expostos no Capítulo 1. Você verá um bebê chorando. Não se trata de um meio único de se comunicar, mas é comunicação. A cuidadora se aproxima e pega o bebê. Perceba como ela vem pela frente e não pelo lado ou por trás. Isso é um sinal de respeito, pois demonstra que ela não quer assustar o bebê.

Questões

- Como um bebê comunica que precisa de algo?
- Como o cuidador prepara o bebê antes de tomá-lo nos braços?
- Perceba que a criança está deitada de costas. Você sabe o motivo? Caso não, você descobrirá ao longo deste livro.

Para assistir a esse vídeo, entre em www.grupoa.com.br, acesse a página do livro por meio do campo de busca e clique em Conteúdo Online.

cultura e que inclui particularidades relacionadas ao gênero e talvez também à classe social. Um exemplo simples dessa diferença é a forma como mulheres e homens cruzam as pernas na cultura dos homens brancos, norte-americanos e de origem europeia. Outro exemplo é o modo de andar contrastante entre mulheres e homens afro-americanos. Estamos falando de posições e movimentos inconscientes, mas que aqueles que pertencem à cultura reconhecem perfeitamente. As crianças aprendem as bases de sua comunicação não verbal com os adultos presentes em suas vidas, assim como ao criar sua linguagem corporal específica.

Por fim, os bebês passam a depender mais de palavras para se expressarem, em adição a outras formas de comunicação. Eles aprendem a expressar necessidades, vontades, ideias e sentimentos de forma mais clara. Eles também aprendem a gostar da linguagem por si mesma – começam a brincar com palavras, frases e sons. As reações dos adultos a isso e o incentivo ao uso da linguagem facilitam o desenvolvimento da criança nesse aspecto. No fim da primeira infância a maioria das crianças já consegue se expressar com palavras, embora continue a usar a comunicação não verbal pelo resto da vida.

É importante notar que algumas culturas não só valorizam como dependem mais de trocas verbais do que outras. Os europeus e americanos tendem a usar uma comunicação direta. Como os bebês não podem falar (na verdade, a origem da palavra *infant* já data de algo entre o inglês medieval e o francês antigo, em que há uma combinação de *in* ["não"] e *fans* ["falar"]), os pesquisadores da Universidade da Califórnia, em Davis, descobriram que podem estabelecer comunicação direta com os bebês ensinando-os um sistema gestual chamado *baby signs* (ACREDOLO; GOODWYN, 1996). Cuidadores provenientes de culturas altamente verbais precisam ser ainda mais atentos a crianças que usam muita comunicação não verbal em vez de palavras (GONZALES-MENA, 2008).

Crianças pequenas precisam ver adultos usando palavras que condizem com a sua comunicação não verbal. Se os movimentos faciais e corporais dizem uma coisa e as palavras dizem outra, as crianças recebem mensagens dúbias, que atrapalham a verdadeira comunicação. Elas não apenas começam a ter problemas quanto a decidir em quem acreditar, como também tomam o adulto como modelo e aprendem a também transmitir mensagens dúbias. Por isso a comunicação clara é importante.

Princípio 4: Invista tempo e energia para construir uma personalidade completa

Recentes pesquisas relacionadas ao cérebro sustentam que o objetivo deve ser construir uma personalidade completa, em vez de focar apenas no desenvolvimento cognitivo. Devido a toda polêmica a respeito de quando a criança estaria pronta para frequentar a escola, alguns pais se dão conta de que os primeiros anos são fundamentais para o crescimento intelectual. Tenham eles ou não ouvido falar de pesquisas relacionadas ao cérebro, talvez eles esperem notar alguma evidência de que os cuidadores estão proporcionando "atividades cognitivas". O conceito deles de atividades cognitivas pode estar baseado no que sabem sobre pré-escola. Pode ser que eles esperem que os cuidadores ensinem noções como cores, formas ou mesmo números e letras, por meio de uma abordagem centrada na atividade.

No entanto, os cuidadores, que também se preocupam com o desenvolvimento intelectual, podem pensar que a forma de estimular isso envolve equipamentos específicos, exercícios e atividades especializadas. Os livros e programas estão sempre prontos a, como eles dizem, "estimular o desenvolvimento cognitivo". Os catálogos e as lojas estão cheios de brinquedos, equipamentos e outras engenhocas que prometem deixar os bebês mais espertos. É claro que proporcionar um ambiente cheio de coisas interessantes é desejável. E, sim, isso pode acelerar o desenvolvimento cognitivo. Mas tome cuidado se você está pensando que pode estimular o desenvolvimento cognitivo sem trabalhar, ao mesmo tempo, os desenvolvimentos físico, social e emocional. Não são os brinquedinhos inteligentes ou as conhecidas como atividades "de aprendizado" que vão fazer diferença, e sim o dia a dia, as relações, as experiências, as trocas de fralda, a alimentação, o treinamento no toalete, a brincadeira e a exploração livre que irão contribuir para o desenvolvimento intelectual. E são essas mesmas experiências que ajudarão as crianças a progredir também física, social e emocionalmente.

Pense no quão rica será para Caitlin a experiência de trocar as fraldas. Ela estará imersa em um *input* **sensorial** – visual, auditivo, tátil, olfativo. Com que frequência os pais não são aconselhados a pendurar um móbile em cima da mesa de trocar fraldas, a fim de que a troca de fraldas seja uma "experiência educativa"? E quão limitada não é a experiência com o móbile quando comparada a essa que Caitlin tem com um cuidador respeitoso, positivamente reativo e recíproco, sem nada pendurado sobre sua cabeça para distraí-la?

Repare também que algumas culturas não são tão preocupadas com o desenvolvimento cognitivo quanto outras. Algumas têm uma configuração diferente de prioridades; apenas manter o bebê saudável pode ser a principal preocupação. Tais famílias não passam muito tempo se preocupando com o quanto as experiências da primeira infância podem influenciar o sucesso acadêmico, depois, na vida adulta.

Princípio 5: Respeite bebês e crianças como pessoas valiosas

Respeito não era uma palavra comumente associada a crianças pequenas até Magda Gerber introduzir o conceito. As preocupações mais comuns ligadas ao respeito são de outra linha, relativa a como os adultos exigem (ou desejam) que as crianças os respeitem. Não existe melhor modo de conquistar respeito para si mesmo do que ser um modelo para crianças.

O que significa respeitar uma criança? A cena da troca de fraldas dá um bom exemplo. Antes de a cuidadora fazer qualquer coisa com Caitlin, ela explicou o que aconteceria. Assim como um enfermeiro cuidadoso nos adverte antes de colocar um instrumento frio sobre nossa pele, a cuidadora de Caitlin a preparou para o que viria. Até que você perceba o quanto isso faz diferença, a tendência natural é pegar a criança do chão sem dizer nada. Os bebês são em geral carregados por aí como objetos, mesmo quando têm idade suficiente para andar e falar. Os adultos com frequência retiram uma criança do chão e a colocam em uma cadeira ou carrinho de bebê sem dizer uma única palavra. Esse tipo de atitude não é respeitosa.

Para que a noção de respeito a um bebê fique mais clara, visualize como um enfermeiro removeria um paciente inválido da cama para a cadeira de rodas. Depois inverta os personagens e imagine que um é uma cuidadora e o outro é um bebê. Exceto por questões de tamanho e peso, se o adulto trata o bebê com respeito as cenas devem ser bastante semelhantes.

Para compreender com mais clareza a noção de respeito a uma criança, imagine que você acabou de ver um homem caindo da escada. Pense em como você reagiria. Mesmo que você tenha força o bastante, você provavelmente não vai sair correndo e levantá-lo. Você primeiro falaria com ele, perguntaria se ele se machucou e se precisa de ajuda. Você provavelmente estenderia a mão se ele desse indícios de estar bem e demonstrasse vontade de levantar. Você o confortaria se isso fosse necessário. A maioria das pessoas não têm dificuldades em atender um adulto com respeito.

Então por que os adultos se apressam para levantar uma criança pequena que caiu, sem um prévio momento de pausa? Por que não enxergar primeiro as necessidades da criança? Talvez a única coisa necessária seja um pouco de tranquilização – e não auxílio físico. Talvez a criança esteja brava ou constrangida e precise de um adulto que aceite esses sentimentos e permita que ela os expresse. Talvez a criança não precise de nada e se levante por si mesma.

Mais aspectos relacionados ao respeito surgirão na próxima cena.

> Brian, um bebê de 12 meses, está sentado em uma mesa baixa, junto a muitas outras crianças, comendo um pedaço de banana. Ele obviamente está aproveitando a experiência de várias formas. Ele esmagou a banana com a mão, enfiou na boca e agora a está deixando escorrer pelo meio dos dentes. Ele saboreia a banana. Ele pega com a boca o último pedaço e... ploft! O pedaço cai no chão. Ele move a mão para agarrar o pedaço, mas a cuidadora é mais rápida. "Desculpa, Brian, mas a banana agora está suja, não posso deixar você comer." Os olhos de Brian estão bem abertos, ele abre a boca, e lá vem um resmungo de lamentação. "Só tinha aquela banana", acrescenta a cuidadora quando Brian pede mais. Depois de jogar fora o pedaço de banana que caiu, a cuidadora volta a sentar-se diante da mesa. Ela oferece a ele um biscoito, dizendo "Não temos mais bananas, mas você pode comer um biscoito se quiser." Brian rejeita o biscoito. Consciente de que não terá mais a banana, Brian começa a gritar.
>
> "Percebo como você está triste", diz a cuidadora tranquilamente, mas com genuína compaixão. "Eu queria ter mais bananas para dar a você", ela complementa. Os gritos de Brian ficam estridentes, e ele começa a bater os pés. A cuidadora permanece em silêncio, olhando para ele como alguém que realmente se importa com seus sentimentos.
>
> As outras crianças da mesa reagem de diferentes maneiras à cena. A cuidadora se volta para elas e explica: "Brian perdeu sua banana, e ele não gostou disso". Ela se vira novamente para Brian. Ele continua chorando. A cuidadora espera. Soluçando, ele desce da cadeira, vai até a cuidadora e coloca a cabeça no colo dela. Ela bate levemente nas costas dele, acariciando-o suavemente. Quando ele finalmente fica mais calmo, ela diz: "Você precisa lavar suas mãos agora, Brian. Eu vou com você". Deixando a mesa sob o controle de outro cuidador, ela levanta e vagarosamente caminha com Brian. Brian está lambendo os restos de banana que ficaram em seus dedos. Um último lamento sai de seus lábios quando ele chega à pia.

A cuidadora respeitou o direito de Brian de ter sentimentos e de expressá-los.[4] Ela ofereceu apoio sem exagerar na simpatia. Como ela não o distraiu com grandes quantidades de amorosidade e entretenimento, ele conseguiu prestar atenção ao que acontecia dentro dele. Ele estava aprendendo que não há problemas em reagir honestamente a uma situação.

Algumas vezes a atenção dos adultos é tão baseada na recompensa que as crianças associam raiva, frustração ou sofrimento com atenção. Elas usam os sentimentos para manipular. É sempre melhor pedir diretamente o que queremos do que usar demonstrações emocionais para ganhar abraços e afetos. Por isso que a cuidadora permaneceu disponível, mas deixou que Brian indicasse o que precisava. Ela não o agarrou de repente, mas deixou que ele fosse até ela. Quando ele estava pronto para ser confortado, ela estava lá para confortá-lo, mas isso não aconteceu com precipitação, de modo que ele pôde se expressar. Os seguintes exemplos representam formas menos respeitosas de responder a Brian:

> "Pare de gritar – não há motivo para ficar tão triste – você já estava quase terminando de qualquer forma."
>
> "Pobrezinho! Vem, Brian, vamos brincar com o cachorrinho que você adora – olha, Brian, – olha, como ele late – au, au!"

Princípio 6: Seja honesto em relação aos seus sentimentos

Na última cena, a criança foi estimulada a e reconhecer seus sentimentos. Ela estava com raiva e não foi incentivada a fingir outra coisa. E quanto aos adultos? É normal que eles expressem sua raiva para crianças pequenas? Sim. Crianças precisam estar cercadas de pessoas de verdade, e não marionetes calorosas e vazias. Parte de ser uma pessoa real é ficar com raiva, assustado, com medo, triste e nervoso algumas vezes. Aqui temos uma cena que apresenta um cuidador expressando raiva:

Uma cuidadora acaba de separar duas crianças que estavam disputando um brinquedo. "Não posso deixar que você machuque Amber", ela diz para Shawn, 18 meses mais velho. Ela agarrou-o com firmeza, porém gentilmente, pelo braço e, então, ele se virou e cuspiu na cara dela. A expressão dela mudou de tranquila para brava, e então ela pegou no outro braço dele também. Olhando-o diretamente nos olhos, ela disse com clareza, mas também com emoção: "Não gosto disso, Shawn. Não quero que você cuspa em mim". Ela se levanta, dá as costas e vai embora. Quando está há alguns passos de distância dele, olha ligeiramente para trás, para ver o que ele está fazendo. Ele não se moveu. Então ela vai até a pia e lava o rosto. Ela fica de olho nele, para se certificar de que ele não voltou a bater em Amber. Quando ela volta da pia, está mais calma. Shawn está subindo no escorregador, e as coisas voltaram ao normal.

Essa cuidadora demonstrou honestamente o efeito da ação de Shawn nela. Perceba como ela expressou seus sentimentos. Ela não fez disso um espetáculo que o incentivasse a fazer tudo de novo pelo próprio divertimento – um problema que pode acontecer quando os adultos são muito dramáticos. Ela não culpou, acusou, julgou ou diminuiu Shawn. Ela apenas verbalizou seus sentimentos e os conectou claramente à situação. Depois de expressar seus sentimentos, ela abandonou a cena. Resumindo, ela não mascarou nada e nem discutiu.

A expressão dos sentimentos dela parece ter sido o suficiente para que Shawn entendesse que seu comportamento estava sendo inaceitável. Ela não teve de fazer nada além disso – dessa vez, pelo menos. Se acontecer de novo, talvez ela tenha de fazer algo mais do que simplesmente dizer a Shawn como se sente.

Compare a reação dessa cuidadora com as vezes em que você viu pessoas bravas com crianças, mas ainda assim sorrindo e falando numa voz melosa. Imagine a dificuldade que uma criança tem de assimilar as duas mensagens ao mesmo tempo.

Princípio 7: Seja o modelo do comportamento que você quer ensinar

Todos os cuidadores das cenas anteriores se portaram como um modelo de comportamento tanto para crianças quanto para adultos. Você viu exemplos de cooperação, respeito, sentimentos honestos e comunicação. Veja só como esse princípio funciona em uma situação mais difícil – que envolve agressão.

Shawn e Amber estão brigando por causa de uma boneca de pano outra vez. Um cuidador começa a se aproximar deles. Antes que ele chegue até os dois, Shawn dá um tapa no braço de Amber, que começa a choramingar. O cuidador se ajoelha diante das duas crianças. O rosto dele está tranquilo; seus movimentos são lentos e cuidadosos. Ele alcança as crianças e toca em Shawn, roçando no braço dele no mesmo lugar onde ele bateu em Amber. "Com delicadeza, Shawn, com delicadeza", disse o cuidador ao mesmo tempo em que tocava Amber. Shawn permaneceu em silêncio. O cuidador tocou na menina novamente. "Alguém bateu em você, não foi, Amber? E doeu!" Amber parou de chorar e ficou olhando pra ele. Os três fizeram silêncio por um momento. O cuidador espera pra ver o que acontece. Shawn agarrou a boneca e saiu com ela. Amber puxa a boneca. O cuidador continua em silêncio até que Shawn levanta a mão para bater na menina de novo. "Não posso deixar que você machuque Amber, ele disse, pegando a mão do garoto no ar. Ele toca Shawn suavemente. "Com delicadeza, com delicadeza." Amber de repente puxa a boneca com mais força e Shawn, desavisado, deixa. Erguendo a boneca, triunfante, ela começa a correr pela sala. Shawn parece triste, mas fica no mesmo lugar. O cuidador se aproxima. "Ela está com a boneca", ele observa. Amber vê uma bola aos seus pés, deixa a boneca, pega a bola e sai pela sala brincando com ela. Shawn se move rapidamente em direção à boneca e começa a balbuciar pra ela. A cena acaba com ambas as crianças brincando contentes, e o cuidador não é mais necessário.

Repare como o cuidador foi um modelo de gentileza – ele deu o exemplo do comportamento que queria ensinar. Uma abordagem mais comum quando um adulto surge numa cena de disputa é tratar a criança com ainda mais agressividade do que ela está demonstrando. "Vou te mostrar o que é ser violento", diz o adulto, pegando o braço da criança e apertando. Tal abordagem dá o exemplo exato daquilo que o adulto quer evitar.

O cuidador da cena da disputa entre Shawn e Amber sabia que ambas as crianças precisavam da garantia de que o controle lhes seria oferecido quando necessário. E é terrível tanto para a vítima quanto para o agressor quando não há nenhum adulto por perto para impedir a ação violenta. É preciso lidar com o agressor de maneira gentil e sem julgamentos. Com a vítima, é preciso lidar empaticamente, mas não compassivamente (isto é, reconhecendo a angústia dela sem sentir pena). Simpatia e atenção demais podem funcionar como recompensa para as vítimas. Desse modo elas aprendem que a vitimização é compensada pelos adultos com amor e atenção. É muito triste ver que algumas crianças realmente aprendem a se tornar vítimas.

Princípio 8: Encare os problemas como oportunidades de aprendizado e deixe que os bebês e crianças os resolvam sozinhos

Reflita
Você já foi ajudado na resolução de um problema de modo frustrante? Você já viu uma criança na mesma situação? Como você se sentiu? Como você acha que a criança se sentiu?

A mesma cena também ilustra este princípio: deixe que as crianças, e mesmo os bebês, lidem com seus próprios problemas até o ponto que puderem. O cuidador poderia ter se intrometido na disputa criando uma solução para o conflito. Contudo, ele não o fez. Ele deixou que as crianças tomassem sozinhas suas decisões. (Apesar de, obviamente, ter evitado que elas se machucassem mais). Crianças muito pequenas podem resolver mais problemas sozinhas do que os adultos imaginam. O papel do cuidador é dar a elas tempo e liberdade para trabalhar em seus problemas. Isso significa não responder a todas as frustrações imediatamente. Às vezes, facilitar um pouco ajuda a criança a resolver algum problema no qual está empacada, mas a facilitação deve ser o último recurso, pois a ideia é deixar a criança livre para buscar sua própria solução.

Em um vídeo chamado *On Their Own with Our Help* (EDUCARING, c1987), Magda Gerber ilustra com maestria esse princípio.[3] Um bebê está engatinhando embaixo da mesa e tenta se sentar. Quando percebe que não consegue, ele começa a chorar. Ele não consegue voltar à posição necessária para engatinhar e sair de onde está, por isso fica muito assustado. Em vez de salvá-lo (teria sido fácil apenas erguer a mesa), Magda o guiou para que conseguisse sair dali – oferecendo a ele segurança e o direcionando com palavras e gestos.

Magda está usando uma abordagem chamada **andaime**. O termo foi criado por Jerome Bruner e tem a ver com a teoria de Lev Vygotsky. Para atuar como um andaime, os adultos precisam ficar constantemente de olho em uma criança que está numa situação na qual existe potencial de aprendizado. O adulto estrutura com sensibilidade a situação, de forma que a resolução de problemas seja apoiada e estimulada. Algumas vezes essa abordagem requer pouca atenção; pois em certas situações a presença do adulto é todo o apoio que um bebê ou criança precisa.

Problemas podem ser valiosas oportunidades de aprendizado. Outro vídeo de Gerber, *See How They Move*, ilustra esse princípio. O espectador assiste, uma cena após a outra, a crianças resolvendo problemas relacionados à **habilidade motora ampla** sozinhas. Os adultos ficam atrás e não interferem. O único andaime oferecido é a presença adulta, o que é suficiente para a criança experimentar livremente suas próprias formas de exploração.[4]

Princípio 9: Construa segurança ensinando confiança

Para que as crianças aprendam a confiar, elas precisam de adultos dos quais possam depender. Elas precisam saber que terão suas necessidades satisfeitas em um período de tempo razoável. Se elas precisam de comida, a comida deve ser oferecida no tempo certo. Se precisam de conforto, é preciso que um cuidador esteja ali para providenciá-lo da forma que ele funciona melhor para cada criança. Se é descanso o que a criança precisa, o cuidador precisa estar lá para ajudar a acalmar a criança e colocá-la em um local seguro, tranquilo e silencioso. Se a criança precisa se movimentar, o adulto pode ajudá-la a ficar na posição correta para isso. Quando as crianças descobrem que podem expressar uma necessidade e que assim serão atendidas, elas aprendem a confiar nos adultos que se importam com elas. Nesse contexto, elas aprendem que o mundo é um local seguro para elas.

Os exemplos mostraram adultos confiáveis que satisfizeram as necessidades das crianças e também demonstraram firmeza e apoio. Eles não enganaram as crianças. Um dos momentos nos quais os adultos se sentem mais tentados a enganar as crianças é o momento da despedida. Quando todo mundo sabe que a criança vai sofrer, protestar a lamentar quando o pai ou a mãe sair, alguns tendem a ludibriar a criança para que ela não presencie a cena. Contudo, é muito melhor quando o pai ou a mãe sai de casa se despedindo da criança e expressando aceitação do direito do bebê a ficar triste. O bebê aprende que ele pode prever quando os pais sairão, em vez de ficar o tempo todo preocupado que eles saiam enquanto ele está ocupado. Ele saberá que, a não ser que o pai ou a mãe se despeça, eles ainda estarão por ali. Ele passa a depender do reconhecimento de que os adultos ao redor dele não mentem ou o enganam. Aprender a prever o que acontecerá é uma parte importante da construção da confiança. Ser feliz o tempo todo não é.

Princípio 10: Preocupe-se com a qualidade do desenvolvimento em cada estágio

Vivemos na época da criança apressada (um termo cunhado por David Elkind em seu livro de mesmo título). A pressão começa no nascimento, pois muitos pais esperam ansiosamente que a criança alcance cada etapa em um período específico, comparando o progresso dos filhos com aquele das crianças citadas em pesquisas de desenvolvimento infantil. A mensagem está por todos os lugares – "Rápido é melhor". Os livros aconselham "Ensine seu bebê a ler". Instituições de ensino prometem milagres. As crianças são terrivelmente pressionadas. Quando os adultos têm uma postura apressada, os bebês são colocados em pé antes mesmo de aprenderem a sentar sozinhos, caminham por aí de mãos dadas sem nem conseguirem ficar em pé por si mesmos, são ensinados a andar de triciclo quando mal sabem caminhar.

Os cuidadores sentem a pressão vindo de todos os lados – dos pais, às vezes mesmo dos diretores, já que são pressionados a acelerar o desenvolvimento das crianças. Mas o desenvolvimento não pode ser acelerado. Cada criança tem um tempo próprio para engatinhar, sentar e começar a caminhar. O modo de os cuidadores ajudarem é estimular cada bebê a continuar fazendo seja o que esteja fazendo. O que conta é aprender, e não ensinar. Os aprendizados mais importantes ocorrem quando o bebê está pronto, e não quando os adultos decidem que está na hora.

Alguns programas prescrevem objetivos para cada criança. Programas baseados na pressa iriam prescrever objetivos baseados apenas no próximo passo. Contudo, é possível prescrever objetivos que ajudam na experiência da criança com o estágio pelo qual está passando. Fazer alguma coisa cuidadosamente é a melhor preparação para seguir em frente.

Tome como exemplo os bebês que engatinham. Em vez de ficar o tempo todo levantando a criança e estimulando-a a caminhar, é melhor celebrar que a criança está engatinhando. A única fase da vida na qual ela estará tão perto das coisas que estão no chão é a mesma fase na qual ela estará tão curiosa sobre tudo que está seu alcance ou perto dela. Os cuidadores podem oferecer experiências e oportunidades para que a criança desenvolva não só o seu modo de engatinhar como também sua curiosidade.

Se você quer combater a abordagem baseada na pressão, é necessário vender aos pais a ideia de que melhorar as habilidades é melhor do que desenvolver novas. As novas virão quando as crianças já tiverem praticado bastante as antigas. A idade com a qual a criança começa a caminhar não tem a ver com ela depois se tornar ou não um corredor olímpico.

Os dez princípios para as interações respeitosas entre adultos e crianças enfatizam a consideração pelo indivíduo. Isso significa que as diferenças são honradas. As crianças não são todas iguais, e nem queremos enfatizar isso. Certamente as pesquisas feitas segundo idades e estágios, resultando em gráficos de etapas, podem nos levar a crer que o objetivo de qualquer criança é ser "normal". Contudo, neste livro ansiamos por nos vermos livres dessas ideias e considerar cada criança como portadora de padrões únicos de desenvolvimento. Todas as crianças têm capacidades e enfrentam desafios; queremos focar mais nas capacidades do que nas fraquezas e apoiar a criança na superação dos desafios. Também queremos ressaltar que crianças pequenas estão sempre envolvidas em um contexto familiar e cultural. Quando observamos a prática (que é o assunto deste livro), não podemos ignorar que existem diferentes ideias sobre o que as crianças precisam e como elas crescem. Se uma prática específica aconselhada neste livro não se encaixar com o que a família acredita que é bom para os filhos, com o seu sistema de valores ou com seus objetivos, essa diferença de valores não pode ser ignorada. Você e a família precisam conversar. Um dos nossos objetivos como cuidadores é honrar a diversidade mesmo quando ela não combina com o que o cuidador acredita ou está em conflito com as políticas do programa. Outro dos nossos objetivos é ajudar aqueles que trabalham com bebês e crianças a enxergar a importância de estabelecer parcerias com os pais.

Padrão do programa NAEYC 2
Currículo

Padrão do programa NAEYC 4
Avaliação

Currículo e prática apropriada de desenvolvimento Uma palavra que tem sido usada mais frequentemente em conexão com os cuidados de bebês e crianças é **currículo**. O termo significa literalmente "curso" – como um curso estudantil. J. Ronald Lally usa a ideia de cursos estudantis para definir o currículo de bebês e crianças dando nome às categorias pelas quais passam—por exemplo, Desenvolvimento Físico 101, Relações Sociais 101, Desenvolvimento Intelectual 101 (Lally, 2001).

Essa é uma das formas de ajudar aqueles que não estão familiarizados com bebês e crianças a entender e enxergar a legitimidade do currículo delas. Outra forma é pensar em como o currículo de um bebê ou uma criança, assim como curso, aplica-se a um rio. Como um curso estudantil, existe um padrão de movimento de uma ponta a outra. Usar os princípios nos quais este livro se baseia significa não só que a criança participa, mas também que ela está no comando do próprio currículo – em parceria com os cuidadores (que são parceiros das famílias). Logo, ir de A a B não é algo que os adultos possam controlar, a não ser configurando e adaptando o ambiente de acordo com os interesses e as necessidades das crianças. Além disso, ao planejar o ambiente, os cuidadores atuam como designers de currículo e também assumem papéis de facilitadores do aprendizado, auxiliares do desenvolvimento e avaliadores de ambos.

As práticas apropriadas ao desenvolvimento se dão a partir de três bases de conhecimentos. As diretrizes para tomar decisões sobre as práticas apropriadas ao desenvolvimento aconselham que os profissionais que trabalham com crianças considerem o seguinte:

1. *Práticas baseadas em pesquisas e princípios de desenvolvimento infantil que têm ligação com o desenvolvimento comum.* As práticas apropriadas ao desenvolvimento (*Developmentally Appropriate Practice* ou DAP) é tanto um termo geral quanto específico dessa base de conhecimentos em particular.

2. *Práticas que se adaptem às diferenças individuais.* Chamamos essa base de conhecimentos de prática individualmente

apropriada – *Individually Appropriate Practice* (IAP) – e isso diz respeito a todos os tipos de diferenças, incluindo as variações das normas que guiam o DAP e as diferenças que podem ou não estar especificamente relacionadas a deficiências ou a outros tipos de desafios mentais, físicos ou emocionais.

3. *Práticas culturalmente apropriadas.* Práticas culturalmente apropriadas – *Culturally Appropriate Practice* (CAP) – incluem práticas advindas das variações de percepções, valores, crenças, prioridades e tradições para além da cultura *dominante.*

É importante perceber que a prática pode se adaptar às pesquisas e aos princípios do desenvolvimento infantil, mas pode não se adaptar a algumas crianças e suas famílias. Nesse caso, não podemos dizer que tal prática é apropriada em sentido amplo. É por isso que não devemos nos guiar unicamente por pesquisas e princípios de desenvolvimento infantil. Uma prática não pode ser considerada apropriada se for culturalmente inapropriada. Estabelecer conexões entre as culturas é algo defendido neste livro, e os cuidadores são constantemente desafiados a procurar formas de criar ambientes culturalmente consistentes para bebês, crianças e suas famílias sem desistir do que acreditam serem as melhores práticas. Em vez de educar os pais que estão longe de sua cultura de origem, o objetivo é criar pontes entre as diversas famílias culturalmente diferentes e a cultura do programa ou da primeira infância em geral.

Práticas apropriadas ao desenvolvimento e currículo

Os 10 princípios do cuidado respeitoso correspondem a um documento chamado *Developmentally Appropriate Practice*. Em cada um dos parágrafos mostraremos como dois conjuntos de ideias se relacionam. Também apresentaremos alguns dilemas como o que segue.

Os princípios em ação

Princípio 5 Respeite bebês e crianças como pessoas de valor. Não os trate como objetos ou como pequenas pessoas fofas sem cérebro e manipuláveis.

A cuidadora entende o quanto é importante respeitar mesmo a criança. Ela sempre conversa com os bebês para prepará-los para o que vai acontecer; na verdade, ela nunca faz nada com eles sem avisá-los antes. Ela sempre pensa neles como pessoas. É por isso que ela conversa com eles o tempo todo. Na cultura dela, as palavras são consideradas a forma de comunicação principal. Uma mãe de uma cultura diferente, na classe da cuidadora, nunca conta ao bebê o que está fazendo nem os motivos disso. Além disso, ela adapta seu bebê de acordo com as normas de sua cultura e nunca coloca a criança no chão, a não ser quando tem de trocar fraldas ou sair de casa sem o bebê. A cuidadora explicou o princípio 5 a essa mãe. A mãe explicou à cuidadora que, na cultura dela, eles acham que os bebês devem ficar em contato muito próximo o tempo todo. Ela diz que isso os faz se sentirem seguros. Na cultura dela, adultos não falam com crianças. Por que falariam? Com tanta linguagem corporal, a comunicação está acontecendo o tempo todo. O mais importante é se comunicar sem usar palavras. Quando você consegue fazer isso, significa que está muito próximo de alguém. Ela diz que a cuidadora tem uma ideia diferente sobre as necessidades do bebê. A cuidadora deseja dar atenção ao fator cultural, mas acha que, antes, precisa entender mais sobre o que o termo **respeito** significa para essa mãe.

1. A cuidadora deveria educar a mãe de acordo com esse princípio do desenvolvimento infantil? Por quê?
2. Uma perspectiva faz mais sentido para você do que outra? Se sim, qual e por quê?
3. Você se vê tomando partido nessa situação?
4. Quais você diria que são as questões-chave nessa situação?
5. O que a ideia de respeitar bebês significa para você?

Prática apropriada

Visão geral do desenvolvimento

Cuidado de qualidade tem a ver com relações. Relações são parte de todos os aspectos do desenvolvimento primário. Bebês aprendem a confiar por meio de interações diárias com adultos confiáveis. Eles desenvolvem um senso de segurança quando descobrem que podem comunicar suas necessidades e que assim serão recompensados com respostas sensíveis. Eles ficam confiantes quando descobrem como lidar com os desafios que aparecem. Tudo isso depende de relações que se desenvolvem continuamente por meio do cuidado apropriado em termos de desenvolvimento, de individualidade e de cultura.

Práticas apropriadas ao desenvolvimento

A seguir, veremos algumas amostras de práticas de desenvolvimento apropriadas:

- Adultos são especialmente atenciosos às crianças durante as rotinas de cuidados, como trocar fraldas, alimentar e trocar a roupa. O cuidador explica o que vai acontecer, o que está acontecendo e qual será o próximo passo, pedindo e esperando pela cooperação e participação da criança.
- Adultos garantem que cada criança receba alimentação, educação e cuidados adequados.
- Trocar as fraldas, alimentar e outras tarefas de rotina são vistas como experiências de aprendizado vitais tanto para os bebês quanto para os cuidadores.
- Adultos expressam atitudes saudáveis e demonstram aceitação pelo corpo da criança e suas respectivas funções.
- Cuidadores perguntam aos pais sobre os sons e as palavras que a criança pequena usa, a fim de entender o que a criança está dizendo, quando ela está aprendendo a falar ou usa uma linguagem que o cuidador não entende.
- Adultos respondem com rapidez ao choro ou aos sinais de angústia do bebê, reconhecendo que crianças pequenas contam com uma linguagem limitada para comunicar suas necessidades.
- Adultos reconhecem que tarefas de rotina, como comer, ir ao banheiro e se vestir, são importantes oportunidades para ajudar as crianças a aprenderem sobre seu próprio mundo, a adquirirem habilidades e a regularem o próprio comportamento. Refeições e lanches incluem usar os dedos ou utensílios que facilitem a manipulação da comida para o bebê, como tigelas, colheres e diferentes gradações de copos e garrafas. Os adultos apoiam e estimulam as tentativas dos filhos de se vestirem e colocarem os sapatos sozinhos.

Fonte: Copple e Bredekamp (2009)

Prática individual apropriada

Aqueles da área dos cuidados com bebês e crianças estão cada vez mais se voltando a incluir crianças com habilidades e desafios diferentes nos programas de assistência a crianças, que em geral atendem apenas crianças que se desenvolvem do modo tradicional. É necessário, então, que os cuidadores criem ambientes inclusivos, certificando-se de que a organização espacial, os materiais e as atividades permitem que todas as crianças tenham uma participação ativa. Se cada criança deve receber um cuidado responsável e estimulante, então esse cuidado deve ser individualizado. A quantidade de intervenção necessária por parte do adulto varia de acordo com cada criança. Algumas precisam de mais e outras de menos. Para muitas crianças é suficiente apenas criar um ambiente estimulante e deixá-las experimentá-lo de maneira livre. Os adultos podem passar mais tempo respondendo às iniciativas das crianças do que o inverso. Outras crianças são beneficiadas por intervenções sensíveis e seletivas. Ao longo do livro você verá exemplos de diversos padrões de desenvolvimento e de reações dos adultos a isso.

Práticas culturalmente apropriadas

Os cuidadores respeitam as diferenças culturais e familiares ao escutar o que os pais querem para seus filhos e ao responder a isso de modo culturalmente sensível. Usando uma abordagem baseada na parceria, os cuidadores conversam sobre todas as decisões a respeito de como apoiar melhor o desenvolvimento das crianças.

Os princípios explicitados neste capítulo podem não se encaixar para todo mundo. Algumas famílias podem achar as práticas de cuidado demonstradas neste capítulo e em outros um tanto distantes delas. Elas podem soar desconfortáveis para famílias nas quais o foco é ensinar à criança que ela é mais membro de um grupo do que um indivíduo. As práticas de criação de filhos refletem esse foco, e alguns adultos podem menosprezar a individualidade. Em vez de estimular a independência, algumas famílias podem focar na interdependência. As duas não são mutuamente excludentes. Na verdade, todas as famílias querem que suas crianças se relacionem **e** cresçam, a fim de se tornarem indivíduos que caminham com os próprios pés. O que muda é a visão do que uma criança mais precisa para ter um bom aprendizado. Não podemos ignorar essa diferença porque a dimensão independência/interdependência influencia os resultados. Não podemos admitir práticas que estejam em desacordo com o que as famílias querem para suas crianças. Pode parecer um dilema difícil, mas por meio da construção de relações de confiança e compreensão cuidadores e pais podem descobrir juntos o que é melhor para essa criança, que faz parte de uma família e sociedade determinadas.

Prática apropriada em ação

Pense sobre o que você acabou de ler aqui e depois volte aos Princípios em Ação, na página 17. Você encontrará dilemas como esses ao longo do livro e será continuamente requisitado a honrar as diferenças. É preciso ter uma cabeça aberta para isso. Você está disposto a tentar entender **como** exatamente honrar as práticas desses pais? Tal resposta você não encontrará neste livro. Cada caso é um caso; a resolução do dilema será fruto da interação e da comunicação entre as pessoas envolvidas.

RESUMO

Este capítulo é sobre princípios, práticas e currículo e é baseado em 10 princípios relacionados à filosofia do respeito, advinda da teoria de Magda Gerber e ligada à abordagem do Dr. Emmi Pikler. Uma explicação sobre cada um dos 10 princípios ocupa a maior parte do capítulo.

Relações, interações e os três Rs

- As relações são o pilar dos cuidados e da educação de bebês e crianças. Elas se desenvolvem a partir das interações, especialmente das interações três-Rs – isto é, respeitosas, positivamente reativas e recíprocas.
- As rotinas de cuidado são oportunidades para interações de três Rs, como foi demonstrado no primeiro exemplo, da troca de fraldas.

Dez princípios baseados na filosofia do respeito

- Expressões-chave para os princípios são: (1) envolvimento, (2) tempo de qualidade, (3) comunicação, (4) pessoa completa, (5) respeito, (6) sentimentos honestos, (7) comportamento-modelo, (8) problemas como oportunidades, (9) segurança e confiança e (10) qualidade de desenvolvimento.

Recursos on-line

Acesse o *On-line Learning Center* (Centro de Aprendizado *On-line*) em **www.mhhe.com/itc9e**, clique em *Student Edition* e escolha o *Chapter 1* para acessar o guia do estudante, que inclui uma resenha do capítulo, *links* relacionados, testes práticos, exercícios interativos e referências do capítulo.

Currículo e práticas apropriadas ao desenvolvimento

- A palavra currículo, no que se aplica a bebês e crianças, pode ser definida como um curso estudantil, uma estrutura para a prática ou um plano para o aprendizado totalmente inclusivo e centrado em conexões e relações.
- Currículo, neste livro, está relacionado às práticas apropriadas ao desenvolvimento da NAEYC, que estão ancoradas em três bases de conhecimento: princípios de desenvolvimento infantil, diferenças individuais e diferenças culturais.
- Os dez príncipios do cuidado respeitoso estão de acordo com a prática apropriada ao desenvolvimento e também podem ser considerados sob a ática das diferenças culturais.

EXPRESSÕES-CHAVE

andaime 14	habilidade motora	interação 4	tempo de qualidade não
currículo 16	ampla 14	interações de três Rs 4	querer-nada 7
floor time 7	*input* sensorial 11	relacionamento 4	tempo de qualidade querer-algo 7

QUESTÕES PARA REFLEXÃO/ATIVIDADES

1. Explique dois dos princípios deste capítulo.
2. Quais são alguns temas comuns que parecem passar por todos os princípios?
3. Observe um programa destinado a cuidar de bebês e crianças e veja se você consegue achar evidências de que algum desses 10 princípios está sendo colocado em prática.
4. Visite um desses programas e peça para ver qualquer um dos materiais escritos que eles tiverem, como folhetos, anotações sobre os pais, materiais de registro. Compare e contraste o que você leu sobre o programa com as informações deste capítulo.

REFERÊNCIAS

ACREDOLO, L.; GOODWYN, S. *How to talk with your babies before they can talk*. Lincolnwood: Contemporary Books, 1996.

COPLE, C.; BREDEKAMP, S. (Ed.). Developmentally appropriate practice in early childhood programs. 3. ed. Washington, DC: National Association for the Education of Young Children, 2009.

EDUCARING. *On their own with our help*. [Palo Alto]: Educaring, c1987. 1 DVD. Duração: 13h 40 min.

GONZALEZ-MENA, J. *Diversity in early care and education*: honoring differences. New York: McGraw-Hill, 2008.

LALLY, R. (Ed.). PROGRAM FOR INFANT TODDLER CAREGIVERS. *The next step*: including the infant in the curriculum. United States: Center for Child and Family Studies WestEd, 2001. 1 DVD. Duração: 22 minutos.

LEITURAS COMPLEMENTARES

DAVID, M.; APPELL, G. *Lóczy*: an unusual approach to mothering. Budapest: Association Pikler-Lóczy for Young Children, 2001.

ELAM, P. Creating quality infant group care programs. In: PETRIE, S.; OWEN, S. (Ed.). *Authentic relationships in group care for infants and toddlers*: resources for infant educarers (RIE): principles into practice. London; Philadelphia: Jessica Kingsley, 2005. p. 83-92.

FALK, J. The importance of person-oriented adult-child relationships and its basic conditions. In: *Bringing up and providing care for infants and toddlers in an institution*. TARDPS, A. (Ed.). Budapest: Association Pikler-Loczy for Young Children, 2007. p. 23-37.

GERBER, M. RIE principles and practices. In: PETRIE, S.; OWEN, S. (Ed.). *Authentic relationships in group care for infants and toddlers*: resources for infant educarers (RIE): principles into practice. London; Philadelphia: Jessica Kingsley, 2005. p. 35-49.

HAMMOND, R. A. *Respecting babies*: a new look at Magda Gerber's RIE approach. Washington, DC: Zero to Three, 2009.

IM, J.; PARLAKIAN, R.; SANCHEZ, S. Understanding the influence of culture on caregiving practices: from the inside out. *Young Children*, v. 62, n. 5, p. 65-66, sep. 2007.

KOVACH, B.; DA ROS-VOSELES, D. *Being with babies*: understanding and responding to the infants in Your Care. Beltsville: MD, 2008.

MONEY, R. The RIE early years currículo. In: PETRIE, S.; OWEN, S. (Ed.). *Authentic relationships in group care for infants and toddlers*: resources for infant educarers (RIE): principles into practice. London; Philadelphia: Jessica Kingsley, 2005. p. 51-68.

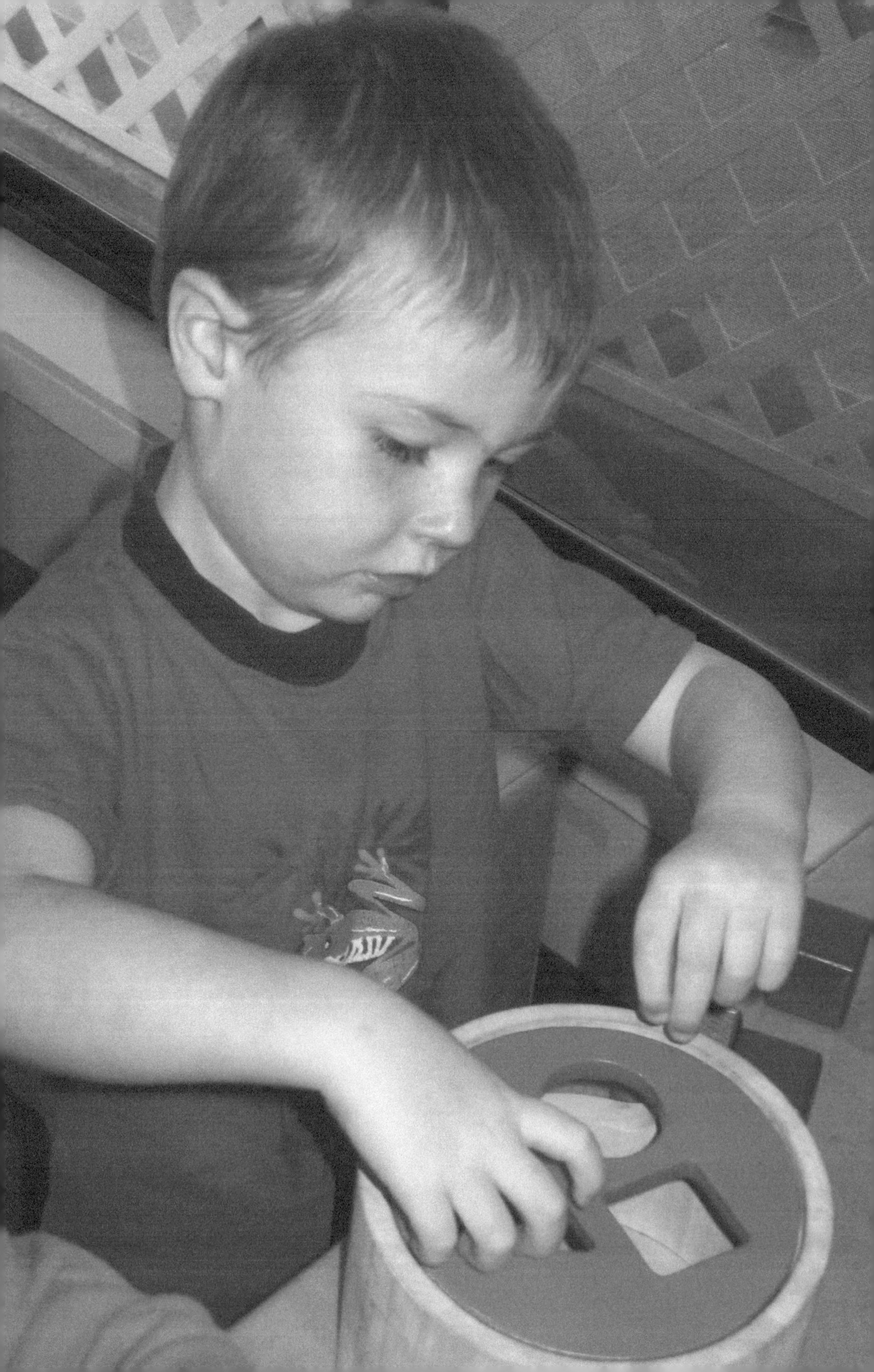

CAPÍTULO 2
Educação de bebês e crianças

Questões em foco

Depois de ler este capítulo, você deve estar apto a responder às seguintes perguntas:

1 Se fosse descrever a abordagem pedagógica deste livro para alguém, quais três palavras você *não* incluiria na definição de "educação de bebês e crianças"? Explique por que essas três palavras não são apropriadas para a sua descrição.

2 Como você descreveria o que é educação de bebês e crianças?

3 O que significa o termo currículo quando relacionado à educação de bebês e crianças?

4 O que significa aplicar uma abordagem de resolução de problemas à educação de bebês e crianças?

5 Você pode nomear e explicar quatro funções que os adultos desempenham ao apoiarem bebês e crianças na resolução de seus problemas?

O que você vê?

Emily está sentada em um tapete macio e vê uma bola grande e brilhante. Ela se apoia nas nádegas e mexe um braço e uma perna em direção à bola. Depois alcança e toca a bola, que sai rolando para longe. Ela parece muito entusiasmada quando finalmente se apoia nos quatro membros e engatinha rapidamente atrás da bola. Ela consegue chegar até a bola e tenta segurá-la, mas a bola escapa de suas mãos e rola para longe novamente. Emily segue a bola até o lugar onde ela parou, ao pé de uma pequena cama com uma boneca em cima. Ela tenta pegar a boneca com uma mão, balançando a outra e os dois joelhos ao mesmo tempo. Pega a boneca e a deixa cair. Ela pega os cobertores da cama um a um, levando cada um deles até as bochechas e comparando suas texturas. Quando pega o último cobertor ela delicadamente o esfrega nos lábios. Depois sai novamente engatinhando atrás da boneca. Enquanto está fazendo isso, ela olha para cima e vê uma figura bem na altura do seu campo de visão. É uma foto do rosto da boneca. Ela senta novamente se apoiando nas nádegas e fica parada, olhando a foto. Então ela olha para a boneca que está embaixo da sua perna. "Sim, é a mesma boneca", diz um adulto que está perto, agora sentado no chão e olhando para ela. Emily se vira para ele, dá um sorriso e sai de novo engatinhando para ver o que mais ela pode descobrir.

Você acabou de ver um exemplo de educação de bebês. Se não faz muito sentido para você, por favor, continue lendo o livro. Voltaremos a esse exemplo mais adiante neste capítulo.

Programas de assistência infantil para bebês e crianças são necessariamente pedagógicos, seja esse ou não seu propósito primário. Não há como passar certo número de horas todo dia cuidando de crianças sem educá-las. Você pode deixar seu carro estacionado na garagem à noite e esperar encontrá-lo nas mesmas condições de manhã, igualzinho a como ele estava quando você o deixou lá na noite anterior. Mas crianças não são carros. As crianças mudam e isso é resultado de suas experiências com aqueles que estão tomando conta delas. As mudanças e o aprendizado podem vir sem reflexão ou planejamento ou podem ser planejados de modo sistemático. Este capítulo trata de uma **filosofia da educação** apropriada aos cuidadas de bebês e crianças. Uma filosofia de educação quer dizer um conjunto de teorias e conceitos relacionados ao desenvolvimento e ao aprendizado de habilidades e conhecimentos. Os Capítulos 3 e 4 tratam de como é possível planejar tal educação.

O que não é educação de bebês e crianças

Estimulando crianças

Para muitos, a palavra *estimulação* é sinônimo de *educação* quando se fala de bebês. A **estimulação de crianças** é definida como uma abordagem elaborada para despertar ou afetar os cinco sentidos, a fim de estimular ou potencializar o desenvolvimento e o aprendizado. Apesar de o conceito de "estimulação de bebês" ser mais usado em relação à educação de crianças com necessidades especiais ou a crianças suscetíveis a atrasos, muitos programas de assistência infantil estão sendo pressionados para incorporá-lo em suas abordagens. Ainda não foi provado que um programa de estimulação cuidadosamente elaborado tem algum benefício marcante no desenvolvimento de crianças que se desenvolvem no ritmo típico. Foi provado que quando os ratos recebem choques elétricos eles se saem melhor correndo no labirinto, sendo essa uma das pesquisas nas quais a abordagem da estimulação de crianças se baseia.

Neste livro o termo *educação* não significa "estimulação". É claro que a dose certa de estimulação é necessária para todos nós, mas ainda mais para bebês. No entanto, se você encara a estimulação como algo que se faz *para* bebês, e não como algo que acontece em decorrência da relação com os bebês e de como você age para satisfazer as diversas necessidades deles, você pode estar treinando ratos para correrem em labirintos.

Se você está preocupado principalmente com a estimulação em si – em fazer algo para o bebê – você ignora um requisito vital do aprendizado e do desenvolvimento: os bebês precisam descobrir que podem influenciar as pessoas e os objetos ao redor deles. Sim, eles precisam de estimulação, que eles adquirem a partir de objetos e, mais importante, de pessoas. Mas eles precisam se dar conta de seu próprio envolvimento nessas experiências de estimulação. O envolvimento surge quando os bebês conseguem exercer algum efeito nas – ou seja, interagir com – pessoas e coisas que fazem parte das experiências diárias. Quando a estimulação se dá sem considerar a iniciativa ou a reação do bebê, o bebê está sendo tratado como um objeto.

A atenção dada à estimulação de bebês é, em parte, uma resposta aos casos de crianças de berço, vinculadas a instituições de assistência infantil, que fracassaram durante o desenvolvimento. Foi observado que quando as crianças eram deixadas sozinhas, sem muito *input* sensorial, elas naturalmente falhavam ao desenvolverem-se. Mas acrescentar móbiles, caixinhas de música ou qualquer outro objeto que se pendure no berço não é a solução. É necessário encontrar alguém que satisfaça as necessidades da criança – não só por meio de estímulos.

Em grupos que cuidam de bebês o problema é quase sempre a superestimulação em vez de o contrário, já que as visões e sons bombardeiam os bebês. Então, a fim de atender necessidades individuais, a educação infantil, para alguns, pode envolver eliminar a estimulação – o *input* sensorial – em vez de criar ainda mais estímulos do que já existem no meio ambiente.

Cuidando de crianças

A visão contrária à da estimulação da criança como educação infantil é aquela que sustenta que tudo que você precisa fazer pelos bebês é cuidar deles e mantê-los seguros; eles se desenvolverão por si mesmos. De acordo com esse ponto de vista, bebês são como botões de rosa que apenas precisam de água, ar, solo adequado, alimento vegetal e sol para despertarem todo o seu potencial. A ideia de ter cuidadores profissionalmente treinados parece supérflua. Para alguém que é por instinto um bom cuidador e está cuidando de um bebê tranquilo, tudo isso pode parecer verdade. Apenas quando os cuidadores se deparam com um bebê cujas necessidades são difíceis de determinar – um bebê que não reage positivamente às tentativas de proximidade ou que não se comporta de uma forma que atraia os adultos – é que fica patente a necessidade de uma revisão de tal ponto de vista. Experimente colocar esses cuidadores em uma situação em que haja certa quantidade de bebês para cuidar e suponha que alguns dos bebês exijam realmente bastante atenção. Sem treinamento pode ser que apenas os instintos não funcionem tão bem, e ainda assim os cuidadores ficarão ocupadíssimos. Além disso, nessa situação pode ser que os bebês mais tranquilos sejam ignorados, o que irá provavelmente afetar o desenvolvimento deles. Educar crianças é muito mais do que apenas tomar conta delas.

Pré-escola

A educação de crianças e bebês no contexto da assistência infantil é com frequência construída com base no modelo das pré-escolas de meio período, nas quais as crianças vão por algumas horas durante a manhã e se envolvem numa série de atividades elaboradas especialmente para que aprendam. Os bebês são, com frequência, deixados de fora dessas atividades até que, no mínimo, aprendam a sentar, apesar de a inclusão deles nas atividades de roda acompanhados de adultos os segurando pela mão ser uma prática bem comum. Logo, se o foco da educação está nas atividades, a pré-escola, para bebês, significa que o momento da roda é a única parte "pedagógica", segundo o que se entende por isso. Crianças pequenas, no entanto, não sentam quietinhas durante o momento da roda e, apesar de se envolverem nas atividades desenvolvidas pra elas, exploram o equipamento, os brinquedos e os materiais de uma forma que ninguém poderia prever. Elas batem com as peças de quebra-cabeça no chão, desenham em si mesmas em vez de no papel e colocam os grãos de feijão na boca em vez de nas poças de cola que fizeram no papel. Elas parecem incompetentes porque não se conformam às expectativas que os adultos tinham para elas quanto ao processo ou ao resultado.

No lugar de buscar uma abordagem mais apropriada, alguns programas seguidores desse modelo parecem apenas esperar que as crianças cresçam e tolerá-las nesse meio tempo. Mas, enquanto estão esperando, eles passam muito tempo restringindo as crianças e as ensinando a usar os materiais de uma forma determinada, em vez de deixá-las explorá-los, que é o que as crianças pequenas têm tendência a fazer! Inibir as urgências exploratórias de bebês e crianças é prejudicial à educação.

O que é a educação de bebês e crianças: os componentes

Repare, no exemplo do início, em como Emily explorou seu ambiente e aprendeu a partir de suas explorações. Ela estava explorando os seus sentidos sozinha. Ninguém fez isso por ela. Havia um adulto por perto, para observar o que ela estava fazendo, mas sem interferir. Ele disse algumas palavras de apoio para Emily, durante sua experiência, quando ela estava comparando a boneca. Sem oferecer atividades específicas ou predeterminar resultados, essa historinha foi um exemplo perfeito de educação de crianças. O que ainda não vimos até aqui, mas veremos nos capítulos a seguir, é como o componente do cuidado se encaixa no quadro geral. Quando a educação de bebês e crianças vem num pacote junto com as brincadeiras, a exploração e os cuidados, tudo que acontece pode se tornar educativo. Para que a educação ocorra os professores precisam entender como bebês e crianças se desenvolvem e aprendem. Eles também precisam estar aptos para adaptar as estratégias de ensino e as rotinas de cuidados, a fim de atender às necessidades individuais de todos os bebês e crianças sob seus cuidados, incluindo aqueles com necessidades especiais.

Padrão do programa NAEYC 1
Relacionamento

Os membros de equipes de programas que consideram bebês e crianças como pré-escolares imaturos e usam uma abordagem focada na atividade ficam frustrados com todo o tempo "não educativo" gasto em cuidados e períodos de transição. Em contraste, o Pikler Institute, de Budapeste, a creche residencial criada por Emmi Pikler, encara os cuidados e a educação como partes do mesmo pacote e acredita que o aprendizado se dá em cada minuto do dia (DAVID; APPEL, 2001; TARDOS, 2007). Resources for Infant Educarers (RIE), o programa que Magda Gerber criou em Los Angeles, também se recusa a separar cuidados e educação (GERBER, 1998; GERBER; JOHNSON, 1998; HAMMOND, 2009). Tanto Pikler quanto Gerber e seus respectivos programas estão em sintonia com o trabalho de Nel Nodding, da Universidade de Stanford, sobre ética do cuidado. Nodding, apesar de não focar nos primeiros anos, apresenta fortes argumentos defendendo o cuidado como um ingrediente vital da educação em todos os níveis (NODDING, 1992; 2002a; 2002b). Os três teóricos citados são partidários de que o foco principal nos primeiros anos deve ser o estabelecimento de uma relação próxima e contínua, o que também se encaixa com o que os recentes estudos do cérebro indicam (LALLY, 1998). A educação se processa a partir da relação que resulta das experiências de cuidado. Consulte o Capítulo 5 para mais detalhes sobre isso.

Padrão do programa NAEYC 2
Currículo

Currículo como fundamento da educação de bebês e crianças

Para que um programa de cuidados seja educativo, é preciso haver currículo. Nós exploramos o termo currículo no Capítulo 1. Aqui iremos refinar e expandir nossa definição. O currículo apropriado deve consistir num plano de aprendizado e desenvolvimento totalmente inclusivo e que foque nas conexões e relações de cada bebê ou criança de um programa de educação e cuidados primários, seja ele institucional ou doméstico. Cuidadores treinados que reagem positivamente e respeitam todas as necessidades individuais de cada criança de forma sensível e calorosa, de modo a estimular o apego, focam tanto na educação quanto no cuidado. O currículo respeitoso e positivamente reativo é baseado em relações que surgem de atividades, experiências e acontecimentos planejados ou não.

Um currículo não é simplesmente um cronograma de atividades e planos de exercícios para um dia, um mês ou um ano. Não é um pacote de pôsteres, livros, brinquedos e materiais que combinam com os temas do mês. Não é um conjunto de formulários com espaços para preencher sobre o que fazer em cada dia ou estação. Um currículo é muito mais complexo que tudo isso. Ele pode ser definido apenas como um plano de aprendizado, mas para que se entenda o que isso significa em termos de programas direcionados a bebês e criança leva um livro inteiro. Este livro é sobre isso. Vamos dar início ao assunto neste capítulo e depois focar em dois aspectos do currículo – rotinas e brincadeiras – nos Capítulos 3 e 4.

Pense no currículo centrado nas relações. De fato, o WestEd Program for Infant – Toddler Care – o maior esforço de treinamento dos Estados Unidos no que se refere aos primeiros três anos de vida – prescreve um "currículo positivamente reativo e baseado nas relações". Esse currículo é explicado em muitos volumes de guias, manuais, gravações em vídeo e no que chamam de *video magazines*. O treinamento nesse currículo é extenso e foca nos interesses e necessidades individuais de cada criança e também na família da criança.

Embora um currículo não precise ser descrito, prescrito, rotulado ou mesmo objeto de assunto, existe de alguma forma uma estrutura para tomada de decisões baseada em

OBSERVAÇÃO EM VÍDEO 2

Criança brincando com um tubo e uma bola

Veja o *Observação em Vídeo 2: Criança brincando com um tubo e uma bola* como exemplo de resolução de problemas. Esse é outro exemplo simples dos tipos de experiências educativas que as crianças elegem para si mesmas. Esse menino é mais velho que Emily, do exemplo do início do capítulo. Ele também está explorando e experimentando, porém focado em apenas um problema.

Questões

- Qual problema o menino está tentando resolver?
- O que você acha da persistência dele? Você está surpreso com a ampla capacidade de atenção dele?
- O que você acha que fez o menino escolher justo esse problema para resolver?

Para assistir a esse vídeo, entre em www.grupoa.com.br, acesse a página do livro por meio do campo de busca e clique em Conteúdo Online.

---

uma filosofia que guia a ação. A estrutura e a filosofia talvez só existam nas cabeças dos fundadores do programa, mas ela deve ser transmitida, de algum modo, a todos aqueles que trabalham com bebês e crianças dentro do programa. Uma versão por escrito da estrutura ou do currículo pode ajudar, mas o modo mais eficaz de ensinar a estrutura para as pessoas que trabalham com crianças é por meio de formação.

Implementando o currículo

Para implementar o currículo, professores de assistência infantil, cuidadores, educadores e provedores de cuidados familiares precisam ter as habilidades necessárias para entender o que é desenvolvimento típico, desenvolvimento atípico e diversidade. Além disso, eles devem contar com habilidades de observação, a fim de que possam ser positivamente reativos a cada minuto, ao longo de muito tempo. Aqui é onde faz sentido mais uma vez o material escrito. Para que se possa fazer planos para cada criança e para o grupo, manter os registros atualizados é importante. Apenas assim os cuidadores podem efetivamente refletir sobre o que observam, analisar o que cada criança precisa e planejar ambientes e experiências para indivíduos ou grupos de forma apropriada. Dessa forma eles também estarão aptos a adaptar os ambientes e as expe-

> **Padrão do programa**
> **NAEYC 1**
> Relacionamento

riências que dão certo para crianças de desenvolvimento típico, a fim de que eles funcionem para todas as crianças, não importando o tipo de desafios físicos, mentais ou emocionais que cada uma trouxer ao programa.

Padrão do programa
NAEYC 6
Professores

Para cumprir um currículo, um cuidador deve desejar alcançar objetivos ou resultados específicos, que frequentemente não estão no papel nem mesmo se fala sobre eles, mas os quais na maioria das vezes são holísticos e se relacionam com a imagem da criança completa e saudável, apta a despertar o máximo de si mesma: seu potencial único enquanto indivíduo e membro de um grupo. Quando expressos ou escritos, os objetivos (algumas vezes chamados de resultados) estão em geral relacionados com três domínios do desenvolvimento – que podemos pensar como mente, corpo e sentimentos. Ao falar de sentimentos estamos falando também da capacidade de se relacionar com outros. Para usar uma linguagem mais sofisticada, os objetivos e resultados são em geral organizados pelos domínios cognitivo, físico e socioemocional. Alguns programas têm também outros objetivos, espirituais e/ou criativos. Os currículos dos níveis de educação superiores podem focar apenas a mente, mas isso não funciona com bebês e crianças. Nesse nível inicial, não há como separar as necessidades e nos interesses intelectuais de outras necessidades e interesses.

Avaliando a eficácia do currículo: observando e registrando

Todo currículo depende de que os cuidadores determinem o que as crianças precisam e no que estão interessadas, tanto como indivíduos quanto como um grupo, o que é um processo de avaliação. Duas partes do processo de avaliação são discutidas aqui: a parte da observação e a parte do registro do comportamento da criança. Veja a Figura 2.1 para um resumo de meios de registro de observações escritas.

No entanto, a observação enquanto avaliação não deve ser exageradamente enfatizada. Os cuidadores devem desenvolver e praticar a observação todos os dias. A observação deve se tornar um hábito diário, um verdadeiro modo de viver.

Registrando observações As observações podem ser registradas de várias formas, incluindo os registros anedóticos, as observações formais escritas ou os registros diários. **Registros anedóticos** são descrições de quaisquer coisas que chamarem sua atenção e que são registradas na forma de notas feitas no momento, ou depois, ou gravadas de outro modo que vier à sua mente. Ao fazer registros anedóticos regularmente, você notará que algumas crianças não chamam a sua atenção

Registros anedóticos	A descrição de algo no momento em que está acontecendo ou depois, registrando algo breve, mas que parece ter significado.
Registros contínuos	Uma observação formal escrita; primeiro em forma de notas e, depois, organizada em frases e parágrafos.
Registros de acompanhamento diário	Podem ser usados para registrar momentos e detalhes a respeito de troca de fraldas, alimentação, sono.
Diários individuais	Cada criança pode ter o seu, e eles podem ser redigidos pelos membros da equipe.
Diários de duas vias	Pode ser um caderno que vai para casa para que os pais escrevam e que depois volta, todo dia, com a criança. Uma variação disso é o diário via e-mail.

Figura 2.1 Meios escritos de registrar observações.

com tanta frequência ou da mesma maneira que outras. Você deve observar essas crianças mais cuidadosamente e manter registros escritos do que observa.

Observações formais por escrito são chamadas de **registros contínuos** e envolvem registrar com cuidado e objetividade tudo o que acontece e como acontece. Esses acontecimentos podem ser registrados por meio de gravações e depois transcritos, ou por meio de notas e depois reescritos. Veja a Figura 2.1 para um resumo das maneiras de registrar observações. O vídeo pode ser usado, com o observador comentando o que está sendo observado, mas sem fazer juízos. Fotografias, gravações em vídeo sem comentários e gravações de áudio de bebês balbuciando ou de crianças pequenas conversando também são instrumentos de registro, às vezes chamados de **documentação**, que fornecem representações visuais e auditivas do aprendizado e do desenvolvimento. Registros e documentação de todos os tipos, feitos e armazenados com cuidado, podem constituir informações importantes que evidenciam padrões usados para avaliar os caminhos individuais percorridos por cada criança durante o desenvolvimento.

A avaliação contínua revela como vai a criança; qual é a linha de frente do aprendizado, do crescimento e do desenvolvimento; o que pode ser necessário a seguir. O pesquisador russo Lev Vygotsky chamava essa linha de frente de **zona de desenvolvimento proximal**. A tabela do ambiente no Apêndice B pode ser usada como um guia da sequência tradicionalmente esperada de desenvolvimentos e dos comportamentos que indicam progresso. A Parte 2 deste livro também pode ajudá-lo a entender melhor os progressos e expectativas envolvidos no tema.

Perfis de desenvolvimento Quando você faz bons registros, emerge deles um perfil de desenvolvimento que oferece um quadro de desenvolvimento de cada criança, de modo que os cuidadores podem assim planejar programas individualizados. Esse quadro deve incluir a gama de interesses e necessidades gerais e específicos de cada criança, e as tarefas de desenvolvimento com as quais ela está lidando. Também devem ser incluídos os objetivos e as expectativas da família. Por meio dos perfis de desenvolvimento o cuidador pode individualizar o currículo de forma que ele atenda cada necessidade especial e específica da criança. O quadro de desenvolvimento também pode ajudar o cuidador a reparar em quaisquer questões ou preocupações que devam ser discutidas com a família e talvez também com especialistas. Algumas preocupações requerem observações profissionais, testes e outros tipos de verificação. Certos tipos de intervenção podem ser necessários dependendo do que as avaliações mostrarem. O treinamento especial é necessário para que se realizem avaliações mais sofisticadas, mas de qualquer forma os cuidadores devem fazer avaliações informalmente, à medida que trabalham com crianças e aprendem o que elas sabem e o que podem fazer. Magda Gerber costumava dizer que os cuidadores deveriam deixar que a criança fosse a professora e, de fato, grande parte da avaliação é aprender sobre a criança e sobre o que ela tem de nos ensinar sobre seus interesses, habilidades, conhecimentos e necessidades. E é claro que os cuidadores aprendem também com a família, não *apenas* com as crianças.

Durante a construção dos perfis de desenvolvimento, é tentador comparar uma criança específica com os dados de uma tabela ou, pior, com outra criança. Usar tabelas ajuda no entendimento dos padrões de uma criança específica e de como esses padrões se relacionam com outros. Mas se lembre de que as crianças têm seus próprios padrões de desenvolvimento, que podem ser bem diferentes daqueles tradicionalmente representados nas tabelas. Respeite as diferenças e lembre-se de que o "normal" não é necessariamente um objetivo! Existe uma ampla gama de gradações de desenvolvimento, e cada criança é um indivíduo. Na Parte 2, a seção intitulada Padrões Diversos de Desenvolvimento foi criada para esclarecer esse ponto e para ajudar os cuidadores a evitar fazer julgamentos. Duas dicas para cuidadores e professores: por favor, <u>não</u> utilizem procedimentos de avaliação para criar cartões de memorização ou para rotular as crianças! Fujam também da ideia de que o desenvolvimento é uma corrida na qual algumas crianças estão na frente e outras atrás. O desenvolvimento não tem a ver com ganhar ou perder; tem a ver com crescer, aprender, liberar todo o potencial possível. As crianças percebem muito cedo as mensagens sobre suas próprias capacidades; mensagens negativas podem gerar profecias que se autorrealizam, nas quais as expectativas influenciam os resultados.

A equipe deve também estar apta a se relacionar com os pais e outros membros da família de forma que disso resulte uma boa troca de informações, pois o que acontece dentro de casa pode combinar, complementar ou estar em harmonia com o que acontece fora. Um tipo de registro assim, que já foi brevemente mencionado, é aquele feito diariamente pelo cuidador primário. Os registros diários têm várias utilidades. Pode ser, por exemplo, um modo de os pais obterem um relato extenso e detalhado do que aconteceu com seus filhos a cada dia, quando vão buscá-los nas instituições. Alguns registros têm a ver com variadas atividades de cuidado e contêm informações específicas que têm ligação com o ambiente doméstico. Trocas de fraldas, padrões de evacuação, comida oferecida e consumida, duração das sonecas e muitos outros acontecimentos podem constituir informações especialmente importantes sobre bebês que ainda não falam, ou seja, não conseguem comunicar suas necessidades e interesses. Alguns programas usam um sistema de registro diário de duas vias, no qual os pais trazem todo dia um caderno no qual anotam o que o cuidador pode precisar saber sobre como foi a última noite e parte da manhã. O cuidador usa esse mesmo caderno para registrar os acontecimentos e detalhes do dia, e o caderno volta para a casa dos pais com a criança.

Como é muito difícil dizer com precisão o que é currículo ou educação de bebês e crianças (como já foi mencionado, o livro inteiro é sobre educação de bebês e crianças), o resto do capítulo irá focar o tópico que trata de bebês e crianças aprendendo a resolver problemas e de como os adultos podem ajudá-las nessas resoluções.

Educação como facilitação da resolução de problemas

Um modo de descrever um dos focos do currículo de bebês e crianças é prestar atenção nas suas habilidades em resolver problemas. Esse modo de pensar o currículo é bem diferente tanto do ponto de vista que defende a estimulação quanto daquele centrado nas atividades. Um dos aspectos mais importantes que a educação assume neste livro é baseado na *abordagem de resolução de problemas*, segundo a qual os bebês e as crianças aprendem a fazer coisas acontecerem em seus mundos. O *input* sensorial é principalmente um resultado das ações das crianças. As crianças estão no comando. Os adultos são mais facilitadores do que *estimuladores*.

Que tipos de problemas os bebês e as crianças enfrentam? Observe um bebê ou uma criança por apenas uma hora e você conseguirá responder a tal questão. Você notará que os bebês e as crianças lidam com uma grande variedade de tipos de problema, incluindo dificuldades físicas, como fome e desconforto; manipulativas, como o desafio de pegar um brinquedo com uma mão e balançar um bloco com a outra; e problemas sociais e emocionais, como ter de lidar com a separação de um dos pais ou cuidadores ou tentar interagir com alguém que não está interessado. Alguns problemas são específicos de fases particulares do desenvolvimento e por fim acabam se resolvendo de uma maneira ou de outra. Mas também existem aqueles problemas com os quais a criança terá de lidar pelo resto da vida. A educação de crianças com menos de três anos deve ser baseada no aprendizado de como lidar com essa enorme variedade de problemas, no aprendizado de várias formas de abordá-los e no aprendizado de reconhecer quando os problemas podem de fato ser resolvidos e quando devemos desistir deles. Como os bebês passam principalmente por experiências que envolvem a rotina, os problemas

Os princípios em ação

Princípio 8 Encare os problemas como oportunidades de aprendizado e deixe que bebês e crianças os resolvam por si mesmos. Não tente salvar, constantemente facilitar ou proteger os bebês e crianças de todos os problemas.

Jasmine está andando de triciclo no pátio, usando os pés para empurrá-lo em vez de usar os pedais. Ela bate no cordão da calçada, e o triciclo tomba, de modo que ela cai na areia. Ela dá um grito estridente, deitada de costas, com o triciclo ao seu lado. Uma cuidadora vem correndo e se agacha ao lado dela, mas não a toca. Ela olha para o rosto de Jasmine e pergunta "Você está bem?" Jasmine chora mais alto. A cuidadora diz: "Você caiu". Jasmine para de chorar, olha para ela e acena com a cabeça. Ela começa a se mover em direção à cuidadora. A cuidadora oferece uma mão para ajudá-la. Ela recusa e se levanta, limpando-se às sacudidas. A cuidadora olha para ela atentamente e não enxerga arranhões ou marcas vermelhas, mas pergunta mais uma vez "Você está bem?", "Bem!" Responde Jasmine. Ela procura pela bicicleta com as mãos. A cuidadora sai do seu caminho. Ela tem alguma dificuldade durante o esforço, mas persiste até alcançar a bicicleta. A cuidadora não ajuda. Por fim a cuidadora diz: "Você fez tudo sozinha." Jasmine dá um sorriso e volta a andar de bicicleta, um sorriso que fica cada vez mais largo à medida que ela vai se afastando com o triciclo.

1. Você vê isso como um exemplo de educação infantil? Explique sua resposta.
2. E se o pai ou a mãe estivesse assistindo a isso e se sentisse desconfortável por achar que o cuidador agiu de forma reservada demais? O que você diria para os pais de uma criança se fosse o cuidador nessa situação?
3. Por que o pai poderia se sentir desconfortável?
4. Você tem uma ideia diferente sobre como o cuidador poderia ter lidado com a situação?
5. O que você teria feito e por quê?
6. Esse é um problema que você tentaria evitar se fosse um cuidador? Se sim, como? Se não, por que não?

que eles enfrentam enquanto são alimentados, trocados, vestidos, banhados e colocados pra dormir acabam fazendo com que se tornem crianças que se enxergam como solucionadoras de problemas. Se elas se enxergarem como boas solucionadoras de problemas, e de fato elas o são, então elas são, pela definição deste livro, bem educadas.

O papel do adulto na facilitação da resolução de problemas

A função principal do adulto na educação de bebês e crianças não é treinar nem ensinar, mas sim facilitar o aprendizado. Comece observando os problemas que os bebês enfrentam. Ajude-os a resolver os problemas sozinhos. No papel de cuidador você apresentará problemas aos bebês ao mesmo tempo em que atenderá às necessidades deles e configurará o ambiente para propiciar a brincadeira e a exploração. Você facilitará a educação infantil por meio da forma como se dirige ou reage à resolução de problemas do bebês durante o tempo de qualidade querer-algo e não querer-nada.

Os dois tipos de tempo de qualidade se relacionam a dois modos de agir pedagogicamente com um bebê ou uma criança, o que nós chamamos de **presença do cuidador**. Para que você tenha uma ideia do que são essas duas formas de agir, tente o seguinte exercício: encontre alguém que queira ser o seu espelho. Fique de frente pra essa pessoa, encarando-a, e peça que ela imite todos os seus movimentos. Então, usando seu corpo, expressões faciais e mãos, faça algo para o "espelho" imitar. Pode ser que você queira sair dessa posição. Depois de experimentá-la, tente assumir a outra posição, a de espelho. Quando terminar, discuta a experiência com seu parceiro. Qual papel você prefere – o de fazer ou de espelhar (liderar ou seguir)? O que é mais difícil em cada um deles?

Padrão do programa
NAEYC 3
Ensino

Esse exercício do espelho mostra os tipos de interações recíprocas que constituem o relacionamento positivamente reativo discutido no Capítulo 1. Ele também ilustra os dois tipos de presença do cuidador – ativa e receptiva. Talvez você prefira o modo ativo – atuando como líder e coordenando o que acontece. Ou talvez você prefira o modo receptivo – seguindo o direcionamento dado pela criança e sendo positivamente reativo. Para ser um bom educador de bebês e crianças, você precisa desenvolver ambas as funções, não importa qual você prefira. Saber qual das duas você prefere pode ajudar a melhorar a outra.

No próximo exemplo, note como o adulto está sendo receptivo ou quando ele age ativamente para ajudar a criança que tem um problema a resolver.

> Jason, 14 meses, está se movimentando e chorando alto, agitando os dedos na frente do rosto.
> "Oh, Jason, aconteceu alguma coisa com você", diz o cuidador.
> Jason continua chorando e levanta os dedos para inspecioná-los. O cuidador toca gentilmente nos dedos dele. "Parece que você machucou os dedinhos", ele diz em uma voz calma e compreensiva.
> Jason recua os dedos da frente do rosto e puxa as calças do cuidador, indicando que quer mostrar alguma coisa para ele.
> "Você quer que eu vá junto." Ele verbaliza o desejo de Jason e o segue até uma área onde há outros adultos e muitas crianças brincando no chão, Jason, soluçando, leva-o diretamente até um armário com a porta entreaberta. O choro dele muda levemente de tom à medida que se aproxima da cena do acidente.
> "Você prendeu os dedos na porta?" adivinha o cuidador.
> Jason, agora furioso, pega um pedaço de madeira e se prepara para jogá-lo na porta do armário.
> "Entendi que você está bravo, mas não vou deixá-lo atirar o bloco. Você pode machucar alguém", diz o cuidador com firmeza, segurando o braço de Jason.
> Jason parece estar reconsiderando a ideia. Ele abaixa o bloco e vai até o armário. Ainda chorando, ele fecha a porta e depois a abre de novo. Ele é muito cuidadoso em suas ações.
> "Sim, você consegue fazer isso sem prender os dedos." O cuidador põe as ações de Jason em palavras.
> Jason ignora as palavras e continua abrindo e fechando a porta. O choro de raiva é substituído por um resmungo de lamentação. Ele senta perto do armário e continua lá chorando.
> "Vamos colocar um pouco de água fria nos seus dedos", diz o cuidador se dirigindo a ele com os braços abertos.

Esse exemplo ilustra tanto a presença ativa quanto receptiva, com ênfase na receptiva. Apenas duas vezes o cuidador direcionou a situação. Repare que o cuidador estava tranquilo e não exageradamente emocional, mas ainda assim apto a criar uma empatia por Jason (sentir sua dor). O cuidador conseguiu apoiar Jason em sua dor e facilitar o uso de suas habilidades em resolver problemas. A história poderia ter sido bem diferente se o cuidador tivesse dado a Jason um conselho ou "ensinado a ele uma lição". A história também teria sido diferente se o cuidador tivesse sido simpático demais. Imagine se ele tivesse levantado Jason do chão falando coisas como "Oh, pobre Jason, você se machucou, pobre garotinho". Mas o cuidador não ofereceu conselhos nem simpatia excessiva. Em vez disso ele ofereceu sua total e tranquila atenção, tanto receptiva quanto ativa, oferecendo a Jason, assim, o apoio, a força e a aceitação necessárias para lidar com o problema diante dele. Esse exemplo ilustra a educação de bebês e crianças em pleno funcionamento.

O papel do adulto de dirigir e reagir positivamente às tentativas de resolução de problemas de bebês e crianças é constituído de quatro capacidades. O adulto deve estar apto a ajudar a criança a atingir um nível ideal de estresse diante do problema, atender adequadamente à necessidade de atenção da criança, dar retorno e ser um modelo do comportamento que deseja ensinar. Esses papéis são resumidos na Figura 2.2.

Determinando níveis de estresse ideais Um modo de os adultos facilitarem o aprendizado de bebês e crianças é sendo sensíveis aos níveis de estresse deles. Essa sensibilidade é importante para o aprendizado do que

1. **Determinar os níveis de estresse ideais:** observar e decidir qual nível de estresse é excessivo, muito pouco ou suficiente.
2. **Dar atenção:** atender às necessidades de atenção das crianças sem usar meios manipulatórios.
3. **Dar retorno:** dar um claro retorno sempre, de modo que bebês e crianças aprendam as consequências de suas ações.
4. **Ser um modelo de comportamento:** dar um bom exemplo para bebês e crianças.

Figura 2.2 Os quatro papéis do adulto na educação de bebês e crianças.

chamamos de "andaime". Quando uma criança pequena diante de um problema vai além do nível de frustração aceitável, um empurrãozinho do adulto pode reduzir a frustração o bastante para que a criança à consiga continuar o trabalho em busca da resolução do problema.

Quando um adulto sensível assume a função de andaime, como parte da educação de bebês e crianças, ele oferece a menor ajuda possível, não para evitar a frustração, mas para que a criança siga tentando resolver o problema. Esse tipo de ajuda melhora a capacidade de atenção e ensina à criança que ela é capaz de solucionar problemas.

A maioria dos adultos prefere proteger os pequenos de sentimentos desconfortáveis. Esses adultos não percebem que o estresse e a frustração são parte importante da educação de bebês e crianças, e que eles ocorrem naturalmente em contextos que exigem a resolução de problemas. A fim de se desenvolverem física, emocional e intelectualmente, as crianças de vez em quando precisam de algo para lutar contra, para usar toda sua força e resistência. Dessa forma elas podem descobrir que são competentes solucionadoras de problemas. Sem estresse, sem frustrações e sem problemas as crianças não têm chance de testar a si mesmas na luta contra o mundo. Consequentemente, a educação delas se torna muito limitada. Um pai jovem, refletindo sobre o estresse como parte da educação infantil, escreveu o seguinte:

> *Eu estava regando minhas plantas no jardim outro dia e aprendi mais sobre estresse e desenvolvimento. Já fazia algum tempo que eu estava regando as plantas regularmente todos os dias e então percebi que algumas de minhas sementes não estavam criando raízes profundas. Foi quando pensei isso – se a planta não enfrenta alguns fatores de estresse, de modo que precise procurar por comida e água, as raízes dela não serão profundas e, portanto, essas plantas terão menos estabilidade no mundo externo. Afinal, seus fundamentos serão muito frágeis.[1]*

Estresse ideal significa a quantidade certa de estresse – nem muito nem pouco. A quantidade certa de estresse é aquela suficiente para energizar e motivar a criança nas atividades, incluindo aquelas de resolução de problemas, mas não a ponto de atrapalhar ou inibir as ações da criança para resolver o problema. Acredite você ou não, o estresse pode potencializar o aprendizado e o desenvolvimento, mas precisa ser um estresse na dose certa. É função do cuidador decidir qual o nível de estresse ideal de cada criança e, então, tentar atingi-lo. As oportunidades surgirão naturalmente na vida diária.

Como é possível decidir o que é uma quantidade suficiente de estresse? Você pode determinar o nível ideal de estresse observando as ações das crianças. Crianças sob muito estresse não conseguem resolver problemas com eficácia; elas podem ficar muito emocionais ou podem recuar.

Você também pode decidir qual a quantidade suficiente de estresse sendo empático (imaginando o que a criança está sentindo) e permanecendo calmo, sem ser influenciado pelas emoções da criança nem pelas suas próprias. Permanecer tranquilo oferece uma

Padrão do programa NAEYC 4
Avaliação

Reflita
Pense em algum momento da sua própria vida no qual o estresse foi bom para você. Você consegue relacionar sua experiência com alguma experiência de um bebê ou criança em um contexto em que crianças estão sendo cuidadas em grupo? Quão bom você é em diferenciar o estresse ideal do estresse excessivo em sua própria vida? Essa habilidade tem a ver com aquela de identificar se uma criança está passando por muito ou pouco estresse?

perspectiva que facilita uma tomada de decisão adequada.

O que você faria com crianças superestressadas ou pouco estressadas? Observe os problemas que cada criança está enfrentando. Talvez existam muitos, e nesse caso algumas medidas precisam ser tomadas para reduzir tal número. Esses problemas podem parecer difíceis de resolver, caso no qual a criança provavelmente precise de mais ajuda.

Se as crianças estão pouco estressadas, talvez não estejam enfrentando problemas o bastante em suas vidas – talvez não estejam acontecendo muitas coisas, talvez o ambiente não seja muito interessante ou quem sabe alguém vem resolvendo todos os problemas para a criança.

Dando atenção O modo como um adulto reage às ações das crianças é uma parte fundamental da educação de bebês e crianças. A reação do adulto tem muito poder porque bebês e crianças pequenas dependem basicamente da atenção de outros, sobretudo daqueles que são importantes para eles. Para cada indivíduo existe uma quantidade ideal de atenção – mais uma vez: ideal, não máxima. Se a pessoa recebe atenção o bastante, isso resulta em satisfação. Um indivíduo com falta de vontade irá buscar essa vontade de diversas outras formas.

Algumas formas típicas de conseguir atenção que as crianças aprendem no início da vida são:

- Sendo atrativas aos olhos
- Sendo gentis e doces
- Sendo espertas, habilidosas, capazes, competentes ou talentosas
- Comportando-se mal
- Fazendo muito barulho
- Falando muito
- Falando pouco
- Sendo extrovertidas
- Sendo tímidas
- Ficando doentes
- Ficando desamparadas

Você tem consciência de que as garotas chamam mais atenção pela aparência do que por suas capacidades? Quanto tempo você acha que leva até que as crianças se adaptem a padrões em que elas tendem a buscar e receber atenção por assumirem papéis restritos ao seu gênero sexual?

Se os bebês descobrem que sorrir, balbuciar e ficar tranquilos não é o bastante, ou se uma criança pequena se dá conta de que manter uma postura calma não rende a ela muita atenção, ela irá buscar outro tipo de comportamento. Crianças que sofrem de séria falta de atenção em família irão procurar uma forma de chamar a atenção de pessoas muito importantes ao seu redor. Os adultos devem saber reconhecer quando as crianças estão tentando chamar atenção decepcionando-os propositalmente e quando elas estão comunicando suas necessidades reais. Nem sempre é fácil identificar a diferença. Preste atenção no seguinte exemplo:

> Uma cuidadora está sentada em uma cadeira confortável, alimentando um bebê de seis meses com uma mamadeira. Outra criança, de 17 meses, Mike, em pé, insiste em cutucar o braço dela e tentar pegar a mamadeira. Outro adulto retira Mike dali e tenta envolvê-lo em uma brincadeira ao mesmo tempo em que explica que a cuidadora dele está ocupada agora. Quando o adulto dá as costas para interferir em uma briga em outra parte da sala, Mike vai até outra criança e arranca da mão dela um brinquedo. Ambos os cuidadores censuram Mike, que fica radiante ao conseguir tanta atenção. No momento em que ambos os cuidadores dão às costas para ele a fim de voltarem para as outras ocupações, Mike vai até a entrada que separa a sala de brincar da cozinha. Ele se pendura na grade que barra a passagem e se manifesta ruidosamente.
>
> "Você acabou de comer!" Responde a cuidadora da cadeira. "É difícil acreditar que você ainda esteja com fome, mas vou te dar um lanchinho depois que eu terminar de alimentar Sierra", ela diz a ele e, então, volta a alimentar o outro bebê. Mike imediatamente

Reflita

Pense em como você satisfaz suas próprias necessidades de atenção. Quão consciente você está dos meios que usa para que as pessoas prestem atenção em você? Liste alguns meios pelos quais você consegue chamar atenção de outras pessoas. Você está satisfeito com os meios que usa para chamar atenção? Você gostaria que bebês e crianças chamassem a atenção usando os mesmos meios?

começa a jogar no chão todos os brinquedos e depois pisa neles. Ambos os cuidadores o repreendem. Mais uma vez ele parece exultante por receber atenção. Mas quando os dois cuidadores voltam a seus afazeres, ele começa a jogar todos os brinquedos contra a porta aberta da cozinha. Novamente ele consegue a atenção dos dois adultos. O adulto que está livre ajuda Mike a colocar os brinquedos de volta na prateleira enquanto a cuidadora principal, que continua na cadeira, apenas observa e faz comentários de vez em quando. Quando a ordem é finalmente restabelecida, ela volta a se dedicar à alimentação da outra criança, enquanto o outro cuidador começa a trocar uma fralda. A cena termina quando Mike se levanta e dá um tapa em uma criança que estava todo o tempo quieta brincando no cantinho.

Em tal cena Mike continuamente recebe atenção graças a um comportamento indesejável. É fácil perceber que ele sabe conseguir atenção quando quer, mesmo quando ambos os cuidadores estão ocupados. Não há uma resposta simples para esse problema. Contudo, se ambos os cuidadores estão conscientes de que ele precisa de atenção, eles podem se concentrar em dar essa atenção a ele quando ele não estiver se comportando mal. Talvez ele sinta menos necessidade de atenção dos adultos quando não for mais tão difícil obtê-la. Os adultos também podem colocar em palavras o que ele precisa dizendo coisas como "Eu sei que você precisa da minha atenção agora, Mike".

Se você for generoso com sua atenção durante as rotinas de cuidado, a maioria das crianças tende a ficar tranquila durante momentos de brincadeira em que os adultos não podem responder. Elas não ficarão famintas de atenção adulta. Mas se uma criança aprendeu que se comportar mal é satisfatório no sentido da satisfação que a recompensa traz, você terá de mudar a abordagem.

Comece ignorando comportamentos indesejáveis elaborados para atrair sua atenção (sem desconsiderar as necessidades ou a segurança, é claro). Ao mesmo tempo, preste muita atenção nos comportamentos que são desejáveis. Seja específico quando falar sobre o comportamento – e não simplesmente dispare julgamentos amplos tal como "bom garoto!". Em vez disso, diga coisas como "Eu realmente gosto do jeito como você está brincando com este brinquedo, Mike. Você guarda os bonecos de volta no lugar depois de brincar com eles. Bom pra você, Mike. Você está me deixando alimentar Sierra sem me interromper. Bom exercício de paciência. Você está sendo gentil com Jacob".

Quando o comportamento precisa de mudanças, o **reforço positivo** pode ser eficaz. O reforço positivo é definido como uma reação a um comportamento que reforça a probabilidade de sua repetição – em outras palavras, uma recompensa. A recompensa funciona, especialmente quando você está tentando mudar comportamentos aprendidos anteriormente – ou seja, aqueles que foram inadequadamente recompensados no passado, como as tentativas de Mike de chamar atenção.

Mas não exagere ao usar a recompensa como reforço positivo. Atenção e elogios funcionam e são motivadores potentes. Contudo, podem ser viciantes. Muitas atividades são recompensadoras por si só. Elas perdem o seu caráter recompensador quando adultos acrescentam recompensas externas às intrínsecas. Então, quando um bebê está brincando e um adulto constantemente o interrompe para tecer elogios, a mensagem é que a atividade em si não é tão legal, então a criança precisa ser motivada. Por fim, a criança assimila a mensagem e é aí que mora o perigo. É fácil reconhecer uma criança que está acostumada a receber muitos elogios enquanto brinca, pratica esportes ou joga. Ela é aquela que sempre olha para algum adulto depois de pequenas conquistas durante tais atividades.

Quando as crianças são exageradamente elogiadas, elas perdem o contato com seus verdadeiros sentimentos e motivações. Elas olham para o lado depois de cada ação para saber se fizeram a coisa direito. Elas buscam aprovação para tudo que fazem. Atividades e conquistas são prazerosas somente por causa das recompensas externas que as acompanham. Resumindo, essas crianças param de obter prazer e satisfação nas atividades em si.

Em *Toward a Psychology of Being*, Abraham Maslow afirma que quando uma criança se depara com um conflito entre obter satisfação interna por mérito próprio e obter recompensas vindas de outras pessoas, ela

> em geral opta por obter aprovação dos outros e lida com a necessidade de satisfação interna reprimindo-a ou deixando que ela se esvaeça, não a percebendo ou a controlando com a força de vontade. Em geral, tal força de vontade é fundamentada pelo desenvolvimento de uma desaprovação da experiência de satisfação ou por vergonha e embaraço diante disso, resultando, finalmente, na inabilidade em aproveitar a experiência. (Maslow, 1968, p. 51).

Maslow está transmitindo uma mensagem poderosa sobre o uso do elogio na educação de bebês e crianças. A mensagem dele é bem diferente daquela transmitida comumente na prática da maioria dos cuidadores, que elogiam as crianças para que elas se sintam bem consigo mesmas. Mas as crianças em geral se sentem melhor consigo mesmas quando os adultos limitam seus elogios e reagem ao sucesso das crianças com palavras como "Você tem de se sentir muito contente por finalmente ter conseguido retirar esse sapato sozinha", ajudando a criança a reconhecer sua própria satisfação interna.

Dando retorno O retorno está próximo ao tema dos elogios e da atenção. Parte da educação de bebês e crianças depende de a criança receber reações ou retornos claros. O retorno pode vir tanto das pessoas quanto dos ambientes. As crianças precisam aprender qual o efeito de suas ações no mundo e nos outros. Se elas derrubam um copo de leite, o leite se esparrama. A criança não precisa de mais nenhuma explicação sobre o leite. Agora é necessário que se esboce reação para remediar a situação. "O leite derramou. Você precisa de um pano para secá-lo" é uma boa reação.

Algumas coisas que as crianças fazem resultam em cuidadores expressando dor ou raiva. Essas expressões também são um tipo de retorno. Por exemplo, pode-se dizer para uma criança que arranha um cuidador: "Você me machuca quando me arranha. Não gosto disso". A mensagem deve ser clara se a intenção é que esse retorno seja útil para a criança. Se o cuidador responde a isso numa voz melosa, sorrindo o tempo todo, mas apertando a criança com força como se estivesse bravo, a criança recebe uma mensagem mista, em vez de um retorno claro.

Os adultos sempre podem ajudar a proporcionar um bom retorno do ambiente e verbalizar a reação que eles percebem na criança. Assim, a criança aprende a dar a si mesma retornos claros. Aqui está um exemplo desse princípio:

> Jamal está brincando com várias outras crianças pequenas quando seu cuidador aparece na porta. Jamal corre até ele e nesse processo bate com o cotovelo na mesa. Ele se aproxima do cuidador chorando.
>
> O cuidador diz: "Entendi, Jamal, você bateu com seu cotovelo na mesa". Jamal confirma mostrando o cotovelo.
>
> "Eu!" ele exclama.
>
> "Sim", responde o cuidador. "Você bateu bem aqui". Ele toca levemente na quina da mesa.
>
> Jamal volta até a mesa onde se machucou. "Mesa!", ele explica.
>
> "Sim", confirma o cuidador. "Bem aqui... você bateu com seu cotovelo bem neste lugar da mesa". Ele bate na mesa. "É duro".
>
> Jamal toca na mesa. "Dói quando você bate com o cotovelo aqui", continua seu cuidador.
>
> "Duro", repete Jamal. Ele está chorando menos agora. Ele se concentra em seu cotovelo, depois na mesa, depois no cotovelo de novo.

O cuidador de Jamal o ajudou a focar no que acabou de acontecer, e Jamal aprendeu um pouco sobre causa e efeito. Foi mostrado a Jamal o que o machucou e ele pôde entender melhor a situação a partir da associação da dor com a dureza do material. O cuidador de Jamal o ajudou a entender a experiência como um todo em vez de deixá-lo sozinho e desperado com sua dor, apesar de não ter negado a dor de Jamal ou tentado o distrair dela.

Algumas vezes ajudar uma criança a obter retorno é apenas uma questão de sentar e

Reflita
Pense em uma situação de sua vida na qual você obteve um retorno que foi útil para solucionar um problema. Você consegue aplicar suas próprias experiências para entender as experiências de um bebê e uma criança?

observar se a criança é capaz de perceber o que está acontecendo e descobrir um modo de lidar com isso. Outras vezes é de grande ajuda colocar a situação em palavras. Nos três primeiros anos de vida os bebês estudam intensivamente as propriedades dos objetos. Os bebês querem saber tudo sobre praticamente todos os objetos que encontram. Eles aprendem por meio da experiência ao manipular tudo que conseguem agarrar com as mãos. Por isso é importante que eles estejam em um ambiente configurado com uma variedade de objetos que podem ser explorados. Eles obtêm retorno de suas explorações.

Converse com as crianças sobre o que elas podem estar experimentando. "É pesado, não é?"; "Você gosta da suavidade desta bola". No primeiro exemplo deste capítulo, o adulto colocou em palavras a conexão que a criança parecia estar fazendo entre a boneca e a foto. A linguagem fornece às crianças a possibilidade de rotular suas percepções; e proporciona meios de armazenar essas percepções para futuras referências. Estimular a linguagem nas primeiras experiências das crianças vale a pena depois, quando elas atingem a idade escolar. A pesquisa clássica de Hart e Risley* demonstra como um vocabulário amplo é determinante para o sucesso escolar. Mas fique atento para não interromper a concentração da criança. Use a linguagem com sensibilidade, para que ela acrescente à experiência em vez de perturbá-la. Use a linguagem para ajudar

na resolução de problemas se a criança não estiver entendendo o retorno dado por meio do corpo. Dizer "Esta peça do quebra-cabeça nunca vai encaixar se você continuar tentando deste jeito" é muito mais significativo (se a criança estiver balançando a peça no ar, furiosa) em vez de retirar a peça da mão da criança e tentar encaixar. Porém, é necessário esperar até que a criança dê sinais de que realmente desistiu de tentar. Dê uma pequena pista sobre o que fazer. Por exemplo, diga "Experimente virar ao contrário". O retorno dos adultos não é útil apenas para ajudar as crianças a entenderem como os objetos funcionam, ele também é bom para que as crianças entendam o comportamento de outras crianças. "Ele não gostou quando você arrancou o livro da mão dele" ou "Ele fugiu porque você gritou com ele". À medida que você avançar ao longo dos muitos exemplos deste livro, repare no número de vezes em que os adultos dão retorno às crianças sobre seus efeitos em outras.

Ser um modelo Pratique, não pregue! **Seja um modelo** do comportamento que você deseja da criança (Bandura, 1977).[2] Ser um exemplo significa agir e interagir de modo que a criança posso observar e imitar. O que você faz fala mais alto do que o que você diz. Por exemplo, se você quiser ensinar a criança a compartilhar, você precisa *ser* uma pessoa que compartilha. Você precisa compartilhar suas coisas com os outros se é isso que você espera da criança. Você pode ensinar a criança a compartilhar por meio de recompensas ou punições, ou você pode *fazê-la* compartilhar usando seu tamanho e poder. Mas nenhuma dessas abordagens fará com que as crianças cresçam e se tornem solidárias. Elas se tornam solidárias (depois de muitos exemplos de comportamentos-modelo) apenas depois de entender o que significa possuir. Crianças pequenas precisam entender esse conceito (daí todas as frases com "eu" e "meu!" que se escutam ao trabalhar com crianças dessa faixa etária).

Padrão do programa
NAEYC 3
Ensino

Crianças também tomam como modelo outras qualidades de seus cuidadores – qualidades como gentileza. Crianças tratadas com

---

*N. de R.T.: Os pesquisadores norte-americanos Betty Hart e Todd Risley (1995) estudaram longitudinalmente as interações entre pais e bebês e o impacto dessa relação para o desempenho verbal posterior. Os dados de observação permitiram aos autores verificar que o tempo e a quantidade de interações verbais não variava de acordo com o gênero, a etnia, o nascimento de um novo bebê, ou se pai e mãe estavam trabalhando. Tempo e quantidade de interação verbal estavam mais consistentemente associados ao nível socioeconômico da família. Como o número de interações verbais em uma mesma família se manteve consistente ao longo do tempo, os autores concluíram que a experiência com a linguagem, ou seja, o número acumulado de interações, aos três anos, era muito diferente para crianças de determinadas famílias. Os autores concluíram que quanto mais a criança ouve aspectos da linguagem, mais ela tem oportunidade de desenvolver seu repertório verbal. Esse estudo acha-se descrito em *Meaningful differences in the everyday experience of young American children*, publicado em 1995.

gentileza tendem a tratar outras de forma mais gentil. Respeito é outro exemplo. Crianças tratadas com respeito tendem a respeitar mais outras crianças do que aquelas que não são tratadas com respeito.

Outro exemplo de comportamento-modelo é a expressão da raiva. Se você trabalha o dia todo e todos os dias em um centro de assistência infantil, a sua própria raiva constitui algo com o que você terá de lidar ao menos ocasionalmente. As crianças percebem o modo como você lida com as coisas. Se você sorri, canta e nega que está furioso, elas aprendem a esconder os sentimentos também. (E elas aprendem a transmitir as mesmas mensagens confusas que você está transmitindo.)

Mas se você usar sua energia para confrontar e resolver o problema, elas aprendem um modo de lidar com os conflitos. Ou, se o confronto não for apropriado, elas podem aprender com a forma como você lida com os problemas, como trabalhando os sentimentos por meio da expressão deles em conversas, por meio do redirecionamento deles para o exercício e a expressão física ou por meio de atividades de relaxamento. (Para alguns adultos, lavar a louça é tão tranquilizante quanto brincar na água é para crianças).

Resumindo, ser um modelo de comportamento é mais eficaz do que ensiná-lo. É só pensar nos hábitos, trejeitos, atitudes, gestos e expressões que você herdou diretamente de

---

Prática apropriada

Visão geral do desenvolvimento

De acordo com a National Association for the Education of Young Children (NAEYC), a assistência de qualidade combina cuidados e educação. Alguns dos componentes da assistência de qualidade incluem reconhecer que do momento do nascimento até os três anos se processa uma série de diferenças no desenvolvimento, por isso essa fase é dividida em três estágios: bebês muito novos (do nascimento até os nove meses), bebês que se movem (dos oito aos 18 meses) e crianças pequenas (dos 16 aos 36 meses) (National Association for the Education of Young Children, c2014). Cada grupo de idade requer adaptações específicas ao meio ambiente e a reações diferentes dos cuidadores. Para que um programa seja pedagógico, o cuidador precisa configurar um mundo seguro, interessante, ordenado e apropriado ao desenvolvimento da criança. Isso requer cuidados individualizados e grupos pequenos, que contam com cuidadores principais. Continuidade no cuidado é importante também, de forma que o ideal é que bebês e crianças contem com o mesmo cuidador ao menos durante os primeiros três anos de vida. A assistência é pedagógica quando se adapta ao desenvolvimento e à cultura das crianças, e quando os cuidadores evidenciam interações positivamente reativas.

Práticas apropriadas ao desenvolvimento

A seguir, você verá amostras de práticas apropriadas ao desenvolvimento que se relacionam com a educação de bebês e crianças:

- Existe continuidade o bastante nos cuidados para garantir que cada bebê (e sua família) esteja apto a desenvolver uma relação com um cuidador primário. Quando o cuidador passa a conhecer alguns bebês muito bem, ele se torna apto a reagir ao temperamento, às necessidades e às pistas de cada bebê, e a desenvolver um padrão comunicativo específico que satisfaça cada criança e família.
- Adultos se envolvem em muitas interações "um a um" e "cara a cara" com os bebês. Adultos falam em uma voz calma e agradável, usando uma linguagem simples e o contato visual, ao mesmo tempo em que são positivamente reativos às pistas da criança.
- Interações calorosas e positivamente reativas se dão ao longo do dia. Ao observar as pistas que a criança dá, o adulto se torna capaz de identificar quando o bebê deseja ser abraçado, carregado para outro lugar ou colocado em outra posição. Adultos com frequência conversam com as crianças, prin-

cipalmente bebês mais velhos, sobre o que está acontecendo.

- As crianças são reconhecidas por suas conquistas e ajudadas a se sentirem cada vez mais competentes e no controle de si mesmas.

Fonte: Childhood Programs (2009).

Práticas individualmente apropriadas

As rotinas de cuidados devem ser individualizadas de modo que possam atender às necessidades específicas de cada criança. Alguns precisam de posicionamento especial ao trocar as fraldas para não ficarem muito rígidos, enquanto podem precisar ser carregados sempre com um travesseiro, porque o contato direto com a pele os incomoda. Há ainda aqueles que precisam de apoio extra para sentar, de modo que possam comer com as mãos.

Práticas culturalmente apropriadas

Uma diferença na visão de pais e cuidadores pode se dar a respeito de eles alimentarem a si mesmos. Em famílias cuja tradição é alimentar as crianças com colheres durante os primeiros anos de vida, a ideia de deixá-los se alimentar sozinhos nos primeiros dois anos pode ser decepcionante. Como disse certa vez uma mãe "Eu amo alimentar meu bebê. Não quero parar de fazer isso só porque ele consegue sozinho. Alimentá-lo é uma forma de dizer que o amo." Lembre-se de que práticas apropriadas estão diretamente ligadas ao fato de que pais e cuidadores discutem e concordam sobre as decisões relativas a melhor apoiar bebês e crianças em seu desenvolvimento e a lidar com problemas ou diferenças de opinião que podem surgir.

Práticas culturalmente apropriadas em ação

Retome os Princípios em Ação, na página 31, e reconsidere suas respostas. Depois de ler este capítulo você responderia a alguma das questões de modo diferente? Agora analise esse exemplo com base nas informações da última subparte da seção "Práticas Apropriadas ao Desenvolvimento", do quadro "Práticas Apropriadas".

- O cuidador reconheceu a conquista de Jasmine? Você acha que o cuidador ajudou Jasmine a se sentir mais competente e no controle de si mesma?

Agora observe a seção "Práticas Culturalmente Apropriadas", no quadro Práticas Apropriadas.

- Como poderia ter se dado essa cena se a cultura de Jasmine encarasse o papel do adulto como o de resolver os problemas em vez de deixar que a criança o faça?
- O que você poderia fazer se a abordagem do cuidador e a abordagem da família fossem diferentes?

seus pais. Nós absorvemos comportamentos e trejeitos sem sequer estarmos conscientes disso e sem ensinamentos. Como um cuidador, você precisa estar consciente do comportamento que está dando de exemplo, de modo que o que você faz e o que você diz precisam estar em concordância.

Obviamente, ninguém consegue ser um modelo de comportamento o tempo todo. Todo mundo age de maneiras que odiaria ver uma criança imitar. Se você espera ser um modelo perfeito, você está fadado à frustração. Contudo, se você reage às próprias fraquezas, às suas próprias imperfeições e à própria humanidade, você está sendo um bom modelo de comportamento. Por exemplo, quando você comete um erro, você pode mostrar para as crianças que erros são perdoáveis perdoando a si mesmo. Se você estiver precisando de algo, ceda às próprias necessidades, isso transmitirá às crianças que responder às próprias necessidades é importante. Quando você traz os comportamentos-modelo ao nível consciente do reconhecimento, você se torna apto a tomar decisões sobre isso. Os exemplos de comportamento são ferramentas poderosas e podem funcionar tanto a favor quanto contra você. E já que tomar conta de crianças já é uma tarefa difícil, você pode ao menos ter todas as suas ferramentas ao seu lado.

Dar o exemplo com o próprio comportamento funciona com crianças – e também com adultos. Quando os pais observam você trabalhando com os filhos deles, eles podem se deparar com abordagens que nunca foram ensinadas a eles antes. Existe um ditado que se aplica aqui: um gesto vale mais do que mil palavras, e não são apenas os *seus* gestos – o mesmo vale para os pais e outros membros da família. Observe como eles interagem com suas crianças. Aprenda o modo como eles trocam, alimentam e carregam seus bebês. Todos podemos aprender uns com os outros.

Se você pensar em si mesmo como parceiro das famílias, você estará em sintonia com um movimento que vem crescendo, chamado "assistência e educação centrados na família". Há muitas razões para o surgimento desse movimento, uma delas foi a necessidade de uma reação ao que tradicionalmente se chama de programas centrados nas crianças. Alguns estudiosos da infância perceberam que o padrão de programas de alta qualidade tendem a focar as famílias em vez de apenas as crianças. (BLOOM; EISENBERG, 2003; FITZGERALD, 2004; KEYSER, 2006; LEE, 2006; MCGEEBANKS, 2007; SEIDERMAN, 2003). Veja na Figura 2.3 o motivo da importância de os profissionais especializados na primeira infância estabelecerem parcerias com os pais.

Educação de bebês e crianças e aptidão escolar

Não podemos falar de educação nos primeiros três anos sem mencionar a conexão entre um bom início de vida e o que acontece quando essas crianças entram na escola. É importante notar que, apesar de a educação de bebês e crianças (como explicado neste capítulo e ao longo do livro) provavelmente não parecer ligada a uma abordagem de "aptidão escolar", um bom início de vida pode de fato fornecer às crianças as bases que elas precisam para ter sucesso na escola.

A educação e o cuidado de bebês e crianças pequenas são um investimento econômico e social (KIRP, 2007). Alguns elaboradores de políticas estudam as pesquisas sobre o cérebro e consideram a educação na primeira infância um investimento que pode fazer muita diferença em resultados posteriores, especialmente em crianças advindas de famílias de baixa renda. Quando as famílias não têm o que precisam para poder oferecer aos filhos um início de vida

---

1. As crianças sempre estão atreladas ao contexto familiar e comunitário nos quais se inserem. (BRONFENBRENNER, 1979; 1994; BRONFENBRENNER; MORRIS, 1998).
2. Quando um programa foca as famílias, são potencializados o aprendizado e o desenvolvimento da criança.
3. Profissionais e famílias têm diferentes fontes de conhecimento e diferentes habilidades – quando ambos compartilham o que sabem numa via de mão dupla, todos se beneficiam.
4. O objetivo da criação de crianças é produzir adultos que se encaixem em suas famílias e culturas (ROGOFF, 2003) – assim, objetivos biculturais podem ser também importantes para a família.
5. Assim como os profissionais podem estar perseguindo uma série de resultados, o mesmo pode ocorrer com a família, e esses resultados podem ser bem diferentes.
6. Preservar a diversidade é uma questão de sobrevivência para todos nós (ROGOFF, 2003).

Figura 2.3 Os benefícios da parceria com os pais.

saudável, seguro e cuidadoso, essas crianças correm o risco de apresentar atrasos escolares. De fato, muitos já chegam ao jardim de infância atrasados. É aí que a sociedade pode ajudar. Apesar de os programas voltados à primeira infância certamente terem a possibilidade de ajudar todos os tipos de criança, as de classe média tendem a apresentar bons resultados escolares, mesmo sem nunca terem feito uso de serviços externos. (FULLER, 2007).[3]

Dois programas merecem atenção por atenderem a questões específicas de bebês e crianças advindos de famílias de baixa renda. Um desses programas foi criado por Geoffrey Canada, em Nova York, e se chama *Harlem Children's Zone* (HCZ) (TOUGH, 2009). O objetivo do HCZ é preparar todas as crianças, desde o nascimento, para terem bons resultados no colégio e na graduação. O programa é bastante complexo e envolve toda a comunidade – não está focado apenas nas crianças. Os pais têm aulas de paternidade/maternidade já durante a gestação e continuam frequentando essas aulas depois que os nenês nascem. Eles aprendem a desenvolver habilidades, a encontrar recursos comunitários e a procurar mais incentivos para aprender sobre (e apoiar) o desenvolvimento e o aprendizado de seus filhos.

Canada chegou à conclusão de que ele não podia focar apenas os pais, mas que deveria focar também os programas que atendiam aos pais, incluindo programas de assistência infantil, que ele ajudou a melhorar. Quando as crianças se formam nos programas de educação para bebês e crianças pequenas elas ingressam em programas pré-escolares que são cuidadosamente monitorados quanto à qualidade. Canada e seus colegas levaram anos para se certificar de que cada uma das experiências educacionais envolvendo crianças estava correta – desde o nascimento até a vida escolar. A primeira turma de pais se graduou em 2000, no que Canada chama de *Baby College*. Os filhos deles estão sendo acompanhados e o nível de sucesso é notável! Em maio de 2009, resultados mostraram que 100% dos estudantes da terceira série tiveram notas dentro na média ou acima dela em matemática, e o mesmo para 94% deles em leitura. (TOUGH, 2009). Ou seja, HZC e *Baby College* funcionam!

É importante reparar que, apesar de o objetivo principal de Canada ser potencializar os resultados dos testes uma vez que as crianças ingressam na escola, o que os pais aprendem sobre bebês e crianças no *Baby College* são informações relacionadas aos cuidados e outras práticas maternas/paternas. O currículo para os pais é, de fato, bastante compatível com as informações contidas neste capítulo e no resto do livro.

Outro programa para bebês, crianças e suas famílias digno de nota está em funcionamento desde 1990. Esse programa é norte-americano, de estatuto federal, dirigido a famílias de baixa renda e se chama *Early Head Start*. Trata-se de uma versão direcionada a bebês e crianças pequenas ligada a um programa maior, chamado *Head Start* (que teve início no meio dos anos 1960), e que tem se expandido muito durante a administração de Obama. Assim como o *Harlem Children's Zone*, o *Early Head Start* conta com muitos serviços e foca tanto as famílias quanto bebês e crianças. Os programas variam quanto à estrutura e aos sistemas de distribuição, mas o que neles é enfatizado se baseia em pesquisas sérias sobre desenvolvimento infantil, focadas em como bebês e crianças pequenas aprendem. O que os pais aprendem no *Early Head Start* é bastante compatível com o conteúdo deste livro.[4] Educação de bebês e crianças pequenas não é a mesma coisa que educação escolar, mas prepara os pequenos para um bom início, o que aumenta as chances deles de um futuro sucesso escolar e acadêmico.

RESUMO

Educação de bebês e crianças significa que adultos cuidadosos, respeitosos e que assumem posturas consistentes atendem às necessidades das crianças adaptando-as às suas habilidades e interesses pessoais, ao mesmo tempo em que apoiam as crianças em suas explorações, descobertas, construções de relações e resoluções de problemas.

O que não é educação de bebês e crianças

- Estimular crianças ou fazer coisas com os bebês a fim de despertar seus sentidos não é o foco da abordagem deste livro no que diz respeito à educação de bebês e crianças.
- Tomar conta ou apenas vigiar para garantir que cada criança esteja segura ignora a necessidade de educadores infantis bem preparados, que entendam como os cuidados e a educação andam juntos.
- Ter um modelo pré-escolar, especialmente aquele em que o foco pedagógico ocorre durante as atividades de roda ou quando atividades específicas são sugeridas às crianças.

Componentes da educação de bebês e crianças

Recursos on-line
Acesse o Centro de Aprendizado *On-line* em www.mhhe.com/itc9e, clique em *Student Edition* e escolha *Chapter 2* para acessar o guia do estudante, que inclui uma resenha dos capítulos, *links* relacionados, questionários práticos, exercícios interativos e referências do capítulo.

- O currículo é o fundamento da educação de bebês e crianças. O currículo pode ser pensado como um plano de aprendizado.
- Os meios que adultos preparados utilizam para focar e avaliar os problemas que as crianças encontram todos os dias.
- A avaliação do currículo é um componente importante da educação de bebês e crianças e é um processo contínuo que depende da observação dos adultos e também do registro e da análise do que é observado.
- A resolução de problemas como um componente da educação de bebês e crianças envolve adultos preparados planejando, apoiando e às vezes facilitando a resolução de problemas quando a criança demonstra que realmente precisa dessa facilitação.
- Os meios que os adultos preparados utilizam para planejar, apoiar e ocasionalmente facilitar a resolução de problemas, mas apenas quando as crianças demonstram que realmente necessitam de ajuda.
- Os papéis que adultos treinados assumem para ajudar na resolução de problemas das crianças por meio da determinação de níveis ideais de estresse; dando a atenção e o retorno apropriados, além de exemplos de comportamento que eles desejam ver nas crianças.

Educação de bebês e crianças e aptidão escolar

- A aptidão escolar depende de pais ou substitutos de pais que proporcionem ao bebê um início de vida saudável, tranquilo e cuidadoso.
- Quando as famílias não conseguem propiciar um bom começo a esses bebês, eles correm o risco de se atrasar ao longo da vida escolar.
- Dois programas se dedicam às questões específicas de bebês e crianças pequenas provenientes de famílias de baixa renda nos Estados Unidos. Um se chama *Harlem Children's Zone* e o outro *Early Head Start*. Ambos os programas oferecem uma variedade de serviços, incluindo educação e apoio para as famílias.

EXPRESSÕES-CHAVE

documentação 29
estimulação da criança 24
estresse ideal 33
filosofia da educação 24
seja um modelo 37
presença do cuidador 31
reforço positivo 35
registros anedóticos 28
registros contínuos 29
zona de desenvolvimento proximal 29

QUESTÕES PARA REFLEXÃO/ATIVIDADES

1. O que diferencia um programa que foca a estimulação de crianças e um programa que foca a educação de crianças?
2. Quais são os quatro papéis que os adultos podem desempenhar na educação de bebês e crianças pequenas?
3. Como você definiria a expressão currículo no contexto de um programa baseado em um centro de educação de bebês e crianças? A definição seria diferente se aplicada a um contexto de cuidados infantis domésticos e familiares?
4. Pense em uma resposta para dar a um pai ou mãe no caso de ele perguntar: "As crianças aprendem alguma coisa no seu programa ou apenas brincam?" Como você poderia explicar que o seu programa é pedagógico e que não se trata apenas de "tomar conta de bebês"?

REFERÊNCIAS

BANDURA, A. *Social learning theory*. Englewood Cliffs: Prentice Hall, 1977.

BLOOM, P. J.; EISENBERG, P. EISENBERG, E. Reshaping early childhood programs to be more family responsive. *America's Family Support Magazine*, v. 21, n. 1/2, p. 36-38, spring/summer 2003.

BRONFENBRENNER, U. Ecological models of human development. In: HUSÉN, T.; POSTLETHWAITE, T. N. (Ed.). *International Encyclopedia of education*. 2nd ed. Oxford: Pergamon, 1994. V. 3. p. 1643-1647.

BRONFENBRENNER, U. *The ecology of human development*: experiments by nature and design. Cambridge: Harvard University Press, 1979.

BRONFENBRENNER, U.; MORRIS, P. A. The ecology of developmental processes. In: DAMON, W.; LERNER, R. M. (Ed.). *Handbook of child psychology*: theoretical models of human development. 5th ed. New York: Wiley, 1998. v. 1. p. 993-1028.

CHILDHOOD PROGRAMS. 3. ed. Washington: National Association for the Education of Young Children, 2009.

DAVID, M.; APPELL, G. *Lóczy*: an unusual approach to mothering. Budapest: Association Pikler-Lóczy for Young Children, 2001.

FITZGERALD, D. *Parent partnership in the early years*. London: Continuum, 2004.

FULLER, B. *Standardized childhood*: the political and cultural struggle over early education. Stanford: Stanford University Press, 2007.

GERBER, M. *Dear parent*: caring for infants with respect. Los Angeles: Resources for Infant Educarers, 1998.

GERBER, M.; JOHNSON, A. *Your self confident baby*. New York: Wiley, 1998.

HAMMOND, R. A. *Respecting babies*: a new look at Magda Gerber's RIE approach. Washington: Zero to Three, 2009.

KEYSER, J. *From parents to partners*: building a family-centered early childhood program. St. Paul: Redleaf Press; Washington: National Association for the Education of Young Children, 2006.

KIRP, D. *The sandbox investment*. Cambridge: Harvard University Press, 2007.

LALLY, J. R. Brain research, infant learning, and child care curriculum. *Child Care Information Exchange*, p. 46-48, may/jun. 1998.

LEE, L. *Stronger together*: family support and early childhood education. San Rafael: Parent Services Project, 2006.

MASLOW, A. H. *Toward a psychology of being*. 2nd ed. New York: Van Nostrand, 1968.

MCGEE-BANKS, C. A. Families and teachers working together for school improvement. In: BANKS, J. A.; MCGEE-BANKS, C. A. (Ed.). *Multicultural education*: issues and perspectives. 6th ed. New York: Wiley, 2007. p. 402-410.

NATIONAL ASSOCIATION FOR THE EDUCATION OF YOUNG CHILDREN. [*NAEYC*]. [S.l: s.n], c2014. Disponível em: < http://www.naeyc.org/>. Acesso em: 02 jun. 2014.

NODDING, N. *Educating moral people*: a caring alternative to character education. New York: Teachers College Press, 2002a.

NODDING, N. *Starting at home*: care and social policy. Berkeley; Los Angeles: University of California Press, 2002b.

NODDING, N. *The challenge to care in schools*. New York: Teachers College Press, 1992.

ROGOFF, B. *The cultural nature of human development*. Oxford; New York: Oxford University Press, 2003.

SEIDERMAN, E. Putting all the players on the same page: accessing resources for the child and family. In: NEUGEBAUER, B.; NEUGEBAUER, R. (Ed). *The art of leadership*: managing early childhood organizations. Redmond: Exchange Press, 2003. p. 58-60.

TARDOS, A. (Org.). *Bringing up and providing care for infants and toddlers in an institution*. Budapest: Association Pikler-Lóczy for Young Children, 2007.

TOUGH, P. *Whatever it takes*: Geoffrey Canada's quest to change Harlem and America. Boston: Mariner, 2009.

LEITURAS COMPLEMENTARES

DERMAN-SPARKS, L. et al. On our minds: children-socioeconomic class and equity. *Young Children*, v. 64, n. 3, p. 50-53, may 2009.

ELLIOT, E. *We're not robots*: the voices of daycare providers. Albany: State University of New York, 2007.

GILLESPIE, L. G. Supporting infants, toddlers, and their families: cultivating good relationships with families can make hard times easier! *Young Children*, v. 61, n. 5, p. 53-55, sep. 2006.

JABLON, J. DOMBRO, A. L.; DICHTELMILLER, E. M. L. *The power of observation for birth through eight*. 2nd ed. Washington: Teaching Strategies, 2007.

ONG, F.; COLE, T. (Org.). *Inclusion works*: creating child care programs that promote belonging for children with special needs. Sacramento: California Department of Education, 2009.

STACEY, S. *Emergent currículo in early childhood settings*: from theory to practice. Saint Paul, MN: Redleaf Press, 2009.

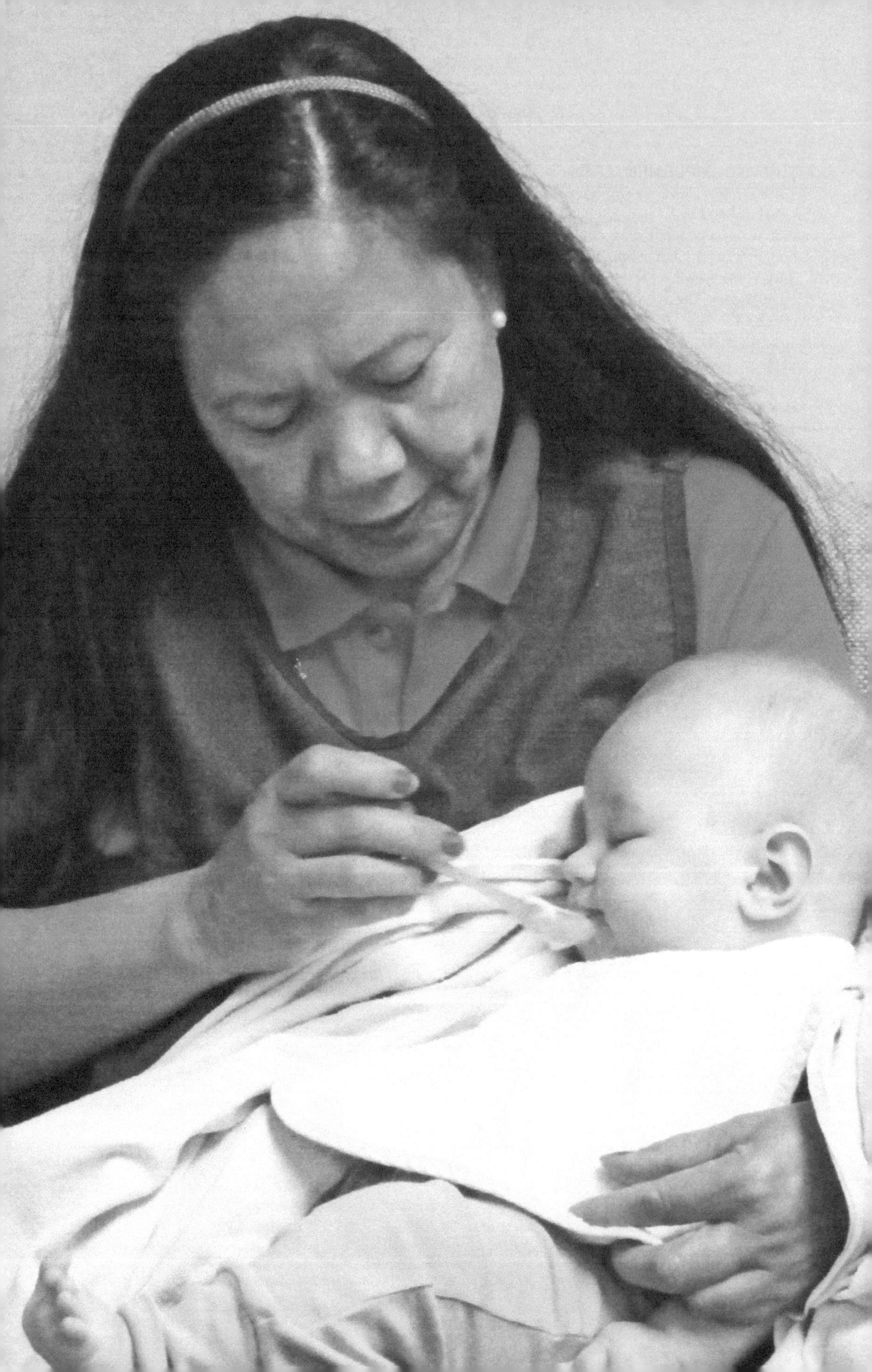

Capítulo 3
O cuidado como currículo

Questões em foco

Depois de ler este capítulo, você deve estar apto a responder às seguintes perguntas:

1. Como os cuidados participam da construção das relações das quais o currículo depende?
2. Currículo envolve planejar o aprendizado, e o aprendizado está conectado ao apego. Tendo isso em vista, quais são algumas formas por meio das quais os programas podem planejar o apego?
3. Como os cuidadores podem avaliar as necessidades imediatas e em longo prazo, bem como o desenvolvimento de bebês e crianças?
4. O que são rotinas de cuidados? Cite seis delas.

O que você vê?

Quatro crianças entre 14 e 16 meses estão sentadas ao redor de uma mesa baixa observando atentamente um cuidador, que está com muitos copos plásticos na mão. Ele se vira para uma criança à sua direita e dispõe dois copos sobre a mesa. "Você quer o azul ou o verde, Aiesha?", pergunta ele, colocando em cima da mesa um, depois o outro. Aiesha escolhe o azul. O cuidador coloca o outro copo sobre uma mesa atrás dele e, em cima da primeira mesa, uma jarra.

"Agora, cada um tem um copo", ele diz, olhando para as crianças, que estão cheias de expectativa. "Aqui está o suco – é de maçã", ele diz gotejando uma pequena quantidade de suco na jarra. Ele dá a jarra para Xian, que a pega e serve o copo, muito animado, derramando quase tudo fora do copo. O cuidador estende um pano para ele. "Aqui está um pano para limpar o que derramou", ele diz, com calma. Xian rapidamente golpeia o pano, depois olha cuidadosamente para o suco que ainda está na jarra. Com movimentos precisos, ele goteja um pouco em seu copo. Em seguida, ele abandona a jarra e então se concentra no copo, com cara de satisfeito.

"Sua vez, Nicole", diz o cuidador, enchendo novamente a jarra e passando para a menina. Ela pega a jarra, derrama um pouco no copo, depois passa a jarra para a próxima criança, que a recebe com gratidão. A criança próxima a ela bate com o copo na mesa, gritando "Eu!".

"Você quer o seu suco, Yei Hoon?", pergunta o cuidador.

"Não!", diz Yei Hoon, apontando enfaticamente para a banana.

"Oh, você quer um pedaço de banana", diz o cuidador.

Mantenha a cena descrita em mente enquanto lê este capítulo e comece a pensar nos cuidados como currículo. Mais tarde retomaremos essa cena.

Pensando novamente sobre o currículo de bebês e crianças

Padrão do programa NAEYC 2
Currículo

Como falamos anteriormente, o currículo, quando aplicado à educação de alto nível, pode focar apenas a mente, mas isso não funciona para bebês e crianças. Não há como separar necessidades intelectuais de outras necessidades nessa fase inicial. No Capítulo 2, o currículo foi explicado como foco na resolução de problemas. Se você se concentrar nisso, perceberá que este capítulo e o próximo oferecem muitas oportunidades para os bebês aprenderem a resolver todos os tipos de problema. Os bebês resolvem problemas muito bem quando estabelecem uma relação de confiança. O presente capítulo foca em como esse tipo de relação inicia e se desenvolve a partir de interações entre adultos e bebês e crianças, que ocorrem durante as rotinas de cuidados, como troca de fraldas e alimentação.

Padrão do programa NAEYC 1
Relacionamento

Assim como outras abordagens de currículo, estamos apresentando uma abordagem baseada em atividades; contudo, as atividades que vemos como as mais importantes *não* são aquelas que os adultos configuram especificamente visando ao aprendizado da criança, mas sim aquelas que ocorrem durante o dia, *todos os dias* – as atividades essenciais da vida diária ou rotinas de cuidados. Então, diferentemente da maioria dos livros, quando a palavra *atividade* aparece aqui, ela em geral se refere a rotinas de cuidados. Também queremos deixar claro que a palavra *currículo* não se aplica a nenhuma abordagem restrita à descrição de trocar fraldas, vestir, dar banho, alimentar, etc., mas sim a uma abordagem elaborada conscientemente. Este capítulo é sobre isso: como encarar as abordagens que transformam as rotinas em currículo. Baseamos essa abordagem do currículo no trabalho de Emmi Pikler, na Hungria, e no que os seguidores da *Magda Gerber's Resources for Infant Educarers* (RIE) ensinam.

Observaremos os aspectos das atividades envolvendo cuidados que promovem o aprendizado e o desenvolvimento. Como explicado no Capítulo 1, as interações são respeitosas, positivamente reativas e recíprocas. Parte das habilidades que os cuidadores precisam ter inclui a observação e a análise constantes, de modo que as interações sejam individualmente eficazes e promovam uma relação próxima, calorosa e sensível entre a criança e o adulto.

Planejando o apego

Um dos importantes componentes do currículo, à medida que ele se processa durante as atividades de cuidado, é o **apego** – a ligação a uma pessoa específica. Por meio de interações de cuidado sensíveis, o apego cresce, especialmente quando ele é consistente e, com o tempo, a criança passa a conhecer as pessoas que lhe oferecem cuidados. Desenvolvimento, aprendizado e apego estão vitalmente relacionados. Do apego surgem sentimentos de confiança e segurança. Atitudes e aprendizados que duram a vida inteira podem ter início na troca de fraldas, no banho, na hora de se vestir e de se arrumar e durante a alimentação. Essas atividades essenciais do dia a dia oferecem várias experiências sensoriais, com muito prazer e satisfação, e oportunidades para aprender habilidades físicas e sociais – tudo isso forma a base do intelecto. Interações com cuidadores consistentes constroem estruturas no cérebro que têm efeitos cognitivos de longa duração, o que sustenta nossa posição de que cuidados constituem o currículo.

Crianças pequenas precisam se apegar a alguém que, por sua vez, dê a elas o sentimento de que são importantes – de que elas fazem diferença para alguém. Apesar de muitos bebês e crianças, nas instituições de assistência infantil, serem apegados aos seus pais, eles passam muito tempo longe deles, e o apego aos cuidadores passa a ser também benéfico. Tanto os cuidadores quanto as crianças se beneficiam com o apego, porque a comunicação se intensifica e as necessidades são entendidas. O cuidador é recompensado pelo sentimento da criança por ele, e a criança ganha um sentimento de importância. Por meio do apego, a criança entende que, além de *cuidada,* ela é *considerada* como um indivíduo.

Políticas que apoiam o currículo na forma de cuidados

Três políticas precisam ser adotadas para que os cuidados funcionem como currículo (LALLY, 1995):[1]

- Um sistema de cuidadores primários
- Consistência
- Continuidade do cuidado

Vamos examinar cada uma dessas políticas mais detalhadamente. O apego se desenvolve a partir da determinação de que cada cuidador será responsável por um pequeno grupo de bebês ou crianças pequenas, em um sistema chamado **sistema de cuidadores primários.** A ideia por trás desse sistema é a de que, se os cuidadores encaram três ou quatro crianças como suas próprias reponsabilidades especiais, assim eles podem promover um apego mais forte do que se o apego fosse resignado a acontecer ao acaso ou se os cuidadores se relacionassem com todas as crianças da mesma forma, sem diferenciação. Também é importante criar um sistema de equipe, de modo que sempre haja um adulto familiar por perto, no caso de o cuidador primário se ausentar. Em um sistema de cuidadores primários que funciona bem, os cuidadores interagem com outras crianças além daquelas pelas quais são especialmente responsáveis.

A consistência é uma meta importante. Quando as mudanças são cuidadosamente pensadas e minimizadas, bebês e crianças pequenas aprendem que podem prever o que acontecerá. Os sentimentos de impotência deles são minimizados, e surge um sentimento de segurança. Magda Gerber deixou claro que as coisas devem ser feitas sempre do mesmo modo, aquele com o qual a criança está acostumada, de forma que a criança não se desequilibre tentando se ajustar a algo novo o tempo todo. Nos Estados Unidos, onde a novidade é muito valorizada, os adultos podem ter problemas para lidar com a ideia de consistência.

O Pikler Institute tem políticas firmes referentes à previsibilidade (DAVID; APPEL, 2001). Os bebês são pegos no colo do mesmo jeito por todos os cuidadores. As rotinas deles são conduzidas do mesmo modo todos os dias. Bebês pequenos são alimentados na mesma ordem, de forma que passam a saber quando será a vez de cada um. Observadores do Pikler Institute ficam impressionados com o grau de previsibilidade que observam. Ter sempre a mesma pessoa disponível para se relacionar, de maneiras previsíveis, faz parte da consistência.

Continuidade do cuidado – significa ficar sob a responsabilidade do mesmo cuidador por muitos anos – não existe em programas nos quais as crianças são "promovidas" toda vez que atingem determinado nível de desenvolvimento, deixando para trás sua velha sala e professor, e mesmo seus pequenos companheiros, dependendo da política. Alguns programas que matriculam crianças nos seus primeiros três meses de vida mudam as crianças a cada ano para uma nova sala de aula e professor. Um programa que valoriza a continuidade do cuidado encontra formas de manter o grupo unido e sempre com os mesmos adultos e não readapta o ambiente ou move as crianças para uma nova sala quando elas "passam da idade" de frequentar a sala antiga. Com crianças mais velhas, esse sistema é chamado, nos EUA, de *looping*.

Análise

Qualquer currículo depende de que os cuidadores determinem o que as crianças precisam, tanto como indivíduos quanto como grupo. O Capítulo 2 tratou da análise em termos de observação, gravações contínuas e perfis de desenvolvimento. Aqui estamos tratando da análise no sentido de determinar de que uma criança precisa em to-

> Padrão do programa
> NAEYC 4
> Avaliação

das as épocas de sua vida, o que é o primeiro passo para cumprir as tarefas de assistência. Bebês e crianças pequenas nem sempre conseguem comunicar do que precisam, então você tem de aprender a ler os sinais. O apego ajuda nisso, porque você passa a conhecer as crianças e suas formas únicas de se comunicarem, como consta no princípio 3.

Reflita

Como você determina as suas próprias necessidades e consegue que elas sejam satisfeitas? Você se lembra de alguma vez em que precisava de algo que não poderia conseguir sozinho? Como você comunicou essa necessidade? Você foi direto? Sua mensagem foi recebida? Você teve os resultados que queria?

Quando você percebe sinais de que uma criança ou grupo tem determinada necessidade, coloque o que você percebeu em palavras. Se você não tem certeza sobre o que os sinais significam, pergunte em voz alta – coloque em palavras – mesmo para bebês pequenos. Olhe, escute e sinta para obter a resposta. Se você está começando a aprender o sistema de comunicação da criança, você pode obter a resposta diretamente da criança. Por meio dessa abordagem, você começa a configurar um padrão de comunicação de duas vias, que será bom para a criança por toda a vida dela. Crianças (mesmo as mais jovens) que são estimuladas a expressar suas necessidades e seus interesses, podem se tornar muito habilidosas apenas por conta disso. Mas também esteja consciente de que expressar as necessidades diretamente não é apropriado em todas as culturas, então fique atento ao que os pais desejam para os filhos. (GONZALEZ-MENA, 2008; KIRMANI, 2007).

Adultos às vezes desenvolvem uma abordagem singular para responder aos sinais de que uma criança precisa de algo. "Oh, ele está cansado, precisa de uma soneca" pode ser uma resposta padrão do cuidador. Outro cuidador pode querer alimentar todas as crianças irritadiças. Ou, ainda, o cuidador pode se basear em suas próprias necessidades. O cuidador que acha que o aquecimento está fraco pode dizer "Ele está com frio", apesar de sentir o corpo quente da criança ao tocá-la. Crianças que são alimentadas quando não estão com fome ou agasalhadas quando não estão com frio podem perder a habilidade de se basear em suas próprias necessidades. Certamente a mamadeira sempre conforta a criança, mesmo quando ela não está com fome. É aí que a mamadeira pode se tornar um substituto do carinho ou da atenção. Quantos adultos não procuram imediatamente por comida quando, na verdade, têm outro tipo de necessidade? Esse comportamento pode ser aprendido nos primeiros anos. Com a obesidade infantil se tornando um problema cada vez mais grave, é importante prestar atenção a bebês e crianças que procuram por comida em busca de conforto. A questão é: de que eles realmente precisam e não estão conseguindo? Quando sabemos a resposta, podemos focar em satisfazer a necessidade real em vez de substituí-la por comida. Uma necessidade que nem sempre é percebida é a necessidade de ar puro e de exercícios ao ar livre. No Pikler Institute onde as crianças são notavelmente saudáveis, elas não apenas brincam em áreas abertas durante todo o ano, como também comem e dormem ao ar livre. Mesmo recém-nascidos dormem na varanda, em espreguiçadeiras com telas. Enquanto as crianças mais velhas ficam na rua, os quartos arejam, de modo que, quando elas voltam, o ar não está quente nem viciado. Respirar ar puro é uma medida simples e saudável que supre uma necessidade que todos nós temos.

Em instituições de assistência infantil às vezes acontece de os interesses ou necessidades de um adulto ou grupo entrarem em conflito com os interesses e as necessidades de uma criança em particular; uma criança precisa ser acordada da soneca porque é hora de ir para casa ou precisa ser alimentada mais cedo ou mais tarde do que o ideal por algum motivo. No Pikler Institute os bebês são alimentados em uma sequência específica que as crianças passam a conhecer muito bem. Apesar de às vezes protestarem quando têm de esperar, elas sabem que serão alimentadas. Elas aprendem a confiar que a vez delas chegará e aprendem a prever. Se as coisas mudam o tempo todo, as crianças ficam confusas. Quando há consistência envolvida, elas sabem o que irá acontecer e se sentem mais capazes do que quando não podem nem prever nem controlar.

Uma observação sobre chorar: chorar é comunicação. Quando consideram a situação dessa forma, os adultos se sentem diferentes de quando percebem o choro como um incômodo do qual querem se livrar. O bebê faminto que chora precisa ser reconhecido, mesmo que você não possa satisfazer as necessidades dele imediatamente. Ele está se comunicando.

Crianças podem lidar com as suas necessidades sendo colocadas na fila de espera. Elas são **resilientes** – ou seja, podem se adaptar a situações difíceis ou se recuperar delas. Contudo, uma criança que tem sempre de esperar e nunca consegue prever quando sua vez irá chegar pode ter prejuízos graves. Quando as necessidades e os interesses do programa ou dos adultos sempre são colocadas na frente das necessidades e os interesses do bebê ou criança, ou quando a satisfação das necessidades se processa numa base irregular e fortuita, isso pode ter efeitos negativos na criança em longo prazo.

Rotinas de cuidados

À medida que você prosseguir com a leitura das próximas páginas, mantenha em mente os princípios apresentados no Capítulo 1. Eles são um tema integrado a essa seção. Para que as rotinas de cuidados se tornem currículo, elas não podem ser conduzidas mecanicamente. Toda vez que um cuidador interage, de modo que foque completamente uma criança específica enquanto cumpre alguma das tarefas essenciais da vida diária, o tempo gasto nisso prolonga as conexões. Quando manipulam o corpo da criança com a atenção em outro lugar, os cuidadores perdem a oportunidade de deixar que a criança experimente uma interação humana íntima. É a acumulação de intimidade durante as numerosas interações que transformam tarefas comuns em um currículo baseado em relações.

Alimentação

Programas para bebês e crianças, em todas as instituições de assistência infantil e familiar, devem disponibilizar o maior conforto possível para as mães que estão amamentando bebês. Tanto as mães quanto os bebês se beneficiam disso, mesmo que não seja tão conveniente para os cuidadores. Ajude a mãe a se sentir bem-vinda e providencie um lugar silencioso e confortável para ela e seu bebê. A amamentação tem vantagens em relação à mamadeira que não podem ser ignoradas. Ela melhora o sistema imunológico dos bebês e diminui o risco de alergias. O leite do peito é produzido por seres humanos e para seres humanos e naturalmente contém a quantidade certa de gordura e proteína. O fornecimento responde à demanda, e o conteúdo do leite muda à medida que as necessidades do bebê mudam (UNIVERSITY OF TEXAS MEDICAL BRANCH AT GALVESTON, 2007). Uma vantagem adicional é que as preferências alimentares culturais aparecem no leite do peito, oferecendo ao bebê o sabor de sua cultura local mesmo quando ele está longe de casa. Deve ser feito tudo o que os cuidadores ou profissionais de centros de assistência familiar puderem fazer para incentivar as mães a amamentar e para facilitar isso para elas.

A tendência agora é incentivar a amamentação. É uma abordagem que busca diminuir a obesidade infantil e uma questão nacional nos EUA. A American Academy of Pediatrics (AAP) incentiva a amamentação em um boletim informativo chamado *Breastfeeding: Best for Baby and Mother* (Amamentação: o melhor para o bebê e a mãe) e relata vários projetos em andamento. Um deles é um programa desenvolvido por pediatras e obstetras que prestam assistência a famílias de diversos *backgrounds* étnicos e raciais (AMERICAN ACADEMY OF PEDIATRICS, 2004a). Pediatras e obstetras estão na posição de fornecer informações e apoio a mulheres grávidas e mães de recém-nascidos de forma a encorajá-las a amamentar seus filhos em vez de usar a mamadeira. Ao disponibilizar materiais educativos e outros recursos e também ao sensibilizar os profissionais da saúde em relação às diferenças culturais ligadas à amamentação, o programa tem o potencial de fazer uma significativa diferença aumentando as taxas de amamentação em populações culturalmente diferentes.

Outro projeto de amamentação descrito pelo boletim da AAP é um programa instituído pelo serviço militar norte-americano para apoiar mães que talvez tenham de ser sepa-

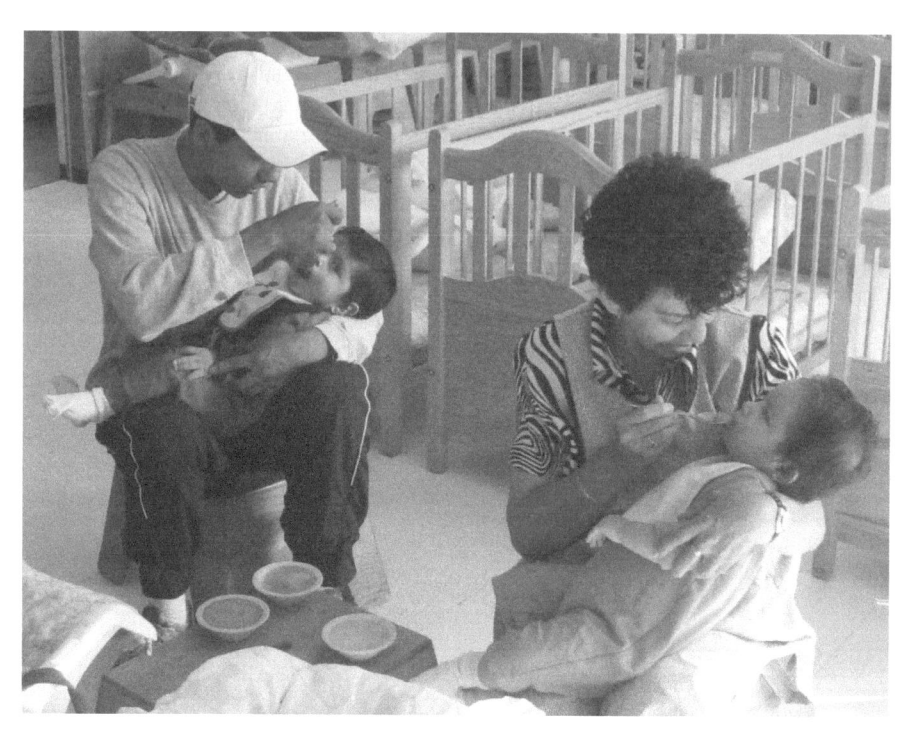

A alimentação é o momento em que laços de afeto são formados.

radas de seus filhos lactantes durante dias ou semanas, durante os exercícios de treinamento em campo (AMERICAN ACADEMY OF PEDIATRICS, 2004b). O projeto trabalha com mães militares para que se torne possível que elas extraiam, guardem e transportem o leite do peito até os quartéis enquanto estão em campo. O propósito do projeto (além da nutrição de bebês) é conservar as profissionais treinadas. Se o serviço militar consegue dar um jeito de extrair o leite de soldados que amamentam, dar a elas o tempo e o lugar necessários para bombearem e guardarem o leite de forma higiênica e ainda entregá-lo a tempo aos cuidadores dos bebês, então parece que está na hora de o resto do mundo industrial e empresarial fazer o mesmo. Também está na hora de os provedores de cuidados se unirem às mães que amamentam para que seus filhos recebam a melhor nutrição possível.

Bebês que se alimentam de mamadeiras merecem o mesmo tipo de atenção personalizada e intimidade física que os bebês que se amamentam do peito recebem. Um centro bem organizado encontrará maneiras de deixar um cuidador livre para sentar e alimentar um bebê enquanto ele está em seu colo, sem ter de levantar a toda hora e correr de um lado para o outro para cuidar de necessidades de outras crianças. Nos centros de assistência infantil e familiar, essa **hora de liberação,** quando um cuidador pode prestar atenção em uma única criança enquanto outra pessoa cuida das demais, é difícil de ocorrer, mas cuidadores que encaram como uma prioridade segurar um bebê de cada vez para alimentá-lo podem encontrar maneiras de fazê-lo.

Imagine que você é um bebê com um babador no pescoço.

Escute uma voz familiar que lhe diz "Aqui está um purê de maçã para você". Olhe ao redor e veja uma colher, uma mão e, em cima dela, um pequeno prato de purê de maçã. Leve o tempo necessário para realmente perceber tudo isso. Sinta o aconchego e também a expectativa. Escute a mesma voz dizendo "Você está pronto?". Veja a colher vindo em direção ao seu rosto. Demora muito até você abrir a boca para receber a comida. Você sente o purê de maçã na sua boca. Você saboreia. Você repara na textura e na temperatura. Você explora com a boca a quantidade de purê que recebe antes de engolir. Algo desce pela sua garganta; algo escorre no seu queixo. Você olha ao redor procurando o rosto familiar. Ver esse rosto lhe dá ainda mais prazer. Você abre a boca de novo. Você sente alguém gentilmente esfregando seu queixo e o próximo pedaço chega até sua boca. Você o explora. Depois de engolir, você fica excitado esperando o próximo pedaço. Você olha para o rosto familiar novamente. Você estica a mão e seus dedos encostam em algo suave e macio. Todas essas sensações estão presentes quando você abre a boca para o próximo pedaço. Anne Morrow Lindbergh (1955) descreveu uma relação saudável comparando-a a uma dança na qual os parceiros estão completamente concentrados no presente e conseguem criar um padrão se movendo no mesmo ritmo. Você consegue enxergar a cena de alimentação descrita como uma dança? A chave para um cuidado eficaz é uma boa relação.

Compare a primeira cena de alimentação com esta:

> Você sente que está sendo enfiado em uma cadeira muito alta sem que ninguém lhe diga nada. Alguém amarra um cinto em você, e você é então deixado sozinho com uma bandeja acoplada na cadeira, vazia. Você toca na bandeja. É fria e dura, assim como o encosto da sua cadeira. Você fica impaciente. O tempo que você está sentado ali parece uma eternidade. Você se mexe e se contorce. De repente, aparece uma colher entre seus lábios, forçando-os para abrir a boca. Você olha para a colher e ao mesmo tempo sente o gosto do purê de maçã. Você mexe com a língua para engolir o pedaço. Você está com a boca cheia enquanto olha para o rosto inexpressivo de alguém que parece estar em outro lugar. Você saboreia o gosto e a textura do purê de maçã enquanto o empurra na boca contra os dentes e deixando escorrer no queixo. Você sente um metal tocando seu queixo de forma bruta. Mais purê de maçã entra na sua boca. Você recebe mais uma colherada enquanto ainda está com a boca cheia devido à primeira. Você se esforça para engolir enquanto sente algo metálico raspando no seu queixo quando a colher desce da boca até ele para limpar os restos que caíram. Você engole um pouco de uma grande quantidade e logo está pronto para engolir mais. Antes que você seja capaz disso, a colher já está entre seus dentes procurando um modo de entrar. Mais um pouco cai no queixo. Você sente a colher o raspando – concentre-se um pouco nesse sentimento e pare de imaginar.

O momento da alimentação deve ser um tempo de qualidade. Um dos motivos é que os apegos acontecem entre cuidadores e crianças durante esse momento. Por tal razão, o mesmo cuidador deve alimentar os mesmos bebês, todos os dias, se possível.

Quando as crianças começam a comer sozinhas, o nível da bagunça aumenta drasticamente. Muitos cuidadores estão dispostos a lidar com a bagunça porque valorizam a independência. Eles querem que as crianças sob seus cuidados aprendam **habilidades de autoajuda.** Uma prática aceitável nos EUA é permitir (ou mesmo estimular) que as crianças se alimentem sozinhas assim que estiverem prontas. Em geral, quando um bebê segura uma colher, é porque alguém lhe deu e permitiu que ele a colocasse na boca.

> **Padrão do programa NAEYC 1**
> Relacionamento

A Figura 3.1 dá algumas ideias sobre como ajudar as crianças a se alimentarem sozinhas.

Comer é um processo emocional. Os adultos levam para uma situação de alimentação muitos sentimentos, ideias e tradições que nada têm a ver com a experiência imediata, mas são decorrentes de sua história e cultura pessoal. Pessoas têm sentimentos fortes a respeito do que deve constar ou não sobre a mesa. O jeito como comem parece definir quem são. O fato é que a alimentação está conectada com fortes sentimentos, e esses sentimentos afetam o modo como um adulto aborda ou reage à alimentação das crianças.

Também é importante reconhecer que nem todas as culturas encaram independência precoce, alimentação autônoma e grandes

1. Use utensílios para crianças.

2. Ofereça comidas que possam ser pegas com a mão, como pedaços de banana (a não ser que a família desaprove veementemente).

3. Ofereça apenas pequenos pedaços de comida. É melhor deixar que as crianças peçam mais do que desencorajá-las com grandes porções. Além disso, é mais fácil de limpar a sujeira ao se lidar com pequenas quantidades.

4. Permita que as crianças explorem e experimentem novas comidas (a não ser que a família desaprove veementemente), mas esteja consciente de seus próprios limites. Encerre a refeição antes que a criança comece a se sentir desconfortável. Um ambiente livre de tensão incentiva a boa digestão.

Figura 3.1 Dicas para incentivar habilidades de autoajuda durante as refeições.

bagunças da mesma forma. Mesmo que você talvez não concorde, é necessário respeitar o fato de alguns pais continuarem alimentando uma criança com a colher mesmo que ela já tenha passado da idade que você aprova pra isso (KIRMANI, 2007).

Entender os sinais de cada criança, dar a elas algumas escolhas, definir limites claramente, reagir honestamente e interagir com responsabilidade são todos pontos-chave para experiências de alimentação agradáveis. Encerrar uma refeição para as crianças quando elas estão satisfeitas é importante. Não se pode esperar que crianças evitem brincar com sua comida se elas estão satisfeitas e mesmo assim a comida continua diante delas.

Padrão do programa NAEYC 3 Ensino

Revise a cena no início deste capítulo e reflita sobre como ela ilustra os princípios nos quais este livro está baseado e também os temas deste capítulo. O cuidador foi responsável, positivamente reativo e recíproco. O efeito foi uma atmosfera agradável durante a refeição. O cuidador se esforçou para entender os sinais de cada criança e respondeu a isso nomeando os desejos delas. Ele deu a elas algumas escolhas sem precisar oferecer um bufê completo. Ele definiu alguns limites.

Talvez você nunca tenha visto crianças comendo em uma mesa baixa em vez de sentadas em cadeirões. Colocá-las juntas proporciona mais experiência social do que sentá-las no alto, lado a lado, em fileiras. Assim elas têm mais chances de se retirarem depois de acabar a refeição. Elas não precisam esperar que um adulto as retire da cadeira. Se a independência for um valor, essa simples técnica ajuda muito a incentivá-la.

Ainda que a cena do início não seja do Pikler Institute, em Budapeste, existem algumas semelhanças, porque ali as crianças comem juntas em mesas baixas. O que a cena não mostra é o que acontece quando a criança não está apta a comer na mesa. Lá, eles dizem que a criança simplesmente não está pronta, então a levam para o lugar apropriado ao estágio anterior e a alimentam com uma colher, longe das outras. Não se trata de uma punição, mas apenas do reconhecimento de que a criança ainda precisa da ajuda de adultos. No Pikler Institute eles nunca pressionam uma criança para avançar de estágio. Estar pronto não é uma preocupação, mas um fato. O cuidador está ali para satisfazer a dependência da criança durante as rotinas de cuidados no tempo que for necessário. Você pode pensar que com esse tipo de política as crianças permanecem sem conseguir se defender sozinhas por mais tempo; contudo, crianças têm necessidades urgentes e fortes de independência. Isso é visível no Pikler Institute, pois as crianças aprendem a se alimentar e a se vestir sozinhas surpreendentemente bem mais cedo do que a maioria das crianças nos EUA, onde a independência precoce é frequentemente enfatizada.

Obviamente, existem muito mais coisas envolvidas na alimentação de bebês do que simplesmente se certificar de que a comida entrou em suas bocas. É preciso ter cuidado e atenção para que se garanta também a higiene.

OBSERVAÇÃO EM VÍDEO 3
Crianças se alimentando sozinhas

Veja a Observação em vídeo do Capítulo 3 para observar uma refeição e a interação entre um adulto e uma criança.

Questões

- O que, nessa cena, transforma comer em "currículo"?
- O que a criança está ganhando com a experiência, além da comida?
- O que você pode dizer sobre a filosofia desse programa depois de assistir à cena?

Para assistir a esse vídeo, entre em www.grupoa.com.br, acesse a página do livro por meio do campo de busca e clique em Conteúdo Online.

Preparação da comida, alimentação, armazenamento da comida e limpeza devem estar todos de acordo com os padrões nacionais de salubridade. Os procedimentos devem ser informados e monitorados. A alimentação e a troca de fraldas devem ser mantidas totalmente separadas, e pias diferentes devem ser usadas para cada uma das atividades. Alguns erros perigosos a serem evitados incluem:

- Aquecer mamadeiras no micro-ondas, porque isso pode aquecer demais o material e queimar a boca do bebê.
- Guardar mamadeiras usadas com leite do peito ou outro alimento e servi-las posteriormente, porque elas podem estar contaminadas e insalubres.
- Alimentar os bebês com alimentos que foram comprados em potes e depois colocá-los de volta no refrigerador – porque, mais uma vez, a contaminação pode ser um problema.

E quando começar a dar comidas sólidas para os bebês? Os pais devem fornecer as orientações sobre quando começar a dar comidas sólidas para seus filhos e com quais comidas começar. Apesar de por muitos anos e em muitas culturas os pais terem começado a dar comidas sólidas aos bebês antes dos quatro meses, a recomendação padrão hoje é que não se comece a dar comidas sólidas às crianças antes do período de quatro a seis meses de idade. As comidas com as quais tradicionalmente se começa são arroz ou cereais especiais para bebês misturados com fórmulas ou leite do peito. As comidas devem ser introduzidas uma de cada vez, começando com apenas uma provinha, e a quantidade deve ser aumentada gradualmente. Comidas a serem evitadas nos primeiros seis meses, porque podem gerar reações alérgicas, incluem cereais de trigo, farinha branca (incluindo pão), ovos e frutas cítricas. Nozes e amendoins devem ser

Padrão do programa NAEYC 5
Saúde

evitados por mais tempo, não apenas devido às alergias, mas pelo perigo de asfixia. Outros alimentos a serem evitados com crianças pequenas são: cachorro-quente, marshmallows, uvas inteiras e qualquer outra coisa que possa entalar na garganta.

A nutrição se tornou um problema devido ao aumento do número de crianças obesas. De acordo com o *Journal of the American Dietetic Association* (FOX et al., 2004), a taxa de norte-americanos obesos dobrou desde a metade dos anos 1980.[2] O problema começa na infância, e você descobre o motivo quando vê o que diz a pesquisa, chamada "Estudos sobre a alimentação de bebês e crianças" (relatada na revista). Crianças entre um e dois anos de idade consomem 30% mais calorias do que precisam, e muitas dessas calorias vêm de batatas fritas, pizza, doces e refrigerantes. Mais de um terço das crianças não come frutas ou vegetais, e aquelas que comem têm mais hábito de comer batata frita do que frutas ou vegetais. De fato, 9% das crianças estudadas que tinham entre 9 e 11 meses comiam batata frita ao menos uma vez por dia, e 20% das que tinham entre 19 meses e 2 anos comiam batata frita diariamente.

Troca de fraldas

Observe a seguinte cena de troca de fraldas. Repare em como o adulto está em perfeita sintonia com o bebê.

> O adulto se inclina sobre o bebê no balcão de troca de fraldas. Ambos estão cara a cara, e o adulto tem a atenção total do bebê enquanto fala com ele sobre trocar a fralda. O bebê não está deitado de lado, então ele não precisa virar a cabeça para ver o rosto do adulto; o balcão é feito de maneira que o bebê fica com os pés apontando para a barriga do adulto. O adulto espera que os músculos do bebê relaxem da tensão antes de começar. A cuidadora é gentilmente assertiva e positivamente reativa. Ela conversa com o bebê sobre fazer algo e espera por uma reação facial ou corporal antes de continuar. Ela fala com ele sobre cada passo do processo, sempre o mantendo focado na tarefa em si e nas interações que a envolvem. O modo como ela está agindo durante a troca de fraldas está construindo a relação entre eles. Depois de acabar, ela levanta as mãos e diz "Agora vou levantá-lo". O bebê responde com uma leve inclinação da cabeça e do corpo em antecipação e chega aos braços dela com um pequeno sorriso no rosto. (GONZALEZ-MENA, 2004)[3].

Essa cena de troca de fraldas foi baseada em uma observação de um dos autores no Pikler Institute em Budapeste. Apesar de essa troca de fraldas ter ocorrido delicadamente, nem sempre é assim, nem mesmo no Pikler Institute. As crianças passam por períodos em que não cooperam. E é importante que passem por esses períodos, mesmo que isso seja difícil para os cuidadores. Resistência é um sinal de crescimento; resistindo, as crianças conquistam individualidade e independência. Mesmo assim, os princípios continuam os mesmos – tente envolver o bebê e para que ele coopere. Não desista de tentar envolvê-lo nas tarefas. Reconheça os sentimentos dele e verbalize esses sentimentos para o bebê. Esse é o momento em que muitos cuidadores usam a técnica da distração – eles procuram entreter o bebê com alguma coisa para que a cabeça dele fique longe do que está acontecendo com seu corpo. Apesar de parecer tentador, aconselhamos que você não opte por isso. Um dos grandes perigos dos primeiros anos é ensinar os bebês que eles precisam ser entretidos. O entretenimento é viciante, e uma vez que os bebês pegam tal hábito, rompê-lo é difícil. Igualmente importante é lembrar que, quando a troca de fraldas se processa sem a total consciência e participação do bebê, ela deixa de ser uma experiência humana íntima que dá prosseguimento às relações. Ela deixa de ser parte do currículo.

Procedimentos higiênicos também são importantes durante a troca de fraldas para prevenir que doenças se espalhem. Esses procedimentos devem estar de acordo com os regulamentos locais e com exigências de salubridade, lista que deve ficar na parede da área de troca de fraldas para que todos vejam. A área de troca de fraldas deve ficar longe da área de preparação dos alimentos e deve ser reservada especificamente para a troca de fraldas. Os procedimentos de troca de fraldas a seguir foram retirados do Program for Infant-Toddler Caregivers Guide to Routines (Guia para Rotinas do Programa Wested para Cuidadores de Bebê-Criança Pequena) (GONZALEZ-MENA, 2002):

1. Verifique se a área de troca de fraldas foi bem higienizada desde a última troca de fraldas. Se não, descarte papéis usados, borrife uma solução de água sanitária e cubra com papéis limpos.
2. Remova a fralda usada e a coloque em um recipiente fechado.
3. Limpe a criança com um pano úmido e limpo ou com lenços umedecidos próprios para crianças. Limpe as meninas em movimentos que partem da vagina para o ânus, para evitar infecções vaginais. Jogue o lenço ou pano usado no recipiente para isso. Se for usar luvas, remova-as e descarte-as. Para evitar a proliferação de germes, remova as luvas depois de acabar a parte da troca que envolve excrementos e antes de começar a parte da limpeza.
4. Coloque fralda e roupa limpas na criança.
5. Lave as mãos da criança com água corrente. Crianças com frequência tocam em seus bumbuns no local de trocar fraldas, que está lotado de germes. Lavar as mãos depois de trocar fraldas previne a proliferação de germes pelo procedimento de trocar fraldas e ensina aos bebês um hábito de higiene para toda a vida: lavar as mãos depois de usar o banheiro. Leve a criança de volta para a área de brincar.
6. Limpe e higienize a área de troca de fraldas descartando papéis usados no recipiente apropriado para isso, borrife a área com solução de água sanitária, seque suavemente com um papel-toalha para espalhar a solução de água sanitária e descarte-o.
7. Lave bem as mãos.

Ainda que a política do programa ou os regulamentos locais requeiram luvas, elas não são necessárias para a troca de fraldas. Se a criança tem diarreia ou sangue nas fezes, ou se os cuidadores tiverem feridas abertas nas mãos, aí sim as luvas são necessárias.

Treinamento e aprendizado da ida ao banheiro

O que se costumava chamar de **treinamento de ida ao banheiro** hoje é chamado de **aprendizado da ida ao banheiro** por aqueles que usam uma abordagem baseada em esperar que a criança esteja pronta para isso e que envolvem a criança no processo. No Pikler Institute, isso se chama controle do esfíncter – isto é, controle dos músculos especificamente relacionados à eliminação. As ideias do Pikler Institute estão mais ligadas a um aprendizado de ida ao banheiro do que a um treinamento, porque os profissionais encaram isso como um processo do desenvolvimento e não como um tipo de treinamento. De qualquer forma, esse modo de olhar o rito de passagem das fraldas ao uso do banheiro é considerado um progresso natural da parceria estabelecida durante as trocas de fralda. Quando as crianças convivem com outras nas instituições de assistência infantil, elas com frequência começam a usar o banheiro quando têm idade o suficiente para imitar as crianças que elas percebem que não usam fraldas.

> **Padrão do programa**
> NAEYC 5
> Saúde

Seguem algumas dicas para tornar o aprendizado da ida ao banheiro mais simples:

1. Ajude as crianças a se sentirem fisicamente seguras providenciando penicos (se for permitido) ou vasos sanitários muito baixos, se possível. Quanto mais fácil for para a criança entrar e sair do toalete sozinha, mais a independência é incentivada.
2. Se for possível, peça aos pais que vistam as crianças com roupas simples e soltas, que as crianças possam retirar sozinhas (calças com elástico em vez de macacão, por exemplo).
3. Seja gentil e compreensivo com os acidentes.
4. Evite disputas de poder. Você não pode vencer as crianças, e elas podem sofrer de efeitos de longo prazo se o aprendizado da ida ao banheiro tiver envolvido emoções muito fortes.

A maioria dos programas tenta cooperar com a família quando se trata de crianças indo ao banheiro. Em muitos programas, a política é não dar início ao processo até que os pais sugiram; assim a equipe garante que a criança encontrará coerência em casa e no programa. A coerência pode ser mais difícil se os pais forem de uma cultura que acredita que as crianças precisam ser treinadas para ir ao banheiro já no primeiro ano de vida. Apesar de a equipe talvez não estar disposta a "pegar" as crianças e colocá-las em um penico quando ainda têm pouca idade, é importante que se respeite uma visão diferente. Aqueles educados como cuidadores nos EUA e outros países ocidentais podem se preocupar quanto ao "treinamento" do banheiro ser uma abordagem perigosa, especialmente se colocada em prática antes do terceiro ano. É importante que se entenda que essa não é uma visão geral. Por todo mundo, e também nos EUA, algumas famílias usam a abordagem do treinamento, e as crianças não apresentam prejuízos por isso. O treinamento da ida ao banheiro é bem diferente do aprendizado da ida ao banheiro ou da abordagem do controle do esfíncter. Não explicaremos aqui, mas queremos deixar claro que essas diferenças existem (KAHWATY, 2006).[4] Nós aconselhamos os cuidadores a respeitar a diversidade de percepções, tempos e estilos de ir ao banheiro.

Lavando, dando banho e arrumando

A maioria dos programas deixa a tarefa do banho com os pais, a não ser em situações muito especiais. Alguns pais se sentem insultados se seus filhos não chegam em casa tão limpos quanto quando foram à instituição. A limpeza pode ser um grande motivo de conflito entre pais e cuidadores se eles cultivarem diferentes padrões a respeito. Os pais podem ficar bravos se a criança tem um cabelo difícil de lavar e chega em casa com a cabeça cheia de areia. Questões culturais podem dar às pessoas perspectivas diferentes quanto ao quesito limpeza, então respeite opiniões que sejam diferentes das suas.

Lavar as mãos antes das refeições não é uma questão tão delicada quanto o banho. Lavar as mãos é um hábito popular entre a maioria das crianças e pode ser até mesmo prazeroso para algumas. Períodos curtos de atenção prolongam-se notavelmente enquanto as crianças lavam as mãos. A lavagem das mãos pode ser a habilidade de autoajuda mais prazerosa se existem pias baixas disponíveis e é permitido que as crianças as usem em seu tempo livre.

Na verdade, lavar as mãos torna-se até uma grande atividade, porque crianças apreciam muito as propriedades sensoriais do sabão e da água.

Arrumar-se pode ser outro assunto delicado. Como deve estar a aparência das crianças que chegam arrumadas durante o dia e quando os pais as buscam é uma questão de opinião. Por exemplo, uma família chega para buscar sua filha cujo cabelo está despenteado e as roupas são um registro de tudo que ela fez naquele dia. A família tem prazer de ver que a menina teve um dia cheio. Outra família pode não gostar que seu bebê não esteja limpo e penteado. Eles consideram as crianças de formas diferentes. Outra família cuja filha está nas mesmas condições que a primeira criança fica horrorizada que a menina não esteja apropriadamente arrumada. Eles ficam menos chocados a respeito do filho, cuja roupa está ainda mais suja que a da menina. O cabelo pode ser uma grande questão, como já mencionado. A maioria dos cuidadores não tem o conhecimento necessário para entender dos cuidados de todos os tipos de cabelo. Alguns cuidadores não ligam para penteados, e algumas crianças ligam menos ainda. Alguns desses cuidadores criticam os pais que passam muito tempo elaborando penteados nas cabeças das crianças. Contudo, quando pensar sobre honrar a diversidade, inclua diferentes visões sobre cabelos no seu pensamento!

Padrão do programa NAEYC 4
Saúde

Perspectivas e necessidades diferentes

Crianças que chegam ao programa com problemas de saúde, deficiências ou outros desafios físicos devem ser adaptadas às rotinas de cuidados. As necessidades delas podem ser diferentes das de outras crianças. Instruções especializadas de pais ou outros especialistas podem ser necessárias. Tratamentos para asma, por exemplo, podem ser requeridos. Ou a criança pode usar um tubo para alimentação que precisa de cuidados especializados. Pais ou especialistas devem ter informações a respeito de como colocar as crianças em posições que as permitam se movimentar o mais livremente possível. Por meio da experimentação, cuidadores podem descobrir o que funciona melhor em cada caso, mas isso deve ser complementar ao que pais e especialistas já sabem. Alguns bebês, por exemplo, são hipersensíveis ao toque e choram quando alguém os pega no colo. Esse choro pode ser reduzido se o bebê é colocado num travesseiro antes de ser levantado e, logo, apanhado sem o toque da pele. Mas nunca largue os bebês com o travesseiro junto, porque correm eles o risco de sufocar.

Está além do escopo deste livro (ou de qualquer livro) dizer a você tudo que é necessário saber sobre todas as crianças que chegam à sua instituição com problemas de saúde ou deficiências. O que você precisa saber é que existem recursos para buscar informações. O primeiro recurso é a família da criança. Eles podem estar conectados com especialistas que também poderão ajudá-lo a entender a condição e suas necessidades. E, certamente, assim como com todas as crianças, você pode olhar individualmente para cada uma para aprender sobre tais necessidades. Uma observação cuidadosa irá ajudá-lo a entender as mensagens que a criança dá. Procure por sinais de desconforto e perceba o que a incomoda. Encontre maneiras de deixar a criança mais confortável e alivie o estresse. *Lembre-se do princípio 3: aprenda as formas únicas com que cada criança se comunica (choros, palavras, movimentos, gestos, expressões faciais, posições do corpo) e ensine as suas.*

Mesmo crianças que não pronunciam uma única palavra têm meios de comunicar o que precisam. Você precisa aprender a ler os sinais. Não subestime a habilidade das crianças de se comunicar, mesmo que as suas habilidades linguísticas inexistam ou sejam mínimas.

Prestar atenção no bebê, algumas vezes, consome tanta energia que os cuidadores não notam os sinais que recebem das famílias. É possível que as opiniões da família sobre o que deve estar acontecendo com seus filhos sejam diferentes das políticas do programa ou do cuidador. As práticas culturais relacionadas às rotinas de cuidado podem não ser iguais ao que os cuidadores enxergam. Por exemplo, quanto à alimentação. O que comer e como comer são questões culturais. Quando começar a dar comida sólida para as crianças parece claro e inequívoco, com base nas últimas pesquisas, mas tradições familiares e culturais podem estar em desacordo com as pesquisas. Além disso, as pesquisas mudam com o tempo. Veja o quesito "dormir", por exemplo. Geração após geração, nos Estados Unidos, os pais foram aconselhados pelos pediatras a colocar os bebês para dormir de barriga para baixo. Desde 1990, contudo, os pediatras passaram a dar a orientação oposta – de que os bebês devem dormir apoiados nas costas. O motivo é tentar reduzir o risco da Síndrome de Morte Súbita Infantil (SMSI). Os tempos mudam.[5] Veja a Figura 3.2 para um resumo dos fatores de risco de morte súbita infantil.

Uma das mensagens mais fortes deste livro diz respeito ao incentivo de habilidades de autoajuda. A razão dessa mensagem é a meta, às vezes implícita, de criar um indivíduo independente. Nem todos os pais estão tão interessados em tornar os filhos independentes

> **Padrão do programa NAEYC 4**
> Avaliação

> **Reflita**
> O que você sabe sobre diferenças culturais em rotinas de cuidados? Como o que você sabe se diferencia do que está neste capítulo? O que você faria se lhe dissessem "siga as instruções do livro" e você não estivesse de acordo com ele? O que você faria se as crenças dos pais a respeito da condução de uma rotina particular fossem diferentes das suas?

1. Sempre coloque os bebês para dormir apoiados em suas costas, mesmo durante cochilos.
2. Coloque o bebê em um colchão firme, bem como em berços de segurança comprovada.
3. Retire roupa de cama e bichos de pelúcia da área onde o bebê dorme.
4. Certifique-se de que a cabeça e o rosto do bebê permanecem descobertos durante o sono.
5. Não permita que se fume perto do bebê.
6. Não deixe que o bebê fique muito aquecido durante o sono.

Figura 3.2 Reduzindo o Risco da Síndrome de Morte Súbita Infantil (SMSI).
Fonte: Adaptada de Safe to Sleep (c2013).

como estão em torná-los fortes e apegados à família. Os cuidadores precisam respeitar o que as famílias desejam para seus filhos e honrar a diversidade. Você verá que esse é um tema constante ao longo do livro. Não podemos dizer a você o que fazer no caso de um choque cultural, só podemos aconselhar que converse muito sobre isso. Quando cuidadores e famílias se comunicam abertamente por serem próximos uns dos outros, eles podem trabalhar suas diferenças de formas que sejam boas para as crianças, as famílias e os cuidadores. Cada situação tem uma solução única, então não podemos apenas listar essas formas para você. Relações humanas são complexas, e estamos falando exatamente sobre elas.

Vestir-se

Os cuidadores podem incentivar a autonomia ao cumprir as tarefas de forma que a criança possa fazer o máximo de contribuições possível.[6] Você pode facilmente ver exemplos desse princípio nas atividades relativas a vestir-se. Ao retirar as meias ou botinhas de bebês mesmo de crianças muito pequenas, por exemplo, você pode retirá-las apenas até a metade e pedir que o bebê termine a tarefa. Mesmo bebês muito jovens têm prazer em ajudar. A ideia é simplificar a tarefa apenas até o ponto necessário para que a criança consiga praticar o hábito de vestir-se e desvestir-se. Inicialmente, demora um pouco para estabelecer um trabalho de cooperação, mas quando crianças e cuidadores passam a ver a si mesmos como parte de um time, a paciência inicial é recompensada. Quando um pouco mais velhas, crianças que foram estimuladas a vestir-se e desvestir-se sozinhas se tornam proficientes e precisam de pouca ajuda, a não ser com coisas como botões e zíperes.

Na cena do bloco Princípios em Ação, perceba como o cuidador tentou envolver o bebê, mas teve dificuldades porque, apesar de o bebê parecer tentar cooperar, ele não consegue controlar os músculos. Algumas vezes os cuidadores precisam de mais conhecimento do que de fato têm. A cena descrita é um exemplo dessa situação.

A seguir, uma cena que mostra como isso seria se o cuidador não tem como meta um trabalho de grupo:

> Imagine que você é uma criança pequena. Você está prestes a ser levado para fora, para caminhar um pouco. Sem que ninguém lhe diga nada, você sente seu braço sendo agarrado. Você perde o equilíbrio. Então você vê que está sendo arrastado para perto de um cabideiro. Alguém segura forte sua mão e a enfia em uma manga. O seu dedão fica preso e é empurrado pra trás quando a manga sobe. Então você sente como se estivesse sendo revirado e fica incomodado. Quando a outra manga sobe pelo braço, você estica o dedão para fora se propósito. Finalmente um rosto se aproxima do seu, mas os olhos se direcionam apenas para o zíper do agasalho, que está difícil de subir. Você sente as mãos da pessoa na sua frente lutando contra o pedaço de metal; e então de repente o zíper se move para cima. Ele para apenas quando chega ao seu pescoço e toca sua pele, você sente o metal frio e uma sensação de desconforto e aperto. O rosto desaparece, e você fica sozinho, enquanto a criança próxima a você começa a ser arrumada do mesmo jeito.

Os princípios em ação

Princípio 1 Envolva bebês e crianças em coisas que dizem respeito a elas. Não os engane ou distraia para fazer o trabalho mais rápido.

A cuidadora está tentando vestir Nicky, que tem paralisia cerebral. Como esse é um bebê novo para a cuidadora, ela ainda tem de aprender não apenas sobre paralisia cerebral como também sobre Nicky como um indivíduo. A cuidadora sempre tenta envolver Nicky na atividade de vestir-se, mas é difícil, porque o controle muscular é um desafio para ele.

Além disso, o cuidador está tentando vesti-lo com um pijama tip-top um pouco apertado. Ela começa com um pé, e os dedos se curvam. É difícil encaixá-los nos dedos do pijama. Ela quer que Nicky relaxe, mas não sabe como ajudá-lo. Quando ela finalmente consegue colocar um pé inteiro dentro do pijama, ela pega uma das pernas, e a outra vem também, fazendo um movimento de tesoura. E então o tornozelo dele entra em espasmos. Ela conversa com Nicky, mas está ficando cada vez mais frustrada. Finalmente ela desiste e pega uma roupinha solta de duas peças que é muito mais fácil de vestir. Ela fica feliz de ter conseguido se adaptar à situação e se apressa em falar com a mãe sobre o que ela pode fazer para facilitar as coisas para ela e Nicky.

1. O que você teria feito se fosse a cuidadora?
2. Existem outros meios de tornar a atividade de vestir-se mais fácil para esse bebê?
3. A cuidadora poderia ter aprendido algumas estratégias ao vestir o bebê?
4. O princípio 1 funciona aqui ou trata-se de um caso em que ele não funciona?

Não foi uma experiência muito boa, foi? Essa criança estava sendo tratada mais como um objeto do que como uma pessoa.

Cochilar

É importante que se permita que as crianças descansem de acordo com suas necessidades individuais, e não de acordo com o cronograma de outra pessoa. Os padrões de sono das crianças mudam – às vezes de um dia para o outro, às vezes num período maior de tempo. Nenhum cronograma de cochilos vai se adaptar a todos os bebês de um programa, e o cronograma pessoal de cada bebê muda de tempos em tempos.

Nem todos os bebês expressam sua necessidade de descanso da mesma forma. Cuidadores experientes e sensíveis aprendem a ler os sinais de cada criança, que pode variar desde um resmungo até comportamentos como ficar mais lento ou mais agitado ou ainda apresentar uma baixa tolerância a frustrações.

Os pais são as melhores fontes de informação sobre os padrões de sono de seus filhos, bem como das necessidades deles. Cuidadores experientes sabem o quanto é útil saber se o bebê acordou muito cedo em determinada manhã ou dormiu menos que o normal durante o final de semana. Eles então podem entender um comportamento inquieto sob outra perspectiva, pois saberão o motivo.

Os bebês devem ser colocados para cochilar do modo que seja mais familiar para eles. Contudo, também é importante que todos os cuidadores conheçam os resultados das pesquisas recentes sobre a relação entre a posição de dormir e a Síndrome da Morte Súbita Infantil (SMSI). SMSI é a sigla dada a mortes sem explicação que ocorrem, em geral, mas não sempre, quando o bebê está dormindo. SMSI não é a mesma coisa que morte por sufocamento, asfixia ou alguma doença. As mortes infantis são rotuladas como SMSI apenas quando não se consegue encontrar nenhuma causa. Por muitos anos, os pediatras norte-americanos aconselharam pais e cuidadores a colocar os bebês para dormir de barriga para baixo. As pesquisas atuais mostram que *dormir de costas* está associado com um risco mais baixo de SMSI. As evidências são convincentes.[7] A Figura 3.2 mostra alguns passos concretos que você pode dar para reduzir o risco de bebês morrerem por SMSI.

Reflita
Você se lembra de algum momento na sua vida em que foi tratado como um objeto? Caso você lembre, então você entende a importância de não tratar uma criança (de qualquer idade) dessa forma.

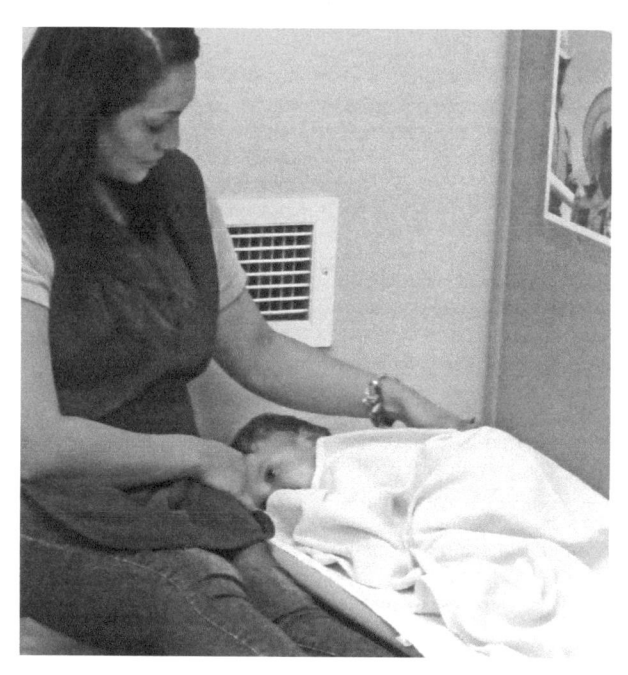

Bebês devem ser colocados para cochilar de um jeito que seja familiar para eles.

Cada bebê deve ter o seu berço, localizado no mesmo lugar todos os dias. Essa combinação de consistência e segurança pode ajudar o bebê a se sentir em casa mais rápido.

Decisões sobre quando colocar o bebê no berço (e quanto tempo deixá-lo no berço) dependem da percepção do adulto das necessidades particulares de cada criança. Algumas crianças precisam ficar um pouco acordadas na cama antes de conseguirem dormir. Outras crianças pegam no sono imediatamente. A hora de acordar também exige um pouco de julgamento adulto. A criança acorda enérgica, ativa e pronta para brincar ou necessita dispor de um longo período entre dormir e acordar, durante o qual precisa ficar um pouco no berço? Ler os sinais das crianças pequenas sobre as necessidades de descanso nem sempre é fácil. Mais uma vez, os pais são boas fontes de informação. Descubra que tipo de comportamentos autorrelaxantes a criança apresenta e os estimule. Algumas crianças apalpam um cobertor, outras enrolam o cabelo. O comportamento autorrelaxante mais comum é chupar o dedo. Pergunte como a criança cochila em casa. Você percebe algum tipo de tática ou ritual que os pais usam? Talvez um brinquedo ou cobertorzinho favorito já ofereça conforto.

Mais uma vez, fatores culturais podem se sobrepor a atitudes relacionadas ao sono. Algumas culturas encaram ficar sozinho em um quarto escuro como uma forma de incentivar a independência. Outras acham que os bebês não devem dormir sozinhos. Você pode não concordar com um posicionamento diferente do seu, mas é importante que o respeite. Se você não consegue fazer o que os pais querem, fale sobre isso com eles. Negocie, converse e compartilhe pontos de vista. Você não pode simplesmente ignorar os desejos dos pais para fazer o que considera melhor.

Se uma criança passa pela primeira infância cochilando apenas uma vez por dia, ela pode aprender a descansar de acordo com o cronograma do grupo. Contudo, necessidades individuais ainda são importantes, e devem ser criadas condições para aquelas crianças que precisam ficar um pouco quietinhas no início do dia, talvez elas precisem até mesmo de um cochilo.

Crianças que se sentem nervosas, com medo ou inseguras podem ter problemas para dormir, algo que um pouco de consistência pode aliviar. Um brinquedo ou cobertor favorito pode providenciar a segurança necessária. Algumas vezes, o cuidador não pode fazer nada no momento para promover a segurança, mas deve sempre reconhecer os sentimentos de insegurança da criança e esperar até que ela finalmente aprenda que se trata de um lugar seguro. Em alguns programas, crianças que precisam disso ganham uma massagem nas costas para ajudá-las a dormir. Seguem algumas outras dicas sobre como ajudar as crianças a dormir:

1. Ofereça privacidade visual para as crianças que precisam. Algumas ficam muito estimuladas por estarem perto de outra criança e não conseguem dormir.
2. Ofereça uma atmosfera pacífica e silenciosa. Alguns programas usam músicas suaves para ajudar. Comece a reduzir a atividade antes da hora do cochilo.
3. Certifique-se de que todas as crianças disponham de muito ar puro e possam fazer exercícios. O cansaço é o maior estímulo para o cochilo.
4. Não deixe que as crianças fiquem excessivamente cansadas. Algumas crianças têm dificuldades de se acalmar para dormir quando estão exaustas.

A cuidadora Lynne cria todo um ritual em torno da hora do cochilo. As crianças das quais ela cuida têm idade suficiente para cochilar na hora estabelecida para o grupo. Assim, depois do almoço, ela começa a transformar a sala de modo que ela incentive o sono, e não as brincadeiras. Os brinquedos são escondidos, as luzes são diminuídas, as cortinas são fechadas e historinhas são contadas para as crianças que precisam disso para se acalmar. Os estímulos são reduzidos, e o ambiente passa a mensagem que se espera, o nível de atividade das crianças diminui e o descanso acontece fácil.

Se os adultos consideram as tarefas de cuidados como experiências vitais ao aprendizado, eles estão mais propícios a realizá-las com paciência e atenção. Em instituições de assistência infantil, mesmo quando a proporção adulto/criança é boa, a principal oportunidade da criança para aproveitar um longo período de interação personalizada se dá durante os momentos de alimentação, troca de fraldas e de se vestir. Se esses momentos forem bem aproveitados, os bebês precisarão de menos atenção dos adultos durante outros períodos do dia. Bebês conseguem brincar (interagindo com outros bebês e com o ambiente) sem precisar de nada além de uma supervisão geral de algum adulto, que pode estar observando vários bebês.

À medida que os bebês desenvolvem habilidades de autoajuda, esse tempo de atenção personalizada diminui. Consequentemente, os cuidadores devem proporcioná-lo de alguma outra forma, mesmo às crianças mais velhas. O fato de a requerida proporção entre adultos e crianças provavelmente mudar quando a criança chega aos dois anos soma-se à dificuldade de dar o tipo de atenção individual que cada criança precisa. Algumas conseguem isso fazendo "charminho" para atrair os adultos. Outras conseguem atenção exibindo comportamentos inaceitáveis. Algumas simplesmente não conseguem. Um modo de assegurar que todas as crianças estejam recebendo atenção individualizada, uma vez que as tarefas do cuidador não mais focam isso durante a rotina da instituição, é manter breves registros anedóticos. Se diariamente durante a hora do cochilo você escrever uma única frase sobre cada criança sob seus cuidados naquele dia, você logo perceberá alguns padrões. Você verá que algumas crianças ficam de fora devido a seus comportamentos. Algumas são praticamente invisíveis, e é difícil pensar em qualquer coisa para escrever sobre elas. Uma vez que você percebe esses padrões, você passa a tomar decisões mais conscientes a respeito de se certificar de que todas as crianças recebem atenção individualizada todos os dias.

Prática apropriada

Panorama do desenvolvimento

De acordo com o National Association for the Education of Young Children, o fato de cada criança ser única demanda que cuidadores aprendam sobre os ritmos dos bebês: quando comem, como querem ser pegos enquanto comem ou são confortados e quando dormem. As habilidades dos cuidadores para ler os sinais dos bebês sobre suas necessidades e para reagir a isso de modo apropriado ajudam os bebês muito jovens a desenvolver um sentimento de segurança. Esse mesmo tipo de sensibilidade é necessário quando os bebês pequenos crescem e passam a se mover e se tornar exploradores. A exploração não para durante as rotinas de cuidados, então fica a cargo dos cuidadores obter o melhor de cada criança quando elas estão tentando tocar em tudo, enquanto lutam para sair do balcão de troca de fraldas. Crianças se preocupam com quem elas são e com quem está no poder e constantemente testam os cuidadores para descobrir. Independência e controle são questões primordiais e podem surgir durante as rotinas de cuidados.

Práticas apropriadas ao desenvolvimento

O panorama acima é um resumo de como os cuidados se relacionam com o currículo, com exemplos de como atender às necessidades das crianças, diante das mudanças nas rotinas de cuidados, à medida que o bebê progride nos estágios de desenvolvimento. A seguir, alguns exemplos de práticas específicas de cuidado apropriadas ao desenvolvimento:

- Adultos se adaptam aos cronogramas de sono e alimentação específicos de cada bebê.
- A área de dormir das crianças é separada das áreas de brincar e comer. Bebês têm seus próprios berços, e a roupa de cama é trazida de casa. Membros da família levam objetos especiais e reconfortantes para personalizar o berço. O nome dos bebês é usado para etiquetar todos os objetos pessoais.
- Bebês têm seus próprios suplementos para troca de fraldas e roupas extras ao alcance do balcão destinado às trocas.
- Adultos respeitam os cronogramas das crianças relativos à alimentação e ao sono. Crianças pequenas lancham com mais frequência e comem porções menores do que outras crianças. Líquidos são oferecidos frequentemente.
- Adultos trabalham em cooperação com as famílias, estimulando as crianças a aprenderem a usar o banheiro. Quando as crianças atingem uma idade em que se sentem confiantes e sem medo de sentar sobre o vaso sanitário, os cuidadores as convidam a usar o banheiro, oferecem ajuda quando necessário, providenciam roupas fáceis de manusear e as incentivam positivamente. Crianças são levadas ao banheiro com frequência e regularmente, de acordo com suas próprias necessidades biológicas.
- Cuidadores planejam uma transição para a hora do cochilo usando uma sequência de acontecimentos previsíveis. Eles escolhem uma atividade silenciosa, como a leitura de historinhas. Crianças pequenas pegam seus próprios bichinhos de pelúcia ou cobertores e vão para suas caminhas; uma música suave ou uma historinha gravada pode ficar tocando para as crianças que ainda estão acordadas.
- Professores trabalham em parceria com os pais, comunicando-se diariamente para desenvolver uma compreensão mútua e assegurar o bem-estar e o desenvolvimento ideal da criança. Cuidadores escutam cuidadosamente o que pais dizem sobre seus filhos, procuram entender as preferências e metas dos pais e respeitam diferenças culturais e familiares.

Fonte: Copple e Bredekamp (2009).

Práticas apropriadas à individualidade

- O treinamento da ida ao banheiro pode variar muito, dependendo das capacidades físicas e mentais das crianças. Independentemente de quando ele inicia ou quanto tempo dura, a rigorosidade deve ser evitada.
- Algumas crianças precisam de mais atenção enquanto se alimentam do que outras. Posicionar cuidadosamente as crianças

mais velhas (que já conseguem se alimentar sozinhas) para comer pode fazer uma grande diferença, caso essas crianças já consigam usar as mãos com habilidade. Se elas tendem a escorregar da cadeira, usar roupas que não deslizem para sentar pode ser útil. A textura da comida pode ser uma questão para algumas crianças com problemas neurológicos. Procedimentos como massagear a garganta para ajudar a engolir ou usar um pano ou escova de dente para "acordar a boca" pode facilitar o controle dos músculos.

Práticas culturalmente apropriadas

Nem todas as famílias valorizam a independência e a individualidade da mesma forma, e muitas têm diferentes configurações de prioridades para suas crianças. Famílias cuja meta é adiar a independência a fim de que as crianças se vejam antes como membros da família ou do grupo em geral podem ter uma abordagem diferente em relação às rotinas de cuidados. Alimentar as crianças com uma colher mesmo na idade em que já podem se alimentar sozinhas é uma prática comum em algumas culturas. O treinamento da ida ao banheiro, no entanto, pode ser iniciado já no primeiro ano de vida. Ambas as práticas destacam a interdependência acima da independência. Essas práticas podem surpreender cuidadores que cresceram em famílias em que elas foram abominadas. Lembre-se de que as práticas apropriadas ao desenvolvimento determinam que os profissionais devem trabalhar em parceria com os pais para construir entendimento e confiança mútuas. O objetivo é garantir o bem-estar e o desenvolvimento ideal da criança.

O capítulo 13 trata de questões relativas ao desenvolvimento da identidade, o que também está ligado às diferentes ideias sobre as práticas de cuidados.

Práticas apropriadas em ação

Volte à cena dos Princípios em Ação, na página 61, e reconsidere suas respostas. Depois de ler este capítulo, você responderia a alguma das questões de modo diferente? Agora analise aquela cena quanto às informações contidas na última parte da seção "Práticas Apropriadas ao Desenvolvimento", no quadro de Práticas Apropriadas.

- Como você acha que o cuidador se saiu quanto à parceria com os pais? Você acha que ele planeja aprender algo com esses pais?
- O que você sabe sobre posicionar uma criança com paralisia cerebral de modo que ela tenha mais controle sobre seus músculos? Como você poderia aprender mais sobre isso?

Agora observe a seção "Práticas Culturalmente Apropriadas", do quadro Práticas Apropriadas.

- O cuidador enfatizou as habilidades de autoajuda?
- Se o principal objetivo desse cuidador é incentivar as práticas de autoajuda de Nicky, o que aconteceria se a mãe de Nicky tivesse uma opinião diferente a respeito do que ele precisa? Como o cuidador poderia descobrir isso? Se os dois tiverem objetivos diferentes, o que eles devem fazer?
- Quais são as suas opiniões e os seus sentimentos a respeito de minimizar a independência de crianças com desafios como os de Nicky, mesmo se o incentivo da independência for culturalmente inapropriado?

Quando bebês e crianças são tratados com respeito e os cuidados são prestados de acordo com uma abordagem de equipe, as relações evoluem – relações que ajudam as crianças a aprenderem mais sobre si mesmas e sobre o mundo. Elas passam a prever o que acontecerá com elas e, assim, percebem que o mundo é de certa forma previsível. Elas aprendem que têm algum poder e influência sobre o mundo e as pessoas que o habitam. Elas começam a conferir sentido à vida. Quando aproveitados ao máximo, esses momentos podem acabar se concentrando no dia a dia das crianças – em algo que elas buscam – e podem se tornar suas chances de "dançar" com os seus companheiros!

RESUMO

Tais atividades essenciais no dia a dia, chamadas rotinas de cuidados, são parte do currículo quando oferecem às crianças pequenas a oportunidade de aprofundarem relações e de terem experiências personalizadas frequentes, relacionadas à cooperação e ao aprendizado.

Pensando novamente sobre o currículo de bebês e crianças

- Currículo de bebês/crianças significa planejar o aprendizado, o que inclui procedimentos de incentivo ao apego durante as rotinas de cuidados.
- Transformar as rotinas de cuidados (atividades essenciais do dia a dia) em currículo significa que três políticas precisam estar presentes – um sistema de cuidadores primários, consistência e continuidade de cuidados.
- A análise é parte de satisfazer as necessidades de cada criança durante as rotinas de cuidados. Análise, neste capítulo, significa determinar as necessidades de cada criança em cada época de sua infância.

Rotinas de cuidados

- *Alimentar* inclui dar assistência a mães lactantes, disponibilizar mamadeiras e alimentação com colher e, por fim, inclui crianças que se alimentam sozinhas. É importante considerar práticas apropriadas ao desenvolvimento, ao mesmo tempo em que as diferenças culturais devem ser discutidas e respeitadas.
- A troca de fraldas deve ser feita de forma que o bebê seja um parceiro do processo e aprenda a cooperar com o cuidador em vez de se distrair com brinquedos ou de outras formas.
- Treinamento de ida ao banheiro e aprendizado da ida ao banheiro são abordagens diferentes. O aprendizado da ida ao banheiro é apropriado ao desenvolvimento e acontece quando a criança está pronta. O treinamento da ida ao banheiro varia, com frequência, de acordo com a cultura e pode ocorrer muito mais cedo que o aprendizado.
- Lavar, dar banho e arrumar as crianças inclui várias práticas e expectativas. O que satisfaz as famílias pode não estar de acordo com o que satisfaz os cuidadores. Honrar a diversidade é importante.
- As necessidades e dificuldades diferentes de cada criança devem ser levadas em conta e acomodadas na condução das rotinas de cuidados.
- Vestir-se, como outros procedimentos de rotina, deve ser um processo conduzido de forma que estimule a criança a cooperar e, por fim, aprender habilidades de autoajuda.
- Os cochilos variam de acordo com a idade e os indivíduos. Cuidadores devem se informar a respeito e eliminar fatores de risco de Síndrome de Morte Súbita Infantil (SMSI).

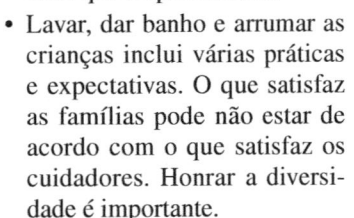

Recursos on-line

Acesse o Centro de Aprendizado *On-line* em **www.mhhe.com/itc9e**, clique em *Student Edition* e escolha o *Chapter 3* para acessar o guia do estudante, que inclui uma resenha do capítulo, *links* relacionados, testes práticos, exercícios interativos e referências do capítulo.

EXPRESSÕES-CHAVE

apego 48
aprendizado da ida ao banheiro 57
continuidade do cuidado 49
habilidades de autoajuda 53
hora de liberação 52
resilientes 51
sistema de cuidadores primários 49
treinamento da ida ao banheiro 57

QUESTÕES PARA REFLEXÃO/ATIVIDADES

1. O que o apego tem a ver com os cuidados como currículo?
2. Quais são algumas formas que os programas usam para promover apego?
3. O apego acontece com mais facilidade em instituições de assistência a famílias? Por quê?
4. Quais são as rotinas de cuidados que os cuidadores realizam durante o dia, e o que é um exemplo de como transformá-las em currículo?
5. O que você sabe sobre diferenças culturais em rotinas de cuidados? Como isso que você sabe se diferencia do que é apresentado neste capítulo? O que você faria se fosse aconselhado a "seguir o livro" e não concordasse com ele? O que você faria se as crenças dos pais a respeito dos procedimentos de rotina fossem diferentes das suas?

REFERÊNCIAS

AMERICAN ACADEMY OF PEDIATRICS. Breastfeeding promotion in physicians: office practices: phase II. *Breastfeeding:* Best for Baby and Mother, spring 2004a.

AMERICAN ACADEMY OF PEDIATRICS. Merging motherhood with the military. *Breastfeeding:* Best for Baby and Mother, spring 2004b.

COOPLE, C.; BREDEKAMP, S. (Org.). *Developmentally appropriate practice in early childhood programs.* 3rd ed. Washington, DC: National Association for the Education of Young Children, 2009.

DAVID, M.; APPELL, G. *Lóczy:* an unusual approach to mothering. Budapest: Association Pikler-Lóczy for Young Children, 2001.

FOX, M. K. et al. Feeding infants and toddlers study: what foods are infants and toddlers eating? *Journal of the American Dietetic Association,* v. 104, sup. 1, p. 22-30, jan. 2004.

GONZALEZ-MENA, J. *Diversity in early care and education:* honoring differences. New York: McGraw-Hill, 2008.

GONZALEZ-MENA, J. *Infant/toddler caregiving:* a guide to routines. 2nd ed. Sacramento: California Department of Education, 2002.

GONZALEZ-MENA, J. What can an orphanage teach us?: lessons from Budapest. *Young Children,* v. 58, n. 5, p. 27-30, sep. 2004.

KAHWATY, D. H. Toilet-training newborns: parents grab hold of trend to potty-train infant twins. *Twins,* p. 20-23, mar./apr. 2006.

KIRMANI, M. H. Empowering culturally and linguistically diverse children and families. *Young Children,* v. 62, n. 6, p. 94-98, nov. 2007.

LALLY, J. R. The impact of child care policies and practices on infant/toddler identity formation. *Young Children,* v. 51, n. 1, p. 58-67, nov. 1995.

LINDBERGH, A. M. *Gift from the sea.* New York: Pantheon, 1955.

SAFE to sleep. [S.l: s.n], c 2013. Disponível em: < http://www.nichd.nih.gov/sts/Pages/default.aspx>. Acesso em: 2 jun. 2014.

TARDOS, A. (Org.). *Bringing up and providing care for infants and toddlers in an institution.* Budapest: Association Pikler-Lóczy for Young Children, 2007.

UNIVERSITY OF TEXAS MEDICAL BRANCH AT GALVESTON. Mother's milk: a gift that keeps on giving. *Science Daily,* v. 15, sep. 2007.

LEITURAS COMPLEMENTARES

ADAM HEALTH ILLUSTRATED ENCYCLOPEDIA. Disponível em: <http://adam.about.net/encyclopedia/>. Acesso em: 08 fev. 2009.

BEAL, S. M.; FINCH, C. F. An overview of retrospective case control slides investigating the relationship between prone sleep positions and SIDS. *Journal of Paediatrics and Child Health*, v. 27, n. 6, p.334–339, 1991.

GALLAND, B. C.;TAYLOR, B. J.; BOLTON, D. P. G. Prone versus supine sleep position: a review of the physiological studies in SIDS research. *Journal of Paediatrics and Child Health*, v. 38, n. 4, p. 332-338, 2002.

GILLESPIE, L. G. Supporting infants, toddlers, and their families: cultivating good relationships with families can make hard times easier! *Young Children*, v. 61, n. 5, p. 53-55, sep. 2006.

GONZALEZ-MENA, J. *Infant-toddler caregiving*: a guide to routines. Sacramento: California Department of Education, 2002.

HAMMOND, R. A. *Respecting babies*: a new look at Magda Gerber's RIE approach Washington, DC: Zero to Three, 2009.

HOWES, C. *Culture and child development in early childhood programs*: practices for quality education and care. New York: Teachers College Press, 2010.

IM, J.; PARLAKIAN, R.; SANCHEZ, S. Understanding the influence of culture on caregiving practices: from the inside out. *Young Children*, v. 62, n. 5, p. 65-66, sep. 2007.

KAISER, B.; RASMINSKY, J. S. Opening the culture door. *Young Children*, v. 58, n. 4, p. 53-56, july 2003.

NATIONAL INSTITUTE OF CHILD HEALTH AND HUMAN DEVELOPMENT, IH Pub. n. 02-7040, Back to Sleep Campaign pamphlet, sep. 2002.

VINCZE, M. Feedings as one of the main scenes of the adult-child relationship. In: TARDOS, A. (Ed.). *Bringing up and providing care for infants and toddlers in an institution*. Budapest: Association Pikler-Lóczy for Young Children, 2007. p. 93-104.

VINCZE, M. From bottle feeding to independent eating. TARDOS, A. (Ed.). *Bringing up and providing care for infants and toddlers in an institution*. Budapest: Association Pikler-Lóczy for Young Children, 2007. p. 105-126.

VINCZE, M. The meaning of cooperation during care. In: TARDOS, A. (Ed.). *Bringing up and providing care for infants and toddlers in an institution*. Budapest: Association Pikler-Lóczy for Young Children, 2007. p. 39-55.

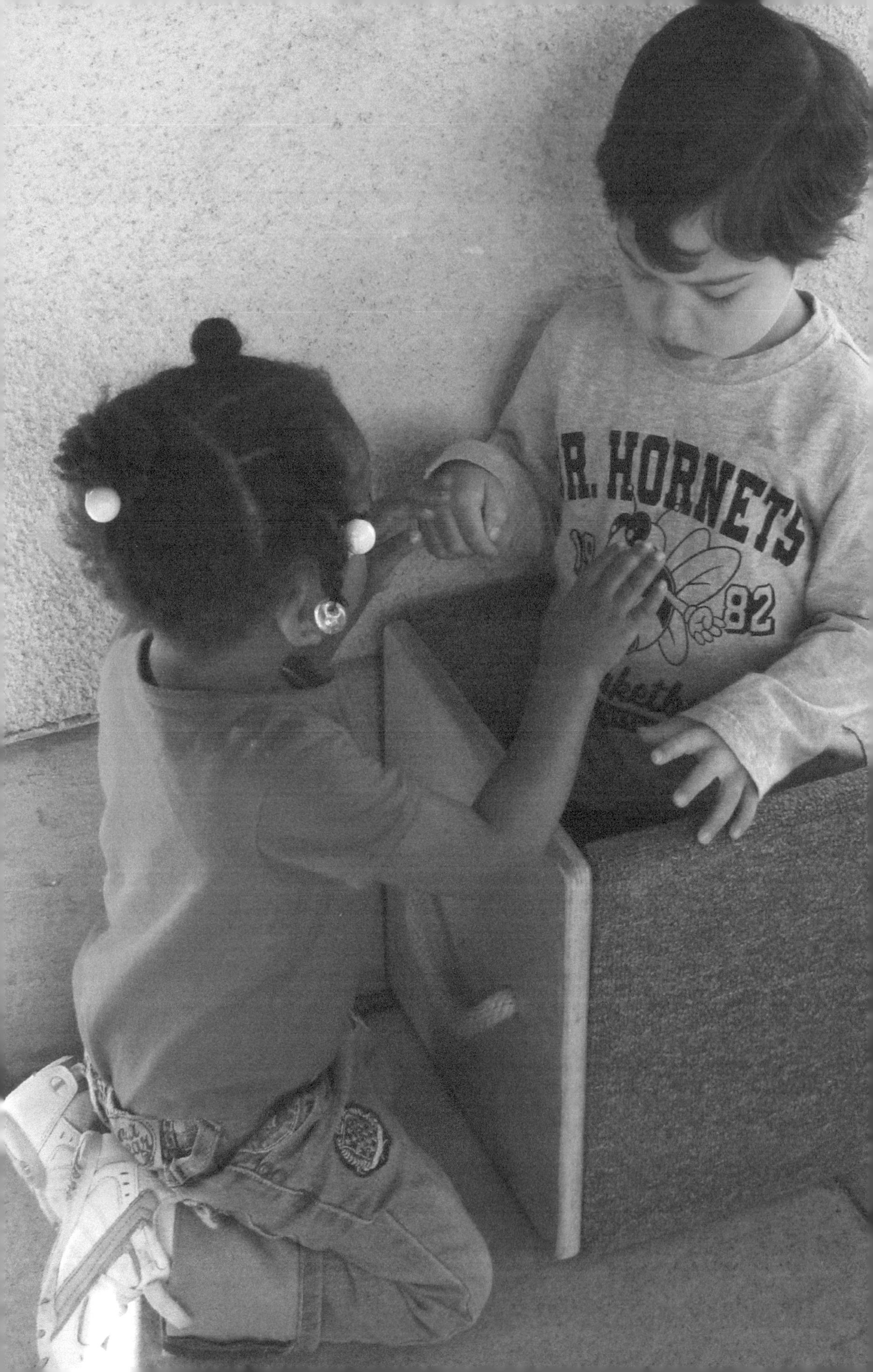
R. HORNETS
82

Capítulo 4

Brincadeira e exploração como currículo

Questões em foco

Depois de ler este capítulo, você deve estar apto a responder às seguintes perguntas:

1 Quais são os quatro papéis que os adultos desempenham na facilitação das brincadeiras de bebês e crianças que este capítulo expõe como os mais importantes?
2 Qual deve ser a principal consideração ao se configurar um ambiente adequado para a brincadeira, e por que ela é tão importante?
3 Por que você deve recuar e observar depois de estimular as interações?
4 Quais são os cinco fatores ligados ao ambiente que influenciam as brincadeiras em um programa de educação e cuidados de bebês e crianças?
5 De que modo *acontecimento* se difere de *atividade*?

O que você vê?

Tyler está no chão com um quebra-cabeça de madeira simples de um lado e alguns recipientes de plástico do outro. Perto dele está Kevin, que se estende até o quebra-cabeça e remove duas das peças. Tyler tenta agarrar a tábua de apoio do quebra-cabeça e derruba tudo. As peças se batem umas nas outras quando caem no tapete, o que faz Tyler sorrir. Kevin olha para o quebra-cabeça e depois para Tyler. Tyler pega uma peça da mão de Kevin, que parece surpreso. Então Tyler pega outra peça do chão e junta as duas com as mãos, batendo uma na outra. Ele derruba as duas, e Kevin as junta do chão. Tyler pega os pequenos recipientes de plástico e caminha até um estradinho baixo, no qual sobe. Ele levanta as mãos para cima, senta-se rapidamente e começa a brincar com os copinhos. Primeiro ele pega o menor, bate com ele levemente no chão de madeira do estrado e aproxima a cabeça pra ouvir o ruído. Enquanto isso os dedos dele já estão apalpando o segundo copinho – sentindo o material, testando as bordas – e então ele abandona o primeiro. Ele também bate com esse segundo recipiente na madeira e, depois, o larga no chão ao lado do primeiro. Ele pega cada um dos potinhos e faz a mesma coisa. Depois de pegar o último, ele se posiciona no final da fila de recipientes que formou e parece satisfeito. Por fim, junta todos os recipientes e organiza da forma como estavam antes, abandonando-os no chão delicadamente.

Padrões do programa NAEYC 2
Currículo

Reflita
Quais são os modelos de sua infância que você traz na cabeça até hoje? Você consegue relacionar a sua experiência com a de Papert e as "engrenagens"?

O que você viu nesse exemplo pode parecer pouco significativo. O modo como bebês e crianças pequenas brincam é diferente do jeito como brincam as crianças mais velhas. É preciso que se compreenda quem são os bebês e no que eles estão interessados para que se possa apreciar uma cena como essa. Também é necessária uma boa capacidade de concentração para perceber os detalhes. Voltaremos a essa cena posteriormente, a fim de discuti-la.

Um dos ingredientes principais de um programa direcionado a bebês e crianças pequenas deve ser o que chamamos de "brincadeira e a exploração". Bebês e crianças pequenas brincam mais usando a exploração do que crianças de três anos ou mais, que brincam de maneira diferente. Queremos ter certeza de que os leitores reconhecem isso nessa cena de abertura. As crianças estão brincando, embora para muitos possa parecer que estão fazendo outra coisa. Educadores e pesquisadores especializados na primeira infância já reconheceram há muito tempo que a brincadeira é essencial ao crescimento e ao desenvolvimento. Brincar é natural para as crianças pequenas e deve ser reconhecido como um uso *importante* do tempo delas, e não como algo secundário ou opcional (BODROVA; LEONG, 2007; ELKING, 2007; GOPNIK, 2009; JONES; COOPER, 2006; KAGAN; SCOTT-LITTLE; FRELOW, 2009; KÁLLO; BALOG, 2005; SINGER; GOLINKOFF; HIRSH-PASEK, 2006).

Os benefícios da brincadeira são enormes e vão muito além do tipo de coisas sobre as quais podemos falar com maior facilidade, como o desenvolvimento de habilidades e o aprendizado de conceitos. A brincadeira pode ser uma via de acesso às primeiras habilidades linguísticas, por exemplo. De acordo com um dos estudos a respeito, é na brincadeira que muitos padrões linguísticos tomam forma e "[...] entendimentos emergentes são integrados, praticados e testados em um ambiente seguro". (ROSENKOETTER; BARTON, 2002). De fato, se você prestar bem atenção em crianças brincando, você notará os aspectos de todo o tipo de habilidade que elas necessitam para desenvolver bases de leitura e escrita. A brincadeira oferece oportunidades únicas para as crianças. Por meio da brincadeira, elas se envolvem numa exploração com final em aberto. Elas não estão confinadas a regras, procedimentos e resultados. Na brincadeira, elas se autodirecionam. Elas têm poderes. Por meio da total absorção pela qual são tomadas durante a brincadeira, elas fazem descobertas que talvez jamais fariam de outra forma, elas resolvem problemas, tomam decisões e, assim, descobrem quais são seus interesses.

Na introdução de *Mindstorms*, Seymour Papert (1980) conta como, quando criança, descobriu a sua paixão por engrenagens.[1] Ele passava horas brincando com objetos circulares, girando-os como se fossem engrenagens. Muito mais tarde, isso o levou a girar engrenagens dentro da cabeça e a fazer ligações de causa e efeito. Hoje ele usa engrenagens no seu modelo de aprendizado matemático.

O modo como reagimos aos bebês e crianças enquanto brincam, dando-lhes liberdade, ajudando-os a perseguir seus principais interesses e oferecendo recursos para tal, pode resultar em crianças adquirindo modelos de pensamento que durarão uma vida toda, como no caso das engrenagens de Papert (veja a Figura 4.1).

Oferecer liberdade de movimento aos bebês e crianças é uma ideia que desejamos enfatizar. A brincadeira, para bebês e crianças

---

Cuidadores criam currículo a partir da brincadeira de três formas:

1. Dando liberdade às crianças
2. Ajudando-as a perseguirem os seus principais interesses
3. Oferecendo recursos

Figura 4.1 Três modos para cuidadores criarem um currículo a partir da brincadeira.

pequenas, envolve movimento e, se elas não puderem se movimentar livremente, não conseguirão se envolver por completo, seja ela qual for a brincadeira. Infelizmente, famílias e cuidadores têm uma tendência maior a restringir as atividades dos bebês, em vez de estimulá-las. Não se costuma pensar muito nisso até que o bebê já se vire um pouco sozinho, contudo, o movimento, desde os primeiros meses de vida, é muito importante para o desenvolvimento do cérebro. Ele também é importante para o desenvolvimento cognitivo. Magda Gerber ressaltou esse aspecto para aqueles que tiveram aula com ela muito antes de os cientistas entenderem o cérebro como entendem agora. Magda estava muito à frente de seu tempo! Na escola, a educação física foca principalmente o corpo. Na infância e na primeira infância, movimento físico significa aprendizado – não apenas do uso do corpo como também do cérebro (HANNAFORD, 2005; PICA, 2010). Elena Bodrova e Deborah Leong (2007) tratam de como a brincadeira influencia o desenvolvimento em seu livro *Tools of the Mind: The Vygotskian Approach to Early Childhood Education*. Elas explicam que Vygotsky tinha uma visão global da brincadeira quando escreveu sobre a contribuição emocional e social dela no desenvolvimento cognitivo. O teórico via a brincadeira como um instrumento mental, cujas raízes estariam na manipulação e na exploração que ocorrem na infância e na primeira infância.

Brincadeira livre e **exploração** é o tema deste capítulo. Por brincadeira livre e exploração queremos dizer uma brincadeira cuja atividade não é controlada, porém monitorada; é quando as crianças têm a opção de seguir os próprios interesses sem estar sob o controle contínuo dos adultos ou em função de resultados esperados. A Figura 4.2 apresenta os sete fatores de apoio, segundo Magda Gerber, que servem de base para a brincadeira e a exploração de bebês. A lista foi adaptada do livro de Carol Garhart Mooney. Deixar a brincadeira e a exploração livres nas mãos das crianças fica difícil para alguns adultos, depois que eles reconhecem o quanto a atividade é importante para bebês e crianças pequenas. Eles querem sugerir brincadeiras específicas, criadas e planejadas por adultos e que envolvem resultados esperados. Isso é especialmente uma realidade quando se trata de programas direcionados a crianças advindas de famílias de baixa renda, devido à urgência de prepará-las para a futura vida escolar. Nós incentivamos tais adultos que querem criar atividades e objetivos ("lições") a apreciarem, por meio da observação atenta, tudo que as crianças podem lucrar com a brincadeira livre. Você verá que oferecê-las um ambiente diversificado e apropriado as incentiva a criar os seus próprios objetivos e lições, os quais são bem mais eficazes do que aqueles elaborados por adultos.

Alguns visitantes de um programa direcionado a bebês e crianças pequenas chegam cedo da manhã para ver as crianças brincando livremente com uma série de brinquedos. Eles ficam impressionados com o quanto as crianças estão envolvidas e interessadas. Mas então chega o diretor, quase sem fôlego, desculpando-se por como as coisas estão atrasadas naquela manhã e começa a organizar grupos, apresenta "atividades" a serem realizadas e coloca as crianças sentadas em volta de mesas. Ali elas

1. **Participação ativa** na rotina das crianças
2. **Observação sensível** e entendimento das necessidades das crianças
3. **Consistência**, o que inclui limites claramente definidos
4. **Confiança básica** no bebê como alguém que inicia atividades, explora e aprende por si mesmo
5. **Ambientes** seguros, cognitivamente desafiadores e emocionalmente nutritivos
6. **Não interromper a brincadeira** quando os bebês estão brincando sozinhos
7. **Liberdade** para explorar e interagir com objetos e outros bebês

Figura 4.2 Sete fatores que apoiam a brincadeira e a exploração dos bebês.

são bombardeadas com nomes de objetos em figuras, aconselhadas a formar pares e ensinadas a fazer bolinhas e quadrados com massinha de modelar. Os professores que antes exerciam o papel de ajudantes, interferindo apenas quando suas reações eram requisitadas, de repente estão no comando de tudo. O foco se torna muito objetivamente orientado. Quando os visitantes, mais tarde, dão uma olhada nos planos de educação individual do programa, eles chegam à conclusão de que os objetivos cognitivos foram definidos de forma muito limitada (por exemplo: "mostre fotos de cachorro, gato e cavalo, a criança identificará 2 de 3").

Não dá para pensar em um "momento de brincar" de forma tão objetivamente orientada. Em vez de traçar objetivos para a criança, o melhor é deixá-la simplesmente interagir com os materiais, enquanto o adulto deve observar o que a criança está fazendo em detalhes e perceber o que ela está aprendendo com isso, mesmo que não seja imediatamente óbvio. Se alguém observou Papert girando objetos redondos, por exemplo, talvez essa pessoa não tenha percebido que ele estava criando um modelo de engrenagens em sua cabeça. Pense no quão diferente não teria sido o resultado disso na vida dele, se alguém o tivesse direcionado na infância a continuamente fazer alguma atividade com um objetivo definido (por um adulto) em mente...

Reflita

Pense em alguma experiência sua com brincadeiras nessa idade. Reviva-a, se puder. Pense no que você aprendeu a partir dessa experiência. Como você pode usar sua própria experiência para entender a importância da brincadeira livre para bebês e crianças pequenas?

Um dos motivos pelos quais os adultos às vezes querem controlar a brincadeira dos bebês é que eles não a percebem como exploração. Volte ao começo do capítulo e revise a cena inicial. Você notou que Tyler estava explorando os próprios sentidos? Ele não estava jogando quebra-cabeça, mas sim gostando de sentir a textura e ouvir o som das peças e dos copinhos. Ele não demonstrou nenhum interesse em usar o material "do jeito certo". Tyler estava descobrindo sua própria maneira de aprender sobre as propriedades de cada material. Em toda sua simplicidade, essa cena é um bom exemplo de uma criança pequena brincando. A brincadeira das crianças em idade pré-escolar é mais fácil de entender porque elas parecem envolvidas e produtivas enquanto brincam, e tais brincadeiras podem ser encaixadas em categorias como "jogo de faz de conta", "artes" ou "jogo de peças". As brincadeiras dos bebês não se parecem muito com isso, já que eles aparentemente apenas exploram as coisas. Às vezes eles parecem estar passeando à toa, com frequência carregando objetos. Mas se você prestar atenção perceberá que eles estão muito envolvidos na atividade, e não apenas transitando. Eles estão caminhando e carregando coisas. Estão fazendo escolhas. Além disso, talvez eles estejam gostando das mudanças sensoriais que experimentam enquanto se movem. Algumas vezes eles estão mantendo contato com a pessoa que lhes é mais próxima (fazendo "contato com a base") enquanto exploram o ambiente.

É fácil satisfazer os bebês contanto que eles tenham espaço para se mover e coisas para examinar e manipular. Eles podem aparentar ter curtos períodos de atenção devido ao foco na habilidade motora e à necessidade de mudar de lugar. Contudo, eles têm uma capacidade bastante alta de se envolver por bastante tempo, especialmente durante a resolução de problemas ou durante alguma atividade sensorial que eles mesmos escolheram. Bebês numa pia com sabão, água e lenços de papel podem passar horas brincando se lhes for permitido, fazendo uma divertida bagunça (são capazes de se concentrar nisso por um período nada curto.)

Papéis dos adultos na brincadeira

O cuidador assume muito papéis ao auxiliar bebês e crianças pequenas em suas brincadeiras. Apesar de aqui separarmos o cuidador da criança, para tratarmos deles um de cada vez, na verdade eles estão bastante relacionados – certamente são dois temas sobrepostos e tanto o cuidador quanto a criança aprendem por meio da interação um com o outro. Ambos os papéis são mencionados na Figura 4.2.

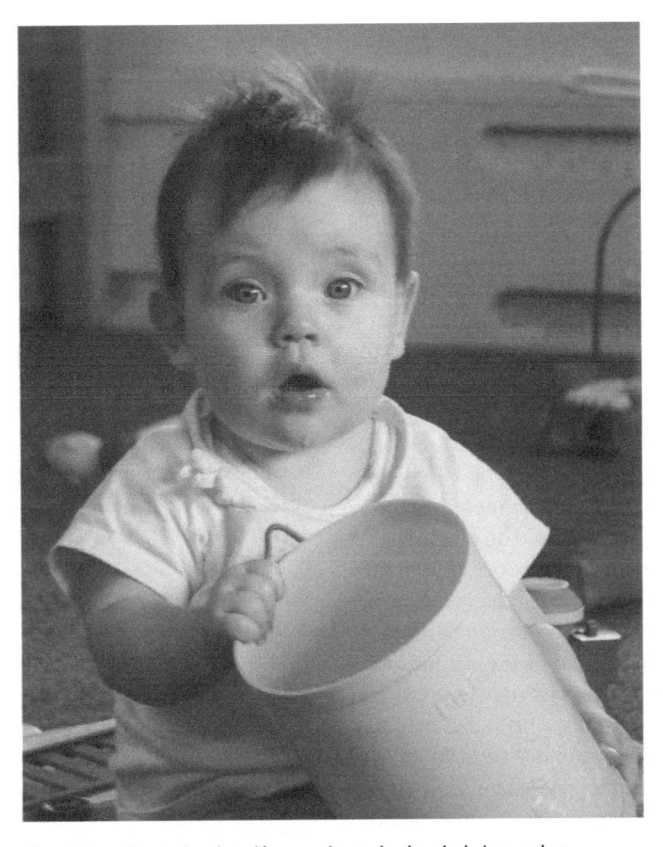

As crianças desenvolvem coordenação visual/manual manipulando brinquedos.

Configurando o ambiente para favorecer a brincadeira

A segurança deve ser a preocupação principal e envolve configurar um ambiente saudável e livre de riscos, além da monitoração cuidadosa do que acontece dentro dele. Sem segurança não há como brincar livremente. Apesar de algumas crianças gostarem mais de assumir riscos do que outras, a maioria fica confortável apenas quando se sente segura e quando sabe que não irá se machucar. O pensamento deve ser exposto de acordo com a idade e o nível de desenvolvimento individual e também adaptado ao grupo. Salubridade e segurança podem ser questões individuais ou de grupo. Deve ser dada uma atenção cuidadosa a questões de segurança quando se trata de crianças com alguma dificuldade física ou de outro tipo. A segurança é a chave da exploração para qualquer criança. Por exploração queremos dizer o ato de descobrir e examinar o que está ao redor – as pessoas, os objetos, bem como as propriedades desses objetos – por meio do toque, do paladar, do olfato, da visão e da audição. Apenas em um ambiente seguro, interessante e apropriado ao desenvolvimento, as crianças podem ter oportunidades de fazer o tipo de descobertas por meio das quais irão se desenvolver e aprender. É importante levar em consideração crianças que enfrentam algum tipo de dificuldade, a fim de que tenham oportunidades iguais de interagir em segurança com o ambiente, o máximo que puderem. Por exemplo: repare em como as crianças adquirem coordenação visual/manual a partir da manipulação de brinquedos; agora pense em uma criança com deficiência visual grave. Cer-

**Padrão do programa
NAEYC 9**

Ambiente físico

tifique-se de que essa criança se sente segura o bastante para ir até a prateleira de brinquedos, se ela sabe que os brinquedos estão lá, e se está apta a descobrir que esses brinquedos têm características (como "fazer barulho") que darão a ela experiências de coordenação auditiva/manual.

Quando pensar em ambientes que favoreçam a brincadeira, não considere apenas o ambiente interno. Bebês e crianças pequenas também precisam de ambientes externos, todo dia – se possível. Eles precisam não só de ar puro, mas também de algumas experiências em um ambiente mais natural que aquele dos espaços fechados. Exercícios ao ar livre são bons tanto para o corpo quanto para a mente. Muitas crianças hoje crescem no meio do cimento e do asfalto, em vez de em contato com uma grande variedade de texturas naturais, que não se diferenciam apenas por serem macias ou duras – texturas como a da grama, da areia e mesmo a da sujeira. Muitas crianças não têm contato com nada além de grandes e brilhosos brinquedos de plástico. Se a próxima geração crescer sem contato com a natureza, quem serão os defensores dos habitats naturais, da floresta amazônica e dos espaços ao ar livre? Veremos mais sobre esse assunto no Capítulo 12.

Estimulando interações e recuando

Padrão do programa NAEYC 3
Ensino

Reflita
Você já experimentou um momento de brincadeira no qual não se sentiu como se estivesse brincando? O que aconteceu? Como foi?

Crianças aprendem com outras crianças. Por meio da interação com seus pares, bebês e crianças aprendem muito sobre o mundo, sobre o poder que têm sobre ele e sobre o efeito que elas mesmas têm sobre os outros. No tipo de situação que envolve resolução de problemas, e que se apresentam na interação criança/criança, os pequenos aprendem habilidades valiosas, como a de resolver conflitos. O papel do adulto nessas interações criança/criança é estimulá-las e recuar quando necessário. Cuidadores sensíveis sabem quando intervir. Ter noção do momento é essencial. A cada precipitação um aprendizado valioso pode ser perdido. Mas se você se atrasa... as crianças podem até mesmo machucar umas às outras! Por isso, ter uma boa noção do momento e realizar uma **intervenção seletiva** são habilidades importantes a serem adquiridas pelos cuidadores para que possam facilitar a brincadeira "social" de bebês e crianças. Mas o que queremos dizer com intervenção seletiva? Intervenção implica interferir ou interromper, e é seletiva quando limitada àqueles momentos em que seu efeito será positivo. A intervenção seletiva deve ser usada para proteger (como, por exemplo, em uma situação de risco) ou para auxiliar no aprendizado, quando necessário. Descobrir quando é necessário intervir e como intervir de maneira sensível é uma habilidade importante para adultos poderem facilitar a brincadeira. Mas se lembre de que estimular as crianças a resolver seus problemas sozinhas é parte importante da educação, então recuar e não intervir é outra habilidade igualmente importante a ser treinada. Os adultos devem estar disponíveis enquanto bebês e crianças brincam, proporcionando a eles um tempo de qualidade querer-nada. Eles devem evitar interromper uma criança que esteja realmente absorvida por uma brincadeira. Essa capacidade de absorção da criança é uma qualidade a ser valorizada.

Os adultos podem participar da brincadeira, mas em um clima relaxado, abertos ao que acontecer, sem estabelecer metas ou tentar induzir resultados específicos. Caso contrário, a brincadeira deixa de ser brincadeira e vira uma "atividade" comandada por um adulto. Você verá exemplos, ao longo do livro, de adultos em um clima de querer-nada, ao lado de crianças.

Cuide para não se tornar um instrumento de distração da criança. Algumas crianças ficam viciadas em brincar com alguns adultos e se tornam incapazes de brincar com outras crianças ou sozinhas quando o adulto recua. Em alguns programas, como o do Instituto Pikler, os cuidadores são treinados para deixar que as crianças brinquem sem interrupção. Eles não brincam com elas. Como resultado, a qualidade das brincadeiras lá é excepcional.

OBSERVAÇÃO EM VÍDEO 4

Crianças brincando lá fora

Assista a "Observação em vídeo 4: crianças brincando lá fora" para uma ilustração de crianças brincando de faz de conta.

Questões

- Como você pode explicar essa cena para alguém que diz "Eles não estão fazendo nada importante – só estão bagunçando"?
- De que forma a brincadeira dessas crianças se parece ou se diferencia da brincadeira dos dois garotos na cena de abertura do capítulo?
- O que faz dessa cena "currículo"? O que as crianças estão adquirindo com isso? Considere os domínios de desenvolvimento da mente, do corpo e dos sentimentos.

Para assistir a esse vídeo, entre em www.grupoa.com.br, acesse a página do livro por meio do campo de busca e clique em Conteúdo Online.

As crianças não precisam ser distraídas por adultos e necessitam de pouca intervenção. Esse é o resultado da ênfase colocada na interação e na cooperação entre adulto e criança durante os momentos em que elas são cuidadas, de modo que as crianças desenvolvem uma relação próxima e de confiança, ao mesmo tempo em que se sentem seguras o bastante para explorar e brincar, tanto sozinhas quanto umas com as outras (MOONEY, 2010; GONZALEZ-MENA, 2004).

Auxiliando na resolução de problemas

Adultos auxiliam na resolução de problemas. O cuidador deve ter sensibilidade para reconhecer o valor intelectual de muitos problemas que surgem durante a brincadeira livre. Maria não consegue acertar a argola na vareta; o bloco de Blake está sempre caindo da mão dele; Jamal não consegue pegar o brinquedo que está supostamente ao seu alcance. As frustrações desses tipos de problema parecem interromper a brincadeira livre, e somos tentados a simplesmente resolver o problema pela criança. Mas fazer isso priva a criança de uma experiência de aprendizado potencialmente valiosa.

Os adultos atuam como "andaimes" ao auxiliar as crianças na resolução de seus problemas. É preciso habilidade para saber quando ajudar. Com frequência, os adultos exageram e interferem na habilidade da própria criança em resolver o problema. Eles privam a criança de descobrir sua própria abordagem. A chave de atuar como um andaime eficaz é saber o ponto em que a criança está quase

Padrão do programa
NAEYC 3
Ensino

desistindo. Uma pequena ajuda no momento certo incentivará a criança a continuar tentando resolver o problema. Se tal ajuda vier muito cedo ou muito tarde a criança perde o interesse. Não é o caso de os cuidadores "motivarem" as crianças. Essa pequena ajuda é o tipo de apoio que auxilia as crianças a insistirem tempo suficiente para finalmente terem algum tipo de satisfação. A satisfação é uma recompensa duradoura e a criança lembrará disso da próxima vez que um problema surgir. A Figura 4.3 trata brevemente de oito papéis que os adultos desempenham durante as brincadeiras de bebês e crianças pequenas. Gerber (1995) deu alguns conselhos sobre atuar como andaime:

Permita que as crianças aprendam sozinhas, sem interferência. Se você esperar, descobrirá que muitas coisas se resolvem por si mesmas; que mesmo que você tenha pensado em ajudar, a criança não precisava realmente da sua ajuda. Amamos as crianças – e por isso somos muito ansiosos, então pensamos "Oh, pobre bebê, ele quer pegar o brinquedo, mas não consegue..." e então puxamos o brinquedo para mais perto da criança. Mas a mensagem que passamos ao fazer isso é "Você precisa de nós. Somos todo-poderosos e você é uma pobre criatura indefesa." E essa não é a mensagem que eu quero passar. Eu espero até que a criança demonstre de alguma forma: "Não consigo mais lidar com isso".

Padrões do programa NAEYC 4
Avaliação

Observar

Em um programa de assistência infantil, os adultos que dão ênfase à brincadeira livre às vezes podem parecer que não estão fazendo nada. Algumas pessoas pensam que adultos em uma modalidade de tempo de não querer-nada – disponíveis, mas sem comandar – parecem passivos demais. Eles podem parecer passivos, porém estão ocupados: observando. A observação é uma função-chave se o cuidador deseja entender o que está acontecendo e descobrir como incentivar o aprendizado. Uma habilidade de observação aguçada é algo vital para todos os cuidadores. Sentar tranquilamente, focar a atenção e apenas entender o que acontece é um processo natural para alguns adultos, mas para aqueles que não nasceram com o dom é necessário treinar a habilidade. Quando um adulto desempenha um papel de observador, o ritmo da criança tende a diminuir, porque a energia do adulto influencia o que acontece ao redor. Um ritmo mais lento ajuda bebês e crianças a focarem a atenção. *Lembre-se do Princípio número 7: Seja o modelo do comportamento que quer ensinar.* Ao observar, você está dando exemplo de um jeito de ser, o qual beneficia as crianças de várias formas.

Leia o seguinte exemplo, que mostra adultos facilitando a brincadeira livre, e decida você mesmo se os adultos estão sendo muito passivos.

A área de brincar é configurada especialmente para crianças mais velhas, que estão ocupadas explorando o que foi posto diante delas. Dois adultos estão sentados no chão, em extremidades opostas da área de brincar. Em uma das extremidades da sala, quatro crianças estão carregando grandes blocos de plástico. Uma

1. Estimular interações e recuar
2. Praticar a intervenção seletiva
3. Disponibilizar tempo, espaço, materiais
4. Ficar disponível, mas sem interromper
5. Proporcionar segurança
6. Ajudar na resolução de problemas
7. Atuar como andaime
8. Observar

Figura 4.3 Papéis dos adultos nas brincadeiras de bebês e crianças.

delas parece ter algo em mente enquanto faz isso; outra está só carregando um bloco, aparentemente sem ligar para onde vai. A terceira criança criou uma redoma de quatro blocos e está sentada no meio deles. A quarta e última criança está andando em torno dos blocos que restaram em cima do tapete. A primeira criança larga um bloco no chão e se junta à outra que está andando agora em cima dos blocos. A criança que estava vagando aparentemente sem propósito se aproxima e toma o bloco da mão da criança que acabou de sentar, e a briga começa. A professora, que estava observando de longe, senta perto das duas crianças, pronta para intervir, quando uma das crianças desiste e se retira, e a outra abandona o bloco pelo qual estava brigando, de forma que a professora então volta para onde estava. Na outra extremidade da sala, um grupo de crianças está brincando ao redor de uma mesa com louça de plástico. Uma criança leva uma "taça de café" da mesa para um adulto que está no chão. Ele finge que bebe. A criança pega a taça vazia e vai até a pia lavá-la, enquanto outra criança, que acabou de dar banho em uma boneca, pega a taça vazia da primeira criança e dá ao seu "bebê" para que ele beba.

Contraste essa cena com a próxima:

Um grupo de crianças pequenas está sentado em um tapete com um adulto comandando um "momento de roda". A mulher está cantando uma música que é acompanhada de gestos com as mãos. Algumas das crianças estão tentando acompanhar os movimentos dela com os dedos, enquanto outras estão apenas sentadas observando. Nenhuma delas está cantando. A mulher termina uma canção e começa outra. As crianças começam a se agitar, mas a maioria está assistindo e escutando. Uma das crianças levanta e se retira, e uma segunda a segue. Outro adulto vai atrás dos dois fugitivos e os leva de volta para o grupo dizendo "O momento de roda ainda não acabou". No final da terceira música, apenas uma criança não está agitada e tentando escapar. O adulto que, supostamente, deve resgatar as crianças fugitivas de volta para o círculo está tendo problemas em mantê-las reunidas. O outro adulto pega um flanelógrafo e começa a contar uma história. Ela brevemente consegue capturar a atenção do grupo inteiro, mas então uma criança avança e tenta pegar o flanelógrafo. As outras não conseguem mais enxergar, ficam novamente agitadas e começam "lutinhas" umas com as outras. No final da cena os dois adultos estão buscando cadeiras e tentando fixar as crianças, uma por uma, nelas. Fica claro que elas *vão* aprender a sentar quietas durante o momento de roda.

Os adultos da segunda cena estão *fazendo algo*. Fica mais claro o que eles estão fazendo nessa cena do que na primeira. Eles estão atuando como professores. Estão desempenhando o papel que a maioria das pessoas espera que eles desempenhem.

Qual cena chamou mais sua atenção? Qual você prefere?

Você percebeu que em ambas as cenas as crianças estão fazendo escolhas, como é apropriado que se faça em clima de brincadeira, mas que na segunda cena as escolhas não eram parte do plano? Você percebe o quão pesada é a responsabilidade tributada aos adultos encarregados pelas crianças?

Adultos que não são introduzidos aos princípios e práticas infantis podem entender um programa que envolve crianças em "atividades de aprendizado" direcionadas por adultos, mas podem ser críticos em relação a um programa no qual o adulto apenas senta no chão e reage. Os pais podem preferir cuidadores que *ensinam*, pois eles aparentam ter tudo que acontece sob controle. Pode ser que eles não entendam o papel de facilitar o aprendizado por meio da brincadeira livre e autodirecionada. Além disso, os próprios cuidadores talvez se sintam como babás quando estão em um clima de querer-nada durante os momentos de brincadeira livre. Eles podem resistir em desempenhar esse papel. Todos os fatores mencionados atrapalham um currículo no qual a brincadeira livre é o principal ingrediente. Os cuidadores precisam encontrar maneiras de articular o que estão fazendo, de modo que possam combater a pressão, que vem de todos os lados, para que *ensinem* bebês e crianças, em vez de simplesmente deixá-los brincar livremente. Mais importante do que ensinar é estruturar o ambiente de modo que ele seja convidativo à brincadeira e reagir à criança quando for apropriado.

Fatores ambientais que influenciam a brincadeira

Padrão do programa NAEYC 9
Ambiente físico

Você não pode simplesmente enfiar bebês e crianças em uma sala e esperar que coisas extraordinárias aconteçam. É preciso atentar com muita consideração para o tamanho do espaço e como ele se adapta ao tamanho do grupo e à idade das crianças. Além disso, o adulto precisa pensar no que pôr dentro da sala e o quanto o material é adequado para bebês e crianças. É preciso considerar estruturas próprias do espaço, bem como os móveis, equipamentos, materiais. O que se espera que aconteça no espaço é um fator determinante em relação a como ele será configurado e do que ele precisa. O quanto as escolhas serão estimuladas é uma consideração importante também. O nível do poder de escolha dado às crianças dependerá da filosofia do programa e da idade das crianças. A cultura também pode influenciar.

Tamanho do grupo e faixa etária

O tamanho do grupo é um importante fator ambiental. Grupos maiores tendem à superestimulação, e as crianças mais tranquilas tendem a ser ignoradas. É muito mais difícil para as crianças conseguirem se deixar absorver pela brincadeira em um grupo grande do que em um pequeno, mesmo quando a proporção adulto/criança é equilibrada.

Os princípios em ação

Princípio 2 Invista no tempo de qualidade, aquele em que você fica totalmente disponível para um bebê ou criança específica. Não se contente em participar de um grupo de supervisão que não foca (mais do que brevemente) crianças específicas.

Mike vem trabalhando como cuidador em um pequeno centro direcionado a bebês e crianças já há algum tempo. Fiona é a nova cuidadora do local. Hoje os dois cuidadores estão trabalhando juntos com um grupo de seis crianças. Exceto por um que está dormindo, os outros bebês estão todos em cima de um tapete macio cercados por prateleiras cheias de brinquedos; de quando em quando eles "verificam a base" – Mike e Fiona. Um dos bebês, que ainda não engatinha, está aconchegado perto de Mike com muitos brinquedos ao seu alcance. Os outros estão engatinhando entre as prateleiras de brinquedo e checando a base, que são os cuidadores Mike e Fiona. Fiona se levanta e vai até a cozinha, começa a limpar uma gaveta e, depois, vai até a lavanderia dobrar alguns lençóis. Mike, nesse meio tempo, abre os braços para um garoto que engatinha em sua direção trazendo um livro. Ele pega o livro e lê para o menino e para outra menina que também chegou engatinhando. O bebê que está no chão se estica para tentar pegar o livro, e Mike alcança para ele um livro de plástico, que o bebê prontamente põe na boca. Mike repara que Fiona continua na lavanderia. "O que você está fazendo, Fiona?", "Bem", ela diz, "Vi que você está se virando com as crianças, então achei que deveria parecer ocupada, no caso de o diretor aparecer. Ele não iria gostar de nos ver ambos sentados só brincando com as crianças!". Mike então percebe que Fiona ainda tem muito que aprender sobre como esse novo programa funciona e também sobre o valor do tempo de qualidade do tipo querer-nada. O diretor sabe que o que Mike está fazendo é uma parte importante do currículo desse centro. Ele espera que Fiona faça o mesmo.

1. Você concorda com o que Mike está pensando e fazendo?
2. Todos os diretores agiriam como o diretor de Mike e Fiona?
3. E se Fiona for o tipo de pessoa que não consegue simplesmente sentar quieta e reagir às crianças, e se ela gosta de se manter ocupada o tempo todo?
4. Se o pai ou a mãe de alguma das crianças entrar na sala e reclamar que elas não estão aprendendo nada, como você explicaria o que Mike está fazendo?

A mistura de idades é outro fator ambiental. A preferência dos adultos por grupos de idades misturadas varia. Alguns programas funcionam bem com uma grande variedade de idades; outros funcionam tão bem quanto apenas quando a maioria das crianças tem mais ou menos a mesma idade.

Se você é adepto da mistura de idades, certifique-se de que os mais novos estarão protegidos. No caso de bebês misturados com crianças pequenas, você deve proteger aqueles que ainda não se movimentam dos que já conseguem se mover sozinhos. Um jeito de fazer isso é separando parte da sala com uma cerca, e reservando-a apenas para as crianças que ainda não se movem. Não deixe essas crianças apenas largadas em carrinhos e berços. Elas precisam ficar livres no chão para se esticar e se mover, assim como precisam das interações que surgem entre crianças e adultos enquanto repartem um espaço no chão.

Algumas vezes a mistura é de crianças pequenas com crianças em idade pré-escolar. Nesse caso, as crianças menores precisam estar protegidas dos equipamentos que elas não têm idade para usar, assim como das brigas que não terão capacidade para vencer. Você não pode simplesmente recuar e deixar que as crianças resolvam seus problemas sozinhas se uma tem dois anos e, a outra, quase cinco. A de dois anos provavelmente precisará de ajuda até mesmo para se manter em pé.

Configurando o ambiente para favorecer a brincadeira

Os cuidadores não estão oferecendo estrutura ao direcionar a brincadeira, mas sim ao estruturar o ambiente. Você pode abolir uma série de regras simplesmente estruturando o ambiente, de modo que uma grande quantidade de comportamentos indesejáveis seja descartada. Por exemplo, se as crianças não podem brincar na cozinha, coloque um portão para impedir o acesso. Para um resumo do que envolve configurar um ambiente bom para brincar veja a Figura 4.4.

Certifique-se de que a criança pode tocar em tudo que compõe o ambiente, e até mesmo de que esses objetos sejam **adequados para pôr na boca**. Um objeto adequado para pôr na boca significa, obviamente, que o objeto é limpo e seguro para a criança levar aos lábios. Você pode esperar que crianças mais velhas não coloquem coisas na boca, mas bebês e crianças pequenas aprendem muito fazendo isso. Higienize os brinquedos periodicamente em vez de restringir as inclinações naturais das crianças.

Ofereça oportunidades para as crianças desenvolverem a **habilidade motora ampla** tanto em áreas fechadas quanto em áreas abertas. A atividade motora ampla é aquela que usa os músculos mais desenvolvidos dos braços, das pernas e do tronco; ou seja: escalar, rolar, deslizar e correr. Crianças pequenas correm, escalam, rolam e pulam o tempo todo – não apenas quando são convidadas. Você deve pensar em uma área de brincar para crianças pequenas mais como uma sala de ginástica do que como uma sala de aula e deve configurá-la para brincadeiras ativas.

Ofereça muita suavidade e maciez nos materiais, tanto durante as brincadeiras ativas quanto nos momentos de tranquilidade. Travesseiros, almofadas, colchões e blocos de borracha estofados com espuma espalhados no chão convidam as crianças a deitar, rolar e se espalhar, assim como a abraçar e se aconchegar com livros e a animais de brinquedo.

> **Reflita**
> Quando você era criança, qual era seu lugar preferido? Como você pode usar sua própria experiência para configurar um ambiente aprazível à brincadeira para bebês e crianças?

Disponibilize também superfícies mais duras. Um piso sintético oferece um contraste com o carpete e é interessante tanto para os que engatinham quanto para os que estão começando a andar. Superfícies mais duras também facilitam

> **Padrão do programa NAEYC 9**
> Ambiente físico

a limpeza durante atividades como brincar de cozinhar ou mexer na água. (Um tapete de banho grosso embaixo de uma bacia oferece às crianças pequenas a oportunidade de brincar na água sem fazer tanta bagunça.)

Ofereça brinquedos que possam ser usados de muitas maneiras em vez daqueles direcionados a um único uso. Brinquedos

1. A área de brincar deve ficar separada da área de cuidados e assistência.
2. Certifique-se de que as crianças podem tocar em tudo que está na área de brincar.
3. Elabore um ambiente favorável tanto à atividade motora ampla quanto à atividade motora fina.
4. Disponibilize tanto materiais suaves quanto duros, bem como superfícies adequadas para as crianças brincarem com esses materiais.
5. Deixe que as crianças descubram sozinhas novos (e singulares) meios de brincar com os materiais.
6. Disponibilize o número adequado de brinquedos.
7. Ofereça o número adequado de possibilidades de escolha.

Figura 4.4 Configurando o ambiente para favorecer a brincadeira.

que possam ser lançados ao ar, empilhados, combinados para formar uma estrutura ou que se possa sentar em cima. Com grandes blocos estofados, por exemplo, pode-se fazer muito mais do que com brinquedos que voam ou correm por meio de uma bateria e que colocam a criança no papel de espectadora.

Deixe que as crianças combinem brinquedos e materiais o máximo que puderem. Se quiserem jogar animais de brinquedo contra uma grande estrutura de blocos que construíram, derrubando-a, deixe que façam isso. Se quiserem levar os pratinhos e as panelas para longe do fogãozinho de brinquedo e colocar massinha de modelar dentro, deixe que façam isso também.

É claro que nem tudo pode ser combinado. Brincar de massinha de modelar e mexer com a água ao mesmo tempo faz uma bagunça que ninguém quer ter de limpar e, além do mais, destroça a massinha de modelar. Se você não quiser que duas brincadeiras se combinem, crie um claro **limite ambiental**. Um limite ambiental é uma barreira física que mantém a criança ou o material fora ou dentro de determinado espaço e, com frequência, é acompanhado de um limite verbal. Cercas impedindo acesso às escadas são um exemplo de limite ambiental. Outro exemplo é deixar a massinha de modelar guardada no armário se as crianças estiverem brincando com água em um ambiente interno. Na falta de um limite ambiental, ou em adição a ele, os limites verbais se tornam importantes. "Só se brinca com água aqui perto da bacia" é um exemplo de limite verbal claro.

Determine a quantidade adequada de brinquedos para disponibilizar. Não ofereça mais do que você é capaz de juntar. Cuidado com a **superestimulação** ou com o excesso de *input* sensorial. Crianças pequenas muito excitadas, que têm muitas opções à disposição, estão mais propícias a tornarem os outros e a si mesmas infelizes do que aqueles que contam apenas com a quantidade de opções com as quais podem lidar. No entanto, crianças pequenas entediadas em quartos praticamente vazios têm mais problemas de comportamento do que aquelas em quartos cheios demais de brinquedos e pessoas. Atente para uma quantidade ideal de coisas a fazer. Você pode calcular o número adequado de coisas a fazer pelo comportamento das crianças. O número ideal varia com o dia, o grupo, e mesmo com a época do ano.

Acontecimentos

Evitamos o termo atividades quando o foco é brincar porque queremos nos distanciar do modelo de educação pré-escolar para bebês e crianças pequenas. Por isso usamos o termo **acontecimentos**, o que amplifica a ideia de que bebês e crianças pequenas aprendem com as coisas nas quais se envolvem. O uso do termo acontecimentos tem por objetivo abranger do evento mais simples até as experiências mais complexas e prolongadas. Tomamos o termo emprestado de James Hymes, um pioneiro em educação e assistência na primeira infância e um líder antigo em nossa área. Ao longo dos anos fomos solicitados a incluir neste livro ideias para atividades, e resistimos. Em vez disso, apresentamos várias historinhas ilustrativas ao longo do livro. Não apontamos que se tratam de acontecimentos, deixamos que os leitores cheguem a tal conclusão por si mesmos. Existe muita intenção envolvida no planejamento do ambiente para as brincadeiras de bebês e crianças. A intenção é uma parte importante das *práticas apropriadas ao desenvolvimento* da NAEYC, um dos pilares deste livro.

Os acontecimentos situam o foco na experiência da criança e, mesmo que sejam muito simples, podem ser profundamente satisfatórios. Mais uma vez, repetimos que só porque usamos a palavra acontecimentos, isso não significa que eles aconteçam por acaso. Algumas coisas realmente ocorrem por obra do destino, mas quando elas aparecem, é tarefa do adulto tirar vantagem delas. Depois de uma grande ventania, um acontecimento pode ser o recolhimento de folhas caídas no pátio.

Outros acontecimentos podem ser planejados quando os conduzimos no ambiente de propósito. Um dos favoritos de um centro é a colagem permanente. Um pedaço grande de papel contact grudado na parede (com o lado adesivo para fora) convida as crianças a colarem nele uma variedade de coisas. O rearranjo contínuo dos elementos dessa colagem mostra o quanto o processo é mais importante do que o resultado nessa idade. Com frequência, pensamos que os bebês e crianças conseguem ficar pouco tempo prestando atenção em algo, mas a natureza desse acontecimento e a habilidade dos cuidadores em apoiar e estimular as crianças demonstram o contrário. Quando o interesse de crianças mais velhas por um determinado tema ou assunto dura bastante tempo é comum dizer que estão envolvidas em um "projeto". A colagem de adesivos não é bem um projeto. Gostamos de pensar nela como um acontecimento estendido.

Alguns acontecimentos dos quais as crianças pequenas gostam muito são versões modificadas de atividades da pré-escola. A pintura em tela, por exemplo, pode assumir uma versão feita com água da torneira em quadros de giz ou com sabão (colorido com corantes de alimentos) em telas de acrílico. A pintura com esponjas pode assumir uma versão de apertar esponjas com água colorida em cima de bandejas com um pouco de água dentro.

Um cuidador inteligente, tendo conhecimento do quanto bebês e crianças pequenas gostam de retirar tecidos de dentro de caixas, criou um brinquedo que consiste em uma caixa cheia de lenços atados uns nos outros. Outro tipo de acontecimento de que as crianças bem jovens gostam muito é aquele que envolve amassar lenços de papel (use lenços brancos, pois no caso de as crianças molharem os lenços a sujeira será menor).

Tarefas simples de preparação de alimentos (como esmagar bananas e descascar ovos cozidos) podem ser muito divertidas para crianças pequenas. Até mesmo quebrar o macarrão cru pode ser muito envolvente e satisfatório para crianças pequenas.

Liberdade de escolha

O ambiente deve ser configurado de modo que ofereça liberdade de escolha. A liberdade de escolha é um ingrediente importantíssimo da brincadeira. A seguir você verá o exemplo de uma sala de brincar configurada para estimular a brincadeira livre, com muitas escolhas a disposição.

> Uma das extremidades da sala está cercada. Nela estão três bebês deitados de barriga para cima, balançando os braços e olhando ao redor. Há um adulto sentado ao lado deles, dispondo lenços coloridos e brilhantes ao alcance de todos. Há também uma grande bola de praia disponível. Um dos bebês pega a bola, balança-a no ar e a deixa ir para longe. Ela para perto de outro bebê, que olha para ela rapidamente e depois se vira para olhar o lenço vermelho que está perto do seu rosto.
>
> Depois da pequena área cercada há um lugar mais amplo onde estão brincando nove crianças pequenas. Duas estão muito ocupa-

das engatinhando para dentro e para fora dos vãos dos degraus de uma escada que está largada no chão. Uma sai dali e se senta dentro de uma cesta de roupas vazia que está por perto. Depois ela sai de dentro, vira a cesta e fica embaixo dela. Então levanta um pouco a cesta e espia as crianças que estão experimentando chapéus de uma coleção que encontraram em uma caixa perto da prateleira de brinquedos. Uma dessas crianças coloca três chapéus de uma vez na cabeça, depois pega dois deles na mão, vai até a cerca e os atira para o outro lado, um de cada vez, na área onde estão os bebês. Ele vibra com a reação que conseguiu despertar nos bebês. Nesse meio tempo, a outra criança brincando com os chapéus os colocou em um carrinho de bebê e está andando com ele pela sala. Ele para perto de uma mesinha baixa onde estão várias crianças apertando saquinhos plásticos com variadas substâncias dentro. Então olha para uma cuidadora que está sentada ali quando ela diz para uma das crianças apertando saquinhos "Você realmente gostou do maciozinho, né?". Ele toca rapidamente em um dos saquinhos. Achando-o muito interessante, abandona os chapéus e o carrinho e vai explorar os outros saquinhos.

Em outra área da sala, uma garotinha está arrastando grandes blocos de espuma forrados com plástico de um canto para o outro, e empilhando-os no sofá, perto da parede. Então ela sobe no sofá e começa a jogar as almofadas para fora. Depois desce, dá uma volta e pula em cima da pilha que fez.

Em outra parte do lugar, uma criança está sentada com um adulto em um amplo colchão (que é na verdade feito por dois lençóis costurados juntos formando um saco cheio de restos de espuma). Os dois estão "lendo" um livro. Uma das crianças apertando os saquinhos se junta a eles, joga o saquinho no colo do adulto e leva o livro embora. Outra criança que está sentada no colchão cheia de livros em volta rapidamente substitui o livro que foi levado embora pela outra.

Nessa cena, as crianças tinham várias opções. A liberdade de escolha é um importante ingrediente da brincadeira, assim como um pré-requisito essencial ao aprendizado.

O problema da combinação

J. McVicker Hunt tratou da relação do aprendizado com a escolha em termos que ele chamava de "problema da combinação". Ele disse que o aprendizado ocorre quando o ambiente oferece à criança experiências familiares o bastante para que elas possam entendê-las com a habilidade mental que já adquiriram, mas que também sejam novas o bastante para oferecer desafios interessantes (HUNT, 1961, p. 267).

O aprendizado ocorre quando existe uma incongruência ideal entre o que já se conhece e o que é novo em determinada situação. Se a situação for nova e diferente em excesso, as crianças recuam, ficam com medo, a ignoram ou reagem de outra maneira que não gera aprendizado. Se a brincadeira não for nova o bastante, as crianças simplesmente a ignoram. Elas não prestarão atenção em algo que já se tornou tão parte da rotina delas que nem mais é registrado.

McVicker Hunt tem por referência a teoria de Jean Piaget sobre assimilação e acomodação. O pensamento se desenvolve por meio da adaptação, à medida que as crianças buscam sentido no ambiente modificando-o em função de suas necessidades pessoais, e também à medida que modificam sua própria forma de pensar em relação a algo que é novidade no ambiente. Piaget via a adaptação como um processo de duas partes – ele chamava uma parte de assimilação e a outra de acomodação. Assimilação significa que novos elementos da experiência são incorporados às estruturas já existentes de pensamento, o que cria uma tensão caso eles não se encaixem. É aí que entra a acomodação – novos padrões mentais são criados ou antigos são transformados a fim de incluir mais informação e adaptá-la (VAN HOORN et al., 2007). Essa é outra forma de explicar o problema da combinação de McVicker Hunt.

A questão é: como você pode configurar um ambiente de forma que ele tenha elementos de incongruência ideal? Como alguém pode saber exatamente o que é uma combinação para cada criança sob seus cuidados? A primeira resposta é: adquirindo conhecimento sobre idades e estágios (veja o quadro ambiental no Apêndice B). As informações sobre o ambiente na Parte 2 devem ajudar também.

A outra resposta é: pela *observação*. Quando você observa as crianças você adquire uma boa noção de que tipo de coisas você deve colocar em um ambiente com foco em um grupo específico. Disponibilizando certo número de opções de objetos e brinquedos adequados e deixando que as crianças brinquem livremente com eles, você dá a elas a oportunidade de adentrar em novas situações e fazer novos usos de vários materiais. Ninguém é mais criativo do que bebês e crianças pequenas quando se fala de usos inventivos de materiais e objetos. Eles têm necessidade de aprender e desejo de entender. Os cuidadores podem fomentar essa necessidade deixando-os determinar o uso que fazem do próprio ambiente (dentro dos limites da razão, é claro). Ao direcionar as crianças, tanto por meio de elogios quanto por meio da pressão, nós as distraímos de seus prazeres internos, mencionados por Abraham Maslow, no Capítulo 2. As crianças adquirem esses prazeres internos lidando com problemas que combinam com seu estágio de aprendizado.

Em um ambiente interessante e desafiador, cedo ou tarde as crianças estão fadadas a encontrar um problema que desejarão resolver porém não serão capazes. Elas ficam "empacadas". Se elas não conseguem pensar no próximo passo, o adulto pode intervir oferecendo um pouco de ajuda. Algumas vezes os adultos têm dificuldade em esperar que as crianças resolvam os problemas sozinhas, já que eles tão facilmente podem resolvê-los por elas. No entanto, quando conseguem esperar, eles oferecem às crianças as melhores oportunidades de aprendizado. Não salve as crianças dos problemas, ajude-as a resolvê-los!

E não pressione as crianças. Essa é outra forma de "empacá-las". Algumas vezes, as crianças empacam porque estão saturadas de alguma coisa, porque já tiveram o bastante de determinada atividade. São os adultos que decidem quando a criança está chateada, e eles querem fazer algo a respeito disso – e rápido! Muitos adultos têm medo de que as crianças se entediem da mesma forma que eles mesmos temem ficar entediados. Tal medo talvez tenha a ver com uma superestimulação durante a infância e com pressões relacionadas ao estudo mesmo antes do jardim de infância. Contudo, o tédio é educativo e pode ser considerado parte do currículo ou do plano de aprendizado de qualquer programa. Como diz Maslow:

> *O único princípio holístico que une toda a multiplicidade dos motivos humanos é a tendência de uma necessidade nova e mais gritante surgir ao mesmo tempo em que aquela necessidade menos gritante supre a si mesma ao ser suficientemente satisfeita. A criança que tem sorte o bastante para crescer de forma normal e saudável fica saciada e entediada com os prazeres que agradam suficientemente, e com ansiedade (mas sem pressão) ela se aventura em prazeres mais complexos e superiores, à medida que esses prazeres são disponibilizados a ela sem perigos ou ameaças... A criança não precisa ser "empurrada escada acima" e forçada a amadurecer, como está muitas vezes implicado nisso. A criança escolhe crescer em busca de novos e maiores prazeres e escolhe ficar entediada com os antigos. (MASLOW, 1968, p. 55-56)*

As crianças não conseguem pressionar a si mesmas para dar continuidade a algo até que tenham feito exaustivamente, e com profundidade o bastante, aquilo que sentem que precisam fazer. Até chegarem ao estágio do tédio, elas ainda seguem motivadas por problemas sem fim e não conseguem ir adiante. E o tédio, quando finalmente chegam nele, oferece a pressão necessária para seguir adiante – mas a pressão vem de dentro, não de fora. Então as crianças conseguem deixar para trás a velha fase, as velhas necessidades, e passam a lidar com as novas, dando a elas completa atenção. Quando a pressão para seguir adiante vem de fora – dos adultos ou do ambiente – as crianças dificilmente conseguem satisfazer a si mesmas. Pode ser que elas passem para um próximo estágio, tarefa ou atividade, mas ainda com sentimentos em relação ao anterior, talvez incapazes de dar atenção total aos novos desafios.

Magda Gerber costumava dizer "Com o tempo, não no tempo", significando que cada criança tem o seu tempo e que os adultos devem respeitar essa individualidade. Emmi Pikler também era bastante convicta de que não se deve pressionar as crianças para que atinjam metas dentro de determinados estágios. Ambas estimulavam bebês e crianças a realizarem com dedicação e profundidade seja o que for que estivessem fazendo, em vez de apressá-los para se desenvolverem. Essa é uma forma diferente de encarar o desenvolvimento, que não necessariamente reflete a prática comum nos Estados Unidos hoje; contudo, uma das autoras tem visto os resultados da filosofia de Gerber e da abordagem de Pikler com os próprios olhos, e eles são impressionantes!

Prática apropriada

Visão geral do desenvolvimento

De acordo com a National Association for the Education of Young Children, bebês e crianças pequenas amam desafios e se interessam por absolutamente tudo. Quando ficam livres para explorar, porque adultos calorosos as estimulam e têm prazer com seus interesses e habilidades, elas crescem, desenvolvem-se e aprendem. Crianças muito jovens brincam quando se sentem seguras em uma relação. Elas brincam com pessoas e objetos, usando todos os seus sentidos. Elas gostam de praticar novas habilidades explorando objetos e pessoas agarrando-os, puxando, chutando, empurrando, etc. Um contexto reativo e estimulante, que proporciona às crianças bastante tempo para experimentar por completo coisas e pessoas, supre as crianças com as alegrias simples que advêm das relações. Crianças que estão começando a se mover desenvolvem suas habilidades por meio da exploração do espaço, assim como dos objetos e pessoas. Elas desenvolvem seus músculos por meio de tais explorações. Elas também se desenvolvem cognitivamente à medida que experimentam e aprendem sobre aquilo que está ao redor delas. Um bom senso de segurança permite que bebês e crianças usem adequadamente suas capacidades para continuamente realizar descobertas e aprender por meio da brincadeira.

Práticas apropriadas ao desenvolvimento

As seguintes práticas transformam as brincadeiras em currículo:

- Interações lúdicas com bebês são realizadas de maneiras que levem em conta os interesses da criança e o nível de tolerância a movimentos físicos, sons altos e outras alterações.
- Adultos demonstram seu respeito pelas brincadeiras dos bebês observando a atividade deles, comentando sobre isso verbalmente e proporcionando um ambiente seguro. O adulto que apoia tranquilamente estimula o envolvimento ativo da criança.
- Adultos frequentemente observam os bebês brincando. Jogos apropriados, como, por exemplo, o de esconde-esconde, são jogados com bebês interessados, com o adulto sendo cuidadoso para não se intrometer na maneira como as crianças desejam jogar.
- Adultos se envolvem numa brincadeira recíproca com crianças pequenas, dando exemplo para elas de como se brinca com a imaginação – por exemplo, brincando de "hora do chá". Os cuidadores também auxiliam a brincadeira das crianças para que se mantenham interessadas em um objeto ou atividade por longos períodos de tempo, de modo que a brincadeira se torne mais complexa, transformando-se de simples consciência e exploração de objetos em brincadeiras mais complicadas, como as que envolvem interpretar.
- Crianças têm oportunidades diárias de realizar atividades exploratórias, como brincar na água e na areia, pintar e brincar com massinhas de modelar ou argila.

Fonte: Copple e Bredekamp (2009).

Práticas individualmente apropriadas

Bebês mais velhos e crianças pequenas que ainda não se movimentam sozinhas precisam de uma abordagem diferente (com maior uso das mãos) do que aquela mais típica usada por cuidadores que lidam mais com bebês e crianças que já se movimentam. Os cuidadores podem tirar vantagem das habilidades exploratórias que essas crianças já têm para ajudá-las a se movimentar pelo espaço e descobrir meios de se moverem sozinhas, além de fazer adaptações no ambiente que facilitem a participação delas em outras brincadeiras.

Práticas culturalmente apropriadas

Algumas famílias podem não valorizar a brincadeira da forma como outras valorizam. Algumas podem não contar com um ambiente em casa que proporcione às crianças a chance de brincar e explorar com segurança. Outras famílias podem não ter uma tradição de incentivar a brincadeira livre. É importante que os cuidadores honrem as diferenças e procurem entendê-las.

Práticas apropriadas em ação

Veja de novo os *Princípios em Ação*, da página 80.

- Você consegue perceber a conexão entre o tempo de qualidade, no princípio 2, que Mike está dando às crianças, enquanto cuida delas, e os pontos ressaltados na seção "Práticas Apropriadas ao Desenvolvimento", neste quadro de *Práticas Apropriadas*?
- Considere as práticas culturalmente apropriadas. O que Mike ou Fiona devem fazer se as famílias envolvidas no programa não contarem com um ambiente seguro para as crianças brincarem em casa e/ou não tiverem uma tradição cultural de incentivo à brincadeira livre para crianças?

RESUMO

Brincadeira e exploração são partes fundamentais do currículo, além de serem importantes formas por meio das quais bebês e crianças se desenvolvem e aprendem. Para bebês e crianças pequenas, as brincadeiras envolvem movimentos que são muito facilitados quando elas têm a liberdade de se mover o quanto puderem, em vez de serem restringidas. Dar a crianças pequenas e bebês liberdade de escolha em um ambiente diversificado, apropriado e interessante é o que mais facilita o seu aprendizado.

Papéis assumidos pelos adultos nas brincadeiras

- Configurar ambientes convidativos à brincadeira e torná-los seguros deve ser a primeira consideração para que as crianças possam ter liberdade de explorar e fazer novas descobertas.
- Estimular interações e depois recuar, de modo que bebês e crianças não sejam interrompidos.
- Ajudar bebês e crianças na resolução de seus problemas de modo que elas se vejam capazes de resolvê-los sozinhas.
- Observar, de forma a entender cada criança e cada brincadeira, para assim promover o aprendizado.

Fatores ambientais que influenciam a brincadeira

- Tamanho do grupo e faixa etária influenciam a quantidade de atenção que cada criança recebe. Um tamanho de grupo apropriado, que inclua crianças mais ou menos da mesma idade, deixa as crianças mais absorvidas pelas brincadeiras.
- Configurar um ambiente propício à brincadeira é um fator importante para estimular a brincadeira produtiva.

Recursos on-line

Acesse o Centro de Aprendizado *On-line* em **www.mhhe.com/itc9e**, clique em *Student Edition* e escolha o *Chapter 4* para acessar o guia do estudante, que inclui uma revisão dos capítulos, sites relacionados, questionários práticos, exercícios interativos e referências do capítulo.

- Os tipos de acontecimentos que ocorrem nesse ambiente são fatores que facilitam a diversidade na brincadeira, a exploração e o aprendizado. Acontecimentos incluem tanto eventos planejados como não planejados, e também a intencionalidade por parte dos cuidadores.
- A quantidade de liberdade de escolha disponível é um fator essencial, já que bebês e crianças pequenas sabem do que precisam e são capazes de buscar o que lhes interessa.
- O problema da combinação é um fator que permite que as crianças escolham acontecimentos condizentes com seus interesses e nível de aprendizado.

EXPRESSÕES-CHAVE

acontecimentos 82
adequados para pôr na boca 81
brincadeira livre 73
exploração 73
habilidade motora ampla 81
intervenção seletiva 76
limite ambiental 82
superestimulação 82

QUESTÕES PARA REFLEXÃO/ATIVIDADES

1. Como a expressão **modelo** é usada neste capítulo?
2. Se a brincadeira é assim tão importante, os adultos devem mesmo deixar que as crianças brinquem livremente? Por quê?
3. A maioria os livros direcionados aos cuidados de bebês e crianças pequenas usa o termo atividade. Por que optamos por não usá-lo?
4. O que significa atuar como andaime e o que isso tem a ver com brincar?
5. O que significa "problema de combinação" e o que isso tem a ver com a teoria de assimilação e acomodação de Piaget?
6. Quais são algumas das vantagens de o cuidador ficar em modo de observação?

REFERÊNCIAS

BEDROVA, E.; LEONG, D. J. *Tools of the mind*: the vygotskian approach to early childhood education. 2nd ed. Upper Saddle River: Pearson; Merrill Prentice Hall, 2007.

COOPLE, C.; BREDEKAMP, S. (Org.). *Developmentally appropriate practice in early childhood programs*. 3rd ed. Washington: National Association for the Education of Young Children, 2009.

ELKIND, D. *The power of play*: learning what comes naturally. Cambridge: Perseus, 2007.

GERBER, M. From a speech by Magda Gerber. *Educaring*, v. 16, n. 3, p. 7, summer 1995.

GONZALEZ-MENA, J. What can an orphanage teach us? lessons from Budapest. *Young Children*, v. 59, n. 5, p. 26-30, sept. 2004.

GOPNIK, A. *The philosophical baby*. New York: Farrar, Straus and Giroux, 2009.

HANNAFORD, C. *Smart moves*: why learning is not all in your head. Salt Lake City: Green River, 2005.

HUNT, J. M. *Intelligence and experience*. New York: Ronald Press, 1961.

JONES, E.; COOPER, R. M. *Playing to get smart*. New York: Teachers College Press, 2006.

KAGAN, S. L.; SCOTT-LITTLE, C.; FRELOW, V. S. Linking play to early learning and development guidelines. *Zero to Three*, v. 30, n. 1, sept. 2009.

KÁLLÓ, E.; BALOG, G. *The origins of free play*. Budapest: Association PiklerLóczy for Young Children, 2005.

MASLOW, A. H. *Toward a psychology of being*. 2nd ed. New York: Van Nostrand, 1968.

MOONEY, C. M. *Theories of attachment*. St. Paul, MN: Redleaf, 2010.

PAPERT, S. *Mindstorm*: children, computers, and powerful ideas. New York: Basic Books, 1980.

PICA, R. Babies on the Move. *Young Children*, v. 65, n. 4, p. 48-49, jul. 2010.

ROSENKOETTER, S.; BARTON, L. Bridges to literacy: early routines that promote later school success. *Zero to Three*, v. 22, n. 4, p. 33- 38, feb./mar. 2002.

SINGER, D.; GOLINKOFF, R.; HIRSH-PASEK, K. (Ed.). *Play = learning:* how play motivates and enhances children's cognitive and social-emotional growth. New York: Oxford University Press, 2006.

VAN HOORN, J. et al. *Play at the center of the currículo*. 4. ed. Upper Saddle River, NJ; Columbus, OH: Pearson Merrill; Prentice Hall, 2007.

LEITURAS COMPLEMENTARES

ELKIND, D. Thanks for the memory: the lasting value of true play. In: KORALEK, D. (Ed.). *Spotlight n young children and play.* Washington: National Association for the Education of Young Children, 2004. p. 36-41.

FROMBERG, D.; BERGEN, D. (Org.). *Play from birth to twelve and beyond*: contexts, perspectives, and meaning. 2nd ed. New York: Routledge, 2006.

HANNAFORD, C. *Smart moves*: why learning is not all in your head. Salt Lake City: Green River, 2005.

HAUPT, M. The value of play. *Young Children*, v. 62, n. 2, p. 94-95, mar. 2007.

SANDALL, S. R. Play modifications for children with disabilities. In: KORALEK, D. (Ed.). *Spotlight on young children and play*. Washington, DC: National Association for the Education of Young Children, 2004. p. 44-49.

PARTE II
Foco na criança

Capítulo 5
Apego

Capítulo 6
Percepção

Capítulo 7
Habilidades motoras

Capítulo 8
Cognição

Capítulo 9
Linguagem

Capítulo 10
Emoções

Capítulo 11
Habilidades sociais

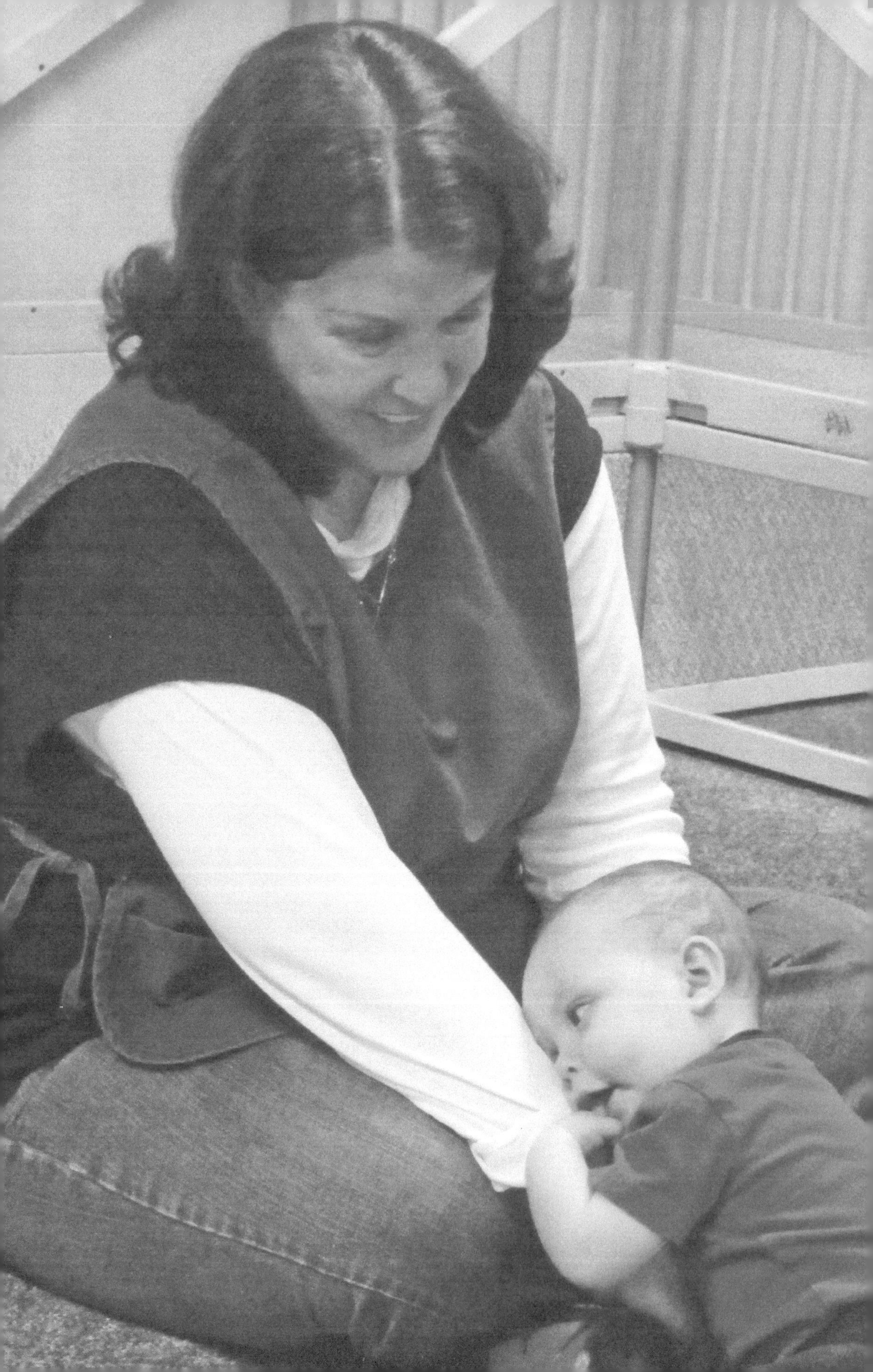

CAPÍTULO 5

Apego

Questões em foco

Depois de ler este capítulo, você deve estar apto a responder às seguintes questões:

1. Defina *apego*. Quais fatores influenciam seu desenvolvimento?
2. Como o desenvolvimento do cérebro é influenciado pelo apego?
3. O que é importante saber sobre as *etapas do apego*?
4. Quais são as circunstâncias nas quais os padrões de Ainsworth podem ser questionáveis, quando se trata do entendimento e do estabelecimento do nível ou tipo de apego?
5. O que os adultos podem fazer para fomentar o apego em crianças pequenas? Inclua alguma questão particularmente relacionada a crianças com necessidades especiais.

O que você vê?

Um bebê pequeno está chorando. Ele está enrolado em um cobertor no meio da sala onde está sendo cuidado. Uma voz confortante vem de outra sala. "Sei que você está com fome! Já estou indo!". O choro cessa ao som da voz, mas recomeça quando ninguém aparece imediatamente. A provedora de assistência familiar da criança entra apressada no quarto, carregando uma mamadeira. "Desculpe fazê-lo esperar". O choro continua. "Eu sei, eu sei. Agora vou tirá-lo daí e você poderá comer". Ela estende os braços devagar e delicadamente levanta o bebê. O choro se acalma, e a cuidadora caminha até uma cadeira macia que está dentro da sala e senta-se.

Assim que ela o apanhou, o bebê moveu o corpo inteiro para mostrar que já sabia o que viria a seguir. Ele levantou os braços em excitação. Olhou intensamente para o rosto da cuidadora. Assim que a cuidadora senta com ele na poltrona, ele começa a se contorcer freneticamente, a boca procurando pelo bico. Quando o bico chega à boca, ele fecha os olhos, cerra os punhos e suga com força. "Aqui está. Assim é melhor, não é?", diz baixinho a cuidadora. Ele começa a relaxar depois de alguns minutos, e tanto o adulto quanto a criança ficam acomodados, depois de se moverem um pouco até se sentirem confortáveis. "Você estava realmente com fome, não é mesmo?". O bebê continua sugando o bico sem parar; depois de alguns instantes, começa a chupar com mais lentidão. Os punhos se abrem, e uma das mãos se solta procurando tato. A cuidadora toca na mão dele com um dedo, ele pega o dedo e segura forte. A cuidadora o traz um pouco mais para perto e beija a testa dele. Ele abre os olhos e olha pra ela. Ela olha de volta, com um sorriso caloroso no rosto. Ele para de chupar e larga o bico. Com o olhar fixo no rosto da cuidadora, irrompe da boca do bebê um largo sorriso. Então ele se aconchega para mais perto dela e volta a chupar a mamadeira, contente, com a pequena mãozinha envolvendo o dedo da cuidadora e os olhos fixos nela.

O **apego** é mais ou menos assim! Trata-se de um processo complexo e contínuo. As definições do termo podem variar, mas em essência elas envolvem proximidade e reatividade positiva a uma criança. Este capítulo aborda essa relação de duas vias, especial e importante, que ocorre entre um bebê e um adulto, e explica como o desenvolvimento cerebral é influenciado pelas experiências de cuidados na primeira infância. O capítulo examina as etapas comportamentais relativas ao apego, a medida de padrões de apego seguros e inseguros, além de questões atuais relacionadas ao tema. O capítulo também trata da importância de uma intervenção precoce em crianças com necessidades especiais, a fim de evitar um apego perturbador. A continuidade dos cuidados e a importância do estabelecimento de relações positivamente reativas são discutidas ao longo do texto, constituindo a chave para o desenvolvimento de apegos primários saudáveis. Crianças muito pequenas são tão competentes quanto vulneráveis, e elas dependem de experiências consistentes e positivas com um ou mais adultos específicos para se tornarem seguras e autoconfiantes.

Estudo do cérebro

Será mesmo que aprendemos mais sobre o cérebro humano nos últimos 10 anos do que nos 100 anos anteriores? Dê uma olhada na Tabela 5.1 para um resumo do quanto o nosso entendimento do cérebro humano mudou. Tecnologias atuais não invasivas (que não interferem no funcionamento natural do cérebro) de neurociências estão possibilitando uma exploração detalhada do cérebro. Existem ferramentas incríveis para o mapeamento cerebral e para o entendimento da química cerebral, assim como para a observação dos efeitos dos fatores ambientais. A informação proporcionada pelos recentes estudos nos ensinou muitas lições valiosas sobre como os bebês aprendem e por que as experiências primárias são tão valiosas para o desenvolvimento. Observar esse breve panorama sobre o funcionamento do cérebro pode ajudar na compreensão de por que as experiências positivamente reativas são tão importantes no desenvolvimento primário do bebê.

Os elementos de base do cérebro são células nervosas especializadas chamadas **neurônios**. Cada neurônio tem um **axônio**, ou fibra emissora, que envia energia, ou impulsos, a outros neurônios. Os neurônios também possuem muitos **dendritos**, que são fibras emissoras que recebem os impulsos de outros neurônios. Os dendritos crescem e se ramificam formando "árvores de dendritos" que recebem sinais de outros neurônios. Essas conexões,

Tabela 5.1 Repensando o cérebro

Pensamento antigo	Pensamento atual
O modo como o cérebro se desenvolve depende dos *genes* com os quais você nasce.	O modo como o cérebro se desenvolve depende de uma complexa *interação* entre os *genes* com os quais você nasce e as *experiências* que você tem.
As *experiências* que você tem antes dos três anos têm um *pequeno impacto* no desenvolvimento e aprendizado futuros	As *primeiras experiências* auxiliam na formação da arquitetura cerebral, o que pode ter impacto tanto no desenvolvimento quanto no aprendizado.
Uma *relação segura* com um cuidador primário cria um *contexto* favorável para o desenvolvimento e o aprendizado do bebê.	As *primeiras interações* não apenas criam um contexto, elas *afetam diretamente* o modo como o cérebro se desenvolve.
O desenvolvimento do cérebro é *linear;* a capacidade do cérebro de aprender e mudar cresce em um ritmo constante à medida que a criança cresce, até chegar à idade adulta.	O desenvolvimento do cérebro *não é linear;* existem épocas específicas para adquirir os diferentes tipos de conhecimentos e habilidades ao longo da vida.

Fonte: Shore (1997; 2003).

ou **sinapses**, são formadas enquanto um bebê tem experiências com o mundo. As conexões usadas regularmente na rotina são reforçadas, ou protegidas, e se tornam parte do "circuito" permanente do cérebro. O cérebro humano no nascimento é ainda muito imaturo, de modo que as primeiras experiências podem ter consequências drásticas com o tempo, à medida que o bebê cresce e se desenvolve (SHORE, 2003).

Nos primeiros anos de vida, os cérebros jovens produzem quase o dobro de sinapses essencialmente necessárias. As árvores de dendritos crescem e ficam muito densas. Quando a criança tem dois anos, o número de sinapses que seu cérebro realiza é similar ao de um adulto. Aos três anos, a criança realiza duas vezes mais sinapses que um adulto. Esse grande número de sinapses se mantém estável até mais ou menos os 10 anos, porém, na adolescência, em torno da metade dessas sinapses são descartadas ou "podadas". O cérebro *poda*, ou elimina seletivamente, as sinapses desnecessárias.

A questão-chave é: como o cérebro *sabe* quais sinapses (ou conexões) ele deve manter e quais deve podar, ou descartar? As primeiras experiências parecem ser muito mais importantes do que se pensava inicialmente. As experiências ativam padrões neurais, e a informação, na forma de sinais químicos, é gravada de acordo com esses padrões. Experiências repetidas fortalecem padrões específicos. Um padrão específico recebe um *status* "protegido"; ele não é podado porque foi usado repetidamente. Esse é um processo de desenvolvimento neural do cérebro normal e que dura a vida inteira. A poda, contudo, não é uma questão de "uso ou perda", como às vezes nos faziam acreditar os estudos mais antigos sobre o cérebro. Sinapses sem uso são podadas, mas os neurônios permanecem intactos para um aprendizado posterior (GALLAGHER, 2005). Isso ajuda a explicar a incrível plasticidade do cérebro, ou flexibilidade, se ele experimenta danos ou traumas. (A plasticidade cerebral será discutida no Capítulo 7.)

Este texto enfatiza a importância das experiências de qualidade e do cuidado positivamente reativo de crianças muito pequenas. Atualmente os estudos de desenvolvimento cerebral indicam que tais primeiras experiências, se repetidas, de fato formam padrões neurais estáveis. O jeito que pensamos e aprendemos tem tudo a ver com a extensão e a natureza desses padrões. Quando uma criança muito pequena experimenta uma novidade, ou um problema, a atividade cerebral aumenta e os padrões neurais se desenvolvem. Se os padrões neurais forem sólidos, os sinais viajarão rápido e a criança conseguirá resolver os problemas com facilidade. Este texto enfatiza a importância das experiências de qualidade e do cuidado positivamente reativo de crianças muito pequenas.

Pare por um momento e pense num bebê de 10 meses cuja mãe o leva para creche para aí ficar enquanto ela trabalha. Ele pode sentir certa quantidade de estresse (uma ansiedade diante do desconhecido, que será discutida em mais detalhes posteriormente neste capítulo). Contudo, se o cuidador dele for familiar e positivamente reativo aos sinais de estresse que ele emitir, o bebê *saberá* que ficará bem (o cuidador é um amigo familiar e hoje o cobertor dele parece especialmente confortável para cheirar e se aninhar). A mãe retornará. No cérebro dele, foram feitas conexões que permitem que ele se separe dela relativamente sem dificuldades. Por meio de suas experiências ele já desenvolveu padrões neurais eficientes. Experiências reativas e positivas estabilizam as conexões no cérebro. Essas conexões bastante primárias do cérebro estão relacionadas às experiências de apego. *Lembre-se do princípio 2: invista no tempo de qualidade, quando você está totalmente disponível para bebês ou crianças específicos. Quando participar de grupos de supervisão foque (mais do que brevemente) individualmente uma criança.*

Por meio do apego, dois indivíduos ficam juntos e permanecem juntos. John Kennell define o apego como "[..] uma ligação afetuosa entre dois indivíduos que persiste no tempo e no espaço e participa deles emocionalmente" (KLAUS; KENNEL, 1982, p. 2). Em geral, a mãe é a primeira pessoa a quem o bebê se apega, mas os bebês estão ficando cada vez mais apegados aos pais, principalmente se as mães

> Padrão do programa
> NAEYC 1
> Relacionamento

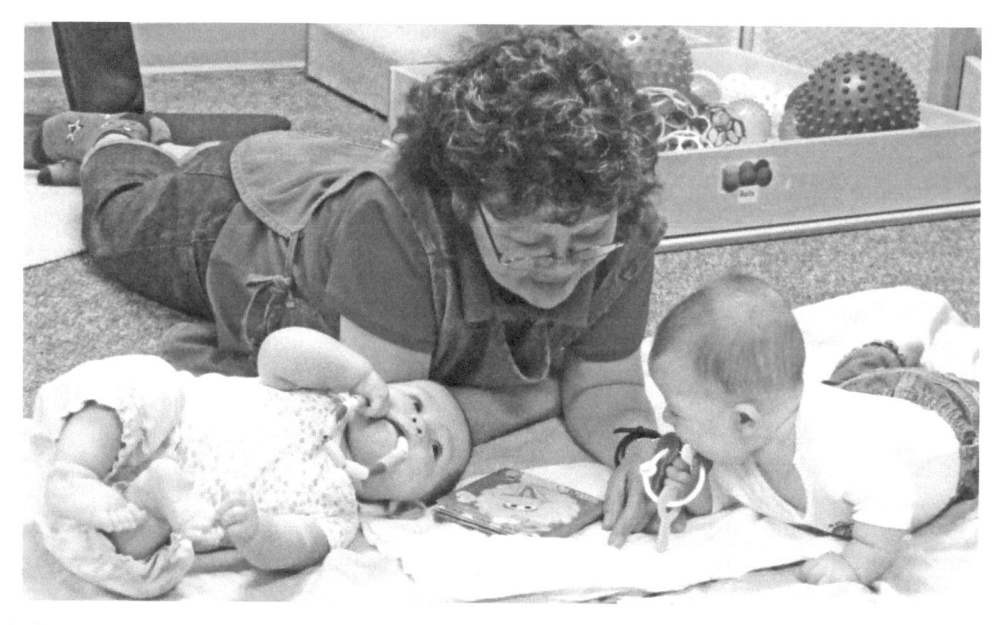

Invista no tempo de qualidade. Fique disponível e seja positivamente reativo.

trabalham e passam mais tempo fora do que dentro de casa. Quando bebês vão para creche muito cedo e são cuidados por outras pessoas que não seus pais, esses apegos secundários se tornam muito importantes.

O apego aos cuidadores é diferente do apego aos pais de muitas formas. Uma delas é obviamente relativa à duração da relação. O apego aos pais dura uma vida toda, já os cuidadores dispõem de um período bem mais curto. Desde o primeiro dia os cuidadores já sabem que não cuidarão mais daquelas crianças muito tempo antes de elas se tornarem adultas. A separação pode ocorrer sem aviso porque a vida e as necessidades dos pais, quanto a buscar assistência infantil externa, mudam repentinamente. Existe uma grande diferença em relação a essa expectativa de permanência na relação adulto/criança quando se trata de pais e quando se trata de cuidadores.

O apego aos pais, esse sentimento de intimidade, começa logo no nascimento para alguns. Na situação ideal, em que os pais e um recém-nascido têm à disposição tempo para ficarem juntos e se conhecerem, o que chamamos de "laço" pode ocorrer quando eles se apaixonam, em um curto período. Pode-se até chamar isso de "amor à primeira vista". Esse amor à primeira vista pode ocorrer entre cuidadores e crianças também, se o adulto e a criança se aproximarem já desde o primeiro encontro. O mais comum é que o apego se desenvolva vagarosamente, com o tempo, à medida que os indivíduos se conhecem e aprendem os modos particulares como cada um se comunica. Esses modos particulares se desenvolvem e mudam à medida que a criança vai ultrapassando as etapas de desenvolvimento. Os estudos sobre o cérebro hoje disponíveis para pais e cuidadores confirmam que interações calorosas e positivas estabilizam as conexões cerebrais. Devem ser prestados cuidados positivamente reativos e de alta qualidade para que esse processo chamado *apego* prospere.

Os estudos sobre o cérebro disponíveis atualmente podem iluminar ainda mais nosso entendimento do processo de apego e de como os bebês parecem fomentar seus próprios apegos. Os **neurônios-espelho**, e suas respectivas implicações na evolução do cérebro humano, podem constituir uma das descobertas mais importantes relacionadas ao desenvolvimento cerebral na última década. Um neurônio-espelho é um neurônio que dispara tanto quando um animal (incluindo os seres humanos, como se acredita hoje) age quanto quando o animal observa a mesma ação sendo realizada por outro animal. O sistema do neurônio-espelho foi incialmente descoberto por neurocientistas estudando cérebros de macacos e tarefas envolvendo movimentos intencionais. Os neurônios-espelho, localizados na parte frontal do cérebro, eram ativados quando os macacos realizavam certas tarefas motoras; e também se ativavam quando os macacos *observavam* outro macaco realizando as mesmas tarefas. O interessante é que os macacos não imitavam as atividades quando eram os robôs quem as realizava – apenas quando outro macaco o fazia. Os neurônios-espelho se distinguem em biológicos e não biológicos e parecem contar com certa consciência de intenção ou objetivo (a maioria das atividades envolvia conseguir comida!) (RESTAK, 2006).

Evidências sugerem que um sistema semelhante de combinação ação/observação existe também nos humanos. Ninguém tem dúvidas disso ao observar crianças pequenas imitando os movimentos labiais de seu cuidador ou de um dos pais durante os momentos de alimentação ou lazer. Esses movimentos labiais dos bebês constituem um dos primeiros "comportamentos de apego" que as crianças podem usar para prolongar a experiência de obter comida ou de alguma interação social. A imitação aparentemente fomenta um *link* – o mimetismo que liga e une as pessoas. Neurocientistas e profissionais especializados em desenvolvimento infantil estão atualmente analisando o papel dos neurônios-espelho e do entendimento (do apego) social. Um sistema de neurônios que permite que um cérebro observe e então imite o movimento observado seria tanto um sistema social quanto um sistema de aprendizado ideal – e é isso que fazem os neurônios-espelho (RESTAK, 2006). (Faremos novamente referência aos neurônios-espelho nos próximos capítulos, relacionados às experiências de movimento, à aquisição da linguagem e à regulação emocional – Capítulos 7, 9 e 10, respectivamente).

Os atuais estudos sobre o cérebro continuam apoiando as seguintes descobertas significativas:

- A natureza (genes) e a criação (meio ambiente) interagem em uma base contínua.
- Relações primárias com cuidadores e familiares, se calorosas e positivamente reativas, fomentam o apego e levam a um desenvolvimento cerebral saudável.
- Aos três anos, os cérebros das crianças são duas vezes e meia mais ativos do que os cérebros dos adultos.
- Crianças muito pequenas participam de seu próprio desenvolvimento cerebral por meio da sinalização de suas necessidades.
- Padrões neurais consistentes são criados por meio de experiências, especialmente por meio de reações positivamente reativas.

Um excelente recurso para se manter informado sobre as últimas informações a respeito do desenvolvimento cerebral é o site Zero to three (NATIONAL CENTER FOR INFANTS, TODDLERS, AND FAMILIES, 2012). Ele foi desenvolvido para pais, cuidadores e outros profissionais da área e disponibiliza um material relevante sobre o desenvolvimento cerebral infantil, atualizado regularmente.

Etapas do apego

Etapas de apego importantes influenciam o desenvolvimento mental, social e emocional. Um bebê chorando, evitando estranhos e tentando seguir um dos pais que vai embora indica o quanto o apego varia. Observar esses comportamentos mais detalhadamente deixa claro o quanto um bebê é competente.

Os bebês são a princípio capazes de desenvolver seu próprio apego. Pense por um instante na variedade de comportamentos dos bebês que atraem os adultos. O choro de um recém-nascido desperta sentimentos em quem o escuta; é algo difícil de ignorar. O choro é um dos sinais mais fortes que as crianças emitem àqueles que são responsáveis por elas.

Outro comportamento que demonstra consistentemente apego, e que a maioria dos bebês apresenta já quando nasce, é a habilidade de estabelecer contato visual. Quando um recém-nascido olha nos olhos

Os princípios em ação

Princípio 9 Construa segurança ensinando a confiar. Não ensine a desconfiança sendo uma pessoa da qual não se pode depender ou que é frequentemente inconstante.

"Olhe esta bonequinha, Cameron", diz a mãe dela enquanto tenta que sua filha, Cameron, de 12 meses, se envolva com o ambiente. As duas acabaram de chegar, e é a primeira vez que a mãe vai deixar a filha. A cuidadora se aproxima, diz oi, e se abaixa até ficar da altura de Cameron. O bebê olha para ela. Cameron visitou o centro algumas vezes antes e reconhece a cuidadora, mas ela nunca ficou ali sem a mãe. Ela sorri contente e pega uma boneca para mostrar à cuidadora. Quando a cuidadora se levanta para falar com a mãe, descobre que a mãe se foi. Ela havia dito antes que não suportava ver a filha chorando, então, ela aparentemente decidiu escapar. Cameron continua segurando a boneca, mas olha em volta e não encontra a mãe. Ela parece confusa e, então, começa a chorar. Depois acaba soluçando muito, e a cuidadora tem dificuldade em confortá-la. A cuidadora decide que falará com a mãe no final do dia e conversará sobre a importância de dizer tchau, pois assim sua filha poderá prever quando a mãe se ausentará. Em sua experiência, a cuidadora observou que crianças que não passam por um ritual de despedida apropriado nunca relaxam porque nunca sabem quando as pessoas vão aparecer ou desaparecer de suas vidas. Ela sabe que a confiança é uma questão importante para Cameron e sabe que isso leva tempo. O primeiro passo é conseguir que a mãe diga tchau à filha. Imagine que você é a cuidadora.

1. Como você se sente em relação ao comportamento da mãe?
2. Como você se sente em relação a Cameron?
3. Como você se sente quanto à situação?
4. Você concorda que a cuidadora deve conversar com a mãe? Por quê?
5. É possível que o comportamento da mãe tenha raízes culturais?
6. O que mais você pode fazer para ajudar Cameron a desenvolver confiança?

---

de um adulto, dificilmente esse adulto não se derrete. E se você tocar os pequenos dedinhos dele, ele enroscará a mão no seu grande dedo. Se você fala para alertar recém-nascidos, a tendência é que eles olhem em direção à sua voz. E se você se afasta deles vagarosamente, os olhos deles seguirão seu rosto. Todos esses comportamentos promovem o apego.

Estudos indicam que bebês reagem de forma diferente a pessoas a quem se apegam desde o início de suas vidas. Mais tarde as preferências da criança se tornam óbvias, pois os bebês choram quando o objeto de apego deixa o local onde estão. Essa é uma indicação importante de que a **confiança** está se desenvolvendo. Os bebês seguem as pessoas a quem são apegados, primeiro apenas com o olhar e, depois, quando já se movimentam, engatinhando atrás delas.

Faça uma pausa e revise a cena apresentada no início do capítulo, envolvendo a experiência de alimentação e a interação entre o bebê e a cuidadora. Essa é uma relação especial. As duas pessoas formam uma unidade. Esta forma especial de comunicação – **sincronia interacional** – é como uma "dança emocional". O cuidador e o bebê enviam sinais importantes um ao outro. Ambos compartilham emoções, principalmente positivas (ISABELLA; BELSKY, 1991). O bebê tem a capacidade de obter prazer a partir do outro; o que, por sua vez, dá prazer ao outro em troca. O exemplo da experiência da alimentação ilustra parte do repertório de comportamentos envolvidos no apego. Por meio desses comportamentos mutuamente (e positivamente) reativos, que incluem o toque, as carícias e o contato visual, assim como a alimentação, bebês e adultos formam uma relação extremamente próxima. Lembre-se também de que as novas informações sobre o cérebro indicam que esses primeiros comportamentos começam a formar padrões no cérebro e podem estimular os neurônios-espelho. Tais padrões formam a *fundação física* da confiança. Experiências positivas estabilizam as conexões cerebrais. Os bebês precisam dessa relação porque não podem se apegar (se "grudar") fisicamente às pessoas a fim de serem alimentados e cuidados. Eles são dependentes. O apego é o meio que a natureza usa para assegurar que alguém se importa com o bebê (emocionalmente) e cuidará dele (fisicamente). *Lembre-se do princípio 1: Envolva bebês e crianças pequenas nas coisas que dizem respeito a elas.* Não os engane ou distraia para acabar a tarefa mais depressa.

Assim que os bebês conseguem começar a distinguir entre a mãe ou cuidador e outras pessoas, surgem duas novas preocupações. Primeiro, em torno dos oito e 10 meses de idade os bebês começam a ter medo de estranhos. Segundo, agora que eles reconhecem a própria mãe, eles têm medo de perdê-la. Esse último medo em geral aparece ao redor dos 10 ou 12 meses. Ambos os medos indicam a habilidade do bebê em discriminar e reconhecer diferenças e, logo, são sinais óbvios de desenvolvimento mental. O que explica esse segundo medo ligado ao desenvolvimento é a inabilidade do bebê em entender que os objetos continuam existindo quando estão fora de seu campo de visão. Jean Piaget chamava isso de "permanência do objeto", o que será discutido mais detalhadamente no Capítulo 8. O medo que os bebês têm de perder a mãe é compreensível. Eles não conseguem prever que a separação é apenas temporária. De posse de tal conhecimento, é mais fácil para os cuidadores entenderem o protesto desesperado do bebê quando o pai ou a mãe sai pela porta.

Pode ser útil enfatizar a interação entre dependência, desenvolvimento mental e confiança nesse processo de apego. Quando uma criança de 18 meses está tentando subir no colo da mãe e chorando para que ela não se vá (comportamento obviamente dependente), essa criança também está dizendo "Eu *sei* que preciso de você" (uma função mental). À medida que a capacidade mental se desenvolve, e que as experiências da criança mostram a ela que ela pode confiar no retorno da mãe, surge a confiança, a partir do apego, pois a criança aprende que o mundo é basicamente um lugar amigável onde ela pode ter suas necessidades satisfeitas. Do apego também surge a **autonomia**, ou independência, à medida que os bebês crescem e começam a aprender a cuidar de si mesmos graças ao desenvolvimento de capacidades voltadas a isso. Eles também passam a lidar com cada vez mais facilidade com as despedidas porque já sabem que os pais voltarão. Essa habilidade de confiar em uma relação é a base da independência – um dos focos dessa época em que a criança é muito pequena.

Esse medo de que um dos pais ou cuidador se vá chama-se "ansiedade da separação", cujo pico ocorre em geral quando o bebê se aproxima do final do primeiro ano de vida. Se a criança entra para a creche justamente nesse período, o início da adaptação pode ser bem difícil. As crianças se adaptam melhor se entram para a creche antes ou depois do período-auge da ansiedade de separação.

Num programa de assistência à primeira infância de qualidade (em creches ou mesmo doméstico), as crianças adquirem coragem para explorar e participar (fomentando as habilidades mentais e sociais), usando os pais ou o cuidador primário como uma base de confiança. Checar essa base continuamente deixa que as crianças renovem as energias para seguirem em frente e continuarem explorando. É importante que, quando os pais partirem, eles não façam isso escondido. Ao se despedirem, os pais ajudam a criança a perceber que a partida é previsível. Gradualmente a criança então aprenderá que voltar também é parte de dizer tchau. Um cuidador sensível pode colocar em palavras o que ele percebe que uma criança potencialmente chateada está sentindo. A aceitação desses sentimentos, e não a fuga ou distração deles, permite que a criança possa contar com uma base segura para seu desenvolvimento emocional.

As seguintes sugestões podem ajudar os cuidadores no auxílio a pais com crianças pequenas sofrendo da ansiedade de separação:

1. Ajude o pai ou mãe a entender que uma vez ques dizem tchau, a partida deve ser imediata.
2. Alguns pais têm o mesmo ou ainda mais medo que seus filhos da separação. Ajude-

Reflita

Você se lembra de Cameron no quadro Princípios em ação, da página 98? O que você tentaria explicar à mãe dela sobre as etapas de desenvolvimento do apego? Como você pode ajudar essa mãe a entender melhor o choro de seu bebê?

-os a entender que você compreende que é difícil partir, mas que será mais fácil para a criança se a partida ocorrer logo após a despedida. Deixe que a criança sinta o que tiver de sentir, mas não se envolva nesses sentimentos. Sentimentos de separação são difíceis para alguns adultos porque ativam questões que eles podem desejar esquecer. Um modo com o qual os cuidadores reagem a tal situação é tentando se livrar dos sentimentos da criança, por meio da distração ou minimizando esses sentimentos. ("Vamos lá – não é tão ruim assim. Ela vai voltar antes que você perceba.")
3. Disponibilize um ambiente interessante, e mesmo sedutor, que transmita às crianças a mensagem de que quando elas estiverem prontas poderão se envolver facilmente em algo.

Padrão do programa
NAEYC 7
Famílias

O apego é essencial no desenvolvimento de bebês e crianças pequenas e deve ser incentivado nos programas de assistência infantil. Ao mesmo tempo, é preciso que os cuidadores se deem conta de que os pais podem temer que os filhos desenvolvam apegos secundários fora de casa ao ponto de perderem o apego primário pelos pais. Os cuidadores podem ajudar os pais a superar esses medos mostrando a eles que tais temores são infundados. Os apegos secundários ocorrem adicionalmente aos primários, e não em substituição a eles. A ansiedade de separação e todos os sentimentos relacionados a ser deixado em uma creche devem ser preocupações tanto dos pais quanto dos cuidadores, que precisam ajudar a criança a lidar com eles até que ela se sinta confortável. O que pode confortar os pais é saber que tais sentimentos sinalizam que o apego é forte e que se perpetuará. As crianças aprenderão a lidar com a separação, e tal habilidade será útil a elas durante a vida toda. Os vários comportamentos que demonstram apego e as habilidades relacionadas a isso, desenvolvidas pela criança, indicam que ela está começando a confiar nos outros e, ao mesmo tempo, está se tornando autoconfiante.

Medindo o apego

O que acontece com as crianças que não têm um retorno das pessoas com quem convivem em relação às suas necessidades de alimentação? E o que acontece com as crianças que parecem indiferentes ou rejeitadas pelas pessoas ao seu redor? A psicóloga especialista em desenvolvimento infantil, Mary Ainsworth, criou a **situação estranha**, uma sequência de situações em etapas, para responder a tais perguntas e medir a consistência do apego entre uma mãe e uma criança. Nesse experimento, mãe e criança entram em um novo ambiente, e a criança é deixada livre para brincar. Um estranho entra, e a mãe sai, e depois o estranho vai embora e a mãe retorna. Durante essa série de partidas e retornos as reações das crianças podem variar muito e são usadas para indicar um *padrão* de comportamento de apego.

Bebês e crianças que se apegam com segurança se mostram confortáveis no novo ambiente e o exploram de maneira independente se um dos pais está por perto. O grau de angústia pode variar quando o pai ou mãe presente sair, mas essas crianças imediatamente voltam para a mãe quando ela retorna e buscam contato e conforto. Crianças pequenas com um padrão de apego inseguro, que evitam o apego, não buscam a proximidade da mãe e não demonstram angústia quando um dos pais sai de cena. Elas também parecem evitar a mãe quando ela retorna – elas ficam aparentemente indiferentes ao comportamento da mãe. Por fim, crianças pequenas com um padrão de apego inseguro ambivalente (resistente) demonstram, ao mesmo tempo, reações positivas e negativas aos pais. Inicialmente, elas parecem muito ansiosas, são relutantes em se separar e estão em um contato tão próximo com a mãe que dificilmente ficam dispostas a explorar o novo ambiente. Elas demonstram muita angústia quando a mãe parte e, também, reações ambivalentes quando a mãe retorna (buscando proximidade, mas também batem e dão pontapés na mãe, com raiva, e permanecem resistentes a serem confortadas). Os padrões de apego seguros foram relacionados a mães que reagiram rapidamente e positivamente aos seus bebês. Em contraste, crianças

OBSERVAÇÃO EM VÍDEO 5
Criança "checando a base" enquanto brinca com cadeiras

Veja a Observação em Vídeo 5: "Criança 'checando a base' enquanto brinca com cadeiras" para uma ilustração de como as crianças pequenas "se comunicam com a base" durante a brincadeira livre. Você verá uma criança interrompendo a brincadeira para ir até o cuidador, quase como se estivesse indo carregar a bateria. Tal comportamento é um sinal de apego.

Questões

1. Se você tentasse explicar os comportamentos que demonstram que a criança está se sentindo apegada ao cuidador, como você descreveria essa cena?
2. Você já viu uma criança pequena "checando a base" mais ou menos como nessa cena? Se sim, pense em como essa cena se assemelha ou se diferencia da que apresentamos. Se não, pense em como *poderia* ser diferente. Algumas vezes, por exemplo, a criança apenas olha para o adulto, em vez de fazer contato físico.

Para assistir a esse vídeo, entre em www.grupoa.com.br, acesse a página do livro por meio do campo de busca e clique em Conteúdo Online.

---

apegadas de modo inseguro foram ignoradas ou rejeitadas, ou suas mães reagiram a elas de modo inconstante (AINSWORTH et al., 1978).

Alguns estudos desenvolvidos a partir da pesquisa de Ainsworth (especialmente o trabalho com crianças abusadas ou negligenciadas) indicam um quarto padrão chamado de desorganizado/desorientado. Crianças pequenas com esse padrão de apego demonstram comportamentos contraditórios, aproximando-se dos pais/cuidadores, mas ao mesmo tempo parecendo distantes. Elas também mostram sinais de medo, confusão e desorientação e podem ser as crianças menos apegadas de modo seguro de todas (MAYSELLES, 1996).

A maioria das antigas pesquisas sobre o apego (especialmente as de John Bowlby, em 1951, e de Mary Ainsworth, em 1978) focava mães e apego. As coisas mudaram bastante desde essas pesquisas. Hoje há um foco maior nos papéis masculinos quanto à alimentação, à sensibilidade e ao apoio, o que leva ao apego pelos pais, apego esse que antes era considerado território exclusivo das mães. Os pais (homens) não são necessariamente apenas a *outra* parte da dupla de pais; em alguns casos eles são o *único* pai. As creches fizeram diferença nos padrões de apego, já que estimularam o crescimento da consciência da diversidade cultural. Algumas crianças vivem em famílias estendidas ou com outros parentes e podem desenvolver múltiplos apegos em vez de um único e sólido com a mãe. A mãe, ou mesmo o pai, pode não ser a principal pessoa a quem a criança é apegada. Atualmente, muito mais crianças, com todos os tipos de bagagem cultu-

CAMINHOS DO DESENVOLVIMENTO

Apego

Reações indiscriminadas pré-apego (do nascimento até aproximadamente 12 semanas de vida)

Comportamentos primários – chorar, encarar, agarrar – existem para aproximar os adultos dos bebês e para que esses adultos os alimentem e confortem. O bebê ainda não está *apegado*, já que nessa fase o cuidado pode ser proporcionado por qualquer adulto.

Realizando o apego focando os familiares (10 semanas a 6–8 meses)

Os bebês começam a reagir de modo diferente a pessoas diferentes. Reações sociais – emitir sons, sorrir, balbuciar – surgem rapidamente diante dos cuidadores familiares. Um estranho pode receber uma longa encarada e causar medo ou angústia. É nesse estágio que a confiança começa a se desenvolver.

O apego se mostra claramente: uma real proximidade é buscada (8 meses a 18–24 meses)

Nessa fase, o apego pelas pessoas da família fica claro. Crianças pequenas demonstram ansiedade de separação ao ficarem angustiadas quando pessoas em quem confiam as deixam. Nesse momento as crianças pequenas *sabem que precisam* de alguém (uma função cognitiva) e deliberadamente enviam sinais sociais, como tentar subir no colo e resistir à separação, tentando manter as pessoas mais próximas por perto. A criança usa o cuidador como uma *base de segurança, da qual podem gradualmente se afastar e explorar um novo ambiente e, depois, retornar para obter apoio emocional*.

Uma relação recíproca: comportamento de parceria (dos 24 meses em diante)

As crianças pequenas começam então a entender as idas e vindas dos adultos. Elas estão mais aptas a deixar que eles partam e podem estar mais flexíveis quanto a isso. A linguagem os ajuda a processar a experiência de separação (por exemplo: "Eu voltarei depois da sua soneca").

Reflita
Você já observou uma criança em uma nova situação que não tenha reagido nos moldes que Ainsworth descreveu? A que se pode atribuir tais reações diferentes?

ral, têm sido inscritas em centros de assistência infantil com apenas algumas semanas de vida.

Imagine uma criança com quase três anos de idade que está brincando com uma caixa de areia e mal olha para cima quando a mãe chega para pegá-la. Essa indiferença em relação à mãe é realmente um sinal de apego inseguro? Não pode ser que a criança se sinta em casa na creche em que passou mais tempo de sua vida do que em seu lar? Talvez ela estivesse envolvida em algo muito interessante quando a mãe chegou. Se essa criança tiver sido testada de acordo com a Situação Estranha, de Ainsworth, talvez ela esteja tão acostumada a se *separar* da mãe e a ficar com outras pessoas que pode estar apenas tirando vantagem dos brinquedos disponíveis no local. A criança não reage de acordo com o padrão da criança "seguramente apegada", de Ainsworth, nem quando a mãe vai embora nem quando a mãe volta. Temos de tomar cuidado com as generalizações feitas por pesquisas de determinada época, em diferentes circunstâncias e com pessoas diferentes daquelas que frequentam hoje as creches. Julgar o nível ou tipo de apego sem compreender o contexto mais amplo – incluindo diversidade, consciência cultural e estilos de vida familiar variados – pode ser muito prejudicial!

Questões de apego

Nem todos os bebês contam com relações ideais que propiciem um apego seguro. O bebê e o cuidador podem não reagir um ao outro de forma que se proporcionem prazer mutuamente, e pode ser que a qualidade do cuidador não seja suficiente para a criança.

Algumas vezes os bebês nascem sem uma configuração sólida de comportamentos de apego. Eles podem não reagir ou não ser atraentes. Os adultos podem achar que não é gratificante nem satisfatório interagir com tais bebês ou satisfazer suas necessidades. Essas crianças podem não só carecer de comportamentos agradáveis como também podem rejeitar quaisquer avanços. Elas podem constantemente se enrijecer quando acariciadas ou chorar quando tocadas. Algumas crianças simplesmente não reagem. Elas podem ser muito agitadas ou muito passivas. Nesses casos, fica por conta dos adultos promover o apego.

Os cuidadores podem promover um apego seguro dando apoio, persistindo e não desistindo do bebê ou ignorando-o. Cuidadores sensíveis encontram modos menos desconfortáveis de lidar com bebês que os rejeitam. Eles continuam tocando e falando com esses bebês apesar da rejeição. Eles usam os momentos destinados aos cuidados para interagir e também prestam atenção na criança em outras ocasiões. Algumas vezes apenas observar esses bebês regularmente e com profundo interesse já ajuda os cuidadores a desenvolver sentimentos mais positivos e respeitosos por eles.

Os cuidadores também podem encontrar maneiras de ajudar bebês muito ativos ou muito passivos. Cabe a eles descobrir maneiras de reduzir a estimulação ou aumentar o *input* sensorial, dependendo do que for necessário.

Programas de centros de assistência infantil podem atender às necessidades de apego por meio de um sistema de cuidador primário no qual bebês são designados a cuidadores específicos. O tamanho do grupo é importante no caso de os bebês precisarem de reações muito rápidas ou sensíveis a fim de conseguirem estabelecer relações de apego. Mais de 12 bebês em um grupo não é favorável a esse tipo de apego.

Algumas vezes as questões de apego estão nas mãos dos pais. O bebê pode estar muito bem equipado dos mais diversos comportamentos de apego, mas os pais podem falhar na reação. A indiferença, por qualquer razão que seja, pode ser devastadora para um bebê.

O bebê não desiste de buscar atenção por um longo período e pode desenvolver uma série de comportamentos para gerar uma reação negativa do adulto, o que é melhor do que nenhuma reação.

Se o bebê não conta com nenhum apego ou com um apego negativo, isso é motivo de alarme. É necessário buscar ajuda externa. Profissionais dos centros de assistência infantil talvez percebam o problema e possam indicar ajuda externa às famílias, mas está além da responsabilidade do cuidador resolver problemas de apego.

Você pode suspeitar do problema quando um bebê sob seus cuidados não prospera da mesma maneira que os outros bebês. Ele pode não estar ganhando peso ou não conseguindo ultrapassar as etapas num tempo razoável. Esse problema de apego e o fracasso em prosperar podem estar ligados a uma variedade de causas. Você pode perceber que o bebê não reage ou é resistente a todos. Ou talvez você perceba que ele responde exatamente da mesma forma a todo mundo – pais, cuidadores ou estranhos.

O que acontece se não houver apego? Uma resposta significativa foi dada por Harry Harlow, que aprendeu um tanto sobre o apego sem estudá-lo diretamente. Ele estava interessado em isolar macacos-rhesus para que eles pudessem viver em um ambiente livre de doenças e sem afetar uns aos outros. Ele criou 56 macacos recém-nascidos em celas separadas, uns longes dos outros e de suas respectivas mães. Ele ficou surpreso ao descobrir que esses macacos se tornaram adultos muito diferentes dos outros. Eles se tornaram mais antissociais, indiferentes e agressivos que outros macacos-rhesus, que em geral são sociais e cooperativos. Nenhum dos macacos que cresceram isoladamente formou par com outro (HARLOW, 1958).

Vamos examinar as implicações disso na criação de crianças. Apesar de praticamente ninguém tentar criar uma criança em total isolamento, as crianças com frequência são criadas sem contato humano suficiente, sem oportunidades de interação e sem um tratamento consistente. Em tal situação, os problemas que surgem são vários. Apesar de os bebês terem contato com adultos que os alimentam e trocam suas fraldas, esses adultos podem variar a cada dia. Os bebês podem ser incapazes de distinguir um cuidador do outro ou podem achar que o comportamento de apego desses adultos não inclui reações de atendimento consistentes. Eles não têm ninguém para si – ninguém a quem possam influenciar. Por fim, essas crianças desistem e não tentam mais influenciar ninguém. Com falta não só de apego, mas também de contato físico adequado, esses bebês são privados de toda uma variedade de *inputs* sensoriais que acompanham uma relação saudável. Eles se tornam passivos e resignados, o desenvolvimento deles atrasa e eles podem falhar em prosperar de diversas maneiras. Estudiosos acreditam que é importante que os bebês desenvolvam um apego sólido com ao menos uma pessoa antes dos seis meses de idade (BOWLBY, 2000). *Lembre-se do princípio 9: construa segurança ensinando confiança.* Não ensine desconfiança se mostrando uma pessoa de quem não se pode depender ou que é frequentemente inconstante.

> **Reflita**
> Pense no que você leu sobre apego e qualquer outra coisa que tenha tido a oportunidade de observar em relação a isso. O que os cuidadores podem fazer para demonstrar sensibilidade para com crianças pequenas? O que os bebês e crianças pequenas fazem para demonstrar suas necessidades aos cuidadores?

Cuidadores e provedores de cuidados domésticos que entendem um pouco do processo de apego podem ajudar muito os pais a reconhecerem sua importância e seu impacto nos filhos pequenos. Explicar o que significam algumas expressões faciais e sons dos bebês e estimular os pais a procederem com mais calma e a observarem a competência de crescimento da criança pode ser muito eficaz no fomento de uma relação de apego vital e segura entre o bebê e os pais.

Tal assistência sólida e sensível é enfatizada pelos estudos de desenvolvimento do cérebro, mencionados antes neste capítulo. Quando as crianças experimentam esses apegos seguros são secretados hormônios chamados **neurotransmissores**, que induzem uma sensação de bem-estar. Experiências positivas e enriquecedoras parecem reforçar certos padrões no cérebro. Existe uma relação dinâmica entre o *cuidado* que um bebê recebe e seu *desenvolvimento cerebral*. O apego saudável ocorre quando os cuidadores são consistentes e positivamente reativos, e assim se desenvolvem as relações (LALLY, 1998).

Estudos de crianças em instituições onde não há nenhuma tentativa de promover o apego afastaram muita gente da consideração dos grupos de assistência infantil. Mas os bebês de creche são diferentes dos bebês de tais instituições. Eles têm pais (ao menos um). Muitos deles já chegam à creche apegados e permanecem apegados. Mas aprendemos muito com esses estudos de bebês de orfanato que não desenvolveram apego. Hoje sabemos o quão vitais são as necessidades de apego. Sabemos, também, que os bebês precisam de interações contínuas, recíprocas e positivamente reativas quando ficam fora de casa por longos períodos de tempo durante o dia. E sabemos que os bebês que frequentam creches continuam mantendo o apego pelos pais.

Conhecimentos a respeito de relações atenciosas estão transformando o trabalho dos cuidadores com crianças muito novas. Construir e manter relações positivas que persistirão ao longo do tempo, às vezes por anos, é um princípio fundamental nos programas "baseados no apego". Essa continuidade dos cuidados começa com a criação de pequenos grupos de bebês, cada bebê contando com seu próprio e qualificado cuidador. Os cuidadores fazem planos específicos para cada criança, criando portfólios individualizados para elas. Eles fazem planos também relacionados aos pais, para os estimular a observar o programa e a fazer visitas frequentes. A relação cuidador/criança se torna uma extensão da relação pais/crianças. Até mesmo o ambiente é organizado com a continuidade da relação e com apegos seguros em mente; cada grupo dispondo de sua própria sala ou espaço, e sendo esse espaço usado exclusivamente pelo grupo ao qual foi destinado (EDWARDS; RAIKES, 2002). Pesquisas demonstram que a assistência infantil não é crucial no desenvolvimento e na segurança dos apegos se a *qualidade* do cuidado for exemplar. Programas baseados em relações levam em conta que a qualidade do cuidado é determinante. Os bebês não apenas precisam como *devem* receber uma assistência de primeira, não apenas cuidados bons o bastante.

Crianças com necessidades especiais: a importância da intervenção precoce

Alguns bebês e crianças podem gerar preocupações relativas ao apego devido a problemas ou atrasos de desenvolvimento. Nos últimos trinta anos, houve muitas conquistas quanto ao apoio dessas crianças e suas famílias para que tivessem acesso a um "sistema de serviço" apropriado, ou seja, que contribua para o seu crescimento e desenvolvimento saudável. Nos próximos capítulos da Parte II, nas seções "Crianças com necessidades especiais", muitos dos componentes desse sistema de serviços para essas crianças pequenas serão destacados; incluindo a intervenção precoce, o Plano de Serviço Familiar Individualizado, recursos, inclusão e futuros desafios e recomendações. Cuidados positivamente reativos e interações centradas na família são princípios-chave nesse processo de oferecer um apoio apropriado ao desenvolvimento dessas crianças.

Este capítulo começa examinando o que é a intervenção precoce e as leis que regem os modos como essa intervenção proporciona oportunidades de investigação, avaliação e aprendizado para crianças pequenas. O envolvimento e a colaboração centrados na família são essenciais a crianças com problemas de desenvolvimento, a fim de que elas atinjam seu potencial ideal e mantenham apegos seguros.

O que é intervenção precoce?

Intervenção precoce é um processo de identificação de crianças pequenas com incapacidades, ou com "risco" de desenvolver incapacidades, e um processo de criação de um plano para apoiá-las, de modo que possam atingir todo seu potencial. As experiências e oportunidades delineadas no plano são baseadas nas necessidades de desenvolvimento da criança, com atenção especial dada às habilidades relativas às áreas de desenvolvimento cognitivo, motor, comunicativo e adaptativo. A tendência é que se defina a intervenção precoce com base na faixa etária (antes dos três anos), em oposição a uma categoria ou incapacidade específica e como um esforço de ilustrar ou esclarecer as necessidades da criança por meio da observação de detalhes em vez do uso de instrumentos específicos de triagem.

A intervenção precoce pressupõe uma abordagem "multidisciplinar", na qual um time de profissionais trabalha em equipe para analisar as necessidades e potencialidades únicas de cada criança. O time inclui especialistas de várias áreas ou disciplinas, incluindo saúde, psicologia, medicina, primeira infância e educação especial. A equipe deve incluir um dos pais ou algum parente, e as perguntas e os problemas elaborados por essas pessoas devem ser reconhecidos como essenciais na determinação do melhor plano para a criança, que deve ser culturalmente sensível e compreensivo.

As leis que guiam a intervenção precoce Com a passagem dos anos ficou claro que o apoio especializado pode aumentar as chances de crianças com alguma incapacidade atingirem todo seu potencial. Nos Estados Unidos, contudo, diferentes estados trataram de questões relativas a isso de modo muito diverso, e se fez necessário um plano nacional para o sistema de intervenção precoce. Em 1975, foi aprovada uma legislação importante relativa ao tema, a *Education for All Handicapped Children Act* (Lei 94-142). Ela determina que crianças com alguma incapacidade, entre os 6 e os 21 anos, têm direito a uma educação gratuita, pública e apropriada, em um ambiente que seja o menos limitador possível, com base nas necessidades da criança em questão e nas preferências de sua família. Uma legislação posterior, a *Education of the Handicapped Act of 1986* (Lei 99-457), estendeu o direito a tais serviços desde o nascimento até os 21 anos, e foi determinada a importância de um sistema de intervenção precoce para bebês e crianças pequenas (NATIONAL JOINT COMMITEE ON LEARNING DISABILITIES, 2007). Desde então foram realizadas contínuas emendas e refinamentos a essa legislação. Uma das mais recentes, a *Individuals with Disabilities Education Improvement Act* (IDEA, 2004, Lei 108-446), deixou bastante claros os princípios-chave relativos à intervenção precoce. Serviços para crianças muito pequenas devem ser realizados em contextos inclusivos, e não isolados. O ambiente deve ser "natural," com ênfase na vida diária, de preferência a casa da criança ou um programa de educação e cuidados primários. A avaliação do desenvolvimento está incluída na Parte C da IDEA 2004 e deve envolver a família e refletir as potencialidades únicas da criança. O processo deve ser culturalmente sensível, adequado, detalhado e acessível. Se for determinada a necessidade de um recurso, o Plano de Serviço Familiar Individualizado (do inglês Individualized Family Service Plan – IFSP) é elaborado. O Capítulo 6 tratará mais detalhadamente dos componentes do IFSP e da importância da educação de parentes e famílias envolvidas no processo.

O IFSP destina-se especificamente a crianças na faixa de zero a três anos. O IEP (Plano de Educação Individual), também mencionado na Parte C da IDEA 2004, é elaborado para crianças acima dos três anos e suas recomendações são principalmente voltadas à pré-escola e ao sistema público de ensino.

Os benefícios e desafios da intervenção precoce O maior benefício da intervenção precoce é que ela pode auxiliar crianças pequenas com dificuldades, já no início de seu desenvolvimento, a ultrapassarem muitos dos obstáculos que enfrentam em seus esforços para aprender e alcançar o desenvolvimento completo de seu potencial. Ela também pode reduzir as chances de a criança desenvolver uma complicação secundária. É importante, por exemplo, disponibilizar um apoio precoce

CAMINHOS DO DESENVOLVIMENTO

Comportamentos que demonstram apego

Comportamentos que demonstram apego

Bebês pequenos (até 8 meses)	• Demonstram que reconhecem seus cuidadores primários por meio da visão, do som e do cheiro nas duas primeiras semanas de vida • Reagem com mais animação e prazer ao cuidador primário do que aos outros • Reagem a estranhos com seriedade ou ansiedade por volta da segunda metade do primeiro ano
Bebês que se movem (até 18 meses)	• Podem exibir um comportamento ansioso diante de adultos desconhecidos • Demonstram afeição ativamente por pessoas familiares • Podem demonstrar ansiedade ao se separarem do cuidador primário • Demonstram sentimentos intensos pelos pais
Crianças pequenas (até 3 anos)	• Podem exibir os mesmos comportamentos demonstrativos de apego que os bebês que se movem, mas se tornam cada vez mais conscientes dos próprios sentimentos e dos sentimentos dos outros • Expressam emoções com cada vez mais controle • Podem verbalizar sentimentos quando começam a falar

Fonte: Copple e Bredekamp (2009).

Padrões de desenvolvimento diversos

O que você vê	Opal, uma bebê de 14 meses, está na creche há sete meses. Ela ainda chega olhando ao redor com muita ansiedade e fortemente agarrada à mãe, Joyce. Opal não *brinca* de verdade com nenhum dos brinquedos e expressa poucas emoções além de medo. Joyce não parece capaz de confortar Opal; é raro que elas se olhem diretamente nos olhos.
O que você pode pensar	Esse parece um apego inseguro, mas Opal pode ser apenas uma criança que leva mais tempo para se acostumar às pessoas. A mãe dela parece muito distante e desconfortável.
O que talvez você não saiba	Joyce, a mãe de Opal, passou por quatro lares adotivos diferentes antes dos cinco anos. Ela finalmente ficou sob os cuidados da avó materna aos seis anos. Joyce sabe que passa trabalho para entender os sinais de Opal, indicando que a criança precisa de cuidados e alimento, e frequentemente sente-se sobrecarregada com a experiência de ser mãe.
O que você pode fazer	Incentivar Joyce a visitar o programa e, quando puder, configurar uma área calma e simples onde vocês três possam brincar juntos. Observe as expressões faciais de Opal e tente rotulá-las para Joyce (especialmente as positivas!). Joyce precisa desenvolver confiança em você e no programa tanto quanto Opal.

Diversidade cultural e padrões de desenvolvimento

O que você vê	Na maioria das manhãs, Kyoko, uma bebê de 22 meses, ainda chega à creche carregada pela mãe (embora saiba muito bem caminhar sozinha). Kyoko se agarra na mãe enquanto ela coloca a jaqueta do bebê e vários brinquedos em sua pequena prateleira. Kyoko chora com frequência por um longo período depois que a mãe (relutante) a abandona, e ela estabelece pouco contato com as outras crianças.
O que você pode pensar	Kyoko parece passiva e dependente demais de sua mãe. Ela deveria estar fazendo mais coisas sozinha. Ela está no programa há quase oito meses. Por que a separação ainda é tão difícil?
O que você talvez não saiba	Foi muito difícil para a mãe de Kyoko deixar a filha na creche. Ela foi criada para valorizar o contato físico próximo e a intimidade entre bebês e mãe; na cultura dela isso é importante para a união familiar. O pai de Kyoko acredita que o programa irá ajudá-la a se tornar mais independente, e desde que veio morar no interior, há quatro anos, ele vem procurando meios de assegurar que seus filhos tenham "sucesso" no futuro.
O que você pode fazer	Mesmo que você já tenha conversado com a mãe de Kyoko, tente fazer mais contato com ela. Tente descobrir mais sobre as expectativas dela quanto ao programa e compartilhe as suas com ela. Escute com atenção antes de fazer julgamentos sobre apego e dependência.

a crianças com incapacidades motoras, para que não se desenvolva um atraso na comunicação, no caso de uma falta de coordenação física atrapalhar o caminho de interações significantes que auxiliam no desenvolvimento linguístico. Programas de intervenção precoce também disponibilizam apoio às famílias para auxiliá-las em momentos de estresse e ajudá-las a acessar recursos importantes.

Padrão do programa NAEYC 4
Avaliação

Reconhecer quais diferenças e/ou atrasos podem ser temporários e quais podem persistir é o maior desafio. Encontrar um recurso de apoio "em tempo" em vez de determinar que a criança "vai crescer sem isso" pode fazer uma grande diferença nas oportunidades de aprendizado em longo prazo da criança. Ajudar as famílias em seus esforços de encontrar os recursos mais apropriados e ajudá-los a lidar com o estresse frequentemente associado aos cuidados de uma criança com necessidades especiais podem ser desafios até mesmo para os cuidadores mais experientes.

Não hesite em buscar mais informações e recursos ligados à intervenção precoce e a programas de apoio relacionados se você tem dúvidas quanto a qualquer criança sob seus cuidados. O Capítulo 7 focará em recursos disponíveis para crianças com necessidades especiais e em como acessá-los *on-line*. Lembre-se de que o foco principal deste capítulo é o apego e que ele é essencial ao desenvolvimento de todas as crianças. Cuidadores positivamente reativos podem ser os primeiros a intervir se suspeitarem que alguma criança sob seus cuidados tem uma incapacidade. Essa intervenção precoce pode ser a chave para determinar um crescimento saudável em longo prazo, mas é importante que antes se reconheça a importância que tem o apego seguro para toda e qualquer criança.

RESUMO

O apego é um processo interativo contínuo influenciado pela reatividade do cuidador e pelas características do bebê ou da criança.

Estudo do cérebro

- A tecnologia atual nos deu uma ideia de como o cérebro funciona e da importância dos cuidados primários de qualidade.
  - Relações de apego seguras afetam diretamente o modo como o cérebro se "enreda", e interações positivas e calorosas estabilizam as conexões cerebrais.
  - Padrões neurais sólidos auxiliam todas as áreas de crescimento, especialmente o desenvolvimento cognitivo e social.

Recursos on-line
Acesse o Centro de Aprendizado *On-line* em www.mhhe.com/itc9e, clique em *Student Edition*, e escolha o *Chapter 5* para acessar o guia do estudante, que inclui uma resenha do capítulos, links relacionados, testes práticos, exercícios interativos e referências do capítulo.

Etapas do apego

- Comportamentos que promovem a experiência do apego – incluindo o contato visual, o choro e os apertões – estão presentes no bebê desde o nascimento.
- Na segunda metade do primeiro ano de vida, os bebês em geral começam a indicar o medo de estranhos (8 a 10 meses) e a ansiedade de separação (10 a 12 meses).
- Cuidadores sensíveis podem auxiliar as crianças e seus pais/famílias no processo de estabelecer confiança. Esse cuidado fundado no apoio fomenta a autoconfiança e a exploração de um mundo mais amplo.

Medindo o apego

- A pesquisa da psicóloga especialista em desenvolvimento infantil, Mary Ainsworth, é um marco dos estudos relacionados à medida da força do apego entre um dos pais e um bebê ou criança.

- Bebês seguros reagem com angústia quando um dos pais os deixa em um ambiente estranho, mas eles buscam proximidade e se sentem confortados quando o pai ou mãe retorna. Bebês inseguros podem reagir ou não à partida de um dos pais e podem reagir se esquivando ou de forma ambivalente quando a união ocorre.
- Lembre-se de que tanto pais quanto mães que propiciam um cuidado reativo e sensível aos seus bebês estão aptos a criar a base de segurança necessária para um apego saudável. Também é importante que se leve em conta os valores culturais e que se preste uma atenção cuidadosa em tudo isso antes de fazer julgamentos sobre apego e dependência.

Crianças com necessidades especiais: a importância da intervenção precoce

- A intervenção precoce consiste em uma abordagem multidisciplinar destinada a identificar e planejar auxílios para crianças pequenas com incapacidades, a fim de ajudá-las a atingir seu potencial completo de desenvolvimento.
- A legislação pública norte-americana de 1975, revisada em 1986 e novamente em 2004, determina que a intervenção precoce é uma necessidade nacional e estabelece quatro diretrizes relacionadas às práticas de intervenção e avaliação.
- Os programas de intervenção precoce auxiliam famílias e crianças a encontrarem recursos relevantes, "em tempo", para que a criança se desenvolva de forma saudável e se apegue com segurança.

EXPRESSÕES-CHAVE

apego 94	confiança 98	neurônios 94	sincronia interacional 98
autonomia 99	dendritos 94	neurônios-espelho 96	
axônio 94	neurotransmissores 104	sinapses 94	situação estranha 100

QUESTÕES PARA REFLEXÃO/ATIVIDADES

1. Imagine um diálogo com um pai ou uma mãe de um recém-nascido a respeito do tema do apego. O que você compartilharia sobre esse processo? Como seus comentários se modificariam se você falasse com um pai ou uma mãe de uma criança de dois anos?
2. Revise a Tabela 5.1, "Repensando o Cérebro", na página 94. Quais são os pontos mais importantes? Por quê? Como você compartilharia essa informação com um pai ou uma mãe?
3. O que acontece com o desenvolvimento se há pouco ou nenhum afeto envolvido? Considere, especificamente, o desenvolvimento emocional, social e mental/cognitivo.
4. Observe, em um programa para bebês e crianças, quando o pai ou a mãe de uma criança pequena está a ponto de sair. Que comportamentos demonstrativos de apego você percebe na criança? Como o pai ou mãe reage? Considere as mudanças e acréscimos que você gostaria de ver.
5. Descreva os tipos de interação que constroem um apego seguro. Que obstáculos podem gerar preocupações relativas ao apego?

REFERÊNCIAS

AINSWORTH, M. et al. *Patterns of attachment*: a psychological study of the strange situation. Hillsdale: Erlbaum, 1978.

BOWLBY, J. *Attachment*: vol. 1 of attachment and loss. New York: Basic, 2000.

COOPLE, C.; BREDEKAMP, S. (Ed.). *Developmentally appropriate practice in early childhood programs*. 3th ed. Washington: National for the Education of Young Children, 2009.

EDWARDS, C. P.; RAIKES, H. Relationship-based approaches to infant / toddler care and education. *Young Children*, v. 57, n. 4, p. 10-17, jul. 2002.

GALLAGHER, K. Brain research and early child development: a primer for developmentally appropriate practice. *Young Children*, v. 60, n. 4, p. 12-20, jul. 2005.

HARLOW, H. The nature of love. *American Psychology*, v. 13, p. 386, 1958.

ISABELLA, R.; BELSKY, J. Interactional synchrony and the origins of infant-mother attachment. *Child Development*, v. 6, p. 373-384, 1991.

KLAUS, M. KENNELL, J. *Parent-infant bonding*. St. Louis: Mosby, 1982.

LALLY, J. R. Brain research, infant learning, and child care curriculum. *Child Care Information Exchange*, v. 121, p. 46-48, may/jun. 1998.

MAYSELESS, O. Attachment patterns and their outcomes. *Human Development*, v. 39, p. 206-223, 1996.

NATIONAL CENTER FOR INFANTS, TODDLERS, AND FAMILIES. *Zero to three*. Washington: [s.n], 2012. Disponível em: < http://main.zerotothree.org/site/PageServer?pagename=key_brain>. Acesso em: 02 jun 2014.

NATIONAL JOINT COMMITTEE ON LEARNING DISABILITIES. Learning disabilities and young children: identification and intervention. *Learning Disability Quarterly*, v. 3, p. 63-72, winter 2007.

NATIONAL

RESTAK, R. *The naked brain*. New York: Three Rivers Press/Random House, 2006.

SHORE, R. *Rethinking the brain*: new insights into early development. New York: Families and Work Institute, 1997.

SHORE, R. *Rethinking the brain*: new insights into early development. New York: Families and Work Institute, 2003.

LEITURAS COMPLEMENTARES

BALABAN, N. Easing the separation process for infants, toddlers, and families. *Young Children*, v. 61, n. 6, p. 14-18, nov. 2006.

BARDIGE, B. Infants and toddlers: providing responsive and supportive care. *Young Children*, v. 61, n. 4, p. 12-13, jul. 2006.

BERLIN, L. J. et al. (Ed.). *Enhancing early attachments*. New York: Guilford Press, 2005.

BRUDER, M. Early childhood intervention: a promise to children and families for their future. *Exceptional Children*, v. 76, n. 3, p. 339-355, spring 2010.

CAPUOZZO, R. M.; SHEPPARD, B. S.; UBA, G. Boot camp for new dads: the importance of infant-father attachment. *Young Children*, v. 65, n. 3, p. 24-28, may 2010.

DOMBRO, A. L.; LERNER, C. Sharing the care of infants and toddlers. *Young Children*, v. 61, n. 1, p. 29-33, jan./feb. 2006.

GRAY, H. You go away and you come back: supporting separations and reunions in an infant/toddler classroom. *Young Children*, v. 59, n. 5, p. 100-107, sept. 2004.

IM, J.; PARLAKIAN, R.; SANCHEZ, S. Understanding the influence of culture on caregiving practices: from the inside out. *Young Children*, v. 62, n. 5, p. 65-66, sept. 2007.

KIM, A. M.; YEARY, J. Making long-term separation easier for children and families. *Young Children*, v. 63, n. 5, p. 32-36, sept. 2008.

MOONEY, C. G. *Theories of attachment*. Saint Paul, MN: Redleaf, 2010.

SCHILLER, P.; WILLIS, C. Using brain-based teaching strategies to create supportive early childhood environments that address learning standards. *Young Children*, v. 64, n. 4, p. 52-55, jul. 2008.

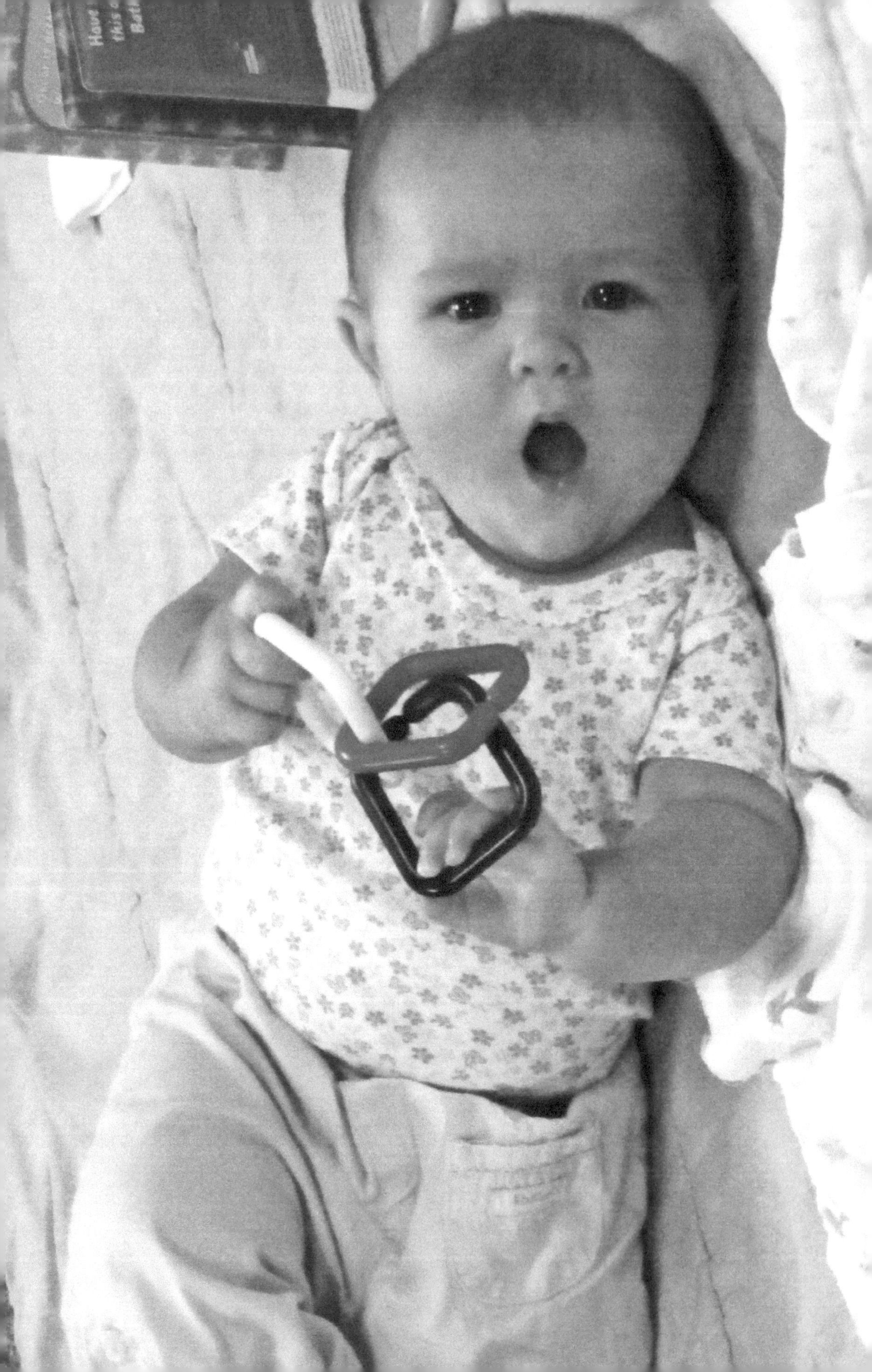

Capítulo 6

Percepção

Questões em foco

Depois de ler este capítulo, você deve estar apto a responder às seguintes perguntas:

1. O que significa desenvolvimento da percepção? Como ele é influenciado pelo desenvolvimento do cérebro?
2. Quais aptidões possuem os recém-nascidos nas áreas da audição, do paladar, do olfato, do tato e da visão?
3. O que os cuidadores podem fazer para fomentar o desenvolvimento da percepção em crianças pequenas?
4. Quais são os componentes-chave envolvidos no Plano de Serviço Familiar Individualizado?

O que você vê?

Bea está explorando algumas esferas. Ela olha para elas, talvez notando as diferentes cores. Olha para a cuidadora enquanto apalpa as esferas, explorando a forma e a textura. Põe as esferas na boca e depois sorri para cuidadora quando a ouve dizer "Você realmente parece gostar dessas esferas, Bea! Qual é o gosto delas?". Ela continua olhando para a cuidadora, mas depois se vira para o centro da sala, quando escuta outra cuidadora comentando sobre se aprontar para o lanche. Aspira o ar suavemente e parece perceber o cheiro das broas que estão sendo assadas – o cheiro que já está tomando conta da sala há 10 minutos. Larga as esferas no chão e engatinha até a área da sala que está sendo preparada para o lanche.

Reflita

Pense em Bea, o bebê que você conheceu no início do capítulo. Como ela demonstra integração sensorial? Como os cuidadores dela podem ajudá-la a coordenar sua exploração dos sentidos?

Você reparou em quantos sentidos diferentes Bea usou para explorar as esferas? Parece que ela também fez uso das palavras da cuidadora, do cheiro que vinha da cozinha e da observação da preparação da área do lanche para prever que a comida estava por vir logo, logo.

Crianças muito pequenas se envolvem rapidamente no processo de armazenar informações para usá-las em seguida. A sensação é a estimulação dos órgãos sensoriais (por exemplo: olhos, ouvidos e papilas gustativas), e **percepção** é a capacidade de captar e organizar as informações sensoriais. É uma tendência precoce de buscar ordem e estabilidade no mundo, e vai ficando cada vez mais apurada com a idade (MANDLER; DOUGLAS, 1993). As informações sensoriais fazem uma ligação importante com todas as outras áreas de crescimento. O aprendizado, nesse campo, pode ser considerado um *sistema dinâmico* – "dinâmico" no sentido de que é um processo em constante mutação ao longo do nosso crescimento e amadurecimento, enquanto "sistema" tem a ver com influenciar continuamente as outras áreas de crescimento. Pense em Bea, na cena de abertura do capítulo; ela obviamente foi capaz de organizar uma grande quantidade de informação sensorial! À medida que bebês e crianças passam repetidamente pelas mesmas experiências, eles começam a estabelecer relações significativas com as pessoas e os objetos do mundo ao seu redor. **Redes neurais** (ou conexões de dendritos entre células cerebrais) se fortalecem ao se reunirem e se aplicarem nesses encontros sensoriais, assim se beneficiando. Este capítulo trata de tais habilidades perceptivas, ou sensoriais. Ele discute a importância das experiências ao ar livre, sensorialmente enriquecedoras para crianças pequenas. O capítulo também inclui alguns sinais de alerta precoces que podem determinar se uma criança tem deficiências sensoriais, assim como os componentes do IFSP para crianças pequenas com necessidades especiais. Bebês e crianças estão sempre explorando o mundo ao seu redor e conferem sentido às coisas baseados em suas descobertas e experiências.

Integração sensorial

A crescente consciência pública do desenvolvimento inicial do cérebro valida o que muitos pais e cuidadores já sabem há muito tempo – aprender, quando se fala de bebês e crianças pequenas, é algo inter-relacionado, e o crescimento de uma área influencia o crescimento de outra. **Integração sensorial** é o processo de combinar e integrar informações aos sentidos e é crucial para o desenvolvimento da percepção. À medida que os bebês se tornam conscientes de suas experiências sensoriais, eles passam a conseguir diferenciar as pessoas ao seu redor e a se apegar. Eles aprendem a mexer o corpo de maneiras específicas, a fim de acomodar novas informações sensoriais. Eles começam a relacionar o que aprenderam sobre um objeto ou uma pessoa por meio de um sentido (por exemplo, a visão) com o que aprenderam por meio de outro (por exemplo, o tato). Essas inter-relações entre experiência sensorial e experiência motora são muito fortes e fornecem a base para o desenvolvimento cognitivo. Crianças pequenas precisam de experiências sensoriais com oportunidades de muitas repetições, para que possam criar redes de aprendizado saudáveis no cérebro. *Lembre-se do princípio 4: invista tempo e energia para construir uma pessoa completa.*

Inicialmente, as experiências sensoriais e as percepções dos bebês são diretas e físicas. A boca é especialmente sensível e deve ser considerada um instrumento de aprendizado primordial nos primeiros anos de vida. À medida que os bebês crescem, eles aprendem a se *esticar* para sintonizar os sentidos que trazem informações de longe. Veja a Figura 6.1 para um resumo de como e quando os sentidos se desenvolvem no cérebro. Estudos atuais relacionados ao desenvolvimento do cérebro indicam que os neurônios, à medida que se movem pelo cérebro, assumem funções especializadas. Revise novamente as áreas visual e auditiva na Figura 6.1. Se um neurônio que em geral migra para a área visual do cérebro é, em vez disso, direcionado para a área da audição, ele se transformará para se tornar um neurônio auditivo em vez de um neurônio visual.

O cuidado com bebês e crianças pequenas na creche 115

Os bebês chegam ao mundo já capazes de percebê-lo, e suas primeiras experiências completam o circuito cerebral.

Tato: O córtex sensorial primário é responsável pelo tato. Esta área fundamental do cérebro processa as sensações tácteis do feto já no quarto mês de gravidez. Na décima semana começam a aparecer os nervos que atuam na pele.

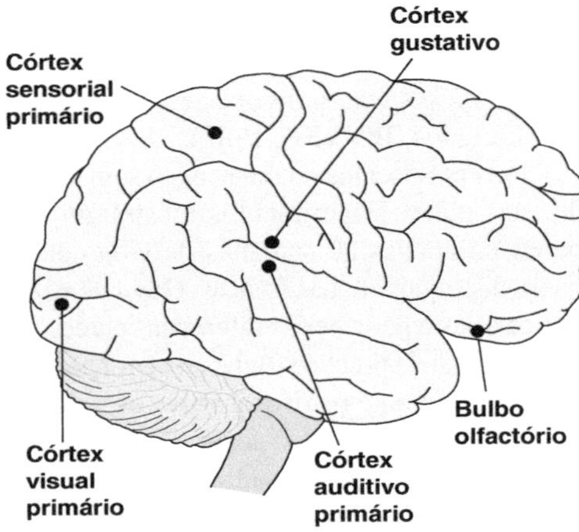

Visão: Alguns sinais simples no córtex visual já podem ser recebidos nos olhos do feto quando ele completa 7 meses no útero. Mas este é o sentido que se desenvolve mais lentamente, e os neurônios responsáveis pelo padrão visual permanecem imaturos por muitos meses depois do nascimento.

Tato: 7 semanas depois da concepção já começam a aparecer 10.000 papilas gustativas na língua e também o palato mole. Os gostos específicos aos quais o bebê é exposto antes do nascimento (provenientes do que a mãe come) podem determinar futuros gostos e desgostos durante a infância.

Audição: A exposição pré-natal aos sons pode ter um efeito duradouro. Depois de 28 semanas de gestação o córtex auditivo pode perceber sons mais altos. Um recém-nascido geralmente reconhece sua própria voz ou a da mãe, e têm preferência por essas vozes.

Olfato: Já no nascimento os bebês conseguem distinguir o cheiro da mãe. Mesmo no útero eles já conseguem detectar o cheiro do fluido amniótico. Tudo indica que sentir cheiros está extremamente ligado a emoções e memórias.

Figura 6.1 Começando a sentir o mundo.
Fonte: Adaptado de "World of Senses", de Joan Raymond, IN: Newsweek Special Issue, Fall/Winter 2000, p. 18.

Neurônios individuais têm potencial para servir a qualquer função neural... dependendo de onde forem parar! (JOHNSON, 2005).

Esse processo de organização confere aos bebês a habilidade de se sintonizarem com a experiência em questão e de se concentrarem em determinados aspectos dela. O processo é neurológico – não é visível. Mas podemos ver os bebês se adaptando às suas experiências. Mesmo que todos os sentidos estejam em ação, os bebês inicialmente não percebem que as informações recebidas por esses sentidos terão continuidade. Eles ainda não conseguem perceber a repetitividade dos acontecimentos ou interpretá-los. Em um curto período de tempo, contudo, as conexões entre acontecimentos separados começam a ficar claras. Por exemplo: bebês chorando começam a se acalmar quando percebem que ouvir uma voz ou ver um rosto específicos significa que receberão comida ou cuidados em breve.

Pesquisadores estão estudando cada vez mais informações sobre o valor dos ambientes ao ar livre para bebês e crianças pequenas e também sobre como as experiências multissensoriais com a natureza podem fomentar a integração sensorial. Depois de abordarmos cada um dos domínios sensoriais, compartilharemos estratégias positivas para incentivar experiências sensoriais ao ar livre.

Este livro aborda os **cinco sentidos** (audição, paladar, olfato, tato e visão) tradicionais, mas é interessante especular sobre outros sentidos possíveis e sobre a possibilidade de os bebês possuírem mais habilidades sensoriais do que os adultos. Preste atenção na seguinte passagem de *The Metaphoric Mind*, um livro que defende que não temos cinco ou seis sentidos, mas sim 20 ou mais:

Alguns seres humanos claramente percebem mudanças imediatas nos campos gravitacional e magnético. Outros conseguem detectar a energia criada por fluxos de diferentes materiais em canos, movimentos terrestres ou correntes eletrostáticas no ar. Quando adultas, tais pessoas são consideradas especiais, místicas ou com algum tipo de desvio. Pode muito bem ser que essas pessoas simplesmente tenham retido uma consciência sensorial maior dos sentidos que possuíam quando crianças. (SAMPLES, 1976, p. 95)

Antes de ler sobre o desenvolvimento de cada domínio sensorial ou perceptivo, pare e pense sobre sua própria consciência sensorial. A assistência respeitosa, enfatizada ao longo de todo o livro, ocorre quando adultos, cuidadores e pais, acalmam-se e estabelecem mais empatia entre eles e com as crianças pequenas. Em nossas vidas ocupadas e corridas, acabamos perdendo contato com nossas habilidades sensoriais e corporais, e com o quanto elas estão conectadas com tudo que pensamos e fazemos. Para se tornar um melhor observador de crianças pequenas e um cuidador mais sensível, é importante voltar a ter contato consigo mesmo.

Dê uma olhada nas informações fornecidas pela *Sensory Awareness Foundation* – www.sensoryawareness.org. Esse grupo foi fundado por Charlotte Selver, amiga de Emmi Pikler. A consciência sensorial é uma prática por meio da qual os adultos redescobrem seu equilíbrio e autoconfiança naturais, e com isso adquirem maior sensibilidade em relação a si mesmos e aos outros. Considera-se que essa consciência proporciona uma base sólida para as habilidades adultas de resolução de problemas. Atividades de consciência sensorial ajudam os adultos a fazer o que os bebês fazem naturalmente: entrar em contato com seu corpo e seus sentidos. Eles aprendem a viver o momento (GONZALEZ-MENA, 2007).

Audição

Recém-nascidos já escutam no momento do nascimento (ou mesmo antes). Eles conseguem sentir a direção da qual vem o som, bem como sua frequência e duração. Estudiosos descobriram que os sons que duram de 5 a 15 segundos parecem ter o maior efeito no nível da atividade e na frequência cardíaca dos bebês (as duas medidas mais usadas com vistas a refletir a consciência de um bebê de alguma mudança que ocorre durante uma atividade). Se o som dura mais do que alguns minutos, o bebê se torna menos reativo. Em outras palavras, um bebê fica mais atento se você alterna a fala com o silêncio do que se você faz longos discursos (BOWER, 1982).

Recém-nascidos reconhecem o som da voz de suas mães. Experimentos mostraram que bebês de apenas 20 semanas de vida conseguem distinguir sílabas básicas. Ouvir as vozes das pessoas e perceber as diferenças parece ser uma habilidade precoce. Bebês recém-nascidos são especialmente reativos a vozes expressivas e de alta frequência, que acentuam o final das frases. Isso descreve um padrão discursivo chamado de *parentese* (o que não é a mesma coisa que "linguajar infantil"). A reatividade precoce a alguns sons e padrões sonoros parece estimular pais e cuidadores a falarem com eles. Tal interação fortalece tanto a ligação emocional entre eles e os bebês quanto a disposição das crianças diante da complexa tarefa que envolve o desenvolvimento linguístico (JUSCZYK; ASLIN, 1997). O modo como os bebês reagem aos sons ou a qualquer outro estímulo sensorial, contudo, depende muito da situação na qual eles experimentam isso. Um barulho alto ou estranho pode ser assustador, mas a presença reconfortante de um cuidador familiar transmite uma sensação de segurança e permite que o bebê se mantenha calmo e aberto ao aprendizado. Bebês muito jovens também são capazes de ouvir determinados sons que distinguem uma língua da outra. Mais ou menos aos quatro meses e meio, eles conseguem discriminar os próprios nomes de palavras com sons similares. Com cinco meses, os bebês que têm o inglês como língua materna já conseguem distinguir entre inglês e espanhol (MANDEZ; JUSCZYK; PISONI, 1985).

Os bebês também sabem quando alguém está cantando para eles. O comportamento deles é diferente quando as mães estão cantan-

OBSERVAÇÃO EM VÍDEO 6

Menino explorando carrinho de brinquedo por meio do tato e da audição

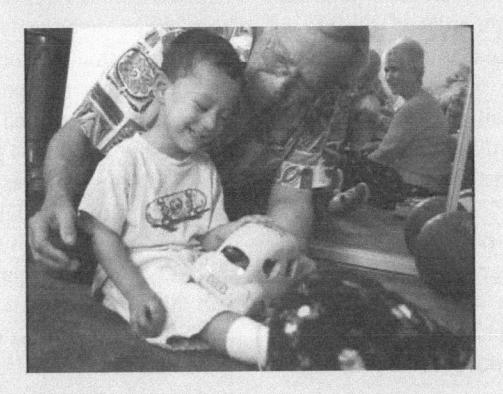

Veja a Observação em vídeo 6: "Menino explorando carrinho de brinquedo por meio do tato e da audição" para uma ilustração do aprendizado de como coordenar as informações sensoriais. Você vê um garoto sendo ensinado a usar a audição e o toque para aprender sobre um brinquedo que ele não consegue ver.

Questões

- Por que você acha que o homem escolheu dar ao garoto justamente esse brinquedo?
- Você tem noção de quantos sentidos você usa ao mesmo tempo a fim de explorar um novo objeto? Qual você acha que é o seu sentido mais forte e útil?
- No exemplo, o adulto desempenha o papel de "ensinar" mais veementemente do que nos outros exemplos. Por que você acha que isso acontece e o que você sente em relação a isso? Você pensaria diferente se soubesse que essa criança ficara cega não muito antes de o vídeo ser gravado?

Para assistir a esse vídeo, entre em www.grupoa.com.br, acesse a página do livro por meio do campo de busca e clique em Conteúdo Online.

---

do de quando estão falando com eles. Quando as mães cantam, os bebês se movimentam menos e olham para elas mais intensamente (NAKAKE; TREHUB, 2004). Certamente os bebês precisam ter oportunidade para experimentar uma grande variedade de sons, mas lembre-se de que eles precisam de momentos de tranquilidade para apreciar as diferenças entre os sons. Se há muito barulho no ambiente, muito alto, o bebê gasta muita energia mudando o foco da atenção. O nível de barulho ideal varia de acordo com a criança. Cuidadores sensíveis conseguem determinar o que é menos ou mais adequado depois que passam a conhecer melhor a criança. Parte desse conhecimento vem de saber o próprio nível ideal de barulho.

Alguns adultos gostam de músicas de fundo, outros não. Contudo, esse é um ponto a ser considerado: se você quer que um bebê foque em um determinado som, esse som deve se isolado e ter um início e um final. Por exemplo, se uma caixa de música ou um aparelho de CD fica tocando constantemente, o bebê depois de um tempo para de ouvir porque o som deixa de ser interessante. Os cuidadores devem se certificar de que brinquedos automáticos e outros que fazem barulho não se tornem substitutos da voz humana. Os bebês podem chegar a muitas conclusões a partir da inflexão da voz de alguém, e responder à voz humana e suas inflexões é o início do desenvolvimento linguístico.

Crianças pequenas possuem uma grande habilidade de tolerar altos níveis de barulho, logo, elas podem ficar em grupos maiores do que os bebês. No entanto, as crianças pequenas também variam individualmente, e algumas são bastante superestimuladas com vários sons. Essas crianças podem não conseguir focar quando cercadas de barulhos. Um jeito de ajudar a resolver tal problema é contar com espaços silenciosos onde uma ou duas crianças superestimuladas possam se refugiar quando quiserem. Já vimos armários forrados com almofadas, barracas e mesmo grandes caixas de madeira para as quais os bebês podem se dirigir, engatinhando, com tal propósito.

Padrão do programa NAEYC 3
Ensino

Olfato e paladar

Pesquisadores sabem que o olfato e o paladar já estão presentes no nascimento e se desenvolvem rapidamente nas primeiras semanas. Recém-nascidos conseguem distinguir o cheiro da mãe do de outras mulheres que acabaram de dar à luz, logo, o olfato obviamente desempenha um papel importante no apego. (As mães também falam com frequência que o cheiro de seus bebês é agradável a elas.)

Recém-nascidos reagem a odores desagradáveis, como o da amônia e o do ácido acético (presente no vinagre, por exemplo) desviando-se deles, mas parecem insensíveis a odores menos interessantes, mais fracos. Eles reagem positivamente ao cheiro da banana, por exemplo, e negativamente, de certa forma, a odores de peixe, e com nojo ao cheiro de ovo podre (STEINER, 1979).Um aumento na frequência respiratória e no nível de atividade pode ser notado quando há odores presentes no ar e, quanto maior for a saturação dos odores, maior será o nível da frequência cardíaca e da atividade.

Um ambiente rico em cheiros acrescenta muito a uma turma de crianças pequenas. Eles podem fazer parte das atividades diárias, como durante a preparação de comidas, ou podem ser introduzidos pelos cuidadores de outras formas, como por meio de "garrafinhas de cheiros". Tome cuidado com cheiros deliciosos que não são comestíveis – como creme de barbear com cheiro de chocolate e massinha de modelar com aroma de hortelã – a não ser que as crianças já estejam bem familiarizadas com a ideia de que massinha de modelar e creme de barbear não são feitos para comer.

Reflita
Como você se sente diante de crianças brincando com a comida? Quais podem ser os benefícios disso? Quais possíveis questões culturais, e mesmo de gênero, precisam ser levadas em conta?

Algumas reações ligadas ao paladar já estão claramente desenvolvidas quando o bebê nasce. Os bebês reagem com desagrado a gostos amargos e parecem ter uma apreciação inata pelos gostos doces (PORGES; LIPSITT, 1993).Como o leite do peito da mãe é um tanto doce, o paladar é outro sentido que pode colaborar para o apego. O gosto do sal é reconhecido um pouco mais tarde e será tolerado se a criança estiver com fome. Um bebê de apenas 10 dias pode mostrar surpresa se a água for substituída pelo esperado leite, mas parece haver uma correlação com o fato de o bebê estar sendo bem alimentado; bebês cujas dietas são inadequadas parecem não notar as mudanças de gosto tão rapidamente.

Tome cuidado para não condicionar os bebês ao gosto do sal e de outros aditivos. Não há razão para apimentar a comida de bebês muito jovens; eles apreciam o sabor natural, não temperado, dos alimentos. Muitos de nós aprendemos que a comida em seu estado natural "precisa de algo" e sofremos com esse paladar adquirido quando a pressão se torna alta, motivo pelo qual muitas pessoas hoje fazem dietas de restrição de sal.

O paladar pode ser uma parte importante do dia das crianças se elas forem expostas a certa variedade de alimentos durante as refeições e os lanches. É claro que é preciso tomar cuidado para que essas comidas não apresentem riscos de engasgamento. Falaremos mais sobre esse assunto no Capítulo 12.

Tato

A **sensibilidade**, ou a reatividade ao desconforto e à dor, aumenta rapidamente logo após o nascimento. Algumas partes do corpo são mais sensíveis do que outras. A cabeça, por exemplo, é mais sensível do que os braços e as pernas. Os bebês variam individualmente quanto à sua sensibilidade ao toque e, para alguns, o toque não é bem-vindo. Cuidadores devem aprender a lidar com bebês que são defensivos em relação ao toque, de modo a causar mínimo desconforto a eles. Um jeito de fazer isso é levantar esses bebês com um travesseiro em vez de pegá-los da forma como se pega outros bebês. Alguns bebês reagem melhor a um toque físico mais vigoroso do que a um toque leve, que parece incomodá-los.

Onde e como tocamos tem a ver com a cultura. É uma boa ideia descobrir o que é proibido ou desrespeitoso em culturas diferentes da sua se houver crianças de outras culturas em sua turma. Em algumas culturas, por exemplo, não se toca na cabeça das crianças, e fazer isso pode chatear os pais. Considere a mensagem que é tradicionalmente passada nos Estados Unidos quando alguém toca ou dá uma palmadinha na cabeça de outra pessoa. Como você se sentiria se o seu chefe lhe desse uma palmadinha na cabeça? Palmadinhas na cabeça são reservadas aos muito jovens ou aos cachorros, nunca a um igual ou superior. Apesar de isso parecer natural para a maioria dos adultos, talvez seja mais respeitoso evitar dar palmadinhas na cabeça de bebês e crianças muito jovens.

Fique atento se você estiver estabelecendo diferenças entre meninos e meninas pela forma como toca as crianças sob seus cuidados. Algumas vezes, inconscientemente, as pessoas tocam mais crianças de um sexo do que de outro. Tente tratar igualmente crianças de ambos os sexos.

A **percepção tátil** (tato) está relacionada com as habilidades motoras (habilidades de movimento). À medida que os bebês aumentam sua habilidade de se movimentar pelo ambiente, o tato vai lhes conferindo mais e mais informações a respeito do mundo. E eles buscam essas informações quase empaticamente. Todos os ambientes para bebês e crianças pequenas devem poder ser tocados e os materiais devem poder ser colocados na boca (a boca também fornece uma grande quantidade de informação às crianças muito jovens). Enquanto você estiver enchendo o ambiente de brinquedos de plástico (que podem tanto ser tocados quanto colocados na boca), não se esqueça de providenciar algumas substâncias naturais que as crianças possam explorar, como madeira ou lã. (Há uma abordagem educacional, a educação de Waldorf, que defende que crianças muito jovens devem experimentar apenas objetos [brinquedos] feitos a partir de substâncias naturais, pois as artificiais – coisas que parecem com outras coisas – enganam os sentidos.)

Nomeie para as crianças pequenas o que elas estão sentindo, dê a elas palavras – suave, quente, felpudo, duro, macio. Certifique-se de que há vários objetos macios no ambiente dos bebês. Alguns programas investem em ambientes predominantemente duros porque superfícies e objetos duros duram mais e são mais fáceis de limpar. Reduzir a maciez não é uma forma de melhorar a relação custo/benefício porque um ambiente "duro" muda o programa inteiro. Os comportamentos tendem a melhorar quando o ambiente é amaciado.

Ofereça uma variedade de experiências táteis (de toque) às crianças pequenas. Mesmo que elas já caminhem por aí, elas ainda não passaram da fase de precisar explorar o mundo com a própria pele. Seguem algumas ideias de como proporcionar às crianças pequenas experiências táteis que envolvam o corpo todo:

- Uma área de vestir com roupas sedosas, felpudas, peludas e de outras texturas
- Um "tubo sensorial", cheio de coisas como bolas de plástico ou bolas enredadas (amarradas fortemente para que as crianças não se enrosquem nas extremidades soltas) pelas quais as crianças possam subir
- Piscinas de plástico no verão
- Caixas de areia para sentar
- Banhos de lama (não é preciso nada mais do que um dia quente, uma mangueira, um pouco de sujeira e disposição para limpar tudo depois. As crianças saberão por si mesmas o que fazer com a lama)

Padrão do programa
NAEYC 2
Currículo

Se você estiver disposto a deixar que as crianças chafurdem na lama para terem experiências com o corpo inteiro, tome cuidado para não esbarrar em valores culturais. Algumas culturas possuem proibições rígidas contra crianças se sujarem ou se desarrumarem.

Outros tipos de experiências táteis são designados principalmente para as mãos (ou mãos e braços). Preparar uma comida simples, que pode ser feita rapidamente, proporciona experiências táteis às crianças. Outras possibilidades incluem brincar na água, na areia, com massinhas de modelar ou pintar com os dedos (o que tem muitas variações, tal como pintar com creme de barbear – mas não com crianças muito pequenas –, amido de milho e água). Certifique-se de enfatizar o processo, e não o produto. O objetivo de pintar com os dedos é sentir a tinta e espalhá-la, e não fazer um bonito desenho para levar para casa.

Tome cuidado para não excluir as meninas dessas atividades táteis com medo de que elas possam se "desarrumar". Algumas pessoas toleram mais meninos desarrumados do que meninas no mesmo estado. Mas fique consciente de que algumas crianças não querem se desarrumar. Não culpe os pais por isso. Pode ser que os pais as tenham desestimulado de se desarrumarem (por questões pessoais ou culturais). Mas, às vezes, a relutância vem da personalidade da criança ou do estágio de desenvolvimento. Muitas crianças pequenas passam por um período em que se recusam a sujar as mãos.

Nem todas as experiências táteis precisam envolver bagunça. Muitos programas excelentes para crianças pequenas contam com experiências bastante limitadas em termos de bagunça. Ninguém espera que você estimule as crianças a chafurdar na lama a não ser que você realmente queira configurar esse tipo de experiência. Algumas experiências mais simples, porém valiosas, incluem um baldinho de areia com pazinhas e peneiras; uma panela com alpiste (apenas para as crianças sentirem a textura) ou alpiste e copos, jarrinhas e copos; e uma bandeja de sal (talvez com alguns carrinhos em volta). Apenas deixar as crianças

---

Os princípios em ação

Princípio 7 Seja um modelo do comportamento que quer ensinar. Não pregue.

Tyler está sentado em um tapete, olhando para sua cuidadora, que está próxima dele. Ela sorri. Ele sorri de volta. Ele se apoia nos quatro membros e se afasta, parando por um momento quando repara que saiu de cima do tapete macio. Ele olha para a cuidadora, que está ociosamente cutucando o tapete. Ele também cutuca o tapete com os dedos. "Macio", ela diz, e ele vira a cabeça para escutá-la. Então ele se apoia nos quatro membros de novo e se direciona para uma caixa de brinquedos. No meio do caminho, ele encontra um bebê menor que ele, deitado de costas em um cobertor. Ele faz uma pausa para investigar e, quando se movimenta para olhar mais de perto, ele repara que a cuidadora veio sentar ao seu lado. Ele procura o rosto do bebê, tocando na pele e no cabelo dele. Ele toca a cabeça do bebê com os lábios e então olha para a cuidadora e sorri. Ela sorri de volta. Ele se torna mais vigoroso em suas investigações, e aparece uma mão em cima da dele, tocando-o delicadamente. "Com delicadeza", diz a cuidadora. E ele volta às carícias delicadas.

1. Essas são interações educativas?
2. O que a cuidadora está fazendo para estimular a criança a tocar e explorar?
3. Que relação têm todas essas experiências de toque com o desenvolvimento da percepção?
4. Você consegue dizer quantos anos tem essa criança? Em quais pistas você está se apoiando?
5. É possível dizer que essa criança está se desenvolvendo da maneira típica? Em quais pistas você está se apoiando para responder?
6. Se a criança não tivesse reagido positivamente ao modelo de gentileza que forneceu a cuidadora e tivesse tentado puxar o cabelo do bebê, o que a cuidadora poderia ter feito a seguir?

sem sapato também proporciona a elas uma variedade de experiências, já que elas se deparam com diferentes texturas quando estão de pés descalços.

Visão

Sabemos mais sobre a visão do que sobre os outros sentidos, talvez porque a maioria das pessoas dependa muitíssimo dela. Os bebês já conseguem distinguir entre luz e escuridão logo ao nascerem. O reflexo da pupila (que automaticamente diminui na luz clara e aumenta quando a luz está fraca) pode ser observado no nascimento, mesmo em bebês prematuros. Dentro de poucas horas, os bebês já são capazes de empreender uma busca visual. O foco fixo deles parece ficar em torno de 120 cm de alcance. Em outras palavras, os bebês têm condições de ver o rosto da mãe enquanto mamam no peito.

Dentro de poucas semanas os bebês já conseguem distinguir cores e preferem as quentes (vermelho, laranja, amarelo) às frias (azul, verde). Os movimentos oculares são a princípio erráticos, mas rapidamente se tornam mais refinados. No final do segundo mês os bebês já conseguem focar ambos os olhos para produzir uma única imagem, ainda que borrada. No quarto mês eles enxergam os objetos com clareza e, aos seis meses, a média de visão dos bebês é de quase 20/20 (SIMONS, 1993). A habilidade de visão deles é comparável a de um adulto, ainda que tenham que aprender a perceber e interpretar o que estão vendo.

A maioria dos recém-nascidos acham todas as pessoas e objetos colocados diante deles interessante – embora alguns pareçam mais interessantes que outros. A face humana é a coisa mais interessante de todas (porque as habilidades visuais dos recém-nascidos são claramente desenvolvidas para promover o apego).

Bebês de todas as idades precisam ter condições de enxergar coisas interessantes. Contudo, nas primeiras semanas, a alimentação e a troca de fraldas já fornecem estímulos visuais o bastante. À medida que os bebês crescem, uma variedade de materiais visuais se torna mais apropriada, porque os estimulam a se mover dentro do próprio mundo. Algo interessante de ver se torna algo a ser alcançado ou mesmo motivo de se mover até o objeto ou a pessoa em questão. Muito estímulo visual, contudo, pode levar a um "efeito circense". Os bebês se tornam observadores entretidos em vez de participantes ativos e se tornam crianças passivas que demandam serem entretidas em vez de inventarem seu próprio entretenimento. Crianças acostumadas ao entretenimento externo são empurradas para a televisão – a experiência visual mais extrema.

Um observador entretido é bastante diferente de um observador científico. Observadores entretidos ficam dependentes de um fluxo constante de novas estimulações visuais. Eles se entediam rapidamente e demandam mudanças visuais constantes. Eles podem ficar viciados em televisão. Como eles experimentam um choque muito forte em apenas um sentido (o visual), eles ignoram o fato de não estarem social ou fisicamente envolvidos no mundo ao redor. Esse hábito de observar e não se envolver é fatal para o desenvolvimento de um grande número de habilidades.

Aprenda com as próprias crianças a respeito de como configurar um ambiente favorável ao desenvolvimento de habilidades visuais. De outra forma é difícil saber quando o estímulo visual é demais e quando novas experiências visuais são bem-vindas. Se as crianças choram diante de certas coisas, pode ser que haja coisas demais acontecendo, ou pode ser que elas ainda não estejam prontas para deixar de prestar atenção no que estavam prestando antes. Se elas ficam muito quietas, elas podem estar se concentrando em algo em particular ou podem estar dispersas devido ao excesso de informação. Quando as crianças acham o mundo que habitam interessante, e é permitido a elas que o explorem de acordo com seu próprio ritmo, elas aprendem a se entreter sozinhas no processo de descoberta. *Lembre-se do princípio 7: seja o modelo do comportamento que você quer ensinar.*

Os mundos visuais das crianças pequenas ficam maiores quanto mais elas se movimentam dentro deles. Assim elas também adquirem um entendimento melhor daquilo que enxergam. Para ter uma ideia de como são os contextos visuais das crianças, posicione-se no nível delas e olhe ao redor. As coisas parecem diferentes lá debaixo.

Para reduzir a estimulação visual em um ambiente com bebês ou crianças pequenas, instale barricadas de baixa estatura para bloquear certas áreas do ambiente. Adultos podem ver além das barreiras para supervisionar, mas as crianças experimentam um ambiente visualmente calmante. Bloqueie algumas áreas da sala. (Essas barreiras em certa medida também abafam os sons.) Alguns ambientes convidam as crianças a realmente focarem no que está disponível; em outros, elas ficam superexcitadas e têm dificuldade em focar.

Figuras acrescentam interesse visual ao contexto das crianças pequenas (obviamente, apenas no caso de realmente pertencerem ao contexto da criança). Pendure-as num nível baixo o bastante para que consigam enxergá-las a partir de seu próprio nível ocular. Um modo de disponibilizá-las é cobrindo-as de papel *contact* transparente, grudando-as na parede de forma que o adesivo se estenda, de modo que não fiquem pontas soltas ou restem quaisquer possibilidades dessas figuras serem arrancadas. Mude as figuras periodicamente, mas não com muita frequência, porque crianças pequenas gostam de ver objetos familiares regularmente. Escolha figuras que claramente lembrem objetos familiares ou que mostrem outras crianças em ação. Certifique-se de que há crianças de diferentes etnias na representação pictórica. Também esteja consciente das mensagens de gênero que transmitem as figuras que você colocar na parede. Não escolha aquelas que predominantemente mostram garotinhas bonitas fazendo nada e garotinhos envolvidos em atividades atraentes.

Estética, ou o que é considerado belo, é algo valioso, mas frequentemente uma meta desconsiderada quando se planeja um ambiente para bebês e crianças pequenas. Crianças ficam mais aptas a apreciarem a beleza se os adultos ao redor delas demonstram que valorizam a estética. Lembre-se também de que a integração sensorial é fomentada *naturalmente* quando crianças pequenas podem brincar ao ar livre em ambientes bem planejados e esteticamente aprazíveis.

Experiências multissensoriais e o ambiente ao ar livre

As visões e os sons da natureza oferecem algumas das experiências e memórias mais belas cultivadas por adultos. Apesar disso, para um número cada vez maior de crianças pequenas, a natureza está se tornando uma abstração – algo que se vê em uma fotografia ou se observa da janela. Alguns programas, mesmo os destinados para bebês e crianças pequenas, ainda favorecem mais atividades dentro da sala e "direcionadas ao aprendizado". No entanto, as experiências ao ar livre e a integração dos sentidos que elas proporcionam naturalmente são extremamente valiosas e contribuem muito para a configuração de uma primeira infância de qualidade.

Bebês e crianças pequenas se beneficiam de estarem ao ar livre, onde suas opções de exploração, e especialmente suas oportunidades sensoriais, são expandidas. Todos os domínios sensoriais e perceptivos discutidos neste capítulo – audição, olfato e paladar, tato e visão – são auxiliados por materiais da natureza e atividades ao ar livre. Lembre-se de que as experiências multissensoriais ao ar livre proporcionam possibilidades de aprendizado únicas. Luz natural, ar livre e visões e sons da natureza contribuem para a integração sensorial da criança, de um modo que pode contribuir e expandir as possibilidades das experiências em ambientes fechados. Quando a integração sensorial é *bem-sucedida*, ela possibilita que as crianças pequenas processem as informações por meio de todos os sentidos de uma forma que é especificamente positiva para cada pessoa. Espaços naturais ao ar livre podem propor-

1. Permita que as crianças experimentem informações por meio de movimentos, toques, paladar, olfato, audição e visão de uma forma que é única para cada indivíduo. Deixe que cada criança seja bem-sucedida em suas experiências e se sinta confortável – uma pode querer apenas ficar sentada quieta, olhando uma borboleta, enquanto outra pode preferir rolar na grama.

2. Use algumas diretrizes para brincadeiras em ambientes fechados também nas brincadeiras ao ar livre, proporcionando um equilíbrio entre ambientes altos/baixos, secos/molhados, suaves/duros e barulhentos/silenciosos.

3. Estimule as crianças pequenas a observarem as mudanças da natureza. A areia seca tem uma textura específica, mas depois que chove ela fica bastante diferente e têm outras propriedades.

4. Planeje atividades sensório-motoras que incluam o corpo inteiro e fomentem o processamento sensorial. Ajude as crianças a levantarem, movimentarem-se e construírem coisas com pedras e paus, ao ar livre – tais atividades desenvolvem sentimentos de competência e consciência corporal.

5. Ofereça atividades manuais usando folhas, pinhas, paus e cascas de árvore. Ajude as crianças pequenas a perceberem os detalhes, os cheiros, as texturas e os padrões desses materiais.

6. Crie espaços ao ar livre que contenham vegetação natural, o que estimulará a presença de insetos, pássaros e outros animais (considerando um nível de segurança apropriado, é claro). Crianças pequenas ficam fascinadas por insetos e animais, e observá-los em seus ambientes naturais fomenta o sentimento natural de prazer da criança!

Figura 6.2 Diretrizes para fornecer às crianças experiências multissensoriais ao ar livre.
Fonte: Adaptada de Beginnings (2007).

cionar o contexto perfeito para experiências que sejam desafiadoras sem serem excessivas. A Figura 6.2 oferece algumas dicas de planejamento para experiências ao ar livre mais sensoriais. Veja também o Capítulo 12 para mais ideias.

Experiências de base natural, ao ar livre, proporcionam as condições ideais para crianças pequenas satisfazerem a maioria de suas necessidades sensoriais. Se uma criança pequena tem um desajuste sensorial específico, essa criança e sua família podem se beneficiar do IFSP. Isso pode incluir experiências na natureza que ajudem no alcance de um crescimento sensorial ideal.

Crianças com necessidades especiais: educando famílias sobre o plano de serviço familiar individualizado (IFSP)

No capítulo anterior, tratamos da importância de uma intervenção precoce. Quando mais cedo se identifica a deficiência de uma criança, ou o "risco" de ela desenvolver uma, maiores são as chances dessa criança e sua família se beneficiarem dos serviços de intervenção precoces. Nos Estados Unidos, de acordo com a lei, os serviços de intervenção precoce direcionados a crianças com menos de três anos devem estar disponíveis por meio do desenvolvimento de um **plano de serviço familiar individualizado (IFSP)**. Esta seção tratará dos requisitos implicados no IFSP e do papel importante que as famílias desempenham no desenvolvimento do documento escrito que delineia tais serviços.

Um princípio-chave do IFSP é o de que a família é o principal recurso da criança e de que as necessidades de uma criança pequena estão intimamente ligadas às necessidades de sua família. Também inclusas no IFSP estão as crenças de que a melhor maneira de apoiar uma criança é tirar vantagem das forças próprias de cada família, e de que as prioridades familiares para uma criança se desenvolvem nas atividades diárias planejadas para essa criança. Respeito pela privacidade da família é essencial; a diversidade cultural e a língua nativa da família são sempre levadas em conta no processo planejado para a criança.

A família tem o direito de recusar qualquer serviço. O custo dos serviços depende das políticas individuais de cada Estado, mas não se pode negar serviços a nenhuma criança que não possa pagar por eles. O IFSP deve incluir os seguintes componentes:

- Os níveis atuais do bebê/criança de desenvolvimento físico, cognitivo, comunicativo, emocional/social e adaptativo
- Informações familiares (com a aprovação da família), incluindo recursos, prioridades e preocupações relacionadas ao crescimento do bebê/criança pequena
- Principais resultados almejados para o bebê/criança pequena (em um período que abrange, em geral, cada seis meses)
- Os serviços de intervenção precoce necessários para atender às necessidades únicas de cada bebê/criança pequena
- Contextos naturais (por exemplo: lares e programas de educação primária) nos quais serviços de intervenção primária serão oferecidos (ou uma justificativa do motivo pelo qual tais serviços não são oferecidos)
- Um prazo escrito planejado que descreva quando os serviços iniciarão e quanto tempo se espera que eles durem
- O nome do coordenador dos serviços, aquele que será responsável pela implementação do plano e pela coordenação dele junto a outras instituições
- As etapas a serem ultrapassadas para apoiar a transição do bebê/criança pequena para a pré-escola ou outros serviços afins (NATIONAL DISSEMINATION CENTER FOR CHILDREN WITH DISABILITIES, 2005).

Durante todo o processo de IFSP, é importante para pais e famílias que anotem nomes e contatos das pessoas e dos recursos envolvidos. Ter essa informação em mãos pode ajudar muito em questões posteriores. Cuidadores envolvidos na educação primária podem lembrar os pais disso e também acompanhar as possibilidades de recursos que cada uma das partes envolvidas pode precisar

Padrão do programa
NAEYC 7
Famílias

Tabela 6.1 Sinais precoces de deficiências sensoriais

Lembre-se de que algumas crianças podem apresentar tais comportamentos e *não* ter deficiência. Alguns comportamentos podem ser parte da personalidade ou temperamento específicos de uma criança e precisam ser levados em conta em conjunto com a observação da *criança como um todo*.

- Esfrega os olhos frequentemente ou reclama que eles doem
- Evita o contato visual
- Distrai-se facilmente com estímulos visuais ou auditivos
- Frequentemente esbarra nas coisas ou cai
- Aos seis meses, não se vira em direção aos sons
- Fala/comunica-se em tom muito alto ou baixo
- Esquiva-se do toque
- Usa mais um lado do corpo do que outro
- Em geral usa a mesma orelha para procurar um som
- Reage muito vigorosamente a alguns materiais ou texturas

Fonte: Informações adaptadas do *California Department of Education*, do *California Child Care Health Program*, e do *Portage Project TEACH, Region 5 Regional Access Project*, 1999.

à medida que o desenvolvimento da criança progride.

Consulte a Tabela 6.1; o foco é "Sinais precoces de deficiências sensoriais". Como tais informações podem ser úteis para cuidadores, pais e outros especialistas, no momento em que começam a planejar um IFSP?

Já foi ressaltado neste texto que os cuidadores desempenham um papel vital no desenvolvimento saudável da criança e em seu crescimento. Eles são parte do time que deve auxiliar as famílias a encontrar os recursos e apoios necessários, no caso de terem dúvidas ou preocupações relacionadas ao desenvolvimento de seus filhos. O próximo capítulo trata das habilidades motoras e dos padrões de crescimento físico principais de um desenvolvimento saudável. Se um cuidador tem uma preocupação ligada ao desenvolvimento de alguma criança sob seus cuidados, os recursos desse capítulo provavelmente oferecerão informações úteis relacionadas ao auxílio da família na busca da melhor ajuda para a criança.

Reflita

Onde você iria, na sua comunidade, para procurar informações sobre os recursos oferecidos a crianças com deficiências sensoriais? O que você usaria para organizar tais informações? Fichas? Um bloco de anotações, um caderno? Como você compartilharia essas informações com sua equipe? Que diretrizes você daria à sua equipe quanto a analisar as crianças sob seus cuidados?

CAMINHOS DO DESENVOLVIMENTO

Comportamentos que demonstram o desenvolvimento da percepção

Recém-nascidos (até 8 meses)	Demonstram que reconhecem seus cuidadores primários por meio da visão, de sons e do cheiro já nas duas primeiras semanas de vida Olham para a parte do corpo onde estão sendo tocados Começam a distinguir amigos de estranhos Batem ou chutam um objeto para ter prazer na continuação da contemplação dele ou da audição de seu som
Bebês que já se movem (até 18 meses)	Empurram os pés para dentro do sapato e os braços para dentro das mangas Demonstram afeição ativamente por uma pessoa conhecida; abraçando, sorrindo e correndo em direção a essa pessoa Entendem mais do que conseguem dizer Demonstram aguçada consciência das oportunidades de provocar reações em pessoas e objetos
Crianças pequenas (até 3 anos)	Identificam-se com crianças da mesma idade ou sexo Classificam, rotulam e dividem objetos em grupos (duros/suaves, grandes/pequenos) Identificam um objeto familiar pelo toque quando ele está dentro de uma bolsa com mais dois objetos diferentes Ao brincarem com um jogo de argolas (que devem acertar na estaca), ignoram qualquer peça que não tenha um buraco. Encaixam na estaca apenas as argolas ou outros objetos com buracos

Fonte: Copple e Bredekamp (2009).

Diversas vias de desenvolvimento

O que você vê	Zyana é uma bebê que já engatinha; mas fica mais sentada do que engatinhando. Ela fica quietinha e imóvel a maior parte do tempo, e não é preciso muito para entretê-la: um raio de sol ou um pedaço de papel no chão ou a brisa que vem da janela já é o bastante. Ela parece apta a ignorar o caos que às vezes ocorre em uma turma de bebês. Raramente demanda atenção.
O que você pode pensar	Ela precisa ser mais ativa. Algumas crianças de sua idade são dez vezes mais ativas. Talvez ela esteja deprimida.
O que talvez você não saiba	Zyana é muito perspicaz e gosta do que percebe. Ela tem consciência de seus sentidos e os considera muito divertidos. O temperamento dela é do tipo que demanda pouco. Ela é fácil de lidar e consegue se concentrar no que está próximo sem se distrair com o que acontece no resto da sala.
O que você pode fazer	Aprecie a menina como um indivíduo. Certifique-se de que ela está recebendo atenção. Só porque ela é fácil de lidar não significa que deva ser ignorada. Descubra com a família dela como ela se comporta em casa e se eles acham que ela tem algum problema ou falta em algum sentido.
O que você vê	Seth, que é uma criança pequena, chora muito. Muitas coisas o incomodam. Por exemplo: faz um escândalo na hora de se vestir e outro na hora de tirar a roupa. Ele evita o toque.
O que você pode pensar	Esse é apenas o comportamento dele. Ou talvez alguém o "estrague" com mimos em casa. Ou talvez ele não goste de você. Ou quem sabe ele sente falta da mãe.
O que talvez você não saiba	Seth é hipersensível. Ele é facilmente superestimulado e tatilmente defensivo. A textura de algumas roupas o incomoda, e ele não gosta de sentir o ar nos braços e pernas. As etiquetas das roupas roçando na pele o incomodam. Até mesmo seu simples toque o perturba.
O que você pode fazer	Descubra o que puder com a família dele sobre como deixá-lo confortável. Observe-o atentamente para ver se você consegue descobrir o que o incomoda e o que não o incomoda. Corte as etiquetas das roupas ou vista-o com as roupas do avesso. Reduza o excesso de estímulos. Não pare de tocá-lo, em vez disso, descubra que tipo de toque é mais aceitável. Tente coisas diferentes e fique atento aos efeitos.

RESUMO

Percepção é a habilidade de absorver e organizar as experiências sensoriais.

Integração sensorial

- Experiências sensoriais são combinadas e integradas e influem outras áreas principais do crescimento.
- Órgãos sensoriais específicos estão localizados em áreas particulares do cérebro e, à medida que o cérebro amadurece, ocorre neles um constante intercâmbio de ação e reação.

Audição

- Recém-nascidos já ouvem ao nascerem e são especialmente reativos a vozes e sons altos e familiares.
- Cuidadores devem estar conscientes das preferências específicas das crianças muito pequenas; o nível ideal de barulho varia de acordo com cada criança.

Olfato e paladar

- Recém-nascidos já conseguem distinguir numerosos cheiros e gostos e preferem aromas agradáveis e gostos doces.
- Um ambiente rico em cheiros acrescenta muito a um programa direcionado a bebês e crianças pequenas, mas fique atento para que coisas não comestíveis não tenham um aroma atraente.

Tato

- Recém-nascidos já têm um senso tátil bem desenvolvido; a sensibilidade quanto ao desconforto e à dor aumenta rapidamente após o nascimento.
- Cuidadores devem ficar alerta às potenciais questões culturais e de gênero relacionadas ao toque.

Visão

- A visão dos recém-nascidos é borrada (em comparação à visão dos adultos); eles conseguem distinguir entre áreas claras e escuras, e em poucas semanas de vida já conseguem distinguir cores.
- Inspire-se observando as próprias crianças ao planejar um ambiente que fomente as habilidades visuais. Evite o "efeito circense" – mais não é necessariamente melhor.

Experiências multissensoriais e o ambiente ao ar livre

- Experiências ao ar livre e a integração dos sentidos que elas naturalmente oferecem podem ser extremamente valiosas para bebês e crianças pequenas.
- Diretrizes para o planejamento de atividades ao ar livre direcionadas a bebês e crianças pequenas estimulam experiências manuais com uma grande variedade de materiais naturais (e seguros).

Crianças com necessidades especiais: educando famílias a respeito do plano de serviço familiar individual

- O Plano de Serviço Familiar Individual é um documento escrito, criado por um time multidisciplinar, que delineia ser-

Recursos on-line

Consulte o nosso Centro de Aprendizado *On-line* em **www.mhhe.com/itc9e**, clique em *Student Edition* e escolha *Chapter 6* para acessar o guia do estudante, que inclui uma revisão do capítulo, *links* relacionados, testes práticos, exercícios interativos e referências do capítulo.

viços de intervenção precoce para crianças pequenas com alguma deficiência (ou "em risco" de desenvolver uma deficiência).

- Um princípio-chave do IFSP é o de que a família é o melhor recurso da criança, e a melhor maneira de apoiar uma criança com necessidades especiais é mobilizando as forças de sua família.

EXPRESSÕES-CHAVE

cinco sentidos 115
estética 122
integração sensorial 114
percepção 114
percepção tátil 119
plano de serviço familiar individualizado (IFSP) 123
redes neurais 114
sensibilidade 118

QUESTÕES PARA REFLEXÃO/ATIVIDADES

1. Procure visitar um programa destinado a bebês e crianças pequenas. Não se esqueça de visitar o pátio! Liste as experiências que você acha que fomentam o desenvolvimento da percepção. Como você pode determinar onde há, talvez, "um pouco de excesso de coisas boas"?
2. Foque em um aspecto do desenvolvimento perceptivo (um dos sentidos). Crie um brinquedo para fomentar essa área de crescimento. O que você precisa levar em conta?
3. Observe uma criança com alguma deficiência sensorial. Que tipo de adaptações você consegue perceber que a criança faz? Como o ambiente está colaborando nos esforços dessa criança? De que forma a família está envolvida?
4. Depois de ler este capítulo, imagine que você está planejando uma reunião de pais para uma turma de bebês e crianças. O tema é desenvolvimento da percepção. Que pontos-chave a respeito de cada sentido você gostaria de compartilhar?
5. Pense sobre sua orientação pessoal ao desenvolvimento perceptivo – na sua sensibilidade quanto aos seus próprios sentidos. Que sentido você usa mais? E qual usa menos? Qual lhe traz mais lembranças? Existe alguma implicação disso nas suas interações com crianças muito pequenas?

REFERÊNCIAS

BEGINNINGS workshop: sensory integration. *Exchange*, v. 177, p. 39-58, sept./oct. 2007.

BOWER, T. G. R. *Development in infancy*. 2nd ed. San Francisco: W. H. Freeman, 1982.

CALIFORNIA DEPARTMENT OF EDUCATION; CALIFORNIA CHILD CARE HEALTH PROGRAM; PORTAGE PROJECT THEACH. *Region 5 Regional Access Project*. [S.l.: s.n.]: 1999.

COOPLE, C.; BREDEKAMP, S. (Ed.). *Developmentally appropriate practice in early childhood programs*. 3th ed. Washington: National for the Education of Young Children, 2009.

GONZALEZ-MENA, J. What to do for a fussy baby: a problem-solving approach. *Young Children*, v. 62, n. 5, p. 20-24, sept. 2007.

JOHNSON, M. H. *Developmental cognitive neuroscience*. 2nd ed. Malden: Blackwell, 2005.

JUSCZYK, P. W.; ASLIN, R. N. Infants' detection of the sound patterns of words in fluent speech. *Cognitive Psychology*, v. 29, p. 1-23, 1997.

MANDEL, D. R.; JUSCZYK, P. W.; PISONI, D. B. Infants' recognition of the sound patterns of their own names. *Psychological Science*, v. 6, p. 314-317, 1995.

MANDLER, J. M.; DOUGLAS, L. Concept formation in infancy. *Cognitive Development*, v. 8, p. 291-318, 1993.

NAKAKE, T.; TREHUB, S. Infants' responsiveness to maternal speech and singing. *Infant Behavior and Development*, v. 27, p. 455-464, 2004.

NATIONAL DISSEMINATION CENTER FOR CHILDREN WITH DISABILITIES. *A parent's guide*: finding help for young children with disabilities: (birth to 5). 2nd ed. Washington: NICHCY, 2005. Disponível em: <http://nichcy.org/wp-Disponível em: <content/uploads/docs/pa2.pdf>. Acesso em: 25 maio 2014.

PORGES, S. W.; LIPSITT, L. P. Neonatal responsivity to gustatory stimulation. *Infant Behavior and Development*, v. 16, p. 487-494, 1993.

RAYMOND, J. World of senses. *Newsweek*, special issue, fall/winter 2000.

SAMPLES, R. *The metaphoric mind*. Menlo Park: Addison-Wesley, 1976.

SIMONS, K. (Ed.). *Early visual development*: normal and abnormal. New York: Oxford University Press 1993.

STEINER, J. E. Human facial expressions in response to taste and smell stimulation. *Advances in Child Development and Behavior*, v. 13, p. 257-295, 1979.

LEITURAS COMPLEMENTARES

BAKLEY, S. Through the lens of sensory integration: a different way of analyzing challenging behavior. *Young Children*, v. 56, n. 6, p. 70-76, nov. 2001.

BENSON, J.; MILLER, J. Experiences in nature: a pathway to standards. *Young Children*, v. 63, n. 4, p. 22-28, jul. 2008.

CARLSON, F. M. The significance of touch in young children's lives. *Young Children* v. 60, n. 4, p. 79-85, jul. 2005.

CHILDREN & NATURE NETWORK. *Site*. Disponível em: <www.cnaturenet.org>. Acesso em: 22 may 2014.

DUFFY, R. Is something wrong with my child? *Exchange*, v. 177, p. 85-86, sept./oct. 2007.

GILLESPIE, L. G. Why do babies like boxes best. *Young Children*, v. 64, n. 3, p. 48-49, may 2009.

MILLER, L. J. *Sensational kids*: hope and help for children with sensory processing disorders. New York: Putnam; Penguin, 2006.

RAMMING, P.; KYGER, C.; THOMPSON, S. D. A new bit on toddler biting: the influence of food, oral motor development, and sensory activities. *Young Children*, v. 61, n. 2, p. 17-23, mar. 2006.

SOUTO-MANNING, M. Family involvement: challenges to consider, strengths to build on. *Young Children*, v. 65, n. 2, p. 82-88, mar. 2010.

STARBUCK, S.; OLTHOF, M. R. Involving families and community through gardening. *Young Children*, v. 63, n. 5, p. 74-79, sept. 2008.

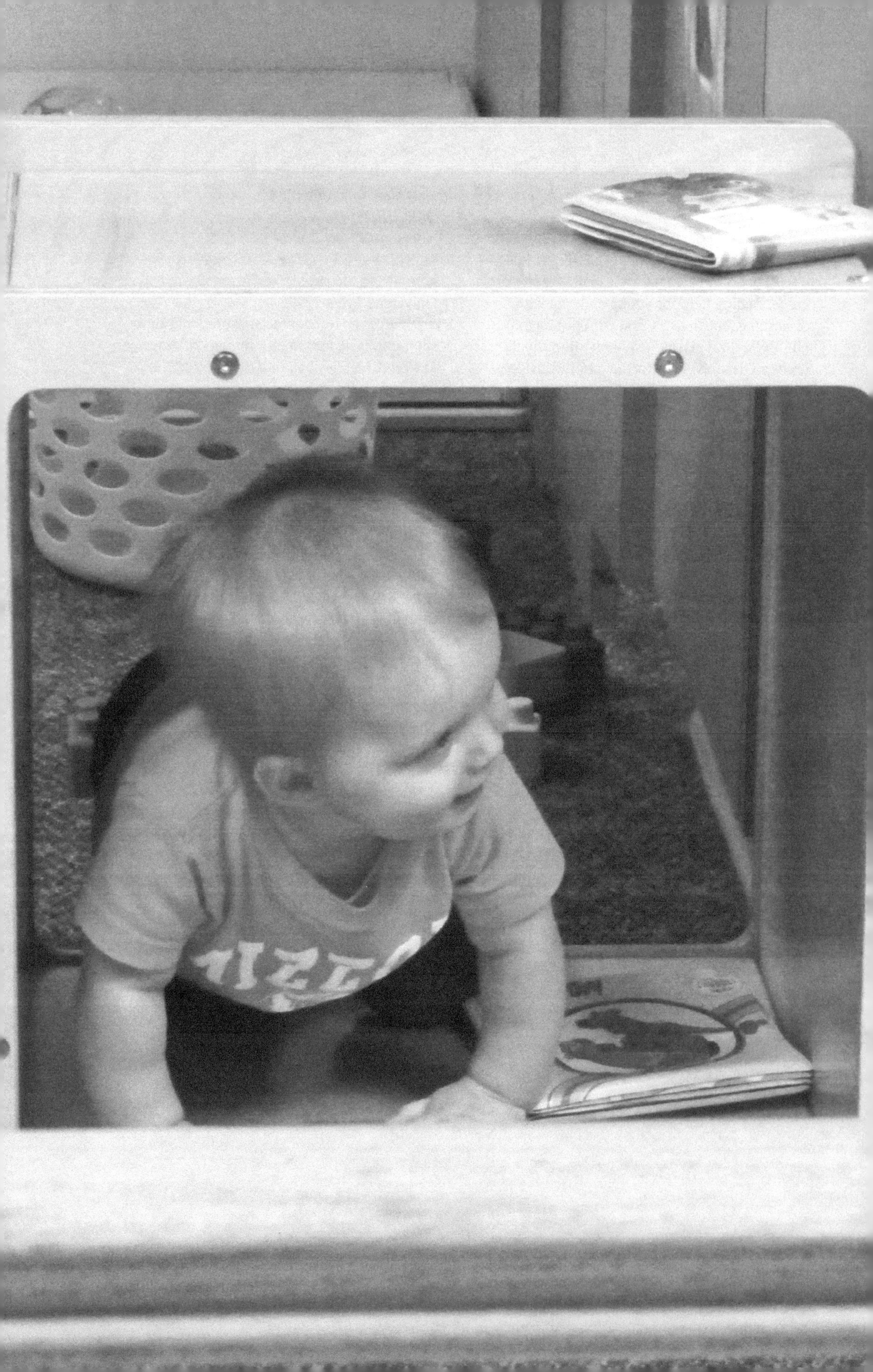

CAPÍTULO 7
Habilidades motoras

Questões em foco

Depois de ler este capítulo, você deve estar apto a responder às seguintes perguntas:

1 Como o desenvolvimento do cérebro influencia o desenvolvimento das habilidades motoras?
2 Qual é a função dos comportamentos de reflexo e por que eles mudam durante os primeiros meses de vida?
3 Que padrões de desenvolvimento estão relacionados às habilidades motoras finas e amplas durante os primeiros dois anos de vida?
4 O que os cuidadores podem fazer para apoiar as famílias que procuram recursos para crianças muito jovens com necessidades especiais?

O que você vê?

Anthony está parado dentro da caixa de areia olhando o pátio. Ele faz um malabarismo e apanha uma pazinha e uma peneira que estão próximas aos seus pés. Ele se senta, com as pernas esticadas, e começa a colocar areia na peneira com a pazinha, observando-a derramar-se em cima de seus joelhos. Depois de alguns minutos, ele percebe uma bicicleta infantil na ponta da caixa de areia. Ele levanta e troteia em direção à bicicleta. Quando alcança a ponta, ele concentra seus esforços em ficar em pé em cima da borda da caixa de areia, apoiando-se num pé e depois no outro. Quando chega até a bicicleta, Anthony começa a se afastar da área da caixa de areia. Ele alterna entre ficar parado e andar com a bicicleta e entre sentar e se movimentar nela com os pés (não há pedais na bicicleta). Ele continua andando na calçada, que é esburacada e um pouco inclinada. Ele abandona a bicicleta ao primeiro sinal de inclinação e termina sua aventura perto do portão. Ele começa a escalar o portão, mas então um adulto se aproxima e o redireciona para uma estrutura própria para escalar, em outra parte do pátio. Quando a cuidadora se movimenta em direção a um grupo de crianças lavando bonecas em bacias que ficam numa mesa baixa, Anthony a segue. Ele pega uma esponja em cima da mesa e a espreme, olhando a água com sabão escorrer. Ele coloca a esponja na bacia, ergue-a gotejando e a espreme de novo no tampo da mesa. Ele esfrega levemente o topo da mesa e, depois, coloca a esponja de volta na água. Então ele pega uma boneca e a coloca em cima da esponja em frente dele. Outra criança se aproxima e pega a boneca, e eles brigam um pouquinho enquanto Anthony tenta ficar com a boneca. Ele desiste quando ouve o chamado para a hora do lanche. Ele dá um tapa na esponja, e ela esguicha água no rosto dele. Ele sorri, bate de novo na esponja e depois corre pelo pátio em direção à mesa do lanche, chegando bem na hora de servir seu próprio suco, de uma jarra pequena e semicheia.

O movimento é uma experiência natural e saudável da infância. A maioria dos bebês e crianças se move muito. Anthony certamente demonstrou que se movimenta bastante! Crianças muito pequenas ensinam a si mesmas quando têm a oportunidade de se moverem livremente sozinhas. É por meio do movimento, da coordenação dos músculos e da organização das percepções que as crianças pequenas descobrem a respeito do próprio mundo e passam a conferir sentido a ele. As habilidades motoras dos bebês podem parecer limitadas, mas uma observação sensível revelará que são habilidades muito competentes. Com um ano e meio, a maioria dos bebês já aprendeu muitas das habilidades motoras básicas – coordenação de braços e mãos, do andar, etc. – de que precisarão pelo resto da vida. A experiência sensorial deles já provou ter dado um bom retorno. Eles passam os próximos anos aperfeiçoando, expandindo e refinando as posturas e os movimentos originais que aprenderam mais cedo.

Este capítulo oferece uma revisão do progresso do desenvolvimento motor. Ele trata dos padrões de desenvolvimento, examina como o cérebro se desenvolve e observa como as habilidades motoras amplas, finas e de reflexo mudam e se refinam nos primeiros dois anos e meio. O capítulo também inclui diretrizes para fomentar o desenvolvimento, assim como os principais recursos para pais e cuidadores apoiarem crianças com necessidades especiais.

Crescimento físico e habilidades motoras

A média de peso de um recém-nascido é de 3,5 quilos, enquanto seu comprimento, em geral, fica em torno de 50 centímetros. O recém-nascido é indefeso e não consegue sobreviver sozinho. No entanto, o crescimento se dá muito rápido em um ambiente saudável, no qual a criança recebe atenção. Com cinco meses de idade, o bebê já dobrou o peso e, ao completar um ano, já pesa o triplo. Mesmo que o ritmo de ganho de peso diminua durante o segundo ano de vida, desde o nascimento até aí o bebê já quase quadriplicou seu peso (FOMON; NELSON, 2002).O comprimento também aumenta, e no final do segundo ano de vida a maioria das crianças mede quase um metro. O crescimento físico é geralmente previsível. Existem numerosas tabelas relativas ao crescimento em livros e consultórios médicos, porém cada criança é única, e não é raro que o crescimento, durante esse período, ocorra em "surtos". A aparição de habilidades motoras específicas durante essa época pode variar muito de criança para criança.

À medida que a criança aumenta de tamanho como um todo, partes do corpo crescem em níveis diferentes. No nascimento, a cabeça corresponde a um quarto do peso do corpo inteiro, e as pernas a cerca de um terço. Aos dois anos, a cabeça do bebê corresponde a apenas um quinto da medida corporal, e as pernas a quase metade dessa medida. Esse crescimento rápido constitui um desafio; crianças muito pequenas precisam aprender a coordenar os movimentos de seus corpos, enquanto eles estão em constante mudança. O modo como os bebês aprendem a coordenar seus corpos e a refinar seus movimentos reflete padrões de crescimento bem organizados.

A estabilidade do desenvolvimento motor pode ser explicada por dois princípios de crescimento principais. O primeiro é o princípio **céfalo-caudal**, que em latim significa "da cabeça aos pés". Esse princípio postula que o crescimento segue um padrão que inicia na cabeça e segue para o resto do corpo. Por exemplo, as crianças geralmente levantam a cabeça antes de conseguirem sentar ou ficar de pé. O segundo princípio é o princípio **próximo-distal**, que também vem do latim e significa "do próximo ao longe". Indica que o desenvolvimento se processa do centro do corpo para fora. Por exemplo: as crianças pequenas em geral fazem movimentos largos com os braços antes de usar as mãos e os dedos. Sobretudo, você pode ver crianças pequenas usando suas cabeças (e as relativas habilidades sensoriais, como a visão) antes de andarem. E você pode vê-las movendo os braços em padrões circulares antes de terem a habilidade de apanhar aquela joaninha escondida no canto da caixa de areia (a pegada com os dedos em forma de pinça)!

O crescimento não é apenas o processo de ficar maior, apesar de, como mencionamos antes, isso de fato acontecer no caminho. O cérebro amadurece e cresce a partir do tronco encefálico, na base do pescoço, até o córtex, na área frontal. O movimento se torna então menos reflexivo e mais voluntário. O crescimento é também o processo no qual as habilidades motoras, tanto as maiores quanto as menores (ou amplas e finas) refinam-se. À medida que as habilidades motoras crescem e se expandem, as crianças tornam-se mais capazes de deixar claras suas necessidades e de explorar o mundo.

Crescimento cerebral e desenvolvimento motor

O desenvolvimento motor é bastante visível; podemos observar os bebês fazendo movimentos voluntários e refinando suas habilidades físicas. Hoje, graças à união da neurociência com a tecnologia, também podemos observar como o cérebro muda e cresce à medida que as crianças se desenvolvem. No nascimento, o cérebro pesa apenas 25% da média do peso final que alcança na idade adulta, cerca de um quilo. Aos três anos, o cérebro já tem 90% de seu peso final. Aos seis anos, o cérebro da criança já tem quase o mesmo peso do cérebro de um adulto, embora habilidades específicas relacionadas a ele continuem a se desenvolver na idade adulta (THOMPSON; GIEDD, 2000).Comportamentos diários observáveis também nos fornecem *insights* sobre o crescimento do cérebro. O desenvolvimento dos reflexos é um bom exemplo (veja a Tabela 7.1).

Em primeiro lugar, é importante saber que o número de neurônios (células cerebrais) que a criança possui no nascimento não aumenta durante a vida. O que muda é o aumento do número de conexões entre as células cerebrais. O que também acontece é algo chamado

Tabela 7.1   Alguns reflexos básicos em crianças

Reflexos no nascimento	
Direcionar-se	A cabeça se vira em direção a coisas que tocam a bochecha.
Chupar	Tendência a chupar coisas que tocam os lábios.
Dar passinhos	Pernas se movem quando o bebê fica ereto com os pés tocando o chão.
Preensão	As mãos envolvem os objetos colocados nela.
Babinski	Os dedos do pé se dispersam se a sola do pé é tocada.
Moro	Se o peso da cabeça é liberado, os braços se mexem com movimentos para fora, como se fossem agarrar algo.
Alarmar-se	Os braços se abrem em reação a um barulho repentino.
Pescoço tônico	A cabeça vira para o lado e um braço se estende enquanto o outro se flexiona.
Nadar	O bebê faz movimentos de nado quando colocado na água.
Reflexos depois do nascimento	
Chutar alternadamente	Se um bebê é retirado de algum lugar, ele mexe com as pernas alternadamente (como se estivesse pedalando).
Seguir com o corpo	Se a cabeça se vira o corpo a segue.
Fazer movimento de paraquedas	Se o bebê está caindo, os braços se movem para a frente.
Landau	Se o bebê é posicionado com a barriga para baixo, braços e pernas se estendem em forma de "U".

mielinização, um processo por meio do qual a gordura cerebral (mielina) reveste e infla as fibras neurais. A isso se deve o rápido ganho de peso do cérebro após o nascimento. Essas fibras neurais, ou axônios, ficam então mais capazes de transmitir impulsos elétricos (sinapses) e de fazer "conexões de aprendizado" mais estáveis (CASAER, 1993).O crescimento cerebral durante o primeiro ano de vida é um processo primário de inflar fibras neurais e expandir ou deixar crescerem "árvores de dendritos". Além disso, os neurônios cerebrais se movem por todo o cérebro e acabam se organizando por função. Alguns se movem em direção à camada superior do cérebro – o **córtex cerebral** – e outros se movem para uma área abaixo dessa, nos níveis subcorticais. Os níveis subcorticais já estão plenamente desenvolvidos no nascimento e regulam a maioria dos reflexos e das atividades fundamentais relacionadas, como a respiração e a frequência cardíaca. À medida que o crescimento evolui, as células do córtex cerebral amadurecem e se interconectam. Essas células se tornarão responsáveis pelas habilidades motoras complexas e por processos de alta ordem, como a cognição e a linguagem.

Essa atividade pode ser medida por um eletroencefalograma (EEG), que detecta e mede as atividades das ondas cerebrais, de modo que o crescimento durante o primeiro ano de vida pode ser observado à medida que surge na atividade cerebral. Por exemplo: ocorre um surto de atividade entre os três e quatro meses, quando os bebês estão buscando coisas voluntariamente; aos oito meses, quando eles já engatinham e vão atrás de objetos; e também aos 12 meses, quando já caminham (BELL; FOX, 1998). Esses surtos estão relacionadas à massiva produção de conexões sinápticas; o cérebro fica ocupado conferindo sentido à experiência. Parece que há uma clara evidência, atualmente, de que o que forma o circuito cerebral já no início da vida é a *experiência*.

Pesquisas atuais sobre o desenvolvimento cerebral nos proporcionam um maior entendimento da importância do movimento *livre* no desenvolvimento das habilidades motoras. À medida que os bebês repetem e praticam padrões sensório-motores típicos (virar a cabeça ou procurar por um objeto), eles estão mantendo importantes ligações sinápticas. Um ambiente interessante que permita o movimento e estimule uma interação ativa com pessoas e objetos pode melhorar a qualidade do funcionamento cerebral (densidade das sinapses) e fortalecer as conexões sinápticas (aumentando a mielinização) (GALLAGHER, 2005).

Os neurônios-espelho, mencionados no Capítulo 5, trazem à luz o quão interessante e abrangente é o papel da observação e da imitação dos movimentos, e o quanto isso é impactante no desenvolvimento cerebral. Quando os humanos observam uma tarefa, o córtex motor do cérebro se torna ativo na mesma área necessária para cumprir a tarefa. Sabemos que bebês e crianças pequenas certamente observam os outros e depois repetem o que viram (em geral tarefas complexas que ninguém os ensinou a cumprir). Os neurônios-espelho podem nos fornecer mais *insights* a respeito de *como* as experiências motoras estão ligadas às habilidades cognitivas e sociais. Algo importante a ser lembrado é que novas experiências dão às crianças pequenas a oportunidade de interpretar o mundo e expandir as conexões neurais. Isso, é claro, torna ainda mais importante identificar e tratar crianças pequenas com atrasos sensoriais ou motores precoces, de modo que possam atingir o máximo que suas habilidades são capazes de lhes proporcionar.

As pesquisas atuais sobre o cérebro continuam enfatizando os seguintes pontos-chave:

- O movimento se desenvolve como um resultado da natureza (a biologia da criança) combinada à criação (experiência) e começa já na sexta semana de gestação.
- Mais conexões neurais e experiências fomentam mais coordenação e músculos mais fortes.
- O aumento da mielinização no cérebro influencia o desenvolvimento das habilidades motoras finas.
- O que dá forma ao circuito cerebral já no início da vida é a *experiência*, que é essencial para "sintonizar bem" a habilidade do cérebro jovem de reagir ao ambiente.

As pesquisas sobre o cérebro também indicam claramente que há *períodos sensíveis* ao desenvolvimento (discutidos em mais detalhes no Capítulo 8, sobre cognição, e no Capítulo 9, sobre linguagem). Mas há também uma grande **plasticidade cerebral** envolvida – isto é, a tendência do cérebro de continuar sempre, de certa forma flexível. A plasticidade é maior antes dos dois anos, quando as novas sinapses ainda estão se expandindo e ainda não foram suprimidas. O cérebro é incrivelmente adaptável. Em alguns casos de trauma precoce, certas regiões do cérebro irão assumir as funções da área cerebral que foi danificada. Ao mesmo tempo em que ainda estamos no processo de estudar mais a respeito das "oportunidades" vitais ao aprendizado, é importante que não nos esqueçamos de que nunca é tarde demais para proporcionar experiências de qualidade a uma criança pequena.

Reflexos

Recém-nascidos conseguem fazer poucos movimentos voluntários que vão além dos movimentos com as pernas e os braços. A maioria dos primeiros movimentos são **reflexos**, que são reações inatas, organizadas e involuntárias, que ocorrem na presença de diferentes tipos de estímulo. Os músculos parecem reagir automaticamente.

Os reflexos desempenham diversas funções. Algumas, como piscar, engolir e mexer o rosto para afastar algo que esteja impedindo a respiração, têm a função de proteger. Outras, como mexer as pernas chutando alternadamente, são precursoras de habilidades posteriores – nesse caso, caminhar. Pediatras e outros especialistas em crianças prestam atenção aos reflexos porque eles indicam crescimento cerebral. Bebês saudáveis têm o mesmo reflexo respiratório que os adultos, como o reflexo faríngeo (de vômito) e o reflexo de tosse, que mantém a passagem de ar aberta. Os olhos piscam e as pupilas diminuem exatamente como acontece nos adultos. Eles coordenam a sucção e a deglutição de alimentos e se afastam de estímulos dolorosos. Todos esses são reflexos comuns que já estão presentes no nascimento e continuam existindo durante toda a vida da pessoa.

Alguns reflexos são específicos dos recém-nascidos e mudam ou desaparecem à medida que a criança cresce. Outros reflexos aparecem durante os primeiros meses. À medida que novos reflexos aparecem, alguns que estavam presentes no nascimento começam a desaparecer. Alguns dos reflexos mais visualmente óbvios – os que são com mais frequência analisados pelos médicos – estão resumidos na Tabela 7.1. Os reflexos estão divididos em dois grupos: aquele dos presentes no nascimento e aquele dos que aparecem depois do nascimento.

Ver como os reflexos servem de base para os movimentos posteriores é não só interessante como também muito útil para os cuidadores aprenderem o que eles indicam sobre o comportamento e o desenvolvimento dos bebês. É útil saber que os bebês não escolheram se mover de determinada maneira (por exemplo, procurar direções com a cabeça antes de começar a chupar), mas sim que eles tiveram de fazer assim. A aparição de certos reflexos, o prolongamento dos reflexos e a ausência de outros podem indicar diferenças no desenvolvimento. Esse aspecto do desenvolvimento é complexo. Quando pais ou cuidadores notam que um bebê está demonstrando o que parece ser um comportamento de reflexo inapropriado, eles podem querer conversar sobre isso com um médico ou outro especialista.

Reflita

Você acha que a infância pode ser a época ideal para ensinar alguém a nadar? Por quê? Por que algumas pessoas acham que essa seria a época ideal? Quais seriam algumas das razões para *não* ensinar os bebês a nadar?

Habilidades motoras amplas e locomoção

Por fim, os bebês realizam movimentos que, em vez de reflexivos, são voluntários. Esses movimentos são divididos em dois tipos: habilidades motoras maiores ou amplas, que tem a ver com os músculos e movimentos maiores, e habilidades motoras menores ou finas, relacionadas aos músculos menores e movimentos mais delicados.

Os princípios em ação

Princípio 10 Preocupe-se com a *qualidade* do desenvolvimento em cada etapa. Não apresse bebês e crianças pequenas para que atinjam metas de desenvolvimento.

Uma instituição que atende bebês e crianças pequenas trata todos eles como indivíduos. A equipe nunca pressiona as crianças para se desenvolverem, mas, em vez disso, observa o modo como atingem as metas de desenvolvimento, cada um ao seu tempo. Uma criança do programa nasceu prematuramente e outra foi considerada com atraso de desenvolvimento, logo, a ideia de considerar cada criança separadamente, cada uma dentro de seu próprio ritmo, adquiriu ainda mais importância nessa turma. A criança com atraso de desenvolvimento está sendo cuidadosamente monitorada por um intervencionista infantil e conta com um plano de serviço familiar individualizado (IFSP) que foi muito bem pensado. Todas as crianças visitam um pediatra regularmente. Recentemente, esse programa recebeu a notícia de que só continuará sendo financiado se todas as crianças envolvidas atingirem as metas de desenvolvimento no tempo certo, com exceção de crianças oficialmente identificadas como portadoras de necessidades especiais. Foi ordenado à equipe que frequentasse um treinamento baseado em um método diagnóstico e prescritivo, que consiste em usar atividades e exercícios específicos para que todas as crianças se aproximem do nível de habilidade exigido para atingir as metas. A equipe e o diretor ficaram horrorizados. O lema deles (inspirado na obra de Magda Gerber) é "*com o* tempo; não *em* tempo."

1. Qual é a sua reação diante disso?
2. Existe valor em permitir que as crianças se desenvolvam dentro de seu próprio ritmo? Explique sua resposta.
3. Existem desvantagens em deixar que as crianças se desenvolvam dentro de seu próprio ritmo? Se sim, quais?
4. Você acha que atividades e exercícios fazem diferença? Explique sua resposta.
5. Você tem experiência em ser pressionado para atingir metas? Se sim, sua experiência tem a ver com bebês e crianças? Caso sim, de que forma?

O cérebro, o corpo e o ambiente contribuem para que o bebê melhore sua força e sua capacidade de **locomoção**, ou seja, a habilidade de se mover de um lugar para outro. Várias áreas de desenvolvimento trabalham juntas para que a criança avance em direção a níveis mais complexos e refinados de crescimento.

Os músculos grandes contribuem na habilidade do bebê de se mover em duas direções: para cima (em direção a uma posição mais elevada) e ao redor (em um plano horizontal). As duas habilidades estão interligadas porque a criança precisa se levantar para se mover ao redor e precisa se mexer para os lados para se levantar. Aos poucos, os bebês adquirem controle sobre esses músculos. Os primeiros músculos a se desenvolverem são os que controlam os movimentos da cabeça. À medida que os bebês aperfeiçoam as habilidades envolvidas em mover a cabeça de um lado para o outro e para cima, eles desenvolvem os músculos do tronco. Toda essa preparação é para por fim conseguir se virar, assim como virar-se é uma preparação para (ou seja, fortalece os músculos necessários para) sentar. Uma criança aprende a ficar em posição de sentar sem nunca ter sido colocada nessa posição. A habilidade de sentar vem com o desenvolvimento dos músculos que são pré-requisitos para ficar em posição ereta. Os bebês ficam prontos para sentar depois de aprenderem a mover a cabeça e a se curvarem. A construção dos sistemas musculares é vital; induzir a criança a praticar o movimento de se sentar não é.

De acordo com os estudos de Emmi Pikler e sua experiência no Pikler Institute, em Budapeste, se ninguém interferir no processo, elogiando ou motivando as crianças de outro modo, elas irão se desenvolver no mesmo período previsto. Mesmo se não colocarmos as crianças sentadas apoiadas nas costas já no início de suas vidas, e mesmo que ninguém as manipule para colocá-las em quaisquer posições que não consigam atingir por elas mesmas, ainda assim elas aprenderão, sozinhas, a se virar para o lado, rolar, engatinhar, sentar, ficar em pé, caminhar, etc. Elas aprendem isso brincando com cada movimento, repetidas vezes, e ficando cada vez mais absorvidas por cada detalhe envolvido. Elas são como cientistas estudando o movimento e, pacientemente, experimentando. Bebês nascem prontos para aprender. Por meio da fascinação pelos próprios corpos e da forte motivação em desenvolver movimentos, eles se mostram aprendizes muito competentes e independentes. A persistência deles em aumentar suas habilidades de movimento configura o ritmo do aprendizado posterior. A abordagem de Pikler, que consiste em apoiar os bebês de costas, de modo que fiquem sem restrições de movimento, nos primeiros meses, é uma abordagem baseada em pontos importantes. Bebês colocados de barriga para baixo antes que possam se virar sozinhos ficam relativamente indefesos. De costas eles conseguem enxergar muito mais, podem usar braços e pernas e chutar livremente. De barriga para baixo eles só conseguem enxergar levantando a cabeça, o que é uma sobrecarga para eles, como se pode notar pela quantidade de bebês que reclamam em alto e bom som durante o conhecido como *tummy time**, nos Estados Unidos.

No Pikler Institute, em Budapeste, milhares de bebês têm passado seus primeiros meses apenas apoiados em suas costas, até que consigam se virar sozinhos. Problemas relativos a bebês com anomalias nos Estados Unidos, como cabeças achatadas e deformadas, músculos do pescoço e do peito fraco, etc., não são nem têm sido uma questão no Pikler Institute durante os seus 62 anos de existência. A dife-

OBSERVAÇÃO EM VÍDEO 7
Crianças subindo degraus

Veja a Observação em Vídeo 7: "Crianças subindo degraus" para exemplos de crianças usando a habilidade motora ampla durante a prática de subir degraus. Perceba como cada criança faz isso de maneira diferente.

Questões
- Quantas maneiras diferentes essas crianças usam para subir e descer essa pequena plataforma? Descreva cada uma delas.
- Que outras características ambientais podem dar às crianças a oportunidade de subir e descer em segurança?
- O que essa cena lhe diz sobre a filosofia do programa?

Para assistir a esse vídeo, entre em www.grupoa.com.br, acesse a página do livro por meio do campo de busca e clique em Conteúdo Online.

---

* N. de R.T.: Expressão que significa tempo aconselhado para ficar de barriga para baixo, de bruços.

rença é que os bebês do Pikler nunca são erguidos; nunca são colocados em cadeiras, balanços ou cadeirinhas muito altas; nem nunca são colocados sentados em carrinhos de passeio. Eles sequer são colocados em posições que não possam assumir sozinhos. O desenvolvimento deles é natural e notável (PIKLER, 1968).

Um princípio geral envolvido no desenvolvimento motor é o de que a estabilidade é o caminho para a mobilidade. Bebês não conseguem se mover até adquirirem uma boa e sólida base da onde partir – seja em movimentos verticais, como ao sentar e levantar, ou horizontais, como ao engatinhar ou andar. Esse mesmo princípio também opera em outro nível. O Capítulo 5 indica que a exploração (mobilidade) está relacionada à estabilidade psicológica (confiança no apego).

Reflita
Que experiências você tem com quadros de desenvolvimento? Eles lhe despertam algo?

O plano para desenvolver a estabilidade muscular é parte do plano para a mobilidade. Ninguém tem de "ensinar" alguém a sentar ou andar. Bebês que se desenvolvem no tempo tradicional e passam pelo desenvolvimento muscular necessário conseguem sentar e andar sem nenhuma aula ou prática.

Experiências motoras primárias podem ser descritas a partir da abordagem de sistemas dinâmicos mencionada no Capítulo 6. Cada ação é formada por fragmentos e pedaços de experiências, e as habilidades motoras mudam a cada vez que são usadas (THELEN; SMITH, 1998). À medida que os músculos dos bebês crescem, adquirem mais força e equilíbrio, seus cérebros amadurecem e eles organizam as habilidades necessárias, que conduzem ao movimento maduro e à habilidade de caminhar. Cada habilidade é uma construção feita de capacidades que emergem à medida que os bebês ativamente reorganizam capacidades motoras já existentes em novas e mais complexas habilidades. Novos padrões motores são modificados e refinados até que todos os componentes funcionem juntos suavemente.

A Tabela 7.2, "O Quadro de Bayley" é baseada nas *Bayley Scales of Infant Development*, de Nancy Bayley.[1] O Quadro de Bayley mostra algumas das principais metas de desenvolvimento da habilidade motora ampla e da locomoção, amplamente usadas nos Estados Unidos para analisar o desenvolvimento de crianças em idade entre 1 e 40 meses. As crianças são analisadas individualmente para

Tabela 7.2 O Quadro de Bayley: principais etapas de desenvolvimento motor amplo (abrange idades de 1 a 40 meses)

Habilidade	Mês em que 50% dos bebês melhoraram a habilidade	Mês em que 90% dos bebês melhoraram a habilidade
Levantar a cabeça em 90 graus quando apoiado no estômago	2,2	3,2
Virar-se	2,8	4,7
Sentar-se sem apoio	5,5	7,8
Ficar em pé se apoiando	5,8	10,0
Engatinhar	7,0	9,0
Caminhar se apoiando	9,2	12,7
Fica em pé sozinho	11,5	13,9
Caminhar	12,1	14,3
Subir degraus	17,0	22,0
Chutar a bola para a frente	20,0	24,0

Atenção: normas baseadas em crianças euro-americanas, latinas e afro-americanas residentes nos Estados Unidos.
Fonte: BLACK e MATULA (2000), SHAFFER e KIPP (2007).

Tabela 7.3 O quadro de Pikler: idades nas quais a atividade motora ampla é observada no dia a dia) *(abrange as idades de três semanas até 36 meses)*

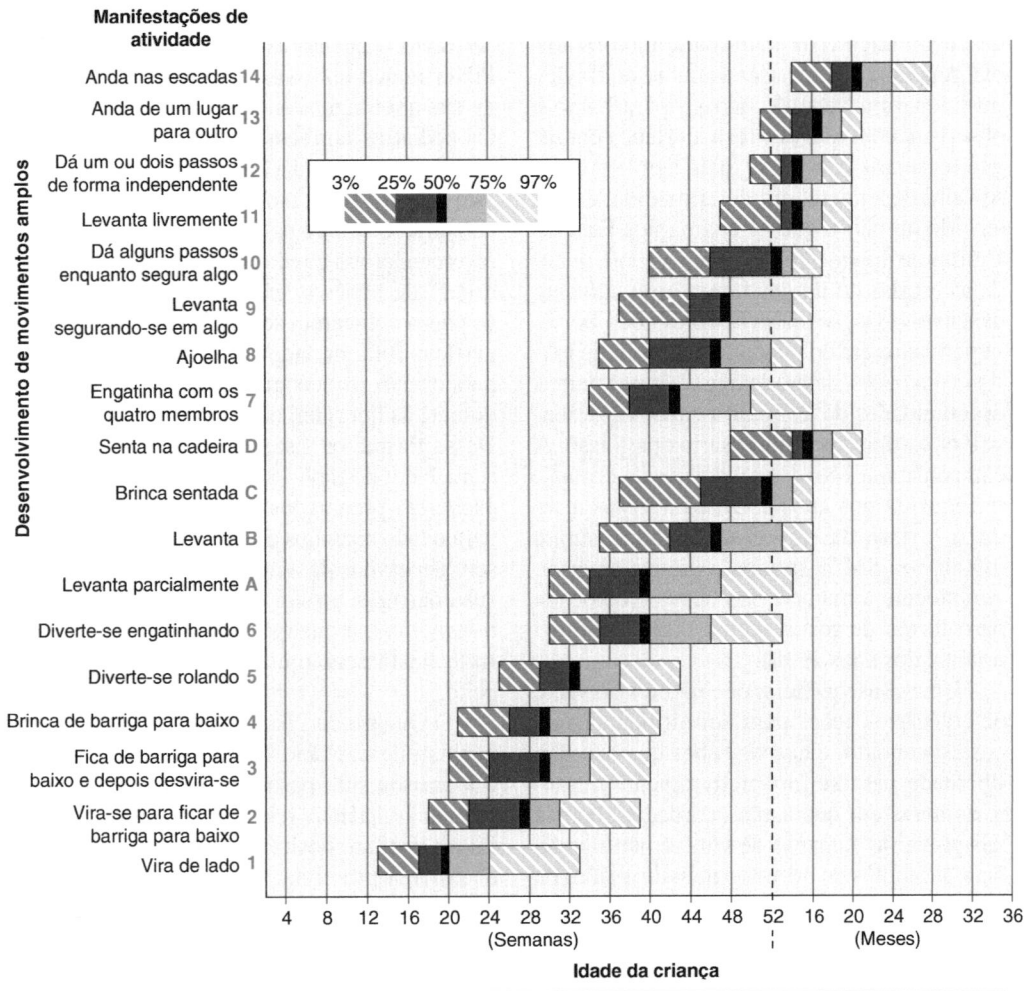

Desenvolvimento de movimentos amplos

Manifestações de atividade

- Anda nas escadas 14
- Anda de um lugar para outro 13
- Dá um ou dois passos de forma independente 12
- Levanta livremente 11
- Dá alguns passos enquanto segura algo 10
- Levanta segurando-se em algo 9
- Ajoelha 8
- Engatinha com os quatro membros 7
- Senta na cadeira D
- Brinca sentada C
- Levanta B
- Levanta parcialmente A
- Diverte-se engatinhando 6
- Diverte-se rolando 5
- Brinca de barriga para baixo 4
- Fica de barriga para baixo e depois desvira-se 3
- Vira-se para ficar de barriga para baixo 2
- Vira de lado 1

Legenda: 3%   25%   50%   75%   97%

Eixo x: 4, 8, 12, 16, 20, 24, 28, 32, 36, 40, 44, 48, 52 (Semanas) | 16, 20, 24, 28, 32, 36 (Meses)

Idade da criança

Fonte: Adaptada de Gerber (1979).

que se determine como elas se saem em tarefas próprias para suas idades.

Outra maneira de se observar o desenvolvimento nos primeiros três anos foi sugerida pela pesquisa de Emmi Pikler (veja a Tabela 7.3, "O Quadro de Pikler"). Existem muitas diferenças entre os quadros de Bayley e Pikler. Uma delas é que os itens no Quadro de Pikler não são baseados em uma situação de teste e não têm a pretensão de serem usados para propósitos diagnósticos. O Quadro de Pikler foi criado com o objetivo educacional de orientar cuidadores (originalmente, os profissionais do Pikler Institute, em Budapeste) em seus trabalhos com crianças menores de três anos (FAULK, 1979).

Não apenas se diferem os propósitos de ambos os quadros, como também os itens e as colunas dos dois quadros. Por exemplo, veja o primeiro item do Quadro de Bayley

(Tabela 7.2): "levantar a cabeça em 90 graus quando de barriga para baixo". Levantar a cabeça faz parte do primeiro estágio de desenvolvimento da habilidade motora ampla. A pessoa que for usar a análise de Bayley posicionará o bebê de barriga para baixo e observará com que destreza a criança consegue levantar a cabeça. O quão bem a criança se sairá dependerá, em certa medida, de ela ter tido ou não o que se chama nos Estados Unidos de *tummy time*. Nos anos 1960, quando as escalas de *Bayley* foram originalmente desenvolvidas, a maioria dos bebês norte-americanos era colocada para dormir de barriga para baixo, de modo que tivessem muitas oportunidades de levantar a cabeça e desenvolver os músculos necessários para isso. A campanha *back to sleep*, "dormir de costas", introduzida nos anos 1990 com vistas a reduzir o risco da síndrome de morte súbita infantil, ou SMSI, mudou a prática anterior. Atualmente a maioria dos bebês é colocada para dormir de costas (como Pikler defendia no final dos anos 1930).

Uma consequência, que não foi prevista, de colocar os bebês para dormir deitados de costas, contudo, é que os bebês que não têm liberdade para se mover livremente durante as horas em que estão acordados (depois das primeiras semanas de vida) e não são tão bem-sucedidos no primeiro item do quadro de Bailey devido aos músculos do peito e do pescoço serem pouco desenvolvidos. Por tal motivo, hoje existe uma campanha para ensinar pais e cuidadores a deixar as crianças de barriga para baixo quando estiverem acordados, durante o chamado "tummy time". Muitos especialistas em crianças hoje recomendam fortemente (ou mesmo ordenam) um *tummy time* diário já desde o nascimento. Contudo, defender o *tummy time* não é a mesma coisa que defender a abordagem da liberdade de movimento. Bebês com músculos do pescoço e do peito fracos talvez tenham passado a maioria de suas horas despertas em apetrechos como carrinhos, cadeirinhas e outros tipos de instrumentos para carregar bebês. Esse tipo de restrição é que deixa os músculos fracos, e não a falta de *tummy time*.

Os pediatras geralmente testam os músculos do pescoço dos bebês pegando-os pelas mãos e posicionando-os sentados e, então, observando o quanto as cabeças vão para trás. Pikler nunca fez isso, nem nenhum seguidor de sua abordagem ou da filosofia de Gerber. Os pediatras também não fariam isso se entendessem o quanto a liberdade de movimento está relacionada a *todos* os sistemas da musculatura, incluindo os do pescoço e peito. Eles recomendariam a redução do uso de "carregadores" de bebês e, em vez de aconselharem os pais a colocarem seus bebês sobre uma superfície dura, deitados de costas, eles diriam para os pais os deixarem se mover livremente durante as horas em que estiverem acordados. Dessa forma, os sistemas musculares se desenvolvem de modo natural e, assim, quando estiverem preparados, os bebês irão se virar para o lado sozinhos e, por fim, irão se apoiar, sem necessitar de ajuda, eles mesmos, sobre suas barrigas. Assim eles criam seu próprio *tummy time*, e qualquer um pode ver o quão forte ficam seus músculos do pescoço e do peito.

O Quadro de Pikler (Tabela 7.3) não tem nenhum item relacionado a levantar a cabeça. Pikler usou suas pesquisas e teorias com bebês em assistência residencial. Desde 1946 o Pikler Institute posiciona todos os seus bebês de barriga pra cima, estejam eles dormindo ou acordados. Eles seguem apoiados em suas costas até que consigam se virar sozinhos. Logo, a primeira meta de atividade motora é virar para o lado, e não levantar a cabeça. Os bebês levantam cabeça uma vez que conseguem se virar sozinhos, quando os músculos do pescoço e do peito se desenvolveram de maneira apropriada. Ninguém no Pikler testa os bebês levantando-os pelos braços para ver o quanto de força eles têm nos músculos do pescoço. No lugar disso, os bebês são observados atentamente no dia a dia e os cuidadores ficam atentos a todos os movimentos preliminares que os bebês realizam antes de alcançar a primeira meta de atividade motora listada no Quadro de Pikler. Os profissionais fazem observações contínuas e gravações diárias dos bebês de quem são cuidadores primários. É importante perceber que Pikler buscava mais do que atingir as metas principais, porque ela estava tão interessada no que era preciso para atingir tais metas quanto nas metas em si. A equipe do Pikler Institute, incluindo o atual diretor e a filha de Pikler, Anna Tardos, continuam levando adiante o trabalho de Pikler e ensinado as pessoas sobre ele nos Estados Unidos e mundo afora. A abordagem de Magda Gerber a respeito do desenvolvimento da habilidade motora ampla era semelhante, e seus parceiros estão dando continuidade ao trabalho junto aos pais e profissionais afins.

Repare em outra diferença entre os quadros de Bayley e Pikler. O item "sentar sem ajuda", no Quadro de Bayley (Tabela 7.2), é analisado em uma situação na qual o bebê é colocado em posição de sentar, e depois disso o adulto se afasta e observa o quanto demora para o bebê começar a cair pro lado. Pikler jamais faria isso, embora o Quadro de Pikler demonstre que há muito interesse nas metas relativas a sentar. Quatro itens relacionados a "sentar" aparecem no Quadro de Pikler (Tabela 7.3). O primeiro tem a ver com a maneira que o bebê se posiciona para sentar. O bebê não é testado, mas fica apenas em observação no momento em que começa a se mover para o que se imagina que seja uma posição de sentar. Esse item é chamado de "sentar parcialmente". Uma vez que o bebê se encontra sentado ("senta-se"), as próximas observações focam o que ele consegue fazer enquanto está sentado. Isso tem a ver com o item chamado "brinca sentado". O quarto item nesse grupo, "senta na cadeira", é importante por uma razão que talvez não seja óbvia para todo mundo. Sentar numa cadeira é algo que os bebês devem fazer sozinhos. Nenhum adulto coloca um bebê numa cadeira no Pikler Institute. Uma regra básica da abordagem de Pikler é nunca colocar os bebês em uma posição que eles não consigam se colocar sozinhos. Eles não são, portanto, colocados em pé ou sentados antes de conseguirem levantar e sentar sem auxílio. Bebês sentam-se sozinhos em uma cadeira quando estão prontos para isso. Essa conquista sinaliza que os bebês começarão a se sentar à mesa pra comer com os outros. Antes disso

é necessário que se segure os bebês enquanto eles são alimentados.

Lembre-se do princípio 10: preocupe-se com a qualidade do desenvolvimento em cada etapa. Não pressione bebês e crianças pequenas para que alcancem metas de desenvolvimento.

Habilidades motoras finas e manipulação

Os músculos pequenos que um bebê gradualmente começa a controlar incluem aqueles dos olhos, da boca, dos órgãos da fala, da bexiga, do reto, dos dedos dos pés, das mãos e dos dedos das mãos. Focamos aqui o desenvolvimento da mão e dos dedos da mão, processo conhecido como **manipulação**. As conquistas nessa área não consistem em habilidades isoladas; elas se organizam e se combinam de forma cada vez mais refinada.

A sequência na qual os bebês aprendem a manipular objetos mostra o quanto essa habilidade é complexa. A Figura 7.1 ilustra a sequência de desenvolvimento. Primeiro, os recém-nascidos geralmente fecham a mão com os punhos apertados (embora o punho fechado seja mais relaxado em bebês que passaram por procedimentos de nascimentos mais suaves). Eles agarram qualquer objeto colocado em suas mãos, apertando muito forte. Mas eles não têm controle sobre a ação de segurar o objeto e, portanto, não conseguem soltá-lo, não importa o quanto queiram fazer isso. É por isso que Pikler e Gerber ensinaram pais e cuidadores a não colocar nada nas mãos dos bebês. Durante um período de tempo antes dos seis meses (em geral um pouco depois dos dois meses e meio), os pulsos ainda ficam relaxados na maior parte do tempo, e as mãos, abertas.

Durante os primeiros três meses, mais movimentos das mãos e dos braços se tornam voluntários. Os bebês começam a procurar pelos objetos, primeiro com os olhos, depois com as mãos abertas. Por volta dos três meses eles com frequência conseguem apanhar um objeto que esteja ao alcance.

As observações das habilidades de manipulação no Pikler Institute são muito mais refinadas do que simplesmente dizer o que as crianças estão alcançando ou agarrando. A equipe dá muita atenção aos tipos de objetos para brincar de que as crianças precisam em cada estágio, a fim de estimular habilidades de manipulação específicas, e fazem observações regulares quanto ao modo que as crianças lidam com esses objetos. No início, ninguém no Instituto dá aos bebês brinquedos ou outras coisas que eles possam apanhar, até que eles descubram suas próprias mãos (a isso se dá o nome de "consideração da mão"). De acordo com Kálló e Balog (2005, p.16), escrevendo sobre um bebê pequeno no livro *The Origins of Free Play*, "A observação das próprias mãos, assim como da interação entre elas, precede a manipulação e prepara o bebê para tal." Quando os bebês não se distraem com as próprias mãos eles conseguem se concentrar por longos períodos em apenas mover as mãos e os dedos e observá-los. Como avó, observando minha própria neta sendo criada por pais tendo aulas de paternidade/maternidade RIE, eu (Janet) achei incrível ver o quão fascinados e focados nas próprias mãos os bebês podem ficar se não forem distraídos por brinquedinhos pendurados ou móbiles.

Por fim, os bebês conseguem apanhar um objeto que esteja ao seu alcance. No Pikler Institute, onde o primeiro objeto para brincar é um lenço feito de um pedaço de tecido de algodão, os bebês primeiro pegam os objetos usando a palma da mão (veja a Figura 7.1) e depois com a mão em forma de pinça, usando o dedão e o indicador. À medida que aprendem a manipular os objetos com mais habilidade e com uma maior variedade de movimentos, eles praticam a pegada com a mão em forma de pinça apanhando pequenos objetos. Eles seguem usando os dedos indicadores para puxar, enganchar e testar coisas. É claro que todas essas habilidades são valiosas durante a brincadeira – colocar pequenas tigelas dentro de tigelas maiores, retirar a capa de objetos e explorar as propriedades dos objetos com os quais brincam (por exemplo: bolas rolam, blocos não).

Grande parte do desenvolvimento motor das crianças pequenas vem de estimulá-las nas tarefas de autoajuda. À medida que vão se adaptando a comer com utensílios, servir o próprio leite, retirar os próprios sapatos e fechar o zíper das próprias jaquetas (com algum adulto dando início a isso), a habilidade deles em usar as mãos e os dedos aumenta.

Brinquedos e outros materiais aumentam as chances deles de praticarem, à medida que brincam com o que você oferecer a eles (por exemplo: fantasias, bonecas e roupas de bonecas, massinha de modelar, panos com zíperes, bordões, cordões... brinquedos com cestinhas, jogos de encaixar simples, blocos de encaixar, telefones de brinquedo, água, pincel, tinta, tesouras, quebra-cabeças de papel simples, blocos, bonequinhos, carrinhos e caminhões). As experiências táteis mencionadas na seção "Tato", do Capítulo 6, também fomentam o desenvolvimento motor fino. Veja o Apêndice B para atividades, materiais e brinquedos que desenvolvem a habilidade motora fina e que sejam apropriados para a idade. Certifique-se de que está estimulando meninos e meninas da mesma forma a se envolverem em atividades relativas à habilidade motora fina.

Lembre-se de Anthony, na cena que inicia este capítulo. Ele teve muitas chances de desenvolver suas habilidades relativas a caminhar, correr, escalar e balançar, apenas por estar em um ambiente bem equipado que lhe oferecia muitas oportunidades de escolhas. Ele também estava desenvolvendo suas habilidades finas ao praticá-las apanhando objetos, segurando-os, esvaziando-os, mexendo e remexendo em todos os brinquedos e materiais disponíveis para ele. Essas experiências não só o ajudaram a desenvolver suas habilidades perceptivas como também contribuíram para o desenvolvimento. *Lembre-se do princípio 8: encare os problemas como oportunidades de aprendizado e deixe que os bebês e as crianças pequenas os resolvam sozinhos. Não tente salvá-los, ou tornar as coisas mais simples para eles constantemente, ou protegê-los de todos os problemas.*

Incentivando o desenvolvimento motor

Cuidadores podem fazer muitas coisas para incentivar o desenvolvimento motor em be-

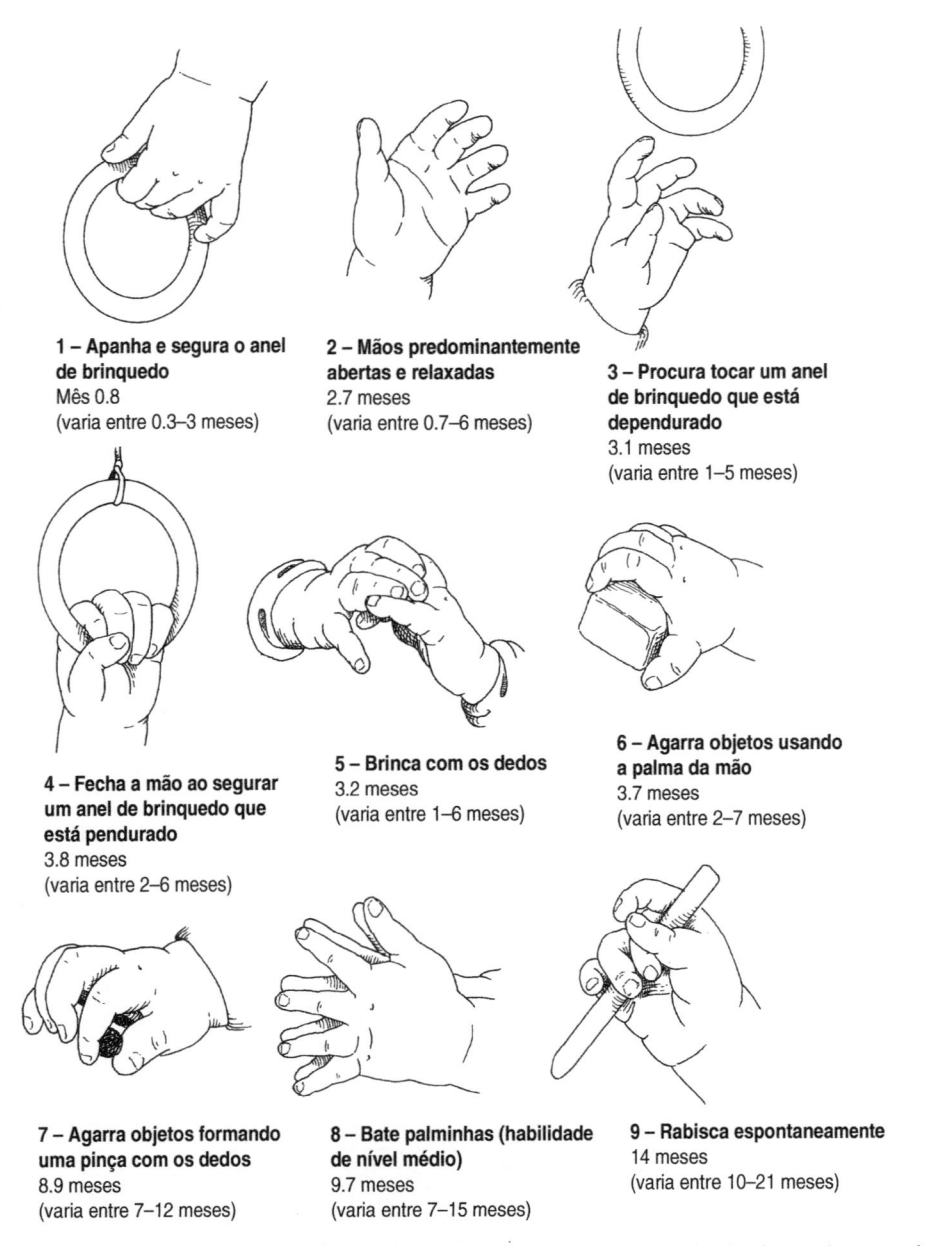

O cuidado com bebês e crianças pequenas na creche   **143**

1 – Apanha e segura o anel de brinquedo
Mês 0.8
(varia entre 0.3–3 meses)

2 – Mãos predominantemente abertas e relaxadas
2.7 meses
(varia entre 0.7–6 meses)

3 – Procura tocar um anel de brinquedo que está dependurado
3.1 meses
(varia entre 1–5 meses)

4 – Fecha a mão ao segurar um anel de brinquedo que está pendurado
3.8 meses
(varia entre 2–6 meses)

5 – Brinca com os dedos
3.2 meses
(varia entre 1–6 meses)

6 – Agarra objetos usando a palma da mão
3.7 meses
(varia entre 2–7 meses)

7 – Agarra objetos formando uma pinça com os dedos
8.9 meses
(varia entre 7–12 meses)

8 – Bate palminhas (habilidade de nível médio)
9.7 meses
(varia entre 7–15 meses)

9 – Rabisca espontaneamente
14 meses
(varia entre 10–21 meses)

Figura 7.1 Desenvolvimento da habilidade motora fina: habilidades de manipulação, do nascimento até os 21 meses de vida.
Fonte: Alguns itens desta figura foram retirados do Bayley Scales of Infant Development. Copyright © 1969 by The Psychological Corporation, a Harcourt Assessment Company. (Reproduzido sob autorização. Todos os direitos reservados.)

bês. Tente manter as crianças em uma posição mais livre e menos dependente durante as horas em que estiverem acordadas. A pesquisa de Emmi Pikler demonstra que mesmo os bebês mais jovens mudam de posição numa média de uma vez por minuto (PIKLER, 1972; PETRIE; OWEN, 2007). Logo, se estiverem presos em uma cadeirinha de bebê ou num ba-

Grande parte do desenvolvimento motor das crianças vem do estímulo nas tarefas de autoajuda.

As atividades envolvendo os músculos grandes não devem ser reservadas apenas para os momentos ao ar livre, mas também devem ser estimuladas e permitidas em espaços fechados.

lanço, eles não conseguirão fazer o que fariam naturalmente. Evite engenhocas que deixem as crianças presas. (Obviamente cadeirinhas para automóveis são uma necessária exceção.)

Estimule os bebês a praticar o que eles já sabem como fazer. Bebês ficam prontos para o próximo estágio treinando o que seja que estejam fazendo no estágio atual. Tentar ensiná-los a rolar ou caminhar não permite que eles explorem e aperfeiçoem as habilidades que já possuem. Eles alcançam cada meta apenas quando estão prontos, e o cronograma interno de cada bebê é que irá dizer quando isso acontecerá.

Permita que os bebês mudem de posição sozinhos. O processo de *posicionar-se* é mais importante do que *estar na posição* – esse processo incentiva o desenvolvimento. Os bebês ficam prontos para levantar depois de conseguirem sentar e engatinhar, e não porque alguém os coloca em pé.

O corpo precisa de certa quantidade de estresse para crescer. Evite "resgatar" os bebês quando eles estiverem em uma posição desconfortável, em vez disso, espere e veja se eles conseguem sair dessa posição sozinhos. Obviamente, não se deixa bebês muito estressados sozinhos e sem apoio, mas também não queira deixar tudo sempre mais simples para eles. Um estresse razoável (ou ideal) estimula o crescimento, aumenta a motivação e fortalece tanto o corpo quanto a mente.

Acima de tudo, *facilite* o desenvolvimento em todas as áreas de habilidade motora, mas não há motivo para *forçá-lo*. Como vivemos em uma cultura "apressada", algumas pessoas ficam muito ansiosas em relação aos bebês atingirem as metas "em tempo" ou mesmo antes do previsto. "Com o tempo" é um guia melhor para se atingir tais metas. Cada bebê tem o seu tempo. Não há motivo para impor a um bebê o tempo de outro. A pergunta que se deve fazer é: o quão bem o bebê está usando as habilidades que tem? Outra pergunta é: ele está progredindo no uso de tais habilidades? Com esses dois conceitos em mente, você não precisará se preocupar se os bebês se encaixam nos quadros de metas. *Lembre-se do princípio 2: invista no tempo de qualidade, quando você fica totalmente disponível para bebês e crianças específicas. Não participe de grupos de supervisão sem focar (mais do que brevemente) em crianças individuais.*

Incentivar o desenvolvimento de crianças pequenas segue os mesmos princípios que se aplicam aos bebês. Crianças pequenas precisam de liberdade para se mover e experimentar uma variedade de formas de usar as habilidades que possuem. As atividades envolvendo os músculos grandes não podem ser reservadas apenas para os momentos ao ar livre, mas também devem ser estimuladas nos espaço fechados. Um ambiente suave – com travesseiros, colchões, almofadas de espuma e tapetes espessos (em ambientes fechados) e grama, areia, colchões e esteiras (em ambientes ao ar livre) – ajuda as crianças a rolar, pular, cair, levantar e circular ao redor. Vários equipamentos que auxiliam nas brincadeiras de escalar e deslizar (tanto para ambientes fechados quanto abertos) permitem que a criança experimente uma grande variedade de habilidades. Brinquedos para pedalar (podem ser reservados para as atividades ao ar livre com crianças maiores) proporcionam um tipo totalmente diferente de experiência, já que primeiro as crianças aprendem a andar com eles e, apenas mais tarde, a pedalar. Blocos grandes e leves estimulam os bebês a desenvolverem suas habilidades – ao carregarem os blocos de um lado para o outro, e também formando com eles caminhos, casas e estruturas abstratas, de modo que com isso praticam a habilidade motora ampla.

Padrão do programa NAEYC 2
Currículo

Perambular com objetos, carregar e esvaziar coisas são habilidades motoras amplas que as crianças pequenas praticam muito. Em vez de vê-las como negativas, os cuidadores podem prevê-las no currículo. Alguns programas disponibilizam coisas para serem despejadas (e realocadas).

Há um centro que até mesmo pendura no teto um balde de objetos cujo único propósito é esvaziá-lo (e enchê-lo de novo). Perambular com coisas na mão em geral envolve pegar objetos, carregá-los para outro lugar e largá-los no chão. Algumas vezes eles são ativamente descartados, e outras, apenas largados – abandonados como se tivessem sido esquecidos. O gráfico na Figura 7.2 mostra a trajetória de uma criança de dois anos em um período de 20 minutos. Os pontos pretos representam cada vez que a criança pega ou larga um objeto. Repare no território que ela percorre e no número de vezes que ela apanha e solta objetos. Esse é um comportamento comum em crianças de dois anos. Em geral, à medida que ficam mais velhas, elas conseguem passar cada vez mais tempo investindo em atividades específicas. Quanto mais se aproximam dos três anos, menos as crianças tendem a passar longos períodos do dia se movendo de um lugar para outro. Mas no início da infância esse movimento constante faz parte do desenvolvimento da motricidade ampla, e o ambiente, tanto fechado quanto ao ar livre, precisa ser configurado para dar conta dessa necessidade.

Lembre-se também de que uma alimentação pobre contribui para que a criança fique mal nutrida, sem a força muscular e óssea necessária para o desenvolvimento motor normal e atividades relacionadas. Crianças desnutridas podem também desenvolver problemas no sistema nervoso central, o que pode limitar a coordenação e o controle motor. Bebês acima do peso também podem ter um desenvolvimento limitado. Quando os bebês precisam movimentar um excesso de peso, eles podem ficar desmotivados ou incapazes de desenvolver as habilidades motoras necessárias.

Uma precaução a respeito das novas informações sobre o desenvolvimento do cérebro: fique atento a qualquer publicidade que use as pesquisas sobre o cérebro para vender brinquedos e outros materiais. Experiências e interações naturais do dia a dia são a melhor forma de incentivar conexões neurais significantes. A interpretação desses estudos deve ser feita com cuidado e sensibilidade, e o fato de cada criança ser única deve sempre ser considerado.

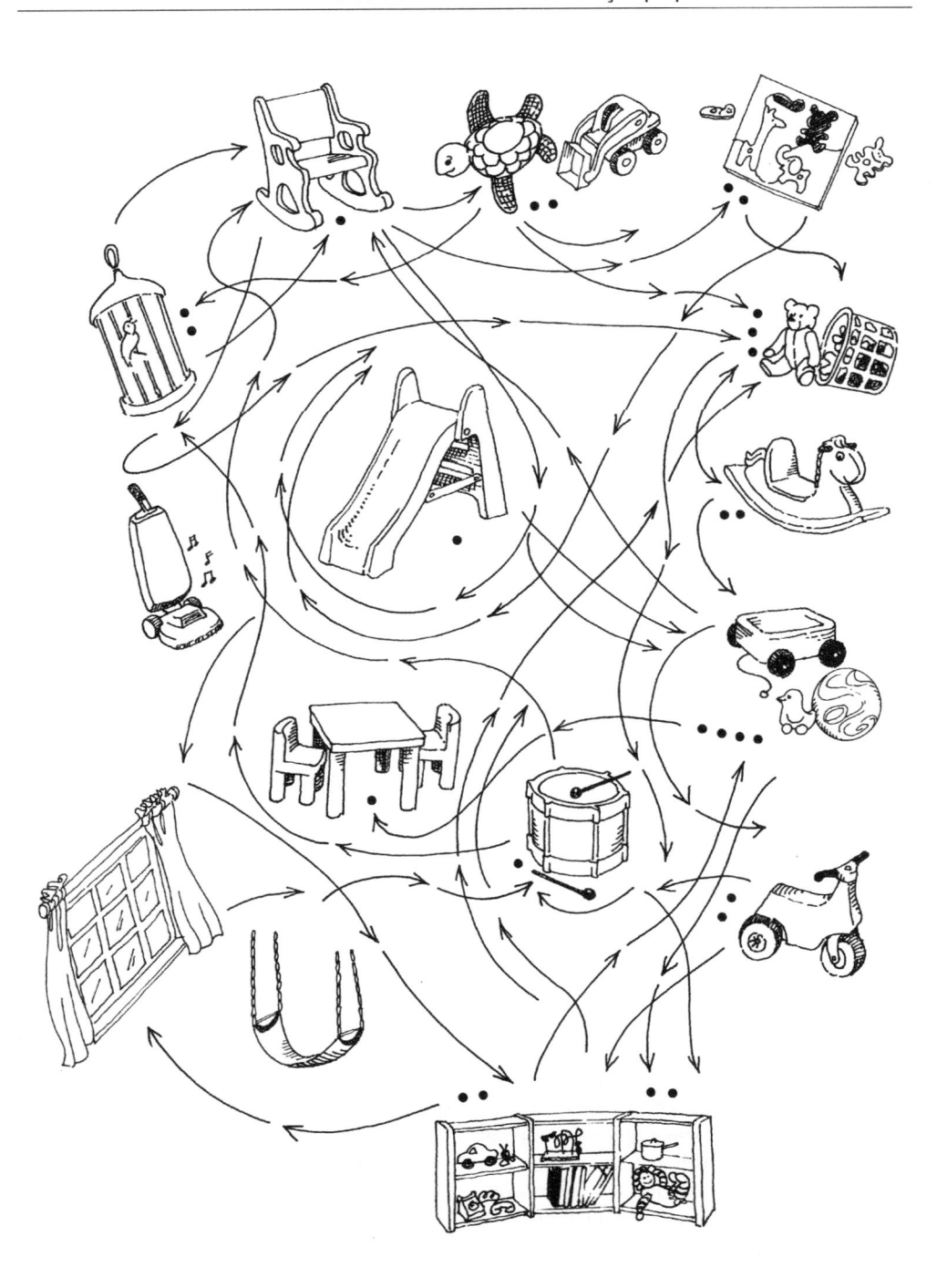

O cuidado com bebês e crianças pequenas na creche **147**

Figura 7.2 Gráfico traçando os movimentos de uma criança de dois anos.

Repare se você não está incentivando o movimento motor amplo mais em meninos do que em meninas. Meninas precisam de corpos fortes e habilidosos tanto quanto os meninos. Ambos os sexos, na infância, gostam de "brincar de pegar". A liberdade de rolar no chão, pular em pilhas de travesseiro, travar lutinhas e dar cambalhotas é apropriada tanto para meninos quanto para meninas. Música e movimento, dança e brincadeiras de roda incentivam todas as crianças a se mexerem e se divertirem. Caminhe e observe coisas interessantes no caminho. Apenas lembre-se de dar às crianças oportunidades de escolha e de mantê-las em grupos pequenos.

Reflita

Como você acha que o ambiente influencia o desenvolvimento motor? (Não esqueça de incluir nutrição e práticas.)

Crianças com necessidades especiais: encontrando recursos

Este capítulo tem focado no quanto o crescimento físico e as habilidades motoras mudam durante os três primeiros anos. O conhecimento a respeito de um desenvolvimento saudável ainda é o principal guia para a análise e a intervenção precoce ao se trabalhar com crianças com necessidades especiais. Os reflexos, por exemplo, foram reconhecidos como significativos, porque dão indícios sobre o crescimento cerebral. Ajudar pais e famílias de crianças pequenas com necessidades especiais a encontrarem guias e recursos relevantes é especialmente importante quando se deseja que as crianças usem todo seu potencial. Esta seção lista alguns recursos disponíveis nos EUA, relacionados à educação especial voltada à primeira infância, e também sugere guias para compartilhar recursos com pais e famílias.

No Capítulo 6, apontamos o quanto recursos relevantes são fundamentais no planejamento do Plano de Serviço Familiar Individualizado. Tais recursos em geral abrangem serviços específicos dos quais uma criança pode precisar, mas eles também podem conectar a família e o cuidador com serviços apropriados que *eles* possam precisar para apoiar melhor a criança e uns aos outros. Para que sejam eficazes, os recursos precisam ser atuais e relevantes; eles também precisam estar sintonizados com o tempo e as particularidades das questões de cada família.

Os cuidadores e professores voltados ao trabalho com a primeira infância ocupam uma posição única quanto a providenciar recursos às famílias de crianças com necessidades especiais. Eles conhecem as etapas de desenvolvimento e conhecem (e já observaram) as crianças sob seus cuidados. Como já foi mencionado, as anotações e observações deles desempenham um papel importante no desenvolvimento do IFSP. Compartilhar dúvidas e preocupações com famílias que talvez tenham crianças com alguma deficiência é o primeiro passo para o processo de intervenção precoce. Encontrar informações sobre apoio e recursos para essas crianças pode ajudar as famílias a perceber que não estão sozinhas em seus esforços para encontrar aquilo que é melhor para seus filhos.

É importante que professores e cuidadores desenvolvam uma *biblioteca* de recursos e que a mantenham atualizada, o que envolve checar alguns sites frequentemente para garantir a validade das informações. Tais recursos devem ser compartilhados abertamente – devem ficar, por exemplo, próximos à entrada ou à saída da instituição de educação e assistência à primeira infância. Algumas famílias não querem ser vistas como famílias que têm dúvidas e precisam de ajuda, mas elas podem ficar muito agradecidas por obterem respostas de modo privado. Depois de obterem algumas informações, e uma vez que se sintam mais confiantes, elas talvez procurem mais recursos publicamente. Tente compartilhar dois ou três recursos por vez, já que eles podem ter valores sobrepostos. Isso também permite que as famílias saibam que não existe apenas uma abordagem para cada dúvida ou preocupação.

É fácil avaliar se um recurso é bom; os dados para contato devem ser claros e completos, seja esse contato via internet ou por meio de endereço físico. Um bom recurso também leva em conta a diversidade cultural, oferecendo informações em mais de uma língua. Bons recursos não contêm informações "alarmantes", mas sim oferecem materiais completos, concretos, baseados no desenvolvimento infantil e com referências profissionais.

A vantagem de um recurso oportuno é que ele pode ajudar famílias e cuidadores a se sentirem emocionalmente fortalecidos pelo apoio, e assim eles também obtêm conhecimentos por meio das informações. Outra vantagem é que um bom recurso deve oferecer um "senso de direção" no cuidado de crianças com necessidades especiais. À medida que as famílias e as crianças mudam, o acesso aos recursos deve se expandir. Com frequência um bom recurso leva a outro!

A lista de recursos a seguir representa uma série de deficiências e instituições afins. Elas foram selecionadas porque sua base de informações é extensa e ampla; no entanto, mais fontes continuam disponíveis na área da educação especial voltada à primeira infância. As descrições são breves e os cuidadores devem visitar e avaliar os sites antes de aconselhá-los às famílias. Os sites estavam funcionando no momento da publicação, porém eles mudam o conteúdo frequentemente. Todas as fontes informativas precisam ser revisadas com frequência nos quesitos relevância e precisão. Atenção: se você não conseguir acessar algum desses sites pelo seu servidor, tente o Google para buscar referências na web.

> **Padrão do programa**
> **NAEYC 4**
> Avaliação

RECURSOS VOLTADOS À EDUCAÇÃO ESPECIAL NA PRIMEIRA INFÂNCIA

Arc of the United States
http://www.thearc.org
Esse é o site da organização nacional norte-americana de e para pessoas com retardo mental e deficiências afins e para suas famílias. Inclui tópicos, serviços e posições governamentais, FAQs, publicações e *links* relacionados.

Association to Benefit Children (ABC)
http://www.a-b-c.org
ABC apresenta uma série de programas que abrangem defesa da criança, educação para crianças com deficiência, cuidados com crianças HIV-positivas, empregos, jardins de infância e outros tipos de assistência infantil.

Consortium for Citizens with Disabilities
http://www.c-c-d.org
Inclusa nessa coalisão está uma *Education Task Force* que trata de questões relacionadas à educação especial na primeira infância, questões relativas a repensar a educação especial, os princípios de 2001 da IDEA e muitas outras questões afins.

Disability-Related Sources on the Web
http://www.arcarizona.org
Os muitos links dessa fonte incluem os maiores recursos, projetos federais, agências facilitadoras, tecnologia assistida, organizações norte-americanas e de outros países que tratam disso, recursos e diretórios educacionais.

Division for Early Childhood
http://www.dec-sped.org
Uma divisão do Conselho para Crianças Excepcionais (Council for Exceptional Children), a DEC defende a melhoria das condições para crianças com necessidades especiais. Teorias de desenvolvimento infantil, informações sobre escolas e centros de assistência para crianças, estudos a respeito e *links* para outros sites podem ser encontrados na página.

Family Village
http://www.familyvillage.wisc.edu
Essa é uma comunidade global de recursos relacionados a deficiência que se encontram em pontos-chave como bibliotecas, shoppings, escolas, centros comunitários, etc.

Institute on Community Integration Projects
http://ici.umn.edu
Projetos de pesquisa relacionados à primeira infância e aos serviços de intervenção precoce na área da educação especial são descritos aqui.

(continua)

Learning Disabilities Association of America (LDA)
http://www.ldaamerica.org
O propósito da LDA é obter avanços na educação e no bem-estar geral de crianças com inteligência normal que mostram deficiências de natureza perceptiva, conceitual ou de coordenação motora.

National Association for Child Development (NACD)
http://www.nacd.org
A página inicial dessa organização oferece *links* para vários programas, estudos e recursos ligados a tópicos como deficiências de aprendizado, DDA/TDAH, prejuízos cerebrais, autismo, crianças superdotadas, etc.

National Dissemination Center for Children with Disabilities (NICHCY)
http://www.nichcy.org
Essa organização disponibiliza informações e referências relacionadas a deficiências específicas, intervenção precoce, educação especial, programas de educação individualizados e uma lista de orientações para os pais de crianças portadoras de deficiências.

New Horizons for Learning
http://www.newhorizons.org
Focado na inclusão, o site oferece informações sobre inclusão de pessoas com deficiências, recursos tecnológicos e de aprendizado e um "laboratório do cérebro", tudo apresentado em forma de andares de um prédio.

Pacer Center: Emotional Behavioral Disorders
http://www.pacer.org/ebd/
Esse site disponibiliza informações às famílias sobre distúrbios emocionais e comportamentais, um guia de intervenção e *links* para uma série de recursos, incluindo o site da *IDEA'S Partnership in Education*.

Special Education News
http://www.specialednews.com
Esse site aborda problemas relativos a lidar tanto com condições de pobreza quanto com deficiências, incluindo tópicos ligados à administração do comportamento, à resolução de conflitos, à intervenção precoce e a deficiências específicas.

Special Education Resources on the Internet (SERI)
http://www.seriweb.com
SERI oferece informações em todas as áreas da educação especial na primeira infância, incluindo deficiências, atrasos de desenvolvimento, distúrbios comportamentais e autismo.

The Family Center on Technology and Disability
http://www.fctd.info
Esse centro norte-americano trabalha com crianças e famílias com deficiência que usam tecnologia assistida; as informações sobre ajuda tecnológica são gratuitas.

The National Center for Learning Disabilities
http://www.ncld.org
NCLD trabalha com indivíduos com deficiência de aprendizado e suas famílias, educadores e estudiosos; a instituição promove a pesquisa e dissemina informações, além de defender políticas que protejam os direitos de indivíduos com deficiência de aprendizado.

Zero to Three
http://www.zerotothree.org
Zero to three disponibiliza recursos *on-line* para as famílias; a seção "Parents" oferece muitas informações sobre recursos, em inglês e espanhol.

Atenção: Essas fontes foram retiradas de uma série de artigos da *Annual Editions: Education Children with Exceptionalities 10/11*, 20. ed., Karen L. Freiberg, Editor, McGraw-Hill, New York, New York, 2010.

(continuação)

CAMINHOS DO DESENVOLVIMENTO
Comportamentos que evidenciam o desenvolvimento das habilidades motoras

Bebês pequenos (até 8 meses)	• Usam muitos reflexos complexos: procuram algo para chupar; seguram-se para não cair; mexem a cabeça para evitar a obstrução da respiração; evitam a claridade, cheiros fortes e dor • Alcançam coisas e as apertam • Levantam a cabeça, mantêm a cabeça levantada, rolam, manipulam e mudam objetos de lugar
Bebês que se movem (até 18 meses)	• Sentam • Engatinham e se erguem para levantar • Caminham, inclinam-se, andam aos trotes, andam para trás • Jogam objetos para longe • Ensaiam rabiscos no papel
Crianças pequenas (até 3 anos)	• Sobem e descem escadas, conseguem pular um degrau • Chutam a bola, conseguem se manter sobre apenas um dos pés • Rabiscam no papel, lidam com objetos pequenos e estreitos (fios, miçangas), conseguem usar a tesoura • Desenham círculos

Fonte: Copple e Bredekamp (2009).

Diversas vias de desenvolvimento

O que você vê	Morgan começou a andar há pouco tempo, mas anda para todo lado. Ela não apenas caminha como sobe em tudo que vê. Essa criança não fica quieta nem por um minuto, a não ser quando dorme, e ela dorme muito bem, é claro... com a quantidade de energia que usa se movimentando...
O que você pode pensar	Essa é uma criança hiperativa, do tipo que começa a tomar remédio quando entra em idade escolar.
O que talvez você não saiba	Morgan é muito parecida com seu pai. Ambos têm muita energia. O pai dela é um atleta e tem um emprego que demanda muito fisicamente, então ele fica feliz de ter tanta energia. Ele fica feliz que sua filha também tenha muita energia. Ele não se preocupa quanto a ela ser hiperativa, pois já viu outras crianças que o são e elas são muito diferentes de Morgan. Por exemplo, elas não parecem dormir muito, e Morgan dorme muito bem.

CAMINHOS DO DESENVOLVIMENTO

Comportamentos que evidenciam o desenvolvimento das habilidades motoras

O que você pode fazer	Dê a ela espaço para se mover e certifique-se de que está segura. Configure o ambiente de modo que ela não possa subir em lugares perigosos. Certifique-se de que ela passa tempo suficiente na área aberta, para pegar ar fresco e ter o sentimento de espaço que a manterá hábil em usar sua energia de formas positivas. Ajude-a também a apreciar atividades tranquilas. Mesmo que ela não tenha a tendência de se dirigir à área de livros, você provavelmente tem meios de atraí-la até lá.
O que você vê	Vincent chega vestido elegantemente e, é claro, se sente inibido por conta de suas roupas. Os sapatos dele têm solas de couro que deslizam com facilidade, o que o deixa com medo de correr. Ele nunca vai para a área aberta. Na área interna ele também fica inibido, pois evita todas as experiências sensoriais (como água, areia, massinha de modelar e mesmo os pincéis) que possam sujar suas roupas.
O que você pode pensar	Essa família coloca a aparência do filho acima das necessidades de desenvolvimento dele. Eles estão limitando a habilidade dele de se desenvolver fisicamente e obviamente não entendem a importância da liberdade de movimento e das experiências sensoriais.
O que você talvez não saiba	Essa família vem de outro país, onde ir à escola é um privilégio importante, e eles consideram que o seu programa é uma escola. Eles têm ideias sólidas sobre as crianças se vestirem apropriadamente e se perguntam por que as outras crianças estão vestidas com jeans e roupas velhas. Eles acham que a aparência de Vincent reflete os cuidados da família com ele.
O que você pode fazer	Tente conhecer a família dele e as suas percepções. Estabeleça uma relação baseada na confiança. Não os pressione para mudar, mas sim ajude Vincent a desenvolver suas habilidades físicas dentro dos limites da situação. Por fim, talvez você consiga descobrir, junto aos pais, como a criança pode ganhar mais liberdade para se envolver fisicamente e ainda assim refletir positivamente sua família.

RESUMO

A progressão do crescimento físico e o desenvolvimento das habilidades motoras seguem, em geral, um estável padrão de desenvolvimento.

Crescimento físico e habilidades motoras

- Os bebês aprendem a coordenar os movimentos de seus corpos enquanto eles estão em constante mudança; numerosos fatores influenciam a *taxa* de desenvolvimento motor.
- A estabilidade do desenvolvimento motor é promovida pelos princípios céfalo-caudal e próximo-distal.

Crescimento do cérebro e desenvolvimento motor

- Mielinização e expansão das conexões entre os dendritos são as responsáveis pelo crescimento cerebral após o nascimento.
- O desenvolvimento motor é influenciado pelos neurônios que se movem no córtex cerebral e na área circundante do cérebro.

Reflexos

- Reflexos são reações naturais e involuntárias a diferentes estímulos; algumas já estão presentes no nascimento, e outras aparecem muitos meses depois.
- Os reflexos mudam e/ou desaparecem à medida que o cérebro cresce.

Habilidade motora ampla e locomoção

- A habilidade motora ampla, que envolve os grandes músculos, progride à medida que o bebê pratica movimentos generalizados.

- Etapas do desenvolvimento motor amplo existem, mas devem ser usadas com cuidado; cada criança é única e as taxas de crescimento podem variar.

Habilidade motora fina e manipulação

- A habilidade motora fina, ligada aos músculos pequenos, está relacionada aos movimentos das mãos e dos dedos das mãos e avança rapidamente durante os primeiros 18 meses.
- Tarefas de autoajuda são algumas das melhores atividades para fomentar a habilidade motora fina.

Incentivando o desenvolvimento motor

- Incentive bebês e crianças pequenas a praticarem o que elas já sabem como fazer; evite "ensinar" habilidades motoras.
- Interações e experiências do dia a dia são as melhores maneiras de incentivar o crescimento cerebral e as conexões neurais e, logo, geram impacto no desenvolvimento motor.

Crianças com necessidades especiais: encontrando recursos

- Recursos relevantes e oportunos ajudam cuidadores e famílias a encontrar serviços de intervenção precoce apropriados para crianças com necessidades especiais.
- Um "bom" recurso é fácil de ser avaliado: ele é culturalmente sensível, apropriado ao desenvolvimento e possui referências profissionais.

Recursos on-line

Acesse nosso Centro de Aprendizado *On-line* em www.mhhe.com/itc9e, clique em *Student Edition* e escolha o *Chapter 7* para acessar o guia do estudante *on-line*, que inclui uma revisão do capítulo, *links* relacionados, testes práticos, exercícios interativos e referências do capítulo.

EXPRESSÕES-CHAVE

céfalo-caudal 132
córtex cerebral 134
locomoção 136
manipulação 141
mielinização 134
plasticidade cerebral 135
próximo-distal 132
reflexos 135

QUESTÕES PARA REFLEXÃO/ATIVIDADES

1. Revise a Tabela 7.2. Suponha que a mãe de uma criança sob seus cuidados tenha encontrado essas informações em uma revista popular. Ela quer discutir o significado delas com você. Considere o seguinte (e pense no que você diria):
   A. O filho dela é saudável, e o desenvolvimento motor parece bastante normal. O que você diria?
   B. Você se preocupa com alguns atrasos no desenvolvimento motor da criança e estava esperando por essa oportunidade. O que você diria?
   C. É o pai quem traz até você essa tabela e não a mãe. O que você diria?
2. Invente um brinquedo para incentivar o desenvolvimento motor em bebês. Pense sobre isso e fale sobre como seu brinquedo fomenta o crescimento físico.
3. Finja que você conduzirá uma reunião de pais. Delineie os detalhes de uma discussão a respeito de como configurar um ambiente para promover o desenvolvimento motor amplo. Considere o seguinte:
   A. Promover segurança
   B. Incentivar o desenvolvimento, não *pressioná-lo*
   C. Ensinar os pais sobre ambientes apropriados ao desenvolvimento
4. Discorra sobre como os recursos relevantes podem ajudar as famílias com crianças que possuem necessidades especiais. Quais são os componentes de um "bom" recurso?

REFERÊNCIAS

BAYLEY, N. *The Bayley scales of infant and toddler development*. 3rd ed. San Antonio, TX: Pearson Education, 2005.

BELL, M. A.; FOX, N. A. Brain development over the first year of life. In: DAWSON, G.; FISCHER, K. W. (Ed.). *Human behavior and the development of the brain*. New York: Guilford Press, 1998. p. 314-345.

BLACK, M.; MATULA, K. *Essentials of Bayley scales of infant development assessment*. New York: Wiley, 2000.

CASAER, P. Old and new facts about perinatal brain development. *Journal of Child Psychology and Psychiatry*, v. 34, p. 101-109, 1993.

COOPLE, C.; BREDEKAMP, S. (Org.). *Developmentally appropriate practice in early childhood programs*. 3. ed. Washington, DC: National Association for the Education of Young Children, 2009.

FAULK, J. Development schedules stimulating adult educational attitudes. In: GERBER, M. (Ed.). *The RIE Manual for Parents and Professionals*. Los Angeles: Resources for Infant Educarers, 1979. p. 103-107.

FOMON, S. J.; NELSON, S. E. Body composition of the male and female in reference to infants. *Annual Review of Nutrition*, v. 22, p. 1-17, 2002.

GALLAGHER, K. Brain research and early childhood development: a primer for developmentally appropriate practice. *Young Children*, v. 60, n. 4, p. 12-20, jul. 2005.

GERBER, M. (Ed.). *The RIE manual for parents and professionals*. Los Angeles: Resources for Infant Educarers, 1979.

KÁLLÓ, É.; BALOG, G. *The origins of free play*. Budapest: Association Pikler-Lóczy for Young Children, 2005.

PETRIE, S.; OWEN, S. *Authentic relationships in group care for infants and toddlers*: resources for infant educarers (RIE): principles into practice. London and Philadelphia: Jessica Kingsley Publishers, 2005.

PIKLER, E. Data on gross motor development of the infant. *Early Development and Care* 1, p. 297-310, 1972.

PIKLER, E. Some contributions to the study of the gross motor development of children. *Journal of Genetic Psychology*, v. 113, p. 27-39, 1968.

SHAFFER, D. R.; KIPP, K. *Developmental psychocology*: childhood and adolescence. 7. ed. Belmont, CA: Wadsworth, 2007.

THELEN, E.; SMITH, L. B. Dynamic systems theories. In: DAMON, W. (Ed.). *Handbook of Child psychology*. New York: Wiley, 1998. V. 1. p. 563-633.

THOMPSON, P. M.; GIEDD, J. N. Growth patterns in the developing brain. *Nature*, v. 404, p. 190-192, 2000.

LEITURAS COMPLEMENTARES

GARTRELL, D.; SONSTENG, K. Promote physical activity: it's proactive guidance. *Young Children*, v. 63, n. 2, p. 51-53, mar. 2008.

GONZALEZ-MENA, J. What to do for a fussy baby: a problem-solving approach. *Young Children*, v. 62, n. 5, p. 20-24, sep. 2007.

GONZALEZ-MENA, J.; CHAHIN, E.; BRILEY, L. The Pikler Institute: a unique approach to caring for children. *Exchange*, v. 166, p. 49-51, nov./dec. 2005.

PARLAKIAN, R.; LERNER, C. Beyond twinkle, twinkle: using music with infants and toddlers. *Young Children*, v. 65, n. 2, p. 14-19, mar. 2010.

PICA, R. Babies on the move. *Young Children*, v. 65, n. 4, p. 48-50, jul. 2010.

PIKLER, E. Give me time: gross motor development under conditions at loczy. In: TARDOS, A. (Ed.). *Bringing up and providing care for infants and toddlers in an institution*. Budapest: Association Pikler-Lóczy for Young Children, 2007. p. 135-150.

RESOURCE LIST AND WEBSITES: resources for families and teachers: essential partnerships. *Young Children*, v. 64, n. 5, p. 60-61, sep. 2009.

TARDOS, A. The child as an active participant in his own development. In: TARDOS, A. (Ed.). *Bringing up and providing care for infants and toddlers in an institution*. Budapest: Association Pikler-Lóczy for Young Children, 2007. p. 127-134.

WILLIS, C. Young children with autism spectrum disorder. *Young Children*, v. 64, n. 1, p. 81-89, jan. 2009.

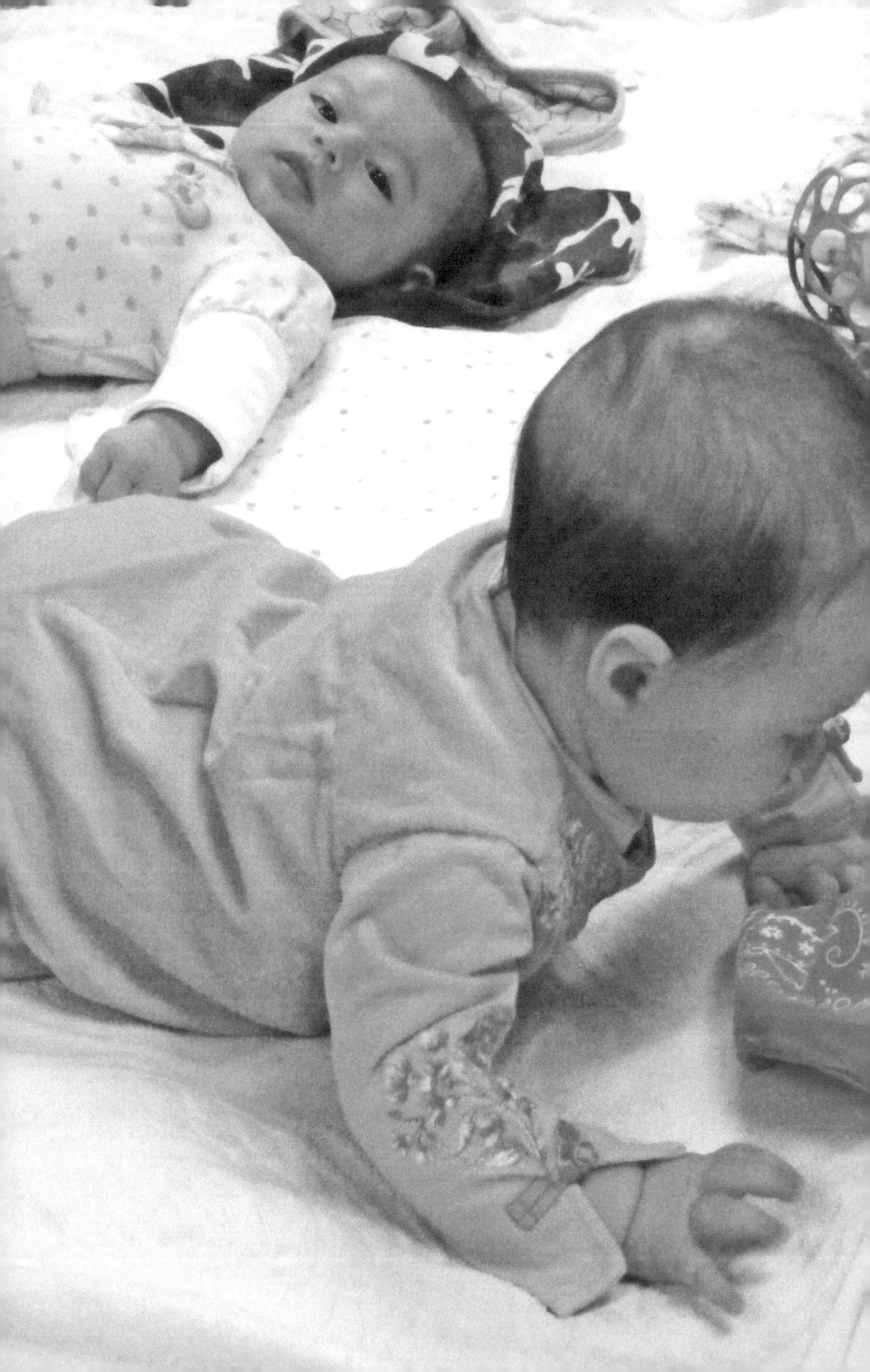

Capítulo 8
Cognição

Questões em foco

Depois de ler este capítulo, você deve estar apto a responder às seguintes questões:

1. Descreva o que se entende por "experiência cognitiva". Como ela muda dos tempos de bebê até a primeira infância?
2. Como você compararia e contrastaria as teorias de Piaget e Vygotsky?
3. Quais são as orientações apropriadas para adultos que querem incentivar o desenvolvimento cognitivo de crianças pequenas?
4. Como os princípios de aprendizado com base no cérebro apoiam a cognição de bebês e crianças pequenas?
5. Quais são os componentes-chave de um programa de inclusão de qualidade para a primeira infância?

O que você vê?

Nick está parado, segurando uma jarra vazia. Ele vai até uma caixa de brinquedos, fuça dentro dela e retira uma pequena tigela de plástico, uma caixa de ovos e a tampa de um frasco de geleia. Posiciona tudo em fila, em cima de uma mesa baixa, e finge que está pingando algo dentro dos objetos com sua jarra. Ele é cuidadoso em suas ações e enche cada recipiente metodicamente, incluindo cada compartimento da caixa de ovos, um por um. Então, parecendo muito satisfeito com a tarefa cumprida, joga a jarra longe, com um gritinho de alegria. Ele começa a se dirigir para o outro lado da sala, quando repara em uma planta em cima de uma mesa. Nick imediatamente corre de volta até onde havia deixado sua jarra e remexe na pilha de bonecas e cobertores que estão atrapalhando sua vista. Ele encontra a jarra, leva-a até a planta e novamente finge que está pingando água na tigela. Abandona a jarra novamente e pega uma boneca. Ele bate com a boneca no chão, várias vezes, depois a enrola em um cobertor e cuidadosamente a coloca na caixa de brinquedos. Então inclina-se sobre a caixa e espia um livro de fotos, com bombeiros na capa. Ele olha para as imagens por um momento, coloca o livro na cabeça e corre pela sala gritando o que parece ser a imitação de uma sirene. Quando passa por uma prateleira de brinquedos, vê um caminhão de bombeiros de madeira. Ele o retira da prateleira e começa a empurrá-lo pelo chão. Ele para e olha para os buracos no caminhão onde os pequenos bombeiros supostamente devem sentar. Não vê nenhum pequeno bombeiro por perto. Faz uma pausa, olha ao redor e vai atrás da jarra de novo. Ele cuidadosamente enche cada buraco do caminhão com o que finge que há dentro da jarra.

Conhecer e entender o mundo são resultado de um envolvimento ativo com pessoas e coisas. Bebês e crianças pequenas são naturalmente ativos e interativos. Nick é um bom exemplo de uma criança muito jovem que está ativamente envolvida em seu próprio mundo. Suas experiências anteriores estão claramente refletidas em suas habilidades de conhecer as coisas de formas novas. Ele procura experiências que lhe pareçam interessantes e demonstra que consegue fazer adaptações que levam a resoluções de problemas. Essas habilidades e outras, ligadas à cognição, ou ao desenvolvimento mental, são o foco deste capítulo. Parte do trabalho de Jean Piaget, o primeiro psicólogo cognitivo, assim como o de Lev Vygotsky, o psicólogo russo focado no desenvolvimento, serão discutidos. As informações sobre o desenvolvimento precoce do cérebro estão confirmando o modo como crianças pequenas aprendem, e as implicações desse entendimento serão incluídas. O capítulo é concluído com uma revisão dos benefícios dos programas de inclusão na primeira infância para crianças pequenas com deficiências.

A experiência cognitiva

O processo de captar informações, organizá-las e finalmente usá-las para se adaptar ao mundo é a essência da **experiência cognitiva**. Sempre que um tópico como a cognição ou o crescimento mental é discutido, é fácil incluir também intelecto, aprendizado e talvez até mesmo estudos acadêmicos como termos relacionados. Muitas pessoas pensam o processo cognitivo como relacionado a índices de QI e experiências do tipo escolares (incluindo notas!). Um programa de qualidade direcionado a bebês e crianças irá incentivar o crescimento cognitivo e intelectual de crianças muito jovens, mas as turmas não se parecerão com uma sala de aula tradicional. Entender *como* as crianças crescem e aprendem é algo básico para se planejar uma configuração apropriada ao desenvolvimento, que irá fomentar o desenvolvimento cognitivo.

Como as crianças desenvolvem o conhecimento e a compreensão? Inicialmente, elas percebem as experiências diretamente com os sentidos. Para que as crianças adquiram a habilidade de compreender essas informações sensoriais, elas precisam estar aptas a distinguir entre o familiar e o desconhecido; depois elas começarão a considerar, a formular e, por fim, a formar imagens mentais durante esse processo de experimentar e esclarecer para si mesmas o meio ambiente.

Esse processo é, a princípio, imperceptível, ainda que certas considerações a respeito da cognição possam ser feitas com base na observação de movimentos físicos óbvios. No início, as crianças exploram o mundo por meio de seus corpos. Elas internalizam o que captam por meio dos sentidos e demonstram isso em seus movimentos físicos. Crianças captam informações vitais por meio de atos simples como colocar algo na boca, agarrar e montar objetos. Você pode observar como as crianças praticam esses atos, repetem-nos várias vezes e os refinam muito rapidamente. Os recém-nascidos, por exemplo, na primeira vez que colocam a boca no bico do seio, eles a abrem muito. Com apenas alguns ensaios, no entanto, eles aprendem rapidamente o quanto devem abri-la para se adaptar ao tamanho do bico do seio e ajustam os lábios em antecipação a isso. Eles refinaram um ato simples. Logo eles também aprenderão o quanto esticar a mão e organizar os dedos para pegar um copo ou um brinquedo. Muito tempo depois, quando já forem adultos, eles refinarão ainda mais seus atos para pegar o copo sem olhar, para tocar piano ou digitar no computador. Todos esses refinamentos musculares tiveram seu início com uma pequena boca se ajustando ao tamanho de um bico do seio para mamar. Nesse exemplo, a cognição está ligada ao desenvolvimento da habilidade motora fina. Você pode pensar em outros exemplos nos quais a cognição está ligada ao desenvolvimento da habilidade motora ampla, e aos desenvolvimentos emocional e social. Aprender e pensar são processos que ajudam em todas as áreas do desenvolvimento.

O processo do conhecimento – cognição – também envolve habilidades linguísticas. À medida que as crianças pequenas vão usando os sentidos para experimentar o mundo, elas passam a precisar de rótulos para categorizar e a se lembrar das experiências. Por meio da criação desses rótulos, as crianças aumentam sua habilidade de se comunicar e começam a controlar o próprio comportamento. Essas habilidades expandidas dão às crianças oportunidades adicionais de entender o mundo.

Experiência sensório-motora: Piaget

Um teórico que colaborou muito para a nossa compreensão do desenvolvimento cognitivo de bebês e crianças foi Jean Piaget. O maior interesse dele era entender como as crianças passam a adquirir conhecimentos sobre o mundo ao seu redor. Ele não estava interessado no quanto a criança sabia (ou seja: na quantidade, ou QI), mas sim na qualidade do entendimento da criança e em como ela por fim o explica e justifica. Ele chamou o primeiro estágio de sua teoria – que vai do nascimento aos dois anos – de **estágio sensório-motor**. Essa denominação, que faz referência à coordenação do senso de percepção e dos movimentos musculares, é apropriada porque a coordenação marca o início do pensamento. A Tabela 8.1 lista os componentes do estágio sensório-motor.

Gradualmente, os bebês começam a entender que podem controlar a interação entre eles e os objetos. Eles gostam desse novo tipo de aprendizado e seguem testando-o. Esse processo de assimilar novas informações e processá-las (ou *brincar* com elas) é o que Piaget chamou de **assimilação**. Ele permite que os bebês adquiram informações sozinhos e incorporem novas experiências aos conceitos ou categorias anteriormente desenvolvidos. Piaget usava o termo **acomodação** para descrever o que acontece quando essas novas informações refinam ou expandem categorias mentais já formadas. Inicialmente, os sentidos assimilam tudo, mas depois começam a se acomodar a visões e sons específicos (focando-se em um rosto, por exemplo, e ignorando a luz muito clara). É por meio desse sistema dinâmico e contínuo de assimilação (adquirindo experiência) e acomodação (ajustando-se a ela) que as crianças pequenas se adaptam ao mundo – e esse é um processo que dura a vida toda.

Tabela 8.1 O estágio sensório-motor

Idade	Comportamentos sensório-motores	Exemplos
Nascimento–1 mês	Reflexos, comportamentos congênitos simples	Chorar, chupar, agarrar
1–4 meses	Refinam comportamentos simples, repetem-nos e fazem diferentes combinações	Estender-se, segurar, chupar dedos e mãos
4–8 meses	Repetem as mesmas atividades usando objetos, começam a imitar um pouco	Acidentalmente fazer um móbile se mexer e, ao perceber, repetir o que fizeram antes para que aconteça de novo
8–12 meses	Planejam movimentos, intencionalmente, para que algo aconteça	Puxar uma corda para trazer um brinquedo para perto
12–18 meses	Fazem experimentos com os objetos para que coisas novas aconteçam	Se uma bola cai da mesa e sai rolando, o que aconteceria se fosse um livro que caísse?
18–24 meses	Imaginam acontecimentos e resolvem problemas, fazem combinações mentais e começam a usar as palavras	Fingir que vai jogar uma bola, chamar o cuidador e dizer "Ei, bola!"

Quando os bebês praticam e combinam essas primeiras ações, eles estão apaixonados pelo próprio corpo – fascinados pelo que sentem e fazem. Por fim, essa fascinação passa do corpo para os efeitos que as suas ações têm no ambiente. Eles ficam interessados no que acontece quando esticam um braço e batem em um brinquedo. Um novo entendimento se desenvolve a partir dessa mudança de foco, que antes era em si mesmo e passa a ser no ambiente, desde as ações até suas consequências. Os bebês começam a perceber que eles e os objetos do mundo estão separados.

Você pode perceber a mesma progressão no desenvolvimento um pouco depois, quando as crianças têm experiências com a arte. Primeiramente, as crianças se interessam mais pela sensação, por exemplo, de espremer tinta de uma esponja em cima de um papel. Mais tarde elas começam a observar o produto de suas ações – o desenho ou pintura. Algumas crianças não focam no produto até ultrapassarem os 3 anos.

Saber que estão em um mundo cheio de objetos e que são parte dele, mas não a sua totalidade, é um grande passo adiante quanto ao que as crianças compreendem. Contudo, as ideias delas sobre os objetos diferem muito das dos adultos. Bebês reconhecem a existência apenas de coisas que conseguem ver, tocar ou reconhecer de outra forma por meio dos sentidos. Se você esconder o brinquedo preferido de um bebê, ele não irá procurar pelo objeto, porque acreditará que ele não existe mais. "Longe dos olhos, longe do coração", como diz o ditado. E, se você trouxer o brinquedo de volta, o bebê achará que ele se "recriou". Tal compreensão do mundo torna um jogo de *peekaboo* (esconder-se da criança – atrás de um objeto, por exemplo – e depois aparecer) extremamente excitante: Que poder! – criar e "descriar" uma pessoa num instante. Não é à toa que *peekaboo* tem um fascinante apelo universal. O que falta ao bebê muito jovem é o que Piaget chamou de noção de **permanência de objeto**, ou a habilidade de lembrar-se de um objeto ou pessoa mesmo quando ela não pode ser vista, tocada ou escutada. Por fim, os bebês se tornam conscientes de que esses objetos continuam existindo mesmo que não possam vê-los. No entanto, adquirir essa consciência é um processo gradual.

Mais ou menos perto de um ano de idade, as crianças começam a pensar de formas mais sofisticadas e passam a usar instrumentos. Dê a elas um bastão e elas o usarão para conseguir trazer para perto um brinquedo fora de seu alcance. Dê a elas um cordão com algo que elas queiram pendurado, e elas saberão exatamente o que fazer. A novidade em si se torna uma finalidade. As crianças irão deliberadamente manipular o ambiente para ver o que acontece.

Com toda essa experimentação, as crianças desenvolvem algumas novas habilidades: a habilidade de antecipar mentalmente o que acontecerá com determinado objeto quando o derrubarem, a habilidade de lembrar-se de uma ação pouco depois de uma curta interrupção e a habilidade de prever.

Observe uma criança de 18 meses brincando com uma bola. Ela conseguirá fazer a bola rolar na mesa e virar a cabeça em direção ao lugar onde ela irá cair. Ou, se a bola cair embaixo de uma cadeira, as crianças conseguirão pensar em um jeito de consegui-la de volta. Ou, se a bola rolar para dentro de um buraco, elas correrão até o buraco para assistir à queda da bola dentro dele.

O próximo passo no desenvolvimento da compreensão acontece quando as crianças conseguem encontrar soluções mentalmente. Depois de terem experiência o bastante usando o senso de percepção e os músculos, elas conseguem começar a pensar em formas de agir e tentam colocá-las em prática mentalmente antes de pô-las em ação. Elas conseguem pensar em eventos passados e futuros. Você pode observá-las usando imagens mentais e conectando o pensamento a experiências e objetos que não estão presentes. Elas podem jogar uma bola imaginária ou contemplar a solução de um problema antes de começar a tentar resolvê-lo.

A Tabela 8.2 apresenta um breve resumo dos quatro estágios do desenvolvimento cognitivo de Piaget. O foco deste capítulo é o primeiro estágio – sensório-motor – e uma pequena parte do estágio 2 – pré-operacional.

Tabela 8.2 Estágios de desenvolvimento cognitivo segundo Piaget

Estágio	Descrição geral
Estágio sensório-motor (0–2 anos)	A criança progride da ação reflexiva às atividades simbólicas; tem a habilidade de separar o *self* dos objetos; tem consciência limitada de causa e efeito
Estágio pré-operacional (2–7 anos)	A criança consegue usar símbolos, como palavras; tem habilidades racionais melhoradas, mas ainda está ligada, quanto à percepção, no aqui e agora
Operacional concreto (7–11 anos)	A criança conta com pensamento lógico, mas apenas em relação a objetos concretos; tem habilidade de ordenar coisas por número, tamanho ou classe; e também tem a habilidade de relacionar tempo e espaço
Estágio operacional formal (a partir dos 11 anos)	A criança conta com pensamento lógico e abstrato; tem a habilidade de considerar alternativas para resolver problemas

Influências socioculturais: Vygotsky e Piaget

O início do desenvolvimento da linguagem e da capacidade de fingir sinalizam o fim do estágio sensório-motor e o início do que Piaget chama de **estágio pré-operacional**. Piaget não estava sozinho em suas considerações sobre pensamento, linguagem e seus respectivos impactos em como as crianças passam a entender o mundo. Recentemente, vários estudiosos do desenvolvimento têm observado mais de perto o crescimento cognitivo de bebês e crianças. O trabalho de Lev Vygotsky oferece outra perspectiva sobre a importância da linguagem e sobre como as crianças pequenas adquirem habilidades de resolução de problemas.

As descobertas de Piaget e Vygotsky sugerem que bebês e crianças são competentes na resolução de problemas e que suas habilidades cognitivas se desenvolvem rapidamente. Uma comparação entre Piaget e Vygotsky pode ajudar cuidadores e pais a entenderem o crescimento cognitivo e as práticas apropriadas ao desenvolvimento, especialmente no que diz respeito a como elas fazem parte do mundo sociocultural de uma criança. Ao lançar luz sobre as habilidades de crianças pré-operacionais e ao revisar as ideias de Piaget e Vygotsky, podemos entender melhor como crianças pequenas se tornam aprendizes independentes e autorreguladores.

Crianças pré-operacionais podem usar imagens mentais em seus processos de pensamento. O pensamento, ainda que esteja limitado a algo concreto, não está limitado às sensações perceptivas e aos movimentos corporais. Apesar de as crianças pequenas não praticarem isso muito, elas *conseguem* pensar quando estão em pé ou mesmo sentadas, em silêncio. (Contudo, elas ainda precisam armazenar um grande número de experiências concretas para *pensar a respeito*, então, não deixe que ninguém pressione crianças pequenas para que se sentem, a fim de educá-las.) Devido ao aumento da habilidade das crianças em captar e armazenar imagens mentais, quando entram no estágio pré-operacional elas contam com mais **memória**, ou mais habilidade em relembrar eventos passados. Embora a palavra *ontem* possa ainda não fazer parte do seu vocabulário, elas *conseguem* se lembrar de ontem e do dia antes de ontem.

O senso de futuro das crianças pequenas também aumenta à medida que a **capacidade de prever** cresce com a ampliação das experiências com o mundo. Elas continuam usando a tentativa e o erro para fortalecer essa habilidade, não apenas no mundo concreto ("Eu queria saber o que acontece se eu colocar areia na pia"), mas também no mundo social ("Eu queria saber o que acontece se eu colocar areia no cabelo de Jamie"). Algumas vezes tais ex-

> **Reflita**
> Quais habilidades voltadas à resolução de problemas você já observou nos bebês? Como essas habilidades se expandem na primeira infância?

perimentos são tanto sociais quanto físicos e pensados em nível consciente ("Se eu beliscar o bebê ele vai chorar?"). Às vezes as crianças não tomam decisões tão claras, mas elas ainda continuam tentando resolver problemas por meio de tentativas e erros ("Eu queria saber se bater em Erik chamará a atenção de um adulto para mim", ou "Se eu quebrar um monte de limites, será que faço a minha mãe parar de conversar com o cuidador para que a gente vá pra casa?"). O que parece ser um comportamento maldoso pode, na realidade, ser um teste científico.

Faça uma pausa e revise alguns dos pontos mais importantes da teoria de Piaget. Ele acreditava que:

- O conhecimento é *funcional* – ele leva a algum lugar
- A informação adquirida com a experiência ajuda o indivíduo a se *adaptar* ao mundo
- Um conhecimento significante pode ser usado para conquistar algo (isso é importante quando se considera a experiência de *brincar* da criança)

A visão de Piaget do crescimento cognitivo infantil contém quatro considerações-chave. Em primeiro lugar, a interação da criança com o ambiente é essencial. À medida que as crianças crescem a amadurecem, elas usam a experiência para criar, ou **construir novos conhecimentos**. A ação da criança nos objetos (sugar, puxar, empurrar) é a força central do desenvolvimento cognitivo.

Em segundo lugar, Piaget via o crescimento de uma criança pequena como gradual e contínuo. A concepção de que os objetos são permanentes cresce vagarosamente desde os primeiros dias de vida da criança. À medida que a "qualidade" dessa concepção amadurece, ela auxilia o desenvolvimento da base de memória e de linguagem, a partir da qual a criança pode criar experiências com brincadeiras "fingidas".

Piaget acreditava na existência de uma conexão entre períodos de desenvolvimento sucessivos. Essa terceira consideração indica a importância da *qualidade* do desenvolvimento em *cada* estágio da vida da criança. Uma competência ou habilidade posterior na vida depende de amadurecer e melhorar conquistas anteriores. Em outras palavras, não pressione bebês e crianças para serem "mais espertos". O "crescimento de estruturas mentais", de acordo com Piaget, fomenta o aprendizado natural* (apropriado).

Um quarto ponto-chave de Piaget envolve a *habilidade de fazer planos da criança*. Ele acreditava que essa era uma das capacidades e habilidades mais importantes a serem desenvolvidas nos primeiros dois anos, e a chamava de **intencionalidade**. A intencionalidade emerge gradualmente à medida que uma criança seleciona objetos, brinca com eles, age de formas repetidas em relação a eles e, então, cria um plano. Essa experiência em geral envolve uma grande quantidade de absorção; de modo que as crianças pequenas podem parecer estar "perdidas em seus pensamentos" (FLAVELL, 1982).

Pare um momento para pensar na complexidade envolvida em criar e usar imagens mentais e na habilidade de construir um plano de pensamento. O pensamento não está limitado a percepções sensoriais e a movimentos físicos; ele é também uma experiência social. Ao mesmo tempo em que bebês e crianças pequenas exploram as coisas no mundo ativamente, eles também estão com frequência interagindo com outras pessoas.

Vygotsky acreditava que as atividades cognitivas têm suas origens em tais interações sociais. O trabalho dele enfatiza a importância da interação social e acrescenta muito à visão de Piaget, segundo a qual o desenvolvimento mental ocorre apenas em etapas (a criança se torna capaz apenas porque ocorreu um crescimento biológico)**. A partir da comparação entre as perspectivas de Piaget e Vygotsky é possível

---

*N. de R. T.: Observe-se, porém, que, segundo Piaget, a aprendizagem em geral é provocada por situações, sendo oposta ao que é espontâneo (cf. PIAGET, J. Development and Learning. In: LAVATTELLY, C. S. e STENDLER, F. *Reading in child behavior and development*. New York: Hartcourt Brace Janovich, 1972.)

**N. de R. T.: Segundo Piaget (1972), há quatro fatores principais que determinam o desenvolvimento, dos quais a maturação, uma vez que esse desenvolvimento é uma continuação da embriogênese, é apenas um deles; os demais são: o papel da experiência, isto é, os efeitos do ambiente físico na estrutura da inteligência; a transmissão social em sentido amplo; e a equilibração, ou autorregulação, que ele considera o fator principal.

Tabela 8.3 Comparação entre as abordagens de Piaget e Vygotsky sobre o desenvolvimento cognitivo

Similaridades

- Ambos acreditavam que crianças pequenas *constroem* seu conhecimento – elas edificam suas informações com base na experiência.
- Ambos acreditavam que as crianças adquirem habilidades quando estão *prontas*— capacidades prévias servem de base para novos conhecimentos.
- Ambos acreditavam que *brincar* oferece uma importante oportunidade para aprender e praticar habilidades vitais.
- Ambos acreditavam que a linguagem é significante para o avanço do desenvolvimento cognitivo.
- Ambos acreditavam que a cognição é fomentada por "natureza e nutrição".

Diferenças

• Piaget acreditava no conhecimento como algo primordial, *autoconstruído* e orientado pelas descobertas.*	• Vygotsky colocava ênfase no conhecimento *coconstruído* e na descoberta assistida.
• Piaget acreditava que o *amadurecimento* (o avanço das crianças pelos estágios) possibilitava o avanço da cognição; em que o desenvolvimento leva ao aprendizado.**	• Vygotsky acreditava que o aprendizado poderia ser "acelerado" (mas não forçado) por meio da *assistência de um especialista* (um adulto ou um colega mais habilidoso); e que o aprendizado leva ao desenvolvimento.
• Piaget acreditava que as brincadeiras com as mãos, *brincadeiras ricas em sensações*, oferecem uma prática valiosa para posteriores comportamentos de tipo adulto.	• Vygotsky era mais específico e enfatizava a *brincadeira de faz de conta*, defendendo que ela possibilita que a criança consiga distinguir entre os objetos e seus significados e, assim, pode experimentar novas relações de causa e efeito.
• Piaget acreditava que a linguagem oferece rótulos para muitas experiências anteriores (discurso egocêntrico) e que ela é o meio principal pelo qual as crianças interagem.	• Vygotsky acreditava na linguagem como absolutamente essencial ao crescimento mental; o *diálogo consigo mesmo* é por fim internalizado em níveis mais altos de desenvolvimento mental e comportamento autodirecionado.
• Os estágios de Piaget são universais e se aplicam a crianças de todo o mundo; a natureza do pensamento é bastante independente do contexto cultural.***	• Vygotsky enfatizava a importância da cultura e da sociedade no fomento do desenvolvimento mental; as culturas influenciam no curso do desenvolvimento cognitivo (habilidades de raciocínio podem não surgir ao mesmo tempo em diferentes culturas).

*N. de R. T.: Piaget (1972) enfatiza a atividade do sujeito, mas não despreza a interação como um fator determinante do desenvolvimento cognitivo, contida tanto na transmissão social quanto na experiência.
**N. de R. T.: Ver nota sobre os fatores do desenvolvimento cognitivo segundo Piaget.
***N. de R. T.: Ver nota sobre os fatores do desenvolvimento cognitivo segundo Piaget.

entender melhor como emerge o pensamento em bebês e crianças (veja a Tabela 8.3).

Vygotsky, assim como Piaget, acreditava que as crianças *constroem* seu entendimento do mundo. Bebês e crianças adquirem e praticam o aprendizado constantemente. Vygotsky concordaria com Piaget quanto à sua ideia de que o conhecimento é funcional e ajudaria os indivíduos a se adaptarem ao mundo. Contudo, Vygotsky enfatizaria que o aprendizado é *coconstruído*. Crianças pequenas adquirem habilidades importantes (especialmente aquelas que são exclusivas dos seres humanos, como a memória específica e o pensamento simbólico) com a ajuda de outro aprendiz, mais experiente. Essa ajuda certamente não se dá sempre na forma de lições. Cuidadores que trabalham com bebês e crianças pequenas frequentemente oferecem oportunidades apropriadas para as crianças pensarem sobre suas próprias experiências. Na Parte I, especialmente nos capítulos 1 e 4, você pode ver numerosos exemplos de adultos apoiando crianças em suas experiências de aprendizado. Como já foi mencionado, a noção de tempo é crucial. As ideias de Vygotsky a respeito do **aprendizado assistido**, e a respeito de como o aprendizado pode levar ao desenvolvimento, diferem das de Piaget. O foco de Vygotsky está na ideia de que a interação social é um pré-requisito para que as crianças desenvolvam habilidades ligadas à resolução de problemas e na experiência precoce com a linguagem como crucial para esse processo. Vygotsky acredita que as crianças, por meio do aprendizado assistido, estão constantemente aprendendo com os outros e que depois elas internalizam esse aprendizado sozinhas, por meio da brincadeira. Para Piaget, as crianças *descobrem* o aprendizado por meio das experiências pelas quais passam durante as brincadeiras. Piaget acreditava que o desenvolvimento precede o aprendizado (que as "estruturas mentais" se desenvolvem e fomentam o aprendizado). **Zona de desenvolvimento proximal** (ZDP) é a expressão usada por Vygotsky para descrever como os adultos podem dar assistência apropriada ao aprendizado de crianças. ZDP é a diferença entre o que as crianças podem fazer por si mesmas (atuação independente) e o que podem fazer quando orientadas (atuação assistida).

Considere um bebê que, depois de engatinhar embaixo de uma mesa muito baixa, tenta sentar. Não há espaço. Ele continua tentando levantar a cabeça, até perceber que está preso. Ele começa a gritar. O cuidador também vai para debaixo da mesa, oferecendo uma companhia tranquila. Enquanto ajuda o bebê com a cabeça, o cuidador fala com ele, dizendo que fique abaixado e em posição de engatinhar. Ele usa dicas verbais e físicas para guiar o bebê para fora.

Vygotsky rotularia a experiência de a criança bater com a cabeça e ter recebido ajuda de "nível de atuação independente" da criança. O modo como a criança conseguiu sair da posição desconfortável Vygotsky chamaria de "nível de atuação assistida". Você pode se perguntar: mas por que complicar tanto? Por que não apenas levantar o bebê e retirá-lo dali? De acordo com Vygotsky, se os cuidadores oferecem uma assistência apropriada para crianças tentando resolver problemas, as crianças ficam mais tempo nessa situação e aprendem mais. (*Observação:* as escolas *Reggio Emilia* estão fazendo hoje o que Magda Gerber aconselhava há anos com relação à resolução de problemas.) A resolução de problemas e o aprendizado funcionam melhor em um ambiente reativo e positivo que estimula as interações. O adulto, ao captar as dicas da criança, oferece assistência apenas até o momento em que ela consegue trabalhar de modo independente no seu problema. (Se a criança não precisa ou não quer mais ajuda, o adulto recua.)

Apropriado é uma expressão-chave para entender o conceito de ajuda e orientação às crianças. A ajuda apropriada tem a ver com ser respeitoso e sensivelmente reativo e sempre leva em consideração o que é melhor para a criança. A abordagem deste livro, que segue a teoria de Vygotsky, nunca pressiona o aprendizado. *Lembre-se do princípio 8: encare os problemas como oportunidades de aprendizado e deixe que os bebês e crianças os resolvam por si mesmo. Não tente salvá-los, não facilite as coisas constantemente para eles nem tente protegê-los de todos os problemas.*

Uma cognição "guiada", ou socialmente compartilhada, está na raiz da teoria de Vygotsky sobre o desenvolvimento de crianças. Quando cuidadores e pais interagem com as crianças de forma colaborativa, eles fornecem instrumentos para o crescimento mental que são importantes para o desenvolvimento da linguagem. A linguagem, de acordo com Vygotsky, desempenha um papel central na cognição. A linguagem é o primeiro tipo de comunicação entre bebês e adultos. Experiências com cuidadores oferecem oportunidades para que bebês e adultos experimentem possibilidades de comunicação. Gradualmente, durante a infância, todos os gestos, palavras e símbolos de interação social que uma criança pequena experimenta se tornam internalizados. É essa comunicação final com o *self* (linguagem internalizada) que Vygotsky acreditava ser tão importante para a cognição. Ainda que o desenvolvimento da linguagem seja discutido mais detalhadamente no Capítulo 9, é importante notar aqui a ligação dele com o crescimento mental. A teoria de Vygotsky reconhece que a cognição e a linguagem se desenvolvem separadamente, porém as duas começam a se mesclar em um contexto comunicativo social. A linguagem de outras pessoas ajuda a criança pequena a organizar e regular verbalmente seu comportamento (BERK; WINSLER, 1995). Quantas vezes você já não ouviu uma criança pequena repetir (talvez de forma abreviada) o que acabou de ser dito pra ela? Vygotsky enfatizou mais do que Piaget a importância desse discurso privado (e, mais tarde, do jogo de faz de conta) para o desenvolvimento cognitivo.

Hoje se dá muita atenção à importância do *background* cultural das crianças, e a como essas interações sociais precoces contribuem para o desenvolvimento mental. Em sua teoria sociocultural, Vygotsky focou como a interação social ajuda as crianças a adquirirem habilidades importantes e modos de comportamento tradicionais de suas culturas. Ele acreditava que o compartilhamento de atividades culturais (p. ex., cozinhar) entre a criança e o adulto contribui significativamente para o entendimento das crianças do mundo em que vivem. Embora algumas ideias de Vygotsky possam parecer óbvias para a maioria dos pais e cuidadores, erros de interpretação ocorrem. Algumas pessoas forçam as crianças a aprenderem coisas inapropriadas para sua idade – e usam o trabalho de Vygotsky para justificar isso. Após a revisão de alguns conceitos de Vygotsky, é impossível não reparar no quanto ele valoriza a unicidade de cada criança e a história cultural dessa criança.

Tanto Piaget quanto Vygotsky contribuíram para nossa compreensão do crescimento mental das crianças pequenas. Piaget focou as mudanças biológicas que contribuem para a cognição*. Vygotsky enfatizou como a interação social pode transformar as habilidades de pensamento e de resolução de problemas de uma criança. Hoje nenhuma dessas teorias, sozinha, seria suficiente para explicar por completo o desenvolvimento cognitivo. À medida que crescem e amadurecem, as crianças precisam cada vez mais do auxílio de adultos sensíveis.

Observe agora o comportamento e as brincadeiras de três crianças e veja como isso se relaciona às perspectivas biológicas e sociais de Piaget e Vygotsky. Tente determinar o que estaria acontecendo com cada criança e como o ambiente pode estar as influenciando. Se conseguirmos discutir as ideias de Piaget e Vygotsky, poderemos resistir à pressão para aplicar experiências acadêmicas inapropriadas – do tipo escolares – à educação de bebês e crianças. Lembre-se de que, tanto Piaget quanto Vygotsky, acreditavam que a brincadeira é extremamente importante para o aprendizado das crianças e que pressionar a criança não fomenta nenhum entendimento real do mundo.

A primeira criança está deitada de costas em um tapete, cercada por alguns brinquedos. É um menino e se vira levemente em direção a uma bola que está perto de seu braço. Ele se estica, e o movimento o leva a tocar acidentalmente a bola, que se move, fazendo um barulho. Ele se surpreende com o barulho e olha em direção à bola. Ele fica quieto novamente; e seu olhar vaga. Então ele mexe os braços novamente – num gesto rápido e abrangente – e a bola se move novamente, fazendo o mesmo som, de algo que chacoalha. De novo ele se surpreende, e um semblante de surpresa surge em seu rosto. Você pode até ouvi-lo perguntando: "Quem fez isso?". Ele olha para a bola, olha ao redor e olha para a bola novamente. Então ele fica quieto. Alguns momentos depois os braços se movem novamente, dessa vez como se ele tentasse acenar. Ele perde a bola. Nada acontece. Ele fica quieto de novo. Repete a ação, novamente como se tentasse acenar. Dessa vez a mão dele passa em frente aos seus olhos, e um semblante de interesse reluz em seu rosto. Ele olha intensamente para a própria mão, e você pode quase ouvi-lo perguntar "O que é isso? Da onde isso veio?" Ele move os dedos e, agora, tem um semblante de prazer. "Ei, isso funciona!", ele parece dizer. Os braços continuam se movendo, em movimentos de ondulação, de forma que os dedos que o fascinavam saem de sua vista. Ele se volta de novo para a bola, fazendo apenas que ela

Padrão do programa
NAEYC 7
Famílias

---

*N. de R. T.: Ver nota sobre os fatores do desenvolvimento cognitivo segundo Piaget, em que o fator biológico figura apenas como um dentre os demais fatores determinantes.

emita um pequeno som. Os olhos dele procuram pela origem do som.

A segunda criança, uma menina, está sentada em um tapete, próxima à primeira, mas elas estão separadas por um pequeno cercadinho. Ela tem um brinquedo de borracha na mão e o movimenta para cima e para baixo, batendo com ele no chão e dando risadinhas quando ele faz barulho ao tocar no chão, à medida que ela faz isso repetidas vezes. O brinquedo rola pelo tapete, e ela deixa que ele se vá, depois engatinha contente atrás dele. Ela para, para explorar uma corda com uma grande miçanga na extremidade, mas procura para ver o que há na outra ponta. A corda desaparece em meio a uma pilha de brinquedos que fica na prateleira mais baixa, na beira do tapete. Ela puxa a corda, cheia de expectativa, e dá risadas, muito faceira. Depois, ela procura com os olhos uma brilhante bola vermelha que rolou para longe, dentre uma pilha de brinquedos que caíram para fora da prateleira. Ela engatinha até a bola e começa a bater nela com a mão, fazendo barulho com isso. Ela parece esperar que a bola se mova. Quando a bola não se move, ela tenta de novo, com mais força. A bola se move um pouco, e ela vai atrás. Ela está ficando mais e mais excitada e, quando se aproxima da bola, uma mão sem querer escorrega nela, de forma que a bola rola a tal distância que desaparece embaixo de uma poltrona no canto da sala. Ela olha para a bola rolando, mas para quando ela desaparece. Parecendo confusa, ela engatinha até a poltrona, mas não olha embaixo dela para procurar a bola. Ela parece um pouco decepcionada, mas então engatinha de volta para o tapete e para o brinquedo de borracha que faz barulho. No final da cena, está novamente batendo com o brinquedo no chão e rindo com o barulho que ele faz.

A terceira criança está sentada em uma mesa resolvendo um quebra-cabeça de três peças. Quando "empaca", ela olha para o adulto mais próximo, que dá a ela dicas verbais sobre como mudar as peças de posição. Quando completa o quebra-cabeça, ela o vira para baixo e ri com o barulho das peças de madeira batendo no tampo da mesa. Ela trabalha novamente no quebra-cabeça, dessa vez mais rápido, sem a ajuda do adulto. Quando termina, ela coloca o quebra-cabeça de volta em uma prateleira baixa e se direciona para outra mesa, onde muitas crianças estão cutucando e esmagando massinha de modelar. Ela pede um pedaço, e quando ninguém se dispõe a isso, um adulto intervém, ajudando cada criança a dar a ela um pedacinho da massa com que estão brincando. Ela se senta, satisfeita, esmagando e despedaçando sua massinha de modelar, periodicamente também conversando com as outras crianças sobre o que está fazendo. O monólogo dela não é uma reação direta a nada do que os outros estão falando. Há pouca interação na mesa, embora haja muita conversa. A criança na qual estamos focando gruda sua massinha de modelar em uma bola, depois se senta olhando para isso por um momento. Depois, começa a moldar a massinha em cima da bola, obviamente com um propósito em mente. Quando produz um nódulo torto, ela se senta de novo, satisfeita e anuncia, para nenhuma pessoa em particular, que acabou. Ela se levanta e sai andando. Quando abandona a mesa, outra criança pega o pedaço de massinha de modelar e incorpora à sua própria. Ninguém percebe essa ação. A menina, ao perceber um carrinho de comida andando pela sala, corre até o lugar onde fica uma fila de tanques e começa a lavar as mãos. Ela ensaboa as mãos e os braços e, obviamente, parece estar gostando e aproveitando a experiência.

É essencial que se reconheça a importância da brincadeira para uma criança pequena, e o quanto isso contribui para o seu desenvolvimento cognitivo. Quando observamos as crianças, é difícil inferir, a partir de suas brincadeiras e comportamentos físicos, o que elas estão pensando. Usando as ideias de Piaget e Vygotsky sobre o desenvolvimento cognitivo precoce, podemos tentar adivinhar o que as crianças estão pensando e como elas são influenciadas pelo ambiente. Podemos começar a observar a transição de um comportamento não intencional, e até mesmo acidental, para um comportamento proposital que se manifesta por meio de resolução de problemas, imagens mentais, pensamento de representação e brincadeiras de fingir. Também podemos observar o quanto um adulto que auxilia as crianças de forma apropriada pode incentivar a colaboração entre elas. O Capítulo 4 examinou a importância da brincadeira e forneceu orientações valiosas para auxiliar nas sessões de brincadeira. Vamos usar essa perspectiva do desenvolvimento cognitivo para reexaminar a importância da brincadeira.

Aos dois anos, as crianças já conseguem pensar sobre o mundo em que vivem mesmo quando não o estão vivenciando diretamente. Elas também começam a representar coisas por meio de símbolos. O início do envolvimento com **a brincadeira de faz de conta** é um passo importante no desenvolvimento do pensamento da criança e, em geral, está ligado ao início do uso da linguagem. Brincadeira de faz de conta é quando as crianças conseguem representar coisas por meio de símbolos e têm a habilidade de pensar sobre o mundo em que habitam quando não estão o vivenciando diretamente.

Observe por algum tempo uma criança de dois anos e outra de três, ambas envolvidas em uma brincadeira de faz de conta. Você talvez repare em três mudanças ou tendências que surgem como resultado do crescimento cognitivo.

Quanto mais jovem é uma criança, mais tendência ela tem de ser o centro de sua própria brincadeira de faz de conta. À medida que cresce, ela gradualmente adquire a habilidade de se retirar do centro da própria brincadeira. Então ela se torna apta a assumir o papel de outros personagens, imaginários. Repare em uma criança de um ano fazendo de conta que se alimenta. Quando ficar um pouco mais velha, ela irá fingir alimentar sua boneca em vez de ela mesma. A boneca, contudo, continuará quieta. Quando a criança tem mais ou menos dois anos, ela tem a capacidade de fazer a boneca "acordar". Depois, ela faz a boneca comer sozinha. A criança pode agora desempenhar o papel de terceiros em suas brincadeiras. Ela consegue recuar e considerar como seriam os sentimentos do outro e a relação de um papel com outro. (A boneca está com fome? Qual a quantidade de "comida" que ela deve dar para a boneca?). À medida que a criança cresce, a brincadeira de faz de conta se torna mais complexa e passa a envolver outras pessoas (por exemplo, várias crianças de quatro anos "fazendo compras" em uma área para brincar de teatrinho).

Outra mudança na brincadeira de faz de conta pode ser percebida quando a criança começa a substituir um objeto por outro. Uma criança muito pequena precisa de um objeto real, ou de uma réplica realista, para brincar de faz de conta. Se ela estiver fingindo alimentar a si mesma, precisará de um copo e de uma colher reais (ou de réplicas de plástico). À medida que a criança cresce (e chega perto dos 22 meses), ela adquire a habilidade de substituir um objeto por outro. Nessa fase, talvez um pequeno bastão possa ser usado como colher, principalmente ao alimentar uma boneca.

No início, essa substituição é bastante limitada. Os objetos precisam se parecer com a coisa real, e pode ser que a criança não consiga substituir um grande número de coisas de uma vez só. Crianças pequenas precisam ter à disposição objetos que enriqueçam suas brincadeiras. É importante reparar que, à medida que as crianças crescem (e chegam perto dos quatro anos), pode se tornar difícil para elas substituir um objeto conhecido por outro. Um taco de golfe de plástico se parecerá demais com um taco de golfe para virar uma vara de pesca. Isso indica o quanto é importante ter materiais "brutos" à disposição, como tubos, blocos e vários tipos de papel. Um tubo de papel ou mesmo um jornal enrolado se transformam mais facilmente em varas de pescas nas brincadeiras de crianças em idade pré-escolar (SCHICKENDANZ; HANSEN; FORSYTH, 1990).

Padrão do programa NAEYC 2
Currículo

À medida que o jogo de faz de conta segue se desenvolvendo, a criança pode inventar várias ações e combiná-las. Essas combinações se expandem e se tornam mais complexas à medida que a criança cresce. Uma criança pequena pode inicialmente apenas fingir se alimentar. Quando ela passa a combinar ações e integrá-las em outras experiências, elas podem até fingir que estão "abrindo um restaurante" e alimentar muitas bonecas (e com certeza quem mais se dispuser também).

O crescimento cognitivo de uma criança é visível em várias áreas. A brincadeira de faz de conta, contudo, é uma das habilidades mais performáticas que podemos observar em crianças pequenas. O desenvolvimento do comportamento proposital precisa ser respeitado pelos adultos.

Os princípios em ação

Princípio 8 Encare os problemas como oportunidades de aprendizado e deixe que bebês e crianças os resolvam por si mesmos. Não tente salvá-los ou, constantemente, facilitar-lhes as coisas ou tentar protegê-los de todos os problemas.

Caitlin e Ian são duas crianças de 18 meses sob seus cuidados em uma instituição de assistência a crianças e suas famílias; eles cresceram longe de você até os seis meses de idade. Caitlin é animada nas atividades; Ian não é tão ativo e tende a observar muito Caitlin ou segui-la. Esta manhã, Caitlin está ocupada encaixando pecinhas nos buracos de uma caixa de plástico. Quando uma peça não encaixa prontamente no buraco, ela empurra vigorosamente com a mão para fazê-lo se encaixar e, depois, rapidamente vira a caixa para encontrar outro buraco. Ela ri com satisfação com o som de cada peça que depois de passar pelo buraco cai dentro da caixa. Ian a observa a distância, segurando seu cachorro de pelúcia; ele parece interessado, mas não tenta se aproximar de Caitlin e de sua atividade. Caitlin repentinamente para de brincar com a caixa de plástico. Ela vai até a área onde ficam os blocos de brincar, onde você arrumou alguns e adicionou entre eles um novo carrinho vermelho. Ela imediatamente repara no carrinho novo e diz "carro!". Isso atrai a atenção de Ian, e ele vai até a área dos blocos também. Caitlin dá um empurrão no novo carrinho, e ele sai andando (mais rápido do que ela esperava) e vai parar embaixo de uma prateleira de livros que está perto, de modo que sai da vista de Caitlin. Ela se apressa em direção à prateleira e tenta recuperar o carro, mas ele foi muito para baixo da estante e está fora do alcance dela. Ian olha pra você com uma expressão que parece dizer: "E agora?".

1. Como você descreveria a abordagem de cada criança quanto à exploração e à resolução de problemas?
2. Como você interagiria com cada uma delas para fomentar as oportunidades individuais de aprendizado de cada uma?
3. Você ficaria preocupado com a abordagem de Ian quanto à resolução de problemas? Ou com a abordagem de Caitlin? Por quê?
4. O que você faria para ajudar as crianças a recuperarem o carro?
5. O que você tentaria deixar à disposição em um ambiente a fim de fomentar a resolução de problemas em crianças pequenas?

Apoiando o desenvolvimento cognitivo

O pré-requisito para promover o desenvolvimento cognitivo é segurança e apego. Por meio do processo do apego, os bebês adquirem habilidades, como a de *diferenciação*, à medida que passam a distinguir as pessoas a quem são apegados de outras que fazem parte de seu mundo. O apego também demonstra *intencionalidade* quando bebês e crianças pequenas usam seus comportamentos para trazer para perto (e manter por perto) as pessoas a quem são apegados. Bebês ou crianças pequenas que choram e agarram os pais quando eles tentam sair de perto estão exibindo uma forte intencionalidade (uma marca de comportamento cognitivo) ao tentar fazê-los ficar. Isso pode ser irritante, e nem sempre é reconhecido como comportamento cognitivo, ainda que seja de fato um comportamento rico em propósitos e inteligente.

Responder a outras necessidades também é um dos pré-requisitos para promover o desenvolvimento cognitivo. Crianças cujas necessidades não são atendidas investem toda a sua energia tentando que alguém as satisfaça, o que foca de modo muito limitado no desenvolvimento cognitivo. Crianças cujas necessidades são atendidas consistentemente se sentirão confiáveis e confortáveis. Crianças que se sentem confortáveis irão *explorar o ambiente*. E da exploração contínua resulta o desenvolvimento cognitivo.

O desenvolvimento cognitivo é promovido quando se estimula as crianças a explorarem um ambiente convidativo, ou seja, rico em experiências sensoriais. Quando são dadas às crianças oportunidades de brincar com objetos do jeito que elas querem, elas encontram problemas. Como já foi mencionado, a resolução de problemas é a base da educação de bebês e crianças defendida neste livro. Permitir que bebês e crianças resolvam os tipos de problema que encontram ao longo do dia promove o seu desenvolvimento cognitivo. A liberdade de escolha assegura que as crianças encontrarão problemas que têm um significado para elas. Resolver os problemas de outras pessoas não é nem de longe tão interessante, para a maioria de nós, quanto resolver aqueles relacionados a algo com que realmente nos importamos.

Ajuda muito na resolução de problemas se os adultos fazem coisas do tipo adicionar palavras (rotular os *inputs* sensoriais – "Este coelhinho é macio e quente" ou "Este foi um barulho alto" ou "Esta esponja está muito molhada"). Além disso, os adultos podem ajudar fazendo perguntas, indicando relações, refletindo sentimentos e apoiando a criança em geral.

Estimule as crianças a interagirem umas com as outras durante a resolução de problemas. Os estímulos que as crianças recebem das pessoas com quem convivem podem ser úteis e também podem mostrar outros meios de solucionar um problema. Lembre-se de que tanto Piaget quanto Vygotsky acreditam que a interação – com objetos e com outras pessoas, especialmente colegas – promove o desenvolvimento cognitivo. Inclua jogos dramáticos próprios para crianças pequenas nas atividades. Ao fingirem, elas constroem imagens mentais que são muito importantes para o processo do pensamento.

Não existe necessidade de criar experiências "acadêmicas" para as crianças. Elas aprendem noções significantes que estão incluídas na vida real, nas atividades do dia a dia. Conversas normais podem *ensinar* cores e formas – por exemplo, "Por favor, traga o travesseiro vermelho" ou "Você quer o biscoito redondo ou o quadrado?" Noções numéricas, incluindo comparações de peso e tamanho, são adquiridas naturalmente à medida que as crianças brincam com blocos e areia. Maneiras básicas de apoiar o desenvolvimento cognitivo incluem proporcionar experiências com uma grande variedade de materiais, dando a elas a oportunidade de configurar relações e estimulando aquele sentimento de que você é capaz de fazer as coisas acontecerem no mundo ao seu redor.

Experiências ao ar livre também proporcionam maneiras ótimas de estimular o desenvolvimento cognitivo em crianças pequenas. Quando passam pela experiência de plantar feijões, por exemplo – e depois regá-los, colhê-los, prepará-los e comê-los – elas realmente entendem o que a palavra *feijão* significa. Devido a todas essas associações, quando enxergam a palavra "feijão" na forma escrita e já ouviram histórias relacionadas a ela, as crianças estão prontas para *decodificar* a palavra por si mesmas. Tais experiências de "alfabetização emergente" (mais discutidas no Capítulo 9) começam a criar nas crianças um interesse de descobrir o que seria de fato ler e o que isso significa. Não existe necessidade de ensinar o alfabeto para bebês e crianças. Proporcione experiências que construam noções e levem (na continuidade da alfabetização), finalmente, a um prazer da leitura por si só.

Reflita

Você já viu cuidadores fazendo demais pelas crianças? Que efeito você acha que isso tem ao longo do tempo?

Bebês e crianças são naturalmente criativos. Se você não os prejudica com limites restritivos e ambientes pobres, eles que lhe ensinarão a como usar brinquedos e materiais de um jeito que você jamais imaginou. A curiosidade é parte desse empurrãozinho para a criatividade e precisa ser valorizada e nutrida. Bebês e crianças são novos no mundo e querem saber como tudo funciona. Eles não querem que alguém explique, querem descobrir sozinhos. Eles são cientistas. Não aceitam qualquer coisa, eles precisam provar todas as hipóteses. Alimente essa qualidade deles! *Lembre-se do princípio 4: invista tempo e energia para construir uma pessoa completa (concentre-se na criança "como um todo"). Não foque apenas no desenvolvimento cognitivo ou o encare como separado do desenvolvimento total.*

Padrão do programa NAEYC 3

Ensino

Pode ser útil relembrar a si mesmo que, de acordo com Piaget e Vygotsky, bebês e crianças

- estão envolvidos no processo de criar conhecimento a partir da experiência
- são os construtores de seu próprio entendimento

- usam o processo de construção criativo para conferir sentido às suas experiências

Nesse processo ativo, crianças pequenas aprendem a combinar coisas que já conhecem em seus mundos, de formas novas. Pense no desenvolvimento do jogo de fingir. Como resultado de explorar e manipular coisas, as crianças experimentam novas combinações e recombinam elementos conhecidos de novas maneiras. Essa é a essência da criatividade – o processo de combinar coisas conhecidas de maneiras novas.

A valorização da criatividade como parte do desenvolvimento cognitivo enfatiza a importância de planejar esse processo e permitir que ele se desenvolva. Quando uma criança pequena tem a oportunidade de explorar e experimentar, o entendimento é incentivado. Uma vez que as crianças compreendam como uma coisa funciona (em geral como resultado de brincar com ela), elas parecem naturalmente começar a usá-la criativamente. Exploração não é o mesmo que criatividade. Exploração é ponto de partida. Ao promover o desenvolvimento cognitivo, tente seguir algumas das sugestões dadas nessa seção. Tente dar assistência a um processo de resolução de problemas criativo.

Aprendizado baseado no cérebro

Reflita
Você já reparou nos "brinquedos inteligentes" em lojas e shoppings? Qual o apelo deles? O que você acha desse tipo de propaganda? (Dica: "Brinquedos inteligentes" são em geral aqueles que prometem deixar seu filho mais inteligente ou aumentar o seu QI.)

As pesquisas sobre o desenvolvimento cerebral precoce, que têm recebido muita atenção nos EUA, podem confirmar o que muitos pais e cuidadores já sabiam sobre como bebês e crianças aprendem. Mas isso pode também levar a muitas interpretações equivocadas sobre o desenvolvimento e pode incentivar estratégias de marketing para promover "brinquedos inteligentes" ou ambientes com estímulos em excesso. Essa é uma época importante para pensar sobre crianças pequenas e se preocupar em como elas aprendem e crescem. Considere por um momento a sua compreensão de como as crianças pequenas aprendem; compare suas ideias com as de Piaget e Vygotsky. Pare e revise os 10 princípios para cuidadores no Capítulo 1. Revise a Tabela 5.1, "Repensando o Cérebro" (página 94), no Capítulo 5. Com certeza, em poucos anos, muitas questões sobre o desenvolvimento do cérebro e o aprendizado serão respondidas. Nesse momento, contudo, alguns aspectos significantes sobre como o cérebro aprende já parecem bastante claros.

As relações de apego são primordiais para o desenvolvimento, e o aprendizado ocorre melhor quando existem relações de confiança e positivamente reativas envolvidas. O cérebro funciona como um todo integrado; todas as áreas de desenvolvimento estão envolvidas. Os bebês são aprendizes ativos, e o cérebro se torna mais ativo quando os adultos respondem às dicas de sinais dos bebês que pedem por atenção. O ambiente é poderoso; o contexto do aprendizado é tão importante quanto o conteúdo do aprendizado. As rotinas precisam ser sensíveis às relações (leve em conta o tamanho do grupo, a proporção e o tempo gasto para cuidar de um bebê). A quantidade de significado de uma experiência aumenta a possibilidade de ela ser lembrada. A experiência e a repetição fortalecem padrões neurais no circuito cerebral, mas não confunda instruir com repetir. Repetição envolve sensibilidade em relação à criança e parte dela mesma; a instrução é direcionada aos adultos e às suas necessidades (não as da criança). As rotinas precisam ser sensíveis às relações (leve em conta o tamanho e a proporção do grupo, e o tempo investido no cuidado de cada bebê) (LALLY, 1998).

É a densidade cerebral (ou conexões neurais) e a mielinização, e não o tamanho do cérebro, o que mais contribui para o aprendizado. Os circuitos cerebrais e as vias neurais que foram reforçadas e refinadas transformam a experiência em aprendizado. Esses dendritos ramificados no córtex permitem que se realize uma medição específica, graças às tecnologias avançadas de hoje. Surtos de crescimento, refletidos pelo aumento da atividade cerebral, nos primeiros dois anos, de fato estão de acordo com as experiências sensório-motoras da teoria de Piaget (DIAMOND, 1998).

OBSERVAÇÃO EM VÍDEO 8
Pai trocando fraldas de criança

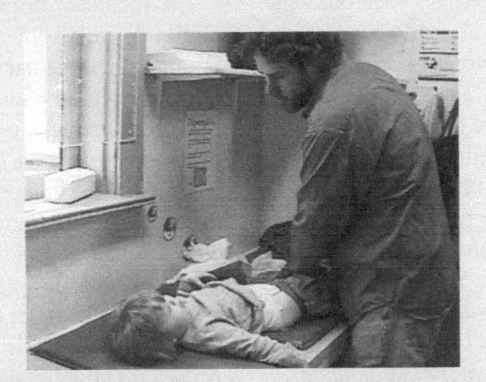

Veja a observação em Vídeo 8: "pai trocando fraldas de criança" para um exemplo de atividade que se relaciona com o desenvolvimento cognitivo.

Questões

- Por que você acha que escolhemos uma cena de troca de fraldas em vez de uma que mostrasse uma criança envolvida em uma busca de tipo mais intelectual?
- Você percebe evidências de que a criança e o homem têm uma relação? Que papel as relações desempenham no desenvolvimento cognitivo?
- Você consegue explicar como a criança demonstrou que esse treinamento trivial é mais do que uma tarefa física e envolve conexões cognitivas?
- Explique como essa cena ilustra o aprendizado linguístico contextualizado de uma criança.

Para assistir a esse vídeo, entre em www.grupoa.com.br, acesse a página do livro por meio do campo de busca e clique em Conteúdo Online.

Cada vez mais, damo-nos conta de que nenhuma teoria explica completamente como as crianças aprendem. As teorias de Piaget e Vygotsky podem ser combinadas para ajudar na apreciação do desenvolvimento cognitivo nos primeiro anos. Princípios de aprendizado baseados no cérebro – experiências manuais, orientadas para a descoberta, colaborativas e com final em aberto – muito semelhantes às ideias de Piaget e Vygotsky e às práticas apropriadas ao desenvolvimento, também nos ajudam a apreciar a interconectividade essencial envolvida no aprendizado de crianças pequenas (RUSHTON, 2001).

O aprendizado baseado no cérebro oferece evidências de que consistentes vias neurais são criadas por meio da experiência precoce, e a pesquisa sobre o desenvolvimento cerebral precoce reforça os seguintes pontos-chave:

- Habilidades congênitas e uma ativa curiosidade interagem com várias experiências para desenvolver capacidades de resolução de problemas.
- Durante os primeiros seis meses, os bebês focam em desenvolver um senso de segurança.
- Durante os primeiros seis meses (e um pouco depois), bebês e crianças se direcionam à exploração e a novas descobertas, e o movimento ativo mantém as conexões sinápticas.
- O desenvolvimento cognitivo emerge a partir de uma boa base de segurança emocional e estabilidade social.

Retroceda um pouco e observe de novo as três crianças brincando nos exemplos das páginas 165–66. Tente ser sensível ao que pode estar acontecendo no cérebro delas. Você consegue perceber o circuito neural sendo fortalecido? Você consegue ver as "árvores mágicas da mente" (*Magic Trees of the Mind* é o título do livro de Marion Diamond sobre desenvolvimento cerebral) crescendo mais densamente? Permita-se imaginar, admirar. Certamente aprenderemos mais sobre o cérebro no futuro, mas já temos muito material para considerar atualmente. *Lembre-se do princípio 5: respeite bebês e crianças como pessoas valiosas. Não trate as crianças como objetos ou pequenas pessoinhas de cabeça vazia que podem ser manipuladas.*

Crianças com necessidades especiais: inclusão na primeira infância

O foco deste capítulo tem sido como as crianças começam a entender e aprender sobre o mundo. E aprender sobre o mundo em um contexto natural ou, ao menos, *o menos restritivo* possível é significativo para o desenvolvimento e o aprendizado de crianças pequenas com necessidades especiais. Hoje, um número crescente de bebês e crianças pequenas, com ou sem deficiências, aprendem e brincam juntas em lares e instituições dedicados à assistência infantil que levam em conta o *sentimento de pertencimento* de cada criança. A reação contra práticas educativas que separam e isolam crianças com deficiências está no centro de programas de inclusão dirigidos à primeira infância.

A legislação federal dos EUA promulgada ao longo dos últimos 30 anos, discutida no Capítulo 5, tem sido fundamental na configuração das mudanças nas quais serviços e programas de inclusão estão se baseando para incluir crianças pequenas com necessidades especiais. A inclusão pode assumir diferentes formas, fundamentadas em um entendimento básico do que significa e parece importante para que se configure um programa de inclusão de alta qualidade para crianças muito pequenas.

A inclusão da primeira infância apoia o direito de cada bebê e criança pequena e suas famílias de participar de um grande número de atividades como membros titulares de programas, comunidades e sociedade em geral. Os resultados desejados com relação às experiências inclusivas, independentemente das capacidades da criança, incluem sentimentos de conquista, relações sociais e amizades positivas e a oportunidade de aprender e atingir tudo que o potencial de cada criança oferece (DIVISION FOR EARLY CHILDHOOD; NATIONAL ASSOCIATION FOR THE EDUCATION OF YOUNG CHILDREN, 2009).

O acesso a um grande número de oportunidades de aprendizado e atividades e contextos baseados na brincadeira é uma característica-chave de programas de inclusão da primeira infância. Adultos nesses contextos promovem participação, envolvimento e senso de pertencimento para todas as crianças. Quando uma intervenção específica é requerida para uma criança com necessidades especiais, as atividades são baseadas na rotina e nunca ignoram a criança em todos os seus aspectos.

Colaboração entre famílias, cuidadores e especialistas, como é requerido pelo Plano de Serviço Familiar Individualizado (IFSP), é essencial para o planejamento e a implementação da inclusão de qualidade da primeira infância. Um sistema de auxílios precisa levar em conta as necessidades das famílias e das instituições, para que seus esforços sejam bem-sucedidos. Recursos, políticas, pesquisas e financiamentos devem proporcionar uma configuração de qualidade que reflita e oriente práticas de inclusão.

Hoje sabemos que a inclusão de qualidade da primeira infância beneficia todas as crianças, com ou sem deficiências, além de cuidadores e famílias. Às crianças com deficiências, os programas de inclusão oferecem melhores resultados de desenvolvimento; habilidades aprendidas em um contexto natural se adaptam

CAMINHOS DO DESENVOLVIMENTO
Comportamentos que demonstram
o desenvolvimento da cognição

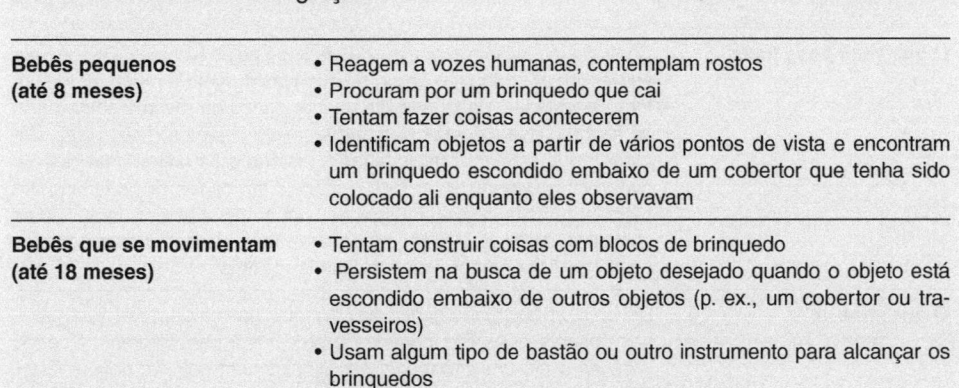

Bebês pequenos (até 8 meses)	• Reagem a vozes humanas, contemplam rostos • Procuram por um brinquedo que cai • Tentam fazer coisas acontecerem • Identificam objetos a partir de vários pontos de vista e encontram um brinquedo escondido embaixo de um cobertor que tenha sido colocado ali enquanto eles observavam
Bebês que se movimentam (até 18 meses)	• Tentam construir coisas com blocos de brinquedo • Persistem na busca de um objeto desejado quando o objeto está escondido embaixo de outros objetos (p. ex., um cobertor ou travesseiros) • Usam algum tipo de bastão ou outro instrumento para alcançar os brinquedos • Empurram alguém ou algo que não querem
Crianças pequenas (até 3 anos)	• Ajudam quando os adultos as vestem ou desvestem • Entendem o uso de vários apetrechos domésticos • Usam seus próprios nomes e de outras pessoas • Começam a entender que os outros têm direitos e privilégios

Fonte: Copple e Bredekamp (2009).

Diferentes caminhos de desenvolvimento

O que você vê	Madison com frequência impõe sua independência (muito "Eu faz isso", no vocabulário dela). Aos dois anos e meio, ela gosta de objetos variados, e você pode ouvi-la "ensinando" às outras crianças rótulos específicos como "duro", "macio" e mesmo nomes de cores. Ela adora ouvir historinhas e com frequência comenta sobre os personagens que conhece. Ela prefere atividades dentro da sala e gosta de *trabalhar* sozinha. Ela com frequência tem problemas em colaborar com outras crianças.
O que você pode pensar	Madison é uma garotinha esperta! Ela não sente muita empatia pelos coleguinhas e, com frequência, parece se entediar com eles. Ela deveria brincar mais ao ar livre e participar de atividades em grupo. Quanto tempo vai levar até que ela se entedie com o programa em todos os seus aspectos?
O que talvez você não saiba	Madison é a única filha de um casal de profissionais. Eles passam muito tempo com ela, em geral lendo histórias e brincando com jogos de palavras. Eles gostariam de vê-la fazendo mais amigos (razão pela qual a inscreveram no programa), mas acham que o futuro acadêmico é muito mais importante.

CAMINHOS DO DESENVOLVIMENTO
Comportamentos que demonstram
o desenvolvimento da cognição

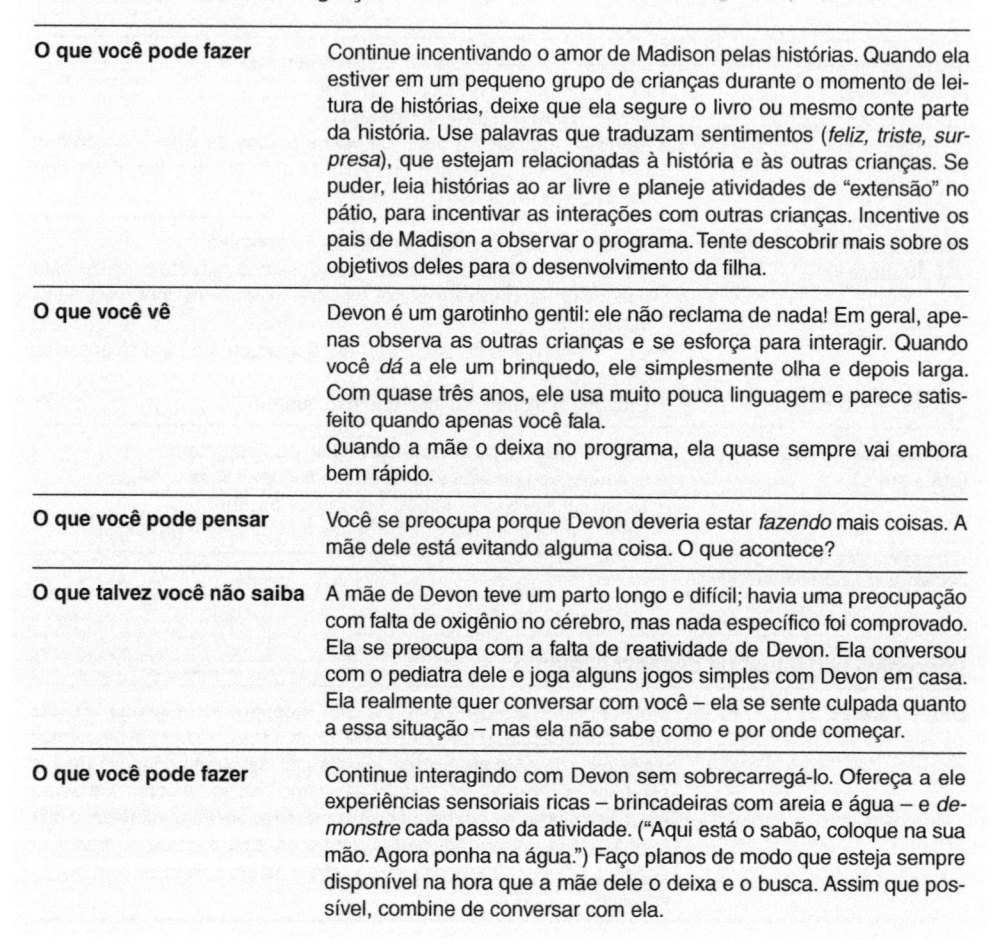

O que você pode fazer	Continue incentivando o amor de Madison pelas histórias. Quando ela estiver em um pequeno grupo de crianças durante o momento de leitura de histórias, deixe que ela segure o livro ou mesmo conte parte da história. Use palavras que traduzam sentimentos (*feliz, triste, surpresa*), que estejam relacionadas à história e às outras crianças. Se puder, leia histórias ao ar livre e planeje atividades de "extensão" no pátio, para incentivar as interações com outras crianças. Incentive os pais de Madison a observar o programa. Tente descobrir mais sobre os objetivos deles para o desenvolvimento da filha.
O que você vê	Devon é um garotinho gentil: ele não reclama de nada! Em geral, apenas observa as outras crianças e se esforça para interagir. Quando você *dá* a ele um brinquedo, ele simplesmente olha e depois larga. Com quase três anos, ele usa muito pouca linguagem e parece satisfeito quando apenas você fala. Quando a mãe o deixa no programa, ela quase sempre vai embora bem rápido.
O que você pode pensar	Você se preocupa porque Devon deveria estar *fazendo* mais coisas. A mãe dele está evitando alguma coisa. O que acontece?
O que talvez você não saiba	A mãe de Devon teve um parto longo e difícil; havia uma preocupação com falta de oxigênio no cérebro, mas nada específico foi comprovado. Ela se preocupa com a falta de reatividade de Devon. Ela conversou com o pediatra dele e joga alguns jogos simples com Devon em casa. Ela realmente quer conversar com você – ela se sente culpada quanto a essa situação – mas ela não sabe como e por onde começar.
O que você pode fazer	Continue interagindo com Devon sem sobrecarregá-lo. Ofereça a ele experiências sensoriais ricas – brincadeiras com areia e água – e *demonstre* cada passo da atividade. ("Aqui está o sabão, coloque na sua mão. Agora ponha na água.") Faço planos de modo que esteja sempre disponível na hora que a mãe dele o deixa e o busca. Assim que possível, combine de conversar com ela.

melhor a outras experiências de aprendizado. Além disso, a competência social e as interações sociais são melhoradas quando as crianças contam com modelos daqueles com quem convivem. Às crianças sem deficiências, os programas de inclusão proporcionam um maior entendimento das diferenças, além da oportunidade de fazer amizades diversas. Algumas vezes, modificações direcionadas a crianças *incluídas* podem resultar em uma resolução de problemas mais criativa para outras crianças. Para cuidadores e professores, os programas de inclusão oferecem a oportunidade de se tornarem membros cruciais de uma equipe, de recolherem informações valiosas e reforçarem um entendimento mais sólido do aprendizado e do desenvolvimento na primeira infância. Para as famílias, os programas de inclusão oferecem informações objetivas a respeito das deficiências, a chance de ensinar as crianças a aceitação, e a oportunidade de entenderem que não estão sozinhas, mas sim fazem parte da comunidade (EARLY CHILDHOOD DIRECTION CENTER, 2000).

Comunidades que apoiam programas de inclusão distribuem melhor seus recursos destinados à primeira infância, limitando a necessidade de programas de educação especial separados. Todos têm a oportunidade de aprender algo novo e todos têm a chance de resolver problemas.

Lembre-se que a inclusão da primeira infância não é conquistada simplesmente colocando a criança com deficiência em um contexto que inclua colegas que se desenvolvem de maneira típica. A participação significativa, e não simplesmente uma maior proximidade das atividades, é necessária para que cada criança atinja todo o potencial que tem disponível em si mesma. Sempre valorize a particularidade de cada criança e permita que ela expresse sua competência da melhor forma que pode.

Pense no que a inclusão pode *parecer* enquanto você ler sobre Peter, uma criança pequena com o desenvolvimento atrasado. Ele tem 20 meses. Ele ainda engatinha e não tenta se levantar. Por razões desconhecidas, Peter teve anoxia (oxigênio reduzido) ao nascer. Como parte do IFSP planejado para ele, Peter participa de um programa de inclusão da primeira infância três vezes por semana.

> Peter está sentado no chão observando duas outras crianças e um adulto que passam a bola um para o outro. Ele se interessou pelo jogo por alguns minutos. Os olhos dele cuidadosamente seguem a bola quando ela rola de uma pessoa para a outra e, se a bola rola para fora do círculo, ele vira a cabeça para observar a criança que corre para trazê-la de volta. Ele não dá nenhum outro indício de envolvimento.
>
> "Peter, você gostaria de participar do nosso jogo com a bola?", pergunta a professora. (Essa professora esteve envolvida com o desenvolvimento do IFSP de Peter e sabe que o jogo com a bola é uma experiência valiosa para ele.) Peter não olha pra ela, mas continua observando a bola.
>
> "Podemos ir mais para perto de você, para que você possa jogar também." A professora rola a bola na direção de Peter. Ela para na ponta do pé dele. Ele não faz nenhum movimento em direção à bola, mas tem a acompanhado visualmente o tempo todo.
>
> "A bola o tocou, não foi, Peter? Você gostaria de tocá-la?", diz a professora, estimulando-o. Ele olha para ela e depois para a bola. Peter aponta para a bola com o dedo e dá um "soquinho" nela. Ela se move um pouco, e ele sorri com satisfação. De repente, a criança que está sentada perto de Peter se estende e golpeia a bola. Ela rola de volta para a professora.
>
> "David deve estar querendo que continuemos nosso jogo com a bola. Ele a jogou de volta pra mim", comenta a professora. "Marissa, abra sua mão um pouco mais dessa vez, quando a bola chegar até você." A professora demonstra como fazer, com a palma da mão para cima e os dedos curvados. "Peter, observe como Marissa vai jogar a bola para longe." Marissa faz a bola rolar até Peter. Dessa vez, ela para perto do seu joelho. Peter olha para a bola. Ele não tenta golpeá-la como da outra vez, mas em vez disso tenta balançá-la, com a palma da mão para cima. Mesmo com um movimento lento e deliberado, ele não consegue atingir a bola.
>
> "Boa tentativa, Peter. Faça de novo", diz a professora. Depois de mais duas tentativas, ele consegue tocar a bola, e ela rola para fora do círculo. Ele a segue com os olhos, mas não tenta engatinhar até ela.
>
> David vai atrás da bola. Quando está voltando, ele nota um inseto no chão e larga a bola. A essa altura, Marissa já foi para a área dos blocos de brinquedo. A professora pega a bola. "Peter, você gostaria que eu rolasse a bola até você?" Peter, que estava assistindo à movimentação de David com o inseto, olha para ela de volta e abre, fecha e abre de novo as mãos.
>
> "Você parece pronto. Aí vai". A bola rola até Peter. Ele a para e a segura firme. Ele não a levanta nem tenta que ela role de volta para a professora. Gradualmente, ele move a bola em um movimento para a frente e para trás entre as suas duas mãos. Depois de alguns minutos, ele deixa que a bola role para longe e se vira para observar David, que se juntou a Marissa

na área dos blocos. "Você quer continuar brincando com Marissa e David? Você pode ir para a área dos blocos". Peter olha para a professora. Depois, ele lentamente se posiciona para engatinhar e se dirige para a área dos blocos.

Sem dúvidas, Peter terá muitas oportunidades de brincar com a bola – e com David e Marissa. A professora está oferecendo a ele estímulo e um pouco de demonstração, mas ela não o está pressionando. Como todas as crianças, crianças com necessidades especiais precisam de oportunidades para praticar atividades, e programas de inclusão podem proporcionar oportunidades de aprendizado valiosas.

Lembre-se de que o desenvolvimento motor e a resolução de problemas estão ligados quando se trata de pequenos exploradores, com ou sem deficiências, e a fixação de limites, bem como questões ligadas à proteção das crianças, são realmente questões de segurança com as quais os pais, cuidadores e professores têm de lidar. Magda Gerber refere-se às habilidades motoras como uma crescente **consciência corporal** que os bebês vão adquirindo. Em qualquer programa de educação e assistência à primeira infância, em que estejam ou não sendo praticados os princípios de inclusão, atender necessidades básicas e apoiar o apego são essenciais para o crescimento saudável. À medida que as crianças se desenvolvem e aprendem, deve-se apoiar a exploração e, às vezes, no caso de crianças com necessidades especiais, essa exploração deve ser estimulada. Ofereça escolhas e oportunidades para brincar em um contexto seguro. Pais, cuidadores e professores precisam de muita energia para acompanhar crianças pequenas! Liberdade com orientação é o lema.

RESUMO

Recursos on-line

Acesse o Centro de Aprendizado *On-line* em www.mhhe.com/itc9e, clique em *Student Edition* e escolha *Chapter 8* para acessar o guia do estudante, que inclui uma revisão do capítulo, *links* relacionados, testes práticos, exercícios interativos e referências do capítulo.

A cognição está relacionada com habilidades mentais e de pensamento e inclui a habilidade de receber, processar e usar as informações.

Experiência cognitiva

- Conhecer e entender é resultado de um envolvimento ativo com pessoas e coisas.
- A habilidade de se adaptar a um mundo maior começa com o processamento da informação sensorial e amadurece para incluir capacidades linguísticas e habilidades de resolução de problemas.

Experiência sensório-motora: Piaget

- O início da cognição, como descrita por Piaget, ocorre com a coordenação da percepção sensorial e dos movimentos musculares.
- Os seis subestágios do período sensório-motor se processam gradualmente de simples reflexos, já presentes no nascimento, até a invenção de imagens mentais e o começo do uso da linguagem aos dois anos.

Influência sociocultural: Vygotsky e Piaget

- Tanto Vygotsky quanto Piaget acreditavam que crianças pequenas usam a experiência para desenvolver ou aprimorar novos conhecimentos, mas para Vygotsky

isso era essencialmente uma experiência coconstruída – a assistência de outra pessoa seria significativa.
- Vygotsky enfatizava a importância do mundo cultural e social da criança e defendia que a cognição se desenvolve rapidamente depois do segundo ano, devido à linguagem e ao início da brincadeira de faz de conta.

Apoiando o desenvolvimento cognitivo

- O desenvolvimento cognitivo é mais bem auxiliado quando se convida e estimula os bebês e crianças a explorarem um ambiente rico em experiência sensorial.
- Noções matemáticas, alfabetização emergente e criatividade são estimuladas quando crianças pequenas têm a oportunidade de explorar, experimentar e resolver problemas em um ambiente seguro e apropriado.

Aprendizado baseado no cérebro

- Quando se trata de crianças pequenas, o aprendizado é holístico e se processa melhor por meio de relações de confiança e positivamente reativas.
- Os princípios do aprendizado baseado no cérebro são muito semelhantes às ideias de Piaget e Vygotsky com relação ao desenvolvimento cognitivo; princípios que também têm a ver com as práticas apropriadas ao desenvolvimento.

Crianças com necessidades especiais: inclusão da primeira infância

- Programas de inclusão da primeira infância permitem que crianças pequenas, com ou sem deficiências, aprendam e brinquem juntas. A legislação federal dos EUA apoia reações contra práticas educacionais que isolem e separem crianças com deficiências.
- Crianças pequenas, com ou sem deficiências, cuidadores e famílias, todos têm benefícios com programas de inclusão da primeira infância; todos têm a oportunidade de valorizar as diferenças e aprender algo novo.

EXPRESSÕES-CHAVE

acomodação 159
aprendizado assistido 164
assimilação 159
brincadeira de faz de conta 167

capacidade de prever 161
consciência corporal 176
construir novos conhecimentos 162

estágio pré-operacional 161
estágio sensório-motor 159
experiência cognitiva 158
intencionalidade 162
memória 161

permanência de objeto 160
zona de desenvolvimento proximal 164

QUESTÕES PARA REFLEXÃO/ATIVIDADES

1. Quais comportamentos indicam que uma criança está desenvolvendo a cognição? Descreva ao menos três deles.
2. Discuta as ideias mais importantes de Piaget e Vygotsky sobre o desenvolvimento mental de crianças. Que diretrizes você compartilharia com pais e cuidadores, levando em conta ambas as abordagens?
3. Desenvolva um brinquedo para um bebê ou uma criança pequena com vistas a estimular o desenvolvimento cognitivo. Inclua razões pelas quais o brinquedo seria bom para esse propósito.
4. Você é convidado para palestrar em uma reunião de pais de um programa para bebês e crianças. O tema é o desenvolvimento cognitivo. Quais pontos principais você gostaria de compartilhar?
5. Como os programas de inclusão da primeira infância podem beneficiar tanto crianças com deficiências quanto crianças sem deficiências?

REFERÊNCIAS

BERK, L.; WINSLER, A. *Scaffolding children's learning:* Vygotsky and early childhood education. Washington: National Association for the Education of Young Children, 1995.

COOPLE, C.; BREDEKAMP, S. (Ed.). *Developmentally appropriate practice in early childhood programs*. 3th ed. Washington: National for the Education of Young Children, 2009.

DIAMOND, M. *Magic trees of the mind*. New York: Plume, 1998.

DIVISION FOR EARLY CHILDHOOD; NATIONAL ASSOCIATION FOR THE EDUCATION OF YOUNG CHILDREN. *Early Childhood Inclusion.*[S.l.]: NPDCI, 2009. Disponível em: <http://npdci.fpg.unc.edu/resources/articles/Early_Childhood_Inclusion>. Acesso em: 25 maio 2014.

EARLY CHILDHOOD DIRECTION CENTER. *Including all kids:* am i? should i? can i?. Syracuse: MidState Early Childhood Direction Center, [20--]. Disponível em: <http://ecdc.syr.edu/wp-content/uploads/2013/01/Including-All-Kids-guide.pdf>. Acesso em: 25 maio 2014.

FLAVELL, J. H. On cognitive development. *Child Development*, v. 53, p. 1-10, 1982.

LALLY, J. R. Brain research, infant learning, and child care curriculum. *Child Care Information Exchange,* n. 121, p. 46-48, may/jun. 1998.

RUSHTON, S. Applying brain research to create developmentally appropriate learning environments. *Young Children,* v. 56, n. 5, p. 76-82, sept. 2001.

SCHICKENDANZ, J.; HANSEN, K.; FORSYTH, P. *Understanding children*. Mountain View: Mayfield, 1990.

LEITURAS COMPLEMENTARES

BEDROVA, E.; LEONG, D. J. *Tools of the mind*: the Vygotskian approach to early childhood education. 2nd. ed. Upper Saddle River: Pearson/Merrill Prentice Hall, 2007.

GALIZIO, C; STOLL, J.; HUTCHINS, P. Exploring the possibilities for learning in natural spaces. *Young Children*, v. 64, n. 4, p. 42-48, jul. 2009.

GANZ. J. B.; FLORES, M. M. Implementing visual cues for young children with autism spectrum disorders and their classmates. *Young Children*, v. 65, n. 3, p. 78-83, may 2010.

GEIST, E. Infants and toddlers exploring mathematics. *Young Children*, v. 64, n. 3, p. 39-44, may 2009.

HONIG, A. S. Play: ten power boosts for children's early learning. *Young Children*, v. 62, n. 5, p. 72-78, sept. 2007.

RUMP, M. L. Involving fathers of young children with special needs. *Young Children*, v. 57, n. 6, p. 18-22, nov. 2002.

SHAFFER, L. F.; HALL, E. LYNCH, M. Toddlers' scientific explorations: encounters with insects. *Young Children*, v. 64, n. 6, p. 18-23, nov. 2009.

SHORE, R.; STRASS, J. Music for their minds. *Young Children*, v. 61, n. 2, p. 62-67, mar. 2006.

WATSON, A.; MCCATHREN, R. Including children with special needs. *Young Children*, v. 64, n. 2, p. 20-26, mar. 2009.

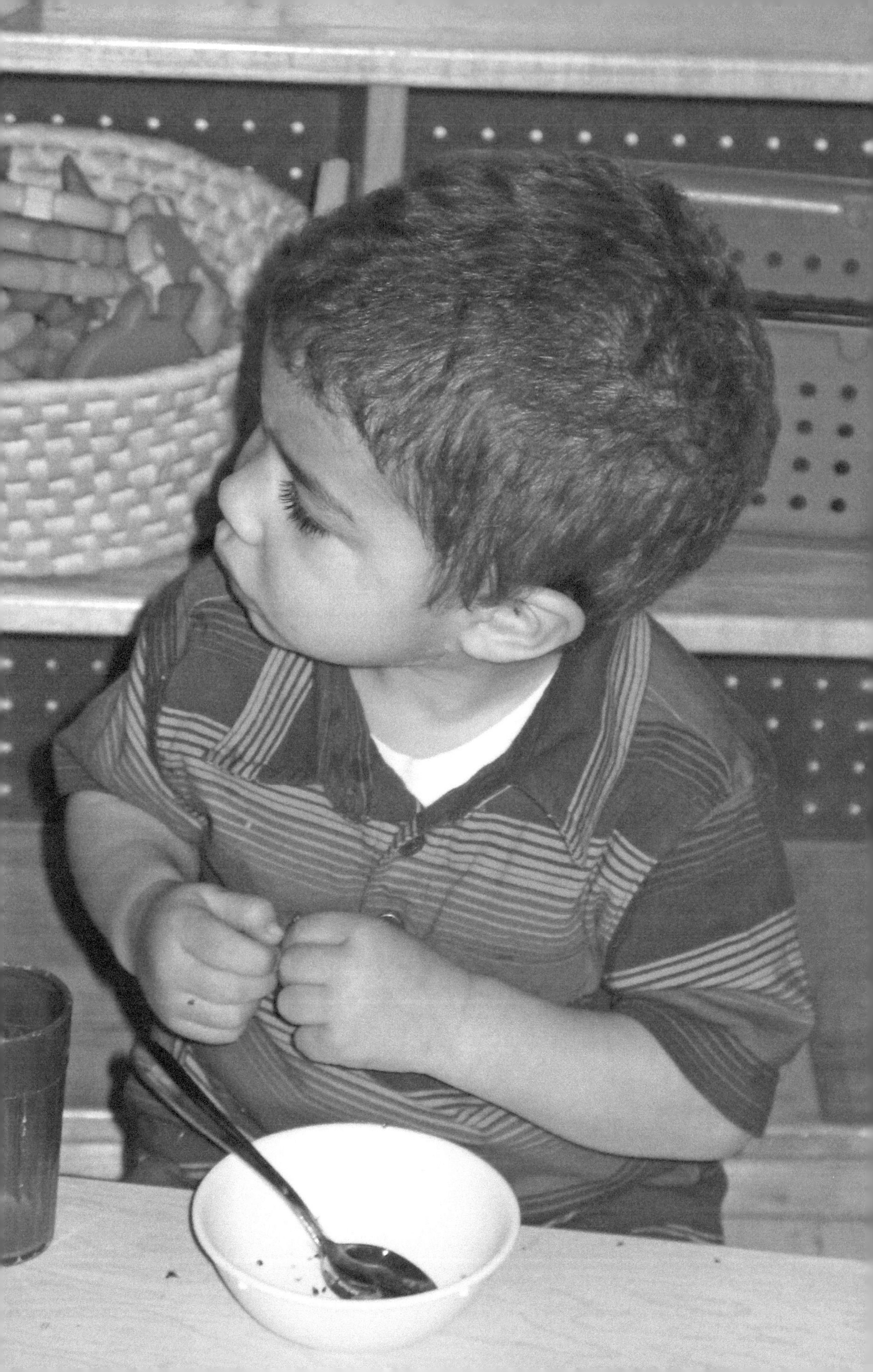

CAPÍTULO 9
Linguagem

Questões em foco

Depois de ler este capítulo, você deve estar apto a responder às seguintes perguntas:

1. O que acontece durante o período de linguagem *receptiva* e durante o período de linguagem *expressiva*?
2. O que a linguagem permite que a criança faça? Como isso afeta o pensamento e a cognição?
3. De que forma o crescimento do cérebro afeta o desenvolvimento da linguagem?
4. Compare as orientações para incentivar o desenvolvimento da linguagem com aquelas para incentivar o desenvolvimento da alfabetização precoce. Em que sentido elas são semelhantes e/ou diferentes?
5. O que é bilinguismo e como ele influencia no desenvolvimento da linguagem?
6. Quais são algumas atitudes importantes para se ter em mente ao trabalhar com pais e famílias de crianças com necessidades especiais?

O que você vê?

Um cuidador está sentado em uma mesa baixa com um bebê; eles estão compartilhando um lanche. "Você quer um pouco de leite, Aidan?" o cuidador pergunta.

A criança responde "Hmmmmmm, hmm, oooh, leite!" e pega o copo.

Mike goteja um pouco de leite no copo. A criança leva o copo até os lábios e dá um gole. Então ela diz "Mimimimimi, burrrr, burr" com o copo na boca, deliciando-se com o efeito do toque dos lábios no copo. O leite salta no rosto da criança. Mike diz "Quero secar seu rosto" e procura por um pano limpo. Aidan abaixa o copo e ele bate na mesa, caindo, derramando o leite e fazendo uma poça. "Ooooooh, leite...," ele diz, apontando para a poça.

Mike diz "Sim, o leite derramou. Precisamos de uma esponja". "Eeeeeeee", resmunga Aidan em protesto à limpeza do rosto. Quando tudo está em ordem novamente, Mike pega a caixa de leite, mostra para a criança e pergunta: "Você quer mais leite?".

Aidan responde, "Uhuh, leite!", bastante enfático, balançando vigorosamente a cabeça, ao mesmo tempo em que tenta estender o copo ao cuidador.

Nessa breve cena, Aidan transmitiu uma série de significados por meio de alguns sons e uma única palavra. Em pouco tempo, a mesma cena poderia incluir uma sequência verbal que talvez fosse algo como:

"Eu leite" (significando: "Sim, eu quero um pouco de leite").
"Derrama leite" (significando: "Ei, alguém derramou leite!").
"Eu, não" (significando: "Não, obrigado, não quero mais leite").

E, quando Aidan crescer um pouco, ele dirá as mesmas coisas, só que usando frases mais longas, como:
"Me dá leite" (talvez com um "por favor").
"Oh, oh, Mike, eu derrama leite."
"Eu não quer mais."
Se nunca tiver sido corrigido, Aidan por fim dirá:

"Eu quero um pouco de leite (por favor)."
"Oh, oh, Mike. Eu derramei meu leite."
"Não quero mais, obrigado."

Essa troca entre Aidan e seu cuidador representa uma habilidade precoce de aprender a falar e usar a linguagem, e é um processo maravilhosamente complexo. Os bebês já começam muito cedo a coordenar seus gestos e a emitir sons significantes. Eles começam a organizar suas experiências para se fazerem entender – para se comunicar. Essa habilidade de desenvolver a linguagem envolve todas as outras áreas do crescimento, tão discutidas neste livro (apego, percepção, habilidades motoras e cognição) e é influenciada pelo desenvolvimento emocional e social (Capítulos 10 e 11). Por meio da linguagem, as crianças pequenas aprendem a coordenar suas experiências (assim como fez Aidan na cena anterior), e a dar e receber *feedback*.

Este capítulo examina os fundamentos do desenvolvimento da linguagem e trata do que uma pessoa precisa para que a linguagem se desenvolva. Veremos o que a linguagem permite que um indivíduo faça e como o ambiente pode influenciar não só a linguagem, mas também o crescimento cerebral e a alfabetização precoce. Orientações para estimular o desenvolvimento da linguagem, o bilinguismo e apoiar pais e famílias de crianças com necessidades especiais também serão discutidas.

A progressão do desenvolvimento da linguagem

A linguagem representa experiências e eventos por meio de símbolos abstratos ou palavras. Embora haja regras para a combinação de palavras, crianças pequenas começam a usá-las e juntá-las de jeitos únicos e criativos. Nós definimos **linguagem** como um arranjo sistemático de símbolos arbitrários com significados generalizados. Ela permite que nos comuniquemos sobre coisas que não são visíveis e sobre aquilo que está no passado ou no futuro. É importante lembrar que esses sons, símbolos e interações, que começamos a experimentar muito cedo na vida, estão ligados ao modo como pensamos e entendemos o mundo.

Bebês já nascem com intenção comunicativa; porém, não nascem com linguagem. Ainda não se entende claramente como as crianças adquirem a habilidade de usar a linguagem. Em geral, o desenvolvimento da linguagem é discutido em termos de *algo* que tende a acontecer *quando* (veja a Tabela 9.1). Nenhuma teoria ou abordagem explica completamente o desenvolvimento dessa habilidade. Pode ser mais útil combinar várias abordagens, em um esforço de observar como ela se desenvolve. Já falamos sobre a importância do apego para os bebês. Dentro dessa relação positivamente reativa, eles aprendem sobre a **interação social** – a troca constante de assistência e imitação que ocorre entre o cuidador e o bebê. Esse é um componente essencial do desenvolvimento da linguagem. Quando os bebês são bem cuidados por alguém que se importa com eles, eles encontram prazer nessa assistência e imitam seus cuidadores que, por sua vez, continuam a responder ao bebê. Esse comportamento de troca parece se reforçar por si mesmo.

Crianças de todo o mundo começam a desenvolver a linguagem de forma muito se-

Tabela 9.1 Desenvolvimento da linguagem: o que acontece e quando

Idade	Escutar/entender	Falar
Nascimento–3 meses	• A criança acorda com barulhos altos, surpreende-se ou chora.	• A criança emite sons de satisfação.
	• A criança escuta os discursos e vira-se em direção a quem fala.	• A criança repete muito os mesmos sons.
	• A criança sorri quando falam com ela.	• A criança chora devido a diversas necessidades.
	• A criança reconhe sua voz e se acalma quando a escuta.	• A criança sorri quando vê você.
4–6 meses	• A criança responde ao som da sua voz (alto ou baixo).	• A criança balbucia quando está sozinha.
	• A criança procura pelos sons que ouve (p. ex., um telefone tocando ou latido de cão).	• A criança pede para você (por meio de sons ou gestos) repetir alguma coisa. Talvez um jeito de brincar.
	• A criança percebe o barulho ou som que faz um brinquedo.	• A criança começa a usar sons diferentes dos de choro para ganhar e manter sua atenção.
7–12 meses	• A criança gosta de brincadeiras como *peekaboo* e de bater palmas enquanto se canta.	• A criança começa a usar sons diferentes dos de choro para ganhar e manter sua atenção.
	• A criança escuta quando falam com ela.	• A criança imita diferentes sons da fala.
	• A criança reconhece sons de palavras comuns como suco, copo, boneca.	• Os balbucios da criança se dividem em grupos de sons curtos ou longos, como "tata", "gugugu", "dadada".
		• A criança fala uma ou duas palavras ("tchau, tchau", "não", "dada"), embora talvez não claramente.
12–24 meses	• A criança obedece a comandos simples e entende solicitações simples ("Passe a bola", "Onde está a boneca?").	• A criança consegue usar diferentes sons consonantais no início das palavras.
	• A criança indicará algumas partes do corpo quando solitcitada.	• A criança consegue juntar duas palavras ("suco não", "mais leite").
	• A criança indicará figuras num livro quando elas forem nomeadas.	• A criança consegue fazer perguntas de uma ou duas palavras ("Cadê gatinho?" "Vai tchau, tchau?").
24–36 meses	• A criança consegue acompanhar dois pedidos juntos ("Pegue a bola e coloque na mesa").	• A criança solicita os objetos que quer, apontando para eles ou nomeando-os.
	• A criança continuamente segue sons (barulho do telefone, TV, alguém batendo na porta).	• O discurso da criança é quase sempre compreendido.
	• A criança entende diferenças de significado ("siga/pare", "dentro/fora", "pequeno/grande", "em cima/embaixo").	• A criança usa "frases" de duas ou três palavras para pedir coisas e falar sobre elas.
		• A criança nomeia quase tudo.

Fonte: Adaptada de American Speech-Language-Hearing Association (1988).

melhante. A *habilidade* de adquirir linguagem parece de nascença, ou *inata*. É verdade que certas habilidades mentais e físicas precisam estar presentes para que a linguagem prograda. À medida que os bebês crescem, o *amadurecimento* contribui na habilidade de desenvolver palavras (ou rótulos) e entender símbolos. Piaget notou que a noção de permanência do objeto configura o estágio inicial do desenvolvimento da linguagem. Crianças pequenas precisam estar aptas a conferir sentido, ou interpretar o mundo, antes de usarem suas primeiras palavras. Vygotsky ressaltou o contexto sociocultural do desenvolvimento da linguagem. A interação social ajuda crianças pequenas a entenderem a relação entre as experiências e a rotulá-las de modo apropriado (VYGOTSKY, 1976).

Essencialmente, muitas coisas importantes parecem acontecer ao mesmo tempo quando as crianças adquirem linguagem. Pensar nelas como "os três is" pode ajudar. Capacidades *inatas* precisam estar presentes; a criança precisa contar com certas habilidades cognitivas e determinadas estruturas mentais para desenvolver a linguagem. A criança também precisa ter oportunidade de *interagir* com outras pessoas de forma reativamente positiva, a fim de *imitar* essas pessoas. Esse processo de imitação, que envolve interação e é baseado em capacidades inatas, deve ser visto um pouco mais detalhadamente. Observar dois níveis de desenvolvimento da linguagem – o receptivo (do nascimento até um ano de idade) e o expressivo (final do primeiro ano até o surgimento das primeiras palavras) – oferece mais *insights* a respeito da progressão da linguagem.

Linguagem receptiva

Os bebês compartilham seu prazer em emitir sons com os pais ou cuidadores. Eles passam a associar linguagem com ocasião social. Quando balbuciam e percebem que estão obtendo respostas, isso os estimula a seguir respondendo e imitando o interlocutor. Eles se tornam conscientes dos ritmos, das entonações e dos sons das palavras. A linguagem pode se tornar uma forma de animar ou acalmar um bebê.

Por fim, os bebês começam a fazer conexões entre sons e padrões sonoros e mesmo entre eventos e objetos. Eles percebem, por exemplo, que quando seguram um determinado objeto (como um ursinho de pelúcia), o mesmo padrão sonoro ocorre todas as vezes que fazem isso. Os livrinhos de história interativos emitem os mesmos sons relacionados às mesmas figuras. Eles percebem também que toda vez que alguém troca suas fraldas eles escutam os mesmos sons e os mesmos padrões sonoros. Aquilo que o bebê capta e entende é chamado de **linguagem receptiva.**

Desde o início, é claro, os bebês reagem quando alguém fala com eles, mas é à voz – à sua altura e ritmo – e não ao significado das palavras, que eles respondem. Mais tarde, quando começam a responder ao significado que está por trás das palavras, essa resposta é a verdadeira linguagem receptiva. Os cuidadores às vezes ficam surpresos ao descobrir o quão avançada é a linguagem receptiva. Quando se fala com as crianças colocando sentido no que se diz, elas entendem o que é dito muito antes do esperado.

Linguagem expressiva

À medida que seus choros e vocalizações primárias vão sendo respondidos, os bebês aprendem a refiná-los, por fim enviando sinais sonoros mais especializados. Quanto mais eles têm consciência de que seus sinais e mensagens estão sendo recebidos, mas habilidosos eles ficam ao enviá-los. A partir da parceria com um ou dois cuidadores, eles aprendem a transmitir uma grande variedade de sentimentos – que envolvem fome, desconforto, raiva e prazer. A primeira expressão clara, ou o primeiro uso da palavra, é chamado de **linguagem expressiva**. A chave para que os bebês comecem a conectar sons com significados é a reatividade do adulto. Se ninguém responde aos seus choros e vocalizações iniciais, as crianças não encontram motivos para tentar emitir sinais.

O momento efetivo em que a criança pronuncia sua primeira palavra pode ser bastante surpreendente para a pessoa que a escuta. Um belo dia, uma garotinha pode ver uma banana na prateleira e pegá-la, dizendo "nana". A menina também pode ficar surpresa com a reação que virá – uma onda de sorrisos, abraços e palmas, seguidos de um pedaço de banana sendo colocado em sua mão. Ela provavelmente sorrirá de volta e dirá a nova palavra mais duas ou três vezes. Mais tarde pode ser que ela seja solicitada a repetir a *performance*, quando os cuidadores do próximo turno chegarem. Talvez os cuidadores, muito contentes com o ocorrido, apressem-se para contar aos pais. Ou talvez eles conservem essa satisfação com eles e deixem que os pais descubram o evento especial, para que eles depois assumam o papel de contar aos cuidadores sobre a primeira palavra que ouviram.

Muitas crianças pequenas adquirem suas primeiras palavras e seus significados de modo muito rápido. Certamente as palavras que elas escutam com mais frequência de pais e cuidadores influenciam seus vocabulários. Crianças pequenas, às vezes já aos 18 meses, usam um processo chamado **mapeamento rápido** para adquirirem linguagem com maior velocidade. O mapeamento rápido é um processo no qual a criança pequena usa dicas contextualizadas para adivinhar rápido e racionalmente o significado de uma palavra desconhecida. Esse entendimento parcial de uma palavra pode acontecer depois que a criança a escuta apenas uma vez (WOODWARD; MARKMAN, 1998). Por exemplo: uma criança pequena consegue aprender rapidamente o nome de novos animais porque seu cérebro já "mapeou" os nomes dos animais que ela conhece (ou reconhece). Dizer o que é um *cachorro* é fácil quando a criança já conhece o *gato* (e já construiu algumas noções sobre ele: pelo, quatro patas e um rabo). Esse catálogo mental de novas palavras se forma relativamente rápido porque a criança pequena não para com o objetivo de pensar, descobrir ou elaborar a definição exata. Ela usa os contextos familiares e a repetição para *generalizar* o significado da nova palavra. Algumas vezes, é claro, ocorrem erros, e o entendimento das palavras pode ser limitado. O momento em que adulto e criança focam a mesma experiência pode ajudar os pequenos a aprenderem o significado das palavras de forma apropriada. Quando "cachorros" e "gatos" passam a ser diferenciados com facilidade, as crianças então já estão prontas para fazer a distinção entre "pássaros" e "aviões"!

As crianças refinam sua linguagem e desenvolvem regras gramaticais por si mesmas. Não há necessidade de correções ou lições linguísticas. Elas aprendem simplesmente participando de conversas reais – aquelas que têm algum objetivo. Algumas vezes as conversas se dão apenas em círculos, quando, por exemplo, o adulto tenta ensinar a forma correta de pronunciar uma palavra repetindo todas as palavras que a criança diz. Se nada do que o adulto diz enriquece em termos de conteúdo, as conversas não têm sentido. É mais importante que os adultos percebam que, quando as crianças começam a usar frases mais longas para se comunicarem, elas estão também fazendo uso da linguagem como um importante instrumento de pensamento.

> **Padrão do programa NAEYC 3**
> Ensino

O que a linguagem possibilita para a criança: o *link* cognitivo

Existe um aumento óbvio na capacidade de se comunicar da criança à medida que ela passa da época de bebê à primeira infância. Essa capacidade de esclarecer as necessidades e reunir informações é expandida à medida que a criança adquire linguagem. Além de facilitar a comunicação, a linguagem tem um impacto fortíssimo no pensamento e na cognição.

Bebês e crianças conseguem "pensar" antes de adquirir linguagem, mas, quando as crianças realmente começam a usar a linguagem, as habilidades cognitivas delas dão um grande passo adiante. A capacidade de rotular experiências, que indica uma noção de permanência do objeto, permite que as crianças adentrem em um domínio simbólico. Como se nota na definição de *linguagem* (veja a página 182), as experiências não precisam ocorrer "no momento"; elas podem ser relembradas, e uma palavra pode substituir um objeto. À medida que a criança passa a reunir rótulos para nomear as experiências, a capacidade de memorização dela também aumenta. Esse banco de memória logo incluirá também categorias. E as categorias irão, por fim, possibilitar o surgimento de um complexo sistema de classificação. A experiência de ver um gato e aprender a rotulá-lo gradualmente se transforma no entendimento da criança de que existem muitos tipos de gato e de que essa específica criatura de quatro patas também pertence a uma categoria maior de "animais". As informações podem ser generalizadas a partir desse entendimento, mas tudo começa com o rótulo "gato".

A racionalização e a capacidade de ordenar experiências são desenvolvidas como resultado da linguagem. Observe (e escute) uma criança pequena enquanto ela brinca. Você pode com frequência ouvi-la contando para si mesma o que vai fazer ("Agora eu vou para a caixa de areia. Depois eu vou fazer uma estrada"). Essa "instrução verbal" permite que a criança planeje seu próprio comportamento (**autorregulação**) e transmita suas experiências de aprendizado de uma situação para outra. Essa capacidade de organizar informações, por fim, possibilita a abstração, além de um pensamento cognitivo mais formal. A linguagem expande nossas habilidades de nos adaptarmos às situações e de lidar com elas. Ela nos capacita para sermos compreendidos de maneira melhor pelos outros e para entendermos com mais consistência os eventos ao nosso redor. Em um mundo com cada vez mais demandas, observar como as crianças efetivamente lidam com o mundo é uma boa meta para pais e cuidadores.

OBSERVAÇÃO EM VÍDEO 9
Crianças comendo à mesa com o cuidador

Veja a Observação em Vídeo 9: "crianças comendo à mesa com o cuidador" para um exemplo de como as crianças extraem significado do contexto.

Questões

- O que o adulto estava fazendo para ajudar as crianças a expandirem suas habilidades linguísticas?
- Você acha que "lições linguísticas" específicas seriam mais eficazes do que o que você viu aqui?
- Se alguém pedisse para você explicar como a alimentação pode assumir o papel de currículo, como essa cena ilustraria sua resposta?

Para assistir a esse vídeo, entre em www.grupoa.com.br, acesse a página do livro por meio do campo de busca e clique em Conteúdo Online.

O cérebro e o desenvolvimento precoce da linguagem

O que acontece no cérebro de uma criança pequena quando ela está tentando adquirir linguagem? Algumas pesquisas sobre o cérebro focadas nessa área são as mais fascinantes de todos os estudos da neurologia, e as mais específicas. Muitas descobertas-chave precisam ser levadas em conta e revisadas. Genes e experiências (natureza e nutrição) trabalham juntos para o desenvolvimento saudável do cérebro. Como já foi ressaltado neste capítulo, um bebê pode ser fisicamente capaz de produzir sons, mas, sem interações "nutritivas", a tendência é que ocorra um atraso na aquisição da linguagem. Essas interações precoces de fato influenciam o circuito, ou as redes, do cérebro. O desenvolvimento da linguagem é dependente de conexões neurais primárias (sinapses), que são estimuladas por meio de relações positivamente reativas com outras pessoas. E tais experiências primárias parecem estar ligadas com as melhores épocas, ou períodos ideais, para que se processem aspectos específicos do aprendizado linguístico.

Durante os primeiros meses, o cérebro da criança conta com a **neuroplasticidade** – isso significa que ele é muito flexível e reativo. Sem dúvida é isso que explica por que bebês muito jovens reagem a sons de todas as línguas. No entanto, tal plasticidade diminui com a idade. No início do crescimento cerebral, os neurônios parecem se agrupar formando padrões sonoros particulares, chamados *fonemas* (as menores unidades de som de uma língua). Quando tais padrões (por exemplo, "pa" ou "ma") são repetidos, são formados "mapas auditivos" no cérebro; as vias neurais são reforçadas, e o circuito cerebral se torna mais permanente (BEGLEY, 1997).Isso possibilita que um bebê organize padrões de sons na sua própria língua. No fim do primeiro ano de vida, se certos padrões sonoros não forem ouvidos com regularidade, é muito difícil para a criança construir novas vias neurais. (Lembre-se do "processo de poda", mencionado no Capítulo 5.) É por isso que é tão difícil aprender uma língua estrangeira depois que envelhecemos. Essas vias nunca mais serão formadas com a mesma facilidade dos primeiros 12 meses de vida.

Outro ponto de vista a respeito da formação dos mapas auditivos vem de um estudo do cérebro mais recente, que observa o papel dos neurônios-espelho (dos quais já tratamos no Capítulo 5) no desenvolvimento da linguagem. Os neurônios-espelho foram primeiramente discutidos em relação aos padrões de movimento da imitação; esses neurônios são ativados para repetir ou imitar as ações observadas em outra pessoa. (Lembre-se: bebês imitarão uma ação realizada por outra pessoa, mas irão falhar se tentarem imitar o mesmo movimento feito por um robô). Esse padrão de imitação que conhecemos também vale para os sons. Bebês com mais de 9 meses conseguem aprender novos sons da fala, mesmo que nunca os tenham ouvido antes (pois os neurônios-espelho são ativados), porém apenas se esses novos sons forem emitidos por uma pessoa real. O aprendizado de novos sons não ocorre, nessa idade, se o bebê ouvir a mesma palavra em uma gravação (RESTAK, 2006). Lembre-se também que os neurônios-espelho parecem ser influenciados por um objetivo ou intenção (na pesquisa original o objetivo era frequentemente a comida). Isso é especialmente relevante se considerarmos a alfabetização precoce.

À medida que as crianças pequenas vão adquirindo linguagem, os cérebros delas começam a ficar cada vez mais especializados nessa complexa tarefa. Uma atividade elétrica cada vez maior tende a se concentrar no hemisfério esquerdo do córtex. Uma crescente atividade cerebral e uma crescente competência linguística estão conectadas na segunda metade do primeiro ano de vida. É mais ou menos entre os 7 e 12 meses que os bebês começam a juntar fonemas para formar sílabas, e, depois, transformam sílabas em palavras (MILLS; COFFEY-CORNIA; NEVILLE, 1994). Observe novamente a Tabela 9.1 e a situação que ocorre entre Aidan e seu cuidador, no início do capítulo. Tente imaginar os dendritos cerebrais, essas "árvores mágicas da mente", expandindo-se rapidamente à medida que uma criança pequena confere sentido aos sons, como resultado de sua experiência. A primeira palavra, que em geral surge no final do primeiro ano, é apenas o começo da explosão linguística.

A experiência também está relacionada ao vocabulário. O vocabulário de uma criança pequena está fortemente relacionado com a quantidade de interação que ela experimenta. Bebês precisam escutar palavras, e essas palavras precisam estar ligadas a eventos reais. Esses são os tipos de experiência que criam conexões neurais permanentes. A significação alimenta a conexão! A televisão não o faz, a TV significa apenas barulho para crianças muito pequenas. O contexto emocional da linguagem provavelmente também influencia o circuito cerebral. Conectar palavras a experiências prazerosas (ou negativas) afeta a memória. Uma criança pequena tem uma tendência maior de se lembrar do nome de seu brinquedo mais especial ou de sua comida favorita.

Existe também um debate sobre melhores épocas, ou períodos ideais, particularmente quando eles estão relacionados ao desenvolvimento linguístico. Mas será que essas "portas abertas" da oportunidade se fecham depois? Provavelmente não. No entanto, mais se fala, nas pesquisas sobre o cérebro, sobre um tempo específico para o desenvolvimento da linguagem do que sobre tempos específicos para outras áreas em desenvolvimento. Dois eventos específicos que são essenciais para o desenvolvimento do cérebro ocorrem nos primeiros dois anos. Os sistemas sensório-motores são fortalecidos por meio da mielinização (mencionada no Capítulo 7), e relações de apego são assim estabelecidas. Esses eventos influenciam fortemente o funcionamento e o crescimento cerebral e, uma vez que o crescimento cerebral é holístico, eles devem também desempenhar um papel fundamental na aquisição linguística precoce. Esses dois eventos (mielinização e apego) talvez sejam os mais significativos para o nosso entendimento dos períodos mais importantes do crescimento cerebral. Muitas questões ainda serão respondidas pelos pesquisadores nos próximos anos. Enquanto isso, observar a complexidade do desenvolvimento linguístico e sua relação com o que sabemos a respeito do circuito cerebral pode nos ajudar a oferecer experiências "nutritivas" e apropriadas para bebês e crianças pequenas.

A próxima sessão sugere orientações para incentivar o desenvolvimento da linguagem em crianças pequenas. Ao lê-la, recapitule o que você já sabe sobre o crescimento cerebral. Como essas orientações estão relacionadas com o que acontece no cérebro da criança?

Incentivando o desenvolvimento linguístico

Cuidadores e pais podem incentivar o desenvolvimento linguístico dos bebês usando a linguagem desde o início para se comunicar com eles. *Fale* com eles muito antes de eles conseguirem falar com você. Use uma conversa adulta, real, e inclua-os nas conversas com outras pessoas. Escute os bebês e estimule-os a escutar também. Pais podem ser muito úteis auxiliando os cuidadores no entendimento dos padrões linguísticos específicos de seus filhos. Mesmo bebês muito pequenos são reativos à linguagem, e o ritmo dos movimentos corporais deles corresponderá ao ritmo dos primeiros diálogos linguísticos.

Lembre-se de usar esses diálogos durante as rotinas de cuidado e durante os momentos destinados à brincadeira (quando apropriado). Muitos adultos parecem se envolver naturalmente nessa atividade; eles imitam os sons do bebê e também iniciam seus próprios sons. Nesses momentos, é importante usar rótulos reais para nomear as experiências do bebê. Quando um bebê reagir, transforme o que antes era um monólogo (seu) em um diálogo.

Converse sobre o passado e o futuro com crianças muito pequenas e também sobre o presente. O "agora" pode ser a principal experiência dos bebês, mas, à medida que progridem na primeira infância, o ontem, a semana passada e o amanhã podem fazer parte das conversas também. Saber o que vai acontecer a seguir ajuda bebês e crianças a prever acontecimentos e a começar a entender os rótulos aplicados a coisas, eventos e pessoas.

Jogue jogos que envolvam sons e palavras. Conte histórias, cante músicas e recite ou invente rimas e poemas. Certifique-se de que está valorizando e dando espaço para a participação de crianças pequenas – muitas delas têm uma incrível capacidade de criar sons e palavras divertidas. Isso precisa começar cedo, na época dos balbucios, e deve continuar até que as crianças consigam criar suas próprias rimas e jogos de som *nonsense*. Lembre-se de também incluir a linguagem nas atividades motoras amplas. Quando são ditas frases do tipo "Eu vi você *no topo* da escada, Jason", Jason aprende sobre preposições e as relações espaciais que estão atreladas a elas.

Certifique-se de que as crianças pequenas tenham muitas oportunidades para conversar a respeito de suas experiências, à medida que o mundo delas começa a se expandir (bebês se deparam com *conversas* o bastante durante as rotinas de cuidado e as brincadeiras do dia a dia). Uma voltinha pelo pátio ou ao redor da quadra pode proporcionar material suficiente para conversar por um bom tempo. Figuras, objetos novos e um pouco de ciência e natureza podem despertar o interesse da criança e resultar em diálogos espontâneos e discussões divertidas.

As perguntas podem ser instrumentos importantes para incentivar a linguagem. Faça perguntas que requisitem uma escolha: "Você quer um pedaço de maçã ou um pedaço de banana?" Faça perguntas com final em aberto (aquelas que não têm uma resposta "certa"): "O que você viu durante a caminhada?". Perguntas limitadas (estas com apenas uma resposta certa – por exemplo: "Você viu um cachorro enquanto estávamos caminhando, não foi?") também são boas, contanto que a criança goste delas e não se sinta interrogada. Estimule crianças pequenas a esclarecer aquilo que não entendem fazendo perguntas a si mesmas. Algumas vezes elas gostam tanto de fazer perguntas quanto de respondê-las e, assim, podem coletar e praticar os rótulos que darão aos objetos.

---

1. Envolva as crianças em diálogos durante as rotinas de cuidados e nos momentos destinados à brincadeira.
2. Descreva o que se passa à medida que as coisas acontecem; use os rótulos que as crianças precisam conhecer.
3. Fale *com* as crianças pequenas e interaja com elas; acalme-as e estimule-as a pensar sobre o que estão falando.
4. Jogue jogos com sons, conte histórias e cante.
5. Proporcione experiências interessantes às crianças pequenas, que por sua vez podem assim oferecer assuntos para as conversas; escute realmente o que elas têm a dizer.
6. Ofereça a crianças um pouco mais velhas novas experiências para que possam falar sobre elas, relacionando-as com seu mundo expandido.
7. Compartilhe novos objetos e novidades (por exemplo, aqueles que envolvem ciência e natureza) para despertar o interesse das crianças e estimulá-las a travar um diálogo divertido sobre isso.
8. Use as perguntas como importantes instrumentos de linguagem e estimule as crianças a fazerem perguntas quando elas precisarem de mais informações.
9. Torne as experiências com livros prazerosas para as crianças; aponte para as figuras, chame atenção para os sons que rimam e para os personagens engraçados.
10. LEIA para os bebês! (*Slogan* da National Library Association)

Figura 9.1 Orientações para incentivar o desenvolvimento da linguagem.

> **Os princípios em ação**
>
> **Princípio 3** Aprenda as maneiras específicas com as quais cada criança se comunica (choro, palavras, movimentos, gestos, expressões faciais, posições do corpo) e ensine as suas. Não subestime a capacidade da criança de se comunicar, mesmo que suas habilidades verbais sejam inexistentes ou mínimas.
>
> Você acabou de ser contratado como provedor de cuidados infantis em um novo programa direcionado a bebês e crianças pequenas. O diretor sugere que você passe seus primeiros dias aprendendo, gradualmente, a conhecer as crianças. Na primeira manhã, você observa algumas interações: uma mãe voluntária está alegremente brincando de *peekaboo* com sua filha de 14 meses. A garotinha está obviamente se deliciando em ter sua vez de participar da conversação; ouvem-se muitas risadinhas, vindas de ambas. Uma das cuidadoras está trocando as fraldas de uma criança; ela conversa com a criança sobre a fralda limpa que colocará nela. O menino que está no trocador olha pra ela intensamente e tenta pegar a fralda enquanto ela está falando. Outra criança está chorando baixinho perto da entrada; a mãe dela acabou de sair. Uma cuidadora está sentada perto dela, oferecendo palavras de conforto ("Posso ver que você está triste." "Sua mãe estará de volta depois do almoço"). A criança, chorando, inclina-se em direção à cuidadora, mas não parece querer sentar no colo dela. Na outra extremidade da sala você vê duas crianças brincando com blocos pequenos; uma cuidadora está sentada perto delas. Uma das crianças está usando algumas palavras em espanhol; a outra está falando apenas em inglês. Você consegue ouvir a cuidadora repetindo algumas das palavras que cada uma das crianças está pronunciando, falando com facilidade tanto o espanhol quanto o inglês.
>
> 1. Descreva os padrões de comunicação e linguagem que você vê.
> 2. Como as maneiras específicas de se comunicar de cada criança estão sendo reconhecidas pelos adultos?
> 3. Explique como cada uma das crianças está demonstrando respeito.
> 4. Você faria algo diferente do que você observou os adultos fazendo?
> 5. O que você acha mais desafiador ao tentar se comunicar com crianças pequenas?

Leia livros em voz alta pra crianças que estão entrando na primeira infância. Leia para cada criança individualmente ou em pequenos grupos, quando houver interesse. Faça que esses momentos sejam frequentes, breves e espontâneos – uma atividade divertida, acompanhada de muito carinho e aconchego. O momento de ler historinhas deve se parecer mais com o que os pais fazem em casa do que com aquilo que fazem os professores pré-escolares na "hora da roda". Associar os livros com prazer é um dos pontos-chave quando se fala de alfabetização precoce.

As orientações sugeridas para apoiar o desenvolvimento da linguagem estão resumidas na Figura 9.1.

Alfabetização precoce

Crianças pequenas aprendem habilidades ligadas à alfabetização de modo bastante semelhante com que aprendem habilidades linguísticas, e o crescimento cerebral rápido que ocorre para facilitar a linguagem também prepara o terreno para a alfabetização. As relações de apego que vão sendo estabelecidas, as experiências motoras e perceptivas que vão sendo organizadas e os eventos cognitivos que se processam, tudo isso contribui para o surgimento da alfabetização durante a época de bebê e a primeira infância.

Alfabetização – a capacidade de escutar e falar e, por fim, de ler e escrever – tem seu início no envolvimento em uma grande variedade de experiências precoces e cotidianas. Alfabetizar-se é um processo que começa no contexto familiar. Bebês e crianças pequenas escutam as vozes ao seu redor e se envolvem em interações orais com seus cuidadores. Elas observam as expressões faciais das pessoas perto delas e olham para os objetos que lhes interessam detalhadamente. Elas gostam de rimas e canções e de escutar a língua falada com entonações marcadas. Quando começam a usar as palavras sozinhas, elas gradualmente percebem que essas palavras podem ser escritas e lidas para eles. Crianças pequenas desenvolvem uma consciência da linguagem oral e escrita de forma inter-relacionada e holística, e não passando por uma série de etapas. Esse processo contínuo de se alfabetizar é referido como **alfabetização emergente** e tem início no nascimento. Experiências e interações com outras pessoas constituem a base da comunicação e do desenvolvimento das habilidades relacionadas à alfabetização.

Tais *interações significativas* têm sido documentadas e estudadas pela professora Amy Wetherby, da Florida State University. O projeto dela, chamado *First Words Project,* examina como aparenta ocorrer a alfabetização precoce. Com o projeto, ela chegou à conclusão de que indicadores de habilidades de alfabetização precoces podem ser mapeados desde as primeiras interações entre bebês e seus cuidadores. Comportamentos primários compartilhados, como dividir atenção, sentimentos e intenções, mostraram-se significantes para o desenvolvimento da linguagem e, posteriormente, para a alfabetização. Bebês que se comunicavam por meio de um grande número de gestos e sons e que começaram a usar e entender as palavras mais cedo tornaram-se pré-escolares que demonstraram uma clara e estável emergência das habilidades de alfabetização. Crianças que gostavam de usar uma grande variedade de objetos em suas brincadeiras e que demonstraram conhecimentos a respeito de livros (por exemplo: como segurar um livro, como virar as páginas) quando pré-escolares demonstraram habilidades de pré-alfabetização, com as quais se divertiam (WETHERBY, 2003). Todas essas interações com bebês e crianças ocorreram em um ambiente respeitoso e positivamente reativo, com adultos que gostavam de compartilhar atividades relativas à linguagem e à alfabetização. As conversas eram cheias de significado e tinham objetivo e intenção. *Intencionalidade,* nesse contexto, significa que os cuidadores auxiliam nas experiências diárias que levam à aquisição de habilidades apropriadas ao desenvolvimento da alfabetização precoce. Um cuidador, por exemplo, pode intencionalmente oferecer a uma criança de 13 meses a oportunidade de apanhar e manipular, sem ajuda, pequenos objetos (desenvolvendo assim habilidades motoras essenciais para a escrita) e, depois, ele pode oferecer a essa criança alguns lápis de cor para brincar (proporcionando assim uma experiência direta com o desenho e a escrita). Dessa forma, o adulto está reconhecendo a relação entre essas experiências e *oferecendo-as* intencionalmente à criança, assim apoiando uma importante meta de desenvolvimento (PARLAKIAN, 2004).

Incentivar o desenvolvimento da alfabetização é um grande tema atualmente. Muitas pessoas estão bastante interessadas em se certificar de que todas as crianças saibam ler com certa eficácia, no máximo até chegarem à terceira série. Esse é um objetivo importante, mas *como fazemos isso* é essencial – especialmente quando estamos lidando com crianças pequenas. A alfabetização precoce, ou alfabetização emergente, é diferente de estar pronto para ler, o que tem mais a ver com ensinar formas e cores e usar instrumentos destinados à escrita. Novas abordagens envolvem certificar-se de que crianças pequenas contam com livros apropriados e experiências relevantes relacionadas a escutar, falar, ler e escrever.

Algumas pesquisas atuais focam especificamente o compartilhamento de livros ilustrados como uma forma de auxiliar as crianças na *observação* e *exploração* da linguagem escrita. Quando cuidadores e pais compartilham a leitura de livros ilustrados com crianças pequenas, eles estão mostrando a elas que a linguagem escrita e as ilustrações são usadas para comunicar significados. Comentários e perguntas de crianças dessa idade sobre livros de figuras proporcionam um contexto ideal para que a linguagem oral se desenvolva. E, à medida que a história é lida, as crianças começam a entender que as palavras podem ser escritas no papel. A leitura compartilhada desse tipo de livro envolve a linguagem *oral,* que está auxiliando a história *escrita*. Os resultados dessa pesquisa indicam que crianças que tiveram oportunidades frequentes de se envolver com o compartilhamento da leitura de livros ilustrados apresentaram, progressivamente, mais comportamentos de alfabetização emergente, verbais e não verbais (MAKIN, 2006). Esses comportamentos são definidos como olhar compartilhado (olhar figuras junto aos cuidadores); expressões faciais indicando o entendimento do conteúdo de um livro; tentativas de virar páginas e segurar o livro; memorização do conteúdo da história (conseguem prever o que acontecerá se já a ouviram antes); e participação ativa na nomeação de objetos e ações que ocorrem na história (OTTO, 2008).

As pesquisas sobre o compartilhamento da leitura de livros ilustrados apontam para a importância de proporcionar oportunidades às crianças pequenas de observarem e explorarem esse tipo de livro, sozinhas e na companhia de adultos. Contudo, isso também desperta novas questões. Devemos esperar que todos os bebês e crianças demonstrem essas habilidades de alfabetização emergentes? Não. Provavelmente, não. Novas pesquisas devem se somar a essas, e é necessário que elas foquem em grupos maiores de bebês e crianças, em contextos mais diversificados. Além disso, crianças pequenas variam seus interesses pelo compartilhamento de livros ilustrados; nem todas mostrarão o mesmo interesse pelos livros! Disponibilizar um tempo adequado para esse compartilhamento é importante – e mais pesquisas são necessárias para entender e incentivar comportamentos-chave ligados ao surgimento da alfabetização (OTTO, 2008).

Pesquisas recentes sobre a alfabetização emergente relembram pais e cuidadores do seguinte:

- Seja sensível às interações linguísticas e de alfabetização iniciadas pelas crianças e não apenas àquelas iniciadas pelos adultos.
- Compartilhar a leitura de livros ilustrados é importante para incentivar a alfabetização emergente.
- Mais pesquisas são necessárias com crianças de diversos contextos linguísticos e culturais, especialmente no que diz respeito às tentativas precoces de escrever das crianças.
- O contexto familiar (em que pais expressam *prazer* em ler e escrever) desempenha um papel importante ao oferecer atividades relacionadas à alfabetização emergente para bebês e crianças.
- Cuidadores de bebês ou de crianças bilíngues devem ser especialmente sensíveis para entrar em harmonia com as famílias, focando o desenvolvimento da linguagem oral e providenciando materiais de acordo com a língua e cultura maternas.

Lembre-se de que o desenvolvimento não pode ser apressado. Tente captar as dicas que as crianças muito pequenas oferecem. Ambientes superestimulantes e expectativas de adultos que excedem as capacidades do bebê ou criança são obstáculos no caminho do crescimento saudável. Em contextos confusos e sobrecarregados, as crianças ficam confusas e até mesmo deprimidas. A linguagem oral é fundamental para a alfabetização. Tendo isso em vista, trave diálogos frequentemente, em

Até mesmo os bebês podem desfrutar de livros.

1. Proporcione às crianças um ambiente sensorialmente rico, incluindo interações vocais e verbais, cantando, compartilhando a leitura de livros para bebês, decorando os arredores de forma alegre e colocando figuras simples na parede.

2. Proporcione um ambiente social enriquecedor, que ofereça oportunidades para que os bebês e as crianças interajam e observem uns aos outros.

3. Transforme o cenário periodicamente: mude os móveis de lugar, troque as figuras ou o tapete das áreas destinadas às brincadeiras.

4. Explore o ambiente acompanhado de uma criança pequena; olhe pela janela, mostre os reflexos no espelho, brinque com água na pia.

5. Leve bebês e crianças para passear ao ar livre. Converse a respeito do lugar para onde estão indo e sobre o que estão fazendo e nomeie os objetos observados durante o passeio.

6. Divirta-se com os bebês e as crianças quando eles iniciarem brincadeiras e expresse interesse e entusiasmo diante das novas conquistas deles.

7. Respeite as diferenças econômicas, linguísticas e socioculturais que existem entre as crianças e as famílias.

8. Lembre-se sempre de que cada criança é única quanto ao seu desenvolvimento da alfabetização (assim como ocorre em todas as outras áreas de crescimento).

9. Ofereça uma grande variedade de materiais que permitam que as crianças falem, escutem, desenhem e leiam.

10. Demonstre seu próprio interesse e curiosidade a respeito do mundo.

Figura 9.2 Diretrizes para incentivar a alfabetização de bebês e crianças.

particular, com crianças e bebês, e mantenha o contato olho no olho. Como já foi ressaltado, quando os balbucios passam a dar lugar às palavras, repita e elabore essas palavras novamente para a criança. Muitas das pesquisas sobre alfabetização que existem hoje focam a importância de as interações precoces serem positivamente reativas e interativas.

O Princípio 7: *Seja o modelo do comportamento que quer ensinar*, merece uma ênfase específica quando consideramos a alfabetização precoce. Permita que as crianças muito jovens o vejam envolvido com a linguagem. Deixe que eles o observem lendo e tendo prazer com os livros e usando anotações nas experiências do dia a dia (adicione um item na sua lista de compras, escreva lembretes para si mesmo). Mais algumas orientações para incentivar a alfabetização de bebês e crianças estão listadas na Figura 9.2. Enquanto lê as orientações, pense sobre como você está incentivando a alfabetização de crianças pequenas e em como você está assegurando que, no futuro, elas se divertirão com as próprias habilidades de alfabetização.

Diferenças culturais, bilinguismos e aprendizes de duas línguas

Todas essas diretrizes estão atreladas à cultura (assim como tudo neste livro). Pessoas de algumas culturas encaram as práticas linguísticas e o processo de socialização da linguagem de modo diferente do apresentado aqui. Elas podem ter objetivos diferentes para as crianças quanto à linguagem e à alfabetização. Elas também podem usar métodos diferentes para o início desse aprendizado. Você pode aprovar ou não a abordagem cultural da linguagem que alguns pais envolvidos em seu programa usam, mas é preciso respeitar as diferenças culturais e tentar entender como valores e abordagens diferentes dos seus podem particularmente adequar-se a uma cultura específica.

Um exemplo de diferença cultural relacionada à linguagem foi dado por Shirley Brice Heath, que descreve uma cultura na qual bebês participam de quase tudo que acontece, pois são carregados no colo para todos os lugares, porém raramente alguém fala com eles durante o primeiro ano de vida. Eles captam a linguagem porque ficam imersos nela, e não porque ela é dirigida a eles. Isso fica claro depois, quando eles começam a usar a linguagem. Eles têm uma visão holística de objetos contextualizados e têm dificuldades em falar sobre objetos fora de contexto – por exemplo, dificuldade em classificar atributos dos objetos contextualizados e compará-los com os atributos de outro fora de contexto. Quando se mostra a eles a figura de uma bola vermelha e depois a de uma bola azul e são feitas perguntas como "Qual bola é maior, a vermelha ou a azul?", as crianças dessa cultura têm dificuldades em classificar as características de cor e tamanho, ainda que em uma situação da vida real eles consigam determinar qual bola é maior e até mesmo jogá-la para longe, se forem solicitados a fazer isso. Em vez de ensiná-los os conceitos considerados importantes nas culturas dominantes canadense e norte-americana (como cor, forma e tamanho), essa cultura valoriza o uso criativo da linguagem, incluindo as metáforas. Tais crianças demonstram grande habilidade no jogo verbal criativo e no uso da imaginação (HEATH, 1983).

Padrão do programa
NAEYC 1
Relacionamento

Crianças em instituições de assistência infantil são influenciadas pela cultura de seus cuidadores. Crianças que crescem em duas culturas diferentes e incorporam ambas são chamadas de *biculturais*. Se essas culturas entram ou não em choque e fazem (ou não) com que a criança se sinta dividida, isso depende dos pais, do cuidador e das próprias culturas. Algumas crianças parecem se sentir presas no *meio* dessas duas culturas e experimentam muito sofrimento tentando se desprender. Uma criança pode ser bicultural e continuar uma falante de inglês, como acontece com muitas crianças nos EUA e em outras partes do mundo. Contudo, muitas pessoas biculturais falam mais de uma língua.

Bebês podem aprender duas línguas desde o dia em que nascem e, com o tempo, à medida que progridem na primeira infância, eles conseguem se tornar muito habilidosos em trocar de uma língua para a outra de acordo com quem falam e em que contexto. O **bilinguismo** é uma habilidade que deve ser valorizada e nutrida. A assistência infantil pode proporcionar excelentes oportunidades para que essa habilidade se desenvolva quando crianças que têm um *background* relacionado a uma determinada língua entram em contato com cuidadores falantes de outra língua. Tire vantagem de todas as oportunidades que tiver para ajudar uma criança a se tornar bilíngue (com a permissão dos pais, é claro). Você pode fazer isso falando com as crianças na sua própria língua (se a família delas falar uma língua diferente) ou em outra língua (se você for bilíngue).

Mantenha em mente a "conexão linguística". A conexão linguística é estabelecida sem alarde quando duas pessoas se encontram pela primeira vez. Quando as duas pessoas são monolíngues e falantes de inglês, por exemplo, não existe outra opção: a língua em que se comunicarão será o inglês, e elas nem pensarão sobre isso. Mas quando duas pessoas bilíngues se encontram, a situação é diferente. Existe a possibilidade de escolha, e uma vez que a escolha é feita, ambas se sentirão mais confortáveis ao se comunicarem na língua em que se dá a conexão linguística, ainda que as duas sejam perfeitamente capazes de falar uma segunda língua.

Quando um cuidador bilíngue conhece um bebê muito novo, a escolha da língua se dá de forma limitada, já que o bebê ainda não é de fato um membro da comunidade linguística. Se o bilinguismo for uma meta, estabelecer a conexão com base na língua-alvo desde o início é bastante simples.

Estabelecer essa conexão será um pouco mais difícil se a criança já estiver muito desenvolvida no uso de sua língua materna, devido à dificuldade de uma comunicação eficaz até que a criança de fato aprenda a segunda língua. A força do objetivo bilíngue e a extensão da capacidade da criança em se sentir segura e apta a conseguir que suas necessidades sejam atendidas devem determinar se é adequado ou não estabelecer a conexão linguística em outra língua (diferente da língua materna da criança) com o cuidador primário. Quando ambos, cuidador e criança, são habilidosos no uso da comunicação não verbal, a escolha não é tão difícil. Uma vez que a conexão linguística é estabelecida, existe uma motivação para aprender uma segunda língua, e não demora muito para que a comunicação verbal seja estabelecida. Contudo, é importante lembrar que, apesar de algumas crianças parecerem "pegar" fácil uma língua, a aquisição dessa língua não ocorre do dia pra noite. A comunicação é necessariamente fraca no início e, com frequência, durante um bom tempo depois. É muito difícil para alguns bebês e crianças já mais velhos quando eles são colocados em situações em que não conseguem entender o que está sendo dito a eles. Imagine como você se sentiria se fosse totalmente dependente de alguém que não fala a sua língua.

Quando o bilinguismo é uma meta consistente e a criança se dispõe a sofrer com a falta de comunicação inicial, é melhor contar com dois cuidadores para se relacionar com ela. Assim, um pode estabelecer uma relação na segunda língua enquanto outro está presente para se relacionar com a criança em sua língua materna. Dessa forma, a criança pode se tornar bilíngue em uma situação segura. Esse modo de assegurar o bilinguismo é uma prática comum em muitas famílias, em diferentes partes do mundo.

Tome cuidado para não pedir que pais bilíngues, ou falantes limitados de inglês, falem com as crianças nessa língua quando sua inclinação for outra. Se você fizer isso, estará desconsiderando a conexão linguística. E você pode também prejudicar a comunicação entre os pais e a criança. Magda Gerber, ela mesma bilíngue, disse que é natural que os pais falem com a criança na língua que eles falavam quando eram crianças. Mesmo pais que se tornaram proficientes em inglês podem achar que as palavras vêm mais facilmente na língua de sua infância. Tome cuidado para não prejudicar a habilidade dos pais em transmitir atenção e carinho aos filhos.

Preocupe-se com a qualidade da comunicação verbal no seu ambiente ou programa se o bilinguismo for uma meta. A não ser que você seja proficiente na língua que usa para se comunicar com a criança, a meta do bilinguismo pode atrapalhar a comunicação. Se a sua habilidade em se expressar na língua-meta é limitada, você deve ponderar a relação da comunicação e do desenvolvimento linguístico da criança com a meta do bilinguismo.

Como já foi mencionado, se houver mais de um adulto disponível e o bilinguismo for uma meta, a solução pode ser um adulto estabelecer conexões na língua materna da criança e outro em uma segunda língua. Sem alguém proficiente para se comunicar, a criança desperdiça o potencial. Com um falante proficiente e outro nem tanto, a criança pode obter alguns benefícios adicionais sem prejudicar o desenvolvimento de sua primeira língua. Esse exemplo mostra como o bilinguismo pode funcionar em uma instituição de assistência infantil.

> É quase noite, e uma mulher está fazendo *tortillas* no fogão. Uma criança de três anos a observa da mesa da cozinha. Ela diz que está com fome – em espanhol. A mulher sorri e responde em espanhol, ao mesmo tempo estendendo com a mão uma *tortilla* quentinha e recém-feita para a criança. Outra criança de três anos aparece na porta, pedindo por uma *tortilla* em inglês. Ela prepara outra *tortilla* para dar a essa criança e novamente responde em espanhol. Ambas as crianças estão agora na mesa mastigando e saboreando suas *tortillas*.
>
> Um homem entra na cozinha. "Hmmm, que cheiro bom", ele comenta.
>
> "Sim", responde a mulher. "Adivinhe o que é?"
>
> "*Tortilla*. É uma delícia.", diz a primeira criança, levantando a sua para mostrar ao homem.
>
> "Quer um pedaço?", pergunta a segunda criança.
>
> "Aqui tem uma pra você", diz a mulher, alcançando ao homem uma *tortilla* fresquinha e quente.

Todos mastigam e saboreiam as *tortillas,* satisfeitos. Então o homem diz "E a vovó? Vá até lá e pergunte se ela quer uma *tortilla*."

A primeira criança corre pela sala, chamando a avó: *"Abuelita, Abuelita, quieres tortilla?"*

Essa criança, que tem apenas três anos, está tentando aprender duas línguas e, mais do que isso, está aprendendo a usá-las. A outra criança está sendo exposta a uma segunda língua e desenvolvendo suas habilidades de linguagem receptiva. Dependendo das circunstâncias, ela pode começar a usar essa segunda língua um dia. Enquanto isso, o menino está em uma situação na qual é capaz de entender e usar a própria língua ao mesmo tempo em que aprende outra.

Reflita
Por que o bilinguismo e a educação bilíngue são temas tão importantes hoje? Quais as implicações disso em programas para bebês e crianças?

A habilidade de usar a língua apropriada para cada situação não é restrita apenas a crianças que usam duas línguas. Todos os falantes aprendem muito cedo a distinguir estilos linguísticos. Escute com atenção o jeito como duas crianças de três anos falam entre elas e o jeito que falam com adultos. Preste atenção, por exemplo, no modo como as crianças "brincam de casinha". Aquela que está desempenhando o papel da mãe fala do mesmo jeito que percebe as conversas adultas; a que está fazendo o papel de bebê fala de um jeito diferente. Fica claro que as crianças aprenderam que existe um jeito de falar com seus coleguinhas e outro jeito para falar com adultos. Crianças também fazem distinções entre os adultos com quem falam. O jeito como falam com a mãe é diferente do jeito que falam com o pai, com o cuidador ou com um estranho na rua.

A língua está atrelada à cultura e influencia nossa vida de modo imensurável. Bebês e crianças aprendem a língua em contextos naturais quando alguém fala com eles, reage ao que eles dizem e presta atenção em sua fala. A língua influencia o modo como eles percebem o mundo, organizam suas experiências e se comunicam com outras pessoas.

Crianças com necessidades especiais: apoiando pais e famílias

A importância de se comunicar efetivamente com pais e famílias foi mencionada várias vezes neste capítulo, com relação ao desenvolvimento linguístico e aos aprendizes de duas línguas. Ao longo deste livro, a relação entre cuidadores e família tem recebido atenção especial. Sabemos que a família é o recurso mais importante com o qual as crianças podem contar, e aproveitar os pontos fortes de cada família apoia o desenvolvimento e o aprendizado da criança pequena. Isso é particularmente relevante quando se trabalha com crianças com necessidades especiais e suas famílias.

O nascimento de uma criança é um evento excitante, maravilhoso e que muda a vida das pessoas. Pais e membros familiares quase sempre têm grandes e ótimas expectativas para esse novo ser humano e alimentam sonhos quanto ao futuro dele. E o que acontece se essa criança tem uma deficiência? Quem pode responder às inúmeras questões sobre o cuidado dessa criança e ajudar a encontrar os recursos necessários para obter assistência e informação? Todas as expectativas podem ser rapidamente substituídas por medo, negação, culpa e raiva.

Pode ser útil para cuidadores e professores que trabalham com famílias que têm filhos com necessidades especiais manter alguns princípios básicos em mente antes de tentar oferecer estratégias de apoio específicas. A família é a influência mais importante no desenvolvimento e no aprendizado de uma criança pequena, e as abordagens de intervenção precoce reconhecem esse papel. Parcerias efetivas com as famílias se desenvolvem com o tempo e são baseadas na confiança mútua; cada família conta com pontos fortes específicos e deve ser encarada como um participante ativo na tomada de decisões e nos planos feitos para seus filhos. Esse foi o ponto mais importante ressaltado no Capítulo 6, no que diz respeito ao desenvolvimento do plano de serviço familiar individualizado. A cultura, a língua materna e as diferenças entre as famílias precisam ser respeitadas; serviços de intervenção precisam ser individualizados, flexíveis e positivamente reativos. As atividades familiares devem ser apoiadas e estimuladas; momentos em que se pode ensinar algo às crianças, especialmente quando se trata de crianças com necessidades especiais, ocorrem nas rotinas diárias e numa grande variedade de contextos. A coordenação e a cooperação entre instituições, cuidadores e famílias geram serviços de intervenção abrangentes, de fácil acesso e com custo-benefício adequado.[1]

No Capítulo 14, "Relações entre adultos em instituições de assistência infantil e programas educacionais", a Figura 14.1 resume os pontos-chave do Parent Services Project – PSP (Projeto de Serviços para Pais). No foco dessa organização está a ideia de que promover o bem-estar de pais e famílias é uma forma de promover uma assistência e um desenvolvimento positivos para seus filhos. Os princípios inclusos no PSP e nos serviços de intervenção precoce se sobrepõem e se auxiliam mutuamente.

Bebês muito jovens (do nascimento aos 8 meses): bebês muito jovens se comunicam incialmente para terem suas necessidades atendidas e depois para expandir a comunicação a fim de incluir trocas prazerosas e aprender os ritmos de interação de seus cuidadores. Sinais de alerta relacionados aos bebês muito jovens são os seguintes:

- Uma falta de interesse, em geral, pelo contato social (os bebês evitam o contato visual e mantêm o corpo muito rígido).
- Falta de reatividade à voz humana e a outros sons.

Bebês que se movem (6 aos 18 meses): bebês que se movem fazem prazerosamente experimentos com a linguagem e se comunicam com propósitos em mente. Nesse estágio, os bebês com frequência pronunciam suas primeiras palavras. Bebês que se movem praticam as palavras recém-adquiridas repetindo-as várias vezes e as usam sempre que podem. Sinais de alerta relacionados a bebês que se movem incluem os seguintes:

- Entre 8 e 9 meses, a criança para de balbuciar (bebês mudos balbuciam quando são muito pequenos e depois param)
- A criança não demonstra interesse em interagir com objetos e cuidadores em ambientes conhecidos.
- Entre 9 e 10 meses, a criança não se vira para seguir a direção de objetos apontados.
- Entre 11 e 12 meses, a criança não oferece, mostra ou aponta objetos.
- Entre 11 e 12 meses, a criança não joga jogos como procurar o adulto quando este se esconde atrás de um objeto.

Bebês mais velhos (16 aos 36 meses): há uma típica explosão da linguagem no início desse estágio. O número de palavras que as crianças conhecem aumenta rapidamente, e elas começam a usar uma gramática simples. Avisos de alerta relacionados a essa fase incluem os seguintes:
Aos 24 meses, a criança
- Usa 25 palavras ou menos

Aos 36 meses, a criança
- Tem um vocabulário limitado
- Usa apenas frases curtas e simples
- Comete muito mais erros gramaticais do que a maioria das crianças de sua idade
- Tem dificuldade em falar sobre o futuro
- Não entende a maioria das perguntas
- Não é compreendida pela maioria das pessoas
- Demonstra poucas formas de interação social em relação a outras crianças da mesma idade
- Tem dificuldade em conduzir uma conversa

Figura 9.3 Etapas da comunicação e sinais de alerta para transtornos comunicativos.
Fonte: Adaptada de Lally (2002).

CAMINHOS DO DESENVOLVIMENTO
Comportamentos que demonstram o desenvolvimento da linguagem

Bebês muito jovens (até 8 meses)	• Usa comunicação com a voz e sem a voz para expressar interesse e exercer sua influência (chora para demonstrar angústia, ri para iniciar um contato social) • Balbucia usando todos os tipos de sons • Combina balbucios: entende nomes de pessoas e objetos familiares • Presta atenção nas conversas
Bebês que se movem (até 18 meses)	• Cria frases balbuciadas e longas • Olha livros ilustrados com interesse, aponta objetos • Começa a usar *mim, você* e *eu* • Balança a cabeça pra dizer não, ponuncia duas ou três palavras claramente • Demonstra atenção intensa na conversa de adultos
Crianças pequenas (até 3 anos)	• Combina palavras • Presta atenção em histórias contadas, por um curto período • Tem um vocabulário de até 200 palavras • Desenvolve a fantasia por meio da linguagem, começa a brincar de faz de conta • Usa *amanhã* e *ontem*

Fonte: Copple e Bredekamp (2009).

Diferentes caminhos de desenvolvimento

O que você vê	Jai sempre deixa todos saberem quando ele chegou! Ele corre pela sala, enquanto a mãe guarda suas coisas no armarinho e, imediatamente, começa a gritar se dirigindo às crianças ao redor. A linguagem dele é clara e quase sempre *dirigida a algum tipo de comando* ("Pegue o carrinho", "Venha aqui agora"). Ele gosta de brincadeiras vigorosas, porém precisa sempre estar no comando, ao que parece. Ele rapidamente demonstra frustração se *não é* o líder. Ele ainda expressa a maioria de seus sentimentos por meio de ações (batendo e agarrando), e não com palavras.
O que você pode pensar	Jai é um garotinho agressivo. Ele não dispõe de muita linguagem para expressar seus sentimentos. Ele está começando a se tornar um *problema*!
O que talvez você não saiba	Jai é o mais novo de três irmãos. Os dois meninos mais velhos mandam muito nele e frequentemente o provocam. Eles gostam muito de ver TV e incluem Jai em algumas de suas brincadeiras baseadas na televisão, com frequência envolvendo imitação de lutas (o que às vezes sai de controle).

CAMINHOS DO DESENVOLVIMENTO

Comportamentos que demonstram o
desenvolvimento da linguagem

O que você pode fazer	Dê a Jai um pouco de espaço quando ele chegar; deixe que ele extravase suas aparentes frustrações. Oferecer um pouco de água para que ele brinque na areia, antes de configurar qualquer brincadeira mais específica, pode ser uma boa ideia. Deixe-o saber que está seguro com você e que você o ajudará (usando palavras) a conseguir o que ele deseja – e que ele não precisa ser sempre o líder para que isso aconteça. Estimule os amiguinhos dele a usar palavras também, especialmente se você notar que eles não querem seguir as *ordens* de Jai. Você observou que, às vezes, durante a tarde, ele gosta de ouvir historinhas e presta atenção. Aproveite ao máximo esse interesse oferecendo livros que tratem de seus sentimentos e preferências (carros!). Talvez você possa deixar que ele leve alguns desses livros para casa para ler com a mãe. Pergunte a ela se as crianças assistem a muita TV em casa e esteja pronto para oferecer alternativas.
O que você vê	Hema é uma garotinha muito calma. O inglês é a sua segunda língua. Quando ela chega com a mãe, é só a mãe que fala. Ela diz que a filha fala muito em casa e acha que agora a menina já deveria estar lendo livros (Hema não tem nem três anos). Hema com frequência brinca sozinha na área onde ficam as bonecas e na área do livros (que é silenciosa). Ela não evita as outras crianças, mas também não inicia o contato.
O que você pode pensar	Os pais de Hema exigem muito dela. Eles estão deixando-a muito estressada e isso a leva a não fazer questão de interagir socialmente com outras crianças.
O que talvez você não saiba	Na cultura de Hema, a criança é considerada um presente muito especial para a família. Eles fazem tudo para ela, e sobram poucas oportunidades para que ela expresse suas necessidades. Conversas com outras crianças não são valorizadas, mas o rendimento escolar e acadêmico são considerados muito importantes. Os pais de Hema supõem que ela terá muito sucesso na escola.
O que você pode saber	Tente conhecer mais os pais de Hema e saber o que eles apreciam e valorizam. Deixe que eles a observem interagindo e conversando com as outras crianças. Estimule Hema a usar as palavras que ela conhece e gradualmente envolva outras crianças nas brincadeiras dela (talvez uma por vez). Deixe que a família saiba que você valoriza a alfabetização também, mas compartilhe mais informações com eles sobre as qualidades *emergentes* da alfabetização.

Algumas ideias específicas com relação a apoiar às famílias foram compartilhadas no Capítulo 6, no contexto do desenvolvimento do IFSP. As estratégias de apoio da Figura 9.3 têm mais a ver com ajudar as famílias quanto ao impacto *emocional* da assistência a crianças com necessidades especiais. O sofrimento é em geral visto como uma reação comum das famílias ao diagnóstico de que seus filhos têm uma deficiência. Depois, talvez venham a culpa e a raiva, e a aceitação do diagnóstico pode demorar anos apara acontecer. Contudo, nem todas as famílias reagem com sofrimento; elas podem se tornar "especialistas" na condição da criança ou tentar "normalizá--las" e subestimar o diagnóstico. Cuidado para não ser condescendente ou "lamentar" por essas famílias. Muitos pais podem não entender a dimensão do impacto da deficiência em seus filhos e ajudá--los a encontrar recursos de apoio é essencial. (Veja o Capítulo 7 para retomar as informações sobre serviços especiais.)

As famílias podem se sentir fortalecidas por informações concretas. Cuidadores podem providenciar uma observação detalhada e documentada para que os pais possam "ver" o progresso dos filhos. Respeitar a privacidade da família ao compartilhar informações; arranje um momento e um espaço privado "apenas para conversar". Também é importante que pais, cuidadores e professores lembrem--se de que apesar de serem membros essenciais do time de intervenção precoce, eles não são terapeutas.

Retome a Figura 9.3, "Etapas de comunicação e sinais de alerta para transtornos de comunicação" e veja o quadro "Caminhos de desenvolvimento" já apresentado. Como os cuidadores e professores podem compartilhar tais informações com os pais para aumentar os conhecimentos deles sobre isso e estimular o entendimento mútuo?

No Capítulo 14, "Relações entre adultos em instituições de assistência infantil e programas educacionais", você vai encontrar muitas orientações valiosas e que se relacionam entre si, todas ligadas a esse tema do apoio a pais e famílias de crianças com necessidades especiais. O último parágrafo do capítulo, com o subtítulo "Respeito como chave das relações adultas", resume 10 princípios que estão implícitos ao longo do livro. Eles são bons lembretes de princípios importantes também relacionados à educação especial na primeira infância e são o fundamento de sistemas de serviço de qualidade direcionados a crianças com necessidades especiais e suas famílias.

Reflita
Imagine que você tem uma criança que sofre de um transtorno de comunicação em seu programa. O que você precisa levar em conta?
Liste algumas atividades apropriadas ao desenvolvimento da linguagem.

RESUMO

A linguagem é um sistema de símbolos com significados generalizados.

Recursos on-line
Acesse nosso Centro de Aprendizado *On-line* em www.mhhe.com/itc9e, clique em *Student Edition* e selecione *Chapter 9* para acessar o guia do estudante, que inclui uma revisão do capítulo, *links* relacionados, testes práticos, exercícios interativos e referências do capítulo.

A progressão do desenvolvimento da linguagem

- A interação social é essencial para *o que* acontece e *quando* acontece, no que diz respeito ao desenvolvimento da linguagem.
- As interações, a oportunidade de imitar e o amadurecimento das capacidades inatas se combinam para que o desenvolvimento da linguagem avance.

- *A linguagem receptiva* (do nascimento até um ano de idade) é a época em que os bebês *absorvem*, organizam e compreendem a experiência.
- *A linguagem expressiva* (final do primeiro ano até o surgimento das primeiras palavras) é a época em que as crianças pequenas refinam e *transmitem* mais sons e palavras especializadas.

O que a linguagem possibilita para as crianças: o link cognitivo

- Por meio da linguagem, a criança pode nomear experiências, indicar noções de

permanência dos objetos e adentrar em um domínio *simbólico*.
- Juntas, cognição e linguagem fomentam a capacidade racional e o desenvolvimento da capacidade de organizar experiências e expandir habilidades de adaptação e de lidar com as situações.

O cérebro e o desenvolvimento precoce da linguagem

- O desenvolvimento da linguagem depende de conexões neurais precoces (sinapses), que se tornam percursos mais permanentes à medida que os sons que a criança ouve com frequência vão sendo "mapeados" no cérebro.
- Dois eventos essenciais ao desenvolvimento do cérebro (e ao desenvolvimento da linguagem) ocorrem durante os primeiros dois anos de vida – a mielinização e o apego.

Incentivando o desenvolvimento da linguagem

- Orientações para auxiliar no desenvolvimento linguístico se baseiam em interações *com* as crianças e não *para* as crianças.
- Experiências interessantes e relevantes oferecem às crianças pequenas uma grande variedade de coisas para elas prestarem atenção e falarem a respeito.

Alfabetização precoce

- Crianças pequenas aprendem habilidades de alfabetização precoce de forma bastante semelhante ao modo como adquirem habilidades relativas à linguagem – todas as áreas do desenvolvimento funcionam juntas em um contexto rico em significados e guiado por relações de apego.
- Orientações relativas à alfabetização precoce giram em torno de experiências sensorialmente ricas nas quais as crianças observam adultos envolvidos com o uso e o compartilhamento da linguagem; por exemplo, por meio da leitura e anotações diárias.

Diferenças culturais e bilinguismo

- O bilinguismo se dá quando a criança é exposta a duas línguas e as aprende; isso pode ter início desde o nascimento, mas não obrigatoriamente.
- Estabelecer uma "conexão linguística" requer sensibilidade, compreensão e respeito; comunicação verbal de *qualidade* é o objetivo.

Crianças com necessidades especiais: apoiando pais e famílias

- O ponto principal no que diz respeito a auxiliar os pais é reconhecer que a família é o recurso mais importante com o qual uma criança pode contar; aproveitar os pontos fortes da família auxilia diretamente no desenvolvimento e no aprendizado de crianças com necessidades especiais.
- Cada família passa pelo impacto emocional de cuidar de crianças com deficiências de maneira única; leve o tempo necessário para aprender sobre isso – a documentação dos progressos da criança, o acesso a recursos e a privacidade para "apenas conversar" são as formas mais adequadas para tal.

EXPRESSÕES-CHAVE

alfabetização 190	autorregulação 186	linguagem 182	linguagem receptiva 184
alfabetização emergente 191	bilinguismo 194	linguagem expressiva 184	mapeamento rápido 185
	interação social 182		neuroplasticidade 187

QUESTÕES PARA REFLEXÃO/ATIVIDADES

1. Revise a Tabela 9.1 (na página 183). Um pai ou mãe pergunta a você sobre o desenvolvimento linguístico de uma criança de oito meses. Como as informações dessa tabela podem ajudar? Como elas podem ser usadas inadequadamente?
2. Visite uma biblioteca e dê uma olhada na parte dos livros infantis. Selecione ao menos cinco livros que você considere adequados para crianças pequenas. Justifique suas escolhas.
3. Observe uma criança com menos de três anos. Que comportamentos linguísticos você vê? Que comportamentos você observa que evidenciam a alfabetização precoce? O que a linguagem possibilita para essa criança?
4. Compare as diretrizes para o desenvolvimento da linguagem (Figura 9.1, página 189) com as diretrizes para o desenvolvimento da alfabetização (Figura 9.2, página 193). Quais semelhanças e diferenças você observa? De que forma essas duas áreas do desenvolvimento estão ligadas?
5. Imagine que você tem em seu programa uma criança que fala outra língua. O que você faria para se comunicar com essa criança e facilitar as interações dela com outras crianças?
6. Que tipo de apoio você tentaria providenciar para pais e famílias de crianças com necessidades especiais? Quais considerações você gostaria de ter em mente?

REFERÊNCIAS

AMERICAN SPEECH-LANGUAGE-HEARING ASSOCIATION. *How does your child hear and talk?* Rockville Pike: [s.n.], 1988.

BEGLEY, S. How to build a baby's brain. *Newsweek*, p. 28-32, spring/summer 1997.

COOPLE, C.; BREDEKAMP, S. (Ed.). *Developmentally appropriate practice in early childhood programs*. 3th ed. Washington: National for the Education of Young Children, 2009.

HEATH, S. B. *Ways with words*: language, life, and work in communities and classrooms. New York: Cambridge University Press, 1983.

LALLY, J. R. *Early messages*. [S.l.]: Child Care Video Magazine; Far West Laboratory for Educational Research and Development and California, 2002

MAKIN, L. Literacy 8-12 months: what are babies learning? *Early Years*: Journal of International Research and Development, v. 26, n. 3, p. 267-277, oct. 2006.

MILLS, D. L.; COFFEY-CORNIA, S. A.; NEVILLE, H. J. Variability in cerebral organization during primary language acquisition. In: DAVIDSON, G.; FISCHER, K. W. (Ed.). *Human behavior and the developing brain*. New York: Guilford Press, 1994. p. 427-455.

OTTO, B. *Literacy development in early childhood*: reflective teaching for birth to age eight. Columbus: Pearson; Merrill, 2008.

PARLAKIAN, R. Early literacy and very young children. *Zero to Three*, p. 37-44, sept. 2004.

RESTAK, R. *The naked brain*. New York: Three Rivers Press; Random House, 2006.

VYGOTSKY, L. Play and its role in the mental development of the child. In: BRUNER, J.; JOLLY, A.; SYLVIA, K. (Ed.). *Play*: its role in development and Evolution. New York: Basic Books, 1976.

WETHERBY, A. First words project: an update, Florida State University. *Proceedings of the NAEYC*, 2003.

WOODWARD, A. L.; MARKMAN, E. M. Early word learning. In: DAMON, W. (Ed.). *Handbook of child psychology*: v. 2. : cognition, perception and language. 5th ed. New York: Wiley, 1998. p. 371-420.

LEITURAS COMPLEMENTARES

AT RISK AND SPECIAL NEEDS INTEREST FORUM. Talking to families of infants and toddlers about developmental delays. *Young Children*, v. 65, n. 1, p. 44-46, jan. 2010.

BAGHBAN, M. Scribbles, labels, and stories: the role of drawing in the development of writing. *Young Children*, v. 62, n. 1, p. 20-26, jan. 2007.

BENNETT-ARMISTEAD, V. S.; DUKE, N. K.; MOSES, A. M. *Literacy and the youngest learner*: best practices for educators of children birth to 5. New York: Scholastic, 2006.

BIRKMAYER, J.; KENNEDY, A.; STONEHOUSE, A. Using stories effectively with infants and toddlers. *Young Children*, v. 64, n. 1, p. 42-47, jan. 2009.

GERBER, M. Babies understanding words. *Educaring*, v. 3, n. 4, p. 5-6, 1982.

GONZALEZ-MENA, J. Caregiving routines and literacy. In: ROSENKOETTER, S. E.; KNAPP-PHILO, J. (Ed.). *Learning to read the world*: language and literacy in the first three years. Washington, DC: Zero to Three, 2006. p. 248-261.

MCNAIR, J. Say my name! say my name!: using children's names to enhance early literacy. *Young Children*, v. 62, n. 5, p. 84–89, sept. 2007.

MCVICKER, C. Young readers respond: the importance of child participation in emerging literacy. *Young Children*, v. 62, n. 3, p. 18-22, may 2007.

ORDOÑEZ-JASIS, R.; ORTIZ, R. W. *Reading their worlds*: working with diverse families to enhance children's early literacy development: spotlight on young children and families. Washington: National Association for the Education of Young Children, 2007.

PATE, M. Language and social development in a multilingual classroom: a dinosaur project enriched with Block Play. *Young Children*, v. 64, n. 4, p. 12-19, jul. 2009.

PRIETO, H. V. One language, two languages, three languages... more? *Young Children*, v. 64, n. 1, p. 52-53, jan. 2009.

RAY, J. A.; PEWITT-KINDER, J.; GEORGE, S. Partnering with families of children with special needs. *Young Children*, v. 64, n. 5, p. 16-22, sept. 2009.

ROBERTS, S. K.; CRAWFORD, P. A. Literature to help children cope with family stressors. *Young Children*, v. 63, n. 5, p. 12-17, sept. 2008.

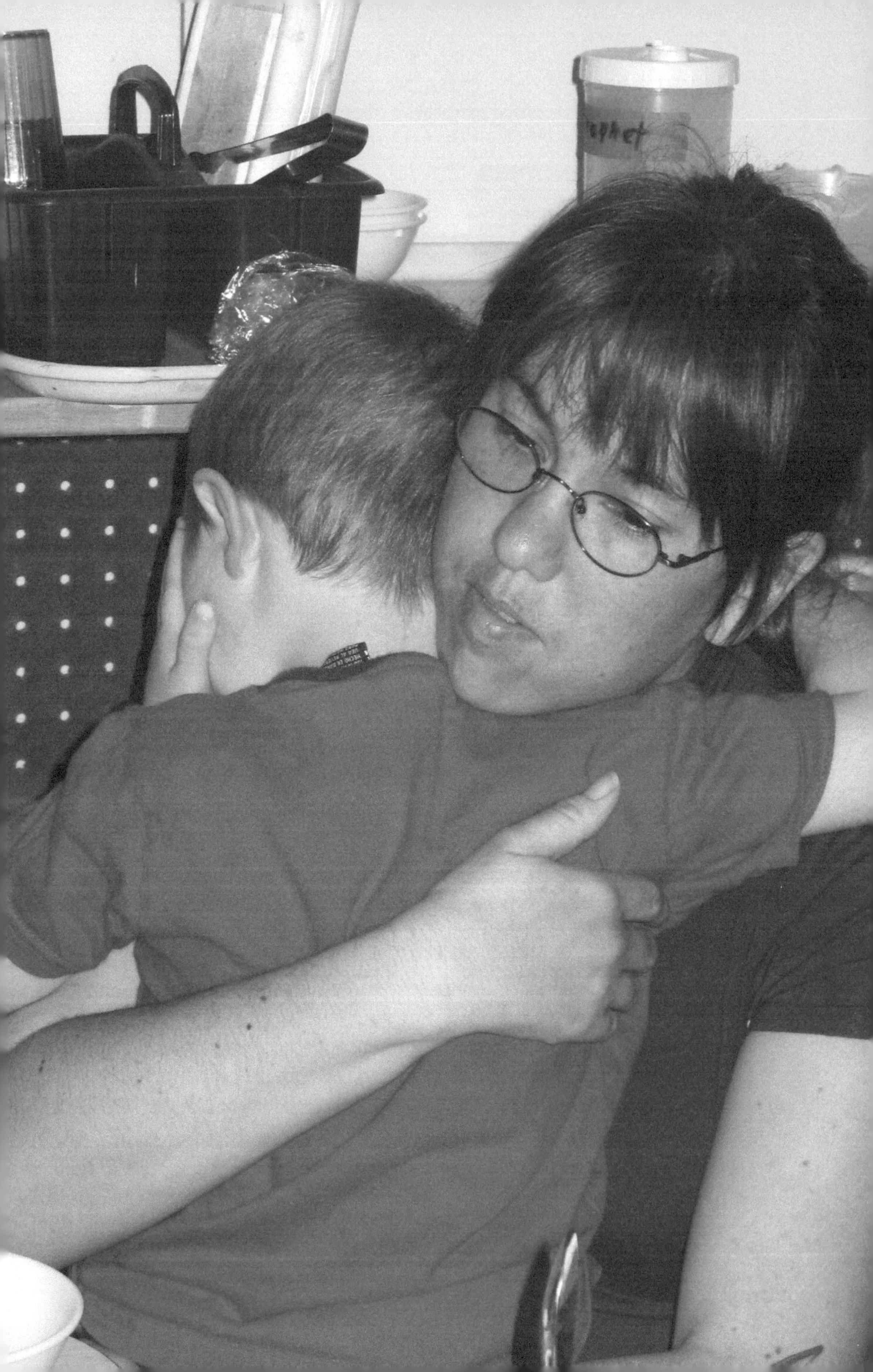

Capítulo 10

Emoções

Questões em foco

Depois de ler este capítulo, você deve estar apto a responder às seguintes perguntas:

1 Descreva como se dá o desenvolvimento emocional de crianças muito pequenas. Como ele muda na passagem do primeiro ano (época de bebê) até o segundo ano (primeira infância)?

2 Como você definiria *temperamento* e *resiliência*? Como os estudos sobre esses dois conceitos de desenvolvimento podem ser úteis aos cuidadores de crianças muito pequenas?

3 Compare o medo e a raiva em crianças pequenas. Quais estratégias e cuidados os adultos podem usar com as crianças pequenas para ajudá-las a lidar com emoções tão fortes?

4 Como os adultos podem apoiar a criança no desenvolvimento do senso de direção e de autorregulação?

5 Descreva cinco desafios enfrentados na área de intervenção no início da infância. Quais desafios são semelhantes aos enfrentados na educação de bebês e crianças, em geral?

O que você vê?

A cena se passa em uma instituição de assistência familiar. Sofia, uma menina de dois anos, está retirando brinquedos de uma prateleira baixa e colocando-os em uma caixa de papelão. Ela abandona um pouco essa atividade para olhar pela janela, enquanto passa a língua no vidro frio. Depois cambaleia até as proximidades de um bebê de três meses, que está deitado em cima de um cobertor, ao lado de um cuidador. De forma muito brusca, ela toca a cabeça do bebê. O cuidador retira a mão dela da cabeça do bebê e toca ele mesmo a cabeça de Sofia, dizendo "Com delicadeza, Sofia. Delicadeza. Você pode tocar, mas tem que ser delicadamente". O movimento brusco de Sofia se transforma em um gesto elaborado, e ela toca o bebê exatamente da mesma maneira como foi tocada. Mas, depois, ela fica mais enérgica, e o toque fica forte demais, mais ou menos como um tapa. O cuidador retira a mão dela da cabeça do bebê e repete "Com gentileza, com gentileza", ao mesmo tempo em que toca a cabeça de Sofia com uma mão e a segura com a outra. Mas, dessa vez, a reação é diferente e Sofia ergue a mão para bater no bebê; existe uma expressão determinada em seu rosto. O cuidador a impede, agarrando a mão dela com firmeza. Frustrada em sua tentativa, Sofia se vira para o adulto, com os olhos em chamas, e começa a se debater. Ao mesmo tempo, ela começa e emitir sons de protesto. A cena acaba com uma garotinha brava sendo afastada das proximidades de um bebê indefeso. A última coisa que você escuta é a voz calma do cuidador dizendo "Eu sei que você está brava, Sofia, mas não posso deixar que machuque Trung".

Com o tempo, Sofia aprenderá a lidar com suas emoções, e os adultos de sua vida a estão ajudando nisso, ao aceitar seus sentimentos mais intensos e respeitar o direito dela de senti-los. E, é claro, eles também *não* estão permitindo que ela machuque outras pessoas ou a si mesma. Ela aprenderá que sentimentos intensos podem ser expressos de forma socialmente aceitável e que desenvolver habilidades para lidar com eles irá ajudá-la a conviver com frustrações diárias reais.

As emoções estão ligadas ao desenvolvimento precoce da criança. O que são e da onde vêm pode ser de especial interesse para pais e cuidadores. A palavra **emoção** é originária de uma expressão latina que significa ir embora, não incomodar ou excitar alguém. As emoções são reações afetivas a um evento, e elas já estão no indivíduo, embora possam ser provocadas por um evento externo. A palavra **sentimento** refere-se à sensação física ou à consciência de um estado emocional. Ele também envolve a capacidade de reagir a um estado emocional.

O ponto é: emoções e sentimentos são reais. Eles podem ser instigados por algo externo (por exemplo, por outra pessoa), mas os sentimentos em si pertencem à pessoa que os experimenta. Você nunca deve menosprezar os sentimentos dos outros. Uma criança pequena pode se sentir estressada por algo que você considere uma bobagem. Mas o sentimento dela, assim como o seu, é real e deve ser reconhecido e aceito. Partindo desse fundamento da aceitação, as crianças pequenas podem aprender a valorizar seus próprios sentimentos e emoções, podem aprender a acalmar a si mesmas e a agir de formas socialmente aceitáveis. Quando pais e cuidadores ajudam os bebês e as crianças a reconhecerem seus próprios sentimentos e a lidarem com eles, estão contribuindo para o senso interno delas de autodirecionamento e competência.

Este capítulo foca no desenvolvimento emocional e em como os sentimentos de crianças muito pequenas mudam com o tempo. Ele trata de fatores que influenciam esse desenvolvimento, da importância da observação do comportamento individual e de como se pode influenciar a resiliência*. Uma atenção particular é dada ao auxílio de bebês e crianças (como no caso de Sofia, na cena de abertura) quando estão lidando com o medo e a raiva. Isso abrange o fato de as emoções fortes (relacionadas ao estresse) possivelmente afetarem a neuroquímica do cérebro. Também são destacados alguns desafios enfrentados na área de intervenção precoce e como esses desafios podem ser semelhantes àqueles presentes nos programas de educação e assistência a crianças pequenas.

O desenvolvimento das emoções e dos sentimentos

Sentimentos e emoções se desenvolvem e se transformam com o tempo. As emoções dos recém-nascidos estão relacionadas às sensações e experiências imediatas. As reações emocionais dos recém-nascidos não são muito bem definidas, mas em geral parecem reações provocativas ou de tentativas de se acalmar. O refinamento das reações depende do desenvolvimento que já começa a ocorrer logo após o nascimento. A memória e a capacidade de entender e antecipar eventos são exemplos de como a expressão emocional evolui por meio do desenvolvimento cognitivo, que acontece gradualmente durante os primeiros dois anos.

Defensores de partos mais delicados, tal como Frederick Leboyer, obstetra francês, compartilham a convicção de que os bebês têm emoções desde os primeiros momentos de vida. Até que Leboyer divulgasse suas técnicas de partos delicados, acreditava-se amplamente que os bebês não sentiam muita coisa ao nascer. Se tinham sensações, a possibilidade de isso envolver reações emocionais era descartada. Mas as pesquisas atuais mostram que bebês já usam seus sentidos no momento em que nascem. Consequentemente, pesquisadores e cuidadores estão questionando os aspectos emocionais do que os bebês sentem. Apesar de os bebês não poderem falar sobre a experiência emocional pela qual passam durante o nascimento, as reações físicas deles podem ser

---
*N. de R. T.: Ver significado dos termos resiliência e resiliente no Glossário.

Esse bebê enxerga alguém novo e não sabe muito bem como reagir. Olhar para o rosto do cuidadores certamente lhe trará segurança. Essa segurança vem da "referência social".
Fonte: cortesia de Frank Gonzalez-Mena.

observadas. Existem evidências de que eles reagem com tensão a estímulos muito bruscos. Antigamente se acreditava que o grito de pânico do nascimento e os punhos fortemente cerrados eram uma coisa normal, e até mesmo necessária. Agora que Leboyer e outros autores demonstraram o que acontece quando você reduz esses estímulos bruscos, como luzes muito claras, sons barulhentos e mudanças abruptas de temperatura, nós sabemos que um recém-nascido pode ficar relaxado e tranquilo. Alguns bebês que nasceram de acordo com os métodos de Leboyer até mesmo sorriram logo depois do parto (LEBOYER, 1978).

Nas primeiras semanas de vida, as reações emocionais dos bebês não são muito refinadas. Ou os bebês estão excitados ou não estão. Eles podem chorar com muita intensidade, mas é difícil rotular o que estão sentindo. Contudo, à medida que amadurecem, os estados de excitação começam a se diferenciar em emoções parecidas com as de adultos, que nos são conhecidas, como prazer, medo e raiva. No segundo ano de vida da criança, você já consegue enxergar variações mais refinadas dessas emoções básicas. Crianças pequenas expressam orgulho, constrangimento, vergonha e empatia.

As pesquisas indicam que, no primeiro ano de vida, os bebês já conseguem *ligar* informações, como as expressões emocionais de outra pessoa com os sinais do ambiente. Um bebê de 12 meses, por exemplo, quando diante de um evento potencialmente amedrontador – um estranho ou uma situação nova – pode olhar primeiro para o rosto do cuidador, para verificar a expressão emocional do adulto. Se a aparência do cuidador for de satisfação ou conforto, são maiores as chances de a criança se acalmar e aceitar a situação. O oposto também vale – se o cuidador parece preocupado, a criança reage com preocupação. A "conferida" no domínio emocional pode ser chamada de **referenciamento social** (THOMPSON; GOODVIN, 2005). (Veja a Observação em Vídeo 5, Criança "conferindo" enquanto brinca com cadeiras, na página 101.). Os bebês usam as emoções de outros para guiar suas próprias emoções. Eles podem usar essas informações e experiências para começar a se acalmar. As técnicas de autorrelaxamento serão discutidas posteriormente neste capítulo.

Algumas vezes, as pessoas querem dividir os sentimentos em duas categorias: bons e maus. Contudo, todos os sentimentos são bons: eles carregam energia, têm propósito e transmitem mensagens importantes para o nosso senso de autodirecionamento. Uma maneira melhor de dividi-los é entre sentimentos "sim!" e sentimentos "não!". Alguns exemplos de sentimentos "sim!" incluem alegria, prazer, satisfação, contentamento, êxtase e poder. Bebês e crianças devem experimentar muitos desses tipos de sentimentos. "Poder" talvez seja um sentimento que você não espera encontrar na lista de sentimentos "sim!" de bebês e crianças, mas ele é essencial para crianças muito pequenas. O sentimento de poder vem quando elas descobrem que podem fazer as coisas acontecerem no mundo ao seu redor – que elas podem influenciar os objetos e, mais importante, podem influenciar as pessoas ao redor. O apego, e o sentimento de confiança que o acompanha, é um dos meios de assegurar o sentimento de poder em bebês.

Os sentimentos "não!", especialmente o medo e a raiva, são os que direcionam a maioria da atenção, e os discutiremos em detalhes mais adiante. É importante que os cuidadores entendam como podem apoiar as crianças em seus esforços de aprender a usar técnicas para lidar com as situações relacionadas. Igualmente importante é ter conhecimentos sobre o temperamento e sobre como incentivar a resiliência. O estabelecimento e o entendimento saudáveis desses dois conceitos de desenvolvimento – temperamento e resiliência – relacionam-se diretamente com o sentimento positivo da criança quanto ao autodirecionamento e à autoestima.

Temperamento e resiliência

O temperamento é um estilo de comportamento individual e uma forma única de reagir ao mundo. Ele envolve uma configuração de características de personalidades que são influenciadas pela natureza (genética) e pelo meio (interações). Esses padrões únicos de reações motoras e emocionais têm início com numerosas instruções genéticas que orientam o desenvolvimento do cérebro e são afetadas pelos contextos pré-natal e pós-natal. À medida que um bebê segue se desenvolvendo, as experiências específicas que ele tem e o contexto social de sua vida influenciam a natureza e a expressão de seu temperamento.

Tentativas de ter acesso ao temperamento e de medir como os traços individuais tomam forma têm se provado um desafio. O estudo mais abrangente sobre o temperamento de crianças pequenas teve início décadas atrás com o trabalho de Alexander Thomas e Stella Chess. A pesquisa deles inspirou uma crescente reunião de informações relacionadas ao temperamento, incluindo sua estabilidade, suas raízes biológicas e como ele pode *mudar* de acordo com a criação da criança e as interações com cuidadores. As nove características do temperamento, como descritas por Thomas e Chess, estão resumidas na Figura 10.1. Elas com frequência são medidas segundo um *continuum* de "baixo" a "alto", dependendo do traço individual.

1. **Nível de atividade:** alguns bebês e crianças se movimentam muito e parecem estar constantemente fazendo alguma coisa; outros tendem a ficar parados em um só lugar e a se mover muito pouco.

2. **Ritmo:** alguns bebês e crianças comem, evacuam e dormem segundo um determinado cronograma desde que nascem; outros não, são imprevisíveis.

3. **Aproximação/recuo:** alguns bebês e crianças gostam de tudo que é novo e criam proximidade facilmente; outros recuam diante de quase todas as experiências novas.

4. **Nível de adaptação:** alguns bebês e crianças se adaptam com rapidez e facilidade a novas experiências, outros não.

5. **Capacidade de atenção:** alguns bebês e crianças brincam alegremente com um objeto por muito tempo; outros mudam de um para outro.

6. **Intensidade de reação:** alguns bebês e crianças riem alto ou berram quando choram; outros simplesmente sorriem discretamente ou choram baixinho.

7. **Limiar da reatividade:** alguns bebês e crianças sentem cada luz, som e toque e reagem a isso, em geral com angústia; outros parecem nem perceber.

8. **Nível de distração:** alguns bebês e crianças se distraem facilmente de uma experiência interessante (ou mesmo perigosa); outros não desviam a atenção por mais que você tente.

9. **Qualidade do humor:** alguns bebês e crianças parecem estar sempre sorrindo e de bom humor; outros se irritam com muita facilidade.

Figura 10.1 Nove características do temperamento.
Fonte: Adaptada de Chess e Thomas (1970).

As características discutidas por Thomas e Chess foram agrupadas em três tipos de temperamento. O bebê flexível e tranquilo (cerca de 40% da população) é adaptável, fácil de se aproximar e bem humorado. O bebê, que é "de lento a caloroso" (cerca de 15%) reage, a princípio, de forma negativa a novas situações, mas, com calma e prática, ele por fim se adapta. O bebê muito agitado, espirituoso e difícil (cerca de 10%) está quase sempre mal humorado, é imprevisível (especialmente em relação ao sono e à alimentação) e tem reações intensas e irritadas quando diante de novos ambientes e pessoas (CHESS; THOMAS, 1996). Mas repare que 35% das crianças pequenas não se encaixam em nenhuma categoria específica, em vez disso elas apresentam *combinações* únicas de características temperamentais.

Entender sobre o temperamento pode ajudar pais e cuidadores em seus esforços de incentivar interações positivas com crianças pequenas – mesmo quando as disposições dessas crianças forem bastante diferentes entre si. O livro *The Goodness of Fit Model* (CHESS; THOMAS, 1999) esclarece como é possível fazer isso criando ambientes que levem em conta o temperamento de cada criança ao mesmo tempo em que estimulam uma interação mais *adaptativa*. (*Atenção:* o objetivo do *Goodness of Fit Model* é uma interação positiva e respeitosa – o mesmo objetivo que interliga todos os princípios neste livro!). Cuidadores de crianças "lentas a calorosas" são estimulados a oferecê-las tempo suficiente para se adaptarem e se inserirem gradualmente em novas situações. É preciso permitir a independência. Cuidadores de crianças felizes e curiosas precisam se certificar de que elas estão seguras enquanto fazem suas explorações, assim como reservar um tempo especial para interagir com elas. Uma atenção sensível é sempre positiva, mesmo para crianças calmas e flexíveis, que parecem

**Padrão do programa
NAEYC 3**
Ensino

Esses garotinhos descobriram um caramujo. Cada um teve uma reação emocional diferente. Foi o temperamento deles que fez a diferença?

não demandá-la. Cuidadores de crianças muito agitadas, intensas e temperamentais precisam ser flexíveis, ficar atentos às mudanças de rumo das brincadeiras e preparados para jogos enérgicos. Oriente-os com paciência e construa interações positivas.[1]

Reconhecer e observar as diferenças individuais pode ajudar os adultos a reagirem melhor aos desafios relacionados ao temperamento de crianças pequenas, de forma cuidadosa e atenciosa. Cuidadores precisam estar atentos e agir de modo cauteloso ao *aplicar* categorias e rótulos. Profecias que se cumprem por si mesmas podem ocorrer se as expectativas dos adultos começam a modelar inapropriadamente o jeito como as crianças se comportam. Se crianças "difíceis" forem tratadas como tal, o comportamento pode aparecer independentemente do temperamento *real* da criança.

Então, o quão real é o temperamento de um bebê? O temperamento é estável no nascimento ou não? Alguns comportamentos parecem de fato ter o que os pesquisadores chamam de "estabilidade em longo prazo". Bebês e crianças agrupados em níveis muito baixos ou altos de irritabilidade, sociabilidade ou timidez, por exemplo, tendem a reagir de forma semelhante quando analisados alguns anos depois. Thomas e Chess acreditavam que o temperamento era estabelecido até os três meses de vida. O temperamento se desenvolve com a idade – comportamentos antigos mudam e se reorganizam em reações novas e mais complexas (ROTHBART; AHADI; EVANS, 2000). A *predisposição* que uma criança tem a se comportar de determinada maneira é modelada e modificada pela experiência. A diversidade cultural, como foi ressaltado várias vezes neste livro, desempenha um papel muito importante em como se reage ou se socializa com as crianças. Cada família é única.

A vontade de saber o que contribui para a estabilidade de certos padrões de temperamento levou numerosos especialistas em desenvolvimento a examinar a característica da **resiliência** e o modo como ela contribui para um crescimento emocional saudável. A resiliência é a capacidade de superar as adversidades de maneira adaptativa. Muitas pesquisas nessa área foram feitas com jovens problemáticos, especialmente com pré-adolescentes. Esses jovens eram, com frequência, identificados como *já* inseridos em situações problemáticas, sendo a mais óbvia delas a miséria. Algumas das informações atuais sobre a resiliência afastam a abordagem do foco em "recuperar-se das adversidades" e a aproximam do foco na competência a nas forças internas. A ideia de fomentar as forças internas e a competência numa fase muito precoce do desenvolvimento (e, espera-se, precoce o bastante para prevenir problemas) é um dos principais focos deste livro. Depois de ler sobre os "fatores de proteção" ligados aos cuidados de crianças e ao incentivo da resiliência, revise os 10 princípios do Capítulo 1. Quais semelhanças você vê? Incentivar a resiliência de uma pessoa e demonstrar respeito são abordagens que compartilham o mesmo objetivo do desenvolvimento emocional saudável.

Resiliência é a capacidade que algumas pessoas parecem ter de *prosperar* apesar das condições adversas do contexto. Hoje ela é vista como um processo dinâmico e não como um traço estável. As crianças podem não ser resilientes em todas as situações, mas elas podem aprender a lidar com os problemas e a confortarem a si mesmas. É impossível proteger uma criança de todos os estresses (e as pesquisas sobre a resiliência em geral examinam muitos fatores de estresse – miséria, condições de risco, pais ausentes), mas fomentar a resiliência pode reforçar uma adaptação positiva a alguns estresses, o que pode resultar em novas forças (LUTHAR; CICCHETTI; BECKER, 2000). Aplicaremos isso mais adiante no capítulo, na discussão sobre medo e raiva.

Crianças resilientes têm muitas características específicas. Elas aplicam uma *abordagem ativa* ao desafios da vida; elas procuram soluções para os problemas. Elas também parecem entender noções de causa e efeito; entendem que as coisas em geral acontecem por um motivo. Crianças resilientes conseguem receber atenção positiva; elas são atraentes e sociáveis e se mostram tranquilamente dispostas. Por fim, elas enxergam o mundo como um lugar positivo e acreditam que a vida é cheia de significado.

Pesquisas sobre a resiliência nos mostram que existem fatores de proteção que podem aprimorar o seu desenvolvimento. Cuidadores de crianças pequenas podem incorporar esses fatores de proteção quando forem planejar currículos e configurar ambientes para elas. Crianças muito pequenas podem aprender desde cedo que são pessoas competentes e que o mundo é um lugar interessante. Esses aprendizados precoces promovem estabilidade emocional e saúde, além de fomentarem habilidades em lidar com as situações diversas, que serão úteis pela vida toda. Examine a lista de estratégias apresentada na Figura 10.2. Quais estratégias para incentivar a resiliência você poderia acrescentar?

Ajudando bebês e crianças a lidar com medos

Um bebê está sentado no chão jogando com uma leve bola de borracha. Ele para de brincar por um momento e olha ao redor, na sala, em busca de algo. O bebê encontra a mãe, que está por perto, e um semblante de alívio é perceptível em seu rosto. Ele abre um grande sorriso e continua brincando. Ela escuta uma porta abrindo e um som que vem de outra sala. Duas pessoas entram. O bebê congela. Uma das pessoas, um cuidador, aproxima-se com entusiasmo – levantando os braços, falando calorosamente e com excitação. O bebê permanece duro. À medida que o indivíduo se aproxima, a atitude notável em todo o corpo da criança é de se afastar. O bebê permanece num ânimo suspenso até o momento em que o rosto da pessoa se aproxima do dele. Então o bebê solta um forte grunhido. Ele grita, e se enrijece cada vez mais, mesmo com a pessoa falando e se movendo suavemente. Ela para de chorar quando o cuidador se afasta e a mãe se aproxima para acalmá-lo e confortá-lo. O bebê então se pendura na mãe, engolindo os últimos soluços enquanto mantém um olhar de suspeita em direção ao desconhecido.

"Desculpe assustá-lo", diz o cuidador, mantendo uma distância gentil. "Eu vi que você ficou realmente com medo de mim." Ele continua falando em uma voz calma e tranquilizante.

Essa criança está obviamente apegada e experimentando sentimentos intensos de medo que são resultado da capacidade cognitiva de distinguir a mãe de estranhos. A ansiedade diante do desconhecido é um medo comum e perfeitamente normal. A cuidadora, nessa cena, achou apropriado se distanciar do bebê. Da próxima vez, ela provavelmente se aproximará com mais cuidado e mais devagar, dando tempo para que a criança "aconchegue-se a ela". Ela descobrirá o que é necessário

1. Conheça as crianças sob seus cuidados (individualmente, culturalmente e em termos de desenvolvimento) e construa uma relação positiva e atenciosa com cada criança.

2. Construa um senso de comunidade no seu programa, de forma que cada criança experimente um sentimento de pertencimento ao mesmo tempo em que leva em conta os direitos e as necessidades dos outros.

3. Construa relações consistentes com as famílias, que promovam a confiança e o respeito mútuo.

4. Crie um programa claro e consistente em termos estruturais, de forma que as crianças possam fazer previsões sobre a rotina e, assim, possam sentir-se seguras.

5. Torne o aprendizado significativo e relevante, de modo que cada criança possa enxergar as conexões e experimentar suas próprias competências.

6. Use procedimentos de análise autênticos, como portfólios, de modo que as famílias possam apreciá-los e ter orgulho da forma única como seus filhos se desenvolvem.

Figura 10.2 Estratégias de cuidado para promover a resiliência.
Fonte: Adaptada de Bernard (1993).

para que essa criança específica a aceite. Algumas crianças permitem uma aproximação mais direta; outras preferem que o estranho as ignore, contanto que se mantenha próximo o bastante para que a criança possa decidir o momento da aproximação, quando estiver pronta para isso.

As causas do medo mudam à medida que os bebês crescem. Depois de um ano ou dois, os medos de barulho, de objetos estranhos, de pessoas desconhecidas, de dor, de cair e diante de movimentos bruscos diminuem. Contudo, surgem novas fontes de medo (por exemplo: medo de monstros imaginários, do escuro, de animais e de ameaças de danos físicos). Repare que o movimento se dá de sensações e eventos imediatos em direção a eventos mais internos, imaginados, relembrados ou previstos. Essa mudança está relacionada à crescente capacidade da criança de pensar e, consequentemente, de entender perigos em potencial. Considere a reação do cuidador à seguinte cena:

> A sala das crianças está repleta de atividades. Alguns brinquedos na prateleira dão indícios de que é época de Dia das Bruxas. Três crianças estão na área de brincar vestindo chapéus, capas e outras fantasias. Uma criança entra na sala, segurando a mão do pai. É um menino e usa uma máscara. Ele enxerga as três crianças se fantasiando e vai se juntar a elas. Duas das crianças continuam fazendo o que estavam fazendo, mas a terceira olha para a máscara do menino e começa a chorar baixinho. Ela recua e tenta se esconder atrás da caixa de fantasias. Ela mantém os olhos fixos no rosto mascarado. Uma cuidadora, reparando na angústia da criança, aproxima-se rapidamente.
>
> A cuidadora conversa de modo muito natural com a criança mascarada: "Kevin, Josh não gosta da sua máscara. Ele precisa ver seu rosto". Ela retira a máscara do rosto de Kevin e mostra para Josh. "Veja, Josh, é o Kevin. Ele só estava com uma máscara. Por isso que você se assustou. Josh ainda parece nervoso ao olhar para a máscara na mão da cuidadora e depois para o rosto de Kevin e depois para a máscara, novamente. "Ei, você quer dar uma olhada?", ela faz menção de alcançar a máscara para ele. Kevin protesta, pega a máscara de volta e a põe no rosto de novo. Josh parece apavorado mais uma vez. A professora remove a máscara, resoluta. "Não vou deixar que você use isso, Kevin, porque Josh está com medo". Ela entrega a máscara para outro cuidador e pede que ele se livre dela. Kevin protesta um pouco e depois se ocupa experimentando um chapéu felpudo e se admirando no espelho com ele. Josh então engatinha para sair de trás da caixa de fantasias, observa a máscara sendo retirada da sala e olha para o rosto de Kevin. Depois ele pega um chapéu duro de dentro da caixa, põe na própria cabeça e vai até onde Kevin está, para também se olhar no espelho. A cuidadora, reparando que a situação se resolveu, deixa o ambiente para limpar uma poça derramada próxima ao bebedouro.

Essa cuidadora, assim como a do primeiro exemplo, entendeu e aceitou o medo da criança. A aceitação é essencial para que a criança por fim reconheça, identifique e aceite seus próprios sentimentos. É importante proporcionar segurança e ajudar as crianças pequenas a encontrarem suas próprias maneiras de lidar com as situações. O conforto pode ser oferecido de uma forma que leve as crianças a aprenderem a confortar a si mesmas e a saberem o momento de pedir ajuda.

Algumas vezes é de grande ajuda se o bebê consegue "reaprender" a lidar com uma situação que da primeira vez foi assustadora. Esse reaprendizado é chamado de **condicionamento**. Um objeto ou atividade que provoca medo, por exemplo, pode se mostrar inofensivo quando contextualizado junto a algo prazeroso, ou se uma pessoa amada estiver presente para explicar a situação. Podem ser necessárias muitas introduções. Pare se a criança parecer muito ansiosa e tente de novo em alguns meses. Para um resumo das orientações para ajudar bebês e crianças a lidarem com seus medos, veja a Figura 10.3.

Considere as situações a seguir. O conhecimento de suas próprias técnicas para lidar com situações difíceis o ajudaria a reagir a essas crianças? De que forma o conhecimento do temperamento da criança o ajudaria?

1. Aceite os medos das crianças como válidos; reconheça os medos delas e seja realista diante deles.
2. Apoie as crianças e mostre que confia que elas encontrarão maneiras de lidar com essas situações.
3. Tente prever situações potencialmente amedrontadoras, quando possível; estimule os desconhecidos a se aproximarem das crianças lentamente, especialmente se eles estiverem vestidos de forma esquisita.
4. Prepare as crianças para situações potencialmente amedrontadoras; diga a elas o que esperar.
5. Decomponha as situações assustadoras em partes manejáveis.
6. Associe a situação desconhecida (por exemplo, explorar os arredores) com um objeto familiar (por exemplo, segurar o brinquedo favorito).
7. Dê tempo para que as crianças pequenas se adaptem a algo novo.

Figura 10.3 Estratégias de cuidados para ajudar crianças pequenas a lidarem com seus medos.

Uma criança de nove meses acaba de ser deixada no centro por sua mãe, que está atrasada para o trabalho. Ainda que ela tenha ficado com o filho por alguns minutos antes de entregá-lo ao cuidador, que é um substituto e alguém novo na vida da criança, o menino começa a gritar quando ela se despede de modo ríspido e se apressa até a porta. Ele agora está sentado no chão, assustado, alternando gritos com soluços de choro. Qual é o provável significado do comportamento dessa criança? Como você reagiria se fosse você o substituto?

Uma criança de dois anos está olhando para uma pilha de livros que está ao alcance de sua mão. É uma menina e está em uma almofada muito macia, parecendo bem relaxada. Próximo a ela está um cuidador segurando outra criança, que está com um livro nas mãos e olha as figuras. A criança na almofada pega um livro e o folheia. Ela vê a figura de um palhaço, fecha o livro e senta-se parecendo horrorizada. Como você interpretaria o comportamento dessa criança? Como você reagiria se fosse o cuidador responsável?

Uma criança de dois anos e meio está fazendo uma cerca ao seu redor com vários blocos de plástico grandes. Ela fica no meio deles, parecendo muito orgulhosa de si mesma, e diz "Olhe a minha casa, professora!" Uma sirene toca na rua. Ela congela. Então ela se apressa em direção a fileira de berços e se esconde atrás de um deles, de modo que seu corpo quase desaparece. O que você acha desse comportamento? Como você reagiria se fosse o cuidador?

Você levou em conta os sentimentos das crianças para responder? Você teve urgência em resgatá-los, ou conseguiu encontrar caminhos para ajudá-los a descobrir seus próprios métodos de aliviar sentimentos desagradáveis? Você consegue enxergar os propósitos para os quais o medo pode servir em cada uma das situações?

Em geral, o medo protege o indivíduo do perigo. Nos bebês, é bastante simples enxergar como o medo funciona, pois os bebês reagem a quedas, a ataques bruscos que despertam seus sentidos e à separação de pessoas responsáveis pelo seu bem-estar. O medo pode protegê-los do perigo. Crianças pequenas têm medos mais complexos porque o desenvolvimento cognitivo delas se expandiu. Quando estão assustados, tanto bebês quanto crianças se protegem recuando, em contraste com bebês e crianças raivosos, que em geral atacam.

Ajudando bebês e crianças a lidar com a raiva

A raiva, assim como o medo, pode dificultar muito a vida dos cuidadores. Volte à cena de abertura deste capítulo. Você se lembra de Sofia e das suas frustrações com o bebê e com o cuidador? Repare em como o adulto lidou, ao mesmo tempo, com as duas crian-

Reflita
Como você lida com seus próprios medos? Você usa técnicas de recuo para evitar certas situações quando está em busca de conforto e segurança? Você acha que expressar seus medos ajuda a lidar com eles?

ças. O cuidador protegeu o bebê, porém, ao fazer isso, deixou Sofia com raiva. Contudo, o adulto tratou a raiva dela com respeito ao aceitar o fato de ela sentir raiva e fazendo que ela reconhecesse isso. Mesmo assim, ela não deixou que Sofia extravasasse sua raiva machucando Trung.

Apesar de, aparentemente, a causa da raiva dessa criança ter sido frustrada, algumas vezes essas causas não estão relacionadas à situação imediata e vem de algo mais profundo. É mais difícil aceitar os sentimentos de uma criança pequena como reais e válidos quando *você* mesmo não enxerga os motivos dele. Quando a causa da raiva não é óbvia ou considerada válida pelos adultos, eles tendem a fazer observações como "Oh, não há motivos para se enfurecer" ou "Oh, vamos lá, você não está bravo de verdade". No entanto, tais sentimentos são reais mesmo quando a causa não é óbvia ou não parece válida. Cuidadores respeitosos não contradizem os sentimentos que um bebê ou uma criança expressa. Eles *prestam atenção* e tentam *refletir* sobre o que percebem que vem da criança. Essa abordagem diz para a criança "O que você sente é importante". Nada é feito para menosprezar ou minimizar a importância de reconhecer e aceitar sentimentos. Ninguém precisa justificar sentimentos – o fato de eles estarem presentes basta.

Reflita

Como você expressa sua raiva? Você faz isso de várias maneiras diferentes? Você acha que em geral não expressa a raiva quando a sente, especialmente quando não pode fazer nada a respeito?

Cuidadores devem se esforçar para serem serenos, tolerantes, e demonstrarem autocontrole se desejam aceitar e refletir sobre sentimentos. Eles devem conseguir ser empáticos. Mas, ao mesmo tempo, eles não podem negar os seus próprios sentimentos. Exatamente como diz o Princípio 6, no Capítulo 1, *cuidadores devem ser honestos quanto ao que sentem* e capazes de deixar de lado os próprios sentimentos quando for apropriado, a fim de entender o que uma criança está sentindo. Esta é uma relação empática. É importante ajudar as crianças a reconhecerem, aceitarem e lidarem com os próprios sentimentos.

Além de aceitar os sentimentos de uma criança e expressar seus próprios sentimentos quando apropriado (o que é ensinado por meio do exemplo), os cuidadores podem lidar com a raiva de bebês e crianças de muitas outras formas. A prevenção, é claro, precisa ser considerada em primeiro lugar. Certifique-se de que bebês e crianças não encontrarão muitos problemas frustrantes durante o dia. Os brinquedos disponíveis devem ser adequados para a idade e também devem estar em bom estado de funcionamento. Brinquedos que não funcionam ou com partes faltando podem ser frustrantes. Contudo, não é necessário dar sumiço em todas as fontes de frustração, porque isso eliminaria a possibilidade de solucionar problemas. Lembre-se de atender às necessidades físicas de bebês e crianças. Uma criança cansada ou com fome é mais facilmente irritável do que uma criança descansada e satisfeita. Temperamentos do tipo "pavio curto" prejudicam a resolução de problemas, porque a criança desiste rápido, devido a uma raiva improdutiva.

Crianças pequenas contam com recursos limitados para se expressar. Chorar pode ser a única opção, e o choro é uma boa forma de os bebês colocarem os sentimentos para fora, porque ele envolve tanto uma atividade vocálica quando física. O choro dos bebês pode mais tarde se transformar em uma atividade física refinada e em palavras, à medida que eles desenvolvem a capacidade de usar o corpo e a linguagem. Cuidadores que permitem que as crianças chorem de raiva estão aptos a direcionarem a energia raivosa das crianças para, por exemplo, bater na argila, jogar almofadas ou contar para as pessoas como se sentem. Dessa forma, nem bebês nem crianças aprendem a negar ou a encobrir sua raiva de modo não saudável.

Observe as seguintes situações e pense sobre como o cuidador pode reagir. Eis uma situação que envolve uma criança de dois anos com raiva:

> O menino está brincando com um ancinho de plástico, próximo a um cercadinho, no pátio de centro de assistência infantil. Ele estica o ancinho em direção à cerca e mexe com ele. Quando tenta puxá-lo de volta, percebe que

o objeto ficou preso. Ele puxa e gira o ancinho, mas ele não se solta. O rosto do menino mostra frustração. Seus pequenos dedos estão brancos de tanto apertar o lugar onde está segurando o ancinho. O rosto dele está ficando vermelho de raiva. Ele chuta a cerca, depois se senta e chora.

Aqui temos outra criança de dois anos com raiva, mas por uma razão diferente:

A menina é arrastada para dentro da instituição gritando e chutando. A mãe dela, exasperada, coloca a pequena mão relutante da criança na mão do cuidador, despede-se do cuidador, dá tchau para a filha e sai pela porta. A criança corre atrás da mãe, implorando para que ela não se vá. Quando a porta se fecha, a menina se agarra na maçaneta e tenta abri-la. Quando percebe que não vai conseguir, ela se senta no chão e começa a gritar e chutar.

Algumas vezes a raiva mobiliza energia extra para a resolução de problemas e gera motivação para a criança continuar tentando. Nem todos os problemas têm soluções satisfatórias, e nesses casos a raiva é apenas a expressão da frustração sentida. Essa expressão pode ser vista como um aspecto da aquisição da independência.

Atenção: algumas culturas têm ideias diferentes sobre a expressão da raiva e não enxergam a independência como uma meta. É importante considerar o que cada família deseja para seu filho.

OBSERVAÇÃO EM VÍDEO 10

Criança tentando ter sua vez no balanço

Veja a Observação em Vídeo 10: "Criança tentando ter sua vez no balanço" para um exemplo de criança que quer algo e tem sentimentos sobre isso. Preste atenção nos seus próprios sentimentos enquanto assiste à cena. Você se afeta pelo que acredita que são os sentimentos da criança?

Questões

- O que você acha que essa criança está sentindo? O que isso lhe diz? Como você sabe?
- O que você sentiria se estivesse na situação dessa criança?
- Ela está lidando bem com os próprios sentimentos? Se sim, como? Como você lidaria com essa situação?
- O que o uso do balanço diz sobre a filosofia desse programa de independência ou interdependência?

Para assistir a esse vídeo, entre em www.grupoa.com.br, acesse a página do livro por meio do campo de busca e clique em Conteúdo Online.

Os princípios em ação

Princípio 6 Seja honesto quanto aos seus sentimentos por bebês e crianças. Não finja sentir algo que não sente ou não sentir algo que sente.

A cuidadora acredita que parte de seu trabalho é ajudar as crianças a lidarem com seus sentimentos. Ela dá o exemplo sendo congruente – isto é, mostrando o que ela realmente sente em vez de fingir que tudo está bem, quando na verdade não está. Não que ela demonstre seus sentimentos mais intensos de uma forma que assuste os bebês, mas ela acredita que, se você se sente incomodado, você não deve fingir que não está. Uma das mães do programa, que é de uma cultura diferente da cultura da cuidadora, sempre tem um sorriso no rosto, não importa o que aconteça. A cuidadora nunca consegue adivinhar o que ela está sentindo. A cuidadora conta a ela sobre o Princípio 6 e pergunta se ela acredita nele. A mãe explica que na cultura dela a tranquilidade é sempre a meta. Demonstrar as emoções é ruim porque prejudica a harmonia do grupo. Ela diz que quer que seu bebê aprenda a controlar a expressão de sentimentos e está trabalhando para ensiná-lo isso. A cuidadora se preocupa que assim ela esteja prejudicando o bebê, mas ao mesmo tempo ela acredita na sensibilidade cultural. O objetivo da cuidadora é construir pontes entre as culturas. Ela procura entender o ponto de vista da mãe, de modo que juntas elas possam descobrir o melhor a ser feito pelo bebê.

1. O que você acha?
2. Existe alguma forma de enxergar ambos os pontos de vista – o da cuidadora e o da mãe?
3. Existe um ponto de vista mais confortável do que o outro para você?
4. Você acha que as duas mulheres conseguirão se entender e descobrir o que é melhor para o bebê nessa situação? O que é necessário para que isso aconteça?
5. É possível que o bebê aprenda ambos os jeitos de expressar seus sentimentos e por fim atue igualmente bem de acordo com duas culturas? Se sim, o que é necessário para que isso aconteça? Se não, por que não?

Técnicas de autorrelaxamento

Muitos bebês descobrem meios de se acalmar e usam isso na primeira infância e mesmo depois dela. É importante que as crianças não dependam sempre de outras pessoas para superarem seus transtornos emocionais. Muitos bebês nascem com diferentes níveis de capacidade de usar **dispositivos de autorrelaxamento**. No início, as técnicas são muito simples, na mesma medida em que as emoções dos bebês também são simples (embora intensas). O dispositivo de autorrelaxamento mais comum é chupar o dedo, o que pode começar já no nascimento (ou mesmo antes). Quando as emoções dos bebês se tornam mais complexas, o mesmo acontece com as capacidades deles de lidarem com elas. A grande variedade de comportamentos de autorrelaxamento que pode ser observada no contexto de uma instituição de assistência infantil dará a você uma ideia de como esses comportamentos funcionam.

Doze crianças estão envolvidas em várias atividades. Dois bebês estão dormindo em seus berços, em uma área bloqueada no canto da sala. Um bebê de seis meses está no colo de uma cuidadora, tomando mamadeira. Dois bebês de três meses estão deitados de barriga para cima em uma área cercada da sala, sendo observados por duas crianças pequenas que estão batendo com seus brinquedos nas tábuas do cercadinho. Essas crianças estão sendo observadas por um adulto, que também está de olho em outra criança que está se dirigindo para a porta, aparentemente com a intenção de fazer algo ao ar livre. Em outro canto da sala, quatro crianças estão comendo um lanche, sentadas numa mesa com outro adulto. De repente, um barulho alto que vem da outra sala interrompe todas as atividades.

Um bebê acorda, começa a chorar, depois encontra seu dedo para chupar, aconchega a cabeça no cobertor e volta a dormir. A outra criança se sobressalta sem acordar, mexe-se um pouco e depois volta a ficar quietinha.

O bebê de seis meses tomando a mamadeira para, olha intensamente para a cuidadora, tateia com a mão procurando algo para se agarrar e, então, agarra com força.

Os dois bebês deitados de barriga para cima começam a chorar. Um se debate tentando mudar de posição, envolve-se nesse esforço e para de chorar. O outro continua chorando.

As duas crianças que os estavam observando encerram a atividade. Uma senta e começa a enrolar o cabelo. O outro se dirige para sua prateleirinha, onde sabe que encontrará seu cobertor especial. A criança que estava se dirigindo para a porta corre em direção à sua cuidadora, agarrando uma boneca no caminho. Ela então fica parada ao lado da cuidadora, acariciando o suave vestido de cetim da boneca.

Entre as crianças que estavam lanchando, uma chora e não consegue confortar a si mesma até que a voz da cuidadora a conforta dizendo "Sim, foi um barulho alto, e te assustou". Outra criança chora pedindo por mais comida, outra chora pedindo pela mãe, e outra vai para debaixo da mesa, lamuriando-se.

Alguns comportamentos de autorrelaxamento nós aprendemos; outros, tal como chupar o dedo. Um recém-nascido cansado ou frustrado irá chupar mesmo que não haja nenhum mamilo disponível. Quando as crianças são um pouco mais velhas, chupar o dedo irá acalmá-las em momentos de estresse. Saber que alguém em quem confiam está por perto e conferir isso (procurando com o olhar ou chamando) ajuda as crianças a acalmarem a si mesmas. Esse desenvolvimento dos comportamentos de autorrelaxamento, de um tão simples quanto chupar o dedo a outro tão complexo quanto compartilhar sentimentos importantes, é um processo influenciado e auxiliado pelas relações sociais.

Pare um momento e reflita. O que você faz para acalmar a si mesmo quando está transtornado? Você está consciente de seus próprios dispositivos de autorrelaxamento? Como os seus comportamentos de autorrelaxamento são parecidos ou diferentes daqueles dos bebês e crianças na cena anterior?

Desenvolvendo autodirecionamento e autorregulação

Emoções, e as resultantes tentativas de autorrelaxamento, estão relacionadas ao senso de autodirecionamento. Todos temos dentro de nós uma força que nos proporciona uma confiança natural rumo à maturidade, que orienta o crescimento e dá direção para nossas vidas (tanto a longo prazo quanto no dia a dia). Essa força guia o crescimento em direção à saúde e à completude, a integração de todos os aspectos do desenvolvimento. Carl Jung descreveu essa força como "[...] um fator de orientação interno que é diferente da personalidade consciente... é um centro regulador que ocasiona uma constante ampliação e um amadurecimento da personalidade" (VON FRANTZ, 1964, p. 162).

Abraham Maslow também reconheceu essa força de autodirecionamento; ele via isso como um processo que chamou de **autorrealização**. Ele notou que pessoas saudáveis estão sempre em *processo* de autorrealização. Elas estão conscientes de seu potencial e se esforçam para fazer escolhas que as direcionem para ele. Maslow disse que pessoas autorrealizadas percebem a realidade com clareza, são abertas e espontâneas, têm um senso de vivacidade, capacidade de serem objetivas e criativas, capacidade de amar e, acima de tudo, têm uma noção consciente de si mesmas (MASLOW, 1968). (O Capítulo 13 contém mais informações sobre ajudar as crianças a desenvolverem noção de si mesmas e autoconceito.) Maslow deixou muito claro que as pessoas adquirem tais características apenas quando suas necessidades físicas, emocionais e intelectuais foram satisfeitas. Ele estabeleceu cinco níveis de necessidades (veja a Figura 10.4). Quando as necessidades de um nível são satisfeitas, um indivíduo pode passar para o próximo nível.

Quais implicações os níveis de necessidade de Maslow têm para cuidadores? Os níveis 1 e 2 constituem uma questão essencial nos programas de assistência de bebês e crianças pequenas. As necessidades relacionadas a es-

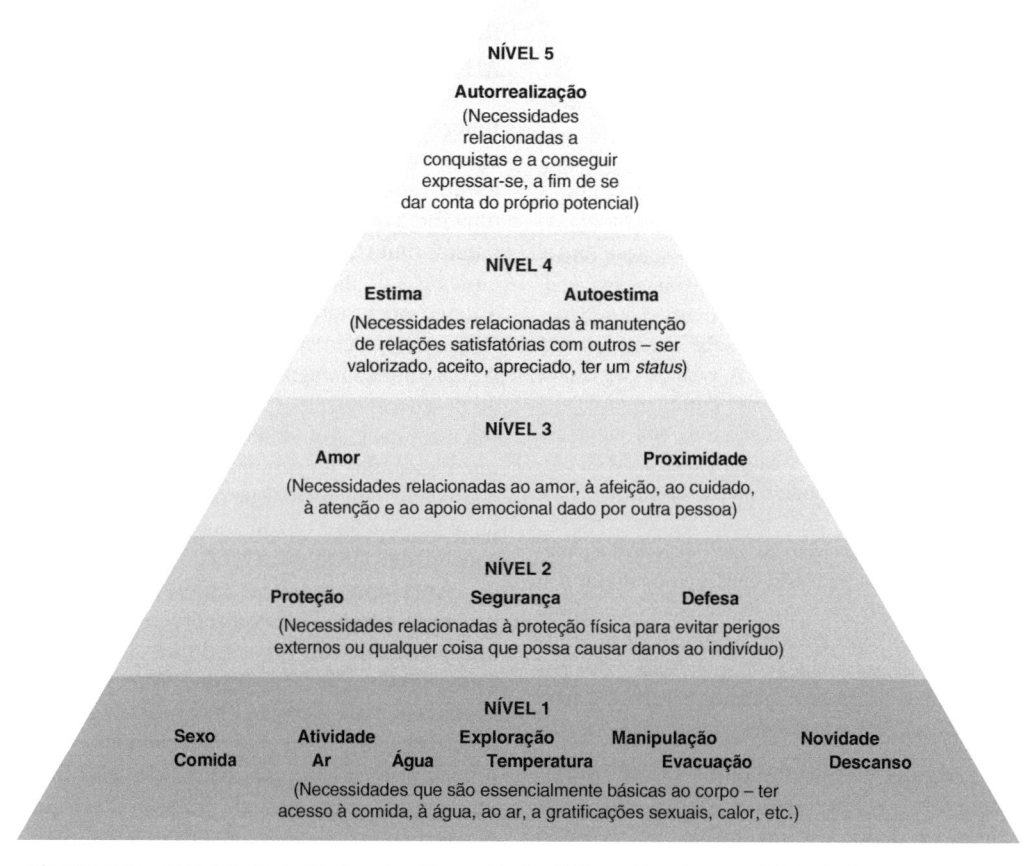

NÍVEL 5
Autorrealização
(Necessidades relacionadas a conquistas e a conseguir expressar-se, a fim de se dar conta do próprio potencial)

NÍVEL 4
Estima   Autoestima
(Necessidades relacionadas à manutenção de relações satisfatórias com outros – ser valorizado, aceito, apreciado, ter um *status*)

NÍVEL 3
Amor   Proximidade
(Necessidades relacionadas ao amor, à afeição, ao cuidado, à atenção e ao apoio emocional dado por outra pessoa)

NÍVEL 2
Proteção   Segurança   Defesa
(Necessidades relacionadas à proteção física para evitar perigos externos ou qualquer coisa que possa causar danos ao indivíduo)

NÍVEL 1
Sexo   Atividade   Exploração   Manipulação   Novidade
Comida   Ar   Água   Temperatura   Evacuação   Descanso
(Necessidades que são essencialmente básicas ao corpo – ter acesso à comida, à água, ao ar, a gratificações sexuais, calor, etc.)

Figura 10.4 A Hierarquia de Maslow das Necessidades Físicas, Emocionais e Intelectuais.
Fonte: Maslow (1970, p. 72).

ses níveis são, em geral, regulados por requisitos de licenciamento nos Estados Unidos (nos estados que contam com requisitos de licenciamento). Os níveis 3, 4 e 5 são, com maior frequência, deixados aos critérios da equipe do centro ou dos cuidadores em programas de assistência a bebês, crianças e famílias. Este livro foca principalmente os três níveis do topo. Os princípios do Capítulo 1 têm pouco foco nas necessidades dos bebês, fica subentendido que os cuidadores cuidarão disso em primeiro lugar. O objetivo do capítulo é tratar de necessidades que devem ser satisfeitas depois que as básicas já foram atendidas. O foco do Capítulo 2 é mostrar como atender às necessidades físicas de modo que se responda também, ao mesmo tempo, a necessidades mais complexas.

Embora Maslow tenha ressaltado a importância de satisfazer necessidades, ele também apontou que uma indulgência exagerada não é boa. Se as necessidades das crianças são sempre atendidas prontamente, e essa é uma preocupação do cuidador, esteja certo de que elas, às vezes, podem esperar um pouco. Maslow disse que "A criança pequena não precisa apenas de gratificação; ela também precisa aprender sobre as limitações que o mundo físico impõe às gratificações, ou seja: controle, atraso, limites, renúncia, tolerância à frustração e disciplina" (MASLOW, 1968, p. 163-164).

Todas as criaturas precisam de estresse e mesmo de problemas. O estresse *ideal* (não máximo ou mínimo) dá às crianças a oportunidade de testar seus próprios poderes e de de-

1. Ajude as crianças pequenas a prestarem atenção em suas percepções; use palavras para nomear as experiências delas: "Esta sopa está quente", "Este barulho alto assustou você".

2. Proporcione momentos tranquilos para que as crianças pequenas possam focar suas próprias experiências, especialmente quando estiverem profundamente evolvidas em alguma atividade.

3. Ofereça um ambiente apropriado e relações estáveis, permitindo assim que o senso de autodirecionamento da criança pequena se desenvolva em direção ao que elas *precisam* fazer para crescerem e se desenvolverem (tarefas como engatinhar, caminhar ou falar); quando elas estiverem *prontas* para ir adiante, elas irão.

4. Ofereça escolhas: quando se oferece escolhas a uma pessoa (de qualquer idade) ela se torna mais capaz de aprender com a experiência em questão, tornando-se assim mais competente e, por fim, mais confiante quanto às tomadas de decisão.

5. Estimule a independência: seja presente e ofereça uma base de confiança a partir da qual seja possível que a criança se arrisque razoavelmente; relações de atenção e respeito permitem permanência *e* desapego.

Figura 10.5 Estratégias para incentivar o autodirecionamento e a autorregulação.

senvolver sua força e sua vontade utilizando-as *contra* alguma coisa. Problemas, obstáculos e mesmo o sofrimento e a dor podem ser benéficos ao desenvolvimento da noção de autodirecionamento. As orientações da Figura 10.5 podem ajudar os cuidadores a incentivar o autodirecionamento e a autorregulação em crianças pequenas. Todas essas orientações *respeitam a criança* e se referem essencialmente aos princípios apresentados no Capítulo 1. A noção de autodirecionamento de uma criança é nutrida pelas relações respeitosas entre crianças e adultos que esses princípios incentivam.

O cérebro emocional

Muitas das descobertas relacionadas ao desenvolvimento do cérebro claramente validam os princípios de assistência infantil que constituem a filosofia central deste livro. Entender o que acontece com o cérebro de uma perspectiva do desenvolvimento precoce pode afiar ainda mais nossa consciência do quanto uma assistência sensível e positivamente reativa é importante para o desenvolvimento da saúde de uma criança pequena. Sabemos que o cérebro é impressionante; ele tem plasticidade e reage a uma grande variedade de experiências com clareza. O cérebro é resiliente; ele pode compensar algumas experiências negativas, se elas não forem exageradamente prolongadas. E o cérebro é *emotivo*! Ele reage às emoções, bem como as processa.

Padrão do programa NAEYC 1
Relacionamento

Antes que a linguagem se desenvolva, trocas emocionais precoces entre bebês e seus pais ou cuidadores servem como base para a comunicação. Essas trocas emocionais precoces de fato promovem o crescimento do cérebro. Quando uma relação positivamente reativa é estabelecida, um bebê experimenta prazer ao ver a pessoa. A informação visual emocional é processada pelos neurônios no hemisfério direito do córtex, e a atividade cerebral aumenta. Essa explosão no cérebro em geral causa um aumento na atividade física dos bebês. E se os sinais resultantes desse comportamento forem respondidos corretamente pelos pais ou pelo cuidador, o crescimento cerebral é estimulado. Um adulto sensível influencia não apenas as expressões emocionais de um bebê, mas também a neuroquímica desse cérebro jovem (GILKERSON, 1998).

Pesquisas recentes a respeito do cérebro nos proporcionaram mais *insights* relativos a essa especialização cerebral precoce. O lado direito do cérebro parece ser mais reativo ao processamento de emoções negativas intensas e mais propício à criatividade. A época em que essa área mais cresce é durante os primeiros 18 meses de vida, e ela domina o funcionamento cerebral durante os primeiros três anos de idade. O lado esquerdo do cérebro, que amadurece mais lentamente durante tal período, é mais reativo à linguagem, às emoções positivas e ao interesse por novas experiências (GALLAGHER, 2005). Como o lado direito do cérebro se desenvolve mais rápido e é responsável por regular emoções *intensas,* o papel dos cuidadores de prestar auxílio à regulação emocional da criança se torna muito importante!

Fizemos referência à significância das relações estáveis na vida de crianças pequenas várias vezes neste texto. Sob a luz do que hoje se sabe sobre o cérebro *emocional,* o apoio sensível e reconfortante em reação ao estresse infantil parece ser a chave para promover a autorregulação. Quando os cuidadores aceitam as emoções das crianças, criam um ambiente seguro para que elas expressem essas emoções e ensinam estratégias para lidar com elas, as crianças pequenas aprendem a lidar com as constantes frustrações e os contínuos desafios da vida.

Outros estudos indicam ainda que existe uma ligação entre o que acontece quando a linguagem se desenvolve e o que acontece quando passamos por emoções muito estressantes. A tecnologia aplicada ao cérebro, especialmente o uso da imagem de ressonância magnética (IRM), mostrou que a amígdala, que fica na parte central do cérebro, é uma estrutura significante no processamento do medo, da ansiedade e de outras emoções potencialmente negativas. O trabalho de Golnaz Tabibnia, uma neurocientista da Universidade da Califórnia, de Los Angeles, mostrou que nossas reações emocionais podem ser reduzidas se identificamos e rotulamos nossas emoções. Tabibnia descobriu que o processamento linguístico que ativa as áreas frontais do cérebro leva a uma diminuição da reação da amígdala (TABIBNIA; CRASKE; LIEBERMAN, 2005). Dar nomes para que as crianças pequenas rotulem seus sentimentos, especialmente os negativos, é *realmente significativo* para o desenvolvimento cerebral. As áreas do córtex frontal do cérebro têm a capacidade de regular os centros emocionais. Por isso rotular as emoções e usar palavras para defini-las pode ajudar as crianças a regularem suas reações emocionais à medida que elas as experimentam e também em longo prazo.

No início deste capítulo, ressaltamos que um nível de estresse ideal pode oferecer oportunidades de desenvolvimento para crianças pequenas. O estresse pode ser necessário para o desenvolvimento, mas qual é a sua quantidade certa? Experiências de estresse precoces intensas e frequentes (miséria, abuso, negligência ou privação sensorial) de fato fazem o cérebro de um bebê se reorganizar. O "mecanismo de regulação do estresse" do bebê é colocado em funcionamento no maior nível para ajudá-lo a lidar com a situação de forma mais efetiva (o que se relaciona com a experiência "lutar ou fugir", como chamada na psicologia), e certas químicas são liberadas no cérebro. Um dos neuroquímicos mais bem compreendidos até hoje é o hormônio esteroide, chamado cortisol. Ele pode ser medido pela saliva. Em momentos de estresse, o cortisol é liberado no cérebro. Ele altera o funcionamento do cérebro reduzindo o número de sinapses em certas áreas cerebrais. Se essas conexões neurais continuarem sendo destruídas pelo cortisol, temos como resultado atrasos cognitivos, motores e no comportamento social. A boa notícia é que crianças pequenas que contam com cuidados calorosos e enriquecedores no primeiro ano de vida têm menos tendência a produzir altos níveis de cortisol em momentos de estresse (SHORE, 1997). A experiência de apego atua como um amortecedor de proteção contra o estresse.

Muitas das informações atuais sobre o cérebro enfatizam a importância do apego e do cuidado positivamente reativo e enriquecedor para um desenvolvimento neural saudável. Já falamos sobre o que acontece quando uma criança recebe muitos estímulos ou experimenta muito estresse. Mas o que acontece com um bebê que tem um pai ou mãe depressivo, e os seus sinais de interação emocional são ignorados? Com o tempo o bebê também desenvolve um comportamento depressivo e se torna menos ativo e com mais tendências a se afastar. A criança pode também começar a se retrair para estimular e acalmar a si mesma. Quando examinados, esses bebês apresentam uma frequência cardíaca elevada, níveis altos de cortisol e atividade cerebral reduzida. Bebês cujos pais são depressivos correm o maior de risco de desenvolver atrasos de desenvolvimento em longo prazo, dos 6 aos 18 meses. Essa é também a época ideal para desenvolver apegos emocionais. Algo importante a se acrescentar é que, quando o pai ou mãe se trata e os sintomas melhoram, a atividade cerebral do bebê volta ao normal (SHORE, 1997). Esse é claramente um exemplo de como o apoio da família é importante para o desenvolvimento saudável de crianças pequenas.

Os estudos sobre o cérebro disponíveis atualmente chamam atenção para os seguintes pontos relacionados ao desenvolvimento de crianças muito pequenas:

- O desenvolvimento emocional (e social) está vitalmente conectado à cognição e à linguagem.
- Estresse demais e a liberação dos hormônios relacionados, durante um longo período de tempo, podem levar a problemas com a autorregulação.
- A especialização do cérebro durante os primeiros três anos desempenha um papel significativo no que diz respeito a autorregulação e ao desenvolvimento emocional.
- O crescimento cerebral e o desenvolvimento neural atualizam e apoiam as práticas apropriadas ao desenvolvimento na primeira infância.

Em todos nós, e especialmente em bebês muito jovens, as emoções ampliam a experiência. Emoções intensas e problemáticas requerem um contexto de apoio para que o bebê aprenda a tolerar e a se adaptar a tais sentimentos. Não esqueça que alegria e prazer também são emoções intensas e podem gerar um posicionamento de vida segundo o qual o mundo é cheio de coisas maravilhosas a serem descobertas. Relações respeitosas são pré-requisitos para o crescimento emocional saudável.

Crianças com necessidades especiais: desafios e tendências

A intervenção na primeira infância tem uma história complexa, e oferecer serviços de apoio a crianças pequenas com necessidades especiais e suas famílias é uma tarefa desafiadora. Mesmo com as leis que apoiam a cooperação entre várias instituições, ainda falta consistência no planejamento e na implantação do programa em muitos lugares dos EUA. Nesta seção, examinaremos cinco desafios e tendências da intervenção precoce; o impacto desses desafios e tendências na educação e na assistência de bebês e crianças também está incluído.

O primeiro desafio diz respeito à importância de reconhecer que os princípios básicos do desenvolvimento da criança é a chave para práticas de programas e serviços de intervenção precoce de sucesso. Um esqueleto do desenvolvimento desafia cuidadores, professores, pais e comunidade, lembrando a eles que toda criança é especial. Entender o desenvolvimento infantil incentiva a apreciação da *singularidade* de cada criança e suas deficiências, ao mesmo tempo em que fomenta a apreciação das *capacidades* da criança. Esse princípio foi mencionado muitas vezes neste livro. Parcerias de verdade com as famílias focam a compreensão de que o recurso mais importante da criança, sua base de apego, é a família. A interação positivamente reativa entre pais e crianças é a chave para o desenvolvimento e o aprendizado da criança.

O desafio reside no fato de muitas pessoas e instituições envolvidas na intervenção precoce virem de disciplinas variadas que não têm uma bagagem muito sólida no quesito desenvolvimento infantil. Auxiliar as famílias, especialmente aquelas com crianças portadoras de necessidades especiais, a encontrar apoio e recursos é algo que se aprimora quando cuidadores, professores e especialistas têm um entendimento mais amplo dos primeiros anos de vida. Felizmente, existem evidências que sustentam o atual crescimento da *abordagem de desenvolvimento* na intervenção precoce (BATSHAW, 2007). A tendência a expandir esse entendimento pelas instituições está relacionada com o segundo desafio que será discutido – o desenvolvimento da força de trabalho.

Um dos maiores desafios na intervenção precoce e na educação e assistência infantis é criar e adotar um modelo de formação eficiente, a fim de construir uma força de trabalho competente. "Eficiente" significa que as práticas de ensino estimuladas estão de acordo com os programas de educação de professores e que têm resultados mensuráveis. Os estados precisam desenvolver padrões profissionais claros relativos à formação e devem desenvolver percursos profissionais abrangentes. Isso vale especialmente para as áreas de educação e assistência da primeira infância e para a intervenção precoce, porque *existem* muitas oportunidades de carreira interessantes para cuidadores e professores. Os primeiros anos da vida de uma criança têm um grande impacto a longo prazo; por isso, educadores bem preparados podem fazer uma grande diferença!

Cuidadores e professores talvez tenham de ter o *conhecimento* a respeito do que fazer com crianças pequenas, mas às vezes o grande desafio é *agir*. Um IFSP, por exemplo, pode não se limitar a estipular para o cuidador apenas "quantas vezes" uma atividade específica precisa ser apresentada a uma criança com deficiência para que seja eficaz. Saber o que fazer e entender o *resultado do desenvolvimento* pode ser muito desafiador! Programas de formação de professores precisam ser expandidos tanto nos pré-serviços (necessários para a obtenção de um certificado ou diploma) quanto nos serviços (formações relacionados a trabalhos permanentes) oferecidos nas áreas de educação. A tendência nos programas de educação de professores deve se direcionar ao entendimento de que os adultos aprendem melhor quando o que é ensinado (a informação) e o porquê de ser ensinado (o entendimento) se fundem com o que *aparenta* ser competência. Ser parte de uma equipe de IFSP e criar os elementos de uma sala de aula bem-sucedida em uma intervenção precoce definitivamente requer muitas habilidades.

O terceiro desafio na intervenção precoce está relacionado à educação de professores e ao desenvolvimento da força de trabalho – faltam informações de pesquisas que apoiem melhores práticas na educação. O vácuo que se forma entre a pesquisa e a prática também existe quando se fala de educação e cuidados na primeira infância. Encontrar o número suficiente de estudos que apoiem comportamentos pedagógicos e apresentar resultados positivos para crianças e professores segue sendo um desafio em muitas áreas da educação. Mas isso é especialmente crucial e necessário na intervenção precoce, devido à crescente vulnerabilidade das crianças pequenas com necessidades especiais. O *senso de tempo* nas atividades de intervenção, baseado em pesquisas bem documentadas, é muito importante para que as crianças pequenas possam desenvolver todo seu potencial.

A abordagem de Pikler e a filosofia de Gerber, baseadas em um currículo respeitoso e positivamente reativo, a tendência mais significativa na área da educação e dos cuidados de bebês e crianças, podem ser a grande luz na educação de professores e cuidadores, tanto os envolvidos com a intervenção precoce quanto os envolvidos na educação e nos primeiros cuidados da infância. Pesquisas em programas usando essa abordagem e essa filosofia, tanto nos EUA quanto em outros países, estão sendo reunidas e os autores deste livro acreditam que já estão sendo disseminadas em programas de educação de professores. Um elemento-chave dessa abordagem é que cuidadores e professores estejam preocupados com a qualidade do crescimento em cada estágio do desenvolvimento e do aprendizado. Revise os detalhes, no Capítulo 1, sobre o programa RIE, criado por Magda Gerber, bem como as informações sobre o Pikler Institute, em Budapeste. Muitas referências deste livro estão relacionadas à abordagem de Pikler e à filosofia de Gerber; as ideias delas sobre os cuidados de bebês e crianças podem resultar em recursos e práticas de grande valia tanto para a educação e a assistência infantil quanto para a intervenção precoce.

O quarto desafio da intervenção precoce está ligado ao serviço de intervenção precoce em si. O processo de intervenção precoce que envolve várias instituições cooperando umas com as outras para apresentar análises, diagnósticos e planejamento de programas para crianças com necessidades especiais, em geral carece de integração e organização. A colaboração da equipe e a resolução de problemas em grupo frequentemente são desafios. Ao observar famílias estressadas e sob condições limitadas de acesso a recursos, fica fácil entender por que o sistema de intervenção precoce por todo o mundo talvez esteja precisando de uma abordagem mais abrangente, para que seja realmente bem-sucedido na assistência de crianças pequenas e suas famílias.

Ligada ao desafio da organização do sistema de serviços de intervenção precoce está e necessidade de mais avaliação e retorno. Resultados mensuráveis e práticas de ensino devem ser estabelecidas com clareza. Uma atenção cuidadosa aos detalhes de cada nível do sistema de serviços é essencial quando o objetivo é que as crianças envolvidas e suas famílias tenham experiências positivas relacionadas com o desenvolvimento e o aprendizado. As tendências que apontam para um maior envolvimento familiar e para a sensibilidade quanto às diferenças culturais, assim como para uma força de trabalho bem preparada, deve resultar na formação de um grupo de pais e cuidadores com mais *informações* úteis para responder às questões ligadas ao processo de intervenção precoce. Pais e cuidadores que se envolvem mais cedo (por exemplo, no IFSP) contribuirão para um sistema com mais intervenções bem documentadas e claras (BRUDER, 2010).

O quinto e último desafio a ser discutido nesta seção é o financiamento. O mandato legislativo dos EUA de 30 anos atrás, que estabelece a provisão de serviços para crianças pequenas com necessidades especiais, nunca foi totalmente cumprido. Os estados têm variações significativas entre si quanto à distribuição de seus financiamentos educativos direcionados à inclusão de crianças com necessidades especiais. Algumas práticas resultaram em inclusão "reversa" para obter financiamentos para escolas públicas. Em alguns casos, os serviços só podem ser concedidos às crianças mais deficientes, e aquelas crianças que talvez se adap-

tem em um programa inclusivo serão isoladas em contextos de educação especial sem receber nenhum tipo de subsídio (BRUDER, 2010).

Educação e assistência precoces, cuidados de bebês e crianças e intervenção precoce, tudo isso contribuiu para o aumento da consciência pública a respeito da importância dos primeiros três anos de vida de uma criança. Uma tendência que leve em consideração esses três campos e que combine seus esforços de modo mais bem definido e colaborativo deve resultar em mais iniciativas de financiamento, tanto estaduais quanto nacionais. A força resultante desses três campos deve resultar em uma maior sustentabilidade e mais financiamento dos programas; o que é bom para todos!

Os desafios ligados à intervenção precoce podem variar muito e são bastante complexos, mas o reconhecimento da importância fundamental dos primeiros anos já está bem documentada e sendo constantemente ampliada. É necessária uma liderança visionária para implementar as melhores práticas, segundo as pesquisas, na força de trabalho ligada à educação e aos cuidados infantis. Uma colaboração bem informada entre as famílias e as instituições comunitárias é necessária para que sejam implementados contextos naturais e inclusivos, de forma adequada e com uma relação de custo-benefício positiva. Esse é um momento animador para se envolver com a intervenção precoce – e sua aplicação nos cuidados de bebês e crianças. Está ficando cada vez mais óbvio que a melhor maneira de auxiliar na satisfação das necessidades de crianças pequenas e suas famílias é oferecendo uma assistência respeitosa e positivamente reativa.

As habilidades emocionais e sociais de crianças com necessidades especiais ganhou um reconhecimento importante nos perfis de desenvolvimento e na criação do IFSP. Pare um momento e revise os quadros "Caminhos do desenvolvimento", tanto neste capítulo sobre "Emoções" (página 224),

Padrão do programa NAEYC 4
Avaliação

Reflita
Pense por um momento sobre um bebê ou uma criança sob seus cuidados que tenha se mostrado *difícil*. Descreva o comportamento dessa criança. Quais foram as suas reações? O que você faria se estivesse na mesma situação hoje?

CAMINHOS DO DESENVOLVIMENTO

Comportamentos que demonstram o
desenvolvimento das emoções

Bebês muito jovens (até 8 meses)	• Expressam conforto, desconforto e prazer de forma não ambígua • Podem em geral ser confortados por alguém da família se angustiados • Riem alto (gargalhadas) • Demonstram insatisfação ou decepção quando perdem um brinquedo • Expressam muitas emoções com clareza: prazer, raiva, ansiedade, medo, tristeza, satisfação, excitação
Bebês que se movem (até 18 meses)	• Demonstram orgulho e satisfação diante de novas conquistas • Expressam sentimentos negativos • Continuam demonstrando prazer ao dominar situações • Demonstram consciência de si mesmos
Crianças pequenas (até 3 anos)	• Apresentam constantemente sentimentos e comportamentos agressivos • Exibem mudanças de estado e de humor contrastantes (teimoso x complacente) • Exibem cada vez mais medos (do escuro, de monstros, etc.) • Estão conscientes de seus próprios sentimentos e dos de outras pessoas • Verbalizam sentimentos com mais frequência, expressam sentimentos em jogos simbólicos

Fonte: Copple e Bredekamp (2009).

Diferentes caminhos de desenvolvimento

O que você vê	Jacob sempre chega com um sorriso no rosto. Ele é flexível e tranquilo – mesmo quando as coisas parecem não sair do jeito que ele deseja. Ele gosta de brincar em pequenos grupos, e você vê que ele tem empatia com os outros do grupo (por exemplo, ao vê-lo confortar uma criança que chora).
O que você pode pensar	Com quase três anos, é um prazer ter Jacob por perto, mas em dias mais agitados você quase se esquece dele. Algumas vezes você se sente culpado por não passar mais tempo com ele.
O que talvez você não saiba	Jacob é o filho do meio – ele tem um irmão dois anos mais velho, e há um recém-nascido em sua casa. Há, também, algumas angústias financeiras em casa – o pai tem dois empregos, e a mãe está trabalhando com serviços de restauração fora de casa (ao mesmo tempo em que cuida do novo bebê). Não sobra muito tempo para dar atenção a Jacob.
O que você pode fazer	Tente fazer mais contato com Jacob – pode ser apenas um sorriso quando você cruzar com o olhar dele ou sentar ao lado dele ao mesmo tempo em que segura outra criança. Tente reservar um tempo para ficar com ele fazendo o que ele mais gosta. Deixe que ele o *ajude* a preparar a mesa para o lanche. Lembre-se de que todas as crianças precisam de atenção especial. Só porque elas não pedem não significa que elas não gostem. Não subestime a supervisão de Jacob quando estiver ocupado.

O que você vê	Megan é uma menina de dois anos e meio, ativa e intensa. Ela deixa bem claro para todos se está triste ou feliz! Ela é exigente e com frequência entra em conflito com outras crianças por causa de um brinquedo ou de outro objeto.
O que você pode pensar	Megan é complicada! Você aprecia o temperamento intenso dela, mas não gosta de suas tendências agressivas. Ela parece sempre frustrada, mesmo *antes* de começar as atividades.
O que talvez você não saiba	Megan é uma criança mal-humorada. Ela gosta de brincadeiras turbulentas, que em geral pratica com seu irmão de cinco anos. Ela recebe mensagens sutis e mensagens diretas, contraditórias, de seus pais: o pai (de outra cultura) desaprova o comportamento ativo dela e com frequência a reprime, a mãe recém começou a trabalhar fora e ama seu novo emprego – ela vê o comportamento de Megan como um sinal do desenvolvimento da independência dela.
O que você pode fazer	Ajude Megan a lidar com suas reações intensas. Crie empatia com ela quando as coisas não correrem da forma como ela espera, mas imponha limites ao seu comportamento agressivo. Tente dar mais tempo a ela para que lide com as transições; faça que ela saiba que o lanche está chegando e que depois ela poderá brincar lá fora. Ajude Megan a lidar com as frustrações, proporcionando mais oportunidades de brincar ativamente. Lembre-se de que o comportamento atual "mal-humorado" pode estar preparando o terreno para o surgimento de habilidades de liderança no futuro.

quanto no Capítulo 11, "Habilidades sociais" (página 246). Como tais informações podem ser compartilhadas de modo eficaz com cuidadores e professores? Como isso pode ser incorporado em programas de educação para professores?

RESUMO

Emoções são reações afetivas a um evento.

O desenvolvimento de emoções e sentimentos

- Bebês muito jovens têm reações emocionais não muito refinadas; estados de excitação começam a se diferenciar em alguns meses em emoções de prazer, medo e raiva.

- Crianças pequenas expressam orgulho, constrangimento, vergonha e empatia; adultos precisam apoiar os esforços das crianças pequenas direcionados a aprender o uso de técnicas para lidar com as frustrações diárias.

Recursos on-line

Acesse nosso Centro de Aprendizado *On-line* em www.mhhe.com/itc9e, clique em *Student Edition* e escolha *Chapter 10* para acessar o guia do estudante, que inclui uma revisão do capítulo, *links* relacionados, testes práticos, exercícios interativos e referências do capítulo.

Temperamento e resiliência

- Temperamento, ou o estilo comportamental do indivíduo, pode ser tratado em termos de *características*, e entender essas características pode ajudar cuidadores a responder às crianças de modo atencioso e cuidadoso.
- A resiliência, ou a capacidade de superar adversidades, é vista como um processo dinâmico; pesquisas sobre ela indicam que existem estratégias de cuidados para promover seu desenvolvimento e fomentar habilidades para lidar com as situações adversas, que serão úteis durante toda a vida.

Ajudando bebês e crianças a lidar com o medo

- Um medo comum no primeiro ano de vida tem a ver com a ansiedade diante do desconhecido. Os medos se tornam mais complexos à medida que a criança cresce e podem se relacionar com criaturas imaginárias, animais, escuridão ou ameaças de danos físicos.
- É importante aceitar todos os medos como válidos e dar a criança o tempo necessário para que se adapte a novas experiências.

Ajudando bebês e crianças a lidar com a raiva

- Cuidadores respeitosos aceitam e refletem sobre a raiva de uma criança pequena; eles não contradizem o que a criança está dizendo, ao mesmo tempo em que protegem a criança (e outras pessoas), à medida que ela aprende a desenvolver habilidades em lidar com as situações.
- A raiva pode mobilizar energia extra para resolver problemas e extravasar frustrações. É importante lembrar que algumas culturas carregam opiniões diferentes a respeito da expressão da raiva.

Técnicas de autorrelaxamento

- Aprender a abrandar estados emocionais conturbados é uma habilidade importante. Alguns desses comportamentos *autorrelaxantes* podem ser inatos (por exemplo, chupar o dedo) e outros as crianças podem aprender (por exemplo, aprender a compartilhar os sentimentos).
- O desenvolvimento dos comportamentos de autorrelaxamento é influenciado pelo desenvolvimento da confiança e auxiliado pelas relações sociais atenciosas.

Desenvolvimento do autodirecionamento e da autorregulação

- Implicações do trabalho de Abraham Maslow e outros autores indicam o quão importante é os cuidadores satisfazerem as necessidades principais de crianças pequenas de modo respeitoso.
- O senso de direcionamento de uma criança é nutrido por relações respeitosas que se estabelecem entre ela e os adultos.

O cérebro emocional

- Trocas emocionais precoces (antes do desenvolvimento da linguagem) entre bebês e seus cuidadores fomentam o crescimento do cérebro. Relações respeitosas fortalecem as vias neurais e são pré-requisitos para um crescimento emocional saudável.
- Experiências de estresse precoces e frequentes podem permitir que o cérebro do bebê se reorganize. Hormônios de

estresse são liberados, reduzindo o número de sinapses em determinadas áreas do cérebro.

Crianças com necessidades especiais: desafios e tendências

- Existem cinco maiores desafios no campo da intervenção precoce: a necessidade de uma base de conhecimentos mais forte quanto ao desenvolvimento infantil, a expansão da força de trabalho para a intervenção precoce, mais pesquisas validadas relacionadas à intervenção precoce, mais colaboração e avaliação dentro do sistema de distribuição de serviços e mais financiamentos adequados.
- A intervenção precoce, a educação e a assistência infantis direcionadas a bebês e crianças pequenas têm contribuído para uma tendência importante: o crescimento da consciência pública da importância dos três primeiros anos na vida de uma criança. As forças combinadas desses três campos devem resultar no aumento de iniciativas de financiamento e de programas adequados.

EXPRESSÕES-CHAVE

autorrealização 217
condicionamento 212
dispositivos de autorrelaxamento 216
emoção 206
referenciamento social 207
resiliência 210
sentimento 206
temperamento 208

QUESTÕES PARA REFLEXÃO/ATIVIDADES

1. Repense sobre sua definição de apego. Que papel o apego desempenha no desenvolvimento emocional?
2. Como seus conhecimentos sobre temperamento podem ajudar em uma interação mais bem-sucedida com crianças pequenas? Como você pode estimular a resiliência?
3. Como você pode ajudar uma criança de oito meses que está com medo a se acalmar? Como seu comportamento mudaria se fosse uma criança de dois anos?
4. Como você ajudaria uma criança a lidar com a raiva? Descreva alguma experiência recente com uma criança raivosa e o que você fez diante disso.
5. Como você descreveria o seu próprio temperamento? Você acha que é uma pessoa resiliente? Pense sobre como suas respostas a essas questões influenciam suas interações com crianças pequenas.
6. Que desafios existem no campo da intervenção precoce? Como as tendências atuais também influenciam os programas de educação e cuidados de bebês e crianças?

REFERÊNCIAS

BATSHAW, M. L. *Children with disabilities*. Baltimore: Paul H. Brookes, 2007.

BERNARD, B. *Turning the corner*: from risk to resiliency. Portland, OR: Western Regional Center for Drug Fre Schools and Communities; Far West Laboratory, 1993.

BRUDER, M. B. Early childhood intervention: a promise to children and families for their future. *Exceptional Children*, v. 76, n. 3, p. 339-345, spring 2010.

CHESS, S.; THOMAS, A. *Temperament*: theory and practice. New York: Brunner; Mazel, 1996.

CHESS, S.; THOMAS, A. The origins of personality. *Scientific American*, v. 223, p. 103-109, 1970.

CHESS S., THOMAS A. *Goodness of fit*: clinical applications for infancy through adult life. Philadelphia: Bruner; Mazel, 1999.

COOPLE, C.; BREDEKAMP, S. (Ed.). *Developmentally appropriate practice in early childhood programs*. 3th ed. Washington: National for the Education of Young Children, 2009.

GALLAGHER, K. C. Brain research and early childhood development: a primer for developmentally appropriate practice. *Young Children*, v. 60, n. 4, p. 12-20, jul. 2005.

GILKERSON, L. Brain care: supporting healthy emotional development. *Child Care Information Exchange*, v. 121, p. 66–68, may 1998.

LEBOYER, F. *Birth without violence*. New York: Random House, 1978.

LUTHAR, S. C.; CICCHETTI, D.; BECKER, B. The construct of resilience: a critical evaluation and guidelines for the future. *Child Development*, v. 74, p. 543-562, 2000.

MASLOW, A. H. *Motivation and Personality*. New York: Harper & Row, 1970.

MASLOW, A. H. *Toward a psychology of being*. New York: Van Nostrand, 1968.

ROTHBART, M. K.; AHADI, B. A.; EVANS, D. E. Temperament and personality: origins and outcomes. *Journal of Personality and Social Psychology*, v. 78, p. 122-135, 2000.

SHORE, R. *Rethinking the brain*. New York: Families and Work Institute, 1997.

TABIBNIA, G.; CRASKE, M.; LIEBERMAN, M. Linguistic processing helps attenuate psychological reactivity to aversive photographs after repeated exposure. In: ANNUAL MEETING OF THE SOCIETY FOR NEUROSCIENCE, 35, 2005, Washington. *Anais...* Washington: [s.n.], 2005.

THOMPSON, R.; GOODVIN, R. The individual child: temperament, emotion, self, and personality. In: LAMB, M.; BORSTEINS, M. (Ed.). *Developmental science*: an advanced textbook. 5th ed. Hillsdale, NJ: Erlbaum, 2005. p. 391-428.

VON FRANTZ, M. L. The Process of individuation. In: JUNG, C. G. et al. *Man and his symbols*. New York: Doubleday, 1964.

LEITURAS RECOMENDADAS

BAUMGARTNER, J. J.; BUCHANAN, T. Supporting each child's spirit. *Young Children*, v. 65, n. 2, p. 90-95, mar. 2010.

BRANSCOMB, K. R.; GABLE, C. B. Infants and toddlers in group care: feeding practices that foster emotional health. *Young Children*, v. 63, n. 6, p. 28-33, nov. 2008.

CAROL, V.; WIEN, C. A. The visible empathy of infants and toddlers. *Young Children*, v. 61, n. 4, p. 22-29, jul. 2006.

GERBER, M. Helping baby feel secure, self-confident and relaxed. *Educaring* v. 1, n. 4, p. 4-5, 1980.

GILLESPIE, L. G.; HUNTER, A. Emotional flooding: using empathy to help babies manage strong emotions. *Young Children*, v. 63, n. 5, p. 46-47, sept. 2008.

GILLESPIE, L. G.; SEIBEL, N. L. Self-regulation: a cornerstone of early childhood development. *Young Children*, v. 61, n. 4, p. 34-39, jul. 2006.

HACHEY, A. C.; BUTLER, D. L. Seeds in the window, soil in the sensory table: science education through gardening and naturebased play. *Young Children*, v. 64, n. 6, p. 42–48, nov. 2009.

KERSEY, K. C.; MALLEY, C. R. Helping young children develop resiliency: providing supportive relationships. *Young Children*, v. 60, n. 1, p. 53-58, jan. 2005.

WILLIAMS, A. Exploring the natural world with infants and toddlers in an urban setting. *Young Children*, v. 63, n. 1, p. 22-25, jan. 2008.

ZAMBO, D.; HANSEN, C. Love, language, and emergent literacy: pathways to emotional development in the very young. *Young Children*, v. 62, n. 3, p. 32–37, may 2007.

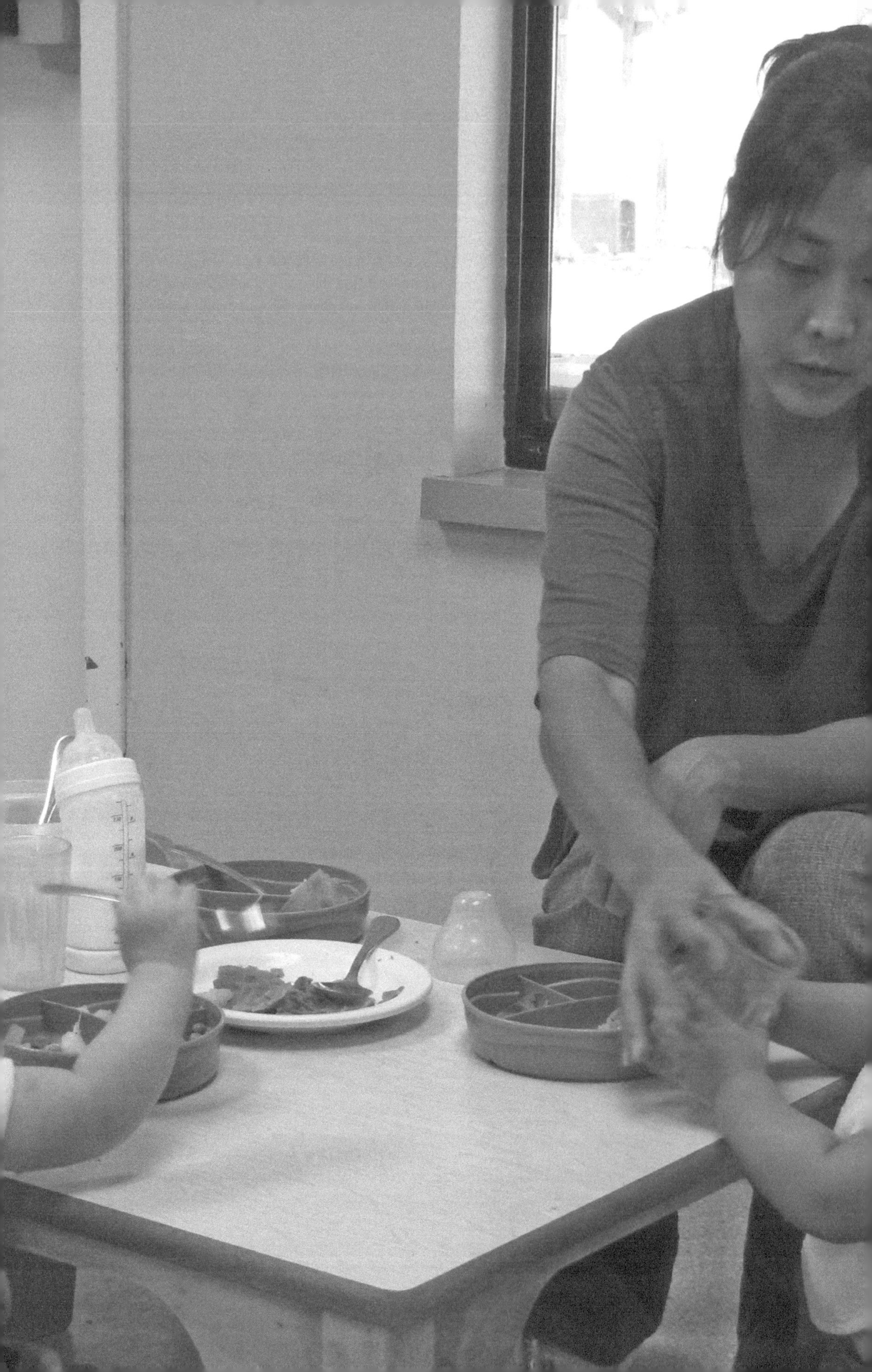

CAPÍTULO 11
Habilidades sociais

Questões em foco

Depois de ler este capítulo, você deve estar apto a responder às seguintes questões:

1 Quais são alguns exemplos de comportamentos sociais precoces?
2 Descreva os três estágios do desenvolvimento psicossocial de Erikson. O que você acha desse ponto de vista, considerando o que você sabe sobre o desenvolvimento das habilidades sociais de crianças pequenas?
3 Por que o aprendizado de lidar com os medos e outros sentimentos ligados à separação é considerado uma habilidade social importante?
4 Como a orientação e a disciplina auxiliam no desenvolvimento de habilidades sociais?
5 Um dos principais componentes da disciplina envolve o ensino de um comportamento pró-social. Quais são alguns exemplos de comportamentos pró-sociais e por que é importante estimulá-los em crianças pequenas?
6 Quais são os cinco "presentes" que adultos podem dar a bebês e crianças para promover um crescimento cerebral saudável?

O que você vê?

Uma mãe entra em um centro de assistência infantil carregando uma criança que tem uma expressão tensa no rosto. A criança está com os dois braços em volta do pescoço da mãe e segura firme nele. A mãe coloca a bolsa de fraldas na prateleira da criança, que fica na entrada, fala brevemente com a cuidadora e depois diz para a filha "Preciso ir logo mais, Rebecca. Você vai ficar aqui com a Maria. Ela vai cuidar de você depois que eu for embora". Ela se inclina, tentando colocar a filha no chão. Maria se aproxima das duas e se ajoelha, esperando. Rebecca se pendura na mãe com força, recusando-se a ser colocada no chão, e então a mãe senta no chão, ainda com Rebecca nos braços. Ambas ficam ali sentadas por alguns minutos. A criança começa a relaxar. Ela procura por um brinquedo, depois o empurra para a frente e para trás arrastando-o no tapete, ainda nos braços da mãe. Ela fica absorvida pela atividade e sai gradualmente do colo da mãe. Então a mãe se levanta, depois se inclina e beija a filha, dizendo: "Agora preciso ir... Tchau, tchau!". Ela caminha em direção à porta. Rebecca a segue, parecendo estressada. Já na porta, a mãe se vira brevemente, acena para ela, manda um beijo, vira-se de novo para a porta, abre-a e vai embora. Com o barulho da porta fechando, Rebecca desata a chorar.

Uma das habilidades especiais mais importantes que as pessoas precisam aprender é a de se separar das pessoas com quem se importam. Rebecca está trabalhando em tal habilidade. Mais adiante neste capítulo, veremos como Maria ajudou Rebecca a lidar com seus sentimentos relacionados ao abandono.

Padrão do programa NAEYC 1
Relacionamento

As habilidades sociais, que são o foco deste capítulo, definem grande parte dos comportamentos apropriados para interagir e se conectar com outras pessoas. Esses comportamentos contribuem para a *socialização,* que é o processo de aprendizado dos padrões e expectativas de determinada cultura. O desenvolvimento social é subjacente a todas as áreas de desenvolvimento, bem como as auxilia. À medida que crianças muito pequenas aprendem a manipular seus corpos, elas vão se tornando mais aptas a controlarem suas ações direcionadas a outras pessoas. À medida que suas capacidades cognitivas se expandem e permitem que elas consigam enxergar a partir das perspectivas de outras pessoas, elas passam a usar as palavras que conhecem para cooperar e para compartilhar ideias e sentimentos. A autorregulação emocional contribui para a crescente independência da criança, e é a expansão dessa habilidade das pessoas de controlar seus próprios comportamentos que, por fim, possibilitará que a criança se torne membro participativo de um grupo. Aprender habilidades sociais faz parte de um processo de socialização que leva algum tempo, durante o qual as crianças precisam contar com o apoio de adultos em quem confiam.

É importante que se observe as habilidades sociais de uma perspectiva do desenvolvimento. Bebês e crianças, especialmente crianças pequenas na sociedade atual, precisam exercer algumas tarefas específicas. Uma base de apego segura permite que uma criança generalize a ideia de confiança e, assim, ela pode se *separar* dos pais com certo grau de tranquilidade. O desenvolvimento muscular e motor colaboram em habilidades sociais que vão do *treinamento para ir ao banheiro* até a habilidade de *comer sem ajuda.* Habilidades cognitivas e linguísticas se combinam para ajudar crianças pequenas a *resolverem problemas* e a *esclarecem suas necessidades* para outras pessoas. Um senso de si mesmo e uma crescente habilidade em lidar com os sentimentos proporcionam a base para o desenvolvimento da *empatia.* E é por meio da empatia, esse sentimento de identificar-se com o outro, que desenvolvemos relações interdependentes e estabelecemos uma sociedade justa.

Os pais, é claro, são os primeiros professores da criança e desempenham o papel mais importante no desenvolvimento das habilidades sociais. É fundamental que provedores de cuidados a crianças entendam e observam quais habilidades sociais são valorizadas em casa, de modo que a criança não receba mensagens contraditórias. As parcerias entre famílias e cuidadores são obviamente importantes, e as exploraremos em mais detalhes no Capítulo 14. O mais significativo a ser observado é que as crianças pequenas aprendem habilidades sociais com adultos positivamente reativos que se importam com elas, que dão exemplos de comportamento que a cultura em questão valoriza e que constantemente demonstram que as respeitam.

Este capítulo observa a progressão das habilidades sociais da época de bebê até a primeira infância. Daremos ênfase especial à teoria de Erik Erikson, que abrange os estágios da confiança, da autonomia e da iniciativa. Também trataremos de como a orientação e a disciplina apoiam o desenvolvimento social das crianças pequenas e levam ao desenvolvimento do comportamento pró-social. A importância de promover um crescimento cerebral saudável e de fomentar a autoestima de todas as crianças são os temas de conclusão do presente capítulo.

Em nenhum outro momento histórico o desenvolvimento das habilidades sociais foi considerado tão importante como agora. Não podemos criar uma geração que acredita que usar o poder deliberadamente está certo. Precisamos ensinar às crianças maneiras de resolver conflitos de modo que não precisem apelar para a força. Esse ensinamento come-

> **Os princípios em ação**
>
> **Princípio 4** Invista tempo e energia para construir uma pessoa completa (concentre na criança "como um todo"). Não foque isoladamente o desenvolvimento cognitivo como algo separado do desenvolvimento total.
>
> Cody tem 26 meses e os cuidadores em seu programa para crianças pequenas se maravilham com ele. Filho único de um casal de profissionais, ele fala como um adulto, usando palavras grandes e formando frases complexas. Ele sabe de cabeça muitas músicas que ouviu no rádio e gosta sempre de contar a todos sobre o último vídeo a que assistiu. Ele parece estar tentando ensinar a si mesmo a ler e já é um especialista em noções numéricas. Ele raramente presta atenção em outras crianças e passa a maior parte do tempo mostrando suas numerosas habilidades para os adultos. Ele parece não saber como entrar nas brincadeiras com outras crianças ou mesmo como brincar perto delas de forma paralela. Ele encanta de tal forma os cuidadores que eles parecem cegos à necessidade dele de aprender habilidades sociais para se conectar com seus pares. Ninguém se preocupa com Cody.
>
> 1. Você vê algum motivo para preocupação?
> 2. Se você trabalhasse nesse programa, o que você faria para ajudar Cody a se interessar por outras crianças e a querer aprender a se relacionar com elas?
> 3. Se você reparasse que o desenvolvimento de Cody está sendo desigual, como você abordaria os pais para falar sobre o que percebe?
> 4. Por que você acha que Cody aparenta necessitar tanto da atenção dos adultos?
> 5. O que mais você gostaria de saber?

ça com os bebês. O primeiro livro de Pikler, *Peaceful Babies, Contented Mothers* (publicado na Hungria, em 1940), foca a questão de criar pessoas pacíficas. No Pikler Institute, onde crianças são criadas em uma configuração residencial, os observadores ficam surpresos com as habilidades sociais que as crianças demonstram.

Outra questão de socialização significante está ilustrada na parte Princípios em Ação. Quando os adultos focam demais as habilidades intelectuais e não notam a falta de habilidades sociais da criança, o desenvolvimento pode ser desigual e a criança pode sofrer de desvantagens graves. As abordagens de Pikler e Gerber ressaltam a importância de focar todos os aspectos da criança.

Comportamentos sociais precoces

O apego é o fator mais importante no desenvolvimento das habilidades sociais. Os comportamentos de apego primário foram discutidos no Capítulo 5, na parte dedicada às primeiras relações, que por sua vez fomentam as habilidades sociais. Desde o início, bebês interagem em *sincronia*, movendo os corpos no ritmo dos movimentos corporais daqueles que falam com eles. Esses movimentos quase dançantes são muito breves, porém estão presentes – mesmo que o falante não esteja consciente deles. Eles ocorrem apenas em reação à linguagem (a qualquer tipo de língua, não só apenas à língua da família do bebê) e não aparecem como reação a outros tipos de ritmo (BOWER, 1982).

A imitação é outro comportamento social precoce que podemos observar. Nas primeiras semanas de vida, os bebês darão início a movimentos como abrir muito os olhos ou colocar a língua para fora. Bebês que riem muito também estão se comportando socialmente, usando um comportamento designado com fins de envolver os adultos ao redor em trocas sociais. Até que ponto os primeiros sorrisos são *de fato* sorrisos sociais é um tema ainda em debate, no entanto, eles em geral provocam uma reação social.

Em poucos meses, a maioria dos bebês se tornam eficazes ao se comunicarem de forma não verbal e já desenvolveram apego por determinadas pessoas. Eles demonstram reações de medo, ou **ansiedade do desconhecido**, quando pessoas que eles não conhecem estão presentes. Essa reação tende a ser mais forte quanto melhor for a comunicação entre os bebês e seus pais. Em geral isso pode ser minimizado se o desconhecido permanecer silencioso e sem tentar se comunicar. Durante esse período, em geral por volta da segunda metade do primeiro ano de vida, a ansiedade do desconhecido está presente. Os bebês ficam angustiados quando pessoas-chave em suas vidas se afastam deles ou os abandonam. Estabelecer confiança é a melhor forma de tranquilizar essa preocupação das crianças pequenas, mas se trata de um *processo*, e iremos discuti-lo mais detalhadamente.

Por volta do segundo ano de vida, os bebês já fazem gestos sociais não verbais que, de alguma forma, são previsões do seu futuro como bons pré-escolares ou como alunos que terão dificuldade de relacionamento com os colegas.

Os bebês que provavelmente serão bons pré-escolares já reúnem uma série de gestos *amigáveis* que eles exibem regularmente, como oferecer brinquedos, bater palmas ou sorrir. Bebês que regularmente exibem gestos ameaçadores ou agressivos em geral se tornam pré-escolares menos bem-sucedidos (ROOPNARINE; HONIG, 1982).

Reflita

Você é uma pessoa com senso básico de confiança? O que você acha que lhe proporciona essa confiança?

Estágios do desenvolvimento psicossocial

Erik Erikson foi um dos primeiros teóricos a levar em conta o desenvolvimento social. Em seu trabalho mais importante, *Infância e Sociedade,* ele ressalta que em cada estágio da vida emergem conflitos específicos entre as necessidades individuais e a capacidade de satisfazer essas necessidades. Tais *conflitos* eram geralmente associados a uma base social – mas alguns pareciam acreditar numa base mais individual. Quando ocorria uma "resolução", acreditava-se que ela vinha acompanhada de um crescimento positivo que moveria o indivíduo para o próximo estágio. Erikson desenvolveu a perspectiva de uma vida toda e a dividiu em oito estágios diferentes; neste capítulo, falaremos apenas das primeiras três fases (informações aplicadas a crianças de até três anos). (Veja a Tabela 11.1 para mais detalhes.)

Confiança

O primeiro estágio de desenvolvimento psicossocial é a **confiança**. Em algum momento durante o primeiro ano de vida, os bebês percebem que suas necessidades são satisfeitas regularmente e de modo gentil e, então, eles

Tabela 11.1 Os primeiros três estágios de desenvolvimento de Erikson (*As partes em negrito se referem a crianças até três anos de idade*)

Idade	Estágio	Descrição
0-1 ano	Confiança x desconfiança	**Crianças passam a confiar no mundo se suas necessidades forem satisfeitas e se elas forem cuidadas de modo sensível. De outra forma, elas passam a ver o mundo como um lugar frio e hostil e desenvolvem um senso básico desconfiado.**
1-3 anos	Autonomia x vergonha e dúvida	**Crianças trabalham para se tornar independentes em áreas como alimentação e idas ao banheiro. Elas conseguem falar e se impor. Se não aprendem a desenvolver certo grau de autossuficiência, elas passam a duvidar de suas capacidades e sentem vergonha.**
3-6 anos	Iniciativa x culpa	Crianças confiam em sua participação no mundo, testam novas atividades e exploram novas direções. Se seus limites forem muito rígidos e elas constantemente os ultrapassarem, experimentam um sentimento de culpa relacionado a essas necessidades interiores que estão sempre lhes "trazendo problemas".

concluem que o mundo é um bom lugar. Eles desenvolvem o que Erikson chamou de "senso de confiança básica". Se as necessidades dos bebês não são atendidas de forma consistente, ou são atendidas de modo ríspido, eles podem chegar à conclusão de que o mundo não é amigável e desenvolver desconfiança em vez de confiança. Alguns bebês podem carregar essa visão até a vida adulta se nada acontecer até lá para mudar esse ponto de vista.

Se os bebês frequentam creches, os adultos no programa têm certa responsabilidade em garantir que as crianças sob seus cuidados desenvolvam um senso básico de confiança. As *necessidades* dos bebês devem constituir a preocupação principal de todos no programa. Não há como um programa voltado a bebês funcionar se ele não enfatiza as necessidades individuais. A importância de desenvolver um senso de confiança básica também significa que bebês em creches ou instituições de assistência infantil devem ser divididos em grupos pequenos e contar com cuidadores consistentes. A estabilidade dos programas contribui para o bem-estar dos bebês e para a construção do senso de confiança.

Parte do desenvolvimento da confiança tem a ver com lidar com a separação. À medida que o apego é fortalecido, também se fortalece o terror de ser separado da pessoa a quem a criança se apegou. Provedores de cuidados infantis gastam muito tempo e energia ajudando crianças a lidarem com seus sentimentos de separação. A cena de abertura, no início do capítulo, dá um exemplo disso. Retome novamente essa cena. Lá está Rebecca, deitada no chão, chorando.

> Ela olha para cima quando uma mão toca seu ombro. Ela vê, ajoelhada ao seu lado, Maria, a cuidadora. Ela recua, afastando-se do toque. Maria continua parada próxima a ela. "Estou vendo que você está chateada porque sua mãe foi embora", diz Maria. Rebecca começa a gritar novamente.
>
> Maria continua próxima, porém em silêncio. Os gritos de Rebecca diminuem, e ela começa a soluçar. Ela continua soluçando por um tempo; depois ela aponta para a bolsa das fraldas que sua mãe deixou na prateleira. Ela procura por isso com os olhos, e seu rosto cheio de lágrimas demonstra muita expectativa em ter o objeto em mãos. Maria pega a bolsa para ela. Rebecca agarra a bolsa. Maria coloca a mão dentro da bolsa e retira de dentro dela um pequeno urso de pelúcia enrolado em um pano. Rebecca pega o urso e o abraça com força. Ela desenrola o pano e periodicamente o leva ao nariz, cheirando-o. A expressão dela vai ficando cada vez mais relaxada.
>
> Maria se afasta dela. Rebecca nem parece perceber. Maria volta com uma caixa cheia de bonecas e cobertores, que ela coloca no chão, ao lado de Rebecca. Rebecca engatinha em direção a caixa imediatamente, abre-a e remexe dentro. A cena acaba com Rebecca enrolando uma boneca num cobertor e colocando-a para dormir na caixa próxima ao seu urso, que está coberto pelo pano.

Padrão do programa NAEYC 1
Relacionamento

Repare em como Maria ajudou Rebecca a lidar com a separação. Ela nomeou a situação e os sentimentos. Ela permaneceu disponível, mas não fez pressão. Ela foi sensível às reações de Rebecca ao toque e às palavras dela. Ela estimulou Rebecca a encontrar conforto em apetrechos familiares. Ela configurou o ambiente de modo a apoiar Rebecca.

Ajudando crianças a lidar com a separação Já que a separação é uma questão tão importante e está ligada a uma habilidade social essencial, que se desenvolve durante a época de bebê e a primeira infância, ela merece a consideração e o planejamento dos adultos. Tente sempre ser honesto; defina os fatos e rotule os sentimentos emocionais ("Sua mãe teve de ir trabalhar, então você se sente triste por ela ter ido embora"). Lide com a experiência de separação com o grau apropriado de seriedade e evite subestimar a importância do nível de sofrimento que a criança pode estar experimentando. Leva tempo até que uma criança pequena consiga de fato confiar; nesse intervalo, se a criança estiver com medo, aceite o fato. Ofereça ajuda e auxilie as

Padrões do programa NAEYC 2 e 3
Currículo e ensino

crianças no desenvolvimento de suas habilidades para lidar com isso. Lembre-se de que algumas crianças apreciam a proximidade com outras pessoas, mas há aquelas que preferem um brinquedo ou outro material interessante.

Receba bem os objetos que a família traz de casa e que podem proporcionar conforto à criança. Um cobertorzinho especial, um bicho de pelúcia ou mesmo a bolsa velha da mamãe podem ser objetos especiais aos quais a criança é apegada, e eles podem proporcionar o apoio temporário do qual a criança precisa. Permita que todas as crianças usem seus métodos individuais para se confortarem; algumas crianças podem não querer se separar de um agasalho especial mesmo nos dias de calor. Lembre-se, também, que é importante ajudar uma criança a lidar com a separação mesmo que não *aparente* estar terrivelmente triste. Lidar com a separação e a perda é uma tarefa para a vida inteira; ao longo da vida perdemos aqueles a quem somos apegados, e os eventos mudam nossas circunstâncias. As habilidades para lidar com situações adversas, que desenvolvemos nos primeiros três anos de vida, nos ajudam durante muito tempo. Quando crianças pequenas aprendem a lidar com os medos ligados à separação, elas reúnem sentimentos de superioridade, e a confiança se expande e permite que outros sejam incluídos nas relações sociais.

Questões dos cuidadores relativas à separação Algumas vezes é difícil para os cuidadores lidar com sentimentos de bebês e crianças relacionados à separação, devido às suas experiências pessoais. Eles podem ainda alimentar sentimentos ligados às suas separações no passado e preferir não reabrir as velhas feridas. Nesses casos, os cuidadores podem se sentir desconfortáveis quando estiverem perto de crianças sofrendo com alguma separação. E, em vez de tentar entender o que está acontecendo, os cuidadores podem querer distrair a criança até que o sentimento de perda passe. Mas a dor da separação não precisa apenas "passar", e as crianças precisam aprender a lidar com tais sentimentos. A separação é, na verdade, parte do currículo, e os cuidadores precisam ser capazes de focá-la e planejá-la, quando possível.

Também é importante que os cuidadores reconheçam a ampla gama de sentimentos que envolvem o sentimento de separação em bebês e crianças. Sentimentos de perda podem variar desde um leve desconforto até ansiedade, solidão, tristeza e mesmo dor. A criança pode experimentar apenas um desses sentimentos ou todos ao mesmo tempo. Embora bebês e crianças pequenas não sejam muito competentes em descrever sentimentos, é fácil perceber que eles sentem o mesmo tipo de emoções que os adultos.

Cuidadores precisam estar preparados para encarar o fato de que pais também enfrentam questões relativas à separação. Algumas vezes, parece que os pais exageram os problemas da separação e mesmo criam problemas adicionais, devido ao seu próprio medo de deixar as crianças. É difícil lidar com um pai que vai embora escondido porque odeia se despedir. Outras despedidas são muito prolongadas e complicadas, e uma criança que estava pronta para se separar de repente decide que não quer mais! Alguns pais sofrem porque o filho chora quando eles saem, outros sofrem porque a criança *não* chora. Seja sensível aos sentimentos dos pais; estimule-os a ligar durante o dia para ver como a criança está. Alguns pais podem sentir culpa por abandonar seus filhos – eles precisam de apoio e compaixão. (O Capítulo 14 traz mais informações sobre o assunto.)

Lembre-se de que também existem questões de separação *dentro* dos programas de assistência infantil. Quando mudam os turnos, alguns adultos saem e outros entram em cena. Bebês e crianças podem ter de lidar com a separação de um cuidador querido antes de dizer olá novamente para a mãe ou pai querido. Algumas dessas idas e vindas tendem a ser menos frequentes em centros de assistência familiar, porque os grupos tendem a ser menores e há menos adultos nos programas.

Reflita

O que você lembra a respeito de uma época de sua vida em que tenha sido separado de alguém a quem era apegado? De quais sentimentos você lembra? O que o ajudou a lidar com eles? Alguém ajudou você nesse processo?

Reflita

Você é uma pessoa que sofre com questões ligadas à separação? Os sentimentos de crianças em relação a isso chateiam você mais do que a outras pessoas que você conhece? Se sim, o que você pode fazer a respeito de suas próprias questões relativas à separação? Se não, como você acha que aprendeu a lidar com a separação?

Autonomia

O segundo estágio do desenvolvimento psicossocial de Erikson, a **autonomia**, ocorre quando a criança chega ao segundo ano de vida e começa a ser movimentar pelo ambiente. Quando bebês se tornam crianças pequenas, eles começam a perceber a si mesmos como indivíduos separados, e não apenas como uma parte da pessoa a quem são apegados. Eles descobrem o poder que possuem e pressionam a si mesmos em busca de independência. Ao mesmo tempo, as capacidades que eles estão desenvolvendo permitem que eles façam mais por si mesmos. Eles aprendem habilidades de autoajuda.

A aptidão para o treinamento da ida ao banheiro, discutida no Capítulo 3, é um exemplo da junção das crescentes capacidades de buscar independência. As capacidades necessárias se dividem em três domínios separados – o físico (controle), o cognitivo (entendimento) e o emocional (disposição). O objetivo é conseguir que o movimento em direção à independência trabalhe a seu favor. Reflita e evite disputas de poder. É melhor para a criança que ela a veja como um apoio às suas crescentes capacidades e habilidades de ser independente.

A linguagem dá dicas sobre outra área da autonomia. O "NÃO!" pelo qual as crianças pequenas são famosas aponta para as noções de separação e independência. Eles se diferenciam de outras pessoas por meio do que parecem ser provocações. Se você quer que eles entrem, eles querem sair. Se você quer que eles parem, eles querem começar. Se você serve leite, eles querem suco.

Os cuidadores em geral não deparam tanto com esse tipo de comportamento quanto os pais. A ligação entre o pai e a criança é muito mais forte e passional. Muitas crianças se sentem mais seguras e, portanto, mais livres, para se expressar por meio de palavras e ações em casa do que nos centros de assistência infantil. É importante não deixar que os pais pensem que estão fazendo algo errado por surgirem comportamentos mais desafiantes e rebeldes quando eles estão presentes. Comportamentos de recusa são normais, e mesmo bons, para as crianças que os exibem. Esses comportamentos indicam que o crescente senso de autonomia e separação está se solidificando.

A linguagem proporciona informações adicionais sobre autonomia. "Eu faço isso!" mostra que a criança está na trilha da independência. Ao focar esse processo, você pode promover o desenvolvimento das habilidades de autoajuda. Quando as crianças querem "fazer isso", configure a situação para que elas *possam* de fato fazer.

Algumas vezes, em nome da justiça, crianças são constantemente solicitadas a desistir de sua vez ou a compartilharem um brinquedo *antes* de terem terminado de brincar com ele. Quando isso ocorre em um ambiente em que não há posses privadas, em vez de aprender a ser uma pessoa solidária, algumas crianças apenas aprendem a não se importar: não importa se brincam com este ou aquele brinquedo e não importa por quanto tempo. Elas aprendem a não se envolverem em vez de aprenderem a encarar o sofrimento por qual passam, já que são constantemente interrompidas ou deixadas de lado. Pense em como seria se você fosse uma criança que nunca tem chance de extravasar uma fantasia ou de atingir um nível satisfatório de contentamento, por nunca ser permitido que você fique com determinado brinquedo até realmente não querê-lo mais. Como a situação afetaria sua capacidade de atenção? Você acha que algumas crianças aprendem a desenvolver uma capacidade de atenção que abrange períodos mais curtos por que os cuidadores focam demais o compartilhamento? Os programas devem dar às crianças oportunidades de terminarem as tarefas e oferecê-las em espaços privados onde nem sempre seja preciso compartilhar.

Reflita

Você reage vigorosamente a comportamentos demonstrados por crianças pequenas que estão lidando com questões de autonomia? Por quê? Você acha que a sua cultura tem algo a ver com a sua resposta?

Iniciativa

A expressão de Erikson para o estágio por qual passam crianças mais velhas à medida que se aproximam da idade pré-escolar é **ini-**

ciativa. O foco na autonomia por fim passa. A energia que antes era investida na busca por separação e independência, e que com frequência resulta em provocação e rebeldia, agora fica disponível para novos objetivos. Essa energia estimula as crianças a criarem, inventarem e explorem, à medida que buscam novas atividades. Nesse estágio, as crianças passam a dar início às coisas que acontecem na vida delas e adquirem entusiasmo diante do poder recém-descoberto.

O cuidador deve reagir a essa necessidade de iniciativa oferecendo informações, recursos, liberdade e estímulo. Ainda que crianças mais velhas ainda precisem muito de limites, o cuidador já pode estabelecer e manter os limites de forma que as crianças não se sintam culpadas diante dessa necessidade poderosa que têm de tomar iniciativas. Pessoas com iniciativa se tornam cidadãos de grande valor. Eles adquirem essa qualidade muito cedo na vida, quando as pessoas ao redor os estimulam a serem *exploradores, pensadores* e *fazedores*.

Orientação e disciplina

A orientação e a disciplina fazem parte do processo contínuo de ensinar habilidades sociais às crianças; o qual, às vezes, é um processo frustrante. Pode ser muito útil parar e definir esse processo e considerar objetivos de longo prazo, que envolvem adquirir autoconfiança e autoestima. (O que talvez venha a calhar quando você estiver tentando apoiar uma criança que está chorando, determinada a agarrar um brinquedo da mão de outra!) A *orientação* é a abordagem filosófica usada para ensinar padrões e expectativas da cultura em questão, e a *disciplina* constitui-se de técnicas específicas envolvidas para cumprir essa tarefa. A sua filosofia de orientação determina as suas técnicas de disciplina; nenhuma técnica funciona em todos os casos, mas você deve ser persistente e apoiar as crianças em seu crescimento contínuo rumo a uma socialização positiva.

Padrão do programa
NAEYC 3
Ensino

Segurança e controle para bebês

Nos primeiros três anos de vida, as crianças aprendem muitas habilidades sociais, e ajudá-las a lidar com frustrações, a resolver problemas e a estabelecer um senso de segurança requer cuidadores que valorizem e respeitem a individualidade de cada criança. A orientação durante o primeiro ano de vida precisa envolver aceitação e construção da confiança. Bebês não precisam de disciplina porque os limites aparecem naturalmente a partir de suas próprias limitações. Orientar bebês significa proporcionar a eles segurança e um cuidado positivamente reativo; os cuidadores devem oferecer aos bebês o controle que falta a eles. Um exemplo de oferecimento de controle quando um bebê necessita ocorre quando recém-nascidos choram por alguma angústia que não é fome. Algumas vezes enrolá-los firmemente em um cobertor tem o poder de acalmá-los; o cobertor parece proporcionar a eles o controle que não têm nos braços e nas pernas.

Esse mesmo tema – o aperto proporcionando o controle que falta ao bebê – pode assumir outra conotação num estágio posterior. Crianças pequenas talvez também apreciem um "sentimento de aperto" (controle vindo de fora) em situações nas quais ainda fica aparente a capacidade subdesenvolvida deles de controlarem a si mesmos. Abraçar com força crianças fora de controle, e ao mesmo tempo controlá-las, em geral as ajuda a recuperar o controle interior.

Limites para crianças pequenas

Crianças pequenas precisam sentir que existem **limites** mesmo quando não necessitam desse aperto que significa controle vindo de fora. Pense nos limites – regras de comportamento – como cercas ou barreiras invisíveis. Como as crianças não conseguem ver essas barreiras, elas precisam testá-las ou descobri-las. Assim como muitos adultos sentem necessidade de tocar a superfície por trás da placa de "tinta fresca", as crianças pequenas também sentem necessidade de ultrapassar um limite para conferir se ele realmente existe. Algumas crianças fazem mais testes do que outras, devido a um fator provavelmente comportamental, mas todas as crianças, sem exceção, precisam saber que existem limites. Os limites proporcionam um sentimento de proteção, da mesma forma que o cobertor apertado proporciona segurança ao recém-nascido.

Para uma ilustração da segurança que os limites proporcionam, imagine-se cruzando uma ponte muito alta. Você provavelmente já passou por isso mais de uma vez. Os limites da ponte são os muros de proteção na beirada. Você se imagina atravessando essa ponte se os muros de proteção forem removidos? Você sabe que não precisa deles, fisicamente – afinal, quantas vezes você de fato se chocou contra eles? Mesmo assim, a ideia de atravessar uma ponte muito alta sem muros de proteção é aterrorizante. Os muros geram um sentimento de segurança, do mesmo modo que os limites proporcionam esse sentimento de segurança para as crianças pequenas.

Qualquer discussão sobre limites, orientação e disciplina de crianças pequenas traz à tona a discussão sobre o que fazer a respeito de comportamentos como morder, bater, atirar coisas ou apresentar negativismo exagerado. Nenhuma resposta específica pode se aplicar a todos esses comportamentos, em todas as situações, em relação a todas as crianças. A única resposta específica que se aplica a tudo é "Depende...".

Morder Vamos observar o comportamento de "morder". Comece se perguntando "Por que esta criança morde? O que está por trás desse comportamento?" Se as crianças são muito novas, elas podem morder por amor. Alguns adultos "mordiscam" para demonstrar afeição, e bebês imitam essa ação mordendo aqueles que amam. As bocas são órgãos expressivos, e quando a criança é muito nova para traduzir os sentimentos em palavras, elas podem morder para se expressar.

É claro que nem sempre morder significa amor, às vezes as crianças mordem para demonstrar poder. Quando a criança é muito jovem, o poder físico é mínimo. No entanto, as mandíbulas têm músculos fortes, e os dentes pequeninos são afiados. Mesmo uma criança muito pequena pode fazer grandes estragos com uma mordida. Algumas crianças aprendem que esse é um meio de se livrarem de crianças maiores que elas. As crianças também podem morder por curiosidade, raiva ou em uma tentativa de ganhar atenção.

O único modo de parar com as mordidas é preveni-las, e não tentar fazer algo logo depois que acontecem. Morder é um comportamento muito intenso para que sua continuidade seja permitida. A mordida é dolorosa para quem a recebe e é alarmante para quem morde a sensação de ter tanto poder em machucar. Uma boa técnica é redirecionar essa necessidade. Dê a essas crianças coisas de morder que sejam realmente feitas para isso – argolas de dentição, paninhos, objetos de borracha ou de plástico. Ofereça escolhas, dizendo algo como "Não posso deixar que você morda Craig, mas você pode morder esse brinquedo de plástico ou essa toalhinha molhada".

Outras coisas que você pode fazer, além de controlar o comportamento e oferecer alternativas de objetos para serem mordidos, dependerão das origens da necessidade de morder. Se a criança recebe o exemplo, tente dar um fim a ele. Se for a expressão de um sentimento (amor, frustração ou raiva), ensine algumas alternativas para se expressar. Ajude as crianças a redirecionarem suas energias de formas positivas para expressarem seus sentimentos. Se uma questão de poder estiver envolvida, ensine às crianças outras técnicas para que elas ganhem o que querem ou precisam. Se for uma questão de atenção, encontre meios de dar atenção a essa criança sem que o motivo seja a mordida. Não existem soluções fáceis, e pode ser necessário muito tempo, muitas discussões, cooperação e trabalho de equipe para que sejam identificadas as origens desse comportamento e a abordagem apropriada para lidar com ele.

Morder é um exemplo de comportamento agressivo (com intenção de machucar). Outros comportamentos agressivos que causam problemas a cuidadores de crianças pequenas são: bater, chutar, empurrar, arrancar cabelo, atirar objetos e destruir brinquedos e outros materiais. Para descobrir o que fazer a respeito desses comportamentos, você precisar entrar num processo de resolução de problemas: observar a criança individualmente, considerar as possíveis origens do comportamento e a mensagem por trás dele, prestar atenção em como o ambiente pode contribuir para o comportamento e em como a atitude do adulto pode impulsionar a agressão e verificar os recursos dos quais a criança dispõe para expressar os sentimentos de outra maneira. Cuidado com conselhos que ofereçam uma única e simples solução. Comportamentos são tão complexos quanto o são as crianças. Nenhuma abordagem vale para todo mundo o tempo inteiro.

Negativismo O negativismo é outra categoria de comportamentos difíceis que os cuidadores de crianças pequenas devem tentar entender. Uma reclamação frequente dos cuidadores é "Eles não fazem o que eu peço". Parte do problema pode ser que crianças pequenas nem sempre conseguem transformar mensagens transmitidas por palavras em controle físico, mesmo quando entendem o que você quer. Outra parte do problema é que quando as crianças pequenas se deparam com demandas e ordens, elas com frequência fazem o contrário.

O segredo para lidar com o negativismo é evitar desafios. Fique fora de disputas de poder. Ao abordar uma criança que está ultrapassando um limite – digamos, uma menina subindo em uma mesa – comece sendo calmo e natural em vez de confrontar a criança. Estabeleça o limite em termos positivos, como "A rampa é que é feita para subir" ou "Os pés devem ficar no chão". Uma professora particularmente talentosa diria "Você pode colocar seus pés bem aqui", indicando o lugar apropriado. Em nove de dez vezes em que isso é feito as crianças colocam os pés exatamente onde devem colocar! Algo na forma em como ela diz isso transmite uma confiança e um posicionamento positivo, de tal modo que nenhum desafio entra em jogo.[1]

A Figura 11.1 esboça algumas considerações gerais a respeito de orientação e disciplina para crianças muito novas.

1. Planeje o ambiente de modo a evitar possíveis *locais de conflito*; ofereça tempo, espaço e materiais o bastante para apoiar as necessidades que se desenvolvem durante o crescimento de bebês e crianças.

2. Observe o temperamento e as particularidades de cada criança; algumas crianças conseguem fazer uso da linguagem para expressar sentimentos de insatisfação, outras podem extravasar as frustrações mais fisicamente.

3. Esteja consciente de que às vezes as consequências naturais podem ser o melhor professor (por exemplo, dizer "Se você bate nele, ele não vai mais querer brincar com você" pode ser muito eficaz); esteja sempre consciente das questões relacionadas à segurança e disponível para *explicar* as consequências.

4. Evite qualquer técnica de disciplina que inflija dor – física ou psicológica; a dor fomenta a agressão.

5. Quando estabelecer um limite, explique o *porquê*. Crianças pequenas tendem a obedecer melhor se entendem o motivo de serem solicitadas a fazer algo; não espere que elas concordem imediatamente e permaneça disponível para repetir a explicação.

6. Cultive a parceria família/cuidador em seu programa; práticas disciplinares estão profundamente arraigadas às crenças da família.

7. Seja um exemplo do comportamento que quer ensinar; lembre-se de que a palavra *disciplina* vem de uma palavra latina que significa "ensinar"; indique o caminho mostrando à criança o que fazer.

Figura 11.1 Técnicas de disciplina e orientação que apoiam o desenvolvimento social.

Ensinando habilidades pró-sociais

Comportamento pró-social é uma habilidade social significativa. Ela inclui ações de interação ou a favor da interação com outra pessoa que não envolvam o pensamento de que se obterá qualquer gratificação em troca. Não existe um gene responsável por isso; o processo precisa ser planejado e ensinado. Alguns comportamentos altruístas e pró-sociais nos quais em geral pensamos incluem empatia (sentir identificação *com* alguém), simpatia (sentir-se *triste* por alguém), amizade, compaixão, cooperação, atenção, conforto, compartilhamento, revezamento e resolução de conflitos.

Com essa lista, provavelmente está claro que esses não são comportamentos típicos de crianças muito jovens. Algumas crianças têm *de fato* inclinações naturais ou um temperamento mais direcionado à parceria e à cooperação. No entanto, na maioria das vezes, adultos e cuidadores precisam apoiar, incentivar e dar exemplos de habilidades pró-sociais. Ajudar crianças pequenas a enxergarem o valor das habilidades pró-sociais e orientá-las para que usem tais habilidades promovem uma interação de sucesso no presente e (esperamos) um mundo mais pacífico no futuro. A Figura 11.2 dá sugestões de como fomentar e ensinar habilidades pró-sociais.

Padrão do programa NAEYC 3
Ensino

Promover desenvolvimento social e habilidades pró-sociais constituem um desafio. É algo que leva tempo e bastante reflexão... Além de muita repetição e paciência. Adultos e cuidadores precisam se comprometer com essa tarefa e devem reconhecer que, ao fomentarem habilidades como gentileza e perdão, eles podem aprender mais sobre a própria capacidade de serem sensíveis e cuidadosos com outras pessoas.

Promovendo um crescimento cerebral saudável

A importância do contato social precoce tem sido muito enfatizada nas atuais informações resultantes das pesquisas sobre o

Comportamento pró-social inclui ajudar outra pessoa.
Fonte: cortesia de Jude Rose.

1. Crie um ambiente que fomente habilidades de autoajuda; siga uma rotina diária consistente e use figuras para etiquetar as diversas áreas do ambiente, para que as crianças possam encontrar e usar (e por fim retornar) materiais elas mesmas.

2. Estimule as ideias das crianças pequenas; receba bem as suas contribuições e apoie os seus esforços em compartilhar, ajudar e se importar umas com as outras.

3. Dê exemplos dos comportamentos que você quer que as crianças adquiram; demonstre preocupação com aquelas que estiverem tristes e diga "Obrigada" quando alguém compartilhar algo com você.

4. Reconheça e apoie os esforços das crianças pequenas em cooperar; crie atividades que envolvam cooperação – por exemplo um projeto no qual as crianças possam trabalhar juntas para criar uma "figura conjunta".

5. Desenvolva um senso de comunidade e estabeleça uma atmosfera na qual se possa esperar que as crianças apoiem umas às outras; use frases como "nosso grupo", "Todos os nossos amigos estão aqui" e "Veja o que fizemos juntos".

6. Preste atenção em qualquer criança que seja sempre motivo de piada ou constantemente rejeitada; tanto agressores quanto vítimas precisam de atenção redobrada e muito apoio para se tornarem autoconfiantes e desenvolverem bons sentimentos sobre si mesmos.

7. Plante as sementes da resolução de conflitos (mas não espere que elas floresçam até a metade da infância); estimule as crianças a falarem umas com as outras; dê a elas as palavras de que podem precisar, ajude-as a enxergar um segundo ponto de vista, auxilie-as a decidirem-se por algum tipo de conclusão e elogie as conquistas delas.

Figura 11.2 Orientações para fomentar e ensinar habilidades pró-sociais.

cérebro. O desenvolvimento social discutido neste capítulo tem seu início nas relações de apego primárias, e tais experiências causam uma incrível sequência de atividades relacionadas ao funcionamento cerebral. (Retome o Capítulo 5 para uma revisão dessas atividades.)

J. Ronald Lally, um pioneiro no planejamento de ambientes para bebês e crianças, foi um líder na interpretação de pesquisas sobre o cérebro, no que elas diziam respeito à qualidade da assistência a crianças muito jovens. Ele identificou sete "presentes" vitais que os pais podem oferecer ao crescimento cerebral saudável e para o desenvolvimento social das crianças

1. *Nutrição* se refere a se importar e doar. Como cada bebê é único, nutrir significa atender a cada bebê individualmente. Quando um bebê sente uma nutrição positivamente reativa vinda do cuidador, o conforto e a segurança se estabelecem. É o conforto proporcionado por essa conexão que é vital para o apego e para o desenvolvimento social.

2. *Apoio* se refere a criar um contexto de assistência para a criança. Uma criança é apoiada quando o cuidador respeita os diversos sentimentos dela. Cuidadores oferecem apoio reconhecendo as frustrações da criança, estimulando a curiosidade e reforçando regras que promovem interações sociais com outras pessoas.

3. *Segurança* é uma atitude relacionada tanto à nutrição quanto ao apoio; a segurança é o que permite que a criança se sinta protegida. Os cuidadores oferecem segurança quando proporcionam às crianças uma assistência confiável e positivamente reativa e quando reforçam regras de proteção consistentemente.

4. *Previsibilidade* é o "presente" essencial ao senso de segurança e ao crescimento mental da criança. A previsibilidade é tanto social quanto ambiental. Uma criança precisa conseguir confiar nas pessoas e

OBSERVAÇÃO EM VÍDEO 11
Meninas brincando juntas

Veja a Observação em Vídeo 11: "Meninas brincando juntas" para um exemplo de crianças socializando umas com as outras e tendo prazer na companhia umas das outras ao brincarem em um contexto configurado para isso. Repare que o adulto não está ensinando nada nem interferindo de nenhuma forma. Contudo, a mulher permanece ali, silenciosamente por perto, para o caso de precisarem dela.

Questões

- Você está surpreso por ver crianças tão novas interagindo positivamente umas com as outras? Por quê?
- Qual a sua experiência com crianças interagindo durante os primeiros estágios da infância?
- Quais habilidades sociais essas crianças estão demonstrando?

Para assistir a esse vídeo, entre em www.grupoa.com.br, acesse a página do livro por meio do campo de busca e clique em Conteúdo Online.

---

ser capaz de encontrar coisas e lugares. A previsibilidade evita tanto a confusão quanto a rigidez. Ela permite que as crianças se sintam seguras e possam procurar por desafios.

5. *Foco* é o que auxilia as crianças muito pequenas a prestarem atenção no ambiente. A capacidade de atenção de um bebê ou criança pequena aumenta se não há muitos brinquedos, muitas interrupções ou muitas pessoas no mesmo contexto. As oportunidades delas de focarem experiências significantes precisam ser respeitadas. O circuito cerebral vital está em formação.

6. *Estímulo* por parte de um cuidador bem informado transmite à criança "Eu reconheço seus esforços, você está se tornando uma pessoa competente". O aprendizado da criança é reforçado por meio do estímulo. Ele é uma reação que compreende a importância de a criança imitar, experimentar e fazer descobertas durante o processo de aprendizado.

Padrão do programa NAEYC 9
Ambiente físico

7. *Expansão* da experiência de uma criança envolve "banhar a criança (mas não afogá-la!) na linguagem". Observe as dicas da criança e construa algo que tenha

como base as suas experiências únicas. O envolvimento em brincadeiras com fantasias, em conversas com a criança e em reações positivas às suas atividades, são todas formas de demonstrar às crianças pequenas o valor do aprendizado (LALLY, 20--).

A configuração de assistência infantil que conta com esses sete "presentes" proporciona uma boa base para a aplicação prática das pesquisas sobre o cérebro e para garantir o desenvolvimento social saudável da criança. As pesquisas atuais enfatizam no quão cedo o circuito neural é formado e em como o desenvolvimento social é importante nessa formação. O cérebro saudável é o cérebro social!

A necessidade especial de todas as crianças: autoestima

Todas as crianças precisam de relações amáveis, de ambientes estáveis e da oportunidade de ver o mundo como um lugar interessante. Tais valores não apenas preparam o terreno para as habilidades pró-sociais, como se defende neste capítulo, mas eles são também subjacentes ao crescimento saudável de todas as áreas de desenvolvimento e aprendizado. Os tópicos relacionados a crianças com necessidades especiais, no final dos capítulos da Parte 2, têm esses mesmos valores intrínsecos. Auxiliar crianças muito novas e com deficiências no processo de alcançar todo seu potencial requer um contexto atencioso, estável, autêntico e estimulador.

Cuidadores, professores, pais e comunidade precisam estar conscientes da importância das mensagens positivas que auxiliam na construção da autoestima da criança. "Rótulos" de deficiências, por exemplo, que tendem a desvalorizar a particularidade de cada criança, precisam ser substituídos por *perfis descritivos* quando a intervenção precoce dirigida a uma criança específica for considerada. O envolvimento da família, quando focado nas habilidades baseadas nas forças familiares, precisa ser visto como essencial à criação de um plano de serviço familiar individualizado eficaz. E observar o que uma criança pode fazer em oposição ao que não pode é crucial para o posicionamento da criança dentro do programa de inclusão.

Hoje nós reconhecemos que crianças com necessidades especiais e suas famílias precisam receber mensagens que indiquem o apoio de um sistema de serviços que tenha uma postura positiva em relação às suas *capacidades*. Todos nós precisamos receber mensagens a respeito do que podemos fazer! O senso de positivismo interno que resulta desse tipo de *feedback* é pré-requisito para a saúde emocional e a interação social competente. É importante observar e compreender como o processo se desenvolve.

As habilidades sociais e o processo de socialização têm sido o foco deste capítulo. Como foi ressaltado muitas vezes no texto, a base para a interação com outras pessoas é o apego. Ao nutrirem uma experiência de apego, as crianças aprendem a valorizar a si mesmas e aos outros. Essa valorização de si mesmo é chamada **autoestima**. A autoestima é vital para *todas* as crianças. É importante que os cuidadores criem experiências de qualidade para que as crianças possam valorizar essa necessidade.

A definição da autoestima é complexa. À medida que as crianças crescem e se desenvolvem a autoestima delas é constantemente reconfigurada enquanto interagem e experimentam o mundo. Trata-se de uma análise pessoal de valor positivo. Um indivíduo com autoestima é confiante, otimista e sensível aos sentimentos e necessidades de outras pessoas. As raízes desse longo processo claramente se firmam durante a época de bebê e a primeira infância.

Dois tipos de experiência são as mais importantes para o desenvolvimento da autoestima. Quando um bebê confia que o apego é seguro e nutritivo, o autoconceito dele começa a se desenvolver. O autoconceito é formado pelos sentimentos que se tem quanto a si mesmo à medida que eles vão se refletindo nas interações com outras pessoas. Quando um bebê tem suas necessidades atendidas e ele desenvolve uma relação de apego, o autoconceito dele é positivo e confiante.

A segunda experiência importante que contribui para a autoestima é o cumprimento bem-sucedido de tarefas. À medida que um bebê explora e interage com o mundo, sua autoimagem se desenvolve. A autoimagem é uma análise mais pessoal da experiência de um indivíduo. Se um bebê vive cercado de "nãos" e tem poucas oportunidades de testar suas habilidades, a imagem que tem de si mesmo pode ser depreciativa. A inexperiência dele limita a visão da própria competência.

Crianças muito novas precisam de relações seguras (com outras pessoas) e de oportunidades para ativamente explorarem o mundo (por si mesmas). Quando o autoconceito é positivo e confiante, a autoimagem é vívida e ativa, e as crianças experimentam a vida como receptiva e cheia de significados. Esse é o início do desenvolvimento da autoestima. A capacidade das crianças de verem a si mesmas como amorosas e competentes permite que elas, por fim, enxerguem os outros de forma semelhante.

Pare um momento e reflita sobre como o trabalho de Erikson, Piaget e Vygotsky se relaciona com os sentimentos positivos das crianças em relação a si mesmas. Erikson enfatizou o estabelecimento da confiança (por meio do relacionamento com outras pessoas) e da autonomia (por meio das experiências com os eventos cotidianos) como vital para o desenvolvimento saudável. Piaget e Vygotsky viam as crianças como participantes ativos do mundo onde vivem. Essa atividade física leva à atividade cognitiva, por fim resultando em habilidades para lidar com situações adversas. Indivíduos com boa autoestima tendem a apresentar grande habilidade em lidar com tais situações.

À medida que uma criança experimenta os desafios e limites da vida, ela precisa estar acompanhada de uma base pessoal que lhe confira estabilidade. Isso é importante para todas as crianças; e pode ser ainda mais importante para crianças com necessidades especiais. Todos nós precisamos de um lugar para o qual possamos "voltar", que nos transmita um sentimento de "lar", um lugar que nos aceite e nos recompense. A capacidade de criar esse lugar é a essência da autoestima.

Como os adultos podem ajudar as crianças a desenvolverem sua autoestima? A importância de um apego seguro já foi mencionada. Adultos que se sentem bem consigo mesmos tendem a transmitir esse sentimento às crianças. É importante que os cuidadores e pais encarem a autoestima como um processo de uma vida inteira.

Com certeza os 10 princípios nos quais este livro se baseia promovem a autoestima. Os princípios apoiam a independência, ao mesmo tempo em que defendem a existência de uma base de afeto. Eles respeitam as necessidades individuais e ressaltam a valorização dos esforços em resolver problemas.

O *feedback* dos adultos deve ser autêntico. Informação positiva permanente, assim como informação negativa permanente, não prepara as crianças para o mundo *real*. Elas não estarão prontas para enfrentar os desafios de seus pares e da escola se cuidadores e pais não forem honestos quanto às informações que transmitem a eles. Lembre-se de confiar na competência e estimular a resiliência deles.

Lembre-se também que é o apego que inicialmente fomenta a competência e a resiliência, e ele segue como o fator mais importante no desenvolvimento de habilidades sociais e da autoestima. Valorizar a importância do apego é um ponto que resume este capítulo e a tabela de desenvolvimento a seguir.

CAMINHOS DO DESENVOLVIMENTO

Comportamentos que evidenciam o
desenvolvimento das habilidades sociais

Bebê, muito jovem (até 8 meses)	• Vê os adultos como objetos de interesse e novidade, procura por eles para brincar • Sorri ou usa a voz para começar interações sociais • Sabe de antemão quando será erguido ou alimentado e move o corpo para colaborar • Tenta retomar a brincadeira do cavalinho se balançando para que o adulto comece outra vez
Bebê que se move (até 18 meses)	• Gosta de explorar os objetos na companhia de outros, de modo a estabelecer bases para desenvolver uma relação • Consegue que outras pessoas façam coisas para o prazer dele (buscar brinquedos, ler livros) • Evidenciam um interesse pronunciado por seus pares • Indicam uma sólida noção de si mesmos por meio de imposições; dirigem as ações de outras pessoas (por exemplo, "Senta aqui!")
Criança pequena (até 3 anos)	• Obtém muito prazer ao brincar e explorar com os coleguinhas • Começa a ver os benefícios da cooperação • Identifica-se com crianças da mesma idade ou sexo • Exibe mais controle dos impulsos e mais autorregulação em relação aos outros • Gosta de atividades em pequenos grupos; demonstra preocupação empática pelos outros

Fonte: Copple e Bredekamp (2009).

Diferentes caminhos de desenvolvimento

O que você vê	Makayla passa muito tempo olhando os rostos das outras crianças muito de perto, o que as perturba e impede que ela estabeleça conexões. Aos 18 meses, ela não se move tanto quanto as outras crianças da mesma idade e, quando o faz, ela às vezes tropeça e cai.
O que você pode pensar	Faltam a ela habilidades sociais. Ela precisa de mais prática no uso de habilidades motoras.
O que talvez você não saiba	Os pais ouviram as preocupações do pediatra e estão hesitando em seguir os conselhos dele.
O que você pode fazer	Observe Makayla para ver se ela realmente só precisa aprender habilidades sociais e praticar habilidades motoras ou se há algo mais acontecendo. Construa um relacionamento com os pais. Se eles confiarem em você, talvez seja possível ajudá-los a aceitar os conselhos do pediatra.

Diversidade cultural e caminhos do desenvolvimento

O que você vê	Xavier, um bebê de 14 meses, está chorando e se dependurando na mãe enquanto ela tenta sair pela porta.
O que você pode pensar	É um comportamento típico e esperado. Um passo em direção à independência de Xavier como indivíduo. Ele está expressando seus sentimentos abertamente.

CAMINHOS DO DESENVOLVIMENTO
Comportamentos que evidenciam o desenvolvimento das habilidades sociais

O que a mãe dele pode pensar	É constrangedor, porque evidencia falta de educação em casa.
O que talvez você não saiba	A família não tem interesse em transformar o filho em um indivíduo independente; eles estão mais preocupados com o bom comportamento do menino e com o respeito dele aos mais velhos, regras morais de comportamento do grupo no qual pretendem que a criança se insira.
O que você pode fazer	Aprenda mais sobre a visão da família e compartilhe a sua, mas não de forma como se estivesse "ensinando os pais". Trabalhe para apoiar Xavier e ajudá-lo a desenvolver os comportamentos que a família espera dele.

RESUMO

Habilidades sociais são comportamentos que aprendemos e que nos conectam e nos ajudam a sermos independentes, fomentam a cooperação e as relações interdependentes.

Comportamentos sociais precoces

- O apego é o fator mais importante no desenvolvimento de habilidades sociais.
- Os bebês imitam o comportamento social dos adultos, as crianças pequenas demonstram ansiedade diante do desconhecido e medo da separação.

Estágios do desenvolvimento psicossocial

- Os estágios do desenvolvimento psicossocial de Erikson são estabelecidos na forma de questões sociais que as crianças precisam resolver.
- Os três primeiros estágios são discutidos: confiança x desconfiança, autonomia x vergonha e dúvida, e iniciativa x culpa.

Orientação e disciplina

- Esses dois conceitos se combinam para fomentar o contínuo processo de ensinar habilidades sociais para crianças pequenas.

- Bebês precisam de um controle seguro e atencioso.
- Crianças pequenas precisam de limites que as apoiem e ajudem a controlar suas frustrações e desafios.

Ensinando habilidades pró-sociais

- Habilidades pró-sociais envolvem interações com outras pessoas sem intenção de recompensa; habilidades pró-sociais promovem a socialização positiva.

Promovendo um crescimento cerebral saudável

- J. Ronald Lally, líder na interpretação das pesquisas sobre o cérebro, identificou sete "presentes" que promovem o crescimento cerebral saudável e o desenvolvimento social.

A necessidade especial de todas as crianças: autoestima

- Todas as crianças precisam de adultos que respondam às suas necessidades de apego e que respeitem seus padrões de crescimento particulares.

Recursos on-line

Acesse o Centro de Aprendizado *On-line* em **www.mhhe.com/itc9e**, clique em *Student Edition* e escolha *Chapter 11* para acessar o guia do estudante, que inclui uma revisão do capítulo, *links* relacionados, testes práticos, exercícios interativos, referências do capítulo e recursos em espanhol.

EXPRESSÕES-CHAVE

ansiedade do desconhecido 233
autoestima 244
autonomia 237
comportamento pró-social 241
confiança 234
iniciativa 237
limites 238

QUESTÕES PARA REFLEXÃO/ATIVIDADES

1. Quais você acha que são as habilidades sociais mais importantes da nossa sociedade? Como você começaria a ensiná-las para bebês e crianças?
2. Quais são os desafios precoces (durante os três primeiros anos) e as habilidades sociais em foco na teoria de Erik Erikson?
3. Fale sobre o que "orientação" e "disciplina" significam para você. De que forma sua abordagem de orientação seria diferente quando direcionada ao cuidado de bebês e quando direcionada ao cuidado de crianças pequenas?
4. Liste os comportamentos que você acha que indicam desenvolvimento social. Como pais e cuidadores podem estimular esses comportamentos durante os primeiros três anos?
5. Por que você acha que ensinar habilidades pró-sociais para crianças pequenas é uma parte significante do currículo da primeira infância, especialmente hoje?

REFERÊNCIAS

BOWER, T. G. R. *Development in infancy*. 2nd ed. San Francisco: W. H. Freeman, 1982.

LALLY, J. R. *The art and science of child care*. Sausalito, CA: The Program for Infant/Toddler Caregivers, [20--]. [Handout from Module III, Brain development in infancy and how to facilitate it training session].

ROOPNARINE, J. L.; HONIG, A. S.The unpopular child. *Young Children*, v. 49, n. 6, p. 61, sept. 1985.

LEITURAS COMPLEMENTARES

ADAMS, E. J.; PARLAKIAN, R. Supportive transitions for infants and toddlers. *Young Children*, v. 65, n. 3, p. 54-55, may 2010.

AMBERY, M. E.; STEINBRUNNER, R. K. Learning a proactive approach to ethical dilemmas. *Young Children*, v. 62, n. 4, p. 90-96, jul. 2007.

ERIKSON, E. H. *Childhood and society*. 2nd ed. New York: Norton, 1963.

GILLESPIE, L. G.; HUNTER, A. Believe, watch, act!: promoting social behavior in infants and toddlers. *Young Children*, v. 65, n. 1, p. 42-43, jan. 2010.

JALONGO, M. R. *Learning to listen, listening to learn*: building essential skills in Young Children. Washington: National Association for the Education of Young Children, 2008.

LALLY, J. R.; MANGIONE, P. The uniqueness of infancy demands a responsive approach to care. *Young Children*, v. 61, n. 4, p. 14-20, jul. 2006.

MCHENRY, J.; BUERK, K. Infants and toddlers meet the natural world. *Young Children*, v. 63, n. 1, p. 40-42, jan. 2008.

MCMULLEN, M. B. et al. Learning to be me while coming to understand we: encouraging prosocial babies in group settings. *Young Children*, v. 64, n. 4, p. 20-28, jul. 2009.

MEAD, R. State of play: how tot lots become places to build children's brains. *The New Yorker*, v. 5, p. 32-37, jul. 2010.

PARLAKIAN, R.; ROVARIS, J. M. Celebrating fathers as a resource in early childhood settings. *Young Children*, v. 64, n. 5, p. 64-65, sept. 2009.

PETERSEN, S.; WITTMER, D. Relationship-based infant care: responsive, on demand, and predictable. *Young Children*, v. 63, n. 3, p. 40-42, may 2008.

PIKLER, E. *Peaceful babies, contened mothers*. Hungria: [s.n.], 1940.

PARTE III
Foco no programa

Capítulo 12
O ambiente físico

Capítulo 13
O ambiente social

Capítulo 14
Relações adultas em programas de educação e cuidados infantis

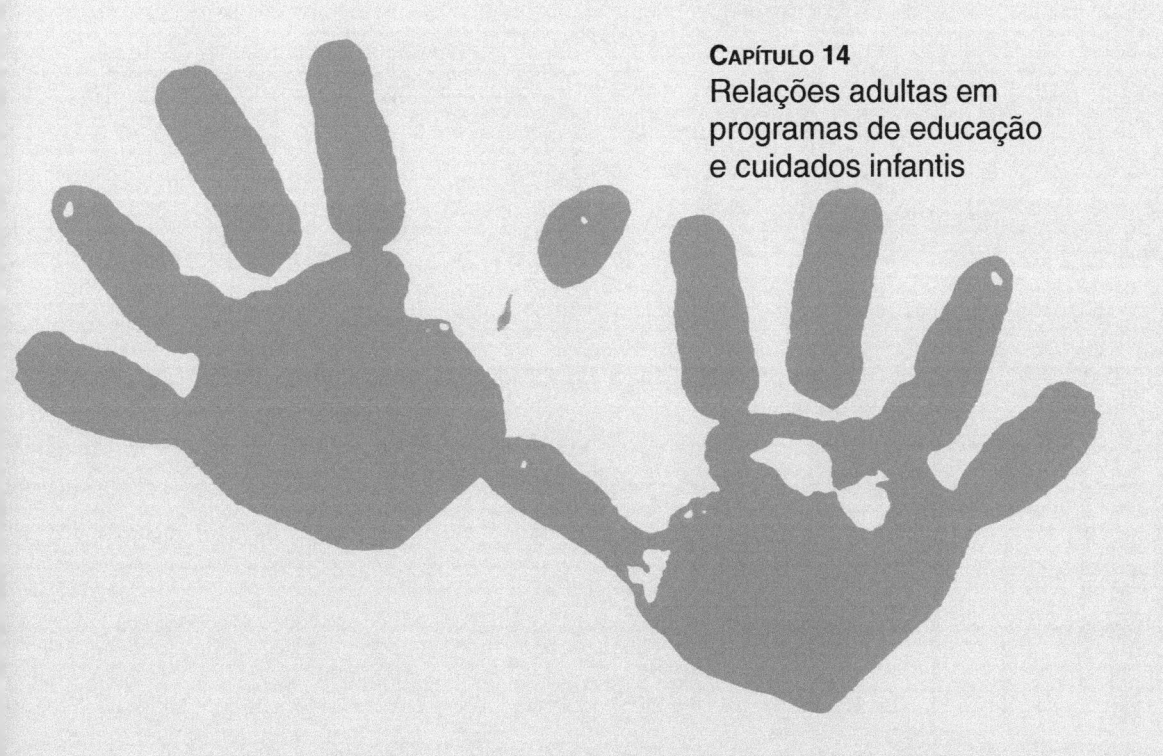

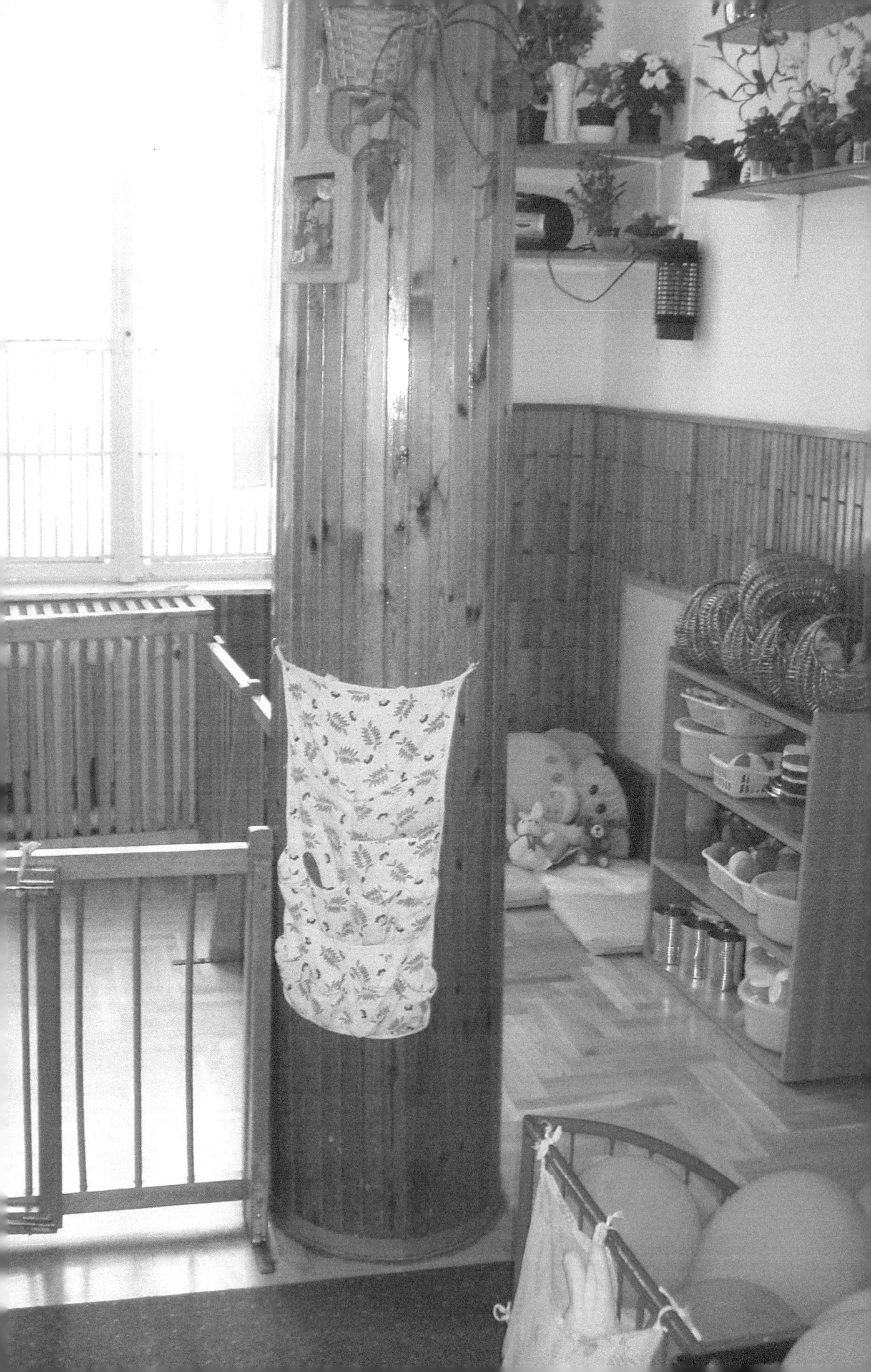

Capítulo 12
O ambiente físico

Questões em foco

Depois de ler este capítulo, você deve estar apto a responder às seguintes questões:

1. O que é necessário para configurar um ambiente seguro para bebês e crianças?
2. Como você pode criar um ambiente saudável para bebês e crianças?
3. Que áreas precisam ser disponibilizadas na configuração de um programa para bebês e crianças?
4. Como a adequação do ambiente ao desenvolvimento se relaciona à segurança e ao aprendizado?
5. O que deve ter na área de brincar?
6. Ao analisar a qualidade de um ambiente para bebês e crianças, quais são as cinco dimensões que se deve considerar? Quais outras considerações são necessárias?

O que você vê?

Olívia está sentada no chão, próxima a Kai, que está deitado de barriga para cima. Ele vira para o lado e depois se apoia sobre a barriga. Para por um momento, flexiona-se e sorri para Olívia, que sorri de volta e dá uns gritinhos. Kai rola para o lado de novo e rapidamente está mais uma vez apoiado em suas costas. Ele olha ao redor procurando Olívia e descobre que se moveu para um lugar diferente. Ele parece satisfeito consigo mesmo. Olívia agora está apoiada sobre seus braços e suas pernas e engatinha até um degrau próximo. Ela sobe com facilidade e se senta, observando a sala de um novo ponto de vista. Ela vê Kai rolando de um lado para outro, e ele agora está deitado de costas balançando um paninho de algodão no ar. Olívia engatinha até outro paninho e traz o paninho para Kai, que agora tem dois panos, um em cada mão. Ela volta para a sua posição de sentar e pega uma bolinha de apertar que está próxima. Ela aperta a bolinha várias vezes, depois engatinha até um balde e coloca a bola dentro, junto com outra bola que já está ali. Depois, ela despeja as duas bolinhas no chão e as observa rolando para direções opostas. Kai ri muito ao ver isso.

Compare essa cena com a próxima.

Savannah tem a mesma idade de Olívia, e Travis tem a mesma idade que Kai. Savannah está em um balanço e Travis está no chão, preso em uma cadeirinha infantil. Quando o balanço para, Savannah reclama até que um cuidador se aproxima e dá outro empurrão. Travis tem um brinquedo na mão, mas ele deixa cair e agora não consegue pegar de volta. Ele chora, e uma cuidadora se aproxima e alcança para ele o brinquedo. Ela coloca mais uns três brinquedos no colo dele e se retira. Ele derruba todos os brinquedos no chão e chora de novo. Nesse meio tempo, Savannah parou de se balançar e começou a resmungar. A caminho do balanço para empurrar Savannah, a cuidadora diz para a sua colega "Acho que deveríamos comprar mais um desses balanços automáticos". Depois, ela caminha até Travis, que está gritando. "Rapazinho", ela diz. "Acho que você está atirando esses brinquedos de propósito, só para que eu venha até aqui e os recolha". Ela traz uma série de brinquedos de pendurar e os coloca diante de Travis, que tenta agarrar um anel e o retirar do fio. "Agora esses brinquedos ficarão bem parados!", ela diz enquanto se retira para empurrar Savannah de novo.

**Padrão do programa
NAEYC 9**
Ambiente físico

O que você observou? Você reparou que Olívia e Kai conseguiram se movimentar pelo ambiente e experimentá-lo sozinhos? Eles estavam absorvidos pelo que faziam e também foram capazes de interagir entre eles. E Savannah e Travis? Eles conseguiram ver o que tinha no ambiente, mas não conseguiram pegar nada sozinhos. Eles estavam dependentes da cuidadora para interagir com os objetos e mantê-los interessados.

Ambos os ambientes eram seguros – em uma consideração inicial. Vamos voltar a essas duas cenas mais tarde, neste capítulo, para explorar as qualidades ambientais que elas exibem. O processo de análise do *The Child Development Associate* (CDA) define configurações de qualidade para o cuidado de bebês e crianças, pois são os ambientes saudáveis que promovem saúde e aprendizado.

Este capítulo examina cada um desses componentes de um ambiente saudável e depois trata de um instrumento de análise chamado "dimensões dos ambientes de ensino/aprendizado", criado por Betty Jones e Liz Prescott (PRESCOTT, 1994).

Um ambiente seguro

A segurança deve ser a primeira coisa a ser considerada no planejamento de um ambiente para bebês e crianças. O tamanho do grupo e a proporção adultos/crianças são fatores importantes na criação de um ambiente seguro. O WestEd Center for Child and Family Studies em conjunto com o California Department of Education criou as diretrizes que constam na Tabela 12.1.

Criando um ambiente físico seguro: lista de verificação

- Cubra todas as tomadas.
- Cubra todos os aquecedores, de forma que as crianças fiquem bem longe deles.
- Proteja as crianças de janelas e espelhos que não sejam antiestilhaçáveis.
- Remova ou amarre todos os puxadores de cortina. (Correntes, cordas e laços de todos os tipos devem ser eliminados para prevenir o estrangulamento.)
- Livre-se de tapetes escorregadios.
- Pegue algumas instruções com o departamento de incêndio local para configurar um plano em caso de incêndio. Considere

Tabela 12.1 Diretrizes para tamanho de grupo e proporção adulto/criança

	Diretrizes para tamanho de grupo (grupos de mesma idade)		
Idade	Proporção adulto/criança	Tamanho (Total)	Número mínimo de metros quadrados por grupo*
0 – 8 meses	1:3	6	32,5
8 – 18 meses	1:3	9	46,5
18 – 36 meses	1:4	12	55,5
	Diretrizes para idades mistas (Lares assistenciais)		
Idade	Proporção adulto/criança	Tamanho do grupo	Número mínimo de metros quadrados por grupo*
0 – 36+ meses	1:4**	8	55,5

*As orientações ligadas ao espaço representam os padrões mínimos de adequação ao grupo; as quantidades aconselhadas não incluem os espaços de entrada, corredores, áreas de troca de fraldas ou de dormir.
**Dos quatro bebês destinados a cada cuidador apenas dois devem ter menos de 24 meses.
Fonte: Desenvolvida pelo *Far West Laboratory for Educational Research and Development* em conjunto com o *California Department of Education*. Reproduzida sob permissão de J. Ronald Lally.

o número e a localização de extintores de incêndio, de saídas de emergência e de métodos para carregar crianças que não conseguem caminhar. Depois programe ensaios periódicos de execução do plano de emergência.
- Certifique-se de que não há plantas venenosas no ambiente. (Muitas plantas comuns, que ficam dentro de casa ou no jardim, contêm venenos letais. Se você não sabe quais, descubra!)
- Certifique-se de que todos os móveis estão fixos e em bom estado.
- Remova tampas de caixas de brinquedos para prevenir acidentes.
- Certifique-se de que todos os berços e outros móveis infantis estejam de acordo com os padrões de segurança e conforto do consumidor; isto é, que os berços estejam devidamente atrelados aos colchões de forma que os bebês não tenham chance de sufocar ou prender a cabeça em algum vão entre o colchão e as laterais do berço.
- Mantenha todos os remédios e materiais de limpeza longe das crianças o tempo todo.
- Certifique-se de que partes pequenas dos brinquedos não se soltem e acabem na boca (como olhos feito de botões, em bichos de pelúcia).
- Remova todos os materiais ou brinquedos quebrados e estragados.
- Informe-se sobre ressuscitação cardiopulmonar (RCP).
- Tenha um kit de primeiros socorros à mão.
- Mantenha números de emergência próximos ao telefone e junto com contatos familiares de emergência. Mantenha esses contatos familiares de emergência atualizados.
- Certifique-se de que os equipamentos dos quais você dispõe sejam apropriados à idade do grupo. Por exemplo: é bom certificar-se de que as estruturas que podem ser escaladas sejam próprias para crianças pequenas.
- Certifique-se de que brinquedos ou materiais disponíveis não contenham ou sejam pintados com substâncias tóxicas.
- Supervisione bem as crianças e garanta que elas corram o mínimo de risco possível de passar por acidentes com consequências graves. (Não faça diferença entre meninos e meninas com relação ao grau de risco que você oferece.)

Se há crianças com necessidades especiais no seu programa, você precisa fazer uma verificação segura que leve em conta as circunstâncias e deficiências delas. Existem rampas adequadas (com degraus apropriados) para a rolagem das cadeiras de rodas? Os equipamentos disponíveis são seguramente adaptáveis a essas necessidades especiais?

Um ambiente saudável

Um ambiente salubre é tão importante quanto um ambiente seguro. Uma boa iluminação, temperatura do ar agradável e boa ventilação contribuem para a saúde e o bem-estar de bebês e crianças no ambiente.

Criando um ambiente saudável e higiênico: lista de verificação

Padrão do programa NAEYC 5
Saúde

- Lave as mãos com frequência. Lavar as mãos é a melhor forma de evitar a proliferação de infecções. Lave as mãos após tossir, assoar o nariz, trocar fraldas ou preparar comida. Use dispensador de sabonete automático em vez de em barras e toalhas de papel em vez de pano. Evite tocar em torneiras e receptáculos de resíduos depois de lavar as mãos. (Torneiras controladas por pedais, bem como lixeiras com dispositivos para serem abertas com os pés eliminam a probabilidade de contaminação de mãos limpas.)
- Lave as mãos das crianças com frequência também, especialmente antes de comer e depois de trocar fraldas ou usar o banheiro.

- Não permita que as crianças compartilhem toalhas ou quaisquer objetos pessoais.
- Limpe brinquedos e equipamentos de brincar diariamente no caso de grupos de crianças ainda em idade de colocar coisas na boca.
- Use meias ou chinelos de pano em vez de sapatos usados na rua nas áreas em que as crianças sentam ou deitam no chão.
- Aspire tapetes e esfregue o chão com frequência.
- Certifique-se de que cada criança tenha a sua própria cama, o seu berço ou o seu colchão e de que as roupas de cama sejam trocadas com frequência.
- Tome precauções de rotina ao trocar fraldas para evitar a proliferação de doenças. Providencie uma superfície limpa para cada troca de fraldas trocando os papéis da área e desinfetando-a. Lave bem as mãos depois de cada troca.
- Tome precauções de rotina na preparação das comidas, na hora de servir e de lavar os utensílios. Lave sempre as mãos antes de tocar em alimentos. Guarde os alimentos e as garrafas de bebida no refrigerador o máximo de tempo que puder até a hora das refeições. Para lavar a louça use água bem quente. (Louças lavadas com água bem quente eliminam germes.) Use uma solução fraca de água sanitária se não possuir uma lavadora de louças. Coloque data em todos os alimentos armazenados. Limpe regularmente o refrigerador e jogue no lixo comidas velhas.
- Certifique-se de que todas as crianças no seu programa estejam com as vacinas em dia.
- Aprenda a reconhecer os sinais das doenças mais comuns.
- Estabeleça políticas claras a respeito de sintomas que indicam que uma criança está doente demais para permanecer no seu programa. As opiniões de pais e cuidadores em geral diferem quando se trata desse assunto.
- Solicite sempre receitas médicas antes de administrar qualquer medicamento e rotule frascos com o nome das crianças.

Mesmo não querendo comprometer práticas saudáveis, esteja consciente das diferenças culturais que podem surgir em tais quesitos. Tente ser sensível com pais que têm opiniões que divergem das práticas mais aceitas, com relação aos padrões de salubridade.

Seja sensível também quanto às necessidades especiais de crianças cronicamente doentes, que às vezes têm problemas de imunidade. Elas podem precisar de proteção extra contra contaminação por vírus e bactérias que outras crianças de seu programa possam estar proliferando. Examine com cuidado suas práticas higiênicas e sanitárias, para ter certeza de que está dando a essas crianças a proteção de que elas precisam. Resista às críticas daqueles que o acusarem de superprotetor.

Nutrição

Cuidadores devem ficar atentos ao conteúdo e à forma de alimentação de bebês e crianças. As comidas devem ser adequadas à idade, às condições físicas e às tradições culturais e religiosas da criança. Os gostos e hábitos que as crianças adquirem nos primeiros três anos de vida podem influenciar o resto da vida delas. Como a obesidade é um problema grave nos EUA, os programas de assistência infantil devem se preocupar com os hábitos alimentares. Alimentar crianças com uma grande e saudável variedade de comidas pode fazer muita diferença, especialmente se o programa também discute sobre isso com as famílias. O objetivo deve ser que as crianças cresçam comendo alimentos mais nutritivos do que açúcares e comidas gordurosas, que devem ser apenas um agrado excepcional, e não parte do cardápio diário. Batatas fritas, *donuts* e doces não são comidas apropriadas para crianças. O ambiente e as interações durante as refeições, com os cuidadores, podem gerar um sentimento de conforto que estimula hábitos alimentares saudáveis e uma postura positiva em relação à alimentação.

Alimentando bebês

Bebês passam por muitos estágios de alimentação, desde a fase em que só ingerem líquidos até quando aprendem a mastigar e a engolir comida sólida e a alimentarem a si mesmos na mesa. A primeira comida do bebê é o leite do peito ou fórmulas tomadas na mamadeira. Embora os cuidadores não tenham poder de decisão sobre isso, o que eles fazem pode estimular ou desestimular as mães a continuarem amamentando o bebê depois que a criança passa a frequentar a creche. Como o leite do peito tem a vantagem de ser feito exclusivamente com foco nas necessidades do bebê em fase de crescimento e oferece proteção contra infecções, os cuidadores devem se esforçar para apoiar as mães que estão amamentando. Algo simples como uma cadeira confortável em um lugar tranquilo destinado à amamentação já transmite uma mensagem de apoio. Estabelecer rotinas de forma que os bebês estejam com fome na hora em que a mãe chega é outra forma de apoiar a amamentação. Estar bem informado sobre os detalhes do armazenamento de leite materno permite que a mãe se sinta segura em continuar nutrindo seu bebê (veja a Tabela 12.2).

Para instruções detalhadas sobre como manter os alimentos para bebês higienizados e seguros, consulte o livro de Susan Aronson e Patricia Spahr (2002), *Healthy Young Children: A Manual for Programs*. Esse manual resume padrões de alimentação para bebês durante o primeiro ano de vida, dando exemplo do que podem comer e quando. Ele inclui informações como: maneira de introduzir os alimentos sólidos, como introduzir o leite não materno, como evitar que a mamadeira prejudique a dentição, como desmamar e muitos outros detalhes. É claro que entender a abordagem de cada família quanto à alimentação de bebês é essencial, especialmente se existem diferenças culturais, restrições alimentares ou tabus pertinentes. Bebês com necessidades especiais podem precisar de uma dieta específica ou de formas de alimentação sobre as quais os cuidadores precisam estar informados. Os pais constituem a melhor fonte de informações nesse caso.

Ofereça uma nutrição individualizada para cada bebê ou peça que os pais providenciem comidas nutritivas e recipientes higienizados. Um dos consensos entre a maioria dos pediatras é o de que se deve esperar até que a criança tenha entre três e seis meses para alimentá-la com comidas sólidas, que devem ser introduzidas devagar, um tipo de cada vez, cuidando para que a quantidade de comida a ser colocada na colher seja proporcional às capacidades da criança. A maioria dos pediatras tem uma ordem favorita que aconselham aos pais que estão introduzindo alimentos sólidos na dieta dos filhos e que começa com os cereais. A maioria aconselha que sejam evitadas comidas que possam gerar alergias, como ovo branco, suco de laranja e, especialmente, nozes e amendoins. Fique longe de misturas como as que vêm em potinhos, porque se algum ingrediente causar

Tabela 12.2 Armazenamento e utilização do leite materno

- O leite materno deve chegar até o bebê em uma mamadeira limpa e higienizada.
- Se ele chegar congelado deve ser armazenado imediatamente no freezer.
- Todas as garrafas devem ser devidamente rotuladas com os nomes dos bebês e as datas de coleta.
- Toda sobra de leite, depois da amamentação, deve ser descartada e nunca reutilizada.
- Leite materno refrigerado deve ser descartado após 48 horas.
- Ao esquentar as mamadeiras, use água corrente ou as coloque dentro de um recipiente com água quente por cinco minutos ou menos.
- Não deixe o leite em temperatura ambiente porque ele pode ser contaminado por bactérias.
- Não use o micro-ondas para esquentar leite materno.

alergia você não saberá qual é. Fique longe de todos os aditivos – sal, açúcar, corantes e aromatizantes. Bebês precisam de comidas puras e naturais. Não dê xarope de mel ou milho para crianças com menos de um ano, porque essas comidas podem conter certo tipo de substâncias que causam envenenamento em crianças sensíveis a elas. Evite alimentos com os quais os bebês podem se asfixiar, como cenoura crua e pipoca.

Alimentando crianças pequenas

Bebês que abrem a boca alegremente para qualquer coisa que o cuidador oferece podem às vezes se tornar crianças exigentes para comer. A taxa de crescimento no primeiro ano de vida é tão grande que a ingestão de alimentos deve ser abundante. A taxa de crescimento posterior, em crianças pequenas, diminui um pouco e, com frequência, o mesmo acontece com o apetite delas. Se os adultos não estiverem conscientes dessa mudança, o seu comportamento ou as suas preocupações podem criar distúrbios alimentares. É comum que adultos preocupados tenham muita urgência em oferecer alimentos variados às crianças, e isso apenas inflama a resistência delas. É importante oferecer às crianças uma variedade nutritiva de alimentos, mas também é importante deixar que eles decidam o que e como comer. Pequenas porções ajudam a estimular crianças a comer! Também é impressionante o quanto o ar livre e os exercícios podem influenciar o apetite de uma criança. Todas as crianças devem praticar esses dois hábitos o

OBSERVAÇÃO EM VÍDEO 12
Rotina de alimentação

Veja a Observação em Vídeo 12: "Rotina de alimentação" para o exemplo de um ambiente que é apropriado ao desenvolvimento e que funciona bem para as crianças envolvidas. Assista a uma cena de alimentação calma e civilizada.

Questões

- Por que você acha que esse programa posiciona as crianças sentadas juntas em cadeiras baixas em vez de usar cadeirinhas altas de bebê? O ambiente lhe diz alguma coisa sobre a filosofia do programa?
- O quão seguro esse ambiente parece ser? Você vê algum perigo?
- O quão confortáveis e seguras as crianças aparentam estar nesse programa? O que pode contribuir para o sentimento de conforto e segurança delas?

Para assistir a esse vídeo, entre em www.grupoa.com.br, acesse a página do livro por meio do campo de busca e clique em Conteúdo Online.

máximo possível. Observar as crianças do Pikler Institute comendo é realmente revelador. Quando elas sentam, durante as refeições, elas estão de fato *famintas*. É um prazer ver crianças dessa idade tendo tanto prazer em comer. Não é usado nenhum joguinho para convencê-las a comer. Elas saboreiam a comida.

Muitas das orientações para a alimentação de bebês também se aplicam com relação a crianças pequenas. Escolha comidas puras e naturais – e não processadas com aditivos. Crianças (e bebês também) gostam de petiscos, mas se lembre de que nem todas as culturas acham comer com as mãos um hábito aceitável. Se as famílias não forem contra, preste atenção no que você oferecerá como petisco. Pense em lanches com vegetais ou frutas em vez de biscoitos doces ou muito salgados. Ofereça alimentos crocantes como pedaços de maçã ou cenoura apenas quando as crianças já tiverem habilidade para mastigá-los. Evite alimentos como milho, nozes, amendoim, rodelinhas de salsicha, uvas e outros com os quais as crianças possam se asfixiar. Corte as salsichas ao comprido e depois em pequenos pedaços – evite rodelas! Parta as uvas no mínimo em dois pedaços, e as maiores em quatro pedaços. Essa simples precaução ajuda ainda mais aquelas crianças com necessidades especiais cujos reflexos talvez não estejam totalmente desenvolvidos e que possivelmente estão mais propícias à asfixia ou às dificuldades de respiração.

O ambiente do aprendizado

Muito da **estrutura** de um programa direcionado a bebês e crianças vem de um ambiente bem planejado. De acordo com Torelli (1989), "Um ambiente bem configurado apoia o bem-estar emocional de bebês e crianças, estimula os sentidos e desafia as habilidades motoras delas. Um ambiente de cuidados infantis bem configurado promove o desenvolvimento social e individual das crianças."

Se você acredita que o aprendizado, nessa idade, depende de bem-estar emocional, experiências sensoriais e liberdade de movimentos, você pode estar pensando sobre o tipo de ambiente em que se encontravam Savannah e Travis no início deste capítulo. Leia novamente os exemplos que abrem este capítulo e retome o que você leu na Parte 2 sobre desenvolvimento motor e a conexão disso com a percepção e a cognição. Pense nas experiências de Olívia e Kai, que estavam se movimentando por todo o ambiente, no primeiro exemplo, e nas experiências de Savannah e Travis, que estavam presos em um balanço e em uma cadeirinha infantil. Que descobertas eles estão fazendo? Eles estão aprendendo a atrair a atenção dos adultos. Olívia e Kai não precisam da atenção dos adultos enquanto exploram e aprendem com muitas coisas, incluindo suas próprias habilidades em desenvolvimento.

Pesquisas mostram que o comportamento é influenciado pelo ambiente (PRESCOTT, 1994). Um ambiente bem estruturado nos dá dicas sobre como nos comportarmos nele. Compare a biblioteca com a sala de atividades ou de ginástica. Ou pense no que a configuração de um mercadinho transmite, com cartazes na porta, prateleiras abertas e caixas registradoras, comparada com a organização de uma joalheria, onde você senta diante de um balcão de vidro e alguém oferece a você coisas que estão trancadas à chave embaixo de uma tampa.

Bebês e crianças também recebem mensagens de um ambiente bem planejado e consistente. Na verdade, aprender a receber tais mensagens é parte importante do processo de socialização das crianças, à medida que elas aprendem sobre expectativas de comportamento de acordo com várias configurações de ambiente (BARKER, 1968).

Crianças com limitações físicas receberão mensagens específicas se o ambiente de aprendizado não for adaptado às necessidades especiais delas. Por exemplo: se uma criança em uma cadeira de rodas não estiver apta a atravessar um tapete grosso, as experiências dela no programa serão limitadas. Se os brinquedos ou

Reflita
Olhe ao redor no ambiente em que você está agora. Que mensagens ele transmite sobre o modo como você supostamente deve se comportar nele? Pense em um ambiente contrastante no qual você esteve recentemente. Que mensagens diferentes ele lhe transmite?

Padrões do programa NAEYC 2 e 3
Currículo e ensino

equipamentos não forem adequados às capacidades das crianças, elas recebem a mensagem de que os brinquedos não foram feitos para que elas brinquem. Faça adaptações no ambiente para *todas* as crianças no programa, incluindo aquelas com necessidades especiais.

Embora muito aprendizado se dê na área de brincar do ambiente configurado para bebês e crianças, não é apenas nesse espaço que ele ocorre. Todo o ambiente, incluindo as áreas para cuidadores, é um ambiente de aprendizado, quando se trata de um programa destinado a bebês e crianças pequenas. Veja os exemplos de salas de aula nas Figuras 12.1, 12.2 e 12.3.

Aparência

Existem algumas regras gerais para a configuração de um ambiente para bebês e crianças. Você deve ter um lugar designado para as chegadas e partidas. Próximo a essa área, deve haver um lugar onde as crianças possam guardar seus pertences. A área de dormir deve ficar longe da área de brincar e contar com uma atmosfera tranquila, com cores relaxantes e não estimulantes. A área de comer também deve ficar separada da área de brincar, embora às vezes elas possam se sobrepor, porque as mesas de comer podem servir para vários outros tipos de

O ambiente de aprendizado pode se dar entre quatro paredes ou ao ar livre. Muitos bebês e crianças sentem uma necessidade maior de ficar mais ao ar livre do que em ambientes fechados, especialmente em lugares onde ainda existem elementos da natureza – como um morrinho de areia para escalar.

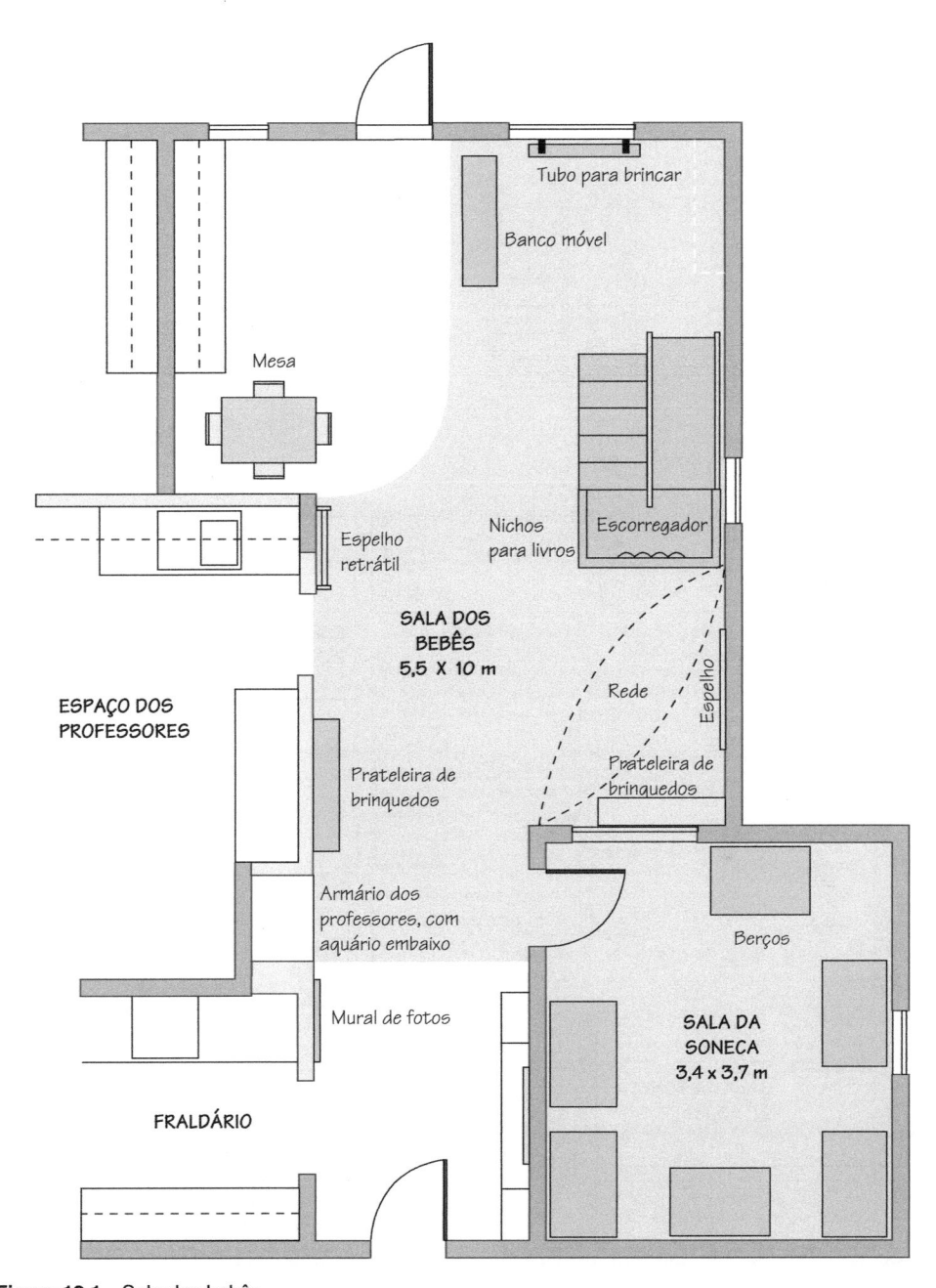

Figura 12.1 Sala dos bebês.

atividade. A área de comer deve, é claro, ficar próxima da cozinha e de equipamentos que facilitem aquecimentos e cozimentos. A área de troca de fraldas deve ficar distante da área de comer e próxima ao banheiro ou, ao menos, de uma pia. A área de brincar interna deve ser confortável e convidativa à exploração. Deve haver também uma área para brincadeiras ao ar livre, que também deve ser convidativa à exploração. No Pikler Institute, em Budapeste,

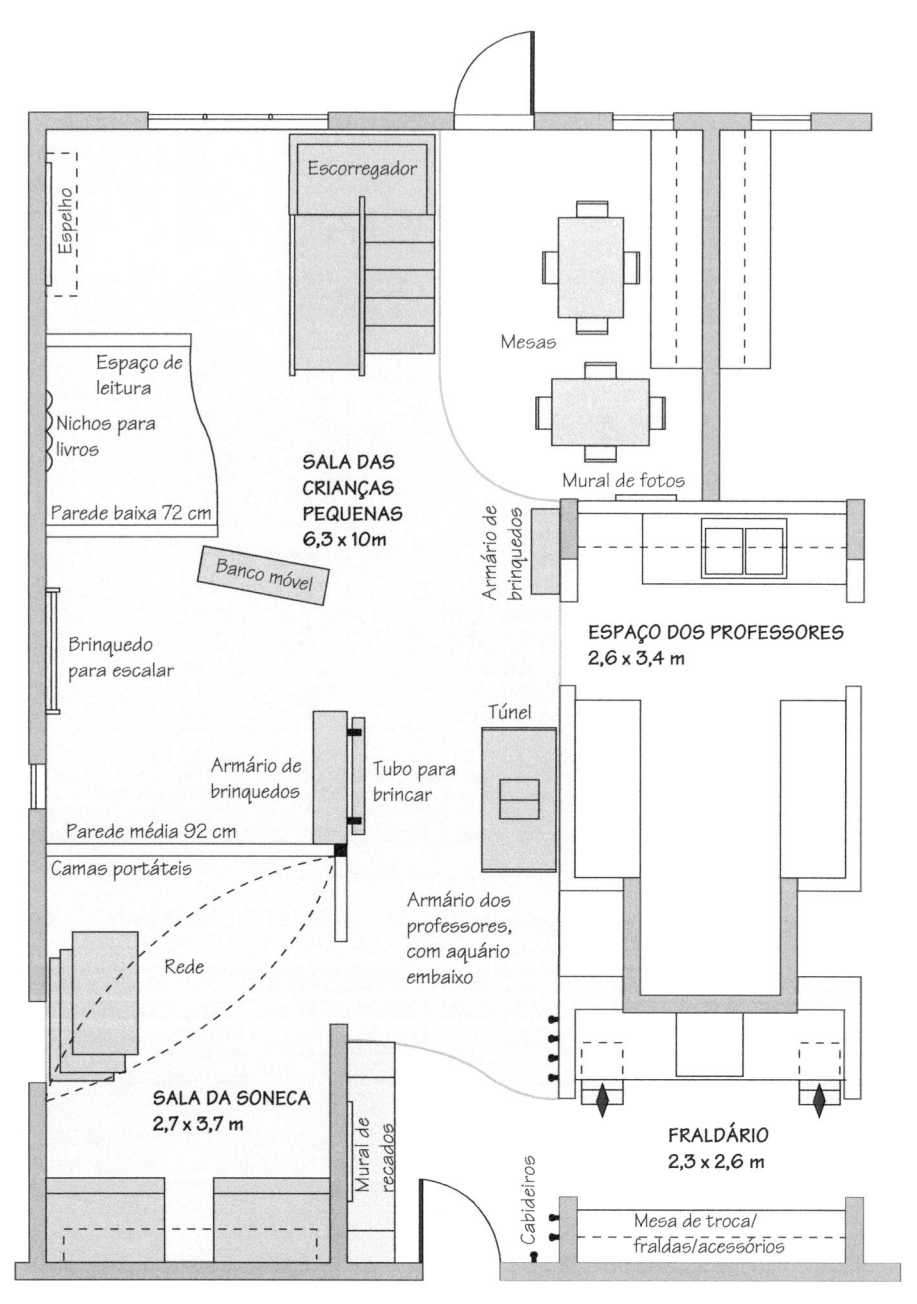

Figura 12.2 Sala das crianças pequenas.

comer e dormir são atividades também praticadas ao ar livre, e o ambiente é configurado apropriadamente para isso. As crianças contam com dois tipos de cama – um tipo que fica na área interna e outro que fica na parte externa. Depósito e escritório (ao menos uma escrivaninha e um telefone) também, em geral, compõem o ambiente. Bebês e crianças aprendem o que é esperado em cada ambiente se eles forem distintos uns dos outros.

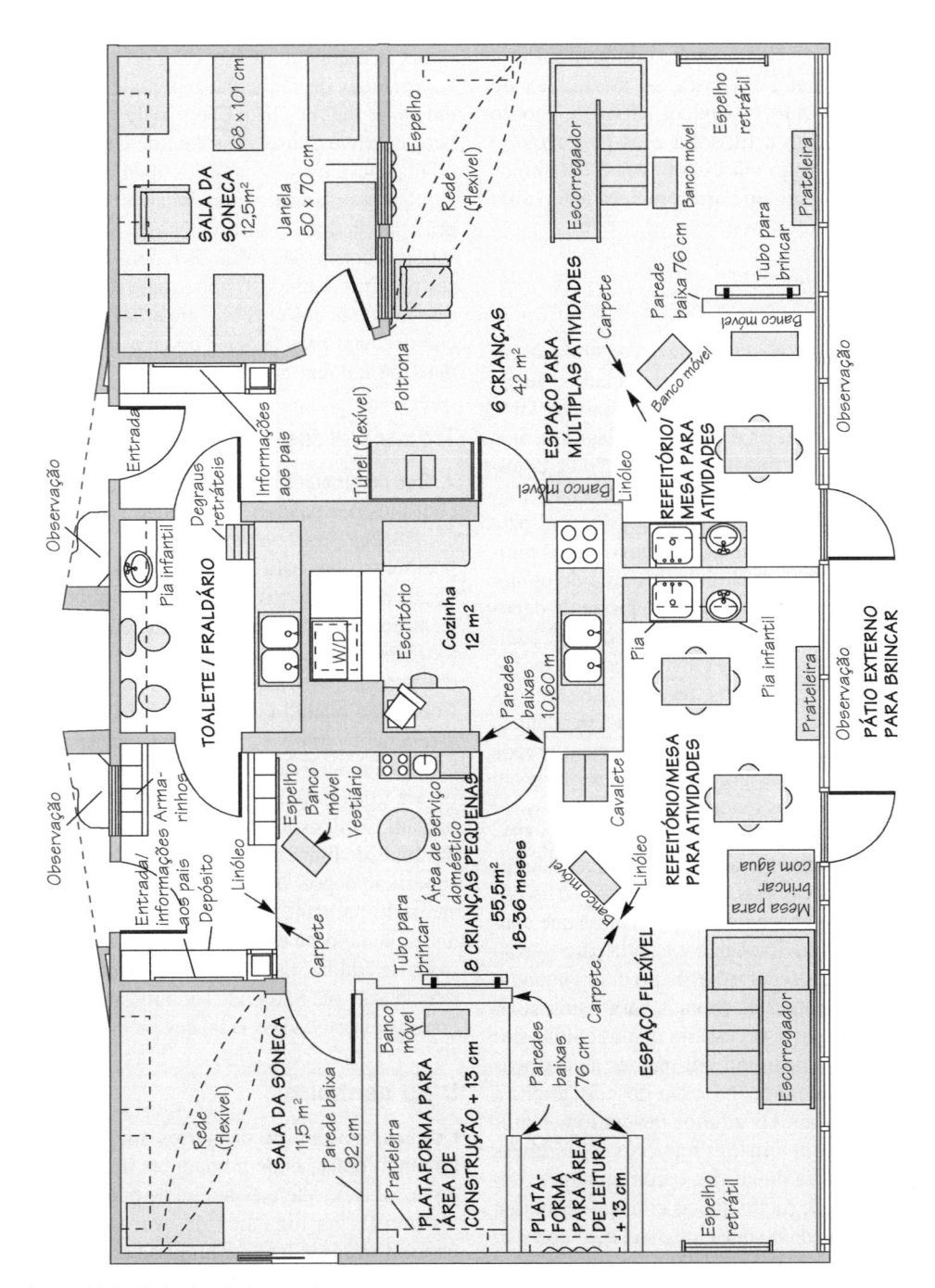

Figura 12.3 Sala para bebês e crianças pequenas.

Reflita

Como o lugar de dormir, na sua vida, se separa do "lugar de brincar"? Existem implicações no planejamento de espaços de dormir e brincar apropriados para bebês e crianças?

Os móveis, equipamentos e materiais para as atividades de cuidados podem variar de acordo com a filosofia e os objetivos do programa. Aqueles que listaremos a seguir correspondem à filosofia deste livro.

Comer

Um refrigerador e equipamentos para aquecer a comida na sala ou nas proximidades são essenciais. Um balcão e uma pia também. Uma lavadora de louças é muito útil. Instrumentos e utensílios destinados à preparação de comida também são necessários, assim como mamadeiras e bicos de mamadeira (que os pais podem mandar com as crianças), copos, pratos e talheres inquebráveis. A área de comer e da preparação da comida precisam de depósitos para comida, louças e utensílios. Cadeiras e mesas pequenas e baixas permitem que as crianças sentem-se e levantem-se sozinhas e, assim, elas se sentem mais independentes. (Algumas crianças comem melhor em grupos pequenos porque grupos menores oferecem menos estímulos externos, o que é algo a ser considerado na hora de escolher mesas.) Embora alguns programas acreditem que cadeiras altas são necessárias, nós defendemos o uso de mesas e cadeiras baixas para crianças que conseguem se movimentar sem ajuda para se sentar à mesa, e segurar bebês no colo enquanto eles ainda não estão prontos para sentar sozinhos na mesa. É necessário que os cuidadores tenham algum treino em manter as crianças sentadas na mesa, no caso de elas terem a chance de sair. Os adultos devem tomar providências para tornar as refeições confortáveis – seja na sala da creche ou em qualquer outro lugar – de modo que as crianças se sintam mais à vontade do que é possível quando estão apertadas entre uma cadeira e um balcãozinho.

Dormir

Os móveis para dormir dependem das idades das crianças. Os bebês mais jovens ficam mais seguros em determinado tipo de berço, e crianças mais velhas precisam de outro tipo. As crianças de mais idade já podem dormir em almofadas no chão. Elas não devem dividir berços, travesseiros ou roupa de cama; cada criança deve ter seus próprios apetrechos.

Embora dormir num local isolado seja prática comum em instituições de assistência infantil, por razões culturais e opiniões diversas relativas à saúde, é importante reconhecer que algumas culturas não encaram a separação do local para bebês e crianças dormirem nem normal nem saudável.

Trocar fraldas

A área destinada à troca de fraldas deve contar com mesas e balcões para trocar as crianças. Os balcões de troca de fraldas em geral dispõem um lugar para a criança no qual ela fica virada de lado para o adulto. No Pikler Institute, as áreas de troca de fraldas são organizadas de forma que as crianças fiquem posicionadas perpendicularmente à ponta da mesa e de frente para o adulto. Assim o adulto se inclina diretamente sobre a criança em vez de antes ter de se virar. Todos os apetrechos necessários para a troca devem estar à mão, próximos ao balcão. Os itens necessários incluem fraldas, produtos de limpeza para desinfetar e limpar a superfície depois de cada troca e um depósito sanitário para as fraldas sujas. Uma pia com água quente deve estar à disposição na área de troca de fraldas, assim como sabonetes e toalhas, e essa pia não pode ser a mesma onde a comida é preparada e as louças são lavadas.

Ir ao banheiro

Crianças gostam de banheiros adaptados ao tamanho delas, onde possam ter fácil acesso à pia, ao sabonete e às toalha de papel (ou de alguma forma higiênica de usar toalhas de pano). Essa área deve ser próxima aos espaços de brincar, tanto internos quanto externos.

Adequação ao desenvolvimento

O fator mais importante em um ambiente de aprendizado é que ele deve ser adequado ao desenvolvimento das crianças, de acordo com a faixa etária do grupo. Os bebês não podem ser devidamente atendidos em um ambiente desenvolvido para crianças pequenas, assim como crianças pequenas não se comportam da mesma maneira em um ambiente designado a bebês ou pré-escolares. A adequação ao desenvolvimento é essencial.

Com frequência você precisa ser extremamente flexível ao ter bebês e crianças na mesma sala. O ambiente não apenas tem de atender às necessidades de crianças em uma idade específica, como também tem de estar de acordo com as mudanças pelas quais as crianças passam enquanto crescem.

Jim Greenman ilustra essa noção de flexibilidade em uma entrevista para a *Child Care Information Exchange:*

> *Flexibilidade vem de repensar o usual, como um sofá, por exemplo. Com relação aos bebês, um sofá proporciona o espaço perfeito para dois cuidadores sentarem com eles no colo. À medida que as crianças aprendem a engatinhar, o sofá pode ser colocado a certa distância da parede, criando um interessante caminho. Quando as crianças começam a caminhar, o mesmo sofá se torna um trilho macio para andar. Uma vez que elas passam a se interessar por tipos mais complexos de brincadeiras espaciais, como brincar de esconder, o sofá pode ser uma base para deslizar ou criar túneis com almofadas. Esse processo de configurar e reconfigurar uma ambiente cria um espaço de trabalho e assistência que acompanha o ritmo das mudanças nas crianças* (WOLF, 1987, p. 19).

Ambientes apropriados para bebês

Como se difere um espaço para bebês de um espaço para crianças pequenas? Em parte, pelo tamanho. Quanto mais jovem for a criança, menor deve ser o grupo e o espaço ao redor. Para recém-nascidos, o espaço amplo pode ser assustador, e ambientes fechados são apropriados, como um berço. Bebês mais velhos que não se movem precisam de mais espaço, mas não muito. Eles precisam ficar no chão, porém protegidos de pés ou de bebês indefesos nos quais possam tropeçar. Essa é a idade na qual os chiqueirinhos são mais apropriados. Quando os bebês começam a se mover, rolando ou engatinhando, eles precisam de ainda mais espaço. O chiqueirinho de tamanho padrão é muito pequeno. Quando começam a ficar em pé, as crianças precisam de apoio para se movimentar nessa posição e de móveis para se segurarem. Em um ambiente doméstico, mesas de centro e mesas de café, cadeiras e sofás proporcionam esse apoio. Um centro de assistência a bebês deve tomar ainda outro tipo de precauções.

Uma observação sobre berços: eles não são ambientes de aprendizado; eles são ambientes para dormir. Quando a mensagem a respeito da função dos berços é consistente, alguns bebês aprendem cedo a associá-los ao sono e têm menos dificuldades para dormir. Mas se o berço for cheio de brinquedos e com móbiles e caixas de música pendurados, uma mensagem confusa é transmitida. O ambiente é estimulante e não induz ao sono. É melhor passar a mensagem de que as brincadeiras ocorrem fora do berço. De qualquer forma, o berço é um lugar muito pequeno para brincar, a não ser para recém-nascidos. É melhor usá-los apenas quando as crianças estiverem cansadas, e nunca colocar crianças agitadas e alertas neles. Crianças acordadas precisam de outro tipo de ambiente.

Ambientes apropriados para crianças pequenas

Crianças pequenas, é claro, precisam de mais espaço e de mais desafios motores, apropriados à sua faixa etária. Elas também precisam de um ambiente que estimule a independência – degraus para alcançar a pia na hora de lavar as mãos, jarrinhas para servir seu próprio leite e suco, paninhos para limpar a própria sujeira nesse processo e um armário por perto para que possam elas mesmas pegar seus pratos. As crianças nessa idade precisam também de um ambiente que as convide à exploração, por meio de habilidades motoras finas e amplas e de todos os seus sentidos.

O espaço de brincar deve conter uma grande variedade de brinquedos e equipamentos próprios para a idade e que estimulem uma brincadeira que faça uso de todo o corpo assim como das habilidades de manipulação. Ele deve se adaptar aos humores das crianças a qualquer hora em qualquer dia – àquelas que se sentem enérgicas, às que se sentem tranquilas, às que querem ficar sozinhas e às que se sentem sociáveis.

Lares assistenciais e grupos de idades mistas

Configurar um ambiente de assistência a crianças de várias idades em um abrigo é diferente de configurar um ambiente em um programa institucional onde crianças são agrupadas por idade. Os lares assistenciais têm algumas distintas vantagens difíceis de serem alcançadas em outras instituições, como creches, por exemplo. Há menos probabilidade de surgir um sentimento "institucional". O nível básico de um ambiente doméstico pode confortar muito crianças facilmente estimuláveis. Existe

Os princípios em ação

Princípio 8 Encare os problemas como oportunidades de aprendizado e deixe que os bebês e crianças resolvam seus próprios dilemas. Não tente salvá-los ou facilitar as coisas frequentemente para eles ou protegê-los de todos os problemas.

Uma provedora de cuidados infantis familiares configurou o local doméstico de modo que as crianças possam explorá-lo livremente. Ela está encantada com a forma pela qual eles fazem descobertas, lidam com problemas e tomam atitudes para resolvê-los. Ela está trabalhando há pouco tempo com um garotinho de dois anos chamado Austin, que enfrenta desafios físicos, mas ainda assim ela tenta criar oportunidades para que ele explore, faça descobertas e resolva problemas. Austin não consegue se mover de um lugar para outro, então a provedora de cuidados o ajuda a experimentar novas visões e orientações, mudando ele de lugar dentro da sala. Assim ele pode alcançar as coisas em uma posição segura e sem o risco de cair. A provedora de cuidados descobriu modos de deixá-lo próximo aos brinquedos de modo que ele possa escolher com o que quer brincar. Ela também o posicionou perto das prateleiras e caixas de brinquedo, de modo que possa alcançá-las se desejar, e também modificou alguns brinquedos, de modo que eles funcionem com mais facilidade quando Austin for brincar. Ela o observou tentando virar as páginas de um calendário ilustrado e ele teve tanta dificuldade que desistiu. Dessa vez ela o socorreu, colocou-o no colo e foi virando as páginas para que olhassem juntos o livreto. Depois, teve a ideia de colar figurinhas nas páginas, de modo que grudando o dedo levemente em cada uma delas ele pudesse abrir sozinho o livro todo. Ele fica maravilhado por poder fazer isso sem ajuda, mas ainda procura por ela para que lhe faça companhia durante a "leitura". Ela está pesquisando sobre como usar um computador para proporcionar ainda mais oportunidades de Austin lidar com brinquedos com os quais consegue realmente interagir. Provocar um acontecimento é uma das necessidades que todas as crianças têm, incluindo Austin, que está instigado com o próprio poder de produzir efeitos. A provedora de cuidados está trabalhando bastante para proporcionar a ele muitas oportunidades.

1. Que outras ideias você tem para ajudar essa criança a explorar o ambiente mesmo sem conseguir se movimentar sozinha?
2. Imagine que você mesmo está enfrentando desafios físicos no ambiente onde se encontra agora. Que tipo de ajuda você precisaria, fazendo uso de seu limitado poder de alcançar e agarrar coisas, para fazer acontecer no ambiente algo que você quer muito que aconteça?
3. Pense sobre as várias maneiras por meio das quais a cuidadora poderia mover Austin de um lugar para outro ou tornar possível que ele mesmo se movesse.
4. Quais seriam as possíveis barreiras que impediriam a criança de explorar o ambiente mais a fundo?

muita riqueza em um lar, resultante da grande variedade advinda de um ambiente configurado para idades mistas, incluindo membros familiares adultos. Um lar naturalmente proporciona uma grande variedade de texturas, sons e atividades, já que o funcionamento da casa está em ação na presença das crianças. Algumas das vantagens do ambiente doméstico são também alguns dos desafios que os provedores de cuidados enfrentam enquanto tentam tornar os lares ambientes atenciosos e confortáveis para que se dê o aprendizado. Observar como os membros da família usam o tempo pode ser uma ótima experiência para as crianças; por exemplo, quando assistem a um membro adolescente da família consertando um carro ou a vovó organizando sua coleção de selos. Mas as atividades nas quais os membros da família se engajam não são necessariamente boas para as crianças. Por exemplo, se esse mesmo adolescente apenas fica atirado no sofá assistindo à televisão, isso pode ser um problema.

Diferentemente das aparências dos centros planejados, nas figuras 12.1, 12.2 e 12.3, a prestação de cuidados a uma família em um abrigo depende de um plano de base direcionado à vivência familiar e não ao cuidado de uma criança específica (veja a Figura 12.4). Os provedores de cuidados fazem escolhas a respeito de quais salas usar para as atividades das crianças. Algumas escolhas são óbvias, como banheiros para lavar as mãos e evacuar e cozinhas para cozinhar e, talvez, comer. Nas outras salas podem ser necessários móveis para reconfigurar o espaço de brincadeiras. Alguns provedores de cuidados criam espaços para brincadeira na sala de estar, na sala principal, na sala de jantar, em quartos vagos, num porão ou garagem reconfigurados ou numa combinação de quartos. Os móveis precisam ser afastados para dar espaço à movimentação das crianças ou devem ser reconfigurados como divisórias para criar seções de depósito e uso de materiais e brinquedos específicos. Tapetes também podem ser usados para designar **espaços para brincar**. Pode-se fazer bom uso de camas como espaços para onde as crianças mais velhas possam ir para ficar longe das mais jovens. No entanto, cortar os pés de uma cama de modo que ela fique em uma altura segura proporciona um local de breve escalada para crianças pequenas, bem como, talvez, uma área onde se possa engatinhar por baixo. **Grupos de idades mistas** apresentam uma configuração especial de desafios. O provedor de cuidados deve proporcionar um ambiente seguro que permita que crianças de todas as idades brinquem e explorem. Isso significa espalhar coisas em móveis de diferentes alturas direcionadas a grupos de faixas etárias diferentes. Prateleiras baixas deixam os brinquedos acessíveis a todos, também nos grupos mistos, apenas deve-se tomar cuidado para deixar nesses locais somente brinquedos seguros e apropriados mesmo para as crianças mais jovens. Bebês e crianças que ainda exploram com a boca precisam estar protegidos de peças pequenas e brinquedos frágeis. Atividades inapropriadas para as crianças mais jovens podem ser executadas na mesa ou no balcão da cozinha para manter os materiais fora do seu alcance. Esses materiais devem ser guardados no alto. Ninguém quer que uma criança pequena espalhe no chão um quebra-cabeça de 100 peças e comece a mastigar as peças de cartolina. A questão do armazenamento dos brinquedos também é importante para que não estejam todos disponíveis todo dia. Intercalar a disponibilização dos brinquedos garante sempre uma novidade quando as crianças enjoarem de determinado objeto e cria novos interesses por coisas antigas. Alguns brinquedos devem ser intercalados e outros devem estar sempre disponíveis, para que transmitam à criança um senso de consistência.

O que deve ter na área de brincar

A adequação à idade é mais uma vez a chave para que se determine quais brinquedos, equipamentos e materiais devem estar disponíveis no ambiente de brincar (veja o Apêndice B). Recém-nascidos e bebês muito jovens precisam de poucas coisas em seu ambiente destinado às brincadeiras. Apenas algumas coisas para contemplar já são suficientes.

> **Padrão do programa**
> **NAEYC 2**
> Currículo

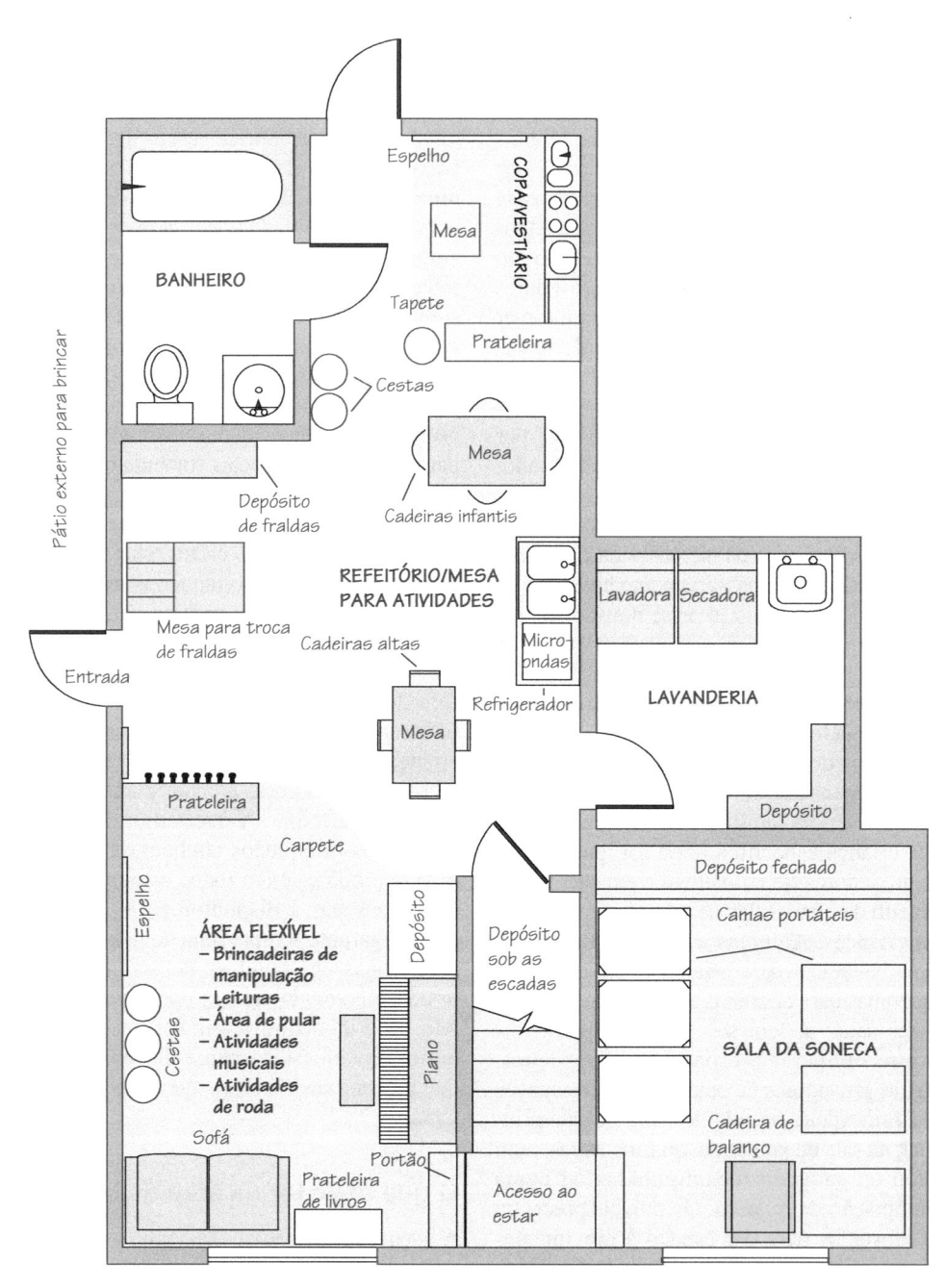

Figura 12.4 Configuração para uma sala de cuidados familiares.

O objeto mais interessante no ambiente deles é o rosto humano vivo. Reconhecer esse fato e não tentar substituir o rosto humano por brinquedos, figuras ou mesmo pela televisão é importante. Bebês precisam de pessoas reativas mais do que de objetos animados ou inanimados. (Eles também precisam de paz, tranquilidade e o mínimo possível de estimulação.)

Quando os bebês descobrem suas mãos e passam muito tempo explorando-as eles já estão prontos para brincar com objetos simples. Primeiro eles enxergam as próprias mãos como objetos fascinantes, mas por fim eles aprendem que as mãos são deles e que podem ser controladas e usadas para explorar outros objetos. É importante que as crianças não sejam distraídas de sua exploração das mãos, porque esse é o primeiro passo para usar as mãos a fim de explorar outros objetos. O progresso vai desde a exploração até a experimentação na construção. Essa informação vem de uma pesquisa do Pikler Institute e também foi observada por um dos coautores deste livro. Essa é uma situação incomum nos EUA, em que bebês são bombardeados desde o nascimento por uma enorme variedade de brinquedos multissensoriais que são visualmente estimulantes, em cores muito luminosas, que se movimentam e também fazem barulho e tocam música. Tais brinquedos são divertidos, mas fazem que os bebês passem a depender de diversões externas em vez da própria capacidade de se autodivertirem. Quando a criança se entendia com um brinquedo, ele é substituído por outro ou um adulto entra em cena para cumprir tal papel. A autora pode observar, pela sua experiência, que bebês que se acostumam a esse padrão tendem a passar menos tempo explorando as brincadeiras simples defendidas pelo Pikler Institute e ensinadas por Magda Gerber no RIE.

O primeiro objeto de brincar usado por aqueles que seguem a abordagem de Pikler e a filosofia de Gerber é um lenço de algodão. Em vez de simplesmente deixar o lenço jogado no chão, ao alcance da criança, o adulto o posiciona de forma que ele se eleve no ar, fazendo que fique mais fácil para a criança enxergá-lo e agarrá-lo. Essa é uma das razões pelas quais o lenço deve ser de algodão – é suave, porém tem força o bastante para se erguer sozinho. Também é pesado o bastante para que o bebê não tente respirar por ele, perigo dos lenços de nylon ou de seda. O bebê deitado de costas em uma superfície firme pode virar a cabeça para o lado. Então quando vê o lenço ele se move e procura pelo objeto. E o bebê consegue agarrá-lo mesmo se não tiver muito controle nos dedos. O lenço leve pode ser abanado, apertado, sacudido e descartado. Algumas crianças descobrem o jogo de *peekaboo* jogando o lenço em cima do rosto e depois removendo-o. Eles também conseguem criar efeitos de luz e escuridão sem ajuda externa.

Repare que o lenço não faz nada sozinho, ele precisa do bebê. Uma das frases preferidas de Magda Gerber era "Brinquedos ativos tornam os bebês passivos; brinquedos passivos tornam os bebês ativos".

Os próximos materiais para brincar introduzidos no Pikler Institute e nos treinamentos do RIE também são simples e leves, para que os bebês possam agarrá-los, colocá-los na boca, derrubá-los, chutá-los e explorá-los de diversas maneiras. Nenhum desses brinquedos deve estar pendurado, mas sim no chão, ao alcance do bebê, de modo que ele possa fazer mais do que apenas observar e talvez tocar. A quantidade e variedade de materiais para brincar aumentam à medida que os bebês crescem, mas eles continuam simples. No Pikler Institute, os objetos de brincar dos bebês são, entre outros, tigelas (de plástico e de metal), colheres de pau e copos de plástico; semelhantes aos apetrechos que as crianças usam durante as refeições, mas não exatamente os mesmos. Assim os bebês aprendem a distinguir entre um objeto real e um de brinquedo.

Durante a infância, os objetos de brincar variam e a variedade aumenta. Uma ideia simples observada pela autora no Pikler Institute foi uma cesta arrumada de forma especial com camisas e calças de crianças – roupas para as crianças explorarem, experimentarem e depois se desvestirem sozinhas. As roupas estavam dispostas com o lado maior à vista, para que fossem fáceis de vestir. É uma ideia bastante simples: deixar que as crianças explorem algo que lhes é familiar, mas de maneira divertida – sem nenhuma meta adulta em mente. A brincadeira de verdade é assim.

Existem alguns segredos para o sucesso das brincadeiras com esses materiais. Um ambiente é seguro quando as crianças podem se movimentar por ele e interagir umas com as outras. Outro segredo é um tempo que passem a sós com os cuidadores durante as atividades essenciais do dia a dia, de forma que recebam atenção individualizada o bastante todo dia. Cuidadores do Pikler Institute são ensinados a não interromper ou distrair crianças enquanto elas brincam.

Pikler deixou claro que a abordagem dela estava voltada a ajudar as crianças a descobrirem, desde o princípio, que são aprendizes competentes, capazes de explorar o mundo ao redor e de aprender sobre ele. Elas se tornam pessoas muito aptas em resolver problemas. Elas se sentem poderosas. Elas ficam motivadas para aprender sem precisar de recompensas externas por seus estudos e explorações. Crianças que brincam com brinquedos simples sob as condições resumidas aqui desenvolvem uma grande capacidade de atenção e aprendem a focar na concentração. Todos esses tipos de habilidades contam para o sucesso escolar posterior. É claro que as crianças também desenvolvem habilidades cognitivas, aprendem conceitos e adquirem habilidades de manipulação e outras, de ordem física, nesse ambiente bem pensado e planejado para as brincadeiras.

Brinquedos e materiais para ambientes fechados

A lista de brinquedos e materiais apropriados ao ambiente interno pode ser quase infinita. Praticamente qualquer coisa que você considera segura e interessante pode se tornar um **instrumento de aprendizado** para crianças pequenas. Eis algumas coisas para ambientes internos nas quais você talvez não tenha pensado (KÁLLO; BALOG, 2005; DAVID; APPELL, 2001):

- Potes plásticos de margarina.
- Blocos de vários tamanhos; especialmente os grandes, leves e feitos de espuma, forrados com plástico, com os quais as crianças podem construir e produzir estruturas e cercados.
- Caixas de sapato com tampas. Crianças adoram retirar e colocar tampas no lugar de novo repetidas vezes. Você pode pôr uma surpresa dentro.
- Lenços são divertidos em qualquer idade, mas não dê lenços de seda para bebês.
- Livros, livros, livros.
- Fôrmas de *muffins* com uma bolinha em cada espaço (um "quebra-cabeça" para principiantes no qual até mesmo as crianças mais jovens podem se sair bem).
- Quadros de feltro com peças de feltro. Disponibilize-os para as crianças pequenas e observe como elas exploram, experimentam e falam enquanto movem as peças.
- Papel para rasgar. As crianças têm a capacidade de atenção expandida quando rasgar papéis se torna uma atividade.

Brinquedos e materiais para ambientes externos

O ambiente externo deve receber tanta atenção quanto o interno. Ele deve transmitir aos bebês a sensação de estarem seguros e oferecer muitas oportunidades de coisas a fazer para crianças pequenas. Crianças menores precisam de um lugar protegido, na grama e na sombra, para poderem deitar em cima de um cobertor ao ar livre. Crianças que engatinham precisam de lugares seguros para se movimentarem e explorarem, com texturas para sentir, que não machuquem seus joelhos. Uma dica para proteger os joelhos veio da revisora deste livro. Pegue meias adultas e corte a parte do dedão. Dobre e coloque sobre os joelhos, são protetores baratos e instantâneos! Bebês que engatinham precisam de objetos seguros para manipular e colocar na boca. Crianças que estão começando a andar precisam de superfícies planas sem muitos desafios e também de brinquedos para puxar e arrastar. Brinquedos com rodinhas também são bons nesta idade.

Eis algumas ideias do que disponibilizar em um ambiente externo para crianças pequenas:

- Pneus de caminhão. Não os encha totalmente. Eles são ótimas almofadas.

- Cordas amarradas para se balançar.
- Trapézios feitos de cordas suspensas. Proteja as extremidades com fita adesiva.
- Balanços pendurados em nível baixo em que as crianças possam se balançar sozinhas apoiadas na barriga.
- Caixas de leite, grandes caixas de madeira, pranchas grossas e cavaletes para montar estruturas de escalada.
- Brinquedos com rodinhas, para andar, empurrar e puxar e transportar coisas dentro.
- Escorregadores pequenos e seguros para que a criança use em posição de mergulho, se quiser.
- Várias elevações – especialmente um morrinho. Um morrinho fica praticamente seco mesmo depois da chuva e é um lugar desafiante de subir e descer. Se for possível ter grama nesse morrinho, ele se torna um ótimo lugar para rolar.
- Brinquedos de balançar no qual as crianças possam entrar e sair sozinhas.
- Uma caixa de areia com vários tipos de baldinhos, pás e funis – grandes e pequenos.
- Água em todos os tipos de recipientes – pequenas piscinas de plástico, tanquinhos de cimento, banheiras de bebê, etc. Recipientes pequenos de pôr água para brincar, mangueiras, funis, panos, esponjas e pincéis. Pintar com água é sempre a atividade favorita. Lembre-se de sempre supervisionar as crianças quando elas estiverem brincando com água – mesmo uma quantidade pequena pode ser perigosa.
- Palha proporciona uma suavidade extra ao ambiente externo. As crianças podem pular nela ou carregá-la de um lado para outro.[1]

Analisando a qualidade de um ambiente para bebês e crianças

Além de levar em conta a idade da criança, existem outras formas de analisar a qualidade de um ambiente de aprendizado.

No livro *Dimensions of Teaching-Learning Environments II: Focus on Day Care*, Elizabeth Jones e Elizabeth Prescott estabelecem cinco dimensões de um ambiente de aprendizado: suave/duro, intrusão/reclusão, alta mobilidade/baixa mobilidade, aberto/fechado e simples/complexo (JONES; PRESCOTT, 1978).

Equilibrando o suave e o duro

Padrão do programa
NAEYC 4
Avaliação

A dimensão suave/duro é basicamente exploratória. Analise essa dimensão em um ambiente para bebês e crianças fazendo a seguinte pergunta: o ambiente de aprendizado é suave o bastante? No ambiente fechado, bebês e crianças precisam de tapetes espessos, cobertores macios, animais de pelúcia, mobília aconchegante, colchões, almofadas e travesseiros. No ambiente externo, elas precisam de grama, areia, água, bolas leves, almofadas e blocos. Um ambiente suave é *positivamente reativo*. Muitas instituições tendem a disponibilizar menos suavidade do que os bebês e crianças precisam – em parte porque é mais difícil limpar materiais e superfícies suaves e macias, e em parte porque eles têm pouca durabilidade. Instituições, como lares assistenciais, em geral são mais bem-sucedidos do que as creches quando se trata de proporcionar a suavidade necessária, já que esses lares quase sempre possuem as mobílias estofadas e as cortinas que faltam nas instituições que atendem crianças apenas parte do dia.

Existe também um pouco de dureza, ou o chão inteiro é coberto por tapete e o pátio todo coberto de grama? Chãos duros e de cimento oferecem sensações novas aos bebês que engatinham, são mais fáceis de caminhar para os bebês que começaram a andar e fazem um barulho que interessa às crianças mais velhas. Algumas superfícies, objetos e materiais duros também devem estar disponíveis nas instituições dedicadas a cuidados infantis, mas a ênfase deve ser na suavidade.

Estimulando oportunidades de intrusão e reclusão

O ambiente deve proporcionar chances para níveis ideais de intrusão e reclusão. A intrusão desejada ocorre se o ambiente de fora acaba vindo para dentro, oferecendo interesses e novidades. Janelas baixas permitem que as crianças vejam o que está acontecendo lá fora, nos fundos do lugar ou na rua, ao mesmo tempo em que as protegem de perigos e barulhos. Uma intrusão desejável também ocorre quando pessoas de fora entram no ambiente de bebês e crianças – uma pessoa que vem consertar o telefone, pais que vêm buscar os filhos, visitantes, etc. Os cuidadores devem atentar para manter um nível ideal de intrusões.

A reclusão deve ser possível quando crianças precisam ficar sozinhas ou com apenas mais uma criança. É claro que a supervisão deve ser uma preocupação, mas sempre é possível que os adultos organizem para as crianças um lugar privado onde eles ainda assim possam supervisionar. Um jeito simples é virar um sofá para a parede. Há uma instituição que disponibiliza uma série de caixas de madeira sem tampa, contra a parede, com buracos para que os bebês que engatinham possam entrar. Os lados das caixas separam os bebês das outras crianças na sala, mas os adultos conseguem enxergá-los.

Torelli (1989) fala da importância de uma criança poder se afastar do resto do grupo:

> *Um design variado, por exemplo, configura o chão com elevações próprias para as crianças subirem, com degraus de diversas alturas, estruturas que formam abrigos e "ninhos". Esses pequenos ambientes de aprendizado configuram um local para a exploração segura, na qual os bebês podem carregar um brinquedo, olhar um livro, brincar com um bloco, engatinhar pelos degraus ou simplesmente observar os adultos e outras crianças de um aconchegante e semifechado "espaço privado".*

Para algumas crianças com deficiências, um lugar para se isolarem do que para elas é estímulo demais é imperativo. Preste atenção nas necessidades de reclusão e estimulação mínima dessas crianças e atenda tais necessidades.

Estimulando a mobilidade

Alta e baixa mobilidade devem ser ambas estimuladas em um ambiente para bebês e crianças. Crianças que já têm idade o bastante para isso devem poder se movimentar livremente. As crianças não devem ter de esperar pela hora de brincar ao ar livre para se movimentar mais vigorosamente. Isso significa, é claro, que o tamanho do grupo deve ser pequeno. Oito já é um número alto para um grupo de bebês e crianças pequenas. Crianças de dois a três anos podem ficar num grupo um pouco maior – com 12 crianças, se o ambiente for bem planejado. Crianças com necessidades especiais em geral são beneficiadas em grupos menores.

A dimensão aberto/fechado

A dimensão aberto/fechado tem a ver com escolhas. Um exemplo de dimensão aberta é um ambiente que disponibiliza prateleiras sem portas que deixam os brinquedos à vista para que as crianças os escolham. Mas guardar algumas coisas em depósitos fechados também é apropriado para regular e reduzir as escolhas e para evitar uma atmosfera confusa.

A abertura também tem a ver com a organização da mobília e dos divisores. Uma boa organização envolve manter as estruturas abertas na altura do peito do adulto, mas também é preciso proporcionar alguma sensação de ambiente fechado para as crianças, mais para baixo, de modo que elas não fiquem superestimuladas por espaços muito amplos.

A dimensão aberto/fechado se relaciona, ainda, com o fato de um brinquedo ou material ter uma forma certa para ser usado (como um quebra-cabeça, um brinquedo de tabuleiro ou anéis de encaixe de vários tamanhos), ou se ele estimula todos os tipos de exploração. Um bicho de pelúcia ou uma massinha de modelar são sempre abertos, assim como a brincadeira na água. Crianças com menos de três anos precisam de mais brinquedos de dimensão aberta do que de dimensão fechada. Crianças mais velhas pode se divertir com algumas tarefas e materiais de dimensão fechada, mas crianças pequenas e bebês desconsideram o uso ideal e fazem de tudo uma dimensão aberta. Eles encontram novas formas de usar todos os tipos de materiais e brinquedos (tanto os de dimensão aberta quanto os de dimensão fechada), formas que os adultos jamais sonhariam. Para um bebê, não existe a noção de usar "errado" algum brinquedo ou objeto.

A dimensão simples/complexa

Objetos e brinquedos simples são os melhores para os bebês. Money (2005) diz, no *"The RIE Early Years 'Curriculum"*: "Nós oferecemos objetos simples, como garrafas de plástico vazias ou escorredores leves, que as crianças conseguem levantar e enxergar através deles".

A extremidade complexa da dimensão simples tem a ver com combinar objetos e materiais para brincar. Areia, água e outros utensílios combinados oferecem muitas possibilidades do que qualquer um dos três itens isolados. Cuidadores que exploram essa dimensão chegam à conclusão de que o nível de atenção das crianças aumenta quando a complexidade é introduzida no ambiente das crianças.

No texto *"Designing Infant/Toddler Environments"*, Jim Greenman (1982) menciona algumas dimensões adicionais a serem consideradas no planejamento de ambientes para bebês e crianças.

Escala

Greenman ressalta que, da mesma forma que adultos se sentem pequenos em ambientes designados a promover essa sesnsação (como tribunais e catedrais), bebês e crianças pequenas se sentem pequenos em qualquer ambiente designado para outras faixas etárias. Mesmo um ambiente pré-escolar dará a bebês e crianças pequenas uma sensação de serem muito pequenos. Quando eles sentam em cadeiras em que os pés ficam balançando, brincam em balanços nos quais não conseguem subir nem sair ou brincam em mesas muito altas, elas se sentem menores do que precisam se sentir. Bebês e crianças pequenas precisam de salas, móveis e espaços designados na escala deles. Você quer que eles se sintam grandes e capazes e não pequenos e inadequados. O ambiente físico pode fazer muita diferença no autoconceito de bebês e crianças.

Estética

Bebês e crianças devem passar seu tempo em um lugar que seja visualmente atrativo. A iluminação é um fator importante no apelo visual. Se possível, evite luz excessiva ou o efeito de iluminação fluorescente. A iluminação natural já oferece muitas variedades de gradações e calor. As cores e suas diferentes qualidades emocionais devem ser levadas em conta, pois podem ser um tipo de barulho visual. Na maioria dos ambientes onde ficam crianças e bebês há tanta coisa acontecendo – tanta coisa para ver – que o fundo deve ser calmo, caloroso e neutro. Com um pano de fundo neutro, as pessoas, os brinquedos e os materiais ganham mais destaque, ajudando as crianças a encontrá-los e a focar neles. As crianças se distraem menos.

Acústica

O barulho pode ser um problema quando bebês e crianças estão juntos em um grupo. Deve ser feito o máximo de esforço possível para diminuir o nível de barulho e proteger as crianças que precisam ficar em silêncio, longe daquelas que gritam, choram ou se envolvem em atividades barulhentas. O tamanho do grupo tem muito a ver com a intensidade do barulho, o que é um bom motivo para manter os grupos em tamanhos reduzidos. Dividir o espaço também ajuda, assim como oferecer bastante suavidade para que eles absorvam os sons (carpetes, móveis estofados, almofadas e cortinas acústicas). Preste atenção nos sons de fundo e nos seus efeitos em crianças e adultos em grupo e individualmente. Algumas luzes emitem sons agudos que irritam ouvidos sensíveis. Barulho de ventiladores e outros equipamentos podem ser confortantes ou irritantes, dependendo do som e da sala. Quando o grupo contém uma ou mais crianças com deficiências auditivas é necessária uma atenção ainda maior, quando se deseja que essas crianças consigam fazer uso das mínimas possibilidades auditivas com as quais contam.

Ordem

Reflita
Pense no lugar onde você se sente mais confortável e feliz. Quais são as características desse lugar? Você consegue aprender alguma coisa, a partir da sua própria experiência, sobre como configurar um ambiente para bebês e crianças? Alguma dessas características é apropriada para a faixa etária em questão?

Padrão do Programa NAEYC 4
Avaliação

Relacionado tanto à estética quanto à acústica está certo senso de ordem. Como bebês e crianças pequenas criam uma constante desordem ao espalhar brinquedos e materiais por toda parte, quebram coisas, largam-nas em qualquer lugar e reorganizam qualquer coisa que tenham ao alcance da mão, o ambiente deve oferecer um senso de ordem prática que seja contrastante com a bagunça feita o tempo todo no chão. A organização da sala deve contribuir para o senso de ordem. Usar móveis, prateleiras e telas para dividir o espaço em pequenos módulos grandes o bastante para duas ou três crianças (ou um pouco mais no caso de crianças mais velhas) ajuda-os a focar e reduz o barulho (tanto visual quanto auditivo). Caminhos livres e claros devem conduzir as crianças aos espaços de brincar, e todos os espaços devem conter prateleiras de brinquedos. Além disso, se os locais de entrada e saída demandarem algum desafio físico, como subir degraus ou engatinhar com vigor, as crianças passam menos tempo vagando.

Obviamente, a sala deve ser dividida com barreiras no nível de um metro de altura, de modo que os adultos possam enxergá-la completamente. Esse é um ponto importante a ser destacado: há dois tipos de ambiente na sala: abaixo de um metro e acima de um metro. Para entender completamente o ambiente das crianças, você precisa descer até o nível delas. Quando você estiver lá embaixo, provavelmente descobrirá rodapés dos quais jamais teve conhecimento. É bom se abaixar e ver da perspectiva das crianças regularmente quando você estiver planejando e mantendo um ambiente para elas. A ordem a e a coerência consistente são qualidades vitais em um ambiente no qual são atendidas crianças com dificuldades de enxergar. Se os corredores são muito cheios ou se a mobília é trocada de lugar, uma criança com deficiência visual que já memorizou o ambiente se sentirá insegura e hesitante em se mover.

O ambiente nunca é determinado de uma vez por todas. Planejar, organizar, avaliar e reorganizar compõem um processo contínuo se os cuidadores estiverem buscando qualidade e desejam descobrir o que funciona melhor para eles e para as crianças à medida que elas crescem e mudam.

Ordem tem a ver com senso estético. Bebês e crianças recebem mensagens de um ambiente bem planejado e consistente.

Prática apropriada

Visão geral do desenvolvimento

De acordo com a National Association for the Education of Young Children, um sentimento de segurança permite que bebês muito jovens usem suas habilidades físicas e sensitivas para explorar e aprender sobre o que está ao redor deles, incluindo objetos e pessoas. Para bebês muito jovens, segurança tem a ver com apego e confiança. O mesmo vale para bebês que se movem; contudo, a segurança se torna uma grande preocupação com relação a bebês que estão sempre em movimento, impulsionados pela curiosidade. Eles precisam de um ambiente seguro e rico para aprenderem tudo que precisam saber sobre o mundo. Crianças pequenas também precisam de um ambiente seguro e interessante para fazer suas explorações, que tomam sempre novas dimensões, já que elas estão constantemente tentando descobrir quem são, o que podem fazer e quem está no comando. Ao longo dos três primeiros anos, o sentimento de segurança que no início era primordial vai se combinando com a urgência de explorar, e as crianças demonstram ter cada vez mais propósitos em suas explorações.

Práticas apropriadas ao desenvolvimento

A seguir, daremos exemplos de práticas apropriadas ao desenvolvimento que têm a ver com o ambiente físico.

Saúde e segurança

- Adultos seguem os procedimentos de saúde e segurança, incluindo métodos para lavar as mãos apropriadamente e precauções universais para reduzir a proliferação de doenças contagiosas. Existem procedimentos sanitários específicos para cada área, escritos e pendurados na parede. Nas paredes também estão as instruções a respeito da sequência adequada a ser seguida na troca de fraldas (incluindo o uso de luvas de proteção), da limpeza de berços e áreas de brincar e da preparação (incluindo a lavagem de louças) e do armazenamento de comidas.
- Registros relativos à saúde, como *checkups* do bem-estar dos bebês, datas de vacina e relatos de problemas de saúde específicos são arquivados separadamente e confidencialmente para cada bebê. Políticas claras alertam os pais sobre quando bebês devem ser afastados da instituição por razões de saúde.
- Cuidadores revisam seguramente todas as áreas, internas e externas, várias vezes ao dia.
- Planos de evacuação de emergência estão pendurados nas paredes, perto dos registros diários dos bebês; uma bolsa de primeiros socorros deve estar sempre acessível. Ensaios de evacuação são praticados regularmente.

Para bebês

- Adultos oferecem aos bebês um ambiente auditivo que não é nem superestimulante nem distrativo. Eles escolhem músicas e outras gravações de que as crianças gostam.
- O espaço é organizado de forma que as crianças possam desfrutar de momentos de tranquilidade sozinhas, tenham um espaço amplo para rolar e se mover livremente e possam engatinhar em busca de objetos interessantes. Áreas para bebês muito jovens são separadas daquelas para os que engatinham, de modo a promover interações seguras entre crianças em estágios de desenvolvimento semelhantes.
- Uma variedade de itens domésticos que bebês possam usar como materiais para a brincadeira estão disponíveis, incluindo copos de plástico, colheres de madeira, tigelas inquebráveis e caixas de papelão.
- Bebês que se movem dispõem de uma área aberta onde bolas, brinquedos de puxar e arrastar, carrinhos e outros equipamentos os estimulem a mover-se livremente e a testar as habilidades dos músculos maiores e a coordenação. Estruturas baixas para escalar, rampas e degraus estão disponíveis. As estruturas são bem protegidas e seguras para a exploração.
- Prateleiras abertas ao alcance dos bebês estão organizadas agrupando brinquedos similares, adequadamente espaçados, de forma que os bebês possam fazer escolhas.

- Cuidadores agrupam materiais para atividades relacionadas em diferentes prateleiras.
- Um espaço para brincar externo, adjacente à área onde ficam os bebês, dispõe de áreas com sol e sombra. Ele é fechado por uma cerca protetora. O chão ao redor das estruturas para escalar e em alguns espaços abertos é coberto por uma superfície resiliente, fazendo que fique mais fácil para os bebês moverem carrinhos e outros equipamentos que andam. Existem áreas com bastante maciez e suavidade para as crianças descansarem tranquilas.

Para crianças pequenas

- O ambiente e o cronograma das atividades são previsíveis e repetitivos o bastante para suprir as expectativas dos bebês e permitir que eles pratiquem essa nova habilidade de previsão e se sintam seguros em uma rotina familiar.
- Cuidadores organizam o espaço de acordo com áreas de interesse ou atividade, incluindo áreas para brincadeiras em pequenos grupos, para ficar sozinho, para atividades de arte, na água, na areia ou de outro tipo que faça bagunça, para brincadeiras de interpretações e para construir coisas. As áreas destinadas às atividades estão separadas por pequenas divisórias, prateleiras ou bancos, tornando difícil para as crianças que correm a interrupção de crianças envolvidas e concentradas em outra brincadeira, e criando padrões de trânsito claros.
- As crianças têm oportunidades diárias de praticar atividades exploratórias.
- Um tanque da altura das crianças com toalhas de papel está localizado próximo às áreas designadas para atividades que geram bagunça, de modo que as crianças possam aprender a limpar e lavar as mãos após uma atividade que envolva sujeira.
- As crianças têm muitas oportunidades para brincar ativamente, usando os músculos maiores, tanto em áreas internas quanto externas.
- Cada criança tem um berço e roupa de cama personalizada e rotulada. Pegar o cobertor ou o bichinho de pelúcia preferido é parte da rotina de soneca da criança.

Práticas individualmente apropriadas

A seguir, alguns exemplos de práticas individualmente apropriadas que têm a ver com o ambiente físico:

- Adultos garantem que cada criança receba um cuidado positivamente reativo e nutritivo.
- Adultos criam uma sala de aula "inclusiva", certificando-se de que a organização espacial, os materiais e as atividades permitam que todas as crianças tenham uma participação ativa.
- A individualidade é um requisito essencial quando se deseja que cada criança receba o que precisa do ambiente e das pessoas que estão nele. Para algumas crianças, são necessárias práticas de adaptação ao ambiente e intervenções adultas, por exemplo, para estimular a brincadeira livre.

Práticas culturalmente apropriadas

A seguir, exemplos de práticas culturalmente apropriadas que têm relação com o ambiente físico:

- Cuidadores trabalham em parceria com os pais, estabelecendo comunicação diariamente a fim de construir entendimento e confiança mútua, para garantir o bem-estar e o desenvolvimento ideal do bebê.
- Cuidadores escutam atenciosamente ao que os pais dizem sobre os filhos, procuram entender os objetivos e preferências dos pais e respeitam as diferenças culturais e familiares.
- Cuidadores e pais se reúnem para tomar decisões sobre a melhor forma de ajudar as crianças a se desenvolver ou a lidar com problemas e diferenças de opinião no momento em que elas surgem.

Muito do modo como o ambiente é explorado e aconselhado neste capítulo tem a ver com ressaltar a exploração independente e as habilidades de autoajuda. Para famílias nas quais a interdependência é considerada mais importante do que a independência, a configuração de ambientes aconselhada talvez não faça muito sentido. Não é legal incentivar os pais a pensar que a configuração de ambientes defendida neste livro é a única "correta". Lembre-se de que as práticas apropriadas ao desenvolvimento sugerem que os profissionais trabalhem em conjunto com os pais e construam confiança e entendimento mútuos. O objetivo é garantir um desenvolvimento satisfatório para a criança. Questões de identidade podem aparecer, e é essencial que os cuidadores busquem entender e respeitar as diferenças culturais, bem como envolver os pais em decisões a respeito do que é melhor para seus filhos.

Fonte: Copple e Bredekamp (2009).

Práticas apropriadas em ação

Retome a cena dos Princípios em Ação na página 264, no que diz respeito a práticas apropriadas.

- Observe atentamente os itens da seção "Práticas apropriadas ao desenvolvimento" para crianças pequenas, no quadro "Práticas apropriadas", e pense sobre a cena de exemplo. Obviamente você não tem acesso a todo o contexto, mas, pelo que leu, quais práticas são compatíveis com o que o provedor de cuidados à criança e sua família está fazendo?
- E quanto à seção "Práticas individualmente apropriadas"? Quantos itens são compatíveis com o que o provedor de cuidados está fazendo?
- Depois de ler o último parágrafo da seção "Práticas culturalmente apropriadas", considere que nem todos os pais têm os mesmos objetivos que o provedor de cuidados envolvido, com relação à exploração livre – por exemplo: fazer descobertas, explorações e resolver problemas da forma mais livre possível. Se os pais de Austin não tiverem os mesmos objetivos que o provedor de cuidados, o que ele deve fazer?

RESUMO

Criar um ambiente físico seguro, saudável e apropriado ao desenvolvimento, tanto fechado quanto ao ar livre, para bebês e crianças pequenas, apoia o aprendizado e o desenvolvimento e também torna a satisfação das necessidades infantis um empreendimento cooperativo.

Um ambiente seguro e saudável

- Uma série de fatores deve ser considerada para criar um ambiente seguro para bebês e crianças pequenas, entre os quais:
  ○ Nutrição
  ○ Alimentação de bebês
  ○ Alimentação de crianças pequenas

O ambiente de aprendizado

- O ambiente de aprendizado é composto por uma área destinada às brincadeiras + espaços destinados a atividades de assistência às crianças, como:
  ○ Comer
  ○ Dormir
  ○ Trocar fraldas
  ○ Ir ao banheiro

Adequação ao desenvolvimento

- A adequação ao desenvolvimento é importante por razões de segurança, mas também para facilitar o aprendizado.
  ○ O que é apropriado para bebês é diferente do que é apropriado para crianças pequenas.
  ○ Lares assistenciais e instituições que trabalham com idades misturadas apresentam desafios específicos para que o ambiente funcione bem para todos.
  ○ Os brinquedos e materiais apropriados ao desenvolvimento variam de acordo com a faixa etária.
  ○ O que deve estar disponível no ambiente destinado às brincadeiras?

Recursos on-line

Acesse nosso Centro de Aprendizado *On-line* em www.mhhe.com/itc9e, clique em *Student Edition* e escolha *Chapter 12* para acessar o guia do estudante, que inclui uma revisão do capítulo, *links* relacionados, testes práticos, exercícios interativos e referências do capítulo.

Analisando a qualidade de um ambiente para bebês e crianças

- A análise de qualquer ambiente destinado a bebês e crianças é um processo contínuo e requer atenção a fatores já mencionados, além da observação de cinco dimensões e quatro considerações adicionais, entre as quais:
  ° Dimensão suave/duro
  ° Dimensão intrusão/reclusão
  ° Dimensão alta mobilidade/baixa mobilidade
  ° Dimensão fechada/aberta
  ° Dimensão simples/complexa
  ° Escala
  ° Estética
  ° Acústica
  ° Ordem

EXPRESSÕES-CHAVE

estrutura 257

espaços para brincar 265

grupos de idades mistas 265

instrumento de aprendizado 268

QUESTÕES PARA REFLEXÃO/ATIVIDADES

1. Usando as listas de verificação deste capítulo, avalie um ambiente para bebês e crianças.
2. Formule sua própria lista de verificação usando pontos-chave da seção ao analisar a qualidade de um ambiente para bebês e crianças pequenas. Use essa lista de verificação ao observar um programa para bebês e crianças pequenas.
3. As figuras 12.1, 12.2 e 12.3 mostram alguns dos ambientes abordados aqui. Desenhe o *layout* de um lar (pode ser sua própria casa) e desenvolva espaços que possam acomodar um grupo de crianças de faixas etárias diferentes, incluindo bebês e crianças.

REFERÊNCIAS

ARONSON, S.; SPAHR, P. M. *Healthy young children*: a manual for programs. Washington: National Association for the Education of Young Children, 2002.

BARKER, R. G. *Ecological psychology*: concepts and methods for studying the environment of human behavior. Stanford: Stanford University Press, 1968.

COOPLE, C.; BREDEKAMP, S. (Ed.). *Developmentally appropriate practice in early childhood programs*. 3th ed. Washington: National for the Education of Young Children, 2009.

DAVID, M.; APPELL, G. *Lóczy*: an unusual approach to mothering. Budapest: Association Pikler-Lóczy for Young Children, 2001.

GREENMAN, J. Designing infant: toddler environments. In: LURIE, R.; NEUGEBAUER, R. *Caring for infants and toddlers*: what works, what doesn't. Redmond: Child Care Information Exchange, v. 2, 1982.

JONES, E.; PRESCOTT, E. *Dimensions of teaching-learning environments II*: focus on day care. Pasadena: Pacific Oaks, 1978.

KÁLLÓ, É.; BALOG, G. *The origins of free play*. Budapest: Association Pikler-Lóczy for Young Children, 2005.

MONEY, R. The RIE early years curriculum. In: PETRIE, S.; OWEN, S. (Ed.). *Authentic relationships in group care for infants and toddlers*: resources for infant educarers (RIE): principles into practice. London; Philadelphia: Jessica Kingsley, 2005. p. 51-68.

PRESCOTT, E. The physical environment: powerful regulator of experience. *Child Care Information Exchange*, v. 100, nov. dec. 1994.

TORELLI, L. The developmentally designed group care setting: a supportive environment for infants, toddlers and caregivers. *Zero to Three*, v. 10, n. 2, p. 7-10, dec. 1989.

WOLF, D. An interview with Jim Greenman. *Child Care Information Exchange*, v. 42, n. 6, p. 19, sept. 1987.

LEITURAS COMPLEMENTARES

ADAMS, E. J.; PARLAKIAN, R. Movin' on: supportive transitions for infants and toddlers. *Young Children*, v. 65, n. 3, p. 54-56, may 2010.

COUGHLAN, C. Using the RIE approach in a family day care home. In: PETRIE, S.; OWEN, S. (Ed.). *Authentic relationships in group care for infants and toddlers*: resources for infant educarers (RIE) principles into practice. London and Philadelphia: Jessica Kingsley Publishers, 2005. p. 69-82.

CURTIS, D. What's the risk of no risk? *Exchange*, n. 192, p. 52-56, mar./apr. 2010.

ELKIND, E; *The power of play*: learning what comes naturally. Cambridge: Perseus, 2007.

GANZ, J. B.; FLORES, M. M. Implementing visual cues for young children with autism spectrum disorders and their classmates. *Young Children*, v. 65, n. 3, p. 78-83, may 2010.

HAMMOND, R. A. *Respecting babies*: a new look at Magda Gerber's RIE approach. Washington: Zero to Three, 2009.

ONG, F.; COLE, T. (Ed.). *Inclusion works*: creating child care programs that promote belonging for children with special needs. Sacramento: California Department of Education, 2009.

WILSON, R. A. Aesthetics and a sense of wonder. *Exchange*, n. 132, p. 24-26, may/jun. 2010.

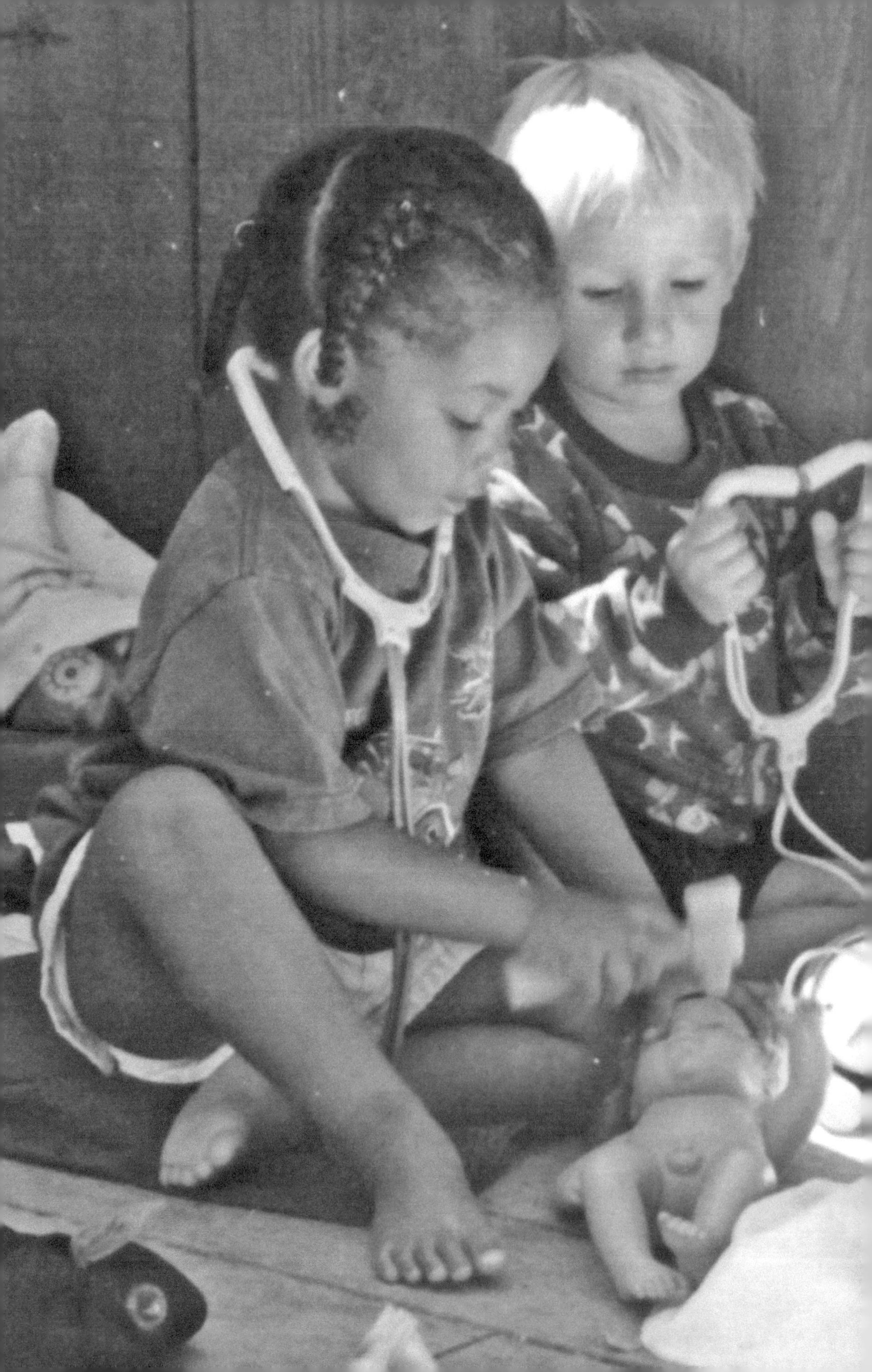

CAPÍTULO 13
O ambiente social

Questões em foco

Depois de ler este capítulo, você deve estar apto a responder às seguintes perguntas:

1 O que configura um ambiente social em um programa para bebês e crianças e como você pode perceber que ele foi devidamente configurado?

2 Por que a formação da identidade é uma preocupação especial em programas para bebês e crianças?

3 O que é autoimagem e quais fatores contribuem para uma autoimagem positiva?

4 O que influencia a identidade de gênero?

5 Por que é importante usar abordagens positivas de disciplina e orientação e quais são alguns exemplos de abordagens positivas?

6 Por que uma seção chamada "Dando exemplo de autoestima cuidando de si mesmo" está em um capítulo sobre ambiente social?

O que você vê?

A cuidadora é uma iniciante na área da primeira infância e é seu primeiro dia em uma sala de bebês. Ela anda pela sala e se apresenta para as crianças, começando por Brian. "Oh, que garotão forte você é", ela diz e o levanta alto no ar. Quando percebe que ele não parece assustado, ela o elogia enfaticamente. A próxima criança da qual ela se aproxima é Brianna. A cuidadora se inclina em direção a ela, sorrindo gentilmente. "Que menina linda", ela diz, tocando levemente na bochecha da menina. "E olha que roupa linda!". A professora observa a menina pensando no que vai dizer e então se aproxima do próximo bebê, que está vestido de verde, sem nenhuma dica que indique seu gênero. Talvez você também esteja pensando sobre isso.

O que você percebeu nas interações desse adulto com os bebês? A cuidadora estava muito focada no gênero. É difícil imaginar como ela vai conseguir estabelecer uma conversação com um bebê se ela não souber o gênero dele. Talvez ela pergunte. A identidade de gênero é um dos componentes do ambiente social e será discutida mais adiante neste capítulo, quando voltarmos a essa cena.

É mais difícil falar sobre o ambiente social do que falar do ambiente físico, porque ele é bem menos visível. Você pode levantar, dar um volta e olhar o ambiente físico para avaliá-lo. Mas você tem que perceber comportamentos na hora em que eles acontecem para observar o ambiente social.

Padrões do programa NAEYC 2 e 3
Currículo e ensino

Uma boa parcela da Parte I e um pouco da Parte II focam no ambiente social, porém sem nomeá-lo assim. O quadro do ambiente no Apêndice B delineia o ambiente social. Este capítulo discute aspectos do ambiente social que ainda não foram discutidos.

Formação de identidade

Como no passado, a maioria dos bebês e das crianças era cuidada por parentes, e não se pensava muito sobre a formação de identidade. Esse era considerado um processo que ocorria naturalmente. Os tempos mudaram; um grande número de bebês e crianças pequenas frequenta centros de assistência infantil, e o desenvolvimento da identidade deles está começando a se tornar uma preocupação.

Bebês e crianças pequenas estão em processo de formação do senso de si mesmos. Eles não têm muita certeza sobre quem são, do que gostam e a que lugar pertencem. A formação da sua identidade ocorre à medida que absorvem imagens deles mesmos, ao se verem refletidos nos olhos de seus cuidadores. Eles aprendem se identificando com os cuidadores e imitando-os. Eles conseguem perceber as atitudes e características pessoais de seus cuidadores. Bebês e crianças aprendem com as percepções dos cuidadores sobre como as pessoas agem em situações diferentes. Eles observam como as emoções são demonstradas. A partir de todas essas observações, bebês e crianças descobrem como os outros os enxergam. Eles começam a desenvolver posturas a respeito de como eles e os outros

---

Os princípios em ação

Princípio 1 Envolva bebês e crianças em coisas que lhes digam respeito. Não os engane ou distraia para fazer a tarefa mais depressa.

Kaleb é a única criança negra em uma creche. A diretora se preocupa muito com a formação da identidade dele, e membros da equipe do centro já passaram por vários treinamentos antidiscriminação. Ela está contente de ver como os membros da equipe estão trabalhando em cima dos próprios preconceitos e como eles tratam todas as crianças da mesma maneira. Hoje, contudo, há uma substituta que não passou por esses treinamentos e, enquanto a diretora a observa, ela repara em comportamentos que parecem inconscientes. Primeiro, ela repara que, quando as crianças precisam de um lenço, a substituta pega um e assoa o nariz delas – isso até Kaleb também precisar de um. Quando isso acontece, ela leva a caixa até ele e oferece um lenço, sugerindo que ele mesmo limpe seu nariz. Depois ela leva a cestinha de lixo até ele para que dispense o lenço sujo. Depois de ver esse episódio, a diretora decide ficar na sala e prestar atenção na substituta.

A troca de fraldas apresenta outra situação que perturba a diretora. A substituta troca as fraldas de todas as crianças sob sua responsabilidade, menos as de Kaleb. Quando chega a vez dele, ela diz que precisa de um intervalo. A diretora pede que antes ela troque Kaleb. Quando a cuidadora faz isso, ela dá um brinquedo para distrair Kaleb e troca as fraldas mecanicamente, ignorando a criança e focando apenas na tarefa. Ela não diz uma única palavra a ele e leva a metade do tempo que usa com outras crianças para trocá-lo. A diretora pede que outra cuidadora se responsabilize por Kaleb pelo resto do dia.

1. Que mensagens você acha que Kaleb pode estar recebendo da substituta?
2. Como os comportamentos da substituta podem influenciar as ideias de Kaleb sobre si mesmo, seu corpo e o que ele produz?
3. A diretora deveria ter interferido mais?
4. Se ela tivesse confrontado a substituta com suas observações, como você acha que a substituta poderia ter reagido?
5. Essa cena desperta sentimentos em você?

devem ser tratados. Eles também aprendem o que sentir em determinadas circunstâncias. A partir de incontáveis pequenas interações diárias com seus cuidadores, os bebês captam numerosas impressões e as incorporam a suas identidades. Pela primeira vez na história, há um grande número de cuidadores que não são membros da família.

De acordo com Lally (1995), estas são as lições que bebês e crianças aprendem com seus cuidadores e que podem se tornar parte do seu senso de si mesmos:

- O que temer
- Quais comportamentos são apropriados
- Como as mensagens são recebidas e o que se faz a partir delas
- O quão bem-sucedidas as crianças são ao terem suas necessidades satisfeitas por outras pessoas
- Quais emoções existem e que nível de intensidade dessas emoções elas podem demonstrar em segurança
- O quanto elas são interessantes

A responsabilidade de cuidadores, administradores e formuladores de políticas é enorme. É impossível ignorar o efeito que os cuidadores têm no senso de si mesmo de bebês e crianças. A sociedade talvez veja as pessoas que cuidam de crianças muito novas apenas como babás, mas, na verdade, elas são o que Virginia Satir, autora e terapeuta, costumava chamar de "fazedores de pessoas". Se os cuidadores forem destreinados, mal pagos e trabalharem em programas de baixo padrão, não é difícil imaginar o que vai sair dessa "feitura" de pessoas.

A identidade é composta por várias facetas, uma delas é o **autoconceito**. Um motivo importante para estudar o ambiente emocional é o desejo de entender o modo como a identidade de uma criança é formada pelas pessoas com as quais ela interage. O ambiente influencia o autoconceito. O autoconceito, que está ligado ao apego, é formado pelas percepções e pelos sentimentos que a criança tem por si mesma. O autoconceito é fruto da imagem corporal, assim como da identificação cultural e de gênero. O ambiente social, o modo como a criança é tratada por adultos e crianças, afeta o autoconceito e influencia o nível de autoestima.

Apego

O pré-requisito para a boa autoestima de bebês e crianças é o apego. A partir do apego surgem sentimentos como: "Eu sou importante para alguém; o que sou e faço é importante porque alguém se importa com isso". Nenhuma atividade para praticar a autoestima fará diferença se a postura básica da criança for "Ninguém se importa comigo".

Padrão do programa NAEYC 1
Relacionamento

"Importar-se" com alguém, no sentido de se apegar, é algo que deve ocorrer principalmente em casa, mas nas instituições também é uma postura importante. Pode parecer que os programas destinados aos cuidados de bebês e crianças "se importam" com elas, e que essa é sua principal função, devido ao constante foco no cuidador. Porém "importar-se" com alguém é diferente de "cuidar" ativamente. Você pode cuidar de uma criança, trocar a fralda e lavar seu rosto, sem realmente se importar com ela. Você não pode *impor* esse sentimento de se importar. O que você pode fazer é respeitar a criança, e isso pode despertar o sentimento de se importar com ela. Respeitar a criança a ajudará a lidar com ela como uma pessoa completa, e não como apenas um rosto, e, em retorno, a criança pode se sentir melhor e se revelar mais para você. Isso pode ajudar aflorar o sentimento de "importar-se".

E se você não se sente apegado? O que você pode fazer se for respeitoso com a criança e mesmo assim ainda não se importar com ela? A seguir, algumas ideias.

Observe a criança. Recue e preste realmente atenção em cada movimento dela. Veja se consegue enxergar o mundo sob a perspectiva dela. Faça um "estudo da criança" sobre a qual você fez uma série de observações por um determinado tempo, depois reúna essas observações e examine evidências de crescimento. Carregue um caderno e faça anotações sempre que puder, anote o que você vê que a criança está fazendo. Seja muito detalhista e específico. Anote sobre posturas corporais, qualidade dos movimentos, expressões faciais e tons de voz. Tente ser bastante objetivo – não julgue; apenas observe. Se você consegue entrar e sair com certa facilidade de um **modo de observação**, você pode fazer isso de forma rápida e efetiva ao longo do dia. Além disso, no fim do dia, faça alguns registros anedóticos – notas sobre como você lembra que a criança agiu durante o dia e o que você recorda de suas interações com ela. Esses registros reflexivos, assim como as observações casuais, lhe fornecerão material para estudar a criança por alguns meses. Apenas observar pode ajudar você a desenvolver sentimentos pela criança.

Padrão do programa NAEYC 2
Currículo

A observação pode ter efeitos poderosos. Um aluno que foi requisitado a fazer um extensivo estudo de criança escolheu uma da qual ele não gostava muito. Ela disse que essa foi a melhor maneira de entender essa criança, porque, depois que realmente a conheceu e começou a entendê-la melhor, o sentimento pela criança mudou.

Esteja consciente de que todos nós carregamos na cabeça imagens inconscientes sobre os outros que influenciam nossas expectativas e nosso comportamento em relação a eles. Essas imagens podem ser muito poderosas, e é importante entendê-las, a fim de mudá-las.

Autoimagem

Crianças são influenciadas não apenas pela imagem que os adultos têm delas, mas também pela imagem que elas têm de si mesmas. Parte do autoconceito é a **autoimagem**— isto é, a percepção que cada pessoa tem de si mesma e que se relaciona com a consciência e a imagem corporal. **Consciência corporal** é uma grande tarefa para bebês e crianças, e ela cresce à medida que as habilidades motoras das crianças se desenvolvem. À medida que aprendem quais capacidades o corpo possui, elas desenvolvem uma imagem de si mesmas. Você pode assistir a um bebê de nove meses descendo de um sofá no qual ele subiu sozinho e assim terá uma ideia da consciência corporal que ele tem. A criança com boa consciência corporal sabe onde está no espaço e o quanto deve recuar antes de colocar o pé para fora do sofá. Ela consegue prever a distância entre o pé e o chão e, assim, consegue deslizar e ainda permanecer no controle. Os bebês e as crianças do Pikler Institute têm excelente consciência corporal.

Ao trabalhar com crianças que têm deficiências físicas, é importante levar em conta a consciência corporal e a autoimagem delas. Se você focar apenas a sua falta de habilidade, elas terão dificuldades com a autoimagem. Preste atenção em todas as habilidades que elas possuem, enfatizando o que *conseguem* fazer em vez de se concentrar no que não conseguem. Use uma abordagem baseada nos pontos fortes.

À medida que as crianças desenvolvem a competência, o autoconceito delas se expande. Elas se orgulham de suas conquistas. Portanto, a sede por independência e o desenvolvimento das habilidades de autoajuda

Consciência corporal é um tarefa importante. Essa menina sabe onde seu corpo está no espaço.
Fonte: cortesia de Frank Gonzalez-Mena.

estão ligados à imagem corporal e ao crescimento do autoconceito.

Identidade cultural

Identidade cultural também faz parte do autoconceito. A cultura ou culturas das quais viemos influenciam cada detalhe e cada ação de nossas vidas, incluindo o quanto nos aproximamos das pessoas, onde nós as tocamos, gestos que fazemos, o que comemos, como falamos e bebemos e como encaramos o tempo e o espaço – ou seja, como vemos o mundo. Você leva sua própria cultura para o trabalho com bebês e crianças. Você também absorve a cultura do programa, ou, se não absorve, você é ao menos influenciado por ela. Você está ensinando cultura para bebês e crianças todos os dias, em tudo que faz. Em um programa cujas crianças e cuidadores são da mesma cultura, e se ela é compatível com a cultura do programa, então existe uma real consistência. Essas crianças nem pensam sobre cultura – a cultura faz parte delas.

Na verdade, poucos pensam sobre cultura, até encontrarmos alguém de uma cultura diferente. Isso pode acontecer muito cedo na vida de bebês e crianças, quando eles frequentam uma creche, por exemplo. A questão é: como a exposição a diferentes culturas afeta bebês e crianças? O que eles fazem com uma segunda ou terceira configuração de mensagens culturais? Esse não é um fenômeno novo: ao longo de toda a história, membros de determinadas culturas estiveram envolvidos na criação de crianças vindas de outras culturas.

Existe uma teoria de que crianças que são criadas biculturalmente ou multiculturalmente têm um maior entendimento e aceitação das diferenças entre as pessoas. Elas também têm uma maior tendência a enxergar além das diferenças culturais e de se relacionar com as pessoas como indivíduos, apesar de suas diferenças culturais. Essa é a teoria por trás da atual pressão por uma educação multicultural. O objetivo da educação multicultural é ajudar as crianças a apreciarem sua própria cultura e suas diferenças culturais. Os defensores da educação multicultural encaram isso como uma forma de lutar contra preconceitos de todos os tipos e, em especial, contra o racismo.

Um currículo multicultural e multilinguístico para bebês e crianças Mas, afinal, o que é um **currículo multicultural e multilinguístico** em uma creche? É mais fácil falar sobre o que ele *não* é do que sobre o que ele é. Não se trata apenas de figuras coladas nas paredes, rodadas de comidas étnicas, músicas de diferentes lugares ou celebração de feriados. Bebês e crianças não adquirem muito entendimento cultural ou aprendem outras línguas dessa forma, mas você pode optar por incluir alguns desses componentes no seu programa por vários motivos, incluindo sua própria satisfação ou a dos pais.

A meta de um currículo multicultural e multilinguístico é manter as crianças conectadas às suas famílias e às suas culturas. A língua desempenha um importante papel ajudando as crianças a continuarem sentindo que pertencem às suas famílias e também a se sentirem em casa na creche que frequentam. Muitos programas para bebês e crianças, por inúmeras razões, focam apenas no inglês. A preparação para entrar na escola é uma das razões. A pressão para que as crianças sejam fluentes em inglês mesmo antes do jardim de infância cria muitas pressões em cima da equipe e dos administradores. A falta de uma equipe bilíngue é outra razão pela qual os programas usam uma abordagem apenas focada no inglês.

Programas que ignoram a língua que a criança fala em casa e consideram "deficiente" uma criança que não fala bem inglês (ou a língua local) podem causar problemas para essas crianças e ter um grande impacto na identidade e na autoestima. O *Head Start* e outros programas direcionados a crianças de baixa renda estão analisando cuidadosamente as necessidades linguísticas daqueles que chamamos de **aprendizes de duas línguas**. O termo não apenas inclui crianças cuja língua materna não é o inglês, como também crianças monolíngues falantes de inglês que podem aprender outra língua em programas de assistência infantil. Analisar as necessidades de aprendizes de duas línguas é um grande passo em direção à promoção da identidade cultural e à expansão de pontos de vista positivos a respeito da diversidade.

Apoiar a língua materna da criança, não importa qual ela seja, representa uma parte importante dessa tendência. Por muito tempo os educadores focaram nas deficiências daquelas que foram chamadas de "crianças com proficiência limitada em inglês" (ou crianças LEP – sigla para *Limited English Proficient*), sem considerar o desenvolvimento que elas já tinham atingido em sua língua materna. Rótulos podem ser perigosos! Uma atenção cuidadosa à língua materna promove o desenvolvimento saudável. Crianças vinculadas a programas em que só se fala inglês e que não falam e não entendem essa língua podem ser prejudicadas em seu desenvolvimento linguístico e cognitivo. Além disso, focar apenas o inglês pode criar distâncias entre as crianças e suas famílias e gerar questões de formação de identidade. No passado se pensava que o bilinguismo causava atrasos no desenvolvimento da linguagem. As pesquisas pareciam provar isso quando as avaliações de aprendizes de língua inglesa eram feitas apenas em inglês, sem considerar o quanto eles podiam ser fluentes em suas línguas maternas. Avaliações que envolvem procedimentos como contar palavras do vocabulário podem mostrar que os aprendizes bilíngues de língua inglesa têm um vocabulário menor que os falantes monolíngues de inglês. Mas, na verdade, crianças bilíngues que têm apoio para continuar desenvolvendo sua língua materna ao mesmo tempo em que aprendem inglês têm um rendimento melhor que as monolíngues quando avaliadas nas duas línguas. O bilinguismo é uma vantagem – não apenas para as crianças cuja língua materna não é o inglês, mas também para crianças falantes de inglês. Por fim, toda a sociedade se beneficia quando o número de cidadãos e residentes bilíngues aumenta. Em muitos países a maioria da população é bilíngue, e em alguns países falar três línguas é a norma.[1]

Idealmente, uma abordagem multicultural e multilinguística inclui apoiar a língua materna e ajudar as crianças a continuarem as desenvolvendo, ao mesmo tempo em que também as ajuda a se desenvolverem no inglês. O mesmo vale para a cultura. Idealmente, as crianças são apoiadas em sua cultura de origem ao mesmo tempo em que aprendem sobre outras culturas. Como a equipe aprende sobre as culturas de origem das crianças? Tais informações chegam por meio das próprias famílias. Algumas você mesmo pode observar. Perguntar também ajuda. Ao perguntar, você pode dar abertura a um diálogo sobre diferenças culturais. Tudo isso pode se tornar muito interessante e valioso para você.

Contudo, nada disso faz uma real diferença para bebês e crianças sob seus cuidados. O que faz diferença quando você cuida de crianças de uma cultura diferente da sua é você escutar o que os pais querem para elas durante as rotinas de cuidados. Isso significa discutir as práticas de cuidados. Isso também significa um conflito em potencial, quando suas crenças e valores se chocam com as dos pais. Por exemplo, pode haver uma mãe que não entende suas metas para que cada criança se torne independente. Ela pode insistir que você alimente o filho dela com uma colher até uma idade muito além da que você considera apropriada. Pode também acontecer que um pai ou mãe insista que você vista, ou não vista, a criança de uma determinada maneira ou com certos tipos de roupa que você não aprova. Todas essas podem ser questões culturais.

Uma abordagem verdadeiramente multicultural em tais casos seria ser convidativo às sugestões dos pais e ver o que acontece. Alguns pedidos são fáceis de responder imediatamente; outros demandam mais conversas, esclarecimento, entendimento e, talvez, negociação. Outros podem ir contra valores e crenças pessoais seus muito arraigados, e nenhuma conversa ou negociação com os pais irá convencê-lo a concordar com os desejos dos pais. Algumas vezes, quando um conflito sério como esse ocorre, o pai ou a mãe têm outras escolhas relativas à assistência da criança e podem encontrar alguém mais disposto em concordar. Mas, com frequência, o pai ou a mãe não têm escolha e, então, começam as dificuldades.

Uma das formas que alguns cuidadores usam para escapar a essas dificuldades é: parar de discutir a questão, fingir que concordam com os pais só para manter a paz e continuar fazendo o que eles acham certo depois que o pai ou a mãe saem. Essa abordagem pode deixar a criança em condições de lidar com um ambiente culturalmente desagradável enquanto frequenta a creche. Imagine-se num ambiente culturalmente desagradável. Como você se sentiria?

É muito melhor sempre trabalhar para resolver o conflito. É uma boa prática para todos nós abrir e expandir nossa consciência cultural, sendo persistente na resolução de dilemas difíceis que surgem quando as crenças e práticas dos pais entram em conflito com as práticas e crenças do cuidador. Talvez você e os pais concordem que a criança não sairá machucada se as coisas em casa forem de um jeito e na creche forem de outro. Ou talvez, juntos, vocês cheguem a algum meio-termo. Pode até ser que você mude suas práticas uma vez que entender o ponto de vista dos pais, ou que eles as mudem ao entender o seu ponto de vista.

A cultura é um dos aspectos da formação da identidade; a raça é outro. Os dois podem andar juntos, mas nem sempre isso acontece. Ainda que a raça seja uma construção social, e não um fato biológico, o racismo torna imperativo que os cuidadores não menosprezem a cor da criança quando se tratar de formação de identidade. As crianças em instituições infantis precisam receber atenção quanto à sua percepção da identidade racial, e os cuidadores precisam observar detalhadamente a mensagem que as crianças recebem, e incorporá-las ao senso de *self* delas. Algumas crianças podem desenvolver uma identidade racial negativa sem auxílios específicos ou intervenções. Outras crianças podem crescer com um sentimento de superioridade racial, a não ser que os adultos ao redor delas prestem uma atenção cuidadosa ao ambiente e às mensagens que as crianças estão recebendo. Em outras palavras, se os adultos não têm consciência de seu papel na vida das crianças, as experiências envolvidas na formação da identidade podem ser muito diferentes para crianças brancas e para crianças negras. Os pais podem estar conscientes da importância de incorporar um sentimento racial positivo e trabalhar em casa para isso. Cuidadores podem participar de tal esforço sendo constantemente vigilantes a respeito do que as crianças aprendem no programa sobre elas mesmas, com base na cor de sua pele, nas mensagens que recebem, no tratamento que recebem de suas famílias e nas imagens da mídia.

Mesmo quando pequenas, as crianças começam a perceber relações de poder, e o grupo que elas percebem que está no poder no programa pode influenciar a formação da identidade delas. Quando crianças brancas observam que o grupo no poder se parece com elas, elas entendem que são membros desse grupo e que têm os mesmos direitos. Essas observações podem crescer e formar um sentimento de pertencimento e de autovalorização, que podem aumentar ao verem a discriminação em ação, o que incentiva estereótipos negativos em relação a pessoas com quem elas não se identificam. Quando crianças negras observam que o grupo no poder não se parece com elas, especialmente se elas observam e/ou passam por situações de preconceito, discriminação e exposição segundo estereótipos, elas têm menos chance de desenvolver um sentimento de pertencimento e de valorização.

Ambos os grupos precisam de tipos específicos de intervenção quando se deseja que sentimentos de superioridade ou inferioridade se transformem em percepções de igualdade. Como eles são muito jovens, falar é menos eficaz do que mostrar. Bebês e crianças aprendem por meio da experiência direta. Isso significa que precisamos ter certeza de que todas as experiências das crianças são positivas e *não* incluem:

Reflita

Imagine-se em um ambiente culturalmente desagradável. Se você não consegue imaginar esse ambiente, pense num ambiente no qual você se sinta muito confortável e imagine o seu oposto. Como você se sentiria se tivesse que passar grande parte das suas horas despertas em tal ambiente? No que as suas relações, imaginações e experiências podem ajudar quanto ao cuidado de crianças culturalmente diferentes?

- Exposição a estereótipos, preconceitos e imagens negativas que influenciem suas atitudes ou com as quais elas possam se identificar.
- Observações de interações entre adultos que dão a impressão de que um grupo de pessoas é melhor do que outro.
- Interações pessoais que revelem falta de respeito.

Veja a Figura 13.1 para uma verificação da igualdade na formação de identidade em instituições infantis.

Identidade de gênero

Parte do autoconceito é a **identidade de gênero**. A maioria das crianças está consciente desde cedo sobre ser menino ou menina, e os sentimentos em relação ao próprio gênero influenciam o modo como elas percebem a si mesmas. Você tem um exemplo de modo pelo qual eles aprendem sobre o gênero no comportamento da cuidadora substituta, na cena de início deste capítulo. Os adultos influenciam as ideias das crianças sobre como elas devem ser e se comportar para estar de acordo com o próprio gênero, e tal influência começa cedo. Lembre-se de que Brian foi notado principalmente por seu tamanho, força e coragem, enquanto Brianna foi apenas reconhecida pela sua aparência e doçura. Mesmo sem o uso de palavras, o modo diferente como cada um foi tocado transmite uma forte mensagem.

Ao longo deste livro, mencionamos os estereótipos dos papéis sexuais. A informação veio mais na forma de questões desenvolvidas para aumentar sua consciência desses estereótipos.

As crianças podem crescer com uma visão extremamente limitada das próprias capacidades e dos seus potenciais se alguém lhes ensina sobre os papéis de cada sexo. Esses ensinamentos começam cedo, como mostramos na cena de abertura do capítulo. As expectativas, já no nascimento, podem ser muito diferentes quando direcionadas a uma menina e quando direcionadas a um menino. Essas expectativas influenciam o autoconceito da criança. Se você espera que os meninos cresçam para serem fortes, corajosos, sem emoções e extremamente capazes, você age com

---

1. As crianças enxergam a si mesmas e às suas famílias representadas na equipe, em figuras, fotos e livros. Elas escutam sua língua materna sendo falada.

2. A diversidade é bem-vinda, e o programa é considerado inclusivo.

3. As crianças enxergam e escutam adultos interagindo uns com os outros de modo respeitoso e igualitário, superando diferenças de cor (e também de cultura, etnia, gênero, idade, capacidade, religião, orientação sexual e formação familiar).

4. A equipe é bem treinada em práticas apropriadas ao desenvolvimento e em como incluir práticas apropriadas ao desenvolvimento bem como práticas individualmente apropriadas.

5. Existe um processo inicial e contínuo para descobrir o que cada família deseja para seus filhos em termos de comportamentos de assistência.

6. Existe uma abertura para criar consistência de cuidado para cada criança, por meio da adaptação de políticas e práticas do programa, a fim de entrar em acordo com as práticas e valores de cada família.

7. Se as famílias envolvidas no programa parecem ter, todas, uma formação semelhante, esforços são feitos para descobrir a diversidade invisível existente.

8. Se as famílias têm formações semelhantes, esforços são feitos para contrabalancear os estereótipos da mídia e expor as crianças periodicamente a pessoas diferentes das que elas conhecem.

Figura 13.1 Lista de verificação da igualdade na formação de identidade em instituições infantis.

eles de modo diferente do que age com as meninas. Se você espera que as meninas sejam doces, gentis, atraentes, emotivas e não muito espertas, talvez elas simplesmente tentem suprir suas expectativas.

Você mesmo pode reparar como as pessoas tratam meninos e meninas de forma diferente fazendo uma simples observação. Apenas preste atenção no que os adultos, especialmente estranhos, falam para crianças muito jovens. A tendência é que eles comentem muito mais sobre roupa e aparência quando falam com as meninas. Os garotos chamam mais atenção pelo que fazem e, com menos frequência, pela aparência.

As crianças aprendem sobre o que se espera de seu gênero por meio dessas simples e inocentes observações. Elas também aprendem com as roupas que lhe dão para usar. (É difícil engatinhar e escalar usando um vestido.) Brinquedos também transmitem mensagens. Quando garotos são incentivados a brincar com ferramentas, brinquedos de construção e kits de médico, eles recebem determinada mensagem. Quando as garotas ganham bonecas, louças de brinquedo e kits de maquiagem, elas recebem outro tipo de mensagem. As crianças também aprendem sobre o que se espera de seu gênero com a televisão, com os livros e, sobretudo, com os exemplos que observam. Se a provedora de cuidados da família espera o marido chegar para consertar a tela da porta e deixa claro que nunca toca em ferramentas, ela está dando um recado. Quando as creches deixam seus triciclos estragados até que um homem entre em cena, elas também estão dando um recado.

Se as tendências atuais tiverem continuidade, os bebês e as crianças que hoje frequentam instituições infantis crescerão em um mundo com várias oportunidades profissionais para ambos os sexos. Os dias em que homens e mulheres estavam restritos a certos trabalhos estão ficando para trás. Mas, se as crianças crescerem com uma visão limitada de suas capacidades devido aos restritos papéis de gênero ensinados a elas, a liberdade delas para se qualificarem para tais trabalhos será limitada.

Reflita
Observe a si mesmo interagindo com bebês e crianças. Você trata os meninos e as meninas de forma diferente? Por quê?

A Figura 13.2 oferece quatro ideias sobre como proporcionar uma visão mais ampla sobre os papéis de gênero tanto para os meninos quanto para as meninas com os quais você trabalha. Em primeiro lugar, cuide para não tratar meninos e meninas de maneira diferente. Você demonstra mais simpatia e apoio às meninas quando elas se machucam e espera que os meninos "superem" isso sozinhos? Você ajuda as meninas quando elas precisam e espera que os meninos resolvam tudo sozinhos? Você oferece bonecas às meninas e blocos aos meninos ou estimula e apoia crianças de ambos os sexos a brincar com todos os tipos de brinquedo? Você toca mais as meninas do que os meninos (ou vice-versa)? Você fala mais com as meninas do que com os meninos (ou vice-versa)?

Em segundo lugar, seja um modelo de expansão dos papéis de gênero. Se você é mulher, com que frequência você tenta consertar algo? Ou você sempre deixa isso de lado, convencida de que não é capaz? Você consegue checar o óleo do seu carro? (Aprenda – é fácil.) Se você é homem e está lendo esse livro, você já expandiu seu papel de gênero. Você consegue pensar em formas de expandir ainda mais?

1. Tome cuidado para não tratar meninos e meninas de forma diferente. Preste muita atenção em si mesmo!
2. Seja você mesmo um exemplo de expansão dos papéis de gênero.
3. Evite expor as crianças a mensagens da mídia que mostrem papéis de gênero estereotipados.
4. Cuide com o que fala, para não vincular determinadas ocupações a determinado gênero.

Figura 13.2 Estratégias para expandir as ideias das crianças sobre papéis de gênero.

Em terceiro lugar, evite expor as crianças a mensagens da mídia que ensinam papéis de gênero restritos. Esperamos que os bebês e as crianças do seu programa não estejam assistindo à televisão, pois dessa forma você nem precisa se preocupar com esse tipo de mídia. Encontre livros e figuras que mostrem mulheres fortes e capazes, assim como homens em diversificados papéis ocupacionais.

Por fim, evite vincular ocupações ao gênero – diga "oficial de polícia" em vez de "o policial", "combatente de fogo" em vez de "o bombeiro". Essas são mudanças simples que fazem muita diferença.

Autoconceito e disciplina

O modo como você direciona e controla o comportamento influencia as ideias e os sentimentos das crianças a respeito delas mesmas. Aqui estamos focando modos de disciplinar as crianças que não prejudicam a autoestima delas.

Reflita
O que você se lembra do modo como foi educado quando era uma criança bem jovem? Você se lembra de alguma situação que feriu a sua autoestima?

Muito do que constitui uma disciplina apropriada para bebês e crianças ocorre naturalmente ao se atender as necessidades individuais das crianças em tempo hábil e configurando um ambiente que seja apropriado para a faixa etária delas. Se elas não tiverem acesso a fogões e outros aparelhos quentes, elas não os tocarão. Se elas não tiverem acesso a controles remotos, elas não os acionarão. Se elas não tiverem acesso a escadas, você não precisará encontrar formas de evitar que elas tentem escalar os degraus perigosamente. Em grande medida, o próprio ambiente impõe limites.

Contudo, você tem que proteger as crianças de se machucarem umas às outras, e às vezes você tem de evitar que elas estraguem brinquedos batendo neles, mastigando-os ou jogando-os longe. Você pode fazer isso usando uma estratégia chamada **redirecionamento**. Você redireciona a criança de algo que ela não deve fazer para algo que não tenha problema se ela fizer. Por exemplo, se uma criança está atirando longe um carrinho, dê a ela uma bola para jogar. Quanto mais próxima for a ação que você sugerir do que a criança já está fazendo, mais fácil é o redirecionamento. O redirecionamento é semelhante à distração, mas não é a mesma coisa. A distração é frequentemente usada para evitar que as crianças tenham emoções, enquanto o redirecionamento tem mais a ver com usar a energia de um modo mais aceitável. A distração é manipuladora de uma forma que o redirecionamento não é. Algumas vezes o redirecionamento não funciona e você deve impedir a criança (com firmeza, porém com gentileza) fisicamente (se falar não funcionar) de fazer o que está fazendo e retirar o objeto dela, caso a criança insista no comportamento. Se você se mantiver persistente, porém de modo calmo e tranquilo, você terá menos chances de despertar a rebeldia da criança do que se usar advertências ríspidas ou ordens. Você precisa de persistência porque bebês um pouco mais velhos e crianças pequenas testam limites continuamente. Esse é o modo que eles têm de conhecê-lo e de conhecer o mundo em que vivem. Uma vez que eles entendem que você está no comando, o teste acaba – até a próxima situação parecida, de qualquer forma. A forma de preservar os sentimentos positivos das crianças por elas mesmas, assim como seu senso de poder, ao mesmo tempo em que você reforça os limites, é evitando envergonhá-las, culpá-las ou criticá-las.

Não puna nem reprima Punição, repreensão e raiva não têm vez na disciplina de bebês e crianças. É claro que você talvez sinta e expresse raiva em momentos nos quais não se sinta capaz de administrar o comportamento das crianças de que cuida. Isso é normal e não machuca ninguém. Contudo, reconheça que a raiva é pessoal. Não culpe as crianças por ela, e não use a raiva para controlar o comportamento delas. Encontre outras formas de atingir o efeito que quer nelas. Quando você usa a raiva para conseguir que as coisas aconteçam do seu jeito, as crianças rapidamente absorverão esse comportamento e tentarão usá-lo com você.

A punição danifica a autoestima. Existem outras formas de mudar comportamentos indesejáveis que não apenas mantêm a autoestima intacta, mas também melhoram o autoconceito das crianças, à medida que elas aprendem a controlar o próprio comportamento e se sentem bem em conseguir atenção dentro dos limites e exibindo um comportamento pró-social.

Defina comportamentos inaceitáveis Antes de considerar modos de mudar um comportamento, você deve definir o que é um comportamento indesejável. A idade da criança influenciará sua definição. Os gritos de um bebê, por exemplo, não constituem um comportamento indesejável; eles são comunicativos e precisam ser atendidos. Tocar e colocar objetos na boca não são comportamentos inaceitáveis em bebês mais velhos; eles têm necessidade disso. Experimentar e explorar não são comportamentos indesejáveis em crianças pequenas; é assim que elas aprendem sobre o mundo.

Não existe um jeito "certo" Quando considerar alternativas às punições, você tem de entender que nenhuma abordagem funciona para todas as crianças o tempo todo. O que funciona depende da criança, da situação e das origens do comportamento. Se determinado comportamento de uma criança foi recompensado com a atenção de um adulto no passado, por exemplo, a criança aprendeu isso. Portanto, a abordagem deve ser o "desaprendizado" por meio da remoção da recompensa. Ao mesmo tempo, você deve se certificar de que está colocando essa atenção recebida pela criança em outro contexto quando removê-la do papel de recompensa por um comportamento indesejável. Algumas

OBSERVAÇÃO EM VÍDEO 13
Criança na caixa de areia (redirecionamento)

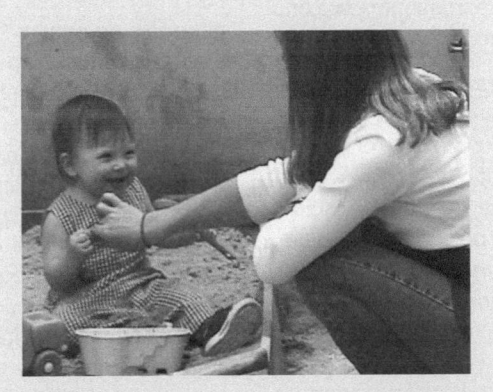

Veja a Observação em Vídeo 13: "Criança na caixa de areia (redirecionamento)" para uma ilustração de situação em que a orientação é necessária. Você verá uma menina, sentada na areia, tentando insistentemente colocar uma colher cheia de areia na boca. Observe como o adulto lida com essa situação. Esse é um exemplo de redirecionamento.

Questões

- Como você se sentiu em relação ao tipo de redirecionamento que o adulto estava usando? Você teria feito diferente?
- Quais outros tipos de abordagem você poderia ter usado nessa situação?
- Que efeito você acha que esse tipo de redirecionamento pode ter no autoconceito da criança? E as outras abordagens que você conhece – elas poderiam ter tido um efeito diferente no autoconceito da criança?

Para assistir a esse vídeo, entre em www.grupoa.com.br, acesse a página do livro por meio do campo de busca e clique em Conteúdo Online.

vezes os adultos esquecem que existem dois lados nessa abordagem de remover a recompensa do contexto do comportamento indesejável. A criança *precisa* da atenção que você passa a negá-la. Encontre outras maneiras de dar essa atenção a ela. Também se certifique, antes de tentar essa abordagem, de que esse comportamento não está comunicando alguma outra necessidade não satisfeita. Se esse for o caso, não ignore o comportamento; considere-o como comunicativo e satisfaça a necessidade.

Alguns comportamentos são expressões de sentimentos. Aceite os sentimentos. Ajude as crianças a aprenderem a expressá-los de formas socialmente aceitáveis. O que é considerado uma expressão aceitável dos sentimentos varia de cultura para cultura. Algumas pessoas encaram gritar durante a raiva algo saudável; outras consideram gritos inaceitáveis.

Padrão do programa NAEYC 2
Currículo

Mudando o comportamento de crianças pequenas Eis um resumo de seis abordagens para mudar comportamentos inaceitáveis de crianças pequenas:

1. *Ensine um comportamento socialmente aceitável.* Dar o exemplo é um dos métodos de ensino mais eficazes. As crianças captam naturalmente o seu comportamento, então se certifique de que elas estão se comportando do modo que quer ensinar.
2. *Ignore o comportamento que você quer que a criança elimine.* Com frequência, isso é benéfico para você mesmo. (Mas, é claro, não ignore um comportamento que ameaça a segurança ou comunica uma necessidade – um bebê chorando de fome precisa ser alimentado, não ignorado).
3. *Preste atenção nos comportamentos socialmente aceitáveis.* Chame a atenção das crianças para como estão sendo gentis umas com as outras, para como estão cuidando bem dos brinquedos e equipamentos. Ressalte os comportamentos desejáveis (não os indesejáveis).
4. *Reestruture a situação.* Talvez existam muitas opções de coisas para fazer, ou talvez elas não sejam suficientes. Ambos os casos podem fazer as crianças agirem de modo menos desejável. Talvez duas crianças precisem ser separadas por um tempo, às vezes.
5. *Previna que comportamentos perigosos ocorram.* Impeça as crianças de se baterem antes que elas comecem. Perceba a mordida antes que os dentes cravem a bochecha. A reação intensa que as crianças têm quando machucam outras pode ser muito recompensante. Essa recompensa é eliminada quando a ação é impedida de acontecer. Tais comportamentos diminuirão se você preveni-los em vez de deixá-los acontecer e lidar com eles só depois.
6. *Redirecione a energia quando for apropriado.* Quando você tiver de repreender uma criança, dê a ela outras escolhas de coisas que ela possa fazer ("Não vou deixar você atirar o bloco longe, mas você pode jogar longe o travesseiro ou a bolinha"; "Não vou deixar você morder a Maria, mas você pode morder o paninho de plástico ou o anel de plástico").

"Período de espera"? Uma observação sobre o **período do espera**. Período de espera – isto é, remover do ambiente a criança que está se comportando mal – é uma abordagem usada às vezes por cuidadores que não conhecem outros métodos de orientar o comportamento. A educadora infantil especializada em primeira infância dos primórdios Marian Marion (2003) vê o período de espera como punitivo e inadequado. Esse termo é controverso porque é mal compreendido e, muitas vezes, usado exageradamente. Remover a criança de uma situação com a qual ela não consegue lidar é diferente de período de espera. Algumas vezes as crianças pequenas estão fora de controle porque estão sendo superestimuladas. Remover uma criança fora de controle de uma situação estressante porque ela está sendo superestimulada e colocá-la em um lugar mais calmo por um curto período de tempo a ajuda a se recompor e a se controlar. Confrontar as crianças, mesmo ao fazê-las sentar em uma cadeira como punição por infração de uma regra, não é o mesmo que ajudá-la a ter controle quando precisa.

Uma vez que você perceber que uma criança específica tem essa necessidade, pode ajudá-la a julgar a situação e tomar sua própria decisão de abandonar o ambiente. O principal objetivo da disciplina, afinal, é deixá-la por fim nas mãos do indivíduo. Suas abordagens disciplinares devem conduzir, por fim, à autodisciplina – ao estabelecimento do autocontrole.

Notas culturais Sentimentos a favor ou contra o uso do período de espera podem estar relacionados a diferenças culturais. Quando a privacidade é um valor cultural, a criança pode ser afastada do grupo (seja isso chamado de período de espera ou não), de forma que tenha tempo e espaço para ficar sozinha, recompor-se e recuperar o controle. Essa abordagem é usada por aqueles que ressaltam a independência e a individualidade. Nem todas as culturas enxergam os benefícios de ressaltar essas duas características. Para algumas culturas, o pertencimento ao grupo é mais importante do que a noção de individualidade. De uma perspectiva coletivista, o período de espera é uma punição extrema. Não importa com que gentileza isso se dê: retirar a criança do grupo é punição. É importante ser sensível às diferenças de perspectivas.

Outra diferença de perspectiva tem a ver com as noções de autoridade. No seu livro *Other People's Children*, Delpit (1995) discute o problema do modo como alguns euro-americanos falam com as crianças em comparação com o modo como falam os afro-americanos. A requisição de um determinado comportamento feita em tom de voz suave não é reconhecida por algumas crianças como uma ordem. Elas têm uma tendência maior de escutar ordens em estilo verbal (intenso ou não): "Sente, por favor", "Pare de bater no seu copo". Essas crianças podem não prestar atenção em outras formas de orientar o comportamento. Uma voz suave dizendo "Não é seguro levantar" ou "Eu não gosto quando você bate com o copo na mesa" será ignorada. Crianças que ignoram adultos cujo tom ou cujas palavras não transmitam autoridade podem acabar sendo vistas como problemas. Isso não é justo! Os cuidadores devem ser sensíveis às diferentes bagagens culturais e sociais das crianças e aprender a falar a língua delas, mesmo que seja um dialeto. Isso não significa que esses adultos não possam continuar se comportando de formas autênticas com as quais se sentem confortáveis. Isso não significa que eles têm de *ensinar* as crianças que estão dando uma ordem quando fazem um pedido em voz suave que soa indireto. Eles ensinam agindo quando as palavras não funcionam, o que é uma boa abordagem para usar com os filhos de qualquer pessoa!

Uma última observação sobre autoconceito e disciplina: nem todas as culturas encaram o objetivo da disciplina como o estabelecimento de **controles internos**. De acordo com algumas perspectivas, a disciplina sempre vem de uma autoridade externa, seja ela uma pessoa ou uma pressão de grupo. A disciplina não é algo interno, mas sim externo ao indivíduo.[2] Crianças que esperam ser monitoradas podem achar justo se comportar mal quando ninguém presta atenção nelas. Mais uma vez, essa diferença de pontos de vista a respeito de comportamentos de controle (controle interno e externo) pode resultar em uma situação na qual crianças de diversas origens e culturas acabam rotuladas como problemáticas – o que só tem solução se os cuidadores estão conscientes da diferença.

Dando exemplo de autoestima cuidando de si mesmo

Pode parecer estranho encontrar uma seção sobre tomar conta de si mesmo em um livro que foca os cuidados de bebês e crianças. Mas alguns cuidadores são maus exemplos para as crianças das quais cuidam. O trabalho demanda sacrifício, é verdade, e você precisa colocar suas próprias necessidades em segundo plano com frequência. Mas é um trabalho que também exige muita autoestima. Crianças precisam ficar perto de adultos que se enxergam como pessoas de valor, que se respeitam e cuidam uns dos outros. O oposto de um adulto de valor é o adulto que todo mundo menospreza – as crianças, os pais e os colegas de trabalho.

Ninguém pode dizer como aumentar o seu valor aos seus próprios olhos, mas a Figura 13.3

Padrão do programa
NAEYC 6
Professores

apresenta alguns conselhos sobre como cuidar de si mesmo. Em primeiro lugar, cuide de suas necessidades. Você tem uma série de necessidades, assim como as crianças (ou seja: físicas, intelectuais, emocionais e sociais). Não negligencie a si mesmo. Coma direito, faça exercícios e mime seu corpo frequentemente com um mergulho, um banho quente, uma caminhada ou seja lá o que você goste de fazer. Faça intervalos regulares no trabalho, mesmo que seja difícil conseguir tempo. Encontre um jeito. Estimule sua mente com um bom livro, uma boa aula, um jogo de xadrez. Pessoas que trabalham com crianças às vezes sentem como se suas mentes estivessem se deteriorando. Não deixe que isso aconteça com você. Sinta os seus sentimentos; não os ignore. Aprenda a expressá-los de formas realmente saudáveis para você e para as crianças. Encontre meios de usar a raiva para ajudá-lo a resolver problemas ou reunir a energia necessária para mudar. Alimente sua vida social. Construa relações. Construa uma ampla base de apoio. Não dependa de apenas uma pessoa para apoiá-lo e alimentá-lo – expanda essa função para várias pessoas. Quanto mais escolhas você tiver, menos chances de ficar triste. E não esconda suas relações das crianças. Faz bem para as crianças estar com um adulto que se relaciona com outros adultos.

Em segundo lugar, aprenda a ser assertivo. Diga não quando for apropriado. Provedores de cuidados familiares são especialmente famosos por dizer sim, sim, sim... Até que todo mundo ao redor está tirando vantagem deles. Não deixe que isso aconteça com você.

Reflita
Como você se sente em relação a si mesmo? Em uma escala de 1 a 10, qual é o nível da sua autoestima? O que você faz para aumentar a sua autovalorização?

Em terceiro lugar, aprenda a administrar os conflitos. Habilidades de negociação e mediação são importantes, não apenas para trabalhar com crianças, mas também com adultos.

Em quarto lugar, aprenda a administrar o tempo. Essa lista de habilidades o ajudará imensamente a usar seu tempo de formas que o beneficiarão ao máximo.

Em quinto lugar, encontre formas de explicar a importância do seu trabalho, de modo que você possa se orgulhar dele. Não lamente pelo que você faz. Os primeiros anos são os mais importantes. O professor do ensino médio ou da faculdade ensinam menos do que você sobre a vida e fazem pouca diferença na vida das pessoas se comparados ao impacto que você tem. As pessoas que criam crianças (isto é, você e os pais delas) são as pessoas responsáveis pelo futuro do país.

E, finalmente: brinque. Adultos precisam brincar tanto quanto as crianças. Você pode até mesmo encontrar um jeito de brincar no trabalho e de trabalhar ao mesmo tempo. A brincadeira renova as energias e traz à tona o espírito criativo.

Este capítulo tratou de vários assuntos – de *importar-se* com cada criança até *cuidar da criança* (e também de como seguir adiante em busca desse objetivo no caso de ele não ocorrer naturalmente) e *cuidar de si mesmo* – e ainda tratou do autoconceito sob o ponto de vista da cultura, do gênero e da disciplina. O ambiente social é feito de todos esses fatores e mais alguns! O próximo capítulo examinará outra questão programática: as relações adultas. Apesar de estar em um capítulo separado, esse tópico é parte do ambiente social.

---

1. Cuide das suas necessidades; não negligencie a si mesmo. Cuide das suas necessidades físicas, intelectuais, emocionais e sociais.

2. Aprenda a ser assertivo. Não deixe ninguém tirar vantagem de você.

3. Aprenda a administrar conflitos.

4. Aprenda a administrar o tempo.

5. Orgulhe-se do que faz. Você tem um trabalho importante. Faça que as pessoas saibam disso.

6. Brinque. Brincar renova as energias e traz à tona o espírito criativo.

Figure 13.3 Algumas dicas para alimentar sua autoestima.

Prática apropriada

Visão geral do desenvolvimento

De acordo com a National Association for the Education of Young Children, o apego é uma peça fundamental na construção da formação da identidade. Em bebês mais jovens, o apego traz um sentimento de pertencimento, o que dá a eles segurança para usar os sentidos e as capacidades físicas para explorar. Ver a si mesmo como um explorador e investigador torna-se parte da identidade primária da criança. Bebês que se movem passam a ver a si mesmos como exploradores especialistas se são apoiados e estimulados. Toda essa exploração tem a ver com questões de identidade de crianças pequenas, que se desenvolve à medida que elas lidam com questões relativas à independência e ao controle.

Práticas apropriadas ao desenvolvimento

A seguir, alguns exemplos de práticas apropriadas ao desenvolvimento que têm relação com o ambiente social:

- Adultos respeitam as capacidades individuais das crianças e reagem positivamente à medida que cada bebê desenvolve novas habilidades. Ao sentir a satisfação dos cuidadores por suas conquistas, bebês se sentem competentes e animados para melhorar as novas habilidades que estão adquirindo.
- Adultos sabem que os bebês têm curiosidade uns pelos outros. Ao mesmo tempo, os cuidadores certificam-se de que as crianças tratam gentilmente umas às outras.
- Fotos de bebês e de suas famílias estão penduradas na parede a uma altura que os bebês consigam enxergá-las.

Fonte: Bredekamp e Copple (2009).

Práticas individualmente apropriadas

A seguir, alguns exemplos de práticas individualmente apropriadas que têm a ver com o ambiente físico.

- Adultos garantem que cada criança receba um cuidado positivamente reativo e nutritivo. A fim de ser individualmente apropriado e proporcionar um cuidado desse tipo para promover uma formação de identidade positiva em todas as crianças, os cuidadores precisam saber como atender às necessidades específicas de cada uma em vez de se basearem em generalidades como faixa etária e abordagens-padrão relativas a elas. Eles precisam transmitir mensagens positivas às crianças (tanto verbais quanto não verbais), que digam que o que elas estão fazendo é OK.
- Adultos criam uma sala de aula "inclusiva", certificando-se de que a organização espacial, os materiais e as atividades permitam que todas as crianças participem ativamente. Adaptações precisam ser feitas de forma a mostrar às crianças que podem ser elas mesmas e que serão bem-vindas.

Fonte: Bredekamp e Copple (2009).

Práticas culturalmente apropriadas

A seguir, exemplos de práticas culturalmente apropriadas:

- Cuidadores precisam trabalhar em parceria com os pais, comunicar-se com eles diariamente para construir entendimento e confiança mútua e para garantir o bem-estar e o desenvolvimento ideal do bebê. Cuidadores prestam atenção cuidadosamente ao que os pais dizem sobre seus filhos, procuram entender os objetivos e as preferências dos pais e respeitam diferenças culturais e familiares.
- Algumas culturas consideram fotografias desconfortáveis ou desagradáveis. Como disse uma mãe: "Fiquei chocada quando a professora tirou da carteira fotos da família, em meu país só temos fotos de quem morreu, e não as carregamos por aí". Em tais casos, Bredekamp e Copple sugerem que cuidadores e parentes entrem em um acordo para tomar decisões sobre qual é a melhor maneira de apoiar o desenvolvimento da criança ou lidar com problemas e diferenças à medida que surgem.

Fonte: Bredekamp e Copple (2009).

Prática apropriada

Práticas apropriadas em ação

Voltando aos "Princípios em ação", na página 280, considere a assistência que o cuidador está dando a Kaleb. Depois observe o primeiro item da seção "Práticas individualmente apropriadas", no quadro sobre "Práticas apropriadas", e responda às seguintes perguntas:

1. Kaleb está recebendo um cuidado nutritivo e responsável?
2. O cuidador está seguido o Princípio 1?
3. A partir do que você leu nos "Princípios em ação", você conseguiria afirmar algo, com certeza, a respeito da cultura de Kaleb?
4. Você acha que o modo como o cuidador trata Kaleb tem a ver com a cultura dele?
5. Como você escreveria um item adicional na seção "Práticas individualmente apropriadas", para ajudar a analisar os riscos da formação de autoidentidade de Kaleb?

RESUMO

Recursos on-line

Acesso o Centro de Aprendizado *On-line* em **www.mhhe.com/itc9e**, clique em *Student Edition* e escolha *Chapter 13* para acessar o guia do estudante, que inclui uma revisão do capítulo, *links* relacionados, testes práticos, exercícios interativos e referências do capítulo.

Apesar de menos visível, o ambiente social é tão importante quanto o ambiente físico e contribui para o bem-estar emocional e para a socialização ao ajudar bebês e crianças na formação de identidade e no apego.

Formação da identidade

- A formação da identidade é uma preocupação especial em programas destinados a bebês e crianças porque crianças com menos de três anos estão em etapas iniciais do aprendizado de quem são, do que conseguem fazer e de a qual lugar pertencem.

Apego

- O apego afeta a formação de identidade e deve ser uma prioridade nos programas destinados a bebês e crianças.
- Cuidadores que não se sentem apegados a uma criança podem desenvolver o apego:
  ° Observando a criança mais de perto.
  ° Tentando ver a si mesmos interagindo de modo carinhoso com a criança.
  ° Examinando a imagem que têm da criança.

Autoimagem

- Autoimagem é como as crianças enxergam a si mesmas e inclui as seguintes características:

- ° Consciência corporal, que aumenta à medida que os movimentos se desenvolvem.
- ° Identidade cultural, que cresce quando o programa considera as famílias como parceiras e presta atenção às diferenças culturais, no que se refere ao que bebês e crianças precisam dos adultos. A língua é parte da identidade cultural e, onde há diversidade linguística, o apoio à língua materna é importante.
- ° Identidade racial é diferente de identidade cultural, ainda que ambas possam andar juntas. Cuidadores precisam prestar atenção às mensagens que as crianças recebem quanto à sua raça, mesmo que a questão real não seja a raça, mas sim o racismo. A raça não é um fato biológico, é uma construção social.

Identidade de gênero

- A identidade de gênero tem a ver com os sentimentos da criança a respeito de seu gênero e também com os seguintes fatores:
  - ° De que forma o gênero influencia o modo como as crianças percebem a si mesmas.
  - ° Como os adultos interagem com elas com base no gênero.
  - ° Como os adultos dão exemplos de papéis de gênero.

Autoconceito e disciplina

- O autoconceito pode ser profundamente afetado pela abordagem dos adultos da disciplina e da orientação.
- É importante que os adultos, para impactar positivamente os autoconceitos da criança, façam o seguinte:
  - Usem formas positivas de guiar o comportamento, como redirecionamento.
  - Definam o que é um comportamento aceitável em termos de estágios de desenvolvimento e faixas etárias.
  - Estejam conscientes das diferenças culturais no que diz respeito a opiniões a respeito de disciplina.

Dando exemplo de autoestima cuidando de si mesmo

- Quando se deseja que as crianças cresçam sabendo como cuidar de si mesmas, elas precisam ter exemplos de pessoas que satisfaçam suas próprias necessidades físicas, mentais, emocionais e sociais.

EXPRESSÕES-CHAVE

aprendizes de duas línguas 283
autoconceito 281
autoimagem 282
consciência corporal 282
controles internos 291
currículo multicultural e multilinguístico 283
identidade cultural 283
identidade de gênero 286
modo de observação 282
período de espera 290
redirecionamento 288

QUESTÕES PARA REFLEXÃO/ ATIVIDADES

1. Qual é a diferença entre autoconceito, autoimagem e consciência corporal?
2. Explique algumas questões afins usando o período de espera como estratégia de orientação.
3. Tente observar uma criança de modo diferente. Escolha uma criança cujo comportamento o incomoda e tente enxergar a criança sem esse comportamento problemático.
4. Imagine a si mesmo trabalhando em um programa destinado a crianças pequenas usando os princípios deste livro e as ideias sobre disciplina delineadas neste capítulo. Você está diante de uma criança difícil de lidar, cujos pais acreditam que ela age dessa forma porque você não está agindo da forma que a filha deles espera que uma autoridade se comporte. Crie um diálogo entre você e esses pais.

REFERÊNCIAS

COOPLE, C.; BREDEKAMP, S. (Ed.). *Developmentally appropriate practice in early childhood programs*. 3th ed. Washington: National for the Education of Young Children, 2009.

DELPIT, L. *Other people's children*. New York: New Press, 1995.

LALLY, J. R. The impact of child care policies and practices on infant: toddler identity formation. *Young Children*, v. 51, n. 1, p. 58-67, nov. 1995.

MARION, M. *Guidance of young children*. 6th ed. Upper Saddle River: Merrill; Prentice Hall, 2003.

LEITURAS COMPLEMENTARES

COX. A. J. *Boys of few words*: raising our sons to communicate and connect. New York: Guilford Press, 2006.

CUMMINS, J. Bilingual children's mother tongue: why is it important for education. *Sprogforum*, v. 7, n. 19, p. 15-20, feb. 2009.

DERMAN-SPARKS, L.; EDWARDS, J. O. *Antibias education for young children and ourselves*. Washington, DC: National Association for the Education of Young Children, 2010.

ESPINOSA, L. *Challenging common myths about young english language learners*. New York: Foundation for Child Development, 2007.

GONZALEZ-MENA, J. *Diversity in early care and education*: honoring differences. New York: McGraw-Hill; Washington: National Association for the Education of Young Children, 2008.

HALE-BENSON, J. E. *Black Children: their roots, culture, and learning styles*. Baltimore: Johns Hopkins University Press, 1986.

MCMULLEN, M. B. et al. Learning to be me: encouraging prosocial babies in group settings. *Young Children*, v. 64, n. 4, p. 20-29, jul. 2009.

MULTICULTURAL principles: addressing culture and home language in head start program systems and services. Washington: Office of Head Start, 2009.

NEMETH, K. *Many languages, one classroom:* teaching dual and english language learners. Beltsville: Gryphon House, 2009.

STEPHENSON, A. Stepping back to listen to Jeff: conversations with a 2 year old. *Young Children*, v. 64, n. 2, p. 90-95, mar. 2009.

TABORS, P. O. *One child, two languages*. Baltimore: Paul H. Brookes, 2008.

THOMPSON, R. A. Doing what doesn't come naturally: the development of self-regulation. *Zero to Three*, v. 30, n. 2, p. 33-39, nov. 2009.

YOUNGQUIST, J.; MARTINEZ-GRIEGO, B. Learning in english, learning in Spanish: a head start program changes its approach. *Young Children*, v. 64, n. 4, jul. 2009.

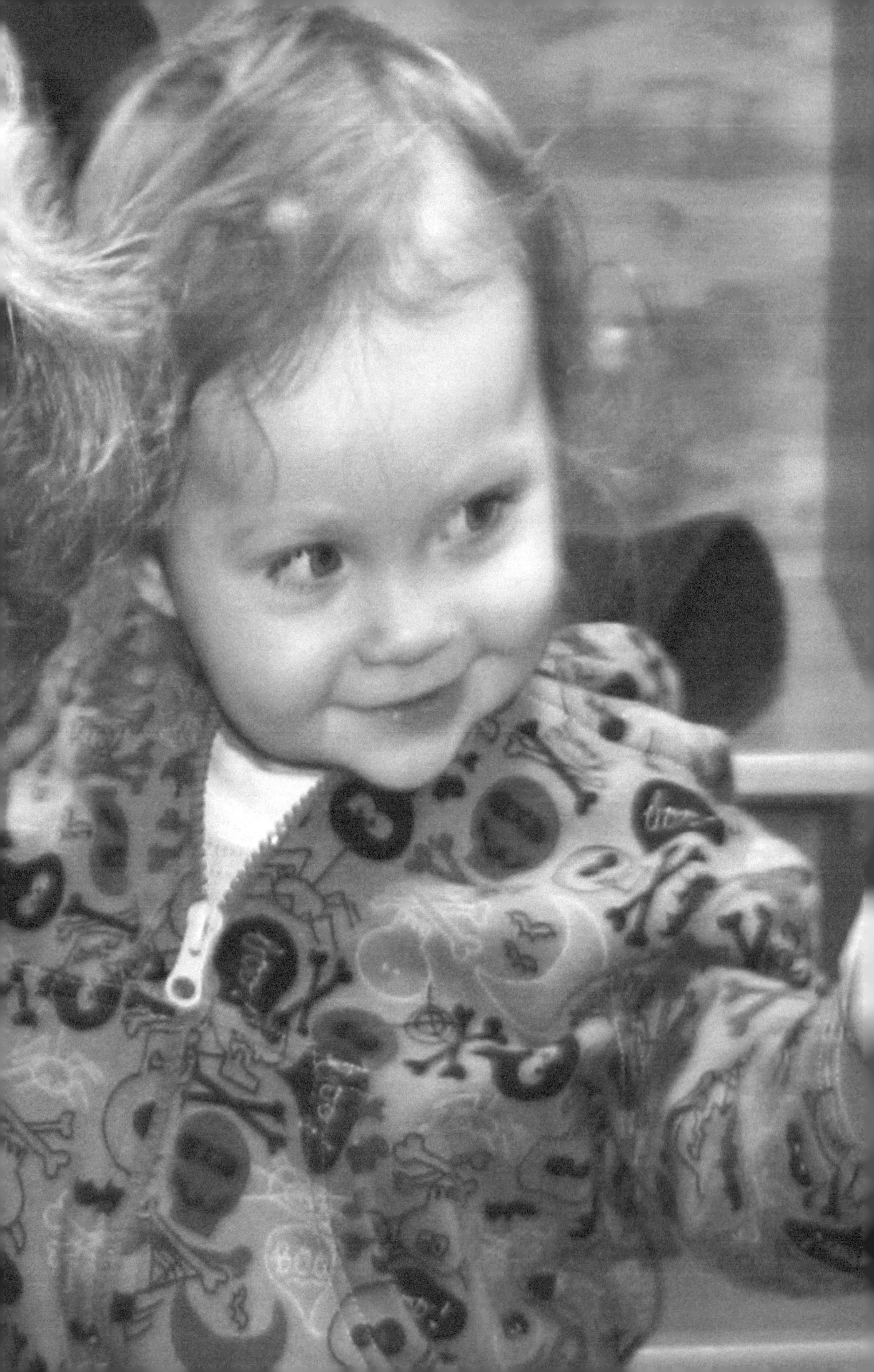

CAPÍTULO 14

Relações adultas em programas de educação e cuidados infantis

Questões em foco

Depois de ler este capítulo, você deve estar apto a responder às seguintes questões:

1 Quais são os estágios de desenvolvimento do cuidador em relação aos pais e outros membros da família? Qual estágio deve ser a meta e por quê?

2 Se você já tem um plano de serviço que foca as crianças, por que você precisa de outro que foque a família?

3 O que bloqueia a comunicação com os pais e quais são alguns meios de incentivá-la?

4 O que é educação e envolvimento dos pais e como isso se dá de forma diferente se os pais são parceiros em vez de apenas consumidores de um serviço?

5 Como as relações dos cuidadores se diferenciam em relação à equipe do centro de assistência e aos provedores de cuidados infantis?

O que você vê?

Uma mãe chega para buscar a filha. Ela está nitidamente com pressa. A filha corre atrás dela, com os braços estendidos. A mãe começa a sorrir, depois olha para os joelhos das pequenas calças cor-de-rosa que a filha está vestindo, que estão verdes, cheios de sujeira de grama. Uma franzida de sobrancelhas toma o lugar do sorriso. Ela levanta a menina bruscamente. Reclamando consigo mesma, ela pergunta à cuidadora mais próxima: "Como isso foi acontecer?". Pela voz, a mãe parece tensa e cansada.

Como a cuidadora reagirá diante dessa mãe incomodada? Você descobrirá mais adiante neste capítulo: a reação dela é importante. O que ela diz para a mãe tem implicações para a sua relação com ela, podendo ter efeito construtivo ou deteriorante. Embora as relações em geral não dependam apenas de uma reação, mas sim de uma série de interações, a meta de cada interação deve ser ajudar essas duas pessoas importantes na vida da criança a se relacionarem de forma positiva uma com a outra.

Relações pais/cuidadores

**Padrão do programa
NAEYC 7**
Famílias

Nós tratamos das relações entre pais e cuidadores nos Capítulos 1 e 9 e também em outras partes ao longo do livro. Neste capítulo, examinaremos esse tipo de relação mais de perto. O assunto é muito importante. Todo profissional que oferece serviços a outras pessoas deve estabelecer relações com seus clientes. No campo da prestação de cuidados infantis, essa relação com o cliente – ou seja, com os pais – é essencial, porque afeta a relação da criança com o cuidador.

Apesar da expressão *pais* aparecer ao longo do capítulo, é importante reconhecer que em muitos casos o provedor de cuidados precisa se relacionar com a *família*. Por isso, é importante entender como se dá a autoridade e a responsabilidade em cada família.[1]

Estágios da relação pais/cuidadores

Os cuidadores em geral passam por três estágios quando começam a trabalhar com crianças. É importante reconhecê-los em você mesmo e saber que você só pode passar para o próximo estágio quando perceber que suas atitudes e seus sentimentos estão relacionados a ser novo na área. (Mas, é claro, algumas pessoas empacam em um estágio e não seguem adiante.)

Reflita
Se você é um cuidador, em que estágio do desenvolvimento você está?

Estágio 1: cuidador como salvador Algumas vezes, os cuidadores esquecem que seus clientes são também os pais, não apenas a criança. Eles tomam suas próprias decisões sobre o que fazer pela criança sem perguntar sobre os desejos e objetivos dos pais. Eles podem até mesmo nutrir sentimentos de competição com os pais. Se esses sentimentos de competição forem muito fortes, eles podem resultar em um **complexo de salvador**, que é quando os cuidadores encaram seu papel como o de "salvar" as crianças dos pais delas. O complexo de salvador é um estágio pelo qual muitos cuidadores passam, quando se veem pela primeira vez com a responsabilidade de cuidar do filho de outra pessoa.

O cuidador como salvador é um fenômeno interessante. Esses cuidadores não apenas querem salvar todas as crianças sob seus cuidados dos pais delas (com algumas exceções, é claro), como também planejam salvar o mundo inteiro por meio do que fazem com essas crianças!

Estágio 2: cuidador como superior aos pais Muitas pessoas ultrapassam esse estágio quando percebem que sua responsabilidade abrange apenas uma parte do dia e é temporária. Elas podem influenciar as crianças durante parte do dia, enquanto elas estão na creche, mas os pais constituem uma força predominante e permanente na vida da criança. São os pais que dão à criança um sentimento de conexão com o passado e uma visão do futuro. Mais ou menos ao mesmo tempo em que os cuidadores reconhecem a importância dos pais na vida da criança, eles também começam a enxergar os pontos de vista pessoais dos pais. Cuidadores nesse segundo estágio têm um maior entendimento daquilo que influencia as práticas dos pais relativas à criação dos filhos.

Durante o segundo estágio, os cuidadores passam a ver os pais como clientes. Quando ainda estão da fase do complexo de salvador, os cuidadores trabalham para mudar os pais – para educá-los. A diferença entre o estágio 1 e o estágio 2 é a percepção de quem é o cliente. O efeito salvador ainda está em operação quando os cuidadores se veem como substitutos superiores aos pais.

Estágio 3: cuidador como parceiro dos pais/família O estágio final se dá quando os cuidadores se veem como parceiros – como suplementos e suportes para aos pais, e não como substitutos deles. O pai e o cuidador *compartilham* os cuidados oferecidos às crianças. Esse estágio traz à tona uma relação mútua na qual o cuidador e os pais se comunicam abertamente, mesmo se ocorrem conflitos. Nessa fase, o cuidador sabe claramente o quanto é importante não fazer nada que enfraqueça o sentimento de pertencimento da criança à sua família.

Ser um suporte, um tipo de substituto ou um suplemento não torna você menos profissional. Veja, por exemplo, os arquitetos. O trabalho deles não é impor ideias aos clientes, mas captar as ideias e necessidades deles e, usando sua especialização profissional, fazer algo que funcione e ao mesmo tempo agrade. A comunicação é uma parte importante desse processo.

A responsabilidade do arquiteto é consideravelmente menor que a responsabilidade do cuidador. A meta do arquiteto é meramente uma estrutura; o cuidador está lidando com vidas humanas.

É claro que o cuidador que passa por esses três estágios pode estar trabalhando em um programa centrado na família cuja filosofia é estabelecer uma parceria com os pais. Nesse caso, o novo cuidador que ainda está no estágio do salvador pode se sentir em desacordo com as políticas e práticas do programa. Pode ser útil ao cuidador entender que esses são estágios de desenvolvimento, e esse é o motivo pelo qual ele se sente desconfortável. Provavelmente os cuidadores em estágio 1 e 2 que forem contratados para trabalhar em um programa centrado na família terão o tipo de treinamento que irá ajudá-los a ultrapassar esses estágios mais rápido do que aqueles que trabalham em um programa centrado apenas na criança.

Comunicação com os pais e/ou membros da família

A comunicação deve ser uma questão central desde o primeiro dia. Não se trata apenas de ajudar os pais a entender as políticas e práticas da instituição e conhecer mais a criança e a família. Mais importante do que isso é usar a comunicação para começar a construir uma relação com a família. Mesmo que exista

---

Os princípios em ação

Princípio 3 Aprenda as formas únicas por meio das quais a criança se comunica (choros, palavras, movimentos, gestos, expressões faciais, posições do corpo) e ensine as suas. Não subestime a habilidade da criança de se comunicar, mesmo que as habilidades de linguagem verbal dela sejam mínimas ou inexistentes.

Emily tem paralisia cerebral. É o primeiro dia dela no lar de assistência infantil e familiar, e a cuidadora está tentando conhecê-la. Nos primeiros cinco minutos, ela percebe que será um desafio ler as expressões faciais de Emily, bem como sua linguagem corporal. Felizmente, a mãe dela levou em conta a dificuldade que a cuidadora teria e se ofereceu para ficar junto da filha nos primeiros dias, para que pudesse ensinar à cuidadora as formas únicas por meio das quais Emily se comunica. A provedora prestou muita atenção em Emily e ouviu as interpretações da mãe sobre o que ela estava vendo e ouvindo. De outro modo, a provedora de cuidados nunca teria descoberto o que agrada e o que desagrada Emily. As expressões faciais dela não eram como as que a provedora de cuidados estava acostumada. Algumas vezes ela tentou adivinhá-las, mas errou. "Ela está com fome", decidiu a mãe, baseada em quando Emily tinha comido pela última vez e em sua atual agitação. "Deixa eu mostrar a você como alimentá-la", ofereceu a mãe. Alimentar Emily não parece tão difícil, mas interpretar os sinais de fome, sim. Agora que Emily comeu, ela começou a gemer. A provedora se volta para a mãe para entender o que Emily está tentando comunicar.

1. A cena teria sido diferente se fosse em uma creche, não em um lar lar assistencial?
2. Alguns provedores e cuidadores pedem que os pais não fiquem com a criança muito tempo porque querem que a criança se acostume com eles. O que você acha dessa abordagem? Ela teria funcionado nesse caso?
3. E se uma criança não é diagnosticada como portadora de deficiência – um dos pais deve ficar com ela durante as primeiras vezes para ajudar o provedor de cuidados ou cuidador a conhecer a criança?
4. Como se sentiria ao cuidar de uma criança na mesma condição de Emily?

uma lista de procedimentos para a entrevista de admissão, incluindo formas de preenchimento do formulário, se você mantiver o foco na meta de construir uma relação, você terá mais sucesso tanto no início quanto no fim do processo. Uma primeira tarefa é descobrir as necessidades da criança e da família e, só então, decidir-se por um plano de serviço.

Plano de serviço: foco na criança

Que tipos de informações devem ser discutidos durante o desenvolvimento de um **plano de necessidades e serviços**? Um plano de necessidades e serviços é um formulário que direciona o programa para algumas das especificidades de trabalhar com cada criança. Esse formulário contém informações dos pais sobre os hábitos, as necessidades especiais, as rotinas e as formas de comunicação de cada criança. Tais informações devem incluir quando e como a criança dorme; como ela vai dormir; e os hábitos de alimentação, as necessidades, do que a criança gosta e do que não gosta, função intestinal, ingestão e eliminação de líquidos, necessidades afetivas e **mecanismos de conforto** – por exemplo: um cobertor ou um bichinho de pelúcia que as crianças usem para se acalmar. Esses itens devem ser discutidos quando a criança entra no programa e, depois, periodicamente. Pode ser difícil encontrar tempo para conversar, e as trocas de turno podem significar que o cuidador principal da criança não estará presente quando o pai ou a mãe chegar. Mas somente o fato de se manter registros escritos pode fornecer informações de grande importância para os pais. (Ele acabou de lanchar, ou está chorando porque está com fome?)

Mesmo que seja difícil encontrar tempo para fazer isso, registrar o que a criança faz também é útil porque alguns pais apreciam saber o que aconteceu com seus filhos durante o dia. Mas cuide para evitar que um pai se sinta culpado pelo comportamento da criança. É função sua redirecionar o comportamento da criança enquanto você está com ela. Se você teve dificuldades com a criança em determinado dia, não culpe o pai ou a mãe por isso. E, quando estiver fazendo registros positivos, tome cuidado para não excluir os pais por terem perdido todas as coisas bonitinhas que a criança fez. Se a criança deu seu primeiro passo naquele dia, você deve pesar sua própria excitação com a possível frustração dos pais por não terem presenciado o fato. É claro que nem todos os registros são motivo de alegria. Se a criança cai e se machuca, arranha ou morde ou alguém, o pai ou a mãe precisam ser informados sobre o acidente ou incidente por alguém que o tenha observado. Uma cópia do registro fica nos arquivos e outra deve ser mandada para casa. Acidentes e incidentes menores merecem apenas uma notinha no relatório diário.

Certifique-se de que ao mesmo tempo em que você estiver comunicando informações você esteja também ouvindo. Você também precisa de informações – sobre aquilo que acontece na outra parte da vida da criança. Ela está particularmente agitada nessa semana porque aconteceu algo em casa? Ela está cansada hoje porque não dormiu muito na noite passada ou está chateada com algo? As fezes dela estão moles porque ela comeu algo que não está de acordo com suas necessidades ou ela pode ter pegado uma infecção? Ouvir é metade da comunicação.

Plano de serviço: foco na família

O Parent Services Project (PSP), já mencionado no Capítulo 9, iniciado por Ethel Seiderman e hoje existente em todo os EUA, analisa em conjunto o desenvolvimento da criança e da família. Cada programa tem um plano que inclui serviços para os pais, não apenas para a criança. A ideia é garantir o bem-estar dos pais para que cuidem bem dos filhos. Um jeito de promover o bem-estar é unir os pais de forma a fomentar a construção de uma comunidade, à medida que eles estabelecem conexões e desenvolvem redes sociais.

A equipe no comando nacional da organização PSP treina profissionais para que foquem atitudes positivas ao trabalhar com os pais e atividades práticas ao dar assistência à

Padrão do programa NAEYC 7
Famílias

família. O programa se baseia nos recursos e pontos fortes da família e considera a sensibilidade e a inclusão cultural como partes importantes do trabalho. Que tipo de atividades estão previstas no plano de serviço? As atividades variam de programa para programa, dependendo do que as famílias envolvidas em um programa específico precisam e desejam. Cada programa PSP é específico, então é difícil que dois deles se pareçam. Um exemplo típico pode incluir uma seleção de atividades adultas, como grupos de apoio, *workshops* ou oportunidades de liderança; atividades divertidas em família, como uma noite de sexta-feira para comer pizza e assistir a um filme divertido; viagens de final de semana para a praia, idas ao parque ou ao zoológico; assistências especializadas para a criança, como cuidar do repouso e de enfermidades que possa ter; programas para homens, para avós, para pais de criação; experiências multiculturais ou atividades intelectuais saudáveis.

Veja a Figura 14.1 para um resumo dos princípios segundo os quais os programas do PSP operam. Eles devem ser princípios de orientação para *todos* os programas de assistência infantil.

Obstáculos da comunicação

Quando você está bravo com um dos pais da criança, é difícil ouvir. A fonte da sua raiva pode ser algo tão simples quanto um conflito de personalidade ou tão profunda como uma postura de praxe em relação a pais que deixam suas crianças para ir trabalhar, especialmente se não parece haver um motivo financeiro para tal. Ironicamente, alguns cuidadores têm um sentimento ambivalente em relação a serviços de assistência infantil, sobre eles serem realmente bons para as crianças. Alguns cuidadores dos lares assistenciais acham que é melhor ficar em casa com os filhos do que sair para trabalhar, e então acontece de começarem a cuidar dos filhos de outras mães que os deixam ali para trabalhar. Se uma mulher que fez essa escolha a vê como um sacrifício, ela pode se ressentir com uma mãe que chega ao centro de manhã cedo bem vestida, feliz e prestes a embarcar em algo que a cuidadora percebe como um dia estimulante intelectual e socialmente. Essa é uma situação triste e pode gerar sentimentos fortes entre cuidadores e pais. Um primeiro passo para resolver esse problema seria os cuidadores encararem esses sentimentos de maneira conciliatória, reconhecendo que a raiva ou o incômodo dirigido a determinado comportamento da criança ou dos pais é pessoal. O que fazer a respeito disso ficará mais claro uma vez que os sentimentos forem reconhecidos.

Algumas vezes é difícil ouvir por que um dos pais está com raiva. A raiva dos pais é em geral mal direcionada, centrada

Reflita

Suponha que você é um cuidador e que um dos pais está muito bravo por alguma coisa que você fez com a criança. Como você lidaria com a situação? Faria diferença se fosse um pai e não uma mãe?

---

1. O modo de assegurar a boa saúde e o bem-estar das crianças é garantindo a boa saúde e o bem-estar dos seus pais.
2. Os pais são os principais professores da criança e sabem do que ela mais precisa.
3. A relação entre pais e equipe é baseada em igualdade e respeito.
4. Os pais fazem suas próprias escolhas sobre os serviços que desejam.
5. Programas e serviços são voluntários.
6. Os programas são criados com base nos pontos fortes dos pais, são etnicamente relevantes e baseados na comunidade. Cada comunidade configura sua própria realidade de acordo com o que é bom para ela.
7. Redes sociais de apoio são um elemento crucial para a felicidade, a saúde e a produtividade das pessoas.

Figura 14.1 Um resumo dos princípios segundo os quais os programas do Parent Services Project (PSP) operam.

em alguma questão menor em vez de em uma fonte real. Os pais podem encobrir com raiva sentimentos de insegurança, conflito, culpa ou estresse. Os pais podem pressentir uma competição – real ou não – entre eles mesmos e o cuidador. Os pais com frequência se sentem ameaçados por cuidadores competentes. Eles temem que estejam perdendo seus filhos quando percebem que eles expressam afeição pelo cuidador. Pais que se sentem inseguros quanto às suas habilidades paternas/maternas podem esconder essa insegurança agindo como se fossem muito sábios ou cultos – às vezes até mesmo de forma agressiva. Se você prestar atenção suficiente, você pode se tornar capaz de detectar a mensagem real por trás das palavras. Assim como quando as crianças se sentem inseguras, você tenta aumentar a autoestima delas, ressaltando suas competências e pontos fortes, a mesma abordagem pode ser usada com um pai inseguro.

Alguns pais e mães precisam simplesmente assumir suas funções paternas ou maternas. Eles lhe parecem tão fortes e capazes quanto você e te pedem apoio demais. Você deve decidir o quanto dessa necessidade você pode suprir. Você não pode ser tudo para todos, e essas necessidades podem ser um peso extra para você. Depois você deve decidir se deve focar sua energia em apoiar os pais enquanto os ajuda a se tornarem autossuficientes, se deve redirecioná-los para outra pessoa ou se deve simplesmente estabelecer um limite e dizer não. Algumas vezes você pode unir os pais, e eles formarão um sistema mútuo de apoio.

Às vezes é difícil ouvir se você sente que está sendo atacado. Você acaba se defendendo em vez de permitir que a outra pessoa realmente expresse o que passa pela cabeça dela. Por exemplo, uma mãe pode dizer que tudo que o filho faz no seu programa é brincar e que ela quer que a criança aprenda alguma coisa. Se você se mostrar defensivo, com raiva e não aberto à comunicação, talvez você nunca tenha a chance de criar o tipo de **diálogo** ou conversa na qual não se usa uma linguagem defensiva, em que os pontos de vista de ambos os participantes são ouvidos. Mas, se você for capaz de ouvir, por fim você terá a chance de ressaltar que a criança já está aprendendo durante os cuidados e a brincadeira livre.

Iniciando a comunicação

Você pode estimular a comunicação deixando que os pais saibam que você os escuta. Isso pode ser feito simplesmente pela repetição das palavras deles, o que permitirá que eles o corrijam ou forneçam maiores explicações. Essa abordagem se chama escuta ativa e também inclui determinar o que a outra pessoa parece estar sentindo. A ideia é realmente ouvir e deixar que a outra pessoa saiba que você está ouvindo. Adultos que usam essa estratégia o tempo todo com as crianças às vezes têm dificuldade em lembrar que isso também funciona com os adultos. Ao estabelecer um diálogo, você será capaz de entender melhor o que os pais desejam e também de explicar sua abordagem e as coisas nas quais acredita.

Reuniões Além dos encontros ocasionais do dia a dia, as **reuniões** também são importantes para a comunicação. Separar um tempo para pais e cuidadores sentarem e conversarem uns com os outros ajuda a desenvolver as relações. Quando pais e cuidadores têm uma relação de confiança e calorosa, bebês e crianças se beneficiam. A primeira reunião, chamada **entrevista de admissão**, pode estabelecer o padrão para a comunicação, especialmente se o cuidador faz a família se sentir confortável e em casa. Chama-se entrevista, mas deve ser pensada como uma conversa de duas vias. Embora ela possa se dar de modo informal e caloroso, é importante que algumas questões sejam esclarecidas desde o início. Uma das questões diz respeito ao dever da equipe, no centro de assistência infantil, de reportar qualquer suspeita de abuso da criança. Se essa situação surgir, os pais já saberão sobre a regra e não se sentirão traídos ou enganados quando o cuidador a registrar por escrito. É claro que esse é um assunto delicado e quase ninguém gosta de falar

Reflita

Quais são as suas experiências com reuniões? Você se lembra de reuniões entre pais e professores da época em que era criança? Você tem filhos? Você já teve a experiência de sentar na cadeira destinada aos pais em reuniões de pais e professores? Algum sentimento vem à sua mente quando pensa nessas reuniões?

sobre isso. Mas, de um ponto de vista legal, e pela proteção da criança, as cartas devem ser postas na mesa. Alguns programas fazem que os pais leiam e assinem essa regra relacionada ao abuso infantil, para registrar que eles estão cientes dela. É até mesmo possível que essa política tenha um efeito preventivo.

Além da entrevista de admissão inicial, reuniões informais periódicas ajudam pais e cuidadores a desenvolverem uma parceria, a adquirirem *insights* e a determinarem objetivos em longo prazo. É importante ajudar os pais a se sentirem seguros quanto às reuniões. Eles podem se sentir sendo colocados na "berlinda". Alguns pais chegam às reuniões ainda carregando velhos sentimentos relacionados às fichas de avaliações de comportamento da época escolar deles. Em tais situações, você deve fazer tudo que pode para ajudá-los a relaxar e a se sentirem confortáveis, só assim você terá uma comunicação de verdade.

Ajudando os pais a se sentirem em casa Comece observando o ambiente no qual você conduzirá a reunião. Se você sentar atrás de uma mesa com um arquivo na sua frente e uma prateleira cheia de livros de referência atrás de vocês, isso dá a ideia de que você é um especialista e os pais amadores. Quaisquer inseguranças que surgirem se intensificarão nesse contexto.

Como você está no seu território, é especialmente importante que você faça os pais se sentirem bem-vindos e em casa. Se você conhece jargões educacionais, psicológicos ou de desenvolvimento, tente não usá-los. Isso fica mais difícil quando você começa a ver a si mesmo como um profissional. Afinal, profissionais têm sua maneira própria de falar que exclui os que não são da área. Apenas pense no quanto você aprecia quando um médico explica seus sintomas sem que você precise conhecer uma enciclopédia médica para entender.

Se você tem uma meta específica para a reunião, deixe isso claro desde o início. Se o objetivo é que seja só uma conversa informal para troca de ideias, esclareça esse ponto. Não deixe que os pais fiquem divagando sobre o motivo de terem sido chamados para a reunião. Use as reuniões para examinar questões entre você e os pais, explore problemas e dúvidas quanto à criança, modos de abordar comportamentos que precisam mudar, troque informações e desenvolva metas. Se a criança estiver presente na reunião, não fale sem se dirigir a ela. Inclua a criança na conversa (mesmo os bebês).

Problemas enfrentados por pais de crianças com necessidades especiais

Crianças com necessidades especiais e seus pais foram incluídos ao longo deste livro em partes do texto solto e em seções específicas. Cada capítulo da Parte II termina com uma seção sobre esse assunto. Pense no que você já leu até agora. Você pode até mesmo fazer uma pausa e reler as seções finais da Parte II. Elas refletem uma variedade de questões que pais e famílias de crianças com necessidades especiais precisam enfrentar.

Em grande parte, os pais de crianças com necessidades especiais são como os outros pais, mas alguns podem chegar à reunião com algumas questões emocionais que você talvez tenha de entender e lidar. Eles podem estar na fase de negação da condição da criança. A negação é um estágio normal para aqueles que têm de lidar com algo tão sério quanto dar a luz a uma criança com necessidades especiais. Seja gentil e compreensivo com pais passando pela fase da negação e paciente ao ajudá-los a ultrapassar esse estágio. Isso pode levar algum tempo.

Alguns pais de crianças com essas condições carregam um peso extra de culpa. Eles podem não demonstrar essa culpa para você, mas ela afeta suas relações com eles, especialmente se eles sentem que você os acusa.

A raiva também pode estar presente nos sentimentos desses pais. Quando a raiva é direcionada a você, ela pode não ser pessoal. Aborde a raiva dos pais da mesma maneira que você aborda a raiva das crianças. Permita que eles as expressem sem ser defensivo e sem devolver a raiva.

Tenha em mente que provavelmente esses pais já tiveram de lidar com uma série de "especialistas" antes de chegar até você e eles podem carregar alguns sentimentos problemáticos relativos a essas experiências para a reunião. É claro que nem todos os pais de crianças com necessidades especiais trarão raiva, culpas ou questões mal resolvidas para as reuniões. Alguns terão passado por experiências positivas com os "especialistas" e estarão prontos para estabelecer uma parceria com você, a pessoa que cuida do filho deles. Mas outros chegarão com um peso nas costas e, se você reconhecer esse fato, poderá lidar mais facilmente com ele.

Quando apenas ouvir não é o bastante
Algumas vezes, pais e cuidadores têm necessidades e opiniões divergentes que os colocarão em conflito uns com os outros. Apenas ouvir não é o bastante; é necessária uma abordagem de resolução de problemas ou de resolução de conflitos. Quando isso acontecer, é importante que ambos se escutem e expressem seus próprios sentimentos e posicionamentos. Depois de terem definido juntos o problema, façam um *brainstorming* de soluções em potencial. Pode ser que uma diferença cultural esteja incomodando tanto a você quanto ao pai ou à mãe. Digamos que vocês não estão de acordo a respeito do treinamento para ir ao banheiro, por exemplo. Se na cultura dos pais a idade para começar o treinamento de ir ao banheiro é muito anterior àquela que você acha adequada ou que está estipulada pelas políticas do seu programa, essa é uma questão sobre a qual vocês precisam conversar. A conversa pode ser difícil, mas vocês irão mais longe se tentarem entender um ao outro. É aí que entra o diálogo. Em vez de tentar convencer o pai ou a mãe de que uma forma é a certa e outra é a errada, você precisa considerar as diferenças. Podem ser até diferenças conceituais básicas. No Pikler Institute, por exemplo, nunca se usa a expressão *treinamento de uso do banheiro*. Em vez disso, eles a chamam de controle do esfíncter, porque é apenas uma questão de as crianças adquirirem força muscular suficiente para administrar seus processos de eliminação. Como trocar fraldas, vestir e tomar banho e se alimentar foram processos cooperativos, o controle do esfíncter é tudo de que as crianças precisam para dar o próximo passo, que é usar o banheiro. Isso é muito diferente do tipo de processo de condicionamento que está envolvido em treinar bebês para usar o toalete.

Comunicar-se com pais cujas culturas são diferentes da sua pode ser bem difícil; mas é importante que você aceite o máximo possível as maneiras dos pais de fazerem as coisas e tente entrar em acordo com os desejos deles. Isso é fácil quando as maneiras e os desejos deles não entram em conflito com as suas teorias a respeito do que é bom para crianças. É muito mais difícil quando aquilo que os pais querem entra em conflito com o que você acha que é certo. O problema é que as teorias estão ligadas à cultura. Não existe resposta certa – nem verdade. É fácil se esquecer disso e flagrar-se falando para as pessoas sobre o que é bom para as crianças. Você tem de se lembrar de escutar as ideias deles em vez de apenas tentar vender as suas. Por essa razão, quando estiver decidindo sobre o que é bom para bebês e crianças, você deve levar a cultura em consideração.

E, enquanto estiver observando as questões culturais, você também tem de observar as diferenças sob perspectivas geracionais. A distância entre as gerações é real. Se você já é avó e os pais das crianças sob seus cuidados são muito mais jovens, eles também podem ter um jeito diferente de encarar o que é bom ou ruim para crianças, mesmo que sejam da mesma cultura que você. O diferencial cultural não explica todas as diferenças; você precisa também levar em conta a época na qual a pessoa cresceu. Se você tem 20 anos e a maioria dos pais tem o dobro da sua idade, você tem de reconhecer que eles talvez tenham pontos de vista diferentes dos seus. Um não é o certo e o outro o errado; eles são apenas diferentes.

Uma diferença de gênero pode causar problemas de comunicação. O modo como

Reflita
Quais são suas experiências com encontros que envolvem o cruzamento de culturas? Você tem sentimentos ou ideias relativas a essas experiências?

um pai percebe o filho pode ser diferente do modo como a mãe percebe a mesma criança. As respostas, as reações e os entendimentos relativos à criança, por parte de um cuidador, podem ser diferentes dos de uma cuidadora.

Vamos rever a cena no início deste capítulo e observar como a cuidadora lidou com a situação. Você lembra que a mãe que chegou encontrou a filha com pedaços de grama nos joelhos de suas calças cor-de-rosa? A mãe estava com pressa e ficou chateada, então foi até a cuidadora mais próxima e pediu uma explicação. Não temos como saber se essa é uma situação de choque cultural, choque geracional ou de choque entre gêneros. Pode ser. Mas, mesmo que não seja, o objetivo é o mesmo – estabelecer um diálogo com a mãe em vez de agir defensivamente. Vamos observar o restante da cena. (Lembre-se: tente não assumir um tom acusatório ao se propor à resolução dos problemas.)

"Como isso aconteceu?". A voz da mãe soa tensa e cansada.

"Nós fomos lá para fora esta manhã, deve ter sido quando aconteceu. Desculpe-me. Posso ver que você ficou muito chateada com isso."

"Pode apostar que estou!", responde a mãe com raiva.

"Vai ser difícil tirar", diz a cuidadora, compreensiva.

"Sim, vai". Há uma pausa na conversa. A cuidadora espera um momento, ainda muito atenta à reação da mãe – talvez para ver se ela quer dizer mais alguma coisa. Então a cuidadora acrescenta: "Você deve estar muito brava com a gente".

Com essa a mãe explode. As palavras dela se atropelam. Primeiro ela fala da raiva e depois sobre o encontro que terá com a mãe do noivo, para conhecê-la, e sobre como é importante que a filha dela esteja com a melhor aparência possível. Ela fala sobre como se sente insegura com a nova família da qual fará parte. Quando termina de falar, ela parece melhor. A raiva passou, e agora ela parece apenas um pouco nervosa.

"Você tem tempo para sentar por um minuto?" pergunta a cuidadora, gentilmente.

"Na verdade, não," responde a mãe, mas sentando mesmo assim. Ela está segurando a filha ternamente agora, e a criança brinca com o cabelo dela.

"Estou apenas tentando pensar em como podemos evitar que isso aconteça da próxima vez", diz a cuidadora.

"Você pode mantê-la aqui dentro", diz a mãe imediatamente.

"Odeio fazer isso", diz a cuidadora. "Ela ama ficar lá fora."

"Sim, eu sei", admite a mãe.

"Além disso", continua a cuidadora, "existem momentos em que estamos todos lá fora, e não fica ninguém aqui dentro para poder observá-la".

"Bem", diz a mãe, hesitante, "Acho que posso colocar um jeans nela – mas ela fica tão fofinha assim... Quando vou para algum lugar depois do trabalho, como hoje, eu quero que ela esteja com uma roupa legal". Ela pensa por um minuto. "Acho que faz mais sentido eu vesti-la quando chegar do que esperar que ela se mantenha arrumada o dia todo".

"Certamente nos sentiremos melhor com ela vestindo jeans do que tentar impedi-la de sujar as roupas o tempo todo."

"Sim, acho que entendo... Bem...", ela diz, levantando-se, "realmente preciso ir. Obrigada por me ouvir".

Esse problema foi resolvido de forma rápida e fácil pela cuidadora, que ouviu a mãe em vez de se defender e ficar brava também. Esse problema específico das roupas nem sempre é resolvido de maneira fácil. Alguns pais não querem que seus filhos saiam de casa, em hipótese alguma, sem estarem bem vestidos. Eles não serão convencidos tão facilmente de que é melhor para todo mundo se a criança chegar com roupas próprias para brincar. Algumas vezes isso reflete uma postura social em relação à escola e tem a ver com a família querer conservar determinada imagem.

Ocorra a comunicação bem ou não devido a diferenças de idade, gênero, cultura ou apenas devido a diferenças individuais, existem algumas formas de facilitá-la. Eis algumas dicas para iniciar e manter a comunicação com os pais:

- Considere a comunicação como uma via de mão dupla. Se você está tendo problemas com o comportamento de uma criança, provavelmente os pais também estão. Facilite a troca de informações.
- Desenvolva suas habilidades de escuta. Aprenda a ouvir os sentimentos por trás das palavras e a descobrir maneiras de estimular os pais a expressarem tais sentimentos sem ofender você.
- Desenvolva uma postura de resolução de problemas e aprenda técnicas de comunicação, mediação e negociação para usar durante a administração dos conflitos e das resoluções.
- Mantenha registros, para que possa fazer relatos específicos.
- Arranje um tempo quando ficar claro que um pai precisa conversar. Ter um lugar confortável para sentar ajuda.
- Tente falar com cada um dos pais quando eles trazem e buscam as crianças, mesmo se você estiver ocupado.
- Tente fazer os pais se sentirem bem-vindos sempre que eles estiverem por perto, mesmo se eles atrapalham seu programa. Em alguns programas para pais e mães adolescentes, que funcionam em escolas de ensino médio, as mães vão ver os filhos nos intervalos entre as aulas. Isso é difícil para algumas crianças durante um tempo, porque elas têm de aprender a lidar com um número mais frequente de ois e tchaus. Mas é importante que a equipe compreenda as necessidades dos pais, mesmo quando isso torna o trabalho mais difícil.

Educação dos pais

Padrão do programa
NAEYC 7
Famílias

Seu trabalho não é apenas educar bebês e crianças, mas também a **educação dos pais**. Educação envolve não só conhecimento, mas também conhecimento aplicado às atitudes e habilidades. Se você construir uma relação com eles, os pais serão influenciados por você em todas essas áreas. Mas, se você se colocar como um especialista e tentar ensiná-los enfaticamente, você pode ter problemas. Apenas conhecimento não muda atitudes. Elas mudam com o tempo, com a exposição a valores, ideias, métodos e atitudes de outras pessoas. A maioria dos pais deixa o programa sabendo mais e sentindo-se diferente de quando se inscreveram, mesmo que nunca tenha assistido a nenhuma aula formal sobre como ser um bom pai ou sobre desenvolvimento infantil. Se você conseguir envolver os pais, com o tempo eles aprenderão sobre desenvolvimento infantil observando outras crianças e vendo o que é comum em termos de comportamento, lendo o que você sugere, fazendo perguntas e conversando com você. O envolvimento dos pais funciona melhor quando eles se sentem bem-vindos no programa e capazes de ajudar. O envolvimento obrigatório afasta os pais do papel de parceiros, a não ser que o programa seja configurado especialmente com foco na participação dos pais, e os pais o tenham escolhido. Nesse caso, o principal objetivo do programa é a educação dos pais, e isso resulta de um trabalho ativo com as crianças e da discussão em grupo, durante as reuniões com os pais e palestras com convidados. Esse modelo constitui a forma ideal para fomentar a construção de conhecimento, que já acontece naturalmente quando os pais passam algum tempo nas creches, mesmo que apenas por um período curto, nos momentos em que vão levar e buscar as crianças.

Problemas enfrentados por pais de crianças com necessidades especiais

Pais de crianças com necessidades especiais podem precisar aprender coisas diferentes das que outros pais precisam. Se os pais não tiverem sido expostos à presença de outras crianças antes de entrarem no seu programa, no início pode ser que eles aprendam mais do que gostariam sobre o desenvolvimento típico. Pode ser um grande choque para alguns pais comparar seus filhos pela primeira vez com crianças que não têm necessidades especiais. Seja bastante sensível em relação a tais sentimentos.

OBSERVAÇÃO EM VÍDEO 14

Menina engatinhando ao lado de uma janela baixa (*Parent Ed Program*)

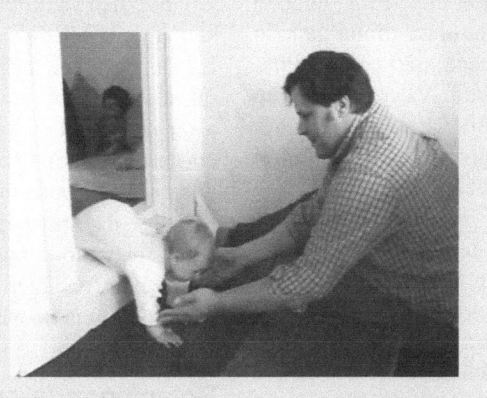

Veja a Observação em vídeo 14: "Menina caminhando ao lado de uma janela baixa (*Parent Ed Program*)", para um exemplo de programa focado na participação dos pais. Esse programa, especificamente, foi iniciado por Magda Gerber. Mesmo que você não veja a "educuidadora" (como Magda chamava os cuidadores), apenas o pai, você pode ouvir a voz dela estimulando e apoiando as atitudes dele em relação à filha. Retome o Capítulo 2 e pense sobre a ênfase na resolução de problemas. Esse é um bom exemplo de bebê resolvendo um problema.

Questões

- O pai está obviamente nervoso quanto a deixar sua filha resolver sozinha o problema que criou para si mesma. Você acha que a cuidadora estava errada em estimular o pai a não ajudar a filha?
- O que pode ser uma questão cultural nessa cena? É cultural permitir que os bebês resolvam os problemas sozinhos e até mesmo estimulá-los a isso?
- O que você teria feito se fosse o cuidador nessa cena, ao observar o pai e a filha?

Para assistir a esse vídeo, entre em www.grupoa.com.br, acesse a página do livro por meio do campo de busca e clique em Conteúdo Online.

A maioria dos pais fica sedenta por aprender mais, se não se sentirem ameaçados ou pressionados. Um convite para que observem e ocasionalmente participem do programa é bem-vindo por muitos pais e é uma forma adicional de educá-los. Em um dos lares assistenciais, em geral algum pai permanece uma hora a mais no local, quando tem tempo. Ele senta, toca um instrumento e interage com as crianças que o abordam. Com isso, ele não só contribui com o programa como também adquire conhecimento apenas por estar ali.

A construção de habilidades também é gradual. Os pais chegam até você com níveis variados de habilidades paternas ou maternas. A maioria as desenvolverá mais sendo expostos às atividades dos cuidadores profissionais. Contudo, há o perigo de os cuidadores se comportarem como se fossem exemplos para os pais.

Profissionais de primeiros cuidados e educação

O papel do pai ou da mãe é diferente do seu como cuidador profissional, embora às vezes ambos possam se parecer muito. Você não tem o mesmo envolvimento e comprometimento de um pai ou mãe. Você não tem uma história compartilhada com a criança e nem fará parte do futuro dela. Você não tem a mesma intensidade de interesse pelas trocas passionais dela. Se a criança "comporta-se bem" quando está com você e se torna uma tirana quando um dos pais entra em cena, não conte vantagem e não se sinta superior. A explicação para esse contraste provavelmente tem mais a ver com a relação normal entre pais e filhos e com um apego intenso do que com a sua aparente competência superior.

Crianças precisam de cuidadores competentes, mas elas também precisam de pais totalmente humanos, emocionais e conectados. O que você pode ver como uma forma deficitária de lidar com as situações talvez tenha mais a ver com a forma de lidar dos pais do que com uma forma "profissional" de enfrentar tais situações. Os dois desempenhos são diferentes, embora um possa conter muitos elementos do outro. Os pais operam (e devem operar) mais espontaneamente, reagindo de modo mais emocional do que racional. Mas é claro que os pais têm também de usar a cabeça, devem ser objetivos algumas vezes e desenvolver algumas competências iguais às suas (o que em alguma medida irá ocorrer enquanto eles o observam). Eles também devem reunir informações sobre desenvolvimento e assistência infantis, para que possam *pensar* sobre o que fazem. Mas, ainda assim, eles irão reagir mais instintivamente do que baseados em abordagens bem planejadas. Pais precisam ser muito mais humanos do que competentes. Cuidadores também devem ser humanos e sair de seu papel tradicional às vezes, para interagir de modo mais intenso e passional com as crianças; mas, mais do que isso, eles precisam ser bastante objetivos e reflexivos quanto aos próprios objetivos e reações.

Se você for tanto pai e cuidador, você provavelmente entenderá isso quando pensar naqueles momentos em que lidou com as situações de jeito diferente quando elas envolviam seu filho e quando envolviam o filho de outra pessoa, sob seus cuidados. Talvez nesses momentos você tenha sentido culpa. Mas, se você observar as diferenças entre esses dois papéis, você pode ficar satisfeito por ser um bom pai. Seus filhos merecem pais de verdade, não pais que sejam cuidadores profissionais. E os filhos de outras pessoas merecem cuidadores profissionais, e não outros pais.

Isso não significa que um cuidador profissional deva ser frio e desapegado. Se você já leu até a presente página deste livro, você sabe que a mensagem transmitida aqui te aconselha a ser real, a estabelecer conexões e a sentir o que tem de sentir. O ponto-chave é o equilíbrio. O equilíbrio pende mais para o lado dos sentimentos e da espontaneidade quando se trata de papéis maternos e paternos, e mais para o lado da reflexão, da objetividade e do planejamento quando se trata do papel de cuidadores.

Relacionando-se com os pais de uma criança que não vai bem

Algumas vezes, apesar de todos os seus esforços no departamento das relações com os pais e da educação dos pais, você pode achar que uma criança sob seus cuidados não está indo bem. Ela pode estar atrapalhando todo o seu programa e tomando grande parte do seu tempo, de forma que você precisa se preocupar a respeito de estar negligenciando outras crianças. Se você trabalha em uma creche, o primeiro passo é conversar com os outros membros da equipe (e com o diretor). Se você trabalha em lar assistencial, talvez você não conte com um grupo de apoio bem definido voltado à resolução de problemas, com o qual possa discutir questões como essa, mas é importante que você encontre alguém com quem possa conversar a respeito – talvez outro provedor de cuidados infantis.

Você também vai querer falar com os pais – não para culpá-los pelo comportamento da criança, mas para adquirir perspectivas adicionais sobre o problema e outras ideias de estratégias, para encontrar formas de satisfazer as necessidades das crianças. Trabalho de equipe e cooperação em casa e no programa podem funcionar.

Ou talvez nada funcione. Depois de tentar muito e analisar várias estratégias, você pode chegar à conclusão de que o comportamento da criança ainda está causando um considerável transtorno. Você também provavelmente chegará à conclusão de que a situação não é boa nem para você, nem para as outras crianças nem para a criança que está se comportando assim. É difícil se dar conta de que você não pode satisfazer completamente as necessidades de todas as crianças. Você não pode pensar que talvez seja "tudo" que determinada família precisa.

O próximo passo é buscar uma **indicação**. Talvez alguma fonte externa possa ajudar essa família. Em geral, isso funciona. Com ajuda especializada a situação se torna tolerável, e você percebe que pode satisfazer as necessidades da criança. No entanto, às vezes você precisa se dar conta de que já fez tudo que poderia por uma determinada criança e que é hora de pedir à família que busque ajuda em outro lugar.

Relações com o cuidador

As relações entre a equipe são de extrema importância em um trabalho tão exigente quanto o de cuidar de crianças. Em um ambiente familiar, a questão são as relações com a família, que são de outra ordem. Vamos tratar desse assunto brevemente antes de tratar das equipes de instituições do tipo creche.

O provedor de assistência infantil familiar

Procurar e encontrar apoio é de grande valor se você for um provedor de cuidados infantis da família. Mas, se o resto da sua família for do tipo ressentido, pode ser difícil conseguir o apoio deles. Uma provedora de assistência infantil familiar sentou e assinou um contrato com sua família – o marido e duas crianças pré-adolescentes. Ela sentiu que era importante esclarecer sobre o uso da casa, que pertencia aos quatro, e sobre o que era ou não esperado de cada membro da família com relação à criança a ser cuidada. Esse contrato não foi algo que ela os forçou a assinar; foi um acordo que eles construíram juntos, levando em consideração os sentimentos e as ideias de todos. Nessa família, as crianças tinham idade suficiente para entender o contrato, seus direitos e suas obrigações. O contrato salvou a família de muitos possíveis conflitos.

Em muitos lares onde há assistência infantil, conflito é o nome do jogo. Se as crianças forem mais novas, é difícil fazê-las entender por que têm de compartilhar o quarto, os brinquedos e mesmo a mãe. Em geral, os acordos são menos claros do que aqueles por meio de um contrato escrito e negociado. Como resultado, pode surgir muito ressentimento, tensão e atrito. É claro que um pouco de atrito é normal, mas para provedores iniciantes ele pode ser inesperado. No entanto, na maioria das famílias as vantagens superam as desvantagens, e o atrito torna-se apenas parte dos conflitos comuns da família.

Provedores de assistência infantil familiar também devem procurar ajuda fora de suas próprias famílias. É difícil, porque você está preso à família o dia inteiro todos os dias da semana, mas se você procurar você consegue encontrar outros provedores de cuidados com quem possa falar. A cuidadora que assinou o contrato com a família encontrou outra colega em sua própria vizinhança ao frequentar reuniões locais de apoio. As duas se encontram regularmente no parque com as crianças (para uma breve caminhada) e, assim, elas aproveitam a companhia adulta uma da outra ao mesmo tempo em que passeiam ao ar livre com as crianças. Ninguém pode entender e escutar melhor um provedor de assistência infantil familiar do que outro provedor de assistência infantil familiar. Encontre alguém para conversar, caso você já não tenha encontrado.

A equipe da creche

Nas creches, as relações de equipe são diferentes porque vocês trabalham juntos e não apenas se relacionando uns com os outros. É uma situação estranha estar na companhia de adultos o dia todo, porém raramente focá-los. Isso pode criar problemas porque você tem pouco tempo para sentar e conversar com calma. A maioria dessas instituições funciona com escala de horários, então o único momento em que a equipe toda se reúne é durante a hora mais movimentada do dia, quando os adultos têm pouco tempo para se relacionar uns com os outros. Algumas equipes que trabalham com crianças um pouco mais velhas conseguem se reunir durante a hora da soneca, mas isso não funciona na maioria das creches. Em muitas delas, mesmo os intervalos são intercalados, de forma que nunca dois cuidadores dividem o mesmo espaço.

Se a assistência infantil funcionasse como em outras áreas, haveria um tempo combinado para as reuniões e para o treinamento da equipe e mesmo para previsões de renovação da equipe. Contudo, para muitos programas com orçamento apertado, esses são luxos pelos quais não se pode pagar.

Obviamente, é raro que os membros da equipe consigam abandonar o serviço e falar uns com os outros sem as crianças por perto. E eles precisam falar para estabelecer relações, administrar conflitos e compartilhar informações sobre as crianças e famílias, a fim de definir objetivos, avaliá-los e compartilhar recursos. Grande parte do que eles precisam é de contato com outros adultos para aliviar o sentimento de solidão que a maioria das pessoas que trabalham muitas horas por dia com crianças, em geral, sentem.

Se você é novo na área e está participando de um programa de treinamento em que aprende a focar quase exclusivamente as crianças, você pode ficar surpreso ao visitar uma creche onde adultos sentam juntos para conversar enquanto as crianças brincam. Você pode ter uma postura um tanto crítica diante disso, se o seu treinamento tiver sacrificado esse tipo de atividade para focar apenas as crianças durante o trabalho (com exceção dos intervalos). Mas, com o tempo, você pode acabar percebendo que tais conversas são importantes para membros da equipe que trabalham o dia inteiro, todo o dia, com crianças muito novas. E eles são importantes para as crianças. De que forma as crianças verão o modo como os adultos se relacionam entre si se a única coisa que virem for adultos que as focam e ignoram os outros adultos presentes? Crianças precisam ver os adultos exibindo outros tipos de comportamento além daqueles que envolvem a relação deles apenas com elas.

Em um programas de três horas, é realmente preferível que os adultos se concentrem a maior parte do tempo nas crianças, mas a mesma expectativa não é realista e nem desejável quando a assistência infantil dura o dia todo. É claro que focar apenas nas relações adultas de modo a excluir as crianças, ao ponto de negligenciar as necessidades delas, não é uma boa política. Mas se cada criança tiver tempos de qualidade não-querer-nada, quando o cuidador está disponível para ela durante a brincadeira livre, bem como tempos de qualidade querer-algo durante as atividades de cuidado, quando o foco é cada criança individualmente, o adulto pode se relacionar com outros adultos enquanto as crianças estiverem presentes, porém sem negligenciá-las.

Respeito como a chave das relações adultas

Embora a expressão *respeito* não tenha sido usada até agora, tal qualidade deve ser subjacente a todas as interações que os adultos tiverem uns com os outros – sejam eles pais, outros membros da família ou da equipe ou administradores – assim como com as crianças. A influência de Magda Gerber quanto ao respeito e à confiança mútuos deve ser sentida em todo o programa, não apenas nas interações entre adultos e bebês (ELAM, 2005).

Quando Magda começou a falar em assistência respeitosa, lá nos anos 1970, as ideias dela eram novidade para aqueles focados em bebês e crianças pequenas. Ela ficou orgulhosa de se tornar um tipo de rebelde. Ninguém usava a palavra *respeito* ao falar ou escrever sobre bebês e crianças pequenas. Respeito, nessa época, era visto como algo que as crianças deveriam aprender para direcionar aos mais velhos. Gerber mudou esse contexto, de forma que respeitar alguém se tornou um processo de duas vias. No final dos anos 1990, Magda lamentava ter perdido sua fama de rebelde. As ideias dela estavam por toda a parte e não eram mais vistas como estranhas ou novas. A palavra *respeito* é hoje muito usada na área de assistência a bebês e crianças pequenas.

Mas, com base nas observações de como alguns cuidadores tratam pais e colegas, talvez seja preciso dar mais atenção ao uso dos 10 princípios no que se refere ao trabalho com adultos. Apenas considere estes pontos:

1. *Princípio 1 tem a ver com trabalho em equipe* e aplica-se tanto a adultos como a bebês e crianças pequenas. Os adultos cooperam uns com os outros ou apenas se comunicam no que diz respeito a cumprir tarefas?
2. *Princípio 2 tem a ver com qualidade de tempo.* Com que frequência os adultos passam tempos de qualidade uns com os outros? A questão não é culpar alguém por isso. Na área da assistência infantil, devido ao modo como é configurada, fica realmente muito difícil achar tempo para que os adultos de fato se relacionem uns com outros de forma a construir relações. Precisamos advogar, em nossa área, pelo fomento das relações entre adultos. Também precisamos aproveitar as oportunidades que aparecem.
3. *Princípio 3 tem a ver com comunicação.* O quanto os adultos realmente trabalham para aprender as formas de comunicação únicas de cada um? Essa é uma questão importante se mais de uma língua é falada no programa. É uma questão menor se significar sensibilidade à linguagem corporal e conhecer bem uns aos outros de um jeito que seja possível "ler" o indivíduo em questão.
4. *Princípio 4 tem a ver com investir tempo e energia para apreciar a pessoa completa.* Os adultos valorizam algumas pessoas mais do que outras por qualidades específicas ou apreciam umas às outras apenas pelo que são?
5. *Princípio 5 chama atenção para que não se veja as pessoas como objetos.* Com que frequência um adulto trata outro como um objeto? Talvez seja mais difícil enxergar como o princípio 1 se aplica aos adultos porque eles são do mesmo tamanho, mas se você considerar as diferenças de classe, *status* e as questões de preconceito, talvez o princípio 5 faça mais sentido.
6. *Princípio 6 tem a ver com sentimentos autênticos.* O quão honestos são os adultos no seu programa com relação aos próprios sentimentos? Eles os escondem mesmo de si mesmos ou são autênticos nas relações com as pessoas a quem servem e com quem trabalham?
7. *Princípio 7 tem a ver com dar exemplo.* Repare em como alguns adultos com frequência criticam comportamentos que eles mesmos exibem, apesar de nem sempre estarem conscientes desse fato. Você está consciente de que somos mais o nosso pior inimigo do que o nosso melhor amigo? Estar consciente dos próprios comportamentos e trabalhá-los é uma busca valiosa para todos os adultos.
8. *Princípio 8 tem a ver com encarar os problemas como oportunidades de aprendizado* quando aplicados aos adultos do mesmo modo como se aplicam às crianças. Programas direcionados a bebês e crianças estão cheios de problemas; trabalhar para resolvê-los é parte da sua profissão e bom para o cérebro!
9. *Princípio 9 tem a ver com confiança.* A confiança é uma questão entre os cuidadores e as famílias com as quais trabalham, mas também é uma questão apenas entre os cuidadores. Ser confiável é uma qualidade importante e deve ser um objetivo.
10. *Princípio 10 tem a ver com qualidade do desenvolvimento* e pode nos remeter novamente ao respeito – ao autorrespeito. Os cuidadores devem desenvolver uma apreciação pelo desenvolvimento adulto e aprender formas de facilitá-lo em vez de pressioná-lo ou criticar os pontos fracos de outros pais ou cuidadores.

Este capítulo tratou das relações adultas e da importância delas para as crianças em um contexto de assistência infantil. Crianças precisam ver seus cuidadores como seres humanos completos, e elas não têm como fazer isso se não os verem se relacionando com outros adultos – tanto com seus pais quanto com outros membros da equipe.

Prática apropriada

Visão geral do desenvolvimento

Cada bebê é diferente. Não importa o quanto os cuidadores forem treinados, eles precisam aprender sobre os bebês que cuidam com as famílias deles. É claro que habilidades de observação aprimoradas ajudam os cuidadores a se familiarizarem com as necessidades, os interesses e as preferências de cada bebê, mas nenhuma experiência ou treinamento prévios substitui o que a família sabe. Construir uma relação sólida desde a entrada da criança no programa ajuda os cuidadores a aprenderem com as experiências e o conhecimento da família. Eles também precisam aprender sobre a cultura da família, bem como seus objetivos e crenças relacionadas à criação de filhos. Quando os cuidadores valorizam a família, a relação passa a se basear em apoio e aprendizado mútuos. Eles estão aptos a criar uma aliança. Eles mantêm essa aliança por meio de uma comunicação regular entre família e cuidador. A aliança é importante quando o bebê é jovem e se torna uma futura fonte de força e apoio quando os bebês começam a se movimentar. Nesse momento, os bebês entram em um novo estágio de desenvolvimento em que existem sentimentos misturados com relação à separação e ao apego. Ao trabalharem juntos, família e cuidador podem apoiar uns aos outros a fim de descobrir como manter o bebê se sentindo seguro, por meio da discussão de questões relativas à segurança e à necessidade de mudanças no ambiente, tanto em casa quanto no programa. Bebês crescem e se tornam crianças cujos sentimentos ficam mais complexos quando elas sentem o conflito entre independência e dependência, orgulho e vergonha, raiva e ternura – apenas para nomear algumas das emoções que sentem as crianças pequenas. Todos esses sentimentos desafiam pais e cuidadores. Os adultos podem oferecer apoio uns aos outros durante o que pode ser uma época difícil. Por fim, as crianças pequenas estão em plena formação de identidade, que, por sua vez, tem suas raízes na família e na comunidade. Apenas quando os cuidadores têm conhecimento e compreensão disso eles estão aptos a apoiar uma formação de identidade saudável.

Fonte: Copple e Bredekamp (2009).

Práticas apropriadas ao desenvolvimento

A seguir, exemplos de práticas apropriadas ao desenvolvimento que têm a ver com relações adultas, particularmente com a aliança entre família e cuidador:

- Cuidadores trabalham em parceria com os pais, comunicando-se com eles diariamente, para construir entendimento e confiança mútuos.
- Cuidadores ajudam os pais a se sentirem bem em relação aos seus filhos e às suas próprias habilidades maternas e/ou paternas, compartilhando com eles algumas coisas interessantes e positivas que aconteceram com seus filhos durante o dia.
- Cuidadores e pais se reúnem para tomar decisões a respeito de como auxiliar melhor o desenvolvimento dos filhos e lidar com diferenças de opinião no momento em que elas surgem.

Fonte: Copple e Bredekamp (2009).

Práticas individualmente apropriadas

A seguir, alguns exemplos de práticas individualmente apropriadas que têm a ver com as relações adultas:

- Cuidadores e pais se reúnem para tomar decisões a respeito da melhor maneira de ajudar no desenvolvimento dos filhos ou de ajudá-los a lidar com problemas ou diferenças de opinião no momento em que surgem.
- O segredo para satisfazer as necessidades de todas as crianças é a individualização. Os pais são aqueles que conhecem melhor seus filhos. Se a criança for portadora de necessidades especiais, é ainda mais importante conversar com os pais e saber sobre os conhecimentos deles do assunto, bem como se inteirar sobre os especialistas com quem eles possam estar conectados.

Fonte: Copple e Bredekamp (2009).

Práticas culturalmente apropriadas

A seguir, exemplos de práticas culturalmente apropriadas:

- Cuidadores trabalham em parceria com os pais, comunicando-se com eles diariamente para construir confiança e entendimento mútuos, a fim de assegurar o bem-estar e o desenvolvimento ideal do bebê. Cuidadores escutam atentamente ao que os pais falam sobre os filhos, procuram entender as preferências e os objetivos dos pais e são respeitosos quanto às diferenças familiares e culturais.
- Diferenças culturais e familiares podem ter objetivos e prioridades que entram em conflito com aquelas da creche ou do programa de assistência infantil familiar. O treinamento de uso do banheiro, de acordo com algumas tradições familiares, ocorre no primeiro ano de vida em vez de no segundo ou terceiro, por exemplo. Quando os cuidadores se colocam como especialistas em desenvolvimento infantil e julgam as famílias sem entender as questões culturais, eles impõem barreiras ao trabalho em parceria com as famílias.

Fonte: Copple e Bredekamp (2009).

Práticas apropriadas em ação

Retome os "Princípios em ação", da página 301. Depois volte a esta página e leia o primeiro item da seção "Práticas apropriadas ao desenvolvimento" e ambos os itens da seção "Práticas individualmente apropriadas".

1. Você acha que a provedora de cuidados de Emily está demonstrando evidências de parceria com sua postura diante da mãe?
2. E se ela tivesse se sentido segura em relação à mãe e, para manter seus *status* de provedora de cuidados profissional, tivesse fingido ser uma especialista em crianças com paralisia cerebral? Como essa cena poderia ter sido diferente?
3. Aprender a ler os sinais de crianças com necessidades especiais é mais importante do que aprender a ler os sinais de todas as crianças sob seus cuidados?

RESUMO

As relações adultas mudam, e a comunicação é aprimorada quando o programa usa uma abordagem focada na família e considera os pais como parceiros.

Relações pais/cuidadores

- Um aspecto importante das relações adultas em programas direcionados a bebês e crianças é perceber que os cuidadores tendem a passar por vários estágios durante sua relação com os pais.
- A comunicação com os pais é importante e envolve entender quais são seus bloqueios e desbloqueios. Esse entendimento é especialmente importante quando se trabalha com pais de crianças portadoras de necessidades especiais.

Educação dos pais

- A educação dos pais pode ocorrer informalmente quando pais e outros membros da família sabem o que acontece no programa. O envolvimento dos pais pode ajudar os membros da família a se sentirem bem-vindos e estimulá-los a passar mais tempo no programa – porém, isso deve ser voluntário.
- O objetivo da educação dos pais não deve ser transformá-los em cuidadores profissionais. Cuidadores e pais têm diferentes papéis, e é assim que deve ser.

Recursos on-line

Acesse o Centro de aprendizado *on-line* em www.mhhe.com/itc9e, clique em *Student Edition* e escolha *Chapter 14* para acessar o guia do estudante, que inclui uma revisão do capítulo, *links* relacionados, testes práticos, exercícios interativos e referência do capítulo.

Relações entre cuidadores

- As relações entre cuidadores adquirem significados diferentes dependendo de o cuidador ser um provedor de cuidados infantis da família ou o membro de uma equipe institucional.
- O respeito é um componente-chave de todas as relações – tanto as que os adultos estabelecem com as crianças quanto as que estabelecem entre eles.

EXPRESSÕES-CHAVE

complexo de salvador 302
300
mecanismos de conforto
diálogo 304
educação dos pais 308
entrevista de admissão 304
indicação 311
plano de necessidades e serviços 302
reuniões 304

QUESTÕES PARA REFLEXÃO/ATIVIDADES

1. Cuidadores são denunciantes obrigatórios. O que significa essa expressão?
2. Como fazer os pais se sentirem confortáveis durante uma reunião com o cuidador de seus filhos?
3. Entreviste cuidadores para ver se você consegue determinar o estágio de desenvolvimento no qual eles estão. Existe algo que possa indicar que eles estão tentando salvar as crianças de seus pais, tentando educar os pais para que sejam tão bons quanto eles ou, em vez disso, encarando os pais como parceiros?
4. Ao pensar na comunicação com pais e em auxiliá-los nisso, que questões adicionais podem aparecer com o pai ou a mãe de uma criança com necessidades especiais?
5. Suponha que você trabalhe com alguém de uma cultura diferente da sua, que tenha diferentes opiniões sobre criação e cuidados de crianças. Quais passos você daria para dar início à comunicação entre vocês?

REFERÊNCIAS

COOPLE, C.; BREDEKAMP, S. (Ed.). *Developmentally appropriate practice in early childhood programs*. 3th ed. Washington: National for the Education of Young Children, 2009.

ELAM, P. Creating quality infant group care programs. In: PETRIE, S. OWEN, S. (Ed.). *Authentic relationships in group care for infants and toddlers*: resources for infant educarers (RIE): principles into practice. London; Philadelphia: Jessica Kingsley, 2005. p. 83-92.

LEITURAS COMPLEMENTARES

BRUNO, H. E. Hearing parents in every language. *Exchange*, v. 153, p. 58-60, sept./oct. 2003.

GONZALEZ-MENA, J. *50 strategies for communicating and working with diverse families.* Upper Saddle River: Pearson, 2010.

GONZALEZ-MENA, J.; STONEHOUSE, A. *Making links*: a collaborative approach to planning and practice in early childhood programs. New York: Teachers College, 2008.

KEYSER, J. *From parents to partner*: building a family center program. Washington: National Association for the Education of Young Children, 2004.

LEE, L. *Stronger together*: family support and early childhood education. San Rafael: Parent Services Project, 2006.

MAHONEY, G.; WIGGERS, B. The role of parents in early intervention. *Children and Schools*, v. 29, n. 1, p. 7-15, 2007.

SEIDERMAN, E. Family support builds stronger families. *Exchange*, n. 186, p. 66-69, mar./apr. 2009.

SOUTO-MANNING, M. Family involvement: challenges to consider. strengths to build on. *Young Children*, v. 65, n. 2, p. 82-89, mar. 2010.

APÊNDICE A

Qualidade em programas para bebês e crianças: lista de verificação

1. Procure evidências de um ambiente *seguro*:
   - ☐ Nenhuma ameaça óbvia à segurança, como fios elétricos, tomadas desprotegidas, equipamentos quebrados, brinquedos com peças pequenas, produtos de limpeza ao alcance das crianças e corredores perigosos
   - ☐ Nenhuma ameaça à segurança nem tão óbvia, como tintas tóxicas e brinquedos que contêm materiais tóxicos
   - ☐ Planos em caso de incêndio ou acidente que incluam como os adultos devem retirar as crianças de dentro do local
   - ☐ Números de emergência ao lado do telefone
   - ☐ Arquivo de telefones de pais em caso de emergência, que também incluam informações indicando o que fazer no caso de os pais não serem encontrados durante a emergência
   - ☐ Proporção segura de adultos /crianças mantida o tempo todo (na Califórnia, a lei prevê não mais que quatro crianças menores de dois anos para cada adulto)
   - ☐ Crianças dispõem da oportunidade de correrem riscos "ideais" ("ideal" significa fracassos que envolvem aprendizado, mas não danos)
   - ☐ A interação é permitida, mas as crianças são protegidas de materiais que machucam ou de machucarem-se umas às outras

2. Procure evidências de um ambiente *saudável*:
   - ☐ Processo de trocar fraldas higiênico
   - ☐ Lavagem consistente das mãos depois de trocar as fraldas e antes de comer
   - ☐ Preparação e armazenamento adequados de comidas
   - ☐ A equipe reconhece sintomas das doenças mais comuns
   - ☐ Políticas de saúde que indiquem quando as crianças devem ser afastadas do programa por motivo de saúde
   - ☐ Registros dos estados de saúde, mantidos para cada criança e que mostrem evidências de que as vacinas estão em dia

- Lavagem regular da roupa de cama e dos brinquedos
- Conhecimentos sobre necessidades nutricionais de bebês e crianças
- Alergias alimentares indicadas de modo proeminente

3. Procure evidências de um ambiente de *aprendizado*:
   - Quantidade ideal de brinquedos, materiais e equipamentos apropriados à idade
   - Cuidadores consideram as atividades de cuidados como "momentos de aprendizado"
   - Brincadeira livre valorizada mais do que exercícios, atividades de brincadeira direcionadas, momentos em grupo
   - Ambiente que inclui muita suavidade, locais para reclusão e possibilidades de alta mobilidade
   - Ambiente apropriado ao desenvolvimento para todas as crianças, todos os dias

4. Procure evidências de que o objetivo da equipe é avançar nas competências físicas e intelectuais:
   - Habilidade da equipe em explicar como o ambiente, a brincadeira livre, as atividades de cuidados e o relacionamento da equipe com as crianças melhoram o currículo
   - Habilidade da equipe em explicar como o currículo promove o desenvolvimento das habilidades motoras amplas e finas e as habilidades cognitivas, incluindo a resolução de problemas e as habilidades de comunicação

5. Procure evidências de que o programa apoia os desenvolvimentos emocional e social e de que os membros da equipe colocam em prática uma disciplina e uma orientação positivas:
   - Membros da equipe estimulam as crianças a desenvolverem um senso de si mesmas por meio da consciência corporal, usando o nome das partes do corpo e por meio da promoção da identificação cultural
   - Membros da equipe reconhecem e aceitam os sentimentos das crianças e estimulam a expressão apropriada
   - Membros da equipe orientam o comportamento sem usar punições físicas ou verbais
   - Membros da equipe estimulam a resolução criativa de problemas sociais quando as crianças se envolvem em conflito umas com as outras
   - Membros da equipe ensinam respeito demonstrando respeito

6. Procure evidências de que o programa se esforça para estabelecer relações produtivas e positivas com as famílias:
   - Comunicação regular e contínua com os pais nos momentos em que eles levam e buscam as crianças, com ênfase na *troca* de informação
   - Atmosfera amigável
   - Reuniões com os pais
   - Abordagem de resolução de problemas de forma mútua, diante de conflitos

7. Procure evidências de que o programa é bem dirigido e atende às necessidades dos participantes:
   - Boa manutenção de registros
   - Atenção às necessidades individuais dos bebês
   - Atenção às necessidades dos pais
   - Administração responsável do programa

8. Procure por evidências de que a equipe é profissional:
   - É bem treinada
   - Respeita a confidencialidade

APÊNDICE B

Quadro do ambiente

Esse quadro mostra como configurar tanto o ambiente físico quanto o ambiente social, com o objetivo de promover o desenvolvimento. Lembre-se de que os graus de desenvolvimento variam muito de criança para criança. Esse guia de idades pode não estar de acordo com uma criança em particular, mas o quadro reflete a *sequência do desenvolvimento*.

Nível I: desenvolvimento após o nascimento

Área de desenvolvimento	Ambiente físico	Ambiente social
Físico *Músculos grandes* • A primeira tarefa dos bebês é firmar a cabeça • Conseguem levantar a cabeça de leve • Conseguem levantar a cabeça e destampar o nariz para respirar • A maioria dos movimentos dos braços e das pernas é reflexiva e não está sob o controle consciente dos bebês *Músculos pequenos* • Não conseguem controlar as mãos – na maioria das vezes, mantêm os punhos cerrados • Agarram tudo que chegam às suas mãos, por causa do reflexo • Contemplam objetos, especialmente rostos; começam a coordenar os olhos **Emocional/social** *Sentimentos e autoconsciência* • Bebês demonstram apenas satisfação e insatisfação • Não fazem diferença entre eles mesmos e o resto do mundo	**Brinquedos e equipamentos apropriados** • Um berço ou cama infantil para cada bebê, um lugar em que se sintam seguros para dormir • Esteira, tapete ou cobertor em um espaço seguro, fora do berço, com espaço para as crianças se movimentarem • Não são necessários muitos brinquedos, porque o ambiente é estimulante o bastante • Os rostos são interessantes do mesmo modo que lenços coloridos e brilhantes • Não coloque chocalhos ou brinquedos nas mãos de crianças, porque elas não conseguem soltá-los • Os bebês precisam ficar onde suas necessidades de segurança são atendidas • Cercadinhos largos proporcionam segurança para crianças pequenas que se movimentam mais (precisam ser largos o bastante para que neles caibam tanto adultos quanto crianças)	**Papel do adulto** • Use a observação sensível para determinar as necessidades dos bebês • Proporcione um sentimento de segurança quando necessário (enrole os bebês em um cobertor e os posicione em um espaço pequeno e cercado) • Deixe que os bebês tenham experiências em ambientes abertos, como, por exemplo, no chão, às vezes • Proporcione paz, tranquilidade e uma quantidade mínima de estimulação – pessoas com as quais os bebês se relacionam (cuidadores e outras crianças) já são estímulos suficientes • Coloque os bebês em um local seguro, onde possam fazer parte do que acontece na creche, mas sem serem superestimulados • Chame os bebês pelos nomes • Estimule os bebês a focarem nas tarefas de cuidados • Reaja às mensagens dos bebês e tente determinar as necessidades reais deles (lembre-se de que nem sempre a insatisfação tem a ver com a fome)

Emocional/social

Social
- Podem sorrir
- Fazem contato com os olhos
- São tranquilizados por rostos
- Reagem ao serem abraçados

Intelectual
- Conseguem coordenar os olhos e seguem com eles objetos ou rostos à medida que eles se movem
- Reagem aos rostos ou aos objetos que enxergam
- Chupam e mastigam objetos que se aproximam do rosto
- Apresentam reflexos que revelam o início das habilidades sensorias, o que, por sua vez, proporciona a base para o desenvolvimento das habilidades intelectuais

Linguagem
- Escutam
- Choram
- Reagem a vozes

Brinquedos e equipamentos apropriados

- Bebês muito pequenos precisam de um ambiente tranquilo e seguro, que não seja excessivamente estimulante. Depois que os bebês descobrirem as próprias mãos, disponibilize uma variedade limitada de brinquedos, macios, coloridos e laváveis, que eles possam olhar e chupar (certifique-se de que não há pequenas peças soltas que eles possam engolir)
- Permita que os bebês se movimentem livremente (mesmo que ainda não consigam ir para lugar nenhum)
- Não os confine em cadeirinhas para bebês ou em outros apetrechos restritivos

- Nesse estágio, as pessoas são mais importante para o desenvolvimento da linguagem do que o ambiente físico
- Configure o ambiente de modo que as necessidades dos bebês sejam facilmente atendidas e de forma que eles não tenham que esperar por longos períodos de tempo

Papel do adulto
- Atenda às necessidades de apego, começando por um cuidador consistente
- Segure as crianças para alimentá-las
- Proporcione oportunidades para que os bebês estabeleçam contato uns com os outros
- Interferência adulta mínima – bebês devem ficar livres para se desenvolver dentro de seu próprio tempo
- Proporcione a eles oportunidades de contemplar rostos (especialmente o do cuidador primário) e de ver, tocar e mastigar objetos apropriados
- Não force nada
- Posicione-os apoiados nas costas para que tenham uma visão mais ampla, para que ambos os ouvidos possam escutar e para que possam usar as mãos.

- Escute os bebês
- Tente interpretar seus choros
- Fale com eles, especialmente durante os momentos de cuidados; conte a eles o que vai acontecer; dê tempo para uma reação; conte a eles o que acontece no momento em que acontece

Nível II: Mês 3

Área de desenvolvimento	Ambiente físico	Ambiente social
Físico *Músculos grandes* • Começam a desenvolver os reflexos e o controle voluntário dos braços e das pernas • Ganham algum controle da cabeça	**Brinquedos e equipamentos apropriados** • Cercadinhos largos o bastante para que neles caibam cuidadores e muitas crianças • Uma grande variedade de objetos laváveis ao alcance das crianças para que eles possam olhar e se inclinar para pegá-los • Tapetes ou esteiras para os bebês se deitarem • Evite apetrechos restritivos	**Papel do adulto** • Sente com as crianças periodicamente e observe-as atentamente • Responda quando elas chamarem • Não as distraia, sem necessidade, com barulhos ou conversas; o entretenimento não é necessário • Ofereça aos bebês liberdade de exploração por meio da observação, para que chupem objetos apropriados, busquem e alcancem coisas desejadas
Músculos pequenos • Reflexo de agarrar coisas, não assumem o controle das mãos o tempo todo • Procuram por objetos com ambos os braços, mas com os punhos cerrados • Golpeiam e perdem coisas	• Idem ao que foi descrito anteriormente	• Idem ao que foi descrito anteriormente
Emocional/social *Sentimentos e autoconsciência* • Demonstram uma grande variedade de sentimentos e usam a voz para expressá-los • Começam a perceber que as mãos e os pés pertencem a eles e começam a explorá-los, assim como o rosto, os olhos e a boca, com as mãos • Começam a reconhecer o cuidador primário • Reagem de forma diferente a pessoas diferentes • Balbuciam durante as conversas	• Pessoas são mais importantes que objetos	• Atenda às necessidades de apego, porque os bebês precisam desenvolver um relacionamento primário • Reconheça e respeite os sentimentos dos bebês: fale sobre o que os bebês parecem expressar, especialmente durante os cuidados
Intelectual • Reagem ao que enxergam • Prestam mais atenção do que antes • Olham um objeto e depois outro • Conseguem segurar um objeto e manipulá-lo até certo ponto • Dão sinais de memorização • Quando escutam um barulho, procuram a fonte com os olhos • Olham e chupam ao mesmo tempo, mas precisam parar de chupar para escutar	• Alguns brinquedos e objetos interessantes para bebês, nesse estágio de desenvolvimento, incluem: lenços de algodão brilhantes, bolas macias, chocalhos, brinquedos de espremer, chaves de plástico	• Estimule a exploração e a curiosidade, disponibilizando uma variedade de objetos com diferentes texturas, formas e tamanhos • Ofereça às crianças paz e liberdade para explorarem, posicionando-as apoiadas nas costas em uma área grande o bastante para se moverem livremente • Ofereça possibilidades de interação com outras crianças
Linguagem • Escutam atentamente • Resmungam, balbuciam e emitem uma grande variedade de outros sons • Choram com menos frequência • "Falam" sozinhos e com outras pessoas, principalmente com o cuidador primário	• Pessoas ainda são mais importantes do que equipamentos ou objetos para o desenvolvimento da linguagem • Evite brinquedos que fazem barulho devido à alguma peça escondida, de modo que o bebê não enxerga de onde vem o barulho. Isso inclui vários brinquedos para bebês	• Fale com os bebês, especialmente durante as rotinas de cuidados; prepare-os com antecedência para o que vai acontecer. Dê tempo para que eles reajam depois que você indicar o que fará a seguir • Reaja aos resmungos e balbucios – jogue jogos sonoros com os bebês

Nível III: Mês 6

Área de desenvolvimento	Ambiente físico	Ambiente social
Físico *Músculos grandes* • Têm controle da cabeça • Viram-se para ficar de bruços e vice-versa • Podem se mover de um lugar para outro, rolando • Podem rastejar para a frente e para trás • Conseguem quase sentar quando rolam de um lado para o outro *Músculos pequenos* • Alcançam as coisas com uma mão e conseguem pegá-las com um pouco de esforço • Seguram as coisas com as mãos e as manipulam • Conseguem pegar as coisas com o dedão e o indicador, mas sem muita destreza • Mudam os objetos de uma mão para a outra	**Brinquedos e equipamentos apropriados** • Precisam de mais liberdade e espaços abertos do que antes • Precisam de uma variedade de texturas que sintam com o corpo – chão duro, tapetes, grama, madeira, etc. • Precisam de uma variedade de objetos interessantes para se moverem a fim de alcançá-los	**Papel do adulto** • Posicione os objetos longe o bastante para que os bebês precisem se esforçar para alcançá-los • Ofereça muito espaço e motivação para os bebês se movimentarem no chão, assim como para que possam manipular e agarrar objetos • Proporcione oportunidades de interação com outros bebês • Mantenha os bebês em posições nas quais eles possam se colocar sozinhos
Emocional/social *Sentimentos e autoconsciência* • Demonstram grande variedade de sentimentos • Percebem a diferença entre si mesmo e o resto do mundo • Reagem quando os chamam pelo nome • Têm preferências de gosto • Podem começar a querer se alimentar sozinhos *Social* • Podem reagir com medo de estranhos • Chamam o cuidador primário quando precisam de ajuda • Gostam de jogar com as pessoas (*peekaboo*)	• Um espaço grande o bastante para a exploração e as interações sociais promoverá relações	• Fale com os bebês, principalmente durante as tarefas de cuidados; coloque ênfase especial ao nomear partes do corpo • Chame as crianças pelos nomes • Estimule as crianças a usarem suas habilidades de autoajuda quando estiverem preparadas
Intelectual • Visualmente alertas a maior parte do tempo em que estão acordados • Reconhecem objetos familiares • Conseguem ver e alcançar os objetos que desejam • Conseguem pegar e manipular objetos • Procuram por objetos que caem • Conseguem usar muitos sentidos ao mesmo tempo • A memória se desenvolve	• Os bebês continuam a gostar de todos os brinquedos e objetos listados no Nível II em desenvolvimento intelectual • Posicione os objetos em uma área segura, de modo que os bebês tenham motivos para se mover e alcançá-los • Livros de pano ou papelão	• Atenda às necessidades de apego e deixe que as crianças usem o cuidador primário a fim de obter segurança quando estiverem diante de estranhos • Reaja aos bebês, jogando com eles jogos, como o *peekaboo* • Ofereça liberdade para que as crianças sejam exploradoras • Mude os objetos do ambiente de lugar periodicamente • Promova interações entre os bebês • Reaja às tentativas de comunicação das crianças • Fale com as crianças, especialmente durante as rotinas de cuidados • Durante os momentos de brincadeira, comente sobre o que as crianças estiverem fazendo, se for apropriado (tome cuidado para não interromper, de modo que as palavras atrapalhem a experiência)
Linguagem • Reagem a diferentes vozes, tons e inflexões • Têm mais controle sobre os sons produzidos • Usam uma grande variedade de sons para expressar sentimentos • Imitam tons e inflexões		

Nível IV: Mês 9

Área de desenvolvimento	Ambiente físico	Ambiente social
Físico *Músculos grandes* • Engatinham • Talvez consigam engatinhar com firmeza nas pernas • Talvez consigam engatinhar enquanto carregam um objeto na mão • Apoiam-se nos móveis para ficar em pé • Talvez consigam ficar em pé sozinhos • Podem conseguir ou não voltar para a posição anterior depois de ficar em pé • Conseguem sentar sozinhos • Conseguem mover-se apoiando-se nos móveis *Músculos pequenos* • Conseguem pegar objetos pequenos com facilidade com o dedão e o indicador • Exploram e manipulam objetos com o dedo indicador • Coordenção ocular está se desenvolvendo	**Brinquedos e equipamentos apropriados** • Bebês precisam de mais espaço para explorar e de uma grande variedade de objetos, texturas, experiências, brinquedos • Carrinhos e caminhões de plástico ou madeira, telefones de brinquedo ou de verdade, blocos, bolas de tamanhos diferentes, brinquedos de encaixar • Travesseiros e plataformas baixas (ou degraus) podem ser adicionados ao ambiente para proporcionar uma variedade de níveis a serem explorados pelas crianças • Corrimãos ou móveis baixos para que as crianças possam se apoiar para ficar em pé ou cruzar espaços	**Papel do adulto** • Cuidar de crianças que levantam, mas não conseguem sentar de novo depois; ajudar quando elas indicam que estão "empacadas" • Ser sensível quanto a ajudar crianças que empacam; não as salve, em vez disso incentive a resolução de problemas • Disponibilize espaços abertos e oportunidades seguras de escaladas • Deixe que as crianças explorem o ambiente com o mínimo de interferência adulta possível • Estimule os bebês a usarem habilidades manipulativas, como retirar meias, abrir portas, desmontar brinquedos de encaixar
Emocional/social *Sentimentos e autoconsciência* • Claramente apegados ao cuidador primário e podem sentir medo da separação • Rejeitam coisas que não querem *Social* • Alimentam-se a si mesmos com biscoitos • Bebem com o copo na mão • Tornam-se sensíveis e interessados nos humores e nas atividades das outras pessoas • Provocam • Sabem com antecedência o que vai acontecer	• Precisam de instrumentos de autoajuda, como copo e colher	• Ofereça um cronograma consistente o bastante para que os bebês consigam prever a sequência dos eventos • Ofereça oportunidades de concentração sem interrupções • Estimule a resolução de problemas • Não ajude a não ser que eles estejam realmente "empacados" • Permita que eles descubram as consequências do próprio comportamento sempre que isso for seguro
Intelectual • Lembram dos jogos e brinquedos dos dias anteriores • Preveem a reação das pessoas • Conseguem se concentrar se não forem interrompidos • Tiram a capa dos brinquedos e põem de volta quando veem isso sendo feito • Gostam de retirar coisas de recipientes e colocá-las de volta • Resolvem problemas simples de manipulação • Interessam-se em descobrir sobre as consequências de seu comportamento	• Os objetos e brinquedos listados em Desenvolvimento físico também são apropriados para promover o desenvolvimento intelectual • Disponibilize também objetos seguros e interessantes que façam parte do mundo adulto – tigelas, panelas, colheres de plástico e recipientes comumente descartados, como potes grandes e pequenos (bebês apreciam objetos reais tanto quanto apreciam brinquedos)	• Proporcione oportunidades de os bebês se tornarem assertivos • Ajude as crianças a interpretarem o efeito de suas ações • Proporcione muitas oportunidades para as crianças desenvolverem habilidades de autoajuda • Ajude as crianças a expressarem medos relativos à separação, a aceitarem esses medos e ajude-as a lidar com eles • Promova o apego ao cuidador primário • Proporcione bons exemplos para as crianças (adultos que expressam sentimentos honestos, sem minimizá-los ou exagerá-los)

Linguagem
- Prestam atenção nas conversas
- Podem responder a outros chamados que não os pelo seu nome
- Conseguem entender ordens simples
- Usam palavras como *mamãe* e *papai*
- Usam a entonação
- Talvez consigam repetir uma sequência de sons
- Gritam

Brinquedos e equipamentos apropriados
- Apreciam uma grande variedades de livros de ilustração

Papel do adulto
- Inclua os bebês nas conversas
- Não fale sobre eles quando estiverem presentes, a não ser que os inclua na conversa (isso é especialmente importante nesse estágio)
- Promova interações com outros bebês
- Reaja aos sons dos bebês
- Estimule o uso de palavras
- Faça perguntas a que os bebês consigam responder

Nível V: Mês 12

Área de desenvolvimento	Ambiente físico	Ambiente social
Físico *Músculos grandes* • Conseguem ficar em pé sem se apoiar • Talvez consigam caminhar, mas provavelmente preferem engatinhar • Sobem e descem escadas • Talvez consigam sair do berço, escalando *Músculos pequenos* • Talvez consigam usar ambas as mãos, ao mesmo tempo, para cumprir várias tarefas simultaneamente • Usam bem os polegares • Talvez demonstrem preferência por uma mão • Talvez consigam retirar a roupa ou desatar sapatos	**Brinquedos e equipamentos apropriados** • Precisam de muito espaço interno e externo para engatinhar e praticar os primeiros passos • Precisam de muitos objetos para manipular, explorar, experimentar e carregar de um lado para o outro	**Papel do adulto** • Proporcione um ambiente seguro e no qual as crianças possam se movimentar muito • Não pressione as crianças para que caminhem – deixe que elas decidam quando não querem mais engatinhar
Emocional/social *Sentimentos e autoconsciência* • Demonstram muitas emoções e reagem a outras pessoas • Têm medo de estranhos e lugares novos • Demonstram afeição • Demonstram estados de humor e preferências • Talvez saibam a diferença entre as coisas que são suas e as que são de outras pessoas	• Proporcione um ambiente que estimule e facilite as habilidades de autoajuda	• Auxilie no desenvolvimento das habilidades de autoajuda • Reconheça os objetos que cada bebê possui e ajude-os a protegê--los • Demonstre sua aprovação • Estabeleça limites racionais • Aceite comportamentos não cooperativos como um sinal de autoconfiança • Disponibilize opções • Dê e retorne afeição • Aceite os medos e as frustrações dos bebês e ajude-os a lidar com eles • Estimule as habilidades de autoajuda
Social • Alimentam a si mesmos • Ajudam no processo de vestir • Obedecem ordens • Procuram aprovação, mas nem sempre cooperam	• Proporcione os instrumentos e os equipamentos necessários para as atividades de autoajuda	• Promova uma ativa resolução de problemas
Intelectual • Têm facilidade em encontrar objetos escondidos • Memória aumentada • Resolvem problemas • Usam o método de tentativa e erro com eficácia • Exploram novas abordagens dos problemas • Pensam sobre as ações antes de praticá-las (às vezes) • Imitam pessoas que não estão presentes	• Crianças nesse nível gostam da maioria dos brinquedos e apetrechos domésticos já mencionados, mas elas os usam de modo mais sofisticado • Elas também gostam de grandes argolas para encaixar em cordas ou tubos, grandes blocos de montar, pequenos blocos de construção, cones, trenzinhos de madeira, etc.	• Promova a interação com outras crianças • Configure o ambiente de modo que as crianças enxerguem novas e mais complexas formas de usar brinquedos e equipamentos • Promova a interação entre crianças; as crianças aprendem a falar com os adultos, mas praticam ao brincar com outras crianças

Linguagem
- Sabem palavras que denominam objetos
- Começam a imitar a fala dos pais (usam os mesmos sons e entonações)
- Usam gestos para se expressar
- Talvez consigam pronunciar de duas a seis palavras

Brinquedos e equipamentos apropriados
- Telefones de brinquedo, bonecas e livros promovem o desenvolvimento da linguagem nesse nível
- Qualquer brinquedo pode se tornar um motivo para falar enquanto as crianças brincam
- A música promove o desenvolvimento da linguagem

Papel do adulto
- Dê instruções simples
- Jogue jogos com as crianças
- Cante e faça brincadeiras com os dedos
- Estimule a expressão dos sentimentos
- Complete palavras que faltam no discurso das crianças e melhore a dicção ao responder a elas

Nível VI: Mês 18

Área de desenvolvimento	Ambiente físico	Ambiente social
Físico *Músculos grandes* • Caminham rápido e bem • Raramente caem • Correm, mas desajeitadamente • Sobem escadas apoiando-se com as mãos *Músculos pequenos* • Podem usar lápis de cera para rabiscar, bem como imitar marcas • Têm maior controle ao alimentar a si mesmo	**Brinquedos e equipamentos apropriados** • Precisam de espaço para caminhar e correr • Gostam de fazer passeios, se o adulto não for muito focado em metas • Gostam de muitas experiências sensoriais, como brincar na água e na areia	**Papel do adulto** • Mantenha o ambiente cheio e interessante, mas não caótico; pode ser necessário mudar as coisas de lugar periodicamente e introduzir novos brinquedos • Promova interações entre as crianças • Ofereça oportunidades para que elas pratiquem exercícios
Emocional/social • Imitam adultos em jogos dramáticos • Interessam-se por ajudar nas tarefas • Interessam-se pelo processo de se vestir; conseguem se despir em certa medida • Podem começar a ter algum controle sobre a bexiga e o intestino	• Disponibilize intrumentos para as brincadeiras e jogos dramáticos, como fantasias, bonecas, equipamentos domésticos e louças	• Permita que as crianças ajudem umas às outras quando forem capazes • Estabeleça limites gentilmente, mas reforce-os com firmeza • Estimule as habilidades de autoajuda • Ajude as crianças em suas interações e fale com elas durante situações agressivas
Intelectual • Talvez comecem a resolver problemas interiormente • O desenvolvimento da linguagem cresce rapidamente • Começam a desenvolver a habilidade de fantasiar e de brincar de assumir papéis	• Disponibilize uma grande variedade de brinquedos em prateleiras baixas, para que as crianças possam escolhê-los – bonequinhos, animais, casinhas de boneca, recipientes cheios de pequenos objetos, copos, colheres, etc.	• Ofereça um bom número de opções • Ajude as crianças a trabalharem em um problema sem interrompê-las • Estimule o uso da linguagem
Linguagem • Talvez comecem a usar palavras para obter atenção • Conseguem usar palavras para indicar o que querem • Talvez saibam em torno de 10 palavras • Gostam de livros de ilustrações	• Livros com figuras claras e simples	• Proporcione uma grande variedade de experiências e ajude as crianças • Faça perguntas e estimule as crianças a perguntarem também • Leia em voz alta

Nível VII: Mês 24

Área de desenvolvimento	Ambiente físico	Ambiente social
Físico *Músculos grandes* • Correm rápido e têm dificuldade em fazer curvas e parar • Sobem e descem escadas (talvez parem no meio do caminho) • Jogam bola • Chutam a bola para a frente *Músculos pequenos* • Vestem-se com roupas fáceis • Seguram colheres, garfos e copos, mas podem ainda derramar • Conseguem usar um pincel, mas não controlam o gotejamento de tinta • Conseguem virar as páginas de um livro	**Brinquedos e equipamentos apropriados** • Equipamentos para escalar e deslizar devagar • Grandes bolas, pesadas e leves • Pequenos veículos de duas ou três rodas, com pedais ou sem • Balanços nos quais as crianças consigam entrar e dos quais possam sair • Elevações, rampas, escadas baixas • Espaço para correr • Blocos grandes e leves • Quebra-cabeças com duas ou quatro peças grandes • Murais de encaixar coisas • Argolas de encaixar em cones • Coisas de construir (fáceis de encaixar) • Massinha de modelar • Instrumentos de percussão • Jogos de combinar texturas • Caixas vazias • Areia, água e brinquedos para brincar com ambas • Bonecas para vestir e despir • Livros • Canetas *hidrocor*, lápis de cor, tinta para pintar com o dedo	**Papel do adulto** • Estimule a liberdade para que elas se movam para onde quiserem (dentro dos limites, é claro) • Disponibilize muitas experiências sensoriais e físicas • Estimule as crianças a encontrarem novos modos de combinar e usar brinquedos e equipamentos familiares • Ofereça opções • Permita perseguições ou lutinhas carinhosas • Faça brincadeiras de roda e cante músicas com movimentos (mas não com o grupo todo, como uma atividade de roda obrigatória) • Estimule o uso dos músculos pequenos oferecendo uma grande variedade de opções • Ofereça um grande número de atividades sensoriais • Permita que as crianças usem brinquedos e materiais de formas criativas (dentro dos limites, claro) • Facilite a resolução de problemas quando as crianças "empacarem"
Emocional/social • Talvez entendam noções de posse ("Isso é meu", "Isso é do papai") • Talvez tendam a acumular posses; talvez resistam em compartilhar • Afirmam independência ("Eu faz isso!") • Têm orgulho de suas conquistas • Talvez digam não, mesmo para as coisas que querem	• Disponiblize espaço para os pertences de cada um (gavetas ou caixas) • Disponibilize brinquedos favoritos duplos para que o compartilhamento não se torne um problema • Bonecas • Fantoches de mão às vezes ajudam as crianças a demonstrar sentimentos • Experiências com arte, música e jogos dramáticos (listadas em Músculos pequenos) ajudam as crianças a expressar sentimentos • Experiências com os músculos maiores também permitem que as crianças expressem o que sentem	• Respeite a necessidade das crianças de segurarem suas posses • Dê exemplo de compartilhamento em vez de exigi-lo • Permita que as crianças testem as coisas sozinhas, mesmo quando você sabe que pode fazê-las melhor ou mais rápido • Ajude-as a realizar conquistas das quais possam se orgulhar

Intelectual
- Conseguem identificar partes de uma boneca – cabelo, orelhas, etc.
- Conseguem encaixar peças de formas diferentes em um tabuleiro de formas
- Conseguem resolver muitos problemas sozinhas
- Conseguem resolver quebra--cabeças simples

Linguagem
- Usam pronomes pessoais (eu, mim, tu), mas nem sempre corretamente
- Referem-se a si mesmas pelos nomes
- Usam frases de duas ou três palavras
- Podem saber de 50 a 200 palavras
- Falam sobre o que estão fazendo

Brinquedos e equipamentos apropriados
- Disponibilize livros, quebra--cabeças e gravações musicais, além dos brinquedos já listados, que ofereçam opções e oportunidade de desenvolvimento de algumas noções de resolução de problemas

- Disponibilize uma boa variedade de livros (as crianças podem usá-los cuidadosamente agora)
- Gravuras penduradas na parede, no nível dos olhos das crianças, espalhadas pela sala e trocadas frequentemente, oferecem às crianças assunto para conversas
- Permita e configure "acontecimentos" – experiências que também são fonte de assunto para conversas
- Ofereça experiências musicais

Papel do adulto
- Disponibilize uma ampla variedade de opções de materiais para usar e de modos de passar o tempo
- Dê liberdade para que as crianças usem os materiais de formas criativas
- Estimule a resolução de problemas
- Pemita a exploração

- Estimule conversas entre as crianças e entre crianças e adultos
- Ajude as crianças a especularem ("O que aconteceria se eu...")
- Leve-as para passear e converse sobre o que vê
- Estimule a verbalização de sentimentos e desejos
- Ajude as crianças a começarem a conversar sobre as diferenças em vez de depender de comportamentos físicos para se expressar, como bater e chutar

Nível VIII: Mês 36

Área de desenvolvimento	Ambiente físico	Ambiente social
Físico *Músculos grandes* • Caminham, correm controladamente, escalam bem, jogam a bola até uma meta • Pulam no mesmo lugar • Balançam-se sob um pé só por um ou dois segundos • Podem conseguir pedalar um triciclo *Músculos pequenos* • Calçam sapatos, mas não os amarram • Colocam roupas, mas sem abotoar • Alimentam-se sozinhos e bem • Rabiscam com mais controle • Desenham ou copiam círculos • Usam o pincel e controlam o gotejamento de tinta • Usam brinquedos de construção de forma imaginativa • Podem exercitar o controle da bexiga e do intestino	**Brinquedos e equipamentos apropriados** • Precisam de todos os brinquedos e equipamentos listados para crianças de 24 meses, porém em versões maiores, que ofereçam mais desafios. Os bebês de 36 meses podem começar a usar equipamentos designados a pré-escolares e provavelmente estarão prontos para avançar para o programa destinado a crianças pequenas • Podem gostar de alguns tipos de blocos grandes de madeira, tábuas de pular e balançar (skates, *pogoballs*), escadas de montar • Blocos unitários e acessórios que se encaixam neles • Brinquedos de construção com mais e menores peças • Veículos de rodas pequenas que se encaixem nos blocos • Tábuas sensoriais • Quebra-cabeças • Objetos variados e misturados • Quadros de grudar coisas e figuras • Pequenas contas de encaixar em cordões • Grande variedade de materiais de arte, entre os quais para pintar e colar; tesoura, cola, giz de cera, canetas *hidrocor* • Bonecas e acessórios • Casa de bonecas • Equipamentos para jogos dramáticos mais extensos • Fantoches	**Papel do adulto** • Ofereça opções • Você pode levar equipamentos que exercitem a habilidade motora ampla, e esperar que crianças dessa faixa etária se movimentem menos no ambiente interno • Preste atenção para não estimular mais atividades motoras amplas nos meninos do que nas meninas (eles devem receber o mesmo estímulo; na verdade, as meninas devem ser até mais estimuladas do que os meninos, quando forem relutantes) • Ofereça e permita que elas façam escolhas • Estimule as crianças a usarem brinquedos e materais de forma criativa • Encontre formas de as crianças mais velhas se envolverem em atividades de manipulação que façam uso dos músculos pequenos, sem serem interrompidas por crianças mais novas, que preferem esvaziar a construir • Mantenha peças pequenas longe das crianças mais novas, pois elas podem as levar à boca • Estimule atividades ligadas à habilidade motora fina tanto em meninos quanto em meninas (se os meninos demonstrarem menos intereresse, encontre materiais que os conquiste)
Emocional/social • Talvez demonstrem consideração por pessoas e posses • Brincam com interesse prolongado • Jogam e interajem com outras crianças • Esforçam-se para usar o toalete • Adaptam-se a brincadeiras em grupo por curtos períodos	• Disponibilize espaço para que as crianças guardem seus pertences • Disponibilize muitos materiais para que as crianças possam compartilhar sentimentos e brincar de assumir papéis; como apetrechos para jogos dramáticos, fantasias, fantoches, bonecas, pequenas estatuetas, experiências e instrumentos musicais, materiais artísticos • Livros com os quais as crianças possam se identificar também as ajuda a expressar os sentimentos • Mantenha o banheiro sempre pronto para uso	• Comece a estimular o compartilhamento e a brincadeira cooperativa • Ajude as crianças a se envolverem e a se manterem envolvidas em atividades de jogos, prevenindo a interrupção de outras crianças • Você pode esperar que as crianças participem de atividades de grupo por curtos períodos, como as brincadeiras de roda • Estimule a interação entre as crianças

Intelectual
- Talvez consigam contar de 1 a 3
- Talvez consigam desenhar rostos e figuras muito simples
- Conseguem trabalhar com pequenos quebra-cabeças
- Ficam mais sofisticadas ao resolver problemas
- Chamam a si mesmas de "eu" e aos outros de "vocês"
- O menino sabe que é menino e a menina sabe que é menina
- Sabem o nome da maioria das partes do corpo
- Comparam tamanhos

Linguagem
- Usam formas plurais
- Conversam usando frases curtas, respondendo a perguntas, dando informações, usando a língua para dar forma a pensamentos simples
- Nomeiam figuras e rotulam ações
- Podem ter um vocabulário de até 900 palavras
- Articulam-se com muita clareza

Brinquedos e equipamentos apropriados
- A variedade de brinquedos e materiais para construir, brinquedos de manipular, jogos dramáticos e materiais de arte recém listados contribui para o desenvolvimento intelectual
- Objetos para escolher
- Muitos quebra-cabeças
- Muitos blocos
- Jogos simples, como *loto*
- Experimentos e demonstrações científicas simples

- A configuração de um ambiente para o desenvolvimento da habilidade motora ampla, da habilidade motora fina e das experiências emocionais e intelectuais deve incluir muitas informações sobre as quais as crianças possam conversar
- Livros e figuras mais variados e complexos que os para crianças de dois anos
- Experiência musical
- Experimentos científicos manuais simples

Papel do adulto
- Ofereça muitas opções
- Estimule a interação entre pares durante a resolução de problemas
- Estimule a concentração e o envolvimento com materiais, atividades e pessoas
- Estimule uma atitude curiosa
- Estimule o pensamento criativo
- Estimule as crianças a pensar em experiências passadas e futuras
- Estimule o desenvolvimento de noções relativas a um contexto natural

- Estimule comparações de tamanho, peso, etc., de objetos em um contexto natural
- Leia livros, conte histórias, cante canções
- Inclua a linguagem em todas as experiências
- Estimule o questionamento
- Estimule conversas
- Estimule especulações
- Estimule a resolução de conflitos de forma verbal
- Estimule a verbalização dos sentimentos
- Ajude as crianças a escutarem umas às outras
- Jogue jogos que envolvam linguagem, como *loto*

Notas

Capítulo 1

1. Nós usamos a expressão *cuidadores,* mas alguns preferem *professor da primeira infância* ou *professor de bebês e crianças,* simplesmente *professor* ou, no caso de cuidados infantis familiares, *provedor de cuidados.* O *Resources for Infant Educarers* (RIE), de Magda Gerber, cunhou o termo *educuidador.* No Pikler Institute, a expressão é *enfermeiro,* ainda que os cuidadores lá não tenham estudado enfermagem ou medicina.
2. Embora a expressão da raiva tenha sido usada como exemplo de relacionar-se de modo respeitoso com bebês e crianças, é importante notar que esse exemplo específico está atrelado à cultura. Nem todas as culturas acreditam no direito do indivíduo de expressar sentimentos, a não ser que tal expressão, de alguma forma, seja útil ao grupo.
3. O vídeo *On Their Own with Our Help* está à venda na RIE Store, disponível em <www.rie.org>.
4. Essa abordagem menos interventiva é uma questão cultural. Em algumas culturas, as crianças são ensinadas a receber ajuda de bom grado, pois isso seria uma habilidade a ser aprendida e mais importante do que adquirir independência.

Capítulo 2

1. Patti Wade, carta ao autor, Outubro de 1978.
2. A teoria social do aprendizado de Albert Bandura é baseada na ideia de que dar o exemplo é um poderoso instrumento de ensino. A pesquisa de Bandura mostrou que as pessoas são influenciadas pelos comportamentos umas das outras. Pesquisadores posteriores ficaram fascinados com o modo como os bebês, desde uma idade muito precoce, imitam outras pessoas.
3. Bruce Fuller e seus colegas observaram por muito tempo, e com muita seriedade, ideias relativas a estar preparado para ir à escola e políticas afins, com o objetivo de oferecer a todas as crianças oportunidades de ensino iguais, antes de irem para a escola. A conclusão dele foi de que, apesar de haver evidências de crianças de baixa renda que tenham se beneficiado de uma construção de habilidades mais ampla, não apenas focada em resultados acadêmicos, não houve evidências de que crianças de classe média tenham se beneficiado de tais políticas. Fuller também ressaltou que evidências científicas constituem apenas um fator de análise da primeira infância, porque a criação de bebês e crianças está mais ligada a ideologias do que à ciência ou à prontidão para frequentar a escola.
4. Leia mais sobre o *Early Head Start* e o *National Resource Center* em: http://eclkc.ohs.acf.hhs.gov/hslc/tta-system/ehsnrc/center

Capítulo 3

1. Nesse artigo, Lally justifica claramente a importância dessas práticas nos sistemas de primeiros cuidados.
2. Para ver todos os resultados da pesquisa, procure o artigo Fox, et al. (2004).
3. O que você viu nessa cena foi baseado em uma observação feita no Pikler Institute, em novembro de 2003. A descrição foi adaptada de um artigo de Gonzalez-Mena (2004). No Pikler Institute, a ideia da assistência infantil como currículo é levada muito a sério. Adultos são treinados de formas específicas para conduzir cada rotina de cuidados, e o resultado é que bebês e crianças confiam em seus cuidadores e se sentem seguros

com eles. Satisfeitos com o tipo de atenção individualizada que recebem durante essas partes do dia, eles se tornam capazes de explorar livremente o resto de tempo disponível, brincando sozinhos uns com os outros, sem (ou com pouca) ajuda de adultos, com nenhuma (ou pouca) interrupção dos cuidadores. Trata-se de um currículo muito específico, ao qual se chegou por meio de muito treinamento, e nada é feito de modo casual. A abordagem tem sido desenvolvida, estudada e redefinida desde 1946. Não estamos sugerindo que você adote este modelo, mas sim que o fato de o Pikler Institute ter criado seu próprio e único currículo, com base em observações e pesquisas, pode inspirar outras pessoas a fazerem o mesmo.
4. Uma busca por "sem fraldas" e "comunicações sobre eliminação" no site da Amazon.com, em agosto de 2010, mostrou oito livros escritos nos últimos anos sobre como ensinar bebês a se limpar antes de completarem um ano. O livro de Kahwaty fornece informações não só sobre como ensinar um bebê a se limpar, mas também a como ensinar dois bebês ao mesmo tempo!
5. Um estudo das últimas descobertas ligadas à SMSI, de Neil K. Kaneshiro, MD, MHA, professor assistente de pediatria clínica, University of Washington School of Medicine. Revisado por David Zieve, MD, MHA, médico diretor, A.D.A.M., Inc. A maioria das descobertas sugere uma redução no controle fisiológico ligada aos mecanismos de controle respiratório, cardiovascular e autônomos, incluindo excitação durante o sono, se o bebê estiver deitado de bruços. Como a maioria dessas descobertas parte de estudos com bebês saudáveis, continua-se a reforçar a recomendação de que as crianças durmam apoiadas nas costas.
6. As sugestões presentes neste capítulo estão de acordo com a filosofia geral do livro, que é baseada em valores de independência e individualidade. É importante notar que nem todas as culturas têm esses mesmos valores. Por isso, essas abordagens assistenciais devem ser discutidas com as famílias, e deve-se chegar a alguns acordos. Veja: Gonzalez-Mena (2008) para mais informações sobre como se comunicar com os pais quanto a questões culturais. Também assista a vídeos sobre o assunto em: GONZALEZ-MENA, J.; HERZOG, M.; HERZOG, S. *Early childhood training series*: diversity videos. [S.l]: CLAS, 1996.
7. Veja a nota 5.

Capítulo 4

1. A história de Papert apresenta dois pontos que merecem maior destaque. Um é que, quando crianças brincam com objetos concretos, como fez Papert com as engrenagens, elas constroem modelos que transferem o que elas aprenderam com os sentidos para suas mentes, o que permite que, então, elas possam manipular mentalmente ideias que as conduzirão a um maior entendimento. O outro ponto é que Papert "apaixonou-se pelas engrenagens". Obviamente, algumas pessoas o ajudaram e estimularam, e também forneceram materiais, mas foi Papert quem escolheu usá-los. As primeiras brincadeiras fornecem uma importante base para o aprendizado e a compreensão posteriores.

Capítulo 7

1. A intenção original do *Bayley Scales of Infant Development (BSID)*, publicado pela primeira vez em 1969, era medir os três maiores domínios do desenvolvimento – cognitivo, motor e comportamental. A terceira e atual edição, *The Bayley scales of infant and toddler development (Bayley-III)* acrescenta mais dois domínios-social/ emocional e adaptativo. A Tabela 7.2 é baseada na segunda edição, de 1993; as etapas do desenvolvimento motor, contudo, têm se mantido essencialmente as mesmas desde a revisão de 1993.

Capítulo 9

1. Esses princípios fundamentais foram desenvolvidos pelo *Training and Technical Assistance Collaboration* (ITAC), uma parceria institucional da Califórnia, dedicada a atender crianças portadoras de deficiências, com idade até cinco anos. Para mais informações, escreva para ttac@wested.org.

Capítulo 10

1. A adaptação ao modelo é discutida em: THOMAS, A.; CHESS, S. *Temperament and development.* New York: Brunner: Mazel, 1977.

Capítulo 11

1. Doyleen McMurtry, instrutor infantil dedicado à primeira infância, Solano College, Suisun, CA.

Capítulo 12

1. Essas ideias são de Molly Sullivan, que as usou em seu lar assistencial em Berkeley, California.

Capítulo 13

1. As seguintes fontes bibliográficas apresentam uma grande quantidade de informações sobre pesquisas e mostram as vantagens da educação bilíngue, mesmo para as crianças mais novas: NEMETH, K. *Many languages, one classroom:* teaching dual and english language learners. Beltsville, MD: Gryphon House, 2009. CUMMINS, J. Bilingual children's mother tongue: why is it important for education. *Sprogforum*, v. 7, n. 19, p. 15-20, feb. 2009. ESPINOSA, L. *Challenging common myths about young english language learners*. New York: Foundation for Child Development, 2007. TABORS, P. O. *One child, two languages*. Baltimore: Paul. H. Brookes, 2008.
2. Em *Black Children: Their Roots, Culture, and Learning Styles*, Janice Hale-Benson trata de como a disciplina funciona nas comunidades negras. Espera-se que todos os adultos da comunidade corrijam os comportamentos indesejáveis das crianças, mesmo que a criança esteja se comportando mal não seja seu filho. Em outras palavras, na comunidade negra, existe uma rede social de controle que é responsável por todas as crianças da comunidade. As crianças nunca ficam sozinhas; elas estão sempre sendo observadas por outras pessoas. Hale-Benson diz que essa abordagem é diferente daquela das escolas, em que os professores não observam as crianças tão de perto, porque esperam que elas desenvolvam controles internos. Portanto, crianças acostumadas a serem sempre controladas e observadas se sentem mais sozinhas do que estão acostumadas nesse contexto. Pais que esperam ser notificados imediatamente quando os filhos se comportam mal podem achar a escola um lugar negligente, onde há pouca pressão externa para que as crianças se comportem adequadamente. Veja: HALE-BENSON, J. E. *Black children*: their roots, culture, and learning styles. Baltimore: Johns Hopkins University Press, 1986. p. 85.

Capítulo 14

1. Uma mãe ou um pai adolescente pode depender da mãe ou, ao menos, precisar consultar a mãe. Uma mulher pode precisar da autorização do marido para tomar decisões. Algumas vezes, é a avó, e não os pais, quem toma as decisões a respeito dos netos. Algumas famílias se reúnem para tomar decisões. Não há utilidade em discutir o problema com a mãe se ela não tiver autoridade para tomar decisões. A estrutura familiar, em algumas culturas, relega o poder da decisão final para outra pessoa que não é a mãe nem o pai.

REFERÊNCIAS

As referências do texto estão disponíveis para acesso on-line em www.mhhe.com/itc9e.

Glossário

acomodação Da teoria de Piaget, o processo de captar novas informações pela mente/corpo, de forma a reajustar, redefinir ou expandir categorias mentais prévias.

acontecimentos A palavra preferida neste livro para descrever atividades de aprendizado que ocorrem durante a fase das brincadeiras e explorações do bebê/criança. Termo amplo que pretende incorporar desde o evento mais simples até as experiências mais prolongadas e complexas. Não são eventos que ocorrem ao acaso, mas que envolvem intencionalidade. A intenção do adulto é parte disso e está relacionada ao planejamento, à preparação e à facilitação de tais acontecimentos para a criança. A intenção da criança é igualmente importante, na medida em que os adultos podem, a partir dela, observar, aprender e compreender o que a criança está tentando fazer, de modo a facilitar a tarefa quando necessário. Evitamos a palavra *atividade* porque ela tem a tendência de fazer as pessoas pensarem numa atmosfera pré-escolar.

adequado para pôr na boca Característica de um brinquedo ou material apropriado para bebês e crianças, que aprendem sobre a natureza dos objetos e suas propriedades colocando-os na boca.

aferência sensorial Aquela que vem e é recebida por meio dos olhos, ouvidos, nariz, boca e pele. Essa informação é usada para entender o contexto e as interações de alguém. Algumas vezes chamada de "estimulação sensorial".

andaime Uma estrutura de suporte temporária oferecida pelos adultos, em nível apropriado, para ajudar as crianças a melhorarem suas competências em uma determinada tarefa ou interação. Essa estrutura de suporte pode ser observada no uso de palavras para descrever ações, questões para expandir ações, assistência física temporária, emoção refletida ou o oferecimento de ajuda em alguma oportunidade desafiadora. Algumas vezes apenas a presença de um adulto ou de um amigo mais velho é tudo que é necessário para ajudar uma criança a resolver um problema, cumprir alguma tarefa ou satisfazer uma necessidade.

ansiedade do desconhecido Angústia que uma criança demonstra quando está diante de adultos que não lhes são familiares.

apego Uma ligação afetuosa duradoura entre a criança e a pessoa que cuida da criança, gerando nela sentimentos de segurança. Desenvolver um apego confiável e seguro por meio da consistência, da reatividade e da previsibilidade mostra para a criança que ela pode confiar no cuidador quanto à satisfação de suas necessidades (físicas, mentais, emocionais). O apego permite que as crianças se sintam seguras em seu meio ambiente e, consequentemente, confortáveis para explorá-lo e se aventurarem.

aprendizado assistido De acordo com Lev Vygotsky, a interação social ajuda no desenvolvimento primário da linguagem, assim como na resolução de problemas. Acredita-se que o aprendizado da criança seja auxiliado por suas interações com pessoas mais experientes; ou seja, é construído cooperativamente.

aprendizado do uso do banheiro Um método por meio do qual as crianças aprendem a usar o toalete de forma independente, em geral em algum período durante o terceiro ou o quarto ano de vida. As crianças têm idade suficiente para aprender a usar o banheiro quando estão física, mental e emocionalmente prontas.

aprendizes de duas línguas Crianças que falam outra língua além do português (no caso do Brasil). O termo também se aplica a crianças que falam outra língua além do português e estão aprendendo português, e também a crianças cuja língua materna é o português, quando participam de programas bilíngues nos quais estão aprendendo outra língua. Em alguns programas todas as crianças estão aprendendo duas línguas.

assimilação Da teoria de Piaget, o processo de assimilar novas informações na mente/corpo por meio da incorporação delas em categorias mentais previamente desenvolvidas.

atividade Algo que alguém faz. Uma experiência de aprendizado. Com o propósito específico de distinguir a educação de bebês e crianças da educação pré-escolar, a palavra atividade, neste livro, está relacionada aos processos da vida diária (como trocar fraldas, vestir, alimentar), realizados pelo adulto com a cooperação da criança.

atividade motora ampla Atividade que faz uso dos músculos mais desenvolvidos dos braços, das pernas e do tronco; como escalar, rolar, deslizar, correr, etc.

autoconceito Percepções das crianças dos atributos e das habilidades que possuem e que encaram como definidoras de quem elas são. O autoconceito é influenciado pelo contexto social, pela identidade de gênero e pela cultura.

autoestima Avaliação pessoal de valor positivo. O aspecto do autoconceito que envolve o julgamento do próprio valor.

autoimagem A imagem que uma pessoa tem de si mesma. Parte do autoconceito, a percepção de alguém a respeito de si mesmo, relacionada à imagem e à consciência corporal.

autonomia Ser independente e responsável pelas próprias ações. Inclui sentimentos de poder e um senso de competência ao fazer escolhas. O segundo estágio do desenvolvimento psicossocial de Erik Erikson.

autorrealização Senso de autodirecionamento que resulta na ampliação e no amadurecimento da personalidade. De acordo com Abraham Maslow, isso acontece quando as necessidades físicas, emocionais e intelectuais de alguém estão satisfeitas. O ponto em que as necessidades de alguém encontram realização e autoexpressão para serem potencialmente satisfeitas.

autorregulação A habilidade de uma criança pequena de se organizar quanto ao próprio comportamento, com frequência usando habilidades de autoajuda – especialmente a linguagem – a fim de agir de modo socialmente competente para satisfazer as necessidades pessoais.

axônio Um filamento que se estende de uma célula nervosa por meio da qual impulsos neurais são transmitidos.

bilinguismo Habilidade de falar e entender duas línguas.

brincadeira de faz de conta Usar um objeto, coisa ou pessoa para representar ou ficar no lugar de outra. Aparece pela primeira vez em torno dos dois anos, quando as crianças conseguem representar coisas por meio de símbolos e adquirem a habilidade de pensar no seu próprio mundo sem exatamente experimentá-lo.

brincadeira livre Nome dado à brincadeira não direcionada, porém monitorada, na qual a criança tem a escolha de perseguir seus próprios interesses sem o controle contínuo de um adulto ou em função de um resultado previsto.

capacidade de prever A habilidade de supor ou saber o que vai acontecer.

céfalo-caudal Um padrão organizado de desenvolvimento físico e controle motor que se processa a partir da cabeça até os pés.

cinco sentidos Tocar, escutar, cheirar, ver e sentir gostos são todas as formas de estímulo provenientes do meio ambiente e que são levadas até o sistema nervoso para o processamento.

complexo de salvador Um padrão que ocorre quando os cuidadores desaprovam os pais e sentem que querem salvar a criança da família.

comportamento adaptativo Normal ou proveitoso. O comportamento adaptativo inclui a capacidade de se ajustar a novas situações e de aplicar velhas ou novas habilidades às situações que vão surgindo ou, ainda, a capacidade de organizar o próprio comportamento para melhor se adaptar à determinada situação.

comportamento pró-social Ações que beneficiam outra pessoa sem recompensas para si mesmo.

condicionamento Reaprendizado de uma reação comportamental, para reagir de determinada maneira quando diante de estímulos específicos.

confiança Sentir-se confiante e seguro em uma relação. O primeiro estágio do desenvolvimento psicossocial segundo a teoria de Erik Erikson, que é o foco do primeiro ano de vida.

consciência corporal Saber a posição do próprio corpo no espaço e aprender sobre suas capacidades. Aparentemente surge em bebês e crianças ao mesmo tempo em que estão desenvolvendo suas habilidades motoras.

construindo novos conhecimentos Uma visão baseada na obra de Jean Piaget que sugere que as crianças não adquirem conhecimento passivamente (sendo ensinadas), mas sim o constroem ativamente elas mesmas.

continuidade do cuidado Método usado na criação de crianças para manter bebês e crianças com o mesmo cuidador (ou cuidadores) durante determinado período de tempo. Adequado para criar confiança e segurança por meio do apego. O período de tempo pode variar, mas a meta é de dois anos, e três anos é ainda melhor.

controles internos Outra palavra para autocontrole. O objetivo é ajudar as crianças a aprenderem a controlar o próprio comportamento em vez de depender de alguém ou de algo externo a elas.

córtex cerebral A maior e mais complexa estrutura do cérebro humano; responsável pelos mais altos padrões de pensamento e inteligência; envolve o resto do cérebro (mais ou menos como uma noz semidescascada).

currículo Plano de aprendizado totalmente inclusivo e centrado em conexões e relações com um bebê ou criança, usado em creches ou lares assistenciais. O foco é a educação e o cuidado que atendem e respeitam as necessidades da criança de forma calorosa, digna e sensível, gerando apego. O currículo respeitoso e receptivo é baseado em relações que ocorrem em atividades, experiências e acontecimentos planejados ou não.

currículo multicultural Adquirir um entendimento das práticas de cuidado familiares, ouvir sobre como as famílias gostariam que você agisse com os filhos delas e incorporar essas informações nos cuidados com essas crianças. Ser respeitoso e pensar de modo reflexivo sobre as várias culturas de sua comunidade.

dendritos Fibras que partem dos neurônios e que recebem aferência de neurônios vizinhos.

diálogo Comunicação na qual dois pontos de vista são ouvidos e na qual uma linguagem não defensiva é usada para promover uma conversa aberta e/ou uma resolução de problemas.

dispositivo de conforto Objeto ou ação que conforta a criança, também conhecido como objeto de transição. Pode ser usado após a partida de um dos pais ou antes de dormir, a fim de ajudar a criança na transição para uma nova rotina.

documentação Uma variedade de registros que representam o aprendizado e o desenvolvimento de habilidades socioemocionais e de pensamento da criança. A documentação registra os processos e resultados das experiências diárias da criança e pode existir na forma de registros escritos, mas também fotográficos, fonográficos ou audiovisuais.

educação dos pais Uma abordagem direcionada ao trabalho com os pais, desenvolvida para atender às necessidades dos pais, como a necessidade de apoio e ajuda ou a necessidade de informações sobre técnicas e práticas que podem ser úteis para direcionar o desenvolvimento da criança.

educação linguística A experiência holística e contínua de ser alfabetizado; o processo de aprender a ler e escrever. Essa filosofia possibilita que a alfabetização ocorra naturalmente em crianças muito jovens quando elas se desenvolvem em um ambiente apropriado e receptivo.

emoção Resposta afetiva a um acontecimento pessoalmente relevante. As emoções emergem do indivíduo, mas podem ser disparadas por um acontecimento externo. Estados emocionais incluem felicidade, surpresa, raiva, inveja e tristeza.

entrevista de admissão Entrevista realizada quando a criança é admitida em um programa ou centro, a fim de que se desenvolva um plano de serviço tanto para a criança quanto para os pais, por meio da análise das necessidades reveladas pelo escopo do currículo ou por observações adicionais.

espaços de brincar Áreas configuradas para brincar, que devem conter uma variedade de brinquedos apropriados para a idade da criança e equipamentos para brincar com o corpo inteiro, bem como brinquedos que estimulem o jogo de manipular com as mãos. Além disso, o espaço deve ser decorado em um clima que vá do enérgico ao suave, do social ao solitário.

estágio pré-operacional O segundo estágio da teoria do desenvolvimento cognitivo de Piaget. Marcado pelo pensamento simbólico, no qual a linguagem e a capacidade de fazer de conta começam a aparecer. Tem início por volta dos dois anos e dura até os sete.

estética Apelo visual. Quando os adultos valorizam a estética, eles demonstram isso no modo como planejam os ambientes para bebês e crianças.

estimulação da criança Uma abordagem da educação infantil baseada na ideia de que a estimulação dos sentidos ajuda no desenvolvimento das criança. O que falta nessa abordagem é a ideia de que as crianças deixadas sozinhas em um ambiente sensorialmente rico podem escolher o que absorver. Ter experiências sensoriais por acaso é diferente de ser estimulado por alguém. Além disso, quando o estímulo vem de fora as crianças podem se sentir sobrecarregadas e impotentes.

estresse ideal Alta quantidade de estresse – isto é, o suficiente para energizar e motivar a criança em suas atividades, como, por exemplo, na resolução de problemas, mas não ao ponto de atrapalhar ou inibir a capacidade da criança de agir ou de resolver um problema.

estrutura Um plano ou uma configuração de um ambiente físico que envia uma clara mensagem ou expectativa, que influencia o comportamento de alguém em determinado espaço. É muito importante que um ambiente para crianças pequenas seja estruturado de maneira apropriada.

etapa sensório-motora A coordenação da percepção sensorial e dos movimentos musculares, marcada como o início do processo de pensamento. A primeira etapa do desenvolvimento cognitivo segundo a teoria de Jean Piaget.

experiência cognitiva Acumular informação, organizá-la e finalmente usá-la para ampliar o reconhecimento e a compreensão do mundo.

exploração Ato de descobrir e examinar o próprio meio ambiente, as pessoas e os objetos ao redor; tocando, lambendo, cheirando, enxergando e ouvindo. Proporcionar um ambiente apropriado, em termos de desenvolvimento, que se adapte às várias habilidades da criança de explorar, o que pode resultar em uma variedade de descobertas.

filosofia da educação Conjunto de teorias ou conceitos relacionados ao desenvolvimento, à aquisição da linguagem e ao aprendizado das habilidades.

floor time (Literalmente "tempo no chão") O oposto de período de espera; quando, em vez de ter a atenção negada, um bebê que está tendo dificuldades comportamentais conta com um adulto que presta muita atenção na criança (no chão) e é mais reativo do que direcionador.

grupos de idades misturadas Grupos de crianças com idades diferentes, mais comum nos cuidados de criança em família.

habilidade linguística A capacidade de ouvir e falar e, por fim, de ler e escrever.

habilidade motora ampla Relativa a movimentos físicos que requerem o uso de músculos mais desenvolvidos; como rolar, puxar, escalar, correr, pular.

habilidades de autoajuda As habilidades necessárias às crianças para agirem independentemente, como se alimentar e colocar os próprios sapatos sozinhas.

hora de liberação A hora em que os cuidadores, em um contexto de equipe, são liberados de suas responsabilidades pelo resto do grupo e podem focar toda a sua atenção em uma criança.

identidade cultural Parte do autoconceito, a identidade cultural está relacionada com tudo que fazemos, nossa aparência e modo de falar, o que comemos, onde vivemos e como encaramos o mundo.

identidade de gênero Parte do autoconceito, o modo como a criança percebe a si mesma como um menino ou uma menina. Influenciada pelas mensagens recebidas de terceiros e das expectativas do meio, relacionadas aos valores atribuídos a meninos e meninas.

indicação Serviço externo que foi identificado como fonte de assistência para atender às necessidades familiares específicas.

iniciativa Senso de objetividade e efetividade. Energia relacionada a criar, inventar e explorar. Terceiro estágio do desenvolvimento psicossocial de Erik Erikson, que ocorre no início da idade pré-escolar.

instrumento de aprendizado Qualquer coisa que seja segura e interessante pode ser fonte de aprendizado para uma criança ou bebê. Alguns exemplos são: livros, lenços, quadros de flanela, caixas de papelão e blocos.

integração sensorial O processo de combinar e integrar informações por meio dos sentidos; crucial para o desenvolvimento da percepção.

intencionalidade Engajar-se em uma ação deliberadamente de forma congruente com os próprios propósitos ou metas.

interação social Um componente muito importante no desenvolvimento da linguagem. Por meio da imitação do cuidador e das reações dele, as crianças reforçam seu entendimento a respeito de como interagir com pessoas em um contexto social.

interações Ações mútuas e recíprocas que se relacionam umas com as outras. Por meio de ligações respeitosas e interações receptivas, os cuidadores desenvolvem relações com bebês e crianças ao cuidá-los.

interações de três Rs Uma interação que é responsável, positivamente reativa e recíproca. Essa interação é um ponto-chave para um cuidado eficiente. Interações são interligadas, criando uma cadeia que constrói parcerias com a criança e é vital para as relações e, consequentemente, para o crescimento, o desenvolvimento e o aprendizado.

intervenção seletiva Interromper crianças que precisam de ajuda para ficarem seguras ou interagir positivamente. A intervenção seletiva pode também ser proveitosa em momentos de ensino. Aprender a quando intervir de modo apropriado é uma habilidade importante para cuidadores, no que diz respeito à facilitação das brincadeiras de bebês e crianças pequenas.

limite do meio ambiente Uma barreira física que mantém uma criança ou um objeto dentro ou fora de um determinado espaço. Limites do meio ambiente também podem ser acompanhados de limites verbais, como "a água está dentro da panela".

limites Barreiras impostas no comportamento de uma criança. Podem se tratar de barreiras físicas do meio ambiente, como portinholas ou portas trancadas, ou ainda limites verbais, como lembrar a criança de que ela tem de sentar enquanto tem comida na boca. As crianças testarão limites imaginários a fim de descobri-los.

linguagem A capacidade de produzir símbolos e sons que representam significados, com a influência do desenvolvimento social e emocional. O desenvolvimento da linguagem é dependente do contexto. As palavras (símbolos), sua pronúncia e os métodos de combiná-las, de modo a serem usadas e compreendidas por um grande grupo (sentido generalizado).

linguagem expressiva O *resultado* do processo de aperfeiçoar sons e mensagens recebidas durante os primeiros 12 meses de vida, que culmina na clara expressão das primeiras palavras, em geral em torno da idade de um ano.

linguagem receptiva A linguagem que a criança entende. Antes de as crianças pronunciarem sua primeira palavra elas já entendem muito do que é dito, porque fizeram conexões entre sons e padrões sonoros.

locomoção A capacidade de se mover de forma independente, relacionada, neste texto, ao desenvolvimento das habilidades motoras amplas.

manipulação A capacidade de mover com habilidade as mãos e os dedos; relacionada, neste texto, ao desenvolvimento das habilidades motoras finas.

mapeamento rápido O veloz (e às vezes não muito preciso) processo de adquirir vocabulário pela conexão de uma nova palavra com um conceito subjacente, logo após um breve contato.

mecanismos de autorrelaxamento Técnicas, como chupar o dedo, que as crianças podem usar para acalmarem a si mesmas, e para assim estabilizarem seu estado emocional, e que podem ser inatas. A habilidade de acalmar a si mesmo sem precisar de outras pessoas.

memória A capacidade de reter e recuperar experiências passadas, incluindo imagens e pensamentos.

mielinização A construção ou o aperfeiçoamento da camada de mielina que age como um isolamento ao redor do axônio, com as fibras neurais possibilitando uma transmissão eficiente das mensagens para o cérebro. A deterioração da camada de mielina é causada, em parte, pela ingestão de teratogênico, e pode levar a um processamento cerebral retardado das informações.

modelo Oferecer um exemplo por meio de comportamentos, ações e estilos interativos que outros podem observar e imitar. Bebês e crianças pequenas aprendem a partir de um comportamento-modelo, então oferecer um modelo pode ser uma estratégia de ensino consciente e também uma forma de direcionamento.

modo de observação Um estado ou jeito particular de ser no qual o foco é prestar muita atenção.

neurônio-espelho Um tipo especial de célula nervosa que reage da mesma forma quando o animal age e quando o animal observa outro animal agindo, o que leva os pesquisadores a teorizar que essa descoberta tem uma importante relação com a habilidade infantil de imitar. As implicações disso apontam para recentes pesquisas sobre apego primário, movimento, linguagem e cognição social.

neurônios Células nervosas que enviam e recebem mensagens, dando forma ao sistema comunicativo do cérebro.

neuroplasticidade Flexibilidade e receptividade. Nos primeiros meses, o cérebro da criança é muito flexível e receptivo a todos os sons. Com o tempo as conexões neurais são fortalecidas por meio de interações receptivas e repetitivas, realizando então conexões mais permanentes e com menos plasticidade.

neurotransmissores Impulsos elétricos que transmitem mensagens ao cérebro por meio de sinapses.

percepção O processamento e a organização de informações que foram adquiridas por meio dos sentidos.

percepção tátil O processamento de informação que ocorre por meio do toque.

período de espera Uma abordagem de orientação que envolve remover a criança de uma situação na qual está se comportando de modo inaceitável.

permanência do objeto O entendimento de que os objetos continuam existindo mesmo quando estão fora do alcance da visão ou de uma percepção direta.

plano de necessidades e serviços Informações ligadas à rotina da criança e da família; hábitos, necessidades especiais e formas e comunicação. Quaisquer necessidades, preocupações ou pedidos de apoio ou intervenção social. Abrir os caminhos para uma comunicação aberta entre a família e as instituições que oferecem recursos à comunidade é um objetivo importante de um plano de necessidades e serviços.

Plano de Serviço Familiar Individualizado (IFSP) Plano escrito para intervenções primárias, que leva em conta o nível de desenvolvimento das crianças, as possibilidades e necessidades das famílias, as metas para a criança e a família, e os serviços de intervenção primários específicos para a satisfação de tais metas. Desenvolvido por uma equipe que inclui pais e uma grande variedade de especialistas em infância.

plasticidade cerebral Capacidade de regiões cerebrais e de neurônios individuais em cooperação com tais regiões de adaptar e colocar em atividade diferentes funções, como resultado da experiência.

presença do cuidador Duas formas de relacionamento com crianças pequenas que fazem parte de dois tipos de tempo de qualidade. No tempo de qualidade querer-algo, a presença do cuidador é ativa. O cuidador tem a tarefa de atuar e, se for atencioso e gentil, direciona a interação. O outro tipo de presença do cuidador é receptiva; isto é, a criança é quem direciona e inicia a ação, e o cuidador reage a essa ação.

próximo-distal Um padrão organizado de crescimento físico e controle motor que se processa do centro do corpo em direção às extremidades.

redes neurais Estradas de informação do cérebro. O estímulo repetitivo fortalece alguns dos neurônios, e aqueles que são negligenciados enfraquecem e se desintegram.

redirecionamento Estratégia de orientação para mudar comportamentos inaceitáveis ou inoportunos das crianças. A ideia é ajudar as crianças a redirecionarem sua energia para outro foco e envolvê-las em alguma atividade positiva. O redirecionamento pode parecer distração, mas é diferente.

referenciamento social O processo de usar a reação emocional de outra pessoa a alguma situação como base para decidir a própria reação. Uma criança pequena observa as expressões faciais e/ou a linguagem corporal do cuidador antes de reagir positivamente ou negativamente a uma nova situação.

reflexo Reação automática ou involuntária a um toque, uma luz, um som ou outras formas de estímulo.

reforço positivo Reação a uma ação ou comportamento que fortalece o gosto por tal ação ou comportamento, por meio da repetição. Também conhecido como recompensa.

registro anedótico Um método de documentação que brevemente descreve uma atividade, parte de uma conversa, um cantarolar, etc. Os registros anedóticos podem ser baseados na memória ou escritos na hora.

registros contínuos Um método de documentação que oferece uma descrição por escrito, objetivamente e passo a passo, do que está acontecendo enquanto está acontecendo. Um registro contínuo pode incluir interpretações de adultos sobre o significado de comportamentos observados, mas é preciso que haja uma separação entre os dados objetivos e os comentários subjetivos.

relação A condição de estar se relacionando, um requisito importante na educação de bebês e crianças. A relação entre um bebê ou criança e um cuidador se desenvolve como resultado de interações respeitosas, atenciosas e recíprocas.

resiliência A habilidade de superar uma adversidade relacionada ao desenvolvimento e continuar a se desenvolver de maneira adaptativa e funcional.

resiliente A qualidade de ser capaz de lidar com as adversidades e de se adaptar de forma positiva.

reunião Um encontro com os pais, combinado previamente, com o objetivo de compartilhar informações, opiniões, questionamentos e preocupações e com o propósito de gerar *insights* e planejar metas de longo prazo de forma colaborativa.

sabedoria corporal Capacidade da criança de estar no próprio corpo, saber do que ele precisa e ter confiança no modo como ele funciona e se movimenta.

sensibilidade O grau de capacidade de resposta de um indivíduo às condições externas ou à estimulação. Algumas crianças extremamente sensíveis sentem muito desconforto.

sentimento Sensação ou consciência física de um estado emocional. Reação emocional a um acontecimento ou interação.

sinapses Intervalos entre neurônios por meio dos quais mensagens químicas são enviadas via neurotransmissores.

sincronia interativa Comportamentos recíprocos que se misturam, observados nas interações cuidador/criança.

sistema do cuidador primário Sistema no qual o cuidador assume a responsabilidade primária por várias crianças ou por um pequeno grupo de bebês. Nas configurações dos centros de cuidados infantis em que há mais de um cuidador por grupo, o resultado é o surgimento de uma equipe de cuidadores. Dessa forma, as crianças estabelecem uma ligação consistente com uma pessoa, mas também contam com mais um ou dois adultos com quem se sentem confortáveis e próximos.

situação estranha Da pesquisa de Mary Ainsworth (1978), envolve uma série de separações e reencontros entre a mãe e a criança para quantificar o apego. Hoje isso é considerado já datado, devido às novas variedades de estilo de vida familiar e aos novos contextos de cuidado com crianças.

superestimulação Muita informação sensorial. Uma criança pode demonstrar sinais de superestimulação chorando, dando as costas ou caindo no sono.

temperamento Um estilo de personalidade baseado em origens genéticas e que se desenvolve em um contexto social.

tempo de qualidade não-querer-nada Tempo de qualidade no qual o adulto está disponível e positivamente reativo à criança, porém não está direcionando a interação, a atividade ou a brincadeira.

tempo de qualidade querer-algo Tempo de qualidade no qual o adulto e a criança estão envolvidos em uma tarefa que o cuidador desempenha (trocar fraldas, alimentar, dar banho). O cuidador presta atenção na criança e a inclui no processo ou na tarefa.

treinamento do uso do banheiro Um método por meio do qual as crianças são auxiliadas, antes dos três anos, a usar o toalete seguindo um tipo de método de condicionamento que depende mais de tradições culturais do que de estar pronto.

zona de desenvolvimento proximal De acordo Lev Vygotsky, a disparidade entre o atual desempenho da criança e seu desempenho em potencial é auxiliada por uma criança mais competente ou por um adulto.

Créditos

Texto e ilustrações

Capítulo 2 página 36, retirado de Abraham H. Maslow, *Toward a Psychology of Being*, 2nd ed. Copyright © 1968 Litton Educational Publishing, Inc.; **Capítulo 5** página 94, retirado de Rima Shore, *Rethinking the Brain: New Insights into Early Development*. Copyright 1997. Revised 2003. Families and Work Institute, 267 Fifth Avenue, New York, New York 10016. 212-465-2044. Website: www.familiesandwork.org; **Capítulo 7** página 139, retirado de Bayley, 1993; Adaptado de D.R. Shaffer and K. Kipp. (2007). *Developmental Psychology: Childhood and Adolescent*, 7th ed., Belmont, CA: Thomson & Wadsworth; página 143, *Bayley Scales of Infant Development*, 2nd ed. (BSID). Copyright © 1993 by NCS Pearson, Inc. Reproduzida sob licença. Todos os direitos reservados; **Capítulo 9**, página 183, Tabela 9.1, adaptada de *How Does Your Child Hear and Talk?* American Speech-Language-Hearing Association. Copyright © 2002 American Speech-Language-Hearing Association. www.ASHA.org. Usado sob licença; **Capítulo 10**, página 218, Retirado de *Motivation and Personality*, 3rd ed., de Abraham H. Maslow, p. 70. Copyright © 1970 Harper & Row. Adaptada sob licença de Pearson education, Inc., Upper Saddle River, NJ. Ilustração da pirâmide usada com a permissão de Ann Kaplan; **Capítulo 12**, página 252, Tabela 12.1, retirada do *Program for Infant/Toddler Caregivers*. Reproduzida sob licença de *WestEd Center for Child & Family Studies*, Sausalito, CA; Page 278, Figura 12.3 De Doris Bergen, Rebecca Reid e Louis Torelli, em *Educating and Caring for Very Young Children*, p. 173. Copyright © 2001 Teachers College Press. Reproduzida sob licença.

Fotos

página 2: © Jude Keith Rose; página 22: © Frank Gonzalez-Mena; página 46: © Frank Gonzalez-Mena; página 52: © Frank Gonzalez-Mena; página 62: © Frank Gonzalez-Mena; página 70: © Frank Gonzalez-Mena; página 75: © Frank Gonzalez-Mena; página 92: © Frank Gonzalez-Mena; página 96: © Frank Gonzalez-Mena; página 112: © Frank Gonzalez-Mena; página 130: © Frank Gonzalez-Mena; página 144 (parte de cima): © Frank Gonzalez-Mena; página 144 (parte de baixo): © Frank Gonzalez-Mena; página 145: © Frank Gonzalez-Mena; página 156: © Frank Gonzalez-Mena; página 180: © Frank Gonzalez-Mena; página 192: © Frank Gonzalez-Mena; página 204: © Frank Gonzalez-Mena; página 207: © Frank Gonzalez-Mena; página 209: © Lynne Doherty Lyle; página 230: © Frank Gonzalez-Mena; página 241: © Jude Keith Rose; página 250: © Sandi Meschoulam; página 258: © Lynne Doherty Lyle; página 272: © Lynne Doherty Lyle; página 278: © Jude Keith Rose; página 282: © Frank Gonzalez-Mena; página 298: © Sandy Allen

Padrões de programa da NAEYC para acreditação

Área focada: Crianças

Padrão de Programa 1: Relacionamento

O programa promove relacionamentos positivos entre todas as crianças e adultos para encorajar uma percepção de valor pessoal e de participação na comunidade, além de promover a habilidade de cada criança de contribuir como um membro responsável da comunidade.

Lógica: Relacionamentos positivos são essenciais para o desenvolvimento de responsabilidade pessoal e da capacidade de autorregulação, para construção de interações positivas com os outros e para a promoção da aprendizagem e do domínio acadêmico. Interações respeitosas, sensíveis e responsivas ajudam as crianças a desenvolver autoconfiança e a respeitar e cooperar com os outros. Relacionamentos positivos também ajudam as crianças a colher os benefícios de experiências e recursos de ensino. Crianças que se enxergam como alguém de valor costumam demonstrar maior confiança, progredir fisicamente, se relacionar bem com os outros, aprender com competência e se sentir parte de uma comunidade.

Padrão de Programa 2: Currículo

O programa implementa um currículo consistente com seus objetivos para as crianças e promove a aprendizagem e o desenvolvimento nos domínios estético, cognitivo, emocional, linguístico, físico e social.

Lógica: Currículo orientado por objetivos e que incorpora conceitos e habilidades baseados em pesquisas atuais, promovendo a aprendizagem e o desenvolvimento infantil. Quando leva em consideração o conhecimento dos professores acerca de cada criança, um currículo bem-articulado orienta os professores de modo a proporcionar experiências que promovam o crescimento em uma ampla gama de conteúdos e áreas de desenvolvimento. Ele também ajuda a garantir o planejamento de um cronograma diário que incorpore tempo e materiais para brincadeiras, aprendizagem autoiniciada e expressão criativa, além de criar oportunidades para que as crianças aprendam individualmente ou em grupos, de acordo com suas necessidades e interesses de desenvolvimento.

Padrão de Programa 3: Ensino

O programa usa abordagens de ensino efetivas e adequadas ao nível de desenvolvimento, à cultura e à língua de modo a aumentar a aprendizagem e o desenvolvimento das crianças no contexto dos objetivos curriculares do programa.

Lógica: Professores que utilizam abordagens de ensino múltiplas otimizam as oportunidades de aprendizagem das crianças. Essas abordagens incluem estratégias que variam de estruturadas a desestruturadas e de orientadas pelos adultos a orientadas pelas crianças. As crianças trazem diferentes origens, interesses, experiências, estilos de aprendizagem, necessidades e capacidades aos ambientes educacionais. Quando os professores levam em conta essas diferenças ao selecionar e implementar abordagens de ensino, eles ajudam todas as crianças a obter êxito. Estas abordagens também diferem em sua efetividade de ensino dependendo dos elementos do currículo e da aprendizagem. Para que um programa lide com a complexidade inerente a qualquer situação de ensino-aprendizagem, ele deve usar diversas abordagens de ensino.

Padrão de Programa 4: Avaliação

O programa tem por abordagens de avaliação correntes, sistemáticas, formais e informais para fornecer informações sobre a aprendizagem e o desenvolvimento das crianças. Essas avaliações ocorrem no contexto de comunicações recíprocas com as famílias e com sensibilidade para o contexto cultural em que as crianças se desenvolvem. Os resultados das avaliações são usados em benefício das crianças, ao informar decisões sensatas sobre o desenvolvimento delas, do ensino e do programa.

Lógica: O conhecimento que os professores têm sobre cada criança ajuda a planejar adequadamente currículos desafiadores e a moldar o ensino para que responda aos pontos fortes e às necessidades de cada criança. Além disso, a avaliação sistemática é essencial para identificar crianças que podem se beneficiar de aulas mais intensivas ou de intervenções, ou que podem precisar de análises de desenvolvimento adicionais. Essas informações garantem que o programa cumpra suas metas para a aprendizagem e para o desenvolvimento das crianças, além de informar sobre os esforços de aprimoramento do programa.

Padrão de Programa 5: Saúde

O programa promove a nutrição e a saúde das crianças e protege as crianças e os funcionários de doenças e lesões.

Lógica: Para beneficiar-se da educação e manter a qualidade de vida, as crianças precisam ser tão saudáveis quanto possível. As crianças dependem dos adultos (que também devem estar tão saudáveis quanto possível) para fazer escolhas saudáveis por elas e também para ensiná-las a tomar decisões saudáveis por conta própria. Apesar de algum grau de risco ser desejável para a aprendizagem, um programa de qualidade impede práticas e ambientes perigosos com maior probabilidade de resultar em consequências adversas para crianças, funcionários, famílias ou comunidades.

Área focada: Equipe de Ensino

Padrão de Programa 6: Professores

O programa emprega e apoia uma equipe de ensino que tem as qualificações educacionais, o conhecimento e o comprometimento profissional necessários para promover a aprendizagem e o desenvolvimento infantil e apoiar diversas necessidades e interesses familiares.

Lógica: As crianças beneficiam-se mais quando os professores têm maior grau de educação formal e especialização em educação infantil; professores com preparação, conhecimento e habilidades específicas em desenvolvimento e educação infantil têm maior possibilidade de realizar interações afetiva com as crianças, oferecer experiências linguísticas mais ricas e criar ambientes de aprendizagem de maior qualidade. Oportunidades para que os profissionais recebam supervisão assistencial e tenham desenvolvimento profissional contínuo garantem que o seu conhecimento e habilidades reflitam a base de conhecimento de sua área, que está em constante mudança.

Área Focada: Parceria com Pais e Comunidade

Padrão de Programa 7: Famílias

O programa estabelece e mantém relações colaborativas com a família de cada aluno para promover o desenvolvimento infantil em todos os ambientes. Esses relacionamentos são sensíveis à composição familiar, língua e cultura.

Lógica: A aprendizagem e o desenvolvimento das crianças pequenas estão integralmente conectados às suas famílias. Consequentemente, para apoiar e promover sua aprendizagem e desenvolvimento, os programas precisam reconhecer a primazia das famílias, estabelecendo relacionamentos com elas com base no respeito e na confiança mútuos, apoiando e envolvendo-as no crescimento educacional dos seus filhos e convidando-as a participar plenamente do programa.

Padrão de Programa 8: Comunidades

O programa estabelece relacionamentos com a comunidade infantil e utiliza seus recursos para auxiliar na realização dos seus objetivos.

Lógica: Como parte da comunidade, um programa efetivo estabelece e mantém relacionamentos recíprocos com agências e instituições que podem auxiliar na realização dos seus objetivos para o currículo, na promoção de saúde e nas transições, inclusão e diversidade das crianças Ao ajudar no vínculo das famílias com os recursos necessários, o programa aprofunda a aprendizagem e o desenvolvimento saudável das crianças.

Área Focada: Liderança e Administração

Padrão de Programa 9: Ambiente Físico

O programa proporciona ambientes físicos interno e externo adequados e bem-cuidados, incluindo instalações, equipamentos e materiais, para facilitar a aprendizagem e o desenvolvimento infantil e dos funcionários. Para este fim, um programa estrutura um ambiente seguro e saudável.

Lógica: A organização e a manutenção do ambiente físico auxiliam nas atividades e nos serviços de alto nível do programa, assim como permite seu melhor uso e funcionamento. Ambientes organizados, equipados e cuidados auxiliam na qualidade do programa ao promover a aprendizagem, o conforto, a saúde e a segurança de quem utiliza o programa. Sua qualidade é aumentada ao criar um ambiente acolhedor e acessível para as crianças, as famílias e os profissionais.

Padrão de Programa 10: Liderança e Administração

O programa efetivamente implementa políticas, procedimentos e sistemas que auxiliam na manutenção dos profissionais, na administração fiscal, do programa e de pessoal de modo que todas as crianças, famílias e profissionais tenham experiências de qualidade.

Lógica: Um programa excelente requer estruturas de governança eficientes, uma liderança competente e entendida, assim como políticas, procedimentos e sistemas administrativos compreensivos e funcionais. Liderança e administração efetivas criam um ambiente para cuidado e educação de alta qualidade ao garantir a conformidade com regulamentos e diretrizes relevantes; a promoção de eficiência e responsabilidade fiscal, de comunicação efetiva, de serviços de consultoria úteis, de relações positivas com a comunidade e de ambientes de trabalho confortáveis e solidários; a estabilidade dos profissionais; e a instituição de programas de planejamento contínuo e de oportunidades de carreira para os professores, assim como a evolução contínua do programa.

Índice

Nota: Os números de página em negrito referem-se às expressões-chave. O *f* e o *t* em itálico que acompanham os números de página referem-se a figuras e tabelas, respectivamente.

AAP. *Ver* American Academy of Pediatrics (AAP)
ABC. *Ver* Association to Benefit Children (ABC)
abertura, 270–271
abordagem
   andaime, 14–17
   de resolução de problemas, 30–31
   focada apenas no inglês, 283, 284
absorção, 76
acomodação, 84–85, **159**
acontecimentos, **82**–84
acústica, 271
adaptabilidade, 208–209*f*
adaptação, 84–85
adequado para pôr na boca, **81–82**
administração
   de conflitos, 292
   do tempo, 292
adulto
   brincadeira de bebês e crianças, 78*f*
   educação de bebês e crianças, 32–33*f*
   facilitador, como um, 30–31
   mecanismo de entretenimento, como um, 76
   resolução de problemas, 30–41
agarra objetos usando a palma da mão, 143*f*
agarrar
   com as mãos em forma de pinça, 143*f*, 142
   com dedos em forma de pinça, 143*f*
Ainsworth, Mary, 100–102
ajuda apropriada, 164–165
alfabetização, **190–191**
   emergente, **191–192**
   precoce, 189–193
alimentação do desenvolvimento, 241–243

alimentar, 50–56
alimentos
   a serem evitados, 54–56
   crocantes, 257
amamentação, 51–53, 254–255, 255
amassar lenços de papel, 83
ambiente de aprendizado, 257–263, 319–320
ambiente físico, 249–277. *Ver também* quadro do ambiente
   acústica, 271
   adequação ao desenvolvimento, 262–269
   alta mobilidade/baixa mobilidade, 269–271
   ambiente de aprendizado, 257–263
   ambiente para brincar, 265–269
   ambiente saudável, 253–257
   aparência, 258–263
   aparência da sala de aula, 259–263
   dimensão simples/complexa, 271
   dimensão suave/dura, 269–270
   escala, 271
   estética, 271
   intrusão/reclusão, 269–271
   lares assistenciais e grupos de idades mistas, 264–265
   limpeza, 253–255
   organização, 272
   práticas apropriadas, 273–275
   segurança, 251–254
ambiente social, 278–297. *Ver também* quadro do ambiente
   disciplina, 288–291
   equidade na formação de identidade, 285–286*f*
   formação de identidade, 280–291
   identidade cultural, 283–285
   identidade de gênero, 286–288

   identidade racial, 284–286
   práticas apropriadas, 293–295
   professor, tomando conta de si mesmo, 291–292
amendoim, 55, 257
American Academy of Pediatrics (AAP), 51–52
amígdala, 220
amor à primeira vista, 95–96
andaime, **14–15**, 78
ansiedade
   da separação, 99–100
   do desconhecido, 94–95, 211–212, **233–234**
aparência da sala de aula, 259–263
apego, 93–112
   ansiedade da separação, 99–100
   autoestima, 281–282
   autonomia, 99–100
   caminhos do desenvolvimento, 100–102, 106–107
   chorar, 97–98
   confiança, 98–99
   contato olho no olho, 97–98
   crescimento do cérebro, 188–189
   crianças com deficiências, 104–105
   "cuidar", "importar-se", 281–282
   cuidadores, 102–103
   currículo, 48–49
   definição, 94
   desenvolvimento cognitivo, 168
   diversidade cultural, 107
   estudo do cérebro, 94–97
   etapas, 97–101
   habilidades sociais, 233, 246
   intervenção precoce, 104–108
   medindo, 100–102
   pais, 102–103
   tamanho do grupo, 102–103

apego
　ambivalente (resistente) e inseguro, 100–102
　inseguro (criança evita o apego), 100–102
　segura, 100–102
apoio, 241–243
aprendizado, 84–85
　assistido, **162–164**
　baseado no cérebro, 169–172
　do uso do banheiro, **56**–58, 236–237
aprendizes de duas línguas, 193–196, **283**
aproximação/distanciamento, 208–209*f*
aptidão escolar, 40–42
ar livre, 50–51, 76
Arc of the United States, 149
área
　de alimentação, 258–262
　de brincar interna, 258–262
　de dormir, 258–263
　de trocar fraldas, 258–263
　do banheiro, 262–263
Aronson, Susan, 255–256
arrancar cabelo, 239–240
arroz, 55
arrumar, 58–59
assentos para automóveis, 142–145
assertividade, 292
assimilação, 84–85, **159–160**
o cuidado como currículo, 47–70
　análise, 49–51
　apego, 48–49
　consistência, 48–49
　continuidade dos cuidados, 48–50
　rotinas de cuidados. *Ver* rotinas de cuidados
　visão geral, 48
Association to Benefit Children (ABC), 149–150
atenção, 33–36
　individual, 63, 65–66
atirando objetos longe, 239–240
atividade
　compartilhada, 7–8
　motora ampla, **81–82**
autoconceito, 244–245, **280–281**
autodirecionamento, 216–219
autoestima, 244
　do cuidador, 291–292
autoimagem, 244–245, **282–283**
autonomia, **99–100**, **236**–238
　versus vergonha e dúvida, 234–235*t*
autoridade, 291
autorrealização, **216**
autorregulação, **185–187**, 216–219

axônio, **94–95**
Baby College, 41–42
Balog, Györgyi, 142
Bandura, Albert, 333
barulho, 271
batatas fritas, 254–255
bater, 239–240
Bayley, Nancy, 138–140
bebê (9–18 meses)
　ambiente apropriado, 263–264
　apego, 100–102
　cognição, 173
　comportamentos de apego, 106–108
　desenvolvimento motor, 151
　emoções, 224
　etapas da comunicação, 197*f*, 198
　habilidades sociais, 246
　nutrição, 255–256
　percepção, 124–125
　quadro do ambiente, 325–328
bebê (nascimento-8 meses)
　ambiente apropriado, 263–264
　apego, 100–102
　cognição, 173
　comportamentos que demonstram apego, 106–108
　controle, 238–239
　desenvolvimento motor, 151
　emoções, 224
　etapas da comunicação, 197*f*, 198
　habilidades sociais, 246
　nutrição, 254–256, 255–256*t*
　percepção, 124–125
　quadro do ambiente, 321–324
　sinais de transtornos de comunicação, 197*f*
bebê calmo, flexível, 207–209
bebê jovem. *Ver* bebê (nascimento – 8 meses)
bebê mal-humorado e difícil, 208–209*f*
bebê que se move. *Ver* bebê (9–18 meses)
bebês mais velhos (16–36 meses). *Ver* criança pequena
berço, 263–264
bicultural, 193–194
bilinguismo, **194**–196, 283–284
blocos, 81–82
　de comunicação, 303–305
　leves, 145–146
Bodrova, Elena, 73
Bowlby, John, 100–102
Breastfeeding: Best for Baby and Mother (Amamentação: o melhor para o bebê e a mãe), 51–52
brincadeira
　de faz de conta, **166–167**, 167–168

brincadeira e exploração, 71–89
　acontecimentos, 82–84
　benefícios, 72–73
　brincadeira em ambientes internos/externos, 76
　configurando o ambiente para favorecer a brincadeira, 75–76
　crianças pequenas, 74–75
　currículo, 72–73*f*
　estimulando a comunicação/recuando, 76–77
　faixa etária, 80–81
　fatores de apoio, 73*f*
　liberdade de escolha, 83–85
　observando, 78–80
　papéis dos adultos, 78*f*
　problema da partida, 84–86
　resolução de problemas, 78–79
　segurança, 74–75
　tamanho do grupo, 80–81
brincadeira livre, **73**. *Ver também* brincadeira e exploração
　de pegar, 146–148
　na água, 119–120
　na areia, 119–120
　pré-escolar, 74–75
brinquedos, 267, 286–287. *Ver também* quadro do ambiente
brinquedos com rodinhas, 145–146, 268–269
Bruner, Jerome, 14–15
BSID. *Ver Bayley States of Infant Development*
bulbo olfativo, 114–115*f*
cabelo, 58–59
cadeia de interações reativas, 5
cadeiras altas, 258–262
caminhos de desenvolvimento diferentes, 29–30. *Ver também* caminhos de desenvolvimento
caminhos desobstruídos, 272
caminhos do desenvolvimento, 29–30
　apego, 100–102
　cognição, 173–174
　comportamentos de apego, 106–108
　desenvolvimento motor, 151–153
　emoções, 224–226
　habilidades sociais, 246–247
　linguagem, 198–199
　percepção, 124–126
campanha *back to sleep*, 139–140
Canada, Geoffrey, 40–42
CAP. *Ver* práticas culturalmente apropriadas
capacidade
　de elaborar um plano, 162–164
　de prever, **161–162**
carregando, 145–146

cercando escadas, 82–83
cereais
　de cevada, 54–56
　de trigo, 54–56
cérebro
　apego, 94–97
　desenvolvimento da linguagem, 185–189
　desenvolvimento motor, 133–136
　emoções, 218–221
　ideias antigas vs. novas ideias, 94*t*
　mais informações, 96–97
　marketing, e, 146–148
　os sete "presentes" de Lally, 241–244
　promovendo o crescimento saudável, 241–244
　sentidos, e, 114–115*f*
Chess, Stella, 207–210
Child Care Information Exchange (Greenman), 262–263
chorando, 9–10, 50–51, 97–98, 214–215
chutar, 239–240
chutar alternadamente, 133*t*
cinco sentidos, **115–116**
cobertor, 238–239
cognição, 156–179
　acomodação, 159–160
　apego, 168
　apoiando o desenvolvimento cognitivo, 168–170
　aprendizado assistido, 162–164
　aprendizado baseado no cérebro, 169–172
　assimilação, 159–160
　brincadeira de faz de conta, 166–168
　caminhos do desenvolvimento, 173–174
　crianças com deficiências, 171–172
　estágio sensório-motor, 158–159, 158–159*t*
　estágios do desenvolvimento de Piaget, 158–161*t*
　experiências ao ar livre, 169
　influências socioculturais, 160–167
　intencionalidade, 162–164
　linguagem, 185–187
　permanência do objeto, 159–160
　Piaget vs. Vygotsky, 163–164*t*
　resolução de problemas, 164–165
　Zona de desenvolvimento proximal (ZPD), 162–164
colaboração informada, 223
colagem, 82–84
comer com as mãos, 257
comidas sólidas, 54–56

compartilhamento de livros ilustrados, 192–193
complexidade (dimensão simples/complexa), 270–271
complexo de salvador, **300**
comportamento
　indesejável, 288–291
　pró-social, **240–241**
comportamentos
　que mudam em crianças pequenas, 289–291
　sociais precoces, 233–234
comunicação, 8–11, 301–308. *Ver também* linguagem
comunicação direta, 10–11
condicionamento, **212–213**
conferência, **304–305**
"conferindo," 100–101, 207
confiança, 14–15, **98–99**, **233**–237
confiança *versus* desconfiança, 234–235*t*
configuração de assistência infantil familiar, 265*f*
conflito de gerações, 306–307
consciência
　corporal, **282–283**
　pública, 223
　sensorial, 115–116
consideração das mãos, 142
consistência, 48–49
Consortium for Citizens with Disabilities, 149–150
construção de blocos, 74–75
construir novos conhecimentos, **161–162**
contato olho no olho, 193
continuidade dos cuidados, **48**–50
controle, 238–239
　do esfíncter, 56–57, 305–306
controles internos, **291**
cor, 271
córtex
　auditivo, 114–115*f*
　cerebral, **133–134**
　do paladar, 114–115*f*
　frontal, 219–220
　sensorial, 114–115*f*
　visual, 114–115*f*
cortisol, 220–221
crescimento físico, 132–133
criança pequena
　ambiente apropriado, 263–264
　ansiedade diante da separação, 99–100
　apego, 100–102
　brincadeira, 74–75
　cognição, 173
　comportamento agressivo, 239–240

comportamentos que demonstram apego, 106–108
　comunicação, 197*f*, 198
　controle, 238–239
　desenvolvimento motor, 142, 145–146, 151
　emoções, 224
　experiências táteis, 119–120
　habilidades
　　de autoajuda, 63
　　sociais, 246
　limites, 238–241
　medo, 213–214
　memória, 161–162
　modificação do comportamento, 289–291
　morder, 239–240
　nutrição, 255–257
　objetos de brincar, 267–268
　padrão de movimento, 145–146, 147*f*
　percepção, 125–126
　quadro do ambiente, 329–332
　som, 116–118
　soneca, 63
　vista, 121–122
　vocabulário, 187–188
criança que não está indo bem, 310–311
crianças
　bebês que se movem. *Ver* bebê (9–18 meses)
　criança pequena. *Ver* criança pequena
　nível de estresse, 32–34
　recém-nascido. *Ver* bebê (do nascimento aos 8 meses)
　resolução de problemas, 30–41
crianças com necessidades especiais
　apego, 104–108
　apoiando pais e famílias, 196–199
　autoestima, 244–245
　cognição, 171–172
　desenvolvimento motor, 146–148
　encontrando recursos, 146–150
　financiamento, 223
　IFSP, 123–125
　inclusão, 171–175
　intervenção precoce, 104–108, 221–223
　isolamento, 270–271
　pais, 305–306
　percepção, 122–125
　sistemas de serviço, 104–105
crianças com proficiência limitada em inglês / *LEP Children,* 284
crianças mal nutridas, 146–148
criatividade, 169

cronograma. 85–86
"cuidador," 333. *Ver também* relações pais/cuidadores
cuidando de crianças, 24–25
culpa dos pais, 305–306
curiosidade, 169
currículo
    definição, 16–17
    eficácia, 26–31
    fundamentos da educação de bebês e crianças, 25–28
    implementação, 26–28
    multicultural, 283–285
dando banho, 57–59
dando exemplo, 12–14, 37–40
DAP. *Ver* práticas apropriadas ao desenvolvimento
DEC. *Ver Division for Early Childhood (DEC)*
deficiências. *Ver* crianças com necessidades especiais
definições. *Ver* "cuidador"; Glossário
Delpit, Lisa, 291
dendritos, **94–95**
desenvolvimento, sequência do. *Ver* quadro do ambiente
desenvolvimento mental. *Ver* cognição
desenvolvimento motor, 131–155
    caminhos do desenvolvimento, 151–153
    crescimento cerebral, 133–135
    crescimento físico, 132–133
    crianças com necessidades especiais, 146–148
    crianças pequenas, 142, 145–146, 151
    gênero, 146–148
    habilidades de manipulação, 141–142
    habilidades de movimento, 135–141
    habilidades motoras amplas, 135–141
    habilidades motoras finas, 141–142
    incentivando/fomentando, 142–148
    levantando a cabeça, 140–141
    princípio geral (estabilidade/mobilidade), 136–138
    princípios de crescimento, 132
    quadro de Bayley, 138–140, 138–140t
    quadro de Pikler, 138–140, 139–140t, 141
    reflexos, 133t, 134–136
    sentar, 141
    tummy time, 136–138, 140–141
desenvolvimento psicossocial, 233–238

"Designing Infant/Toddler Environments" (Greenman), 271
desorganizado/desorientado, 100–102
destruindo materiais e brinquedos, 239–240
diálogo, **304–305**
diário de duas vias, 28–29f
diários individuais, 28–29f
diferenciação, 168
dimensão simples/complexa, 270–271
Dimensions of Teaching-Learning Enviroment II: Focus on Day Care (Jones/Prescott), 268–269
direcionamento do pescoço, 133t
disciplina, 237–241, 287–291
distração, 287–288
diversidade cultural
    autoridade, 291
    comportamentos de apego, 107
    comunicação, 305–307
    desenvolvimento linguístico, 192–194
    disciplina, 291
    importância, 209–210, 306–307
    independência, 215–216
    período de espera, 290–291
    raiva, 215–216
Division for Early Childhood (DEC), 149–150
doce, 254–255
documentação, **28–29**
donuts, 254–255
dormir. *Ver* soneca
dureza, 119–120, 269–270
Early Head Start, 41–42
educação. *Ver* educação de bebês e crianças
educação de bebês e crianças, 23–46
    aptidão escolar, 40–42
    atenção, 33–36
    cuidando de crianças, 24–25
    currículo, 25–31
    dando exemplo, 37–40
    estimulação de bebês, 24–25
    feedback, 35–38
    nível de estresse, 32–34
    o que não é, 24–26
    pré-escola, 24–26
    resolução de problemas, 30–41
educação dos pais, **308–309**
educação e cuidados centrados na família, 39–40
educação Waldorf, 119–120
Education for All Handicapped Children Act, 105–106
"educuidador," 333
efeito circense, 121
Elkind, David, 14–15

elogios, 35–36
"empacando," 85–86
empurrões, 239–240
"enfermeiro", 333
entretenimento, 56
entrevista de admissão, **304–305**
equidade na formação de identidade, 285–286f
equipe institucional, 311–312
Erikson, Erik, 232–234, 244–245
escala, 271
Bayley Scales of Infant Development, 334
escolha, 83–85, 169
escuta ativa, 304–305
espaços de brincar, **265**
especialização cerebral, 219–220
espelhamento, 30–31
estabelecendo limites, 175–176
estabilidade a longo prazo, 209–210
estágio
    operacional concreto, 160–161t
    operacional formal, 160–161t
    pré-operacional, **160–161**, 160–161t
    sensório-motor, **158–159**, 158–161t
estágios
    de desenvolvimento cognitivo de Piaget, 158–161t
    de desenvolvimento psicossocial, 233–238
    de desenvolvimento psicossocial de Erikson, 233–238
estereótipos ligados a papéis de gênero, 286–287
estética, 121–122, 271
estimulação, 24–25
    de bebês, **24–25**
    em excesso, 24–25, **82–83**
estímulo, 241–243
estresse, 220–221
    ideal, **33–34**, 218-219
estrutura, **257**
"Estudos sobre a alimentação de bebês e crianças," 56
etapas, 85–86, 145–146
etapas do apego, 97–101
expansão, 244
experiência
    cognitiva, **158**
    de queda ou briga, 220–221
experiências ao ar livre
    brinquedos/materiais, 268–269
    cognição, 169
    importância, 258
    Pikler Institute, 50–51, 258–262
experiências táteis, 119–121, 142

exploração, **73**. *Ver também* brincadeira e exploração
exploração com as mãos, 267
faixa etária, 80–81
Family Center on Technology and Disability, 150
Family Village, 149–150
farinha branca, 54–56
"fazedores de pessoas," 280–281
feedback, 35–38
filosofia da educação, **24**
foco, 241–243
fonemas, 186–187
fontes da *web* relacionadas a deficiências, 149–150
formação da identidade, 280–291
fruta, 257
frutas cítricas, 54–56
garrafinhas de cheiro, 118–119
Gerber, Magda, 4
   andaime, 78
   brincadeira e exploração 5f
   brinquedos, 267
   consistência, 48–49
   criança no papel de professor, 29–30
   horário, 85–86
   linguagem usada ao falar com crianças, 194–195
   movimento, 72–73
   princípios, 5. *Ver também* princípios de uma assistência respeitosa
   resolução de problemas, 163–165
   respeito, 312–313
   sabedoria corporal, 175–176
Glossário, 337–342
gravando observações, 28–29
Greenman, Jim, 262–263, 271
Greenspan, Stanley, 6–7
grupos de idades misturadas, **265**
habilidades
   de alfabetização, 189–193
   de autoajuda, **53–54**
   de manipulação, 141–142
   de movimento, 135–141
   motoras amplas, 135–141
   motoras finas, 141–142
habilidades sociais, 230–248
   apego, 233, 246
   autonomia, 236–238
   caminhos do desenvolvimento, 246–247
   cérebro, 241–244
   comportamentos sociais precoces, 233–234
   confiança 233–237
   crianças com necessidades especiais, 244

ensinando habilidades pró-sociais, 240–243
   estágios do desenvolvimento psicossocial, 233–238
   imitação, 233–234
   iniciativa, 237–238
   morder, 239–240
   movimentos dançantes, 233–234
   negativismo, 240–241
   orientação e disciplina, 237–241
   separação, 234–237
   sorrindo, 234–235
Harlem Children's Zone (HCZ), 40–42
Harlow, Harry, 102–104
Hart, Betty, 37–38
HCZ. *Ver Harlem Children's Zone* (HCZ)
Head Start, 283
Healthy Young Children: A Manual for Programs (Aronson/Spahr), 255–256
Heath, Shirley Brice, 192–194
hierarquia de necessidades de Maslow, 217–218f
honestidade, 12–13
hora
   da refeição, 53–54f
   da roda, 24–25
Hunt, J. McVicker, 84–85
IAP. *Ver* práticas individualmente apropriadas (IAP)
IDEA. *Ver Individuals with Disabilities Education Improvement Act* (IDEA)
identidade, 280–281
   cultural, **282–285**
   de gênero, **285–288**
   racial, 284–286
IEP. *Ver* plano de educação individual (IEP)
IFSP. *Ver* plano de serviço familiar individualizado (IFSP)
iluminando, 271
ilustrações, 121–122
imitação, 233–234
inclusão, 171–175
incongruência ideal, 84–85
indicação, **311**
Individuals with Disabilities Education Improvement Act (IDEA), 105–106
Infancia e Sociedade (Erikson), 233–234
iniciativa *versus* culpa, 234–235t
input sensorial, **10–11**
insegurança dos pais, 303–304
Institute on Community Integration Projects, 149–150
instrumento de aprendizado, **267–268**

integração sensorial, **114**
intenção, 82–83
intencionalidade, **162–164**, 168, 191–192
intensidade da reação, 208–209f
interação, **4**
   dois a dois, 63
   social, **182–184**
   três Rs, **4**
intervenção precoce, 104–108, 221–223
   seletiva, **76**
intrusão, 269–270
isolamento, 269–271
janelas, 269–270, 309
jeito "certo", 288–289
jogo dramático, 74–75
Jones, Elizabeth, 268–269
jornal, 28–29f, 29–31
Jung, Carl, 216
Kálló, Eva, 142
Kennell, John, 95–96
laços, 95–96
Lally, J. Ronald, 16–17, 241–243, 280–281
largando coisas por aí, 145–146
lavagem das mãos, 57–59
lavando/dando banho, 57–59
lavar louça, 258–262
LDA. *Ver Learning Disabilities Association of America* (LDA)
Learning Disabilities Association of America (LDA), 149–150
Leboyer, Frederick, 206, 207
lenço, 267
lendo livros em voz alta, 189–190
Leong, Deborah, 73
levantando a cabeça, 140–141
liberdade de escolha, 83–85, 169
limiar de reatividade, 208–209f
limites, **238–241**
   do ambiente, **82–83**
limpeza, 57–58, 253–255
língua falada em casa, 284
linguagem, 180–203
   autonomia, 237–238
   bilinguismo, 193–196
   caminhos do desenvolvimento, 198–199
   cérebro, 185–189
   crianças com necessidades especiais, 196–200
   definição, 182
   diferenças culturais, 192–194
   expressivo, 184–187
   fomentando o desenvolvimento, 188–190

habilidades de alfabetização, 189–193
horários nobres/períodos ideais, 187–188
ler livros em voz alta, 189–190
link cognitivo, 185–187
mapeamento rápido, 184–185
neutra, 287–288
percepções, 36–37
Piaget, 182–184
questões, 189–190
receptiva, 182–185
três Is, 182–184
visão geral, 183*t*
Vygotsky, 182–184
lista de verificação (qualidade em programas direcionados a bebês e crianças), 319–320
locomoção, **135–136**
mães militares, 51–53
manipulação, **141**
mapas auditivos, 186–188
mapeamento rápido, **184–185**
Marion, Marian, 290–291
marshmallows, 56
Maslow, Abraham, 35–36, 85–86, 216–219
massinha de modelar, 82–83, 119–120
materiais de brincar, 267–269. *Ver também* quadro do ambiente
materiais/tarefas fechadas, 270–271
mecanismos de entretenimento, 76
mecanismos
 de autorrelaxamento, **216**–216
 de conforto, **301–302**
medo, 211–214
memória, **161–162**
Metaphoric Mind, The, 115–116
método de cozimento, 119–120
mielina, 133–134
mielinização, **133–134**, 187–189
Mindstorms (Papert), 72–73
mobilidade, 270–271
modelo, **37–38**
modelo de adaptação, 208–209
modificação do comportamento, 289–291
modo
 ativo, 32
 de observação, **281–282**
 receptivo, 32
Money, Ruth, 270–271
Mooney, Carol Garhart, 73
morder, 239–240
morte no berço, 59–60
movimento, 72–73
 motor amplo, **14–15**
movimentos dançantes, 233–234

NACD. *Ver National Association for Child Development* (NACD)
NAEYC. *Ver National Association for the Education of Young Children* (NAEYC)
National Association for Child Development (NACD), 149–150
National Association for the Education of Young Children (NAEYC)
 Padrão do programa 1 (relacionamento), 25–26, 48, 53–54, 94–95, 194–195, 218–219, 232, 234–235, 240–241, 281–282
 Padrão do programa 2 (currículo), 16–17, 25–26, 48, 120–121, 145–146, 166–167, 235–236, 257, 265, 280, 282–283, 289–290
 Padrão do programa 3 (ensino), 30–31, 54–55, 76, 77, 116–118, 169, 185–187, 208–209, 235–236, 238–239, 257, 280
 Padrão do programa 4 (avaliação), 16–17, 33–34, 49–50, 58–59, 78, 106–108, 223, 269–270, 272
 Padrão do programa 5 (saúde), 54–58, 253–254
 Padrão do programa 6 (professores), 26–28, 291
 Padrão do programa 7 (famílias), 99–100, 123–125, 164–165, 300, 302–303, 308–309
 Padrão do programa 9 (ambiente físico), 75, 80–81, 241–243, 251–252
National Center for Learning Disabilities (NCLD), 150
National Dissemination Center for Children with Disabilities (NICHCY), 150
NCLD. *Ver National Center for Learning Disabilities* (NCLD)
necessidades, 217–218*f*, 291
negativismo, 240–241
neurônio, **94–95**
neurônios-espelho, **96–97**, 133–134, 187–188
neuroplasticidade, **186–187**
neurotransmissores, **103–104**
New Horizons for Learning, 150
NICHCY. *Ver National Dissemination Center for Children with Disabilities* (NICHCY)
nível
 da atenção, 208–209*f*
 de atividade, 208–209*f*
 de barulho, 116–118
 de estresse, 32–34
Nodding, Nel, 25–26
notas, 333–335

nutrição, 146–148, 254–257
obesidade, 56
observação
 apego, 281–282
 brincadeira, 78–80
 problema da partida, 84–85
 registro, 28–29
observação em vídeo
 alimentando, 54–55, 256–257
 brincando, 26–27, 77
 brincando juntos, 241–243
 caixa de areia, 289–290
 chorando, 9–10
 "checando a base," 100–101
 comendo na mesa, 186–187
 engatinhando ao lado de uma janela baixa, 309
 esperando pela vez no balanço, 215–216
 subindo degraus, 137–138
 toque/sons, 116–117
 trocando fraldas, pai, 170–171
oferecendo calor para bebês aos poucos, 207–209
olhar compartilhado, 192–193
On Their Own with Our Help (Gerber), 13–15
oportunidades de aprendizado, 13–15
organização, 272
orientação e disciplina, 237–241
Origins of Free Play, The (Kálló/Balog), 142
Other People's Children (Delpit), 291
ovos, 54–56
Pacer Center: Emotional Behavioral Disorders, 150
padrões, 65–66
padrões neurais, **114**
pão, 54–56
papel do adulto. *Ver* quadro do ambiente
Papert, Seymour, 72–73
parceria pais/cuidadores, 40–41*f*
Parent Services Project (PSP), 196–200, 302–303, 303–304*f*
Peaceful Babies, Contented Mothers (Pikler), 232–233
peekaboo, 267
pegada com a mão, 133*t*, 143*f*, 142
pequenez, 271
perambulando, 145–146
percepção tátil, **119–120**
perfis
 de desenvolvimento, 28–30
 descritivos, 244
período de espera, **290–291**, 291
permanência do objeto, 98–99, **159–160**
pescoço tônico, 133*t*

pessoa completa, 10–12
Piaget, Jean
    acomodação, 159–160
    adaptação, 84–85
    assimilação, 159–160
    desenvolvimento cognitivo, 163–164t, 169–170
    desenvolvimento linguístico, 182–184
    estágio sensório-motor, 158–159t
    estágios do desenvolvimento cognitivo, 158–161t
    influências socioculturais, 161–164
    intencionalidade, 162–164
    participação da criança, 244–245
    permanência do objeto, 98–99, 159–160
Pikler, Emmi. *Ver também* Pikler Institute
    background, 4
    etapas, 85–86
    mudando de posição, 142–145
    pessoas quietas, 232–233
    posição de dormir 139–140
Pikler Institute, 222–223
    alimentação, 50–51, 54–56
    alimentando crianças, 256–257
    ar puro, 50–51, 258–262
    área de trocar fraldas, 262–263
    autossuficiência, 54–56
    brincadeira, 76
    consciência corporal, 282–283
    "cuidador", terminologia, 333
    cuidados e educação, 25–26
    experiências ao ar livre, 50–51, 258–262
    exploração, 267
    habilidades de movimentação, 136–138
    interrompendo/distraindo crianças na brincadeira, 267–268
    materiais de brincar, 267–268
    o que é, 4
    posição de descanso, 140–141
    previsibilidade, 48–49
    primeiro objeto de brincar, 142
    treinamento do banheiro, 56–58, 305–306
    trocar fraldas, 56
pintar com as mãos, 119–120
pintura
    com esponja, 83–84
    de cavalete, 83–84
pipoca, 256
piso sintético, 81–82
plano de educação individual (IEP), 105–106

plano de necessidades e serviços, **301–302**
    foco na criança, 301–303
    foco na família, 302–303, 303–304f
plano de serviço familiar individualizado (IFSP), 105–106, **123–125**
plasticidade cerebral, **134–135**
poda, 94–95
poder, 207–209
posição de dormir, 60–61, 139–140
práticas apropriadas
    ambiente físico, 273–275
    ambiente social, 293–295
    brincadeira, 86–87
    educação de bebês e crianças, 38–40
    práticas de cuidados, 64–66
    visão geral do desenvolvimento, 18–19, 314–315
práticas apropriadas ao desenvolvimento
    ambiente físico, 273–274
    ambiente social, 293
    brincadeira, 86–87
    definição, 16–17
    educação de bebês e crianças, 38–40
    exemplos de, 18
    intenção, 82–83
    práticas de cuidados, 64
    relações adultas, 313–315
práticas culturalmente apropriadas
    ambiente físico, 274
    ambiente social, 293
    brincadeira, 86–87
    definição, 16–17
    educação de bebês e crianças, 39–40
    práticas de cuidados, 65–66
    relações adultas, 314–315
práticas individualmente apropriadas (IAP)
    ambiente físico, 274
    ambiente social, 293
    brincadeira, 86–87
    definição 16–17
    educação de bebês e crianças, 39–40
    práticas de cuidados, 64–66
    relações adultas, 314–315
prazeres internos, 85–86
Prescott, Elizabeth, 268–269
presença do cuidador, **30–31**
previsibilidade, 241–243
primeiro objeto de brincar, 142
primeiros alimentos, 54–56
princípio
    encéfalo-caudal, **132**
    próximo-distal, **132**

princípios básicos. *Ver* princípios da assistência respeitosa
princípios de uma assistência respeitosa. *Ver também* princípios em ação
    abordagem por etapas, 14–17
    comunicação, 8–11
    confiança 14–15
    dando exemplo, 12–14
    honestidade, 12–13
    oportunidades de aprendizado, 13–15
    pessoa completa, 10–12
    princípios, lista, 5–6
    respeito, 11–12
    tarefas direcionadas a bebês, 5–7
    tempo de qualidade, 6–10
princípios do crescimento, 132
princípios em ação
    princípio 1 (tarefas direcionadas a bebês), 60–61, 280–281
    princípio 2 (tempo de qualidade), 79–80
    princípio 3 (comunicação), 190–191, 300–302
    princípio 4 (pessoa completa), 233
    princípio 5 (respeito), 17
    princípio 6 (honestidade), 215–216
    princípio 7 (dando exemplo), 120–121
    princípio 8 (oportunidades de aprendizado), 30–31, 167–168, 264–265
    princípio 9 (confiança), 97–98
    princípio 10 (abordagem por etapas), 135–136
problema da partida, 84–86
processo de conhecimento. *Ver* cognição
profecias que se cumprem por si mesmas, 209–210
professor, tomando conta de si mesmo, 291–292
"professor de bebês e crianças," 333
Program for Infant-Toddler Caregivers Guide to Routines, 56–57
First Words Project, 191–192
proporção adulto/criança, 252–253t
proteção contra crianças, 175–176
provedor de assistência infantil familiar, 311
PSP. *Ver Parent Services Project* (PSP)
    Public Law 108–446, 105–106 94–142, 105–106 99–457, 105–106
punição, 288–289
puxões de cabelo, 239–240
Quadro de Bayley, 138–140, 138–140t
quadro de desenvolvimento cronológico *Ver* quadro do ambiente

quadro de Pikler, 138–140, 139–140t, 141
quadro do ambiente, 321–332
   nível I (desenvolvimento após o nascimento), 321–322
   nível II (mês 3), 323
   nível III (mês 6), 324
   nível IV (mês 9), 325–326
   nível V (mês 12), 327
   nível VI (mês 18), 328
   nível VII (mês 24), 329–330
   nível VIII (mês 36), 331–332
quadros, 29–30
qualidade
   de tempo não-querer-nada, **6–7**
   de tempo querer-algo, **6–7**
   do humor, 208–209f
   em programas para bebês e crianças (lista de verificação), 319–320
questões, 189–190
   de final aberto, 189–190
   fechadas, 189–190
   ligadas ao apego, 102–105
raiva, 37–38, 213–216, 288–289, 303–306
reaprendendo, 212–213
reatividade, 4
recém-nascido. *Ver* bebês (nascimento–8 meses)
recíproco, 4
recompensas, 35–36
recursos para educação especial na primeira infância, 146–150
redirecionamento, **287–288**
   social, 207–**209**
referências, R–1 a R–20
reflexo, 133t, 134–136
   de Babinski, 133t
   de busca, 133t
   de chupar, 133t
   de Landau, 133t
   de Moro, 133t
   de nado, 133t
   de paraquedas, 133t
   diante de passos, 133t
   diante de surpresas, 133t
reforço positivo, **35–36**
refrigerador, 258–262
escolas *Reggio Emilia*, 163–164
registros
   anedóticos, **28–29**, 63, 281–282
   contínuos, **28–29**
   de reflexos, 281–282
   diários, 28–29f, 29–30
relação com a linguagem, 193–194
relações, **4**, 18, 65–66
   com o cuidador, 311–312
   de poder, 284–285
   educação dos pais, 308–309

   entre cuidadores, 311–312
   entre adultos, 298–317
   entre a equipe, 311–312
   entre pais e cuidadores. *Ver* relações pais/cuidadores
   na equipe, 311–312
   respeitos, 311–314
relações pais/cuidadores, 300–308
   ajudando os pais a se sentirem em casa, 305
   bloqueios de comunicação, 303–305
   comunicação, 301–308
   cuidador como parceiro, 300–301
   cuidador como salvador, 300
   cuidador que se sente superior aos pais, 300–301
   estágios do cuidador, 300–302
   necessidades especiais dos pais, 305–306
   no que as crianças não estão indo bem, 310
   papel dos pais vs. papel do cuidador, 309–310
   plano de serviço (foco na criança), 301–303
   plano de serviço (foco na família), 302–303, 303–304f
   reuniões, 304–305
repreensão, 288–289
resiliência, **209**–211
resiliente, **50–51**
resolução de problemas, 30–41, 78–79, 164–165, 169
Resources for Infant Educarers (RIE), 222–223. *Ver também* Gerber, Magda
   assistência e educação, 25–26
   "cuidador," terminologia, 333
   currículo, 48
   em geral, 4
   exploração, 267
   materiais para brincar, 267
   website/"loja," 333
respeitabilidade, 11–12
respeito, 4, 311–314
reuniões informais, 305
revistas em vídeo, 26–28
RIE. *Ver Resources for Infant Educarers* (RIE)
"RIE Early Years 'Curriculum,' The" (Money), 270–271
Risley, Todd, 37–38
ritmo, 208–209f
rotinas de cuidados
   alimentando, 50–56
   colocando para dormir, 60–63
   lavando/dando banho, 57–59
   limpando, 58–59

   perspectivas/necessidades divergentes, 58–60
   trocar fraldas, 56–57
   uso do toalete, 56–58
   vestindo, 60–61
"rótulos" de deficiências 244
sabedoria corporal, **175–176**
sala de aula
   para bebês, 259f
   para bebês e crianças, 261f
   para crianças pequenas, 260f
Satir, Virginia, 280–281
See How They Move (Gerber), 14–15
segurança, 74–75, 241–243, 251–254, 319
segurança e controle, 238–239
Selver, Charlotte, 115–116
sendo pai/mãe, 116–117
sensibilidade, **118–119**
"senso de confiança básica", 233–235
senso de cores, 272
Sensory Awareness Foundation, 115–116
sentar, 141
sentimentos, 26–28, **206**. *Ver também* emoções
   autênticos, 312–313
   autodireção/autorregulação, 216–219
   caminhos do desenvolvimento, 224–226
   cérebro, 218–221
   crianças com necessidades especiais, 221–222
   definição, 206
   desenvolvimento de, 206–209
   hierarquia de necessidades de Maslow, 217–218f
   medo, 211–214
   "não!", 207–209
   raiva, 213–216
   resiliência, 209–211
   "sim!", 207–209
   técnicas de autorrelaxamento, 216–216
   temperamento, 207–210
separação, 234–237
sequência do desenvolvimento. *Ver* quadro do ambiente
SERI. *Ver Special Education Resources on the Internet* (SERI)
sinais do bebê, 10–11
sinapses, **94–95**, 133–134
sincronia interativa, **98–99**
síndrome de morte súbita infantil (SMSI), 59–60, 59–60f, 60–61
sistema
   de cuidadores primários, **48–49**
   de diários de mão dupla, 29–31

Situação Desconhecida, **100–102**
SMSI. *Ver* síndrome de Morte Súbita Infantil (SMSI)
socialização, 232
som, 114–115f, 115–118
soneca, 60–63
sorrindo, 234–235
Spahr, Patricia, 255–256
Special Education News, 150
Special Education Resources on the Internet (SERI), 150
suavidade, 81–82, 119–120, 269–270
subindo escadas, 137–138
superfícies duras, 81–82
tabela de crescimento mês a mês. *Ver* quadro do ambiente
Tabibnia, Golnaz, 219–220
tamanho do grupo, 80–81, 252–253t, 271
tapete de área, 265
Tardos, Anna, 4, 140–141
tarefas relacionadas a bebês, 5–7
técnicas
    de nascimento suave, 206, 207
    para receber atenção, 33–34
tédio, 85–86
temperamento, **207**–210
tempo
    de liberação, **51–53**
    de qualidade, 6–10
    para ficar no chão, **6–7**
    "presente pela metade", 7–8
tendência à distração, 208–209f
tensão, 238–239
teoria do aprendizado social, 333–334
terminologia. *Ver* "cuidador"; Glossário
The Family Center on Technology and Disability, 150
The National Center for Learning Disabilities (NCLD), 150
Thomas, Alexander, 207–210
Tools of the Mind: The Vygotskian Approach to Early Childhood Education (Bodrova/Leong), 73
Torelli, Louis, 257, 269–270
Toward a Psychology of Being (Maslow), 35–36
trabalho em equipe, 312–313
treinamento do banheiro, **56–58**
trocar fraldas, 56–57, 170–171
tummy time, 136–138, 140–141
uvas, 56
vácuo entre pesquisa e prática, 222–223
vegetais, 257
ver as pessoas como objetos, 312–313
vestir-se, 60–61
vídeos de demonstração. *Ver* Observação em vídeo
vídeos ilustrativos. *Ver* Observação em vídeo
visão, 114–115f, 121–122
vocabulário. *Ver* linguagem
Vygotsky, Lev
    andaime, 14–15
    aprendizado assistido, 162–164
    desenvolvimento cognitivo, 163–164t, 164–165, 169–170
    desenvolvimento linguístico, 182–184
    influências socioculturais, 162–164
    participação da criança, 244–245
    resolução de problemas, 163–164
    zona de desenvolvimento proximal, 28–29, 162–164
WestEd Program for Infant-Toddler Care, 26–27
Wetherby, Amy, 191–192
www (websites). *Ver* recursos para educação especial na primeira infância
www.sensoryawareness.org, 115–116
www.zerotothree.org, 150
zero a três, 150
zona de desenvolvimento proximal (ZDP), **28–29**, **162–164**